Allons en la Palestine,
Chasser la Lune argentine,
Et planter les Lys dorez;
En ces lieux que la Nature,
Les faict naistre sans culture,
Pour estre vn iour adorez.

Si tost qu'en la Terre saincte,
Reluira la Face peinte
De LOVIS l'honneur des Rois,
Tout aussi tost l'infidelle
Se rangera soubs son esle,
Pour viure selon ses Lois.

LVDOVICVS HVIVS
NOMINIS DECIMVS TERT.
REX FRANCORVM ET
NAVARRÆ

Floscule, Sacrorum liliorum Henrici Quarti progenies,
Cuius dies natalis fælix, Gallos fortunauit:
Age, vince, et robore et pietate, Reges omnes
Qui se Ludouicos dixere, cum sis ipse tertius decimus.

SIRE, à fin que le beau Voyage
De la Terre Saincte en Leuant,
Reüssisse à vostre aduantage,
Tousiours la Croix marche deuant :
Le Turc & l'Arabe infidelles,
Au premier esclat de la Croix,
Cesseront d'estre plus rebelles,
A Dieu, à l'Eglise, à nos Rois.

AV ROY.

SIRE,

Si ce PELERIN VERITABLE, soubs l'heur & l'honneur des auspices, plus propices, de Vostre Majesté, s'est jetté, comme il est croyable, au trauers de mille torrens diuers, & autant de precipices; s'il a donné dans l'horreur, faussé forcé la terreur, des horribles & plus terribles deserts, par tout faict teste à l'outrage de l'orage, & de la rage des mers, plus fieres de l'vniuers; non moins passé de campaignes, que trapassé de montaignes, premier que monter sur celles, que l'antiquité reuere, pour les plus sainctes & belles, les montaignes de Caluaire, de Moria, de Sion, d'Acre & de l'Ascension : Il a creu, qu'ayant veu, ces lieux de deuotion, & satisfaict à son vœu, il a deu, luy

ã iij

EPISTRE

offrir à son retour, en sa Cour, les premieres enseignes de sa peregrination. Il a dis-je toujours creu, qu'ayant fait à son adueu, vn si long & beau voyage sans naufrage, vn si perilleux chemin sans perir ny courir aucun dommage, heureusement escorté, ioyeusement rapporté sur les aisles, soubs les voiles, de sa nef son passe-port, ce PELERIN VERITABLE, mal croyable, desormais, retournant de son voyage, se viendroit perdre à iamais, sur les bords de son riuage, son escueil & son cercueil, pour iamais, si iamais, sa naue s'estoit anchree, à l'abord, autre part qu'au sacré port, de sa Majesté sacree. Vray est que le fruit de deuotió, que ce Pelerin luy apporte de la terre de Promission, terre maintenát fort maigre, est si aigre, & plein d'imperfection, qu'il en tesmoigne plustost la sterilité, que la fertilité, à raison, qu'en plus fertile saison, mille grands explorateurs, amateurs, de la beauté de ses fruicts, ayans pris, les deuants du Leuant, ont leué par cy deuant, ceux qui sont de plus grand pris: Si que cestuy le non chois, semblera de petit poids, pour vn Roy des François, fils de Roy, frere de Roy, qui à tous les autres Roys, a de tout téps fait la loy. Mais, SIRE, la splendeur de Vostre Majesté si belle, soubs les esclats de laquelle, & le clin de son bel œil, plus brillant que le Soleil, ce PELERIN VERITABLE, deuant elle, a seruy ce fruict sur table ; par la force de son ardeur, en leuera si bien l'aigreur, que d'aigre & mal delectable, il sera doux aggreable, de fusque & malcoloré, esclattant riche doré, de rustique & tout sauuage, le plus beau de ce païsage. Ha, SIRE, si i'estois quelque Richeome, en effet ou de nom, comme non, (ce que ie regrette) ie ferois paroiſtre auiourd'huy, deuant vos yeux, non moins hardiment que luy, ce Pelerin de Hieruſalem auſſi ſuperbe & glorieux, que ſon Pelerin de Lorette: mais helas trois fois pauure homme, que ie ſuis, qui ne puis, fournir comme ce Richeome, de ſi riches eſtoffes en ma boutique, il faut que ce pauure paſſant, ſe paſſant, à l'ordinaire du logis, ſes habits, ſoient faits à la mechanique. Il faut que meſurant ſes pas, aux pas de la raiſon, il n'outre-paſſe pas, le rang de ſa maiſon; meſme que l'ambitieux, ne peut entrer aux ſainéts lieux, que premier il ne s'humilie, comme l'Empereur Heraclie. Et d'ailleurs, comme ces deux Pelerinages, de Hieruſalem & Lorette different en beaucoup de notables circonſtances, auſſi peut-on remarquer aux Pelerins de ces deux Voyages, de ſemblables differences. Le voyage de Hieruſalem fort lointain, ſe fait auec beaucoup de difficulté, parmy les Payens & infideles, nos ennemis: celuy de Lorette plus prochain, auec toute facilité, chez nous parmy les Chreſtiens fideles, nos amis. Au dernier, le Pelerin peut faire le magnifique, & marcher à grand train; au premier, il faut qu'il viue à la ruſtique, & face à petit pain. Le Pelerin de Lorette, cheminant parmy les fleurs, ſe jette ſur les couleurs, eſclattant, & clinquátant, en habits, diamans, perles, rubis, durát ce petit voyage, plein de ioye & allegreſſe: le Pelerin de Hieruſalem, cheminát parmy les pleurs ſuiuy de mille douleurs, & de la mort qui l'eſcorte, pour ſes plus viues couleurs, n'a rié que la fueille morte, le triſtamy, le

EPISTRE

minime, de peu d'estime, ou le gris, de plus bas pris, en ce long Pelerinage, plein de peine & de tristesse. Et s'il pouuoit se vestir, au partir, d'vne estoffe encor plus gosse, & moins belle, qu'estoit celle, dont Dieu tailla des habits, le temps iadis, aux enfans d'Israël, à la sortie d'Egypte; estoffe de nuee, en couleur d'inuisible : Ie luy conseillerois pour se rendre inuincible, aux enfans d'Ismaël, ceste race maudite de Turcs & Mahometans, qui sont autant de Satans, se parer de ces couleurs, marchant parmy ces volleurs, pour esquiuer cent brauades, & autant de bastonnades, que souuent ces gens de rien, donnent aux plus gens de bien. Mais en fin, le Pelerin, de Lorette libertin, ne trouue rien qui l'arreste, en son chemin, il peut faire monts & vaux, dire par tout mots nouueaux, resolu comme Barthole, n'ayant rien qui le controlle, en passant & repassant, chez ses amis, où ces poincts luy sont permis. Le Pelerin de la Terre saincte, tousiours tout palle de crainte, des estraintes, des attaintes, soit du Turc du Sarrasin, ou de l'Arabe assassin, s'embarquant en ce Voyage, s'il est sage, doit bien peindre son visage, doit bien teindre son langage, à la couleur & teinture, de la bure, dont sont taillez ses habits, s'il arriue d'auanture, qu'il parle à ses ennemis, de peur de quelque Auanie, & que pris pour espion, Mahomet plein de manie, le manie, d'vne façon Mahomette, & le mette, à son Inquisition. Quant aux nouuelles du Leuant, d'où venant, enflé soufflé d'vn bon vent, SIRE, Ie peux fort sainement dire, qu'on n'y parle que du Roy de France, pour la grand'

esperance,

Av Roy.

esperance, qu'on a de le voir vn iour, Seigneur de ce beau sejour. C'est la premiere priere, c'est la priere derniere, soit au soir ou au matin, du bon Chrestien Leuantin, qui tousiours prompt & alerte, à ressarcir nostre perte, des lieux Saincts, où il a de beaux desseins, inscient impatient, & non moins langoureux, que desireux, de vostre heureuse venuë, n'aspire & ne respire rien, pour tout bien, que le seul bien, de vostre veuë. SIRE, pendant que vostre Majesté s'appreste, à ceste Saincte conqueste, en espousant & s'exposant genereux, au chemin de vos Ayeulx, les plus genereux guerriers, les plus gråds Auanturiers, du party de saincte Heleine: permettez à ce Pelerin qui a repris haleine, d'en dire à vos sujets, les projets, d'en faire les deuis, & dóner les aduis, à vos amis, pour estre mieux suiuy & seruy d'eux à l'entreprise, d'vne si belle reprise. La Commission de ce beau Voyage, & le Voyage de ceste belle Commission, où il s'agist de la Terre de Promission, sera fort aggreable à ce Pelerin Veritable, qui l'exploitera de toute affection. Mais, SIRE, à fin que la France, ait en luy plus de creance, & luy donne plus de foy, que chacun luy face large, honoré de ceste charge, comme deputé de Roy: faictes changer ses habits, en vn plus bel equipage, il aura plus de courage, de faire seruice aux Lys: faictes changer son Bourdon, en vn plus riche Baston, pour deffendre la Couronne & l'Aisné de la maison, de Bourbon, SIRE, si la ritme est bonne, il y a de la raison. Mais en tout cas, vostre Majesté fera les fraiz des voyages à venir, & ce Commissaire frais, sera payé sur

ẽ

EPISTRE AV ROY.

les gages, de l'aller pour le venir. Voſtre Majeſté victorieuſe du Leuant, en leuera vne perpetuelle gloire, ce Deputé pour ſon partage à l'aduenant, ſe glorifiera d'eſtre la cauſe d'vne ſi belle victoire: voſtre Majeſté aura l'honneur, d'eſtre Empereur, de la baſſe & haute Hieruſalem, cet affaire decis, ce Deputé le bon-heur d'en chanter en Bethleem, le *Gloria in excelſis*: & particulierement la faueur, de reſter eternellement,

SIRE,

Son tres-fidelle ſeruiteur,
LE PELERIN
VERITABLE.

AV LECTEVR.

MY Lecteur, ayant faict le voyage de la Terre Saincte, auec la permission du Sainct Pere & du Roy, comme l'histoire peinte en ce liure te fera quelque foy ; I'ay senti à mon retour, plus de peine en mon seiour, que de mal, en mon trauail, durant ce Pelerinage; si que retiré chez moy, i'ay plus fatigué pour toy, iour pour iour, au progrez de cet ouurage, qu'au plus fort de mon voyage. Mais le desir, en te seruant de m'asseruir, & m'asseruant de te seruir, de bon cœur, a faict que i'ay prins plaisir, & trouué de la douceur, en ma plus grande amertume, du repos en mon labeur, & ma plume, mille & mille doux attraits, en recourant par ses traits, les pourtraits de ce volume ; où i'ay faict de la despense, neantmoins, de ceruelle, d'escarcelle, plus que moins, sans espoir de recompense : & pour vn vray tesmoignage, de la peine & du coustage que i'ay souffert au retour, de ce long pelerinage, cest Ouurage, pour luy faire voir le iour, (bië qu'en vn pauure equipage) me reuient à dauantage, en ces lieux, que la fatigue & les fraiz, que i'ay faits, aux Saincts lieux, après toutes les caffares, & tributs qu'il faut garnir aux barbares, gens auares, tant d'aller que de venir: d'où ie peus conclurre en somme, que ce compte, sans mesconte, me reuient à ceste somme. Que si, Lecteur, nonobstant, tu dis qu'il n'y a pas tant, que contre mon esperance, tu ayes ceste creance, qu'il y ait faute à mon get, & proiet, & partant, repartant, que tu as moins de suiet de loüer, qu'alloüer, au bureau de ton esprit, les parties de cet escrit. Si tu as ceste creance, qu'il y ait plus d'apparence, de le contester, que de l'attester, d'y reprendre que d'apprendre, ie diray pour le deffendre, & vuider nostre debat, que ce compte est vn estat, ou trop mieux vne science acquise par patience, qui consiste en la practique, plustost qu'en la theorique, & que la theorique de ceste science, a plus de grace discouruë en courant par la practique de l'experiëce, que par le cours d'vne langue babillarde, ou d'vne plume trop fretillarde. Mais quoy que c'en soit, Lecteur, ce qui m'a

ẽ ij

EPISTRE.

plus donné d'inquietude, en cest estude, souuent refroidy le cœur, & retiedy mon ardeur, en la suitte & poursuitte de ce labeur, ç'ont esté bien mille Autheurs, Pelerins passez Docteurs, qui chacun le plus sçauant, aux affaires du Leuant, retournez de ce Voyage, d'vn langage dissemblable, d'vn air presque tout semblable, ont si bien elucidé, decidé, ceste matiere, toute entiere, que PELERIN VERITABLE, Ie puis fort sainement dire (pourueu que ie sois croyable) que ces gens ont si bien dit, qu'il n'y a rien à redire, sar ce qu'ils en ont escrit ; Si qu'il semble que ces maistres Pelerins du passé, repassez du Leuant, ayent fait leuer en repassant, & par crainte & par contrainte, les ponts de la Terre saincte, & faict abattre apres eux, par le poids de leurs paroles, sainctement ambitieux, les portes & les bauolles, des saincts lieux, pour tellement empescher, & boucher, le passage de ce chemin, & le chemin de ce passage, aux Pelerins de nostre âge, & des âges à venir, sur les fleurs & les fruicts de la Terre de Promission, qu'il n'y faille plus reuenir, sans leur permission. Neantmoins comme ce lieu, de la terre le milieu, a esté dedié par le precieux sang du fils de Dieu, où par ses Prophetes il a rendu tant d'Oracles, par ses Apostres faict tant de miracles, par ses Martyrs respandu tant de sang, que ceste Terre vn temps qui fut ne fut plus Terre, ains vn estang, Terre saincte, qui bien estrainte, rend les larmes & le sang, tiré du flanc des Gendarmes, du sainct Esprit, Athletes de Iesus Christ, ainsi que l'experience en donne l'intelligence, au Pelerin qui s'y treuue, porté pour en faire espreuue : Ie dis que comme les graces, benedictions, sainctes influences, & diuines semences, dont Dieu a beny, influ, & ensemencé ceste Terre, & celeste parterre, sont infinies, le subiect d'en discourir est infiny. Ce lieu (dis-ie) est si sainct qu'en ceste consideration, il a retenu le nom de Terre saincte, & de Promission. C'est vn texte aggreable, tousiours capable, de toutes sortes de belles gloses, subiect qui fournist & porte son Escriuain, à parler de mille & mille choses. C'est vne terre en fin, ou s'il faut que ie die, à regret sans regret, le malheur de sa maladie, la Religion est plustost supprimee, qu'opprimee, cachee qu'arrachee, restrainte pour vn temps, finissant desormais, qu'estainte pour iamais. Pourquoy ie diray de rechef, pour la conclusion de ce chef, qu'il y a tousiours quelque chose de nouueau, à dire sur vn suiet si beau ; que le voyage de la Terre Saincte, est vne belle & saincte lice, propre à ce sainct exercice, ornee d'vne large carriere, bornee d'vne belle barriere, tousiours ouuerte, au Pelerin alerte, armé de patience, doüé de sapience, & d'vne bonne bourse, pour faire ceste course. On dit que la Manne seruie aux enfans d'Israel, au desert, leur seruit de premier & second de fruict & de dessert, ne viuans en leurs conuiues d'autre viande, pour la diuersité des gousts enclos en ceste viande. Tout ainsi ie dis que le Voyage de Hierusalem biē couru, bien discouru, quoy que par mille autheurs, soient Poëtes ou Orateurs, en autant de styles differens & industrieux, qu'il y a de torrens & de milles d'icy iusques aux saincts lieux, quant au suiect, est vne manne & vn obiect si doux, que bien gousté on y trouue autant de gousts, car bien qu'ils soient d'vne mesme nature, ce n'est pourtāt vne mesme lecture, c'est tousiours le Voyage de la Terre saincte, mais l'histoire en est diuersement depeinte, ce sont bien de mesmes tableaux, quant au Voyage, elabourez de differens pinceaux, quant à l'ouurage. Mais comme aux enfans d'Israel, la Manne venant du Ciel, fut en fin autant de fiel ; i'ay creu Lecteur, que goustant bien ce labeur, & le fruict de ceste composition, venant de la Terre de Promission, te sera autant de miel. Et qu'ainsi soit, ce qui doit esmouuoir dauantage, tes esprits, à ouyr & voir ces escrits, c'est que les oyant & voyant, par vn bel auantage, tu verras & feras chez toy, sans esmoy, peril ny coustage, le perilleux & coustageux voyage, de plusieurs Hierusalems à la fois : si qu'au lieu d'vne ie t'en feray voir trois, deux en terre ferme, l'antique & moderne de la Iudee, l'autre au ciel que tu verras, d'icy bas, par vne belle idee : lesquelles ie me promets si bien te representer auec le vif de leurs couleurs, & couleurs de leur viuacité, que tu les verras en leur iour & perspicuité. Quant au subiect qui m'en a faict escrire, ie peux dire, que ce n'a point esté la vanité, mais le seul amour de la verité, pour donner plus de courage, à vn chacun non point à vn, de faire ce beau Voyage ; & aussi que i'ay creu, que recreu, ce me seroit moins de peine, de parler tout d'vne haleine, & dire tout d'vne tire, en l'Epistre de ce registre & registre de ceste Epistre, à cestuy-cy à cestuy-là (moyennant qu'il sçache lire) les nouuelles de ce pays là, estimāt qu'autremēt ce seroit tousiours à refaire, en cet affaire, où l'on ne pourroit iamais satisfaire. Dauantage, Lecteur, excuse moy, puis que ie m'accuse à toy, qu'ayant trop long-temps changé d'air, chez les Turcs & les Arabes, i'ay aussi changé l'air, & la grace de mes syllabes ; si ce long Pelerinage, a corrompu mon langage, si ie couppe & syncope souuent les termes de ma harangue, pour parler en rithmant, sans limer en parlant, la durté de ma langue; si ie chante en cheminant, si ie chemine en chantant, puis que le chant reconforte, le Pelerin sur les mers, par les champs par les deserts, qui n'a que les airs les chants, par les deserts par les champs, pour sa plus fidelle escorte. Vray est que parlant de la façon, ce n'est pour en faire leçon, non plus que changeant de langage, ie n'ay pas changé de courage, & pour auoir mauuais Fraçois, ie ne suis pas moins bon Fraçois. D'autre part, Lecteur, si parmy les gros traits de ma plume, i'ay rapporté quelques pourtraits en ce volume, ie te pricray de croire, que c'est aussi peu par vaine gloire, ains ce sont autant de patentes, & attentes, attentes pour toy, patentes pour moy, que curieux, i'ay recueilly çà & là en diuers lieux, pour tesmoignage, de butin & bulletin, de mon passage: ou disons que ces pourtraits, pleins d'attraits, sont enseignes qui raddressent, ou raddresses qui enseignent, le passant, en passant à me faire tant de bien, de loger en ce logis, pour estre seruy gratis, & sans qu'il luy couste rien; en faueur de l'octroy, que i'ay de loger chez moy, gens d'amont gens d'aual, tant à pié qu'à cheual, par permission du Roy; Et quiconque y logera, de bonne deuotion, son ame sera remplie, d'vne telle affection, que le sainct Prophete Helie, apres sa refection, ne fut iamais plus dispost, ny si tost, sur la montaigne d'Horeb, ny Caleb, en la Terre de Promission, qu'il sera sur les monts de Caluaire & de Syon. Ou finalement disons, que ce sont pieces releuees, reuelees, & leuees du Leuant, à la moderne à l'antique, pour releuer ma boutique, & esleuer les esprits, du chastant & l'allant du marchand en cherchant, pour voir en ma marchandise, s'il y a rien qui leur duise, attendu comme i'ay dit, que ie vends tout à credit. Vray est que le Zuallard, plein de gloire, m'a mis en main la plus part, des pourtraits de ceste histoire, lors que i'estois en effait, de pourtraire, & prest à faire, ce qui estoit desia faict. Mais comme la nuict approche, & que ma retraitte est proche, ioinct aussi que ie suis las, il est temps que ie me lige, Pelerin, que tu desloges, pour te mettre sur mes pas, il est temps que ie m'areste, Pelerin, que tu t'apprestes, appuyé de ce bourdon, que ie te donne en pur don, pour faire ce beau voyage, hors des vents loing de l'orage, & des escueils de la mort, en voyageant dans le port. Toutesfois amy Lecteur, si recreu de ce labeur, au chemin le cœur te faut, suppleant à ce deffaut, afin que tu te reposes, tu y trouueras des pauses, que i'ay marqué tout expres, au fueillet qui vient apres.

Au Premier liure est enseigné le chemin de l'vne & l'autre Hierusalem la celeste & la terrestre, les merueilles & conformitez d'entre elles, auec la comparaison des deux Pelerins, & du fruict de leurs voyages.

Le Second, contient plusieurs instructions necessaires, pour faire plus commodement le voyage de la Terre Saincte, par la voye de Venise, de Corfou, Candie, & autres Isles de Grece: par les villes d'Alexandrie, Rossette, le Caire, & Damiette; auec le voyage du Mont Sinaï, où sont fidellement rapportees les merueilles qui se voyent en tous ces lieux.

Le Troisiesme, contient la description generale de la Terre Saincte, & par les singulieres parties, auec la moralité des saincts lieux, descrits & figurez selon leurs distances, proportions & mesures.

Le Quatriesme, contient le voyage de Tripoly en Constantinople, où il est traicté de plusieurs lieux remarquables par ce chemin, specialement des Isles de Cypre, Rhodes, & Cyclades de la mer Egee, de l'origine & mort du faux Prophete Mahomet, de la vie & mœurs des Turcs & de leur proche fin, auec plusieurs autres particularitez resultantes de ce sujet, & puis le retour de l'Autheur en la Chrestienté.

A L'AVTHEVR DE CE VOYAGE.

Pelerin de grand renom, pourquoy nous vas tu priuant, escriuant, ton histoire du Leuant, de la gloire de ton nom? la France ton obligee, en est la plus affligee, regrettant qu'elle n'a l'heur, Pelerin, de te cognoistre, & sçauoir ta seigneurie, pour recognoistre l'honneur, que tu fais à ta Patrie. Pour moy, ie te cognoy bien, & par nom & par surnom, à ton genereux voyage, à ton amoureux langage, quoy que ie n'en diray rien, sinon que m'ayant celé ton nom, tu ne sçauras pas le mien.

TABLE DES CHAPITRES
CONTENVS EN CE VOLVME.

LIVRE PREMIER.

Chap. I. Des Pelerinages. pag. 4
II. Aduis spirituels sur l'entreprise du voyage de la Hierusalem Celeste & Terrestre. 10
III. Des preparatifs pour faire plus commodemét ces voyages. 13
IV. De l'equipage du Pelerin de l'vne & l'autre Hierusalem. 16
V. De l'embarquement du Pelerin. 20
VI. De l'occupation du Pelerin durant son voyage. 24
VII. De la patiéce necessaire au Pelerin de l'vne & l'autre Hierusalem. 27
VIII. De la conformité qui se rencontre aux voyages de l'vne & l'autre Hierusalem. 30
IX. De la conformité qui est entre les deux Pelerins. 33
X. De la Hierusalem Celeste, Spirituelle, & Terrestre. 38

ĩ

TABLE

XI. Du fruict des voyages de l'vne & l'autre Hierusalem. 41

XII. Des quarante Stations que doit faire le Pelerin de l'vne & l'autre Hierusalem, durant son voyage. 45

XIII. Comme le Pelerin de la Hierusalem celeste doit passer par les Spheres des sept Planetes. 66

XIV. Des portes de l'vne & l'autre Hierusalem. 69

XV. De la situation & beauté de l'vne & l'autre Cité. 75

XVI. De la grandeur & capacité de l'vne & l'autre Hierusalem. 79

XVII. De la reception du Pelerin en l'vne & l'autre Hierusalem. 81

XVIII. Des beautez de l'vne & l'autre Hierusalem. 84

XIX. De la diuersité des viandes & beaux obiects seruis aux conuiues de l'vne & l'autre Hierusalem. 87

XX. De l'ordre gardé en la seáce des Pelerins aux conuiues de l'vne & l'autre Hierusalem. 91

XXI. Comme tous sont inuitez au voyage de l'vne & l'autre Hierusalem. 94

LIVRE SECOND.

I. De l'origine des Venitiens auec la description de leur ville. 99

II. De l'ambition qui regne dans Venise & autres particularitez resultantes de ce subiect. 105

III. Certains poincts que le Pelerin se doit proposer deuant les yeux, auant l'entreprise de ce voyage. 113

IV. Des prouisions necessaires que doit faire le Pelerin auant son embarquement. 116

DES CHAPITRES.

V. Comme le Pelerin se doit gouuerner dans le vaisseau. 119
VI. De la plus commune despense qui se faict au voyage de la Terre saincte. 122
VII. Des monnoyes plus necessaires en ce voyage, & le moyen de les conseruer. 127
VIII. Comme le Pelerin se doit gouuerner parmy les Turcs, les Mores & les Arabes. 132
IX. Partement de Venise, auec vne legere description des pays & villes situees sur son gouffre & autres lieux iusques dans l'Isle de Corfou. 137
X. De l'Isle de Corfou, de sa ville capitale & ses deux forteresses, de la vie des Grecs & Venitiens pesle-meslez, & autres particularitez. 143
XI. De l'impieté & autres sortes de vices qui regnent dans Corfou. 148
XII. De la grand' misere & calamité extreme des soldats de Corfou & autres Isles appartenátes aux Venitiens. 151
XIII. Du voyage de Corfou en Candie. 157
XIV. De nostre arriuee en la ville de Candie capitale de l'Isle, sa description, & autres particularitez resultantes de ce subiect. 162
XV. Description de l'Isle de Candie, de son Labyrinte & autres choses remarquables. 168
XVI. Du voyage de Candie en Alexandrie, sa description & autres choses remarquables dehors & dedans la ville. 174
XVII. Du voyage d'Alexandrie à Rossette & le grád Caire sur le fleuue du Nil, auec la description des passages. 179
XVIII. Du voyage du Mont Sinay, des Pyramides d'Egypte & des Momies. 184
XIX. Description de l'Egypte & de la Cité du Caire, de la Mattaree & de nostre voyage à Damiette. 191

i ij

TABLE

XX. Description de Damiette, & de mon embarquement pour aller en la Terre Saincte. 199

LIVRE TROISIESME.

I. Description de l'antique ville de Iaffa, & du chemin de Iaffa à Rama. 210

II. Description de la ville de Rama, Lida, Chasteau du bon Larron, du lieu de Hieremie, la vallee de Therebinthe iusques dans Hierusalem. 214

III. De l'origine & premiere fondation de Hierusalem, sa description selon la forme qu'elle estoit au passé, & l'estat auquel elle est maintnant. 224

IV. Description du Temple de Salomon selon la forme qu'il estoit anciennement & qu'il est maintenant. 233

V. De la premiere & principale partie de l'antique Cité de Hierusalem auec ses dependances. 241

VI. De la seconde Cité de Hierusalem & de ses dependances. 247

VII. Du nombre de fois que la Cité de Hierusalem a esté prise & reprise, des Saincts lieux qui sont en icelle, & premierement de l'Eglise du Saint Sepulchre. 254

VIII. De l'entree en l'Eglise du sainct Sepulchre, & de l'ordre qu'on fait obseruer aux pelerins visitans les Saincts lieux. 264

IX. Du reste de la procession qui se faict de la Pierre de l'onction au Sainct Sepulchre &c. 275

X. Autres particularitez qui dependent de tout le corps de l'Eglise du Sainct Sepulchre. 283

DES CHAPITRES.

XI. Du nombre des Chrestiés Schifmatiques qui sont dans l'Eglise du Sainct Sepulchre, & des principaux poincts de leur creance. 289

XII. Description du Conuent de Sainct Sauueur, de la Probatique Piscine, de l'Eglise de saincte Anne, du Pretoire de Pilate & autres lieux mysterieux de la Voye Douloureuse. 295

XIII. De la maison de Zebedee, de l'Eglise saint Iacques le Majeur, & des Anges en la maison d'Anne Pontife. 306

XIV. De l'Eglise sainct Sauueur où estoit le Palais de Caïphe, sa description auec celle du sainct Cenacle, & de tous les saincts lieux enclos en iceluy. 311

XV. De la Vallee de Iosaphat, des saincts lieux qui se remarquent en icelle, comme le Sepul. de No-Dame, &c. 322

XVI. Continuation des merueilles tant de la Vallee de Iosaphat, que du lieu de l'Ascension sur la môtaigne des Oliues. 333

XVII. Du voyage de Bethanie & des lieux saincts qui s'y remarquent. 340

XVIII. Du voyage de Bethleem & des saincts lieux qu'on void par ce chemin. 350

XIX. De nostre entree en l'Eglise de Bethleem, sa description, & des lieux qui sont en icelle. 360

XX. Du voyage au lieu des Pasteurs, & autres saincts lieux proches de Bethleem. 371

XXI. Du voyage d'Hebron, de la fontaine de sainct Philippe, du desert de sainct Iean, des montaignes de la Iudée & autres saincts lieux qui sont par ce chemin. 378

XXII. Du voyage de Hiericho, du fleuue de Iordain, & autres lieux qui se voyent par ce chemin. 388

XXIII. De nostre retour en Hierusalem par la Mer morte, sa description, du Mont de la quarantaine

TABLE

& autres lieux remarquables. 393
XXIV. De nostre depart de Hierusalem pour faire le voyage de la Samarie, Galilee, Damas, Trigoly le Mont Liban & autres lieux de la Sorie. 399.
XXV. Continuation de nostre voyage, & des lieux plus remarquables sur ce chemin. 405
XXVI. De nostre arriuée à Damas, sa description & de son chasteau, du Temple de S. sacharie, & autres choses remarquables. 415
XXVII. Continuation de nostre voyage depuis Damas iusques à Tripoly, & des lieux qui se voyent par ce chemin. 422
XXVIII. Description de la ville de Tripoly, auec le voyage du Mont Liban, de ce qu'on y void de plus remarquable, & du voyage d'Alep. 426

LIVRE QVATRIESME.

I. DE NOSTRE partement de Tripoly pour faire le voyage de Constantinople, & des villes que nous vismes premier qu'arriuer en l'Isle de Cypre. 439
II. Description de l'Isle de Cypre & de ses principales villes. 446
III. De nostre partemēt de Famagoste pour aller à Cōstantinople, & des belles choses qu'on void par ce chemin, les Isles de Scarpante, Rhodes, & autres Isles & villes de l'Archipel. 452
IV. Description de l'antique Cité de Pera, de ses appartenances & de la grand' Cité de Constantinople. 460
V. Du Serrail des Dames du Turc, & des Eunuques qui en ont la charge, comme il est habillé,

DES CHAPITRES.

des ioüeurs d'instruments & bastelleurs de Turquie, & autres particularitez de Constantinople. 467

VI. Des seigneurs que le grand Turc tient aupres de luy pour le reiglement des affaires d'Estat, & rendre la iustice. 474

VII. Des noms & offices des principaux Ministres & religieux Turcs, & de leurs Santons. 481

VIII. Des principales forces du Turc, quand il marche par terre. 487

IX. Des forces que le Turc peut mettre sur Mer, de la grandeur de son Empire, & du reuenu qu'il en tire. 492

X. De l'origine du faux Prophete Mahomet, & de partie des impostures de son Alcoran. 498

II. Particularitez remarquables sur la vie, mœurs & actions des Turcs. 504

XII. De la mort de Mahomet, de sa sepulture, & des successeurs de sa loy. 510

XIII. Comme les Turcs sont du tout contraires aux Chrestiens, de leurs superstitions, incredulitez, & de leur ridicule Caresme. 515

XIV. Comme tous les Chrestiens specialement les François, sont obligez de s'opposer aux cruautez du Turc, & à mettre les premiers la main & le fer en œuure pour le recouurement de l'heritage de Dieu. 522

XV. Des arguments & indices qui nous doiuent faire croire que l'Empire du Turc est proche de sa fin. 529

XVI. Par qui on espere que le Turc sera deffaict & luy sera osté l'Empire. 536

XVII. Partement de Cōstantinople pour mon retour en la Chrestienté par l'Archipel, & du chemin de Constantinople à Raguse prenant la terre ferme. 542

TABLE DES CHAPITRES.

XVIII. De noſtre partement du Zante pour aller à Veniſe. 549
XIX. De noſtre conduite au Lazaret nouueau pour faire la Quarantaine, & du mal que nous y enduraſmes. 556
XX. Concluſion de l'Autheur ſur tout l'Œuure. 565

FIN.

PREFACE.

NTRE les plus grands malheurs, passions gesnes douleurs, & le plus aigre supplice, que Dieu face ressentir, aux humains de ses mains, comme traicts de sa iustice, à fin de les advertir, de sortir, hors la fange de leur vice : Ie croy qu'ils ne pourroient pas, icy bas, esprouuer ny trouuer, vn malheur pareil, qu'estre priuez de la splendeur du Soleil, ce bel œil, ceste doreure du monde, qui eschauffe la terre & l'onde, pour faire feconder & abonder, en toutes sortes de biens & moyens, les citoyens, de la machine ronde ; la plus belle creature, & le flambeau le plus beau, que l'autheur de la nature, ait creé pour l'ornement, du celeste firmament ; Incroyable en grandeur, admirable en splendeur & ardeur, à ceste fin creé de Dieu, en si beau lieu, pour luyre de ses beaux rais, sur les bons & les mauuais, comme dit sainct Matthieu. Et aussi que d'i- MATH. cy, l'homme se mirant & admirant, en ce beau chef-d'œuure artificiel, 5. la richesse du ciel, se vist quant & quant en l'excellence & beauté, de son cristal pretieux, la puissance & la bonté, de l'ouurier qui l'a si bien agencé & enchassé dans les cieux. Comme donc l'home ne pourroit onc, succomber ny tomber, en vn tel desastre, qu'estre priué de ce bel astre, dont l'absence, est la presence, des nuicts & des ennuis, & ses iours, non plus iours, ains plustost nuicts, tousiours noires & funebres, le forceroient de quester & conquester, à la maniere de la pluspart des animaux, aux prix & aux perils de mille maux, sa triste vie en tenebres, & le porteroient à toute heure, dans les precipices de ceste basse demeure. Il faut croire neantmoins, qu'il ne souffriroit pas moins, de dommage, que d'outrage, durant le pelerinage, de ceste vie transitoire,

A

PREFACE.

estant privé de l'histoire, la memoire de la vie, & la vie de la memoire, l'inuentaire des ans, des siecles & des lustres, la conserue de temps, & des choses illustres; le catologue des faicts notables, & actes plus memorables, Ambassatrice de l'antiquité, Tutrice de l'immortalité, qui a ce pouuoir de rendre presentes, les choses qui sont absentes, voire d'arracher tous vifs, du tombeau d'oubliance, ceux que la mort y a reduits, soubs la clef de sa puissance; en nous remettant deuant les yeux, les beaux faicts de nos ayeuls, pour empescher qu'ils ne soient enseueliz auec eux, mais plustost, laissez en depost, comme vne semence feconde, semence d'immortalité, qui serue à les regenerer d'vne naissance seconde, au cœur de la posterité, iusqu'à la fin du monde. Et pourtant Thucidide, souloit dire que l'histoire estoit la guide certaine, & l'œil de la vie humaine, sans laquelle l'homme viuant & suyuant sa fantaisie, chopperoit & tomberoit icy bas, à chaque pas, dans les gouffres d'heresie; d'autant que de l'histoire, s'apprend comme d'vn repertoire, la verité des choses que nous n'auons iamais veuës qui autrement nous seroient perpetuellement incogneuës. Vray est que pour estre parfaicte, & accomplie de tous ses nombres, il faut qu'elle soit de tout poinct contraire aux ombres, orientales australes, de ce bel œil, le Soleil, qui sont tousiours inegales; & que du tout elle expose, non moins au vif qu'au naïf, la verité de la chose, au lieu d'en bailler à croire, ou c'est fable non histoire. Iaçoit donc que l'histoire, nous soit du tout necessaire, pour auoir la cognoissance des choses grandes & vertueuses, si est-ce que ie la diray manque & defectueuse, specialement la Geographique, & Corrographique, traictant des villes & Prouinces, releuant de diuers Princes, si elle n'est accompaignee d'vne viue representation, & ample demonstration, des choses dont elle traicte, autrement elle est imparfaicte; si la peinture, & la pourtraicture, ne marchent auec les paroles, friuoles le plus souuent, comme le vent, si le burin le cizeau, ny operent ou le pinceau; si les traicts & les pourtraicts, pleins d'attraits, parmy l'histoire, comme son lustre & sa gloire, n'y vont trouuant quelque place, pour luy donner plus de grace. Pourquoy ayant pour mon principal but, à traicter de la Hierusalem antique & moderne de la Palestine, la Piscine & Officine, de nostre salut; Temple du sainct Esprit, Tombeau de IESVS CHRIST, la Cité de parfaicte beauté, l'allegresse de la terre, le celeste parterre, fait au patron & modelle, de la Hierusalem eternelle; l'ay creu qu'il estoit necessaire, de la pourtraire,

PREFACE.

& que pour mieux representer ce beau chef-d'œuure en ce volume, il falloit mettre en œuure le crayon & la plume; la parole & la figure, le discours & la peinture, à fin que l'œil & l'oreille, eussent & receussent, tous deux vne ioye toute pareille. Toutesfois comme l'homme est plus parfaict, que son pourtraict, & la chose tousiours plus belle & naturelle, que le modelle, ainsi diray-ie & desirerois-ie pour le contentement d'vn chacun, que tous generallement non point vn, peussent voir reellement, non imaginairement, ses vrais traicts, plustost que ses extraits, les lieux saincts, que les desseins, la structure, que la peinture, & en vn mot tous les lieux mysterieux de la Iudee, plustost en effect que par Idee. Mais si nous voulons bien voir la beauté, de ceste belle Cité, durant sa felicité, sans doute il nous faut auoir, recours à l'antiquité, & sçauoir, comme elle fleurit, du temps de IESVS CHRIST; depuis lequel ayant esté plusieurs fois prinse & reprinse, pillee & desmantellee, tantost toute desmolie, & du tout enseuelie, dans les entrailles de la terre, n'y restant pierre sur pierre, de là ie me persuade, qu'elle aura plus de parade, & de grace, en la representant auec ses beaux edifices, & riches frontispices, qu'à n'en faire voir, que la trace, & la place, de la representer en sa gloire & superbe, auant que les fondemens, de ses riches bastimens, fussent tous cachez sous l'herbe, que son Temple magnifique, ceste saincte Basilique, de Salomon, fut couuerte de limon. Partant ie m'efforceray de redifier & remettre en son premier lustre, ceste Cité tant illustre, l'honneur de la Palestine, apres l'auoir retrouuee, releuee, de sa premiere ruine : suyuant ce que dit Dauid, Fay Ps. 50. Seigneur par ta faueur, que le dedans & l'enceinte, de ta Sion trois fois Saincte, de tous costez restauree, reste si bien reparee, & de murs & de mœurs, qu'en icelle le Sauueur, toute sa force & vigueur, soit pour mur & auant-mur, & les vrays enfans d'Adam, Seigneurs de Hierusalem, ISAYE desormais, ayant chassé l'Alcoran t'y adorent à iamais. Mais sur tout 26. que le Lecteur, au progrez de ce labeur, ne trouue estrange, si au change de matiere, ie change aussi de maniere, de dire & d'escrire, escriuant & descriuant, les merueilles du Leuant : Si en la description des choses celestes, ie fay de la distinction, aux terrestes : Si parlant du ciel Empiree, où la celeste Hierusalem est tiree, ie m'efforce de rithmer & limer, ceste matiere plus altiere, & plus haute que toute autre, laquelle si i'auois l'heur, d'estre poëte & bon rithmeur, i'aurois mise toute en vers, & en beaux airs, pour luy faire plus d'honneur. Car les secrets du ciel, &

les choses spirituelles & hautaines, meritent d'estre traittees d'vn stile plus artificiel, que les temporelles & mondaines : Comme Dieu est toute iustice, concordance, & mesure, aussi faut-il que les choses diuines soient maniees auec plus d'artifice, ordonnance, & structure : En fin parlant des brauades, des affrons des algarades, (sans parler des bastonnades) que les Turcs & les Arabes, les Grecs les Venitiens, font aux paures Chrestiens, Lecteur, excuse l'autheur, si sa Muse ne s'amuse, à plaisanter, & chanter, en sa misere, lors qu'il se faut absenter, & au temps qu'il se faut taire : s'elle couppe sa chanson, à l'air de ce fascheux ton, remply de mauuais accords, & autant de faux rapports, de ceste brutale gent, insatiable à l'argent, & si pleine de trahison, qu'elle est sans rithme & raison. Et d'ailleurs, comment pourroit-elle ailleurs, chanter en vn pays estrange, de son Seigneur la loüange ? d'autre part ie ne sçaurois, quand ie voudrois, en ce long Pelerinage, long-temps parler vn langage, sans changer à chaque fois, aussi peu que ie pourrois au Voyage du Leuant, tenir tousiours le deuant, en chantant, & tousiours porter la Croix.

PSAL. 136.

DES PELERINAGES.

CHAPITRE I.

EN la creation de ce grand Vniuers, l'air, le ciel, la terre, les mers, & tout ce que le ciel, l'air, la mer, & la terre, chacun en son circuit enserre, l'eau ses regimens escaillez, l'air ses esquadrons esmaillez, la terre son gros d'animaux piollez riollez, & le ciel autant de flambeaux, estoillans estincellans, que porte l'air la terre & l'onde, de bestes poissons oyseaux, vollans coullans sautellans, dans ce grand domaine du monde. Le Createur ayant creé ces choses tout exprés, pour l'homme, le crea puis apres, & le creant burina sur son visage, les traicts de son bel image, & quant & quant vn desir en son courage, d'estre non seulement spectateur & dominateur des singulieres parties de cet ouurage, mais desdaignant les choses inferieures, & s'imaginant d'auoir quelque droict

GENES. I.

sur les superieures, iamais il n'a peu estre, rebutté ny debouté, par aucune difficulté, qui le peust empescher, de les rechercher, s'estimant au reste si capable & mettable, bon gré malgré, qu'il met en pareil rang & degré, les choses faciles & difficiles, possibles & impossibles; toutesfois heureux celuy qui se tient, qui se maintient, aux bornes de son debuoir, & qui discrettemét sage, n'en recherche dauantage, que ce qu'il en faut sçauoir. Donc pour contenter ses esprits, vous le voyez tantost espris, d'aller du Ponant au Leuát, de l'Aquilon à l'Austre, courir l'Arctique & l'Antarctique, d'vn pole iusqu'à l'autre; tantost il va faisant la ronde, à l'entour de la terre & l'onde, viuant en ceste creance, que tout luy doit obeïssance: & à dire verité, tout ainsi comme, le premier homme, a esté forgé sur l'enclume de la diuinité, d'estoffe & matiere de terre, pour arres de retourner en terre, c'est aussi chose bien certaine, que la terre non seulement, mais le ciel & tout l'Element, represente la forme humaine: pourquoy ce n'est rien de nouueau, si l'homme fait au niueau, de la machine ronde, l'air le ciel la terre l'eau, & stampé sur le modelle du monde, ce Microcosme, cet Epitome, & abbregé de l'vniuers, duquel Dieu l'a extraict, d'vn admirable secret, par mille moyens diuers, n'est iamais las, de nauiger & voltiger haut & bas, pour se mirer & admirer, au beau tableau du monde, son pourtraict. Et qu'il soit ainsi que toutes les parties du corps humain, iusqu'au petit doigt de la main, sont composees & disposees en ce monde, selon la composition & disposition du ciel, l'air la terre, l'onde. Premierement la teste de l'homme circulaire, semblable au globe ou à la Sphere, est iustement esleuee releuee, sur les membres les plus forts, & les plus hauts de son corps, ny plus ny moins que les cieux, dont la forme est toute ronde, sont assis aux plus beaux lieux, & plus hauts sieges du môde: Les deux plus beaux flambeaux des cieux, le Soleil & la Lune, sont ses yeux, Saturne plein de chagrin, qui tout deuore & consomme, & Iuppiter le benin, sont les narines de l'homme: en apres Mars & Mercure, contribuans aux merueilles, de ceste belle structure, & chef d'œuure de nature, en seront les deux oreilles: puis Venus vient qui l'embouche,

A iij

& nous figure sa bouche. Or comme ces sept planetes gouuernent & regissent, tout ce grand estre mondain, de mesme ces sept parties, plus parfaictes & polies, perfectionnent & embellissent le corps humain. Le ciel si plein de feux & flambeaux lumineux, qui ne se peuuent nombrer, ie veux que soient les cheueux, de la teste qu'il est impossible de conter. Le ciel cristallin fort esloigné de nos yeux, nous represente en ces lieux, l'intellect que Dieu nous donne, qu'il a iustement campé, inuisiblement stampé, dans le front de la personne. Le ciel Empirée, de Dieu la tour sacrée, represente nostre memoire, pleine de conceptions indicibles, comme l'eternelle gloire, de benedictions inuisibles. Si nous voulons descendre vn peu, nous verrons la Sphere du feu, qui tout consomme, comme l'estomac de l'homme, auquel par la force de la chaleur naturelle, faisant bien sa fonction, dedans ceste citadelle, se fait la digestion. Apres vient la Sphere de l'air, où souuent se void vn enfer, qui va menaçant nos testes de pluyes gresles & tempestes, comme on void au cœur humain, où du iour au lendemain, se forment tant de nuages, tant de brouillas tant d'orages, tant de vices malefices, qu'on cuide voir à tous propos, ce petit monde sans repos, rentrer en son premier chaos. Bref ainsi qu'en la terre & l'eau, se fait la generation, comme la corruption, tout ainsi dans le vaisseau, de l'animal raisonnable, nature agist le semblable : Et neantmoins l'ame agile, bien qu'en ce vaisseau fragile, tout d'argile, par le moyen de la sapience, la raison & l'intelligence, peut s'exalter en voyageant, & voyager en s'exaltant, d'icy iusqu'aux Seraphins, & aux ardans Cherubins, pour iouïr de plenitude, de l'eternelle beatitude. Ie diray bien dauantage, pour vn ample tesmoignage, de la bonté souueraine, que la terre a la forme humaine, mais pour faire ceste preuue, passant par dessus l'Affrique, sur l'Asie & l'Amerique, par maniere de sincope, ie diray ce que i'en treuue, seulement de nostre Europe. La teste de ceste fille, c'est l'Espagne & la Castille, qui porte au col vn carquan, enfilé d'vn beau ruban, de pierres bien ordonnees, sçauoir les monts Pyrrenees, qui commencent à Bayonne, passent deuant Pampelonne, finissent à Parpignan. Nostre France la plus gentille, entre les autres nations, pour ses belles perfections, faict l'estomac de ceste fille: La terre de l'Empereur, l'Allemaigne en est le cœur, & la Boëme de mesme, qui deuallant iusqu'au ventre, de l'Europe en font le centre. L'Italie toute iolie, & son peuple bien adroit, aux armes fait le bras droit, dont Rome la Catholique, est la veine basilique, par où cessent les discords, qui naissent en tout le corps. Car ainsi que le bras dextre, est tousiours le plus adextre, à la deffence du corps; & que Rome chef du monde, maistrisa la terre & l'onde, iadis par ses grands efforts; ainsi maintient-elle encor, en accord, soubs le bras de sa puissance, les Empereurs, & les Roys, pour viure en l'obeissance de l'Eglise & de ses loix. Pour le regard de Venise, elle est assise à bon droict, soubs l'aisselle du bras droict, dedans la plaine Aquatique, de la mer Adriatique, & semble que le bon Dieu, qui de son Ciel nous regarde, à dessein, l'ait escartee en ce lieu, inaccessible & mal sain, à fin de s'en prendre garde. Pour l'Angleterre l'Escosse, & l'Irlande limitrophe, l'autre bras de nostre Europe, il sèble que la nature, preuoyāt la pourriture, de ce pauure membre infect, putrefaict, l'ait rescindé tout à fait, des l'aisselle, du corps de ceste pucelle, à fin que la maladie, de la graine & la gangraine, d'heresie, ne gastast pas, tout le corps apres le bras. Sa cuisse droicte est l'Austrie, tout l'Epire & la Hongrie, iusques à la Vallachie: la gauche est la Lyuonie, iointe à la Lytuanie: la Moldauie Podolie, luy forment la iambe dextre, la Moscouie la senestre, iusques aux bords de l'Asie, qu'elle va foulant au pied, & s'en sert de marche-pied. De tous ces faicts precedés, procedās non moins de la prouidence, que de la saincte prudence, de Dieu qui a mis l'homme au milieu, de ce monde, à fin que de lieu en lieu, il allast faisant la ronde, à l'entour de ce grand tout, pour le voir de bout en bout. Cōme en ceste grand' carriere du monde, ceste region de peché, où tant de mal se desbōde, & abonde, & l'homme estant destaché, desreglement s'esuertuë, & se tuë à courir à bride abbatuë, tantost çà, tantost là, enflé soufflé boursoufflé, pour la pluspart du vent d'Ambition, qui le porte & l'escorte, droit à la perdition. Parmy tant de courriers de vanité, grands ouuriers d'iniquité, qui courent apres le vice, dans l'enclos de ceste lice: ie tiens pour meilleur coureur, celuy qui quitte l'erreur, pour suyure droit le sentier mal-battu, de la vertu, tant qu'il ait donné bien appris, au but où consiste le prix. L'homme donc pourneant, çà & là tournoyant, se dispose & s'expose à voyager en nauigeant, & nauiger en voyageant, du Nord au Su, & de l'Est à l'Oüest, si en ses voyages & nauigages, plus mondainement curieux, que sainctement deuotieux, il a plustost deuant les yeux, la vanité le profit & le gain, que la charité qu'il doit à Dieu & à son prochain: Si voyageant aux lieux saincts, il est porté d'autres desseins, que la gloire de Dieu & des Saincts, à faute de quoy on le renuoye à l'ordinaire, pour estré payé de son salaire, & appointement, receu dés son partement. Pelerin donc si tu veux, que tes vœuz, soient veus iusques dans les cieux, quand tu seras aux saincts lieux, si tu ne te crucifies, au moins que tu mortifies, par la foy, ce qu'il y a d'homme en toy, à l'exemple, de celuy que tu contemples, en la Croix, si tu luy crois, puis que toutes ses actions, nous sont autant d'instructions. Or pour parler des voyages, & sainctes peregrinations, ils ont eu lieu en tous ages, & par toutes nations, empruntant leur origine, plustost de la loy diuine, que des sainctes loix Romaines, & traditions humaines: cela se void en l'Escriture, dés la loy de nature, en la loy Mosaïque, comme en l'Euangelique, & non moins chez les Payens, que parmy les Chrestiens: Ie diray plus que les Turcs, beaucoup moins durs de creance, en certains articles que les Heretiques de nostre France, sont plus curieux de visiter la sepulture, ou plustost imposture, de leur Mahomet auant-coureur de l'Antechrist, que les Chrestiens ne sont soucieux, d'aller voir le sainct Sepulchre de nostre Seigneur Iesus Christ. Ie laisse là les Sepulchres d'Adam, Iacob Isaac & Abraham, aux enuirons de la ville d'Hebron, celuy de Nostre Dame, au Torrent de Cedron, & autres lieux mysterieux, de la ville de Bethleem, & Cité de Hierusalem; où ces rebelles infideles, ont fait bastir des mosquees, magnifiquement fabriquees, dans lesquelles ils prient en s'escriant, & s'escrient en priant: sinon meritoirement,

rement, au moins ordinairement. Or bien que parmy ces chiens, plus meschans que les Payens, il y ait de la feintise, ou pluſtoſt de la beſtiſe, ie les laiſſe là pour parler des Chreſtiens de la primitiue Egliſe, mille fois plus diligens, au vieux temps, de fendre les mers, paſſer les deſerts, à quelque prix & perils que ce fuſt, pour voir les ſaincts lieux de la Iudee, que les Chreſtiés de ce temps, qui n'y vont que par Idee. Que dirons nous des Iuifs, gens vagabons & fuitifs, plus que iamais ententifs, & autres vieux Chreſtiens, Syriens Armeniens, Iacobites Maronites, Abyſſins Grecs Latins, à voyager trois fois l'an, en deſpit de mille obſtacles, aux ſaincts lieux de Hieruſalem, aux feſtes de la Paſque, la Pentecoſte, & des Tabernacles? Aux ſiecles paſſez les grands Roys, les Baudoüins les Godefrois, les Hugons Renauds les Remonds, eſtoient plus ſouuent ſur les monts, de Caluaire & de Sion, qu'auiourd'huy les petits compagnons, & gens de baſſe condition. Que dirons nous des vertueuſes femmes, & deuotieuſes Dames, ſaincte Heleine, & ſaincte Paule Romaine, qui ont tant de fois pris la peine, licétiees de l'Egliſe Latine, pour paſſer en la Paleſtine, où l'on void encore auiourd'huy les marques & teſmoignages, de leurs voyages, voire leurs beaux images, & belles deuiſes, dans les Egliſes, qu'elles ont fait edifier pour contenter leur grand' deuotion, en pluſieurs lieux myſterieux, de la Terre de Promiſſion? Qui voudroit faire vne liſte, des bons Eccleſiaſtiques, & plus fermes Catholiques, du temps iadis, qui pour gaigner Paradis, ont ſuiuy la meſme piſte, des laïcques, non ſeulement de l'Affrique, l'Amerique, mais de l'Aſie & l'Europe, elle ſeroit infinie, comme la toile de Penelope, qu'on ne vid iamais finie. Car la pluſpart des ſaincts Peres, ſainctement volontaires, exhortez d'vn ſainct deſir, & portez d'vne ſaincte enuie, de voyager aux ſaincts lieux, pour contenter leur eſprit, en odorant honorant & adorant, le Sepulchre glorieux de noſtre Seigneur Ieſus Chriſt. Et à la verité quiconque faict ce beau voyage, d'vn ſainct courage, comme il conuient, eſt plus ſage, quand il reuient, s'il retient, la leçon qu'il doit apprendre, à bien rendre à chacun ce qui luy appartient; à Dieu premierement, ſon cœur entierement,

B

secondement à soy-mesme, vne charité extresme, suyuie d'vne saincte vie, pleine de résolution, en la tribulation : honneur à ses superieurs, faueur à ses inferieurs, allegresse à ses amis, caresse à ses ennemis, pacifier la discorde, faire à tous misericorde, de bon cœur seruir les Roys, estre obeïssant aux lois, rendre aux bons dilection, aux meschans correction, aux enfans instruction. Bref ce voyage plein d'attraits, & de pieté, nous fait practiquer les traits, de la charité, que tout humain, par deuoir, doit rendre selon son pouuoir, à Dieu & à son prochain. C'est vn supplice doux & desirable, qui nous rend Dieu propice & fauorable; supplice mort du vice, où tous deuroient courir, au grand pas, puis qu'il nous fait icy bas, plustost viure que mourir; & qu'en fin c'est le chemin, qui nous guide & nous guinde par la Hierusalem terreste, de ces bas lieux, dans la celeste, par dessus les cieux.

Aduis spirituels sur l'entreprinse du Voyage de la Hierusalem Celeste & Terreste.

CHAP. II.

AINSI qu'vn braue nocher attaqué de la fortune, dans les plaines de Neptune, s'estonne moins qu'vn rocher; à mesure que l'orage croist, croist aussi de courage, & opposant ses efforts aux efforts, de la mer & de la mort, en fin reste le plus fort, incontinent qu'il arriue, soit dans le port ou la riue, oublieux de son trauail, tirant vn bien de son mal, & profit de son dommage, auant que rentrer sur l'eau, pour faire vn second voyage, visite bien l'equipage, necessaire à son vaisseau : ses arbres ses antennes, ses anchres ses gomenes, ses voiles ses trinquets, ses picques ses mousquets, bref arme si bien son nauire, qu'il n'y a rien à redire, ains deffiant la tempeste & l'enfer, se fiant en sa teste, & en son cœur de fer, asseure parmy les flots, la peur de ses mattelots, & ne redoutant la mort, qu'il a mis à vauderoute, moins sur mer que dans le port, va tousiours suyuāt sa route. Ainsi le Pelerin de la Terre saincte, qui a sainctement l'ame atteinte, d'entrer en ces sainctes fatigues, doit s'affranchir de tous intrigues, & penser seulement à l'effait, & accomplissemét du sainct vœu qu'il a fait: Il doit faire son debuoir, de pouruoir, auant son partement, aux affaires necessaires, de son embarquement. Mais d'autant que les aduis & deuis, touchant ce petit mesnage, qui regarde le voyage, du Leuant, ont esté par cy deuant, tant de fois mis en auant: Ie renuoyeray les lecteurs, aux autheurs, qui en ont le mieux escrit, à fin d'en prendre & apprendre, autant qu'il en faut entendre, pour contenter leur esprit: Si par sorte ie n'aduise, au danger d'estre vn peu long, d'en dire estant à Venise, vn mot au liure second. Quant au voyage de la Hierusalé celeste, posee au plus haut du ciel, il n'y va rien de funeste, ny rien composé de fiel, & differe en cecy, de celle de la Iudee, que pour y aller d'icy, faut que l'ame soit guidee & guindee, pardessus tout Element au plus haut du Firmament, d'vne saincte & belle Idee. Mô ame chetiue, ô Dieu, n'en peut plus en ce bas lieu, fay que bien tost elle arriue, à toy fontaine d'eau viue. Et côme le Pelerin de la Palestine s'obstine plein de courage, deuotement curieux, & franc de toute crainte, à voir durant son voyage, tous les lieux mysterieux, de la Terre saincte, ainsi faut-il que le Pelerin de la Hierusalem celeste, piqué d'vn desir soucieux, & d'vne curiosité modeste, durât son pelerinage, se mire & admire de passage en passage, en la contemplatiue action, & actiue contemplation, des mysteres des cieux. Il faut que voyageant, des pieds de la pensee, il passe en bien viuant, par la terre des viuans; Il faut que mesprisant les mers, il volle par le plain des airs, depuis le ciel de la Lune, iusqu'à celuy de Saturne; que sainctement ambitieux, il grimpe, sur le sainct Olympe des cieux, qu'il voltige en s'esgayant, qu'il s'esgaye en voltigeant, par les celestes collines, sur les voûtes cristallines, qu'il passe par le dedans des deux Edens, le Paradis terrestre & le celeste, escorté porté par les anges, dans les celestes phalanges, si que son ame bien inspiree, attiree & tiree iusqu'au ciel Empiree, s'esiouïsse & iouïsse, de la celeste Hierusalem desiree. Seigneur tire par ta bonté, mon ame de captiuité, tant elle est de mal affligee,

B ij

en la chartre où elle est plongee. Heureux donc le Pelerin, qui se dispose & s'expose, à ce genereux chemin. Tous les plus grãds personnages, qui ont couru discouru, de ces deux Pelerinages, d'vn mesme cõsentement, ont dit vnanimement, que le voyage de la Hierusalem terreste, est le passage, pour aller en la celeste ; & aussi, que Dauid le chante ainsi ; quand il dit, J'ay maintesfois en moy-mesme, porté d'vn amour extresme, pensé de passer au lieu, du Tabernacle admirable, habitacle esmerueillable, iusqu'à la maison de Dieu. Et à dire verité, c'est la place, & le lieu de charité, où le fils de Dieu voulut, par sa digne & saincte grace, operer nostre salut : c'est en ce lieu que s'odore & s'adore, d'vn chacun, specialement de nous, la doreure & la graueure, de ses pieds & ses genous, sur les plus dures pierres, de ces pierreuses terres : Et encore là s'odorent, les encens tous recens, des antiques sacrifices Mosaïques, comme s'ils estoient presens ; Et oyt-on retentir l'air & la mer, à l'entree de ceste saincte contree, des merueilles nompareilles, des miracles des oracles, que le fils du Dieu des Dieux, Roy des cieux, a rendu par tous ces lieux. Ceste Terre toutesfois, autresfois, si produisante & fertile, est maintenant si sterile, autresfois si fructueuse, & maintenant si affreuse, iadis si bien aëree, maintenant pestiferee, à raison du poison, & du venin des serpens, Mahometans, Turcs Arabes infidelles, qui la cachent sous leurs aisles : & neantmoins tres-feconde elle abonde, au lieu de fruicts temporels, en tant de biens eternels, qu'en ce monde, elle n'a point de seconde. Le Pelerin qui s'y treuue, porté de deuotion, plustost que d'ambition, en fait vne belle espreuue : car Dieu luy donne industrie, en despit du Sarrasin, de faire vn beau magasin, en ceste saincte patrie : vne emplette, vne leuee, de mille belles vertus, & autant de biens influs, au poinct de son arriuee. Et partant, ieunesse du monde, qui vas courant la terre & l'onde, enflee souuent d'vne vaine curiosité, & soufflee du vent d'vne curieuse vanité, du Ponant au Leuant, apres les choses de neant, mille fois plustost esprise, d'aller voir vn Pantalon ou Charlatã de Venise, vn Caire vne Babylon, vne Carnaual d'Italie, vne bourle vne folie, vn Turc en Constantinople, que le noble tombeau de Ierusalem, ou berceau de Bethleem, fay ferme pauure abusee, peu rusee, pense à tourner plustost bride, que de suyure ta brisee, & ton humeur trop cupide, qui te guide, souuent de Scylle en Caribde. Si tu as donc, Pelerin, quelque dessein au chemin, de l'vn de ces deux voyages, iette l'œil sur les images, de ce nouueau bastiment, & te loge hardiment, au lieu où pend pour enseigne, l'humilité qui t'enseigne, à force d'experience, le chemin de patience, tu seras à table d'hoste, leans nourri bouche à cour, iusqu'au iour de ton retour, sans qu'vn seul soul il te couste, en despése, desia payee par aduance.

Des preparatifs necessaires aux deux Pelerins pour faire plus commodement les voyages de la Hierusalem Celeste & Terreste.

CHAP. III.

OMME ce vaillant pilote, qui souuent la mer ballote, & le vent, en sa nef comme vne plote; nonobstant tousiours constant, & plein de magnanimité, ne s'estonne pourtant, sinon à l'extremité. Mais tousiours braue, dedans sa naue, sçait si bien preuoir & pouruoir, au dommage, qui le peut discommoder & incómoder en son voyage, qu'il ne doute ny redoute, la rage de la mer, ny l'orage de l'air; ainsi faut-il que nos deux Pelerins, peregrins, l'vn de la Hierusalem celeste, & l'autre de la terreste, zelateurs & emulateurs, de leur salut, visans à vn mesme but, se forment & conforment, tellement à l'exemple & patron, de ce braue Patron de nauire, que rien ne leur puisse nuire, aucunement. Que francs de toute ambition, ains remplis de deuotion, & qui sera plus sage, recourent aux preparatifs, recouurent les preseruatifs, chacun de son voyage: que tous deux bié inspirez, attirez & retirez, de la douceur du monde, premier que monter sur l'onde, soient dorez soient decorez, d'vne humilité profonde: car à dire verité, rien tant que la vanité, n'endommage,

B iij

le pelerin qui voyage, depuis qu'il est enrethé & arresté, dans ses laqs, ceste mauuaise compaigne, luy enseigne, à faire de l'hypocrite, & luy leue le merite, de sa peine & de ses pas. Ie prise beaucoup l'adage, qui dit que le coup preueu, apporte moins de dommage, qu'vn qui vient à l'impourueu : de ceste belle sentence, ie fay ceste consequence, que quiconque va par pays, ne doit pas comme vn niais, auoir l'esprit de biais, ains plustost de la prudence, & bien de la prouidence, pour ne rester soubs le fais. Il est donc bien necessaire, que chacun le plus accort, face bien ce qu'il faut faire, auant que sortir le port : Que par l'aduis d'Esaye, donné au Roy Ezechie, au fort de sa maladie, ils disposent bien tous deux, les affaires de chez eux. Qu'ils prennent le viatique, en l'Eglise Catholique, & auant leur partement, tous deux facent testament. Qu'ils aiment la continence, fille de la penitence, qui les rendra plus legers, à fausser & forcer, toutes sortes de dangers, les tempestes les orages, les fortunes les naufrages, les gouffres d'afflictions, les vents de tentations ; qu'ils n'attendent la vieillesse, à sortir de leur maison, sçachans bien que la ieunesse, est la meilleure saison, qui fournist plus de courage, en cest aage, au Pelerin qui voyage. Qu'ils ne croyent trop aux aduis, des amis, souuent nos grands ennemis, que Satan par son entremise, suscite pour nous offusquer & debusquer, souuent d'vne bonne entreprise : que l'vn & l'autre labeure de bonne heure, à qui mieux mieux, & qui aura plus de soin, de faire en telles affaires, leurs magazins necessaires, pour voyager en ces lieux, au lieu d'attendre au besoin. Que tous deux braues gendarmes, s'equippent de bonnes armes, pour resister aux alarmes, De leurs plus grands aduersaires, les corsaires inuisibles & les visibles Corsaires : vne grand' deuotion, vne saincte intention, vn magazin de vertus, & au surplus, bonne foy bonne creance, pour leur plus grande asseurance. Qu'ils visitent bien le vaisseau, de leur conscience, premier que monter sur l'eau, c'est vne belle science, que tous deux ils payent les debtes, qu'ils ont faites, rendant à chacun le sien, comme font les gens de bien, premier que leuer les voiles, à peine d'estre infidelles : c'est la restitution, necessaire qu'il faut

Esaye 38.

faire, en ceste saincte action. D'autre part ie les aduise, d'auoir en ceste entreprise, puis qu'en ces lieux le menu, n'est iamais le bien venu, de l'or de poids & de mise: Que leur foy soit sans macule, & leur ame sans scrupule, vn cœur sainct en vn corps sain, ce leur sera vn thresor, beaucoup plus riche que l'or. Si ces braues parsonniers, veulent mettre leurs deniers, à la banque, ie leur en enseigneré à leur gré, vne qui iamais ne manque: Sont les pauures Hospitaux, riches en deniers royaux, les magnifiques banquiers, qui font valoir ces deniers, sont les bons hospitaliers, commis de nostre Seigneur, qui nous rend pour cest emprun, comme principal preneur, non seulement cent pour cent, mais pour le moins cent pour vn. Qu'ils prennent de la conserue, de la grace de Dieu, qui leur serue, dés ce lieu premier que monter sur l'onde, contre les vomissemens, causez des estourdissemens, de ce grand nauire du monde, de peur de vomir la deuotion, de leur bonne intention. Que tous deux soient soigneux, pour fuir la calomnie, de n'admettre parmy eux, ny se mettre en mauuaise compagnie, ains plustost qu'ils se disposent, & s'exposent, au hazard, de faire leur bande à part: & voyageans de la sorte, ils auront Dieu pour escorte. Qu'ils soient sages & discrets, clos couuerts en leurs secrets, de peur de mille dangers, & entre autres qu'ils se gardent, de tanser ny danser, auecques les estrangers, autremét ils se hazardent. C'est la dispute auec les heretiques, les attraits des impudiques, & mille autres voyes obliques, où cheminent les iniques: I'aduertiray dauantage, l'vn & l'autre Pelerin, pour auoir plus de courage, & ne manquer au chemin, qu'à tous logemens & momens, de leur peregrination, en ces pays & terres estranges, ils prennent leur refection, du sainct & sacré Pain des anges; c'est la vie des viateurs, & leurs pleurs, en ce voyage, soient leur plus commun breuuage: à fin que le Pelerin, conserue iusqu'à la fin, de sa peregrination, le goust de sa deuotion. Qu'ils soient tous deux patiens, parmy les Turcs les Payens, ennemis des Chrestiens, en portant & supportant les iniures, de ces viles creatures, & des autres infidelles, par des patiences belles, laissant à Dieu la vengeance, de ceste maudite engeance, qui prend en main la deffense, du Pelerin qu'on offense. Qu'ils soient aussi peu difficiles, en leur boire & manger, qu'ils doiuent estre faciles, en leur dormir & coucher. Toute la nuict ma couche, est trempee de pleurs, de mesme que mon lict **P s. 6.** tesmoin de mes douleurs. Comme pain ie mangeois la cendre, dit le mesme Prophete, & des pleurs que faisoient respandre, mes yeux ma boisson estoit faicte. S'ils font leur voyage **101.** par terre, que tousiours ils marchent grand erre, à raison que ce chemin, est pour eux plus perilleux que le marin, pour le moins franc d'ambuscades, & plus loin des bastonnades : & d'ailleurs, à vn besoin, voyant le peril de loin, on peut fuir les volleurs. Que l'vn & l'autre Pelerin, au chemin, n'aille **Lvc.** saluant personne, grand mediocre ou petit, puis qu'ainsi la **10.** loy l'ordonne, & que l'Eglise le dit. Qu'ils courent à toute bride, tandis que le Soleil luit, & qu'vn bon Ange les guide, qu'ils ne soient prins de la nuict : Car qui chemine en tene- **IEAN** bres, tousiours tristes & funebres, ne void pas, où vont ses **12.** pas, si qu'à faux frais il labeure, prest de chopper à toute heure, & tomber de haut en bas. Et partant en partant, l'vn & **P s. 24.** l'autre Pelerin, chante ainsi par le chemin : Mon Dieu fay moy bien entendre, le vray sentier qu'il faut prendre, pour plus viste s'approcher, de ton ciel mon heritage, & comme ie doy marcher, pour bien finir mon voyage.

De l'equippage du Pelerin de l'vne & l'autre Hierusalem.

Chap. IIII.

AINSI qu'vn braue soldat, que l'honneur porte au combat, non moins sage & rusé, que plein de courage, & bien aduisé, neantmoins ne s'ingere d'y entrer à la legere, ains, premier que venir aux mains, auec ses aduersaires, a recours, pour tout secours, en telles affaires, aux armes qu'il pense, plus necessaires, pour sa deffense. Tout ainsi, le Pelerin qui s'engage, au voyage, des lieux saincts, doit auoir de beaux desseins, car soit par mer ou par terre, il a qui luy fait la guerre :

Il y a

Il y a ce faux Sathan, suiuy de son arriere-ban, qui luy dresse mille embuscades, & luy ioüe autant d'algarades, & mauuais tours, par ses destours, qu'il y a de iours en l'an. Et partant qu'il prenne vne belle resolution, contre la tentation, vn cœur de fer, contre l'enfer, & non moins veillant, que vaillant, marche tousiours en bon ordre, bien reuestu de son ordre. Car qu'il s'asseure qu'on n'entre plus en la Terre de Promissiō, sans permissiō, pourquoy, heureux celuy qui a dequoy, & qui outre la deuotion, necessaire en ceste saincte action, y peut entrer encor, auec le rameau d'or. Que dōc nostre Pelerin Palmerin, plein de courage, marche en ce bel equippage, qu'il ait vn fort grād chappeau, pour se garantir de l'eau, & de la force du chaud qui le trauaillēt d'enhaut, que ce chappeau soit à double estage, entouré debeaux images, en tesmoignage, qu'il a Dieu pour son chef, & derechef, pour protecteurs, les saincts ses seruiteurs. Puis qu'il ait vn mantelet, rondelet, à guise de corselet qui fait voir sa patiéce, en l'aduersité, cōme sa belle prudéce, en la prosperité. Quant au signe de la Croix, qu'il porte en plusieurs endroits, & au mitan de sa poictrine, c'est le burin de la mortification, dont il burine, sur le rame de son ame, & de son cœur, la passion de nostre Seigneur. La grande robbe qu'il porte en toute humilité, l'exhorte à practiquer la charité, qui couure la multitude des pechez, dont nous sommes entachez. Il faut qu'il ait pour guidon, vn bourdon, ses plus necessaires armes, pour resister aux alarmes, des Arabes pleins de rage, comme chiens, sur les pauures Chrestiens, qui font ce pelerinage. Ce bourdon c'est la Croix, le signe auquel si tu crois, comme tu dois, tu passeras tous destroits, en despit de l'abboy des rebelles infidelles, & tous autres grands corsaires, aduersaires visibles, & inuisibles, de la Catholique foy. Bref ce bourdon, est le don, de la foy, qui voyage auecques toy, par toute la terre & l'onde, au pelerinage du monde. Le Pelerin prend souuent sa refection, de la saincte Communion, met souuent la main à la bourse, durant ceste saincte course, en prenant la patience, d'esplucher, & rechercher à chaque pas, haut & bas sa cōscience : porte vne petite courge, dōt il rafraischit sa gorge, pour tesmoignage, qu'il

1. PIER.
1.

prend plus de gouſt en ce voyage, aux choſes ſpirituelles, qu'il ne fait aux temporelles. Il demande le chemin, ſoir & matin, à toute heure, à fin de ne s'eſgarer en ceſte baſſe demeure, Ps. 5. & decliner mal à propos, le lieu de paix & repos. Enſeigne moy le chemin, de ta loy iuſqu'à la fin, & me conduis en la voye, Dieu tout puiſſant, de ta ioye, de peur que ie me deſuoye. Il faut qu'il ait bon pied bon œil, à rechercher le conſeil, à tous paſſages, des plus ſages, de peur de ſe fouruoyer, ou deſuoyer, par la tentation, en la peregrination de ceſte vie, de mal & de peine ſuiuie. Il porte au croc de ſon bourdon, vn mouchoir lié d'vn cordon, pour eſſuyer les ſueurs de ſon viſage, que luy cauſent les chaleurs de ſon voyage : pour eſtre plus accomply, net & poly, à ſon entree aux ſaincts lieux, ioint auſſi que d'icy il n'entre rien entaché, de peché dans le Royaume des cieux. Il porte au bout de ſon bourdon, vn lõg Ps. 58. fer, en teſmoignage du don, de force & d'vn grand courage, que Dieu luy dõne au voyage, pour reſiſter à l'enfer. Ta force ma force ſouſtiéne, car ie n'eſpere en ce lieu, ô mõ Dieu, d'autre force que la tienne. Il demãde l'aumoſne par fois, toutesfois plus par ſimplicité, que par neceſſité, pour inuiter ſon prochain à meriter, en faiſant la charité, & auſſi que cela luy apprend & le rend, plus diligent d'inuoquer en chaque lieu, la miſericorde de Dieu, & d'auoir recours, tous les iours, en tous ſes deſſeins, comme bon Chreſtien à la priere des ſaincts, & des gens de bien. Il faut qu'il ſoit ſoucieux, ſtudieux, franc de negligence, plein de diligence, pour gaigner les indulgences, & ſatisfaire s'il veut, çà & là comme il le peut, à la Iuſtice diuine pour ſa cheute & ſa ruine. Il faut que pour vne belle marque de ſa deuotiõ, on remarque, en ſa peregrination, non moins de ſollicitude, qu'vne grande promptitude, à la recherche de la Beatitude : Qu'il ne ſoit pas moins habile, que diligent & agile, pour arriuer deuant tous, le premier, à ſon ſacré rendez-vous, au lieu d'eſtre le dernier. Il faut qu'il ſoit au ſurplus aſſiſté de ſes vertus, de la Foy de l'Eſperance, la Charité l'abondance, la verité la prudence, la ſanté la patience ; ſa compagnie eſt aſſez forte, s'il a ces dames pour eſcorte. Tantoſt il eſt battu des eaux, cheminant par monts & vaux, tantost des grandes chaleurs, mais pour la pluye qui l'essuye, sont ses pleurs, & l'eau de la penitence, qui laue sa conscience, & nettoye ses erreurs. Laue des eaux de ta grace, le peché, duquel ie suis entaché, ô mon Dieu, tant qu'il s'efface. Quant au grand chault, qui l'eschauffe d'enhaut, c'est le feu d'amour & dilection, ou si vous aimez mieux, vne saincte affection, qui le deuore & consomme, que tout homme, en voyageant aux saincts lieux, vers les cieux, s'il est biē humanisé & s'il est homme aduisé, pour meriter ce nom d'humain, doit porter à Dieu & à son prochain. Mais s'il veut auoir l'aduantage, au voyage, du Leuant, & tenir tousiours le deuant, partant, qu'il ne se charge guere, ains qu'il se veste à la legere, il ira viste que le vent. Il faut qu'il porte à son flanc, vne boëte de fer blanc, sur son dos vne malette, où il mette, dans l'vn le petit bagage, necessaire à son voyage, dans l'autre ses passe-ports, garde-corps, & principales cautions, de ses peregrinations, à faute dequoy, on luy donne en personne, de belles lettres de renuoy. Ceste malle nous represente, vne bonne conscience, ornee de sapience, doüee d'experience, tousiours preste à supporter & porter, de bon cœur, soit par terre soit par eau, le fardeau de nostre Seigneur, qui dit, Doux mon ioug & mon faix leger, à MATH. quiconque le veut charger. Quant aux lettres de recomman- 11. dation, necessaires en la peregrination, de la Terre de Promission, c'est nostre papier iournal, & nostre production, que Dieu iuge sans appel, & sans corruption, en son iugement final & vniuersel, examinera sans remission. Sus donc sus, braue Gendarme spirituel, arme arme arme; il est temps d'entrer au duel: que fais-tu? qu'attens-tu? que tu ne t'embarques, reuestu de ces belles marques? tout fera largue à tes pas, haut & bas, portant ces belles deuises, de l'Eglise, pour donner droit où tu vises, chemine donc gayement hardiment Pelerin, Palladin, Dieu te conduise.

C ij

De l'embarquement du Pelerin.

CHAP. V.

COMME le voyage du S. Sepulchre en Hiefalem, du sainct Presepe en Bethleem, & autres lieux mysterieux, de la Palestine, n'est pas de peu d'estime, ains salutaire meritoire & plein de gloire, à quiconque le peut faire, aussi est-il perilleux hazardeux, & plein d'ambages, souuentesfois aux plus sages, Car outre la deuotion, necessaire en ceste saincte action, Il faut de la discretion, pourquoy premier que partir, pour patir, au desir de la fortune, sur l'eschine de Neptune, chacun doit bien aduertir, de n'aller mal à propos, sur son dos, bossu de flots, de peur de s'en repétir. Donc le Pelerin accort, se pourmenant dans le port, œilladant toute la flotte, des hauts bois, face chois, premier que monter sur l'eau, d'vn fort & puissant vaisseau, gouuerné d'vn bon pilotte. Mais comme c'est vn vray dire, en matiere de nauire, tel choisist qui prend le pire, à fin qu'il ne s'embarque mal, en ce long voyage naual, qu'il s'asseure, de rencõtrer à toute heure, quatre grands nauires flottans, sur l'Euripe de ce monde, où tous les habitans, de la machine ronde, se parquent & s'embarquent, pour passer ceste mer si profonde. Le premier est des Iuifs, gens vagabons & chetifs, le second des Mahometistes, le troisiesme des Caluinistes, & tous autres heretiques; le quatriesme des Catholiques. Ces quatre puissantes barques se cognoissent à leurs marques, la nauire des Iuifs excessifs, est tousiours toute chargee, qu'on void presque submergee, à chaque fois, à cause de son grand poids, car c'est vn vray Sarrazin, qui de tout fait magazin, tout est bon à ce Maranne, l'or & l'argent est sa manne, qui n'estime qui ne prise, rien tant que la marchandise. Cest auare est si fecond, en toutes sortes de biens, terriens, qu'il ne trouue son second, aussi sa loy luy promet, & permet, de prendre *ab hoc & ab hac*, tant que soit plein son bissac, & sa nef iusqu'au tillac, par le moyen de l'vsure, qu'il exerce sans mesure, apres les biens temporels, au lieu des spirituels. Vous voyez flotter apres, de fort pres, la naue de Mahomet, en vn sanglant equipage, qui permet à tous les siens pis que chiens, toutes sortes de carnage, sur les pauures Chrestiens, il n'aspire & ne respire, que nostre entiere ruine, qu'il conspire & qu'il machine, en la guerre, qu'il nous fait à toute outrance, non moins par mer que par terre, dehors & dedans la France. Ceste nef en lachargeant va regorgeant, iusqu'au tillac, de gens de sac & de corde, de soldats sans misericorde, qui vrays antropophages, se plaisent aux carnages, & à s'abbreuuer du sang, que trop inhumains, ils font ruisseler du flanc, des pauures baptizez, diuisez, qui tombent entre leurs mains. Bref ceste nauire est vn vray enfer, où l'on n'oyt, ou l'on ne void que du fer, que des armes, que des alarmes, que des cris que des vacarmes, de l'horreur de la fureur, que ceste gent circoncise, exerce contre l'Eglise. Aussi est-ce vne des maximes abominables, de ces detestables, qui dit que leur Mahomet, leur promet vn establissement asseuré de leur loy, non par le moyen de la foy mais par la force peu à peu, en iouant du fer & du feu. Vienne la nef des Lutheristes, auant-coureurs des Caluinistes, tous heretiques Schismatiques, qui prenás trop de liberté, emportez de legereté, vont faisans voile à tous vents, changent à tous euenemens, periclitent à tous momens. Ce vaisseau ne porte rien, il est vuide de tout bien, & ne sert que de parade, non plus qu'vne masquarade, aussi n'en fait-on estat, que pour aller à l'esbat, car messieurs les Huguenots, cherissent fort leur repos, & sont froids à la besongne, comme l'effect le tesmoigne. Vous les voyez peu ieusner, encor moins peregriner, ils blasment les deuotions, comme les confessions, si vous leur parlez du Caresme, c'est leur causer vn mal extresme, de la Messe point de nouuelle, que pour vne hayne immortelle, enuoyans tout en vn faisseau, les bonnes œuures à val l'eau: que la Foy n'ayans pour escorte, on la peut dire vne Foy morte. Ha voila la belle nacelle, ou plustost la saincte pucelle, la nauire de Iesus Christ où iamais ame ne perit, ains qui se rit des bourasques, & de toutes les attaques, que le cauteleux Sathan, luy va donnant à vau l'an : elle est si bien equippee, occuppee de si sçauants mattelots, que par tout elle faict teste, à l'orage à la tempeste, & à la force des flots. Quiconque passe GENES. en ceste arche, voyage plus seurement, qu'en celle du Pa-9. triarche, de l'ancien Testament, l'hôme estoit en la premiere, sauué seulement des eaux, mais il est en la derniere, de toutes sortes de fleaux; en l'autre il estoit sauué, de la mort temporelle, il est icy preserué de la mort eternelle. En ceste nef d'vnion, tout passe par la police, & chacun a son office selon mon opinion. Nostre Seigneur est assis en la hune, qui tient la bride aux vents & à Neptune : le S. Esprit tient la mesure, en ce Côcert, & nous sert de Sinosure. La plus belle entre les estoilles, Marie estoille de la mer, faict enfler doucement nos voilles, sans qu'on ait peine de ramer. Les Apostres sont les mariniers, francs de toute ambition, car les premiers sont les derniers, & les derniers sont les premiers, icy bas sans acception, Saint Pierre dit Simon, plus ferme que la pierre, a la main au timon, S. Iacques tient l'anchre de stabilité ; S. Iean allume le feu de Charité, S. Paul est le nocher, plus ferme qu'vn rocher : S. Barthelemy le pilote : Sainct Thomas prend garde à la coste, S. Philippe est le despensier; S. André le grãd pannetier : sainct Matthieu l'argentier, sainct Simon durant le voyage a tousiours la main au cordage : saint Iude met son estude à voir si en la nauire, il y a rien qui s'empire : sainct Iacques le Mineur, a l'honneur la naue suyuant sa route, de tenir tousiours l'escoute : & le chanceux sainct Matthie, est aussi de la partie, qui fait & rend tous efforts, pour secourir ses consors. Les martyrs sont les artisans, les Confesseurs leurs partisans, Toutefois sainct Frãçois, est le Chauffe-cire, & l'escriuain de la nauire, tousiours portant les Seaux, royaux, que Dieu comme à son suppost luy a donnez en depost. Ceste nef si bien equippee, apprestee, c'est l'Eglise militante, fille de la triomphante, l'heriere seconde, flotante sur la mer du monde, attaquee estoquee, du vẽt des tẽtations, des rochers d'afflictions, des gouffres de passions, à quoy pour esquiuer heureusement, & arriuer seurement au port aspiré desiré, pour la fin de nostre course, esleuons tousiours les yeux, droit aux cieux, où luist la vierge noſtre Ourſe. Bref la hune de ceſte nef c'eſt le ciel Empyree, la demeure ſacree, du Roy de l'vniuers, d'ou il guide le cours, & des nuicts & des iours, & d'vn benefice pareil, illumine de ſon Soleil, les bons & les peruers. Ceſte nauire a trois arbres, & la plus grande des trois, c'eſt l'arbre de la Croix, où nous debuons crucifier mortifier, nos pechez & les tenir attachez, auec les voilles de nos penſees, enflees & ſouflees du vent d'vne ſaincte Inſpiration, en ceſte peregrination: & pour les deux ailerons, que maintenant nous lairons, ſont les croix des deux larrons, qu'on erige en ceſte barque, pour marque & contemplation, de la ſaincte Paſſion. L'anchre eſt noſtre eſperance, le Timon noſtre aſſeurance, & le Guidon de la foy, qui nous conduit ſans diſgrace, marchant droit par le deſtroit, des preceptes de la Loy, iuſqu'au ſainct haure de grace. Le cordage neceſſaire en ce voyage, nous teſmoigne l'vnion en la creance & concordance de Religion: la pouppe de ce vaiſſeau plus haut eſleuee en l'eau, c'eſt l'ame du paſſager, qui voyage ſans danger, lors que la grace de Dieu a prins ſa place en ce lieu. C'eſt donc là Pelerin, c'eſt là, qu'il faut que tu t'embarques, & non dans les autres barques, pour voguer plus ſeurement, ſur l'vn & l'autre element, la terre & la mer immonde, de ce monde pour ne reſter entaché, ny attaché, des cordages de peché, & de ſouffrir vn naufrage manifeſte, au voyage, de la Hieruſalem celeſte. Ne crains donc point de perir ny de mourir, de peur que te deffiant & ne te fiant, en Dieu, tu ne finiſſe & periſſe en ce ſainct lieu. Car le vent n'eſt que du vēt, & l'eau n'eſt rien que de l'eau, qu'il ne faut iamais douter ny redouter, dedans vn ſi bon vaiſſeau: encor moins de venir aux mains, pour n'eſtre reputé poltron, auec tes aduerſaires, les corſaires & les pirates, ayant Dieu pour ton patron, & les ſaincts pour tes pilotes.

MATT. 5.

De l'occupation du Pelerin durant son voyage.

Chap. VI.

MAINTENANT Pelerin bien-heuré, que tu és bien asseuré, de ton passage, au voyage de la Hierusalem celeste, c'est à toy d'estre modeste, c'est à toy de n'estre oyseux, ny noiseux dans le vaisseau, tant que tu seras sur l'eau; maintenāt dis-ie, que les belles voilles de ceste saincte Naue sont enflees, & soufflees du vent du sainct Esprit, c'est à toy à bien mettre en œuure ta foy, & tout ce que tu as d'esprit, au seruice de Iesus Christ, & que ton ame bien affamee & enflammee de deuotion, s'occupe tantost à la contemplation, tantost à la meditation. Mais d'autant qu'il n'est facile, ains difficile, de mediter & contempler dans le nauire, pour le moins il te faut eslire, selon ta vocation, vne autre vacation; & à ceste fin, si le Pelerin, ne peut mettre en practique, l'oraison mentale, à tout le moins, qu'il s'applique, à l'oraison vocale. Or la plus belle oraison vocale, du Catholique, entre toutes les oraisons, sans faire des comparaisons, c'est l'oraison Dominicale, & la salutation Angelique: Qu'il soit ainsi, le fils de Dieu, nous apprend en sainct Matthieu, où il est dit expres, priez ainsi le Dieu des Dieux, Nostre Pere qui es aux cieux, & ce qui s'ensuit apres. L'autre est vne loüange en forme de priere, que Gabriel Archange, mist iadis en lumiere, lors que Dieu l'enuoya, Legat en Galilee, saluër de sa part, la Vierge immaculee. Mais à fin que nostre oraison, soit à Dieu aggreable, & à nous profitable, c'est plus que de raison, qu'elle soit charitable, equitable & sans fiel, pour monter iusqu'au ciel: que nous bannissions tous les iours, loin de nous les obiects & les subiects, qui en peuuent empescher le cours, Que le Pelerin soit irreprehensible, tousiours exempt non seulement de peché mortel, mais du veniel, s'il est possible. Et arriuant à l'huis de l'oratoire de son ame, bruslant d'vne saincte flame, qu'il licentie ses sensuels appetits, grands &
petits,

MATT. 6.

petits, congedie toutes sortes de mauuaises pensees & mauuais desirs, & die adieu à ses plaisirs, de peur que la distraction, ne le trouble ny destourbe en ceste saincte action, leur parlant de la maniere, allant faire sa priere. Or sus mes pensees & mes desirs, & desirs de mes plaisirs passez, qui ne pensez, qu'à la trahison, & à surprendre ma raison, vous tenant, maintenant pour mes plus grands ennemis, ie vous prie dispensez moy de vous plus loger chez moy, n'estant plus de mes amis, allez chercher party ailleurs, car vous n'estes que des volleurs, & partant ne m'importunez dauantage, au progrez de mon voyage. Donnez moy treues pour iamais, vous asseurant que desormais, ie ne seray plus si vollage. Ayant faict ceste belle resolution, tu peus faire à Dieu ta petition, qui si tost que tu l'auras prononcée, te sera exaucée. Et d'ailleurs, Pelerin si tu sçais lire, ie te conseille d'eslire, pour lire dans le nauire, quelque bon & docte liure, lequel t'enseigne à bien viure : Singulierement le volume sacré, de la vie & mysteres sacrez de nostre Sauueur Iesus Christ, escrit de la plume sacree du sainct Esprit; où tu verras premierement, l'Incarnation de la diuinité & humanité, du Fils de Dieu, au petit lieu de Nazareth, ville de Galilee, sa Natiuité en Bethleem cité de la Iudee, sa fuitte & sa poursuitte en la terre d'Egypte, au temps de la mort des Innocens, son deplorable seiour, son aggreable retour, le bel exemple, de sa dispute au Temple, les fruicts gratuits, de son ieusne de quarante iours & quarante nuicts, la tentation du malin esprit, qui le surprit, en ceste saincte action, le sainct ministere des anges, les beaux eschanges de l'eau en vin, aux nopces d'Architiclin. La predication de l'Euangile, tant aux champs qu'à la ville, ses diuers miracles sur les demoniaques, les aueugles illuminez, les boiteux bien racheminez, l'oüye renduë aux sourds, aux muets le discours, la force aux paralitiques, le iugement aux lunatiques, les morts ressuscitez, aux champs & aux citez, les multitudes sustentees & alimentees, par les grandes solitudes, des desertes montaignes, & des vastes campagnes, la celebration de la saincte Cene sur le mont de Syon, auant-courriere de sa peine & son affliction, l'institution du sainct Sacrement, de nos

D

ames l'aliment, le lauemét des pieds à ses vassaux, les Apostres ses cōmensaux, à fin de le mieux assister & resister à toutes sortes d'assaux, le voyage qu'il fist au iardin des Oliues, où Iudas luy donna des alarmes si viues, ayant finy la prière, qu'il faisoit à Dieu son pere, & fist vne si grand' guerre, qu'on voyoit le sang & l'eau, à la façon d'vn ruisseau distiller iusques en terre, de son visage si beau, sa prise en ceste meschante entreprise, sa longue flagellation, sa dure coronation, son iniuste condemnation, sa tres-saincte passion, sa paternelle & maternelle recommandation, le troublement de l'air si clair, l'obscurcissement du Soleil si vermeil, qui prindrent leur robbe de dueil, le voile du temple rompu, le mont de Caluaire fendu, sa glorieuse sepulture, qui se fist tout à l'aduanture, dans le tombeau qu'en ce lieu là, ce bon Ioseph de Ramula, qui l'aimoit d'vn amour extresme, auoit fait tailler de nouueau, pour y estre posé luy-mesme : les pleurs des trois Maries, extrememét marries, pour cause de l'euenement, de ce cruel crucifiement, sa saincte Resurrection, son admirable Ascension, & incontinent apres, la mission du sainct Esprit, qu'il enuoya tout expres, à nostre consolation, pour recompense de son absence, ainsi que sainct Luc a escrit. Finablement qu'il considere exactement, ce mystere de comparence, en presence, en la vallee de Iosaphat, à fin de rendre conte exact, deuant

1. COR. 5.

le sacré Tribunal, soit du bien soit du mal, au iour du iugement final, que le grand Dieu iuste & sage, à la fin de ce voyage, iugera partagera, chacun selon son ouurage. Si le Pelerin

ROM. 2.

pouuoit, comme il pourroit s'il voluoit, tous les iours mettre en practique, ceste saincte Theorique, ou pour le moins trois fois l'an, il verroit Hierusalem tout l'honneur de la Syrie, sans sortir de sa patrie.

De la patience necessaire, au Pelerin de l'vne & l'autre Hierusalem.

CHAP. VII.

ON dit que l'experience, est vne belle science, que l'homme acquiert volontiers, par vn tiers la patience, vertu du tout necessaire, à quicõque pretend faire, & parfaire vn bon affaire. Pourquoy, Pelerin, dispose toy, comme moy, ains qu'entrer en la campaigne, de l'auoir pour ta compaigne, si tu veux que ton voyage, finisse à ton auantage, & puisse bien reüssir à ton desir. Dieu pour introduire les Hebreux, en la terre de Promission, sortis d'affliction, & de la tyrannie de Pharaon, les fist conduire par Moyse & Aaron, par des lieux tous affreux, par des chemins espineus, ruineus, & non par dedans les prees, diaprees, à fin de les exercer & dresser à la science, de la belle patience. Ainsi pour arriuer en bien viuant, en la terre des viuans, il faut que ce soit par le chemin, que Dauid enseigne au Pelerin, quand il dit. Nous auons passé par les flames, & par les eaux de ton courroux, Seigneur, puis tu as mis nos ames, en vn refrigere tres-doux. Nous ne sommes plus au temps de ces braues champions, espions, de la terre de Promission, qui en remporterent de si beaux eschantillons, sans demander permission. On n'y entre plus le tambour battant & l'enseigne desployee, mais bien comme le sage Ænee, en Carthage, couuert d'vne nuee; ce n'est plus comme on veut, mais comme on peut, pour le grand nombre des serpens Mahometans, & des dragons si felons, de ceste saincte contree, qui en deffendent l'entree, & qui veillent iour & nuict, sur le fruict, des Hesperides, de ceste saincte Floride. Il faut donc y entrer auec prudence marcher auec le silence, se deffendre auec la patience, faire bien de la despêce, pour y viure d'abstinêce, y faire peu de residêce, & du tout point de resistêce. Pelerin ie dy cecy, nõ pour te nourrir icy, des espouuãtes, si sanglãtes, & te planter la frayeur, si auãt dedãs le cœur, que tu

Ps. 65.

manques de courage, à te mettre en ce voyage. Car pour de legeres brauades, algarades bastonnades, qu'on releue assez souuent, à la Turquesque & Moresque, s'on faut à bien niueller, croy que c'est autant de vent, du Leuant, & ne perds pas d'y aller. Et d'ailleurs la patience, te seruira de science, à porter & supporter les reuers, de ces peruers, ioint que tu as en ta bourse, la ressource, & le baume singulier, qui guerit de ce danger. Que si le Pelerin est espousseté, plotté, motté, ballotté, ou quelquesfois bastonné, testonné, outre mesure, que patient il endure, voyant le pelerinage, que le propre fils de Dieu, fist le premier en ce lieu, où il souffrit dauantage, se disposant, & s'exposant bien appris, à toutes sortes de mespris, & à chercher si bien nostre Seigneur en sa passion, qu'il le trouue en sa resurrection. Qu'il chante ce que David, nous a laissé par escrit, Mon Dieu tu és ma patience, & mon espoir dés mon enfance, Seigneur escoute mes cris, au plus fort de mes perils, & ta parole desgage, des iniures estrangeres, vn pelerin qui voyage, comme tu as fait ses peres. S'il est pressé de la faim, & qu'il ait faute de pain, ie croy qu'il ne pourroit pas, faire vn plus maigre repas, que fist iadis le Roy du ciel, quand il fut abbreuué çà bas, de vinaigre meslé de fiel. S'il couche quelquefois à l'air, ou en mer, sur les cables ou sur le fer, qu'à l'heure presente, il se represente, que le Fils de Dieu nostre chef, n'auoit pas seulement vn lieu, pour reposer son chef. Et partant, qu'il couche dans ses habits, qu'il mesprise la mollesse & delicatesse des lits; ou sinon, trop delicat & mignon, qu'il ne sorte son logis. S'il a des apprehensions, des craintes & des passions, çà & là durant son voyage, qu'il ne perde pas courage, puis qu'il a deuant les yeux, les saincts lieux, & la mesme place, où le Monarque des cieux, nostre Seigneur, eut le cœur, saisi d'vne telle peur, & d'vne si froide glace, qu'on vid couler le sang & l'eau, à la maniere d'vn ruisseau, de sa digne & saincte face. S'il void qu'on le monstre au doigt, & qu'on se moque de luy, il doit mettre son appuy, sur celuy, que les Iuifs, excessifs en moquerie, & menterie, ont tant de fois execré, denigré, de leurs vois & de leurs doigts, du berceau iusqu'à la Croix. Mon Dieu, sors moy

PSAL. 70.

Ps. 68.

MATT. 27.

LVC. 22.

de miseres, & me deffends de l'abboy, de mille & mille aduer- Ps. 24
saires, qui se vont moquans de moy. Si on luy dit d'auanture,
quelque iniure, qu'il s'arme de patiéce, & d'vn courage royal,
qu'il practique la science, qui rend le bien pour le mal. Si par
sorte il est battu, qu'il face voir sa vertu, car pour estre bastonné, ou tant soit peu mal-mené, ie ne luy cõseille pas, de retourner sur ses pas, ains plustost de se resoudre, à passer outre, & Ps. 9.
boire en ce gobelet, ces coups là doux comme laict; oyant &
voyant que son maistre a fait plus fort, d'y auoir paty la mort;
mais Dieu qui void son trauail, luy addoucira son mal, s'il pa-
tiente en sa peine, car iamais des affligez, outragez, la patience n'est vaine. Que donc le Pelerin face estat, parmy toutes ces
longueurs & langueurs, de n'estre pas delicat; & se resoudre à
quelque estrainte, au Voyage de la Terre saincte, qui luy sera
tant plus fauorable, & propice, que luy sera aggreable, sa peine & son supplice. Disons donc que ce n'est pas icy, le chemin
d'Issy à Paris, ny de Paris à Issy: nõ plus que celuy de la Beaus-
se, bien vny bien applany, qui ne va point à la hausse; & où
les batteaux, vont roullant plus doucement & seurement, dãs
ceste plage, que sur les eaux de l'Archiplague. Ioint qu'on
change plus de fois, de langage de patois, de coustumes & de
lois, de deniers & de monnoye, ayant passé la Sauoye, d'influences de saisons, de climats & d'Horisons, de terroirs de
païsages, de ports peages passages, de differentes cultures, de
viures de nourritures, de peuples de nations, de gens generations,
de seigneuries mangeries, de truchemens Dragomans,
allant en Hierusalem, qu'il n'y a de iours en l'an. Et neantmoins tous ces poincts, que le Pelerin ne se desconforte, s'il a
en ceste occurrence, la patience pour escorte, vray tesmoignage, qu'en son voyage, Dieu sera sa conduite, & tousiours
à sa suitte, sa consolation, en son affliction, son calme en son
orage, son port en son naufrage, aux chaleurs son ombrage, au
grand froid son solage, sa force en sa foiblesse, sa ioye en sa tristesse, en sa fatigue son los, en sa peine son repos, en sa guerre
sa victoire, puis sa couronne de gloire. C'est ce que chante
Dauid, quand il dit; Au fort des cruelles gesnes, qui vont Ps. 93.
martyrant mon cœur, brisant mes fers & mes chaisnes, tu m'as

Ps. 9.

consolé Seigneur, & me retirant du port, de la mort, tu veux que ie face entendre, loin de ceste affliction, l'honneur que ie te dois rendre, dans les portes de Sion.

De la conformité qui se rencontre aux voyages de l'vne & l'autre Hierusalem.

Chap. VIII.

BIEN que la conference des voyages de l'vne & l'autre de Hierusalé, en face voir la difference, pour estre l'vn actif & visible, l'autre contemplatif & inuisible, l'vn corporel & terreste, l'autre spirituel & celeste ; Il y a neantmoins en ces contraires extremitez, & extremes contrarietez, de si conformes proximitez, & proximes conformitez, que considerant bien ces conformes differences, & conformitez differentes, tendantes à mesme fin & mesme but, de nostre salut, nous trouuerons & aduoüerons, pour leuer tout differét, que tout sera vniforme conforme & indifferent. Et qu'il soit ainsi, remarquez bien cecy; comme au voyage de la basse Hierusalem le Pelerin a pour ses aduersaires, les Arabes & les Corsaires; ainsi le Pelerin de la Hierusalem celeste, a tousiours Sathan en teste, qui luy fait mille brauades, & luy dresse autant d'embuscades, & outre ces tentations, & infestatiõs Sathaniques, il a ses ennemis domestiques, & grãds Corsaires spirituels, ses appetits sensuels, auec le Diable le Monde & la Chair, qui ne tasché qu'à l'allecher, & luy arracher, ce qu'il a de plus cher, pour le plonger & submerger, sous l'onde immode, de la mer de ce mõde. Cõme le voyage de la basse Hierusalé, fait practiquer icy bas, vne sciéce à son Pelerin, qu'il ne sçauoit pas, la deuotion la charité, la cõpassion l'hospitalité; ainsi le Pelerin de la Hierusalem celeste, ne ressentant rien de terreste, est instruit à la contemplation à l'austerité, à la mortification à l'humilité. Comme le voyage de la basse Hierusalem est sans difficulté, à qui le fait de bonne volonté, si qu'il semble que le bon Dieu, vous attire de lieu en lieu, par la force & l'amorce, de ses onguents odoriferens, ou comme l'aigle voltigeant sur ses petits, quand ils sont encor apprentits, tant qu'ils sçachent voller par tout, & d'vn œil nompareil, enuisager le Soleil: Concluons ainsi du reste, de la Hierusalem celeste, où il semble que Dieu guinde & guide le Pelerin, par vn chemin delicieux, dans les cieux, & comme par vn fil de soye, dans le sainct lieu de sa ioye. Est-ce pas sa promesse, fort expresse, au liure des Prouerbes du Sage, qui parle ainsi de ce voyage? Ie te monstreray par experience, la voye de sapience, & te conduiray en verité, par les sentiers d'equité, ausquels quand tu seras entré, tes pas ne seront contrains, ny estraints, & courant ne crains point, qu'il y ait rien qui rebourse, ny qui empesche ta course. C'est ce que dit encor Esaye, toute vallee sera remplie, toute montaigne applanie, & tous destroits sinueux & tortueux, serõt faits droits. Comme le voyage de la basse Hierusalem n'est pas peu important, & partant, que tout Pelerin qui y tend, n'ignore pas ce qu'il y pend, sur peine pour son imprudence, d'en faire la penitence: aussi faut-il que le Pelerin de la haute Hierusalem, allant faire ces sainctes coruees, ait des deuotions plus releuees, que ioignant la patience, auec la sapience, il se monstre plus feruent & sçauant là qu'ailleurs. Et d'ailleurs, qu'il monstre sa force & constance aux choses difficiles, sa perseuerance aux faciles, sa patience aux impossibles, sa prudence aux douteuses & incertaines, & sa prouidence aux genereuses & hautaines. Quand Dieu voulut introduire à la sortie d'Egypte, le peuple Israëlite, en la Terre de Promission, il luy fist faire vne longue procession, tantost par les deserts, tantost par pres les mers, tantost par des terres occultes & incultes, par des lieux affreux & pierreux, patissans faim & soif, & souuentesfois la mort, premier qu'arriuer au port, de ce long pelerinage: d'où nous apprẽdrons & retiendrõs qu'il faut faire ce voyage de l'vne & l'autre Hierusalem en passant tout au trauers, de mille accidẽs diuers, des pierres des fers des couteaux, des grils des flãmes des cordeaux, des croix des liõs des bourreaux, cõme l'Apostre glorieux, escrit en l'epistre aux

PRO. 4.

ESAYE 40.

HEB. 11.

Hebrieux, les vns ont esté éprouuez par moqueries, les autres par batteries, les vns enchaisnez & liez, les autres lapidez & sciez, ressenty mille trauerses, & autant de morts diuerses: bref c'est la parole de Dieu, escrite en S. Matthieu, le Royaume des cieux se veut prendre par force, la peine le martyre en est la douce amorce. Il n'est pas pour les lents, mais pour les violents, C'est pour ceux qui sont les plus forts, & qui font de plus beaux efforts. Comme le voyage de Hierusalem en la Palestine, se fait en habits vils & de peu d'estime, toutesfois à cautelle de peur des tyrannies, & auannies de l'infidelle, qui n'aspire qu'à la rapine, & ne respire que nostre entiere ruine: ainsi faut il que le Pelerin qui s'engage, au voyage de la Hierusalem celeste, en la gloire de Paradis, soit modeste en ses habits, & simple à l'interieur, autant qu'à l'exterieur, ne se parant bigarrant, à l'exemple des peruers, de la robbe à deux enuers: Dieu veut que ce beau voyage, se face au mesme equipage, que son fils quittant les cieux, le vint faire en ces bas lieux, pour sauuer son heritage. Il nasquit en vn pauure lieu, contre la qualité d'vn Dieu, de pauures gens, indigens, dans vne estable, mal capable, par le chemin, comme Pelerin, pour nous apprendre en vn mot à porter nostre fagot, & comme il le faut chercher, si nous voulons l'approcher: comme nos plus proches amis, ennemis de nostre salut, nous dissuadent volontiers, au lieu de nous suader les premiers, le voyage de la Terre saincte, par la crainte qu'ils nous mettent deuant les yeux, soit de la difficuté des lieux, du danger des maladies, du peril des tyrannies, des naufrages sur les mers, outrages dans les deserts, & mille accidés diuers, ainsi le semblable arriue des la riue, à nostre autre Pelerin, citadin, de la Hierusalem celeste, que ce faux Sathan moleste, à l'egal, luy dissuadant le bien & persuadant le mal: mais pour vaincre sa malice, imitez le sage Vlysse, qui se boucha les oreilles, aux merueilles nonpareilles, des doux chants, allechans, des syrennes si sereines, & se sauua en fuiant. Ioint aussi, qu'il trouue contre cecy l'antidote, ayant Dieu pour son pilote. Ie diray bien dauantage, que le sainct Pelerinage de nos deux Hierusalems, est comme vne medecine, fort benigne, qui guerit de tous ahans: &

MATT. 11.

LEVIT. 19.

partant

partant que le goutteux, angoisseux, n'entre en doute, d'estre guery de sa goutte, le frenetique de sa frenesie, l'hydropique de son hydropisie, le cholerique flegmatique, de ses humeurs peccantes, & mordicantes: & en vn mot ce bon & sainct exercice, est vn aigre-doux calice, à qui prend de bon courage, ce breuuage, qui dissippe les tumeurs, & les mauuaises humeurs. Quãt au Pelerin de la Hierusalem celeste, il ne luy reste, sinon tous les iours, d'auoir recours, pour son secours, aux remedes spirituels, à quoy Dieu l'inuite & conuie, contre ses appetits sensuels, les vrays bourreaux de sa vie. Car s'il est trop arrogant, & extrauagant en son courage, Dieu l'humilie, & mortifie en ce voyage ; S'il est timide & paoureux, il est feruide & genereux ; s'il est frappé d'auarice, Dieu le guerit de ce vice; s'il est paresseux & negligét, Dieu le rend vertueux & diligét; s'il est impatient & mal sociable, Dieu le rend patient &traitable; s'il est sujet à sa bouche & sa couche, cherchãt l'aise de son corps, Dieu le touchant de remors, luy faict prendre vn autre mors, tãt qu'il n'est plus si farouche. On void donc par ces raisons, & cognoit-on par ces cõparaisons, cõme ces deux beaux voyages, ces deux saincts pelerinages, sont si confins & affins, qu'ils ne tendent à deux fins, mais là haut au Ciel, où sont les Cherubins, & Seraphins : Voyons le semblable de nos deux saincts Pelerins.

De la conformité qui est entre les deux Pelerins.

Chap. IX.

QVe le Pelerin de l'vn & l'autre voyage, au chemin, de ce long pelerinage, se monstre bien aduisé, qu'il ne soit deualisé, mais pour esquiuer & leuer, bien aisément, l'euenement de ce peril, & peril de cet euenement; qu'il se prenne tousiours garde, autrement il se hazarde, si par sorte il luy aduient, de dire soit çà, ou là, à cestuy-cy, cestuy-là, où il va, n'y d'où il vient. Car si le Pelerin de la Terre saincte, soit par gloire, soit par crainte, dict ie vay en

Hierusalem, garre que ce soit à son dam, d'autant qu'outre la vanité, meslee parmy ceste verité, on iugera peut estre encor, qu'il y porte le rameau d'or, s'exposant en s'accusant, par son babil, au peril, d'estre offencé ou pour le moins destroussé : s'il adouë qu'il en reuienne, garre qui ne luy aduienne, ce qui m'aduint à Venise, où l'on vuida ma valise, du meilleur & du plus beau, en descendant le vaisseau. Quant au Pelerin de la Hierusalem celeste, qu'il se monstre plus modeste, & plus parfaict, celant tousiours son bien-faict, & tenu pour hypocrite, qu'il ne perde le merite, du voyage qu'il a fait. Comme l'or s'esprouue à l'attouche, de la pierre de touche, au burin, dans le fourneau, à la ballance au marteau, ainsi Dieu de son burin, esprouue l'vn & l'autre Pelerin, pour voir durant leur voyage, s'ils ont tous deux bon courage, s'ils obseruent bien sa loy, s'ils sont fermes en la foy; quelquefois il les met à la ballance, pour voir s'ils sont de poids en la perseuerance, tantost dans le fourneau de la patience, pour epurer & purger leur conscience, tantost soubs le marteau de la probation, pour voir leur resistance à la tentation; & finablement à sa pierre de touche, de quelque leger accident, pour esprouuer s'ils ont point le murmure en la bouche, & si l'vn & l'autre est prudent. Et partant comme le Pelerin de la Iudee, a souuent l'ame affligee, se voyant attaqué, de mille peines diuerses, estoqué d'autant de trauerses, battu de pluyes obscures, combattu de soucis & de cures, de tempestes soudaines, de perturbations mondaines, de fragilitez humaines, tantost de lassitudes, tantost de sollicitudes, esloigné du port, bloqué de la mort, parmy les Scylles & les Caribdes tempestueux, d'vn Ocean impetueux : ainsi le Pelerin de la Hierusalem celeste, menacé d'vne mort funeste, embarqué sur les eaux des tribulations, esprouue mille afflictiōs, & n'est quitte pour vn naufrage, durant le cours de son voyage, soufflé comme les Alcyons, du vent des tentations, car tantost il se perd contre les rochers de l'Erebe, l'orgueil & la superbe, tantost dans le gouffre de son ordure, la paillardise & la luxure, tantost dans les precipices de l'auarice, & autres vices monstrueux, qui estouffent en luy ce qu'il a de vertueux; s'il ne persiste au bien, comme bon Chrestien, s'il ne resiste au mal, s'il n'est fait au trauail, & qu'il ne soit bien sage, en son pelerinage. L'Eternel volontiers, parmy tant de sentiers, le mene par sa voye, & ne desdaigne pas, de conduire ses pas, pour qu'il ne se desuoye. Comme le Pelerin de la Terre saincte, se resioüist voyāt sa face peinte, au fond d'vne claire fontaine, qu'il treuue parmy la plaine, ou sur la croupe d'vn mont, ou à ce deffaut aux claires eaux, des ruisseaux, qu'il rencontre en son voyage, marchant le long d'vn riuage; Il se mire en se lauant, & se laue en se mirant, tant que la nuict obscure & sombre, vient qui luy desrobbe son ombre, le chassant de ce desert, pour se loger à couuert: ainsi l'autre Pelerin, celestin, en tout son pelerinage, se doit sans cesse mirer & admirer, s'il est sage, aux belles eaux cristalines, celestines, de ceste saincte piscine & fontaine de vie, que Dieu fait doucement couler, & distiller de son ciel, comme vn doux miel, ou plustost vn sainct nectar & diuine ambrosie, dont l'incroyable douceur, va rassasiant son cœur, resioüist & assouuist ses esprits, d'vn diuin amour espris, enflamme son ame, & illumine son intellect, seulement à son aspect. Comme le Pelerin de la Palestine, tantost par terre chemine, & tantost va sur les eaux; ainsi le Pelerin celeste, beaucoup plus prompt & plus leste, occupé en ses voyages, a les mesmes aduantages, voire quatre fois plus beaux; car il peut, quand il veut, cheminer en bien viuant par la terre des viuans, ou sinon, sans bourdon, voyager en nauigeant, & nauiger en voyageant, sainctement ambitieux, sur les ondes cristalines, argentines, qui sont par dessus les cieux. Comme le Pelerin de la Hierusalem terrestre, subiect à beaucoup d'euenemens, outre la pluye & le vent, qui le moleste, fait souuent, de fort pauures logemens: ainsi le Pelerin de la celeste, suiuy de la charité, qu'il a tousiours pour compaigne, se doit loger à l'enseigne, de la belle humilité, qui luy enseigne, par vn sentier mal battu, le palais de la vertu. Cōme le Pelerin de la Palestine, si mal à propos il s'obstine, & faut à bien niueller & caller à tous propos, on luy donne sur ses os, tantost on en ioüe à la plotte, & tātost on le ballotte, les Turcs souuent le testonnent, & le bastonnent si fort, qu'ils le laissent

Ps. 24

là pour mort : ainsi le faux Sathan moleste, le Pelerin de la Hierusalem celeste, luy machinant tourment sur tourment, pour le bricoller & cribler, à la maniere du froment : mais le bon Dieu, selon Dauid, le va deliurant quand il dit : Au têps de l'angoisse inhumaine, auec luy ie seray tousiours, comme parsonnier de sa peine, l'en tirant par vn prompt secours. Dauantage si nos deux Pelerins, cheminans par les chemins, ne se gouuernent bien en leurs voyages, qu'ils s'asseurent que Dieu leur pilotte, les plottera & portera à de grands naufrages : mais s'ils se comportent bien, il les peut en moins d'vn rien, sauuer des gouffres de la mort, & rendre sains dans le port : & pour mon regard, reschappé de ce hazard, i'ay tout sujet de chanter ce qu'en dit, le Prophete Royal Dauid : Tandis auec vn œil, à mes cris fauorable, il me tendit d'enhaut sa dextre secourable, me print me retira des grands flots pleins d'effroy, pour me conduire au port que plus ie desiroy. Ainsi que le Pelerin, Palestin, à l'entree de son voyage, sur les mers, trouuant les viures amers, mange contre son courage, veu que tout est si gasté, si salle & mal appresté, qu'au lieu de prendre son heure, & remettre vn peu son cœur, tout luy est à côtre-cœur, & peu s'en faut qu'il n'en meure : Le biscuit est si mal cuit, les viandes si mal lauees, les eaux si mal conseruees qu'on y aualle les vers, blancs & verds, à chaque morceau, & à chaque gorgee d'eau, qu'on ne luy baille encor, sinon au poids de l'or : & neantmoins, tous ces difficiles poincts, qu'il faut obir & subir en ce lieu, si en ceste affliction, le Pelerin a recours à Dieu, de bonne affection, & qu'il ne murmure iamais, il luy desguisera ces mets, de dure digestiõ, en des saulces si tres-douces, qu'il s'en mãgera les poulces. Aussi faut-il que le Pelerin, de la haute Palestine, se destine, à viure par le chemin, de viandes aigres & dures, plustost que de confitures : Il faut que son ame affamee & enflamee, de la flame de charité, viue là d'austerité, se plaise aux mortifications, se repaisse de macerations, se nourrisse d'afflictions, se traicte de penitences, se desieune d'abstinences, qui sont autant de friands repas, & appasts, où la belle ame, prenant ses esbats, & cheminant de la sorte, est plus robuste & plus forte. I'allois portant la haire,

Lvc. 22.

Ps. 90.

Ps. 17.

Ps. 106.

& pour mon ordinaire, ie desieunois ma faim, de cendre au lieu de pain. Vous remarquerez ce beau passage, du Pelerin de l'vn & l'autre voyage, qui est tel que tous deux ils treuuent & espreuuent, durant leur pelerinage, l'effect de leur bien ou meffaict, & font rencontre en cet exercice, de leur bonne ou mauuaise iustice, car si le Pelerin, a esté doux & benin, aumosnier hospitalier, gratieux officieux, charitable secourable, à l'endroit de son prochain, il fait rencontre soudain, de quelqu'vn, opportun, qui luy fait tout le semblable : car nous sommes mesurez auiourd'huy, à la mesure que nous mesurons autruy, ainsi que dit l'Escriture. Et comme le Pelerin, Palestin, s'efforce, à fuir de toute sa force, les perils & les hazards, qui le menacent & ambarassent de toutes parts, comme sur terre les passages, des forests & des bocages, souuent subiects aux carnages, & autres lieux perilleux; sur mer les tristes naufrages, les Syrtes & les Absirtes, les Scylles & les Caribdes, homicides, & les escueils de la mort, sans rade riue ny port : Tout ainsi le Pelerin, celestin, doit fuir en son voyage, le visage, du peché comme l'aspic, ou les yeux du basilic, qui peuuent en vn moment, l'vn du poignant de sa queuë, l'autre d'vn traict de sa veuë, mettre l'homme au monument. Comme enfin le Pelerin, de la Terre saincte, tousiours suiuy de la crainte, porte vn front, à l'espreuue des affrons, & sage reçoit le bien, ainsi qu'vn bon Chrestien, durant son pelerinage, ny plus ny moins que le mal, à l'esgal, d'vn tout semblable visage; ainsi faut-il que le Pelerin, de la Hierusalem celeste, se delecte, aux affrons spirituels, qui repriment & oppriment, ses appetits sensuels, qu'il resiste & persiste, à suyure de tout son cœur, nostre Seigneur à la piste, qui desire estre suiuy, & seruy à l'enuy, en renonçant à soy-mesme, ainsi qu'il a fait luy-mesme, & que chacun à l'enuy, porte sa croix apres luy.

PSAL. 34.

MATT. 7.

De la Hierusalem celeste, spirituelle & terrestre.

Chap. X.

MATH. 5.

COMME la saincte Escriture, nous figure, cinq beaux & riches talents, tout ainsi pour te complaire, Lecteur, ie te veux icy pourtraire, cinq belles Hierusalems, l'antique & moderne de la Palestine, selon le sens mystique & historique, basties de pierres belles, solides & materielles, pour la premiere & deuxiesme. L'Eglise militante, & triomphante, selon le sens allegoric & anagogic: l'vne bastie de viues pierres, & materiaux diuers, les bons & les peruers; l'autre edifiee & fortifiee de pierres precieuses, & de plus grand prix, les celestes esprits, pour la troisiesme & quatriesme: Et la belle ame fidelle espouse du second Adam, cinquiesme Hierusalem, selon le sens Tropologic, cōposee de sainctes pensees & diuines affections, cōblee de singulieres perfections, rares qualitez & belles agilitez. Pour l'antique Hierusalem, premieremēt edifiee par l'antique Roy Salé, Melchisedech, maintenant appellee par les Turcs Gozūberech, ie mettray peine de la retrouuer, & releuer de ses premieres ruines, arriuees par la rigueur des dextres mutines, & quāt à ce qui concerne, la moderne, ie feray voir aidāt Dieu, en son lieu, tout ce qu'il en faut sçauoir: pour le regard de la plus belle, Hierusalē figuree en ce libelle, riē ne te peut empescher, Pelerin, de l'y chercher, & cherchāt que tu ne voyes, mais que tu croyes, la vraye voye, pour entrer en ceste ioye: Et quāt à la militāte, & la belle ame fidelle, filles de la triōphante, nous en dirons en briefs mots, sans contrainte, parlant de la Terre Saincte, quelque chose à tous propos. Mais quant aux comparaisons, de toutes les cinq ensemble, ayant dit ce qu'il m'en semble, Pelerin, si tu veux passant chemin, tu en diras tes raisons. Comme la Hierusalem de la Palestine, est presque toute en ruine, à cause de tant de prinses, & reprinses, qui ont du tout aboly, demoly, ses bastiments si superbes, enseuelis sous les herbes, dés le temps que les Romains, de leurs mains, les renuerferent par terre, n'y laiſſant pierre ſur pierre : Ainſi dans le baſtiment, de l'Eſtoillé firmament, la Hieruſalem celeſte, la ruine manifeſte, y eut lieu, par la permiſſion de Dieu, au temps qu'arriua l'eſmeute, & la cheute, du faux Ange, Lucifer, pour qui fut baſty l'Enfer. La meſme comparaiſon, par raiſon, ſe peut faire, en cet affaire, de l'Egliſe militante, comme de la triomphante : car elle eſt autant ruineuſe, que la Hieruſalem glorieuſe, par les aſſauts tous diuers, que luy liurent les peruers, Lutheriſtes Caluiniſtes, par leurs ſecrettes menees, & leurs raiſons erronees, aprés s'eſtre ſeparez, eſgarez, de leur naturelle mere, pour en ſuyure vne adultere. Quant à la belle ame fidelle, la Hieruſalem ſpirituelle, eſpouſe de Ieſus Chriſt, le Temple du Sainct Eſprit, Las ! qu'elle eſt ſujette & encline, à de profanations, demolitions & ruines, lors que ce faux Sathan, viole le Temple de ceſte belle Hieruſalem, & que ce grand fornicateur, enchanteur, par ſes artifices, rend nos ames meretrices. Or faiſons icy vn hola, & que cecy & cela, que i'ay dit par cy par là, de la deſolation & ruine, tant de la Hieruſalem de la Paleſtine, que des trois autres, demeure pour conſtant ; iuſqu'à tant, que nous parlions de leurs reparations, & repurgations diuines. Comme Dieu va reparant, & peu à peu reſtaurant, par ſa puiſſance diuine, par ſa clemence benigne, pour vne faueur inſigne, la ruine, de la Hieruſalem de la Paleſtine, au deſir, & ſelon que le Prophete Royal Dauid, le ſouhaite, en ſon Pſalme cinquantieſme, auquel lieu, il prie Dieu, d'vne deuotion Ps.50. extréme, pour l'edification, des murailles de Sion. Ainſi Dieu meſme repare, & reſtaure les ruines antiques, de la Hieruſalem celeſte, aduenuës par la cheute funeſte, des eſprits Angeliques, Sathaniques, au grand benefice de la nature humaine, forgee & ſurrogee là haut, en leur lieu, par la volonté de Dieu, pour ſuppleer à leur deffaut. Ce meſme reparateur, & ce grand reſtaurateur, de toutes choſes viſibles, inuiſibles, faict le ſemblable de la belle Infante, l'Egliſe militante, qu'il redifie & fortifie, à tous moments, contre les aſſauts vehements, des Heretiques ſchiſmatiques, ennemis des Catholiques. Quant aux ſtrages & outrages, que le cauteleux Sathan, fait en tous les iours de l'an, à la belle Hierusalem de nos ames, soit par la sappe ou la mine, soit par ses cuisantes flames, ou par ses nuisantes trames, pour en causer la ruine; l'homme de bien assisté, tant soit peu de la bonté supréme, peut facilement luy-mesme destruire & reduire à neant, les stratagemes de ce grand Corsaire & brigand, & trouuer sa restauration, en se lauant & releuant de sa corruption & malice, par vne prompte & subite confession de son vice. Cree vn cœur net en moy, vray Dieu que ie reclame, & rafraichis mon ame, des douceurs de ta loy. Mais tout ainsi que les Temples de nos cinq Hierusalems, ont tous cinq esté vollez, violez, par la grande perfidie, des impies scelerats, visibles & inuisibles apostats, si ie n'excepte, celuy de la Hierusalem celeste, qui ne l'a esté que de volonté, par cet Ange ambitieux, vitieux, qui vouloit monter par dessus les Cieux, pour s'extoller & s'esgaller, outre son deuoir, & contre son pouuoir, creature de mauuaise foy, à son Createur & son Roy: aussi ont-ils tous cinq esté purgez, & repurgez, en temps & lieu, par la puissance de Dieu : La Hierusalem celeste, d'ambitions & rebellions; l'antique & moderne terreste, de profanations; la militante d'abominations, & l'ame fidelle & constante, de toutes sortes de pollutions & dissolutions. Venons maintenant à la conference, des deux premieres Hierusalems, la celeste & la terreste: ces deux belles citadelles, pour voir à leur concurrence, toutes les affinitez, & conformitez d'entre-elles, bien que l'vne soit situee en ces bas lieux, & l'autre instituee dedans & par dessus les Cieux. Comme la Hierusalem de la Palestine, selon ce que dit Dauid, est fondee sur les montagnes terrestes de la Iudee: ainsi l'autre Hierusalem sur les montagnes celestes du Ciel Empiree: En la terreste on void les lieux mysterieux de la Passion de nostre Seigneur: en la celeste on joüyt de la glorification, causee par le merite de nostre Seigneur, & passioné Sauueur: En ceste-là se gaignent les indulgences, & la remission des pechez commis, en ceste autre le fruict des indulgences, & des pechez remis. En la terreste on pleure par deuotion, en la celeste on se console par vne eternelle contemplation. Et ny plus ny moins qu'à la veuë, &

à la

à la venuë, du Pelerin en la Hierusalem terreste, tout ectasé & embrasé, de ses merueilles, nompareilles, son ame toute rauie, quitte souuent ceste vie : ainsi le Pelerin de la celeste, espreuue aussi ce que dit, nostre Prophete Dauid. Seigneur Ps. 35. en toute saison, ruisselle de ta maison, pleine d'attraits & blandices, vn grand torrent de delices, & de biens, qui vont enyurant les tiens, de cent mille doux calices. Pourquoy mon Dieu, que i'aime que i'adore, ie t'ay requis, comme ie fay encore, exauçãt mon oraison, me loger en ta maison. Car là se Ps. 26. gouste le nectar, la diuine ambrosie, d'vne douceur infinie ; là la force de Sanson, la sagesse de Salomõ, ne sont que foiblesse & folie ; là la ieunesse est vieillesse, la richesse pauureté, la liberté seruitude, l'allegresse inquietude, & la plus grande beauté, laideur & difformité ; la plus extresme liesse, n'est que douleur & tristesse, la santé rien que maladie, & dans ceste Hierusalem, tout l'aage de Mathusalem, n'est qu'vne minute de vie.

Du fruict des Voyages de l'vne & l'autre Hierusalem.

CHAP. XI.

AINSI que la patience, aux aduersitez, est vne belle science, necessaire, à quiconque veut bien faire, le chemin des deux citez, la Hierusalem celeste, & celuy de la terreste : tout ainsi la recompense, & le fruict qui en procede, excede la penitence, & la peine qui precede. On dit que les Dieux, donnẽt en partage, l'heritage des cieux, aux plus laborieux, & que les plus vaillans & vigilans, en leuent dauantage : à propos de la fortune, qui se rend plus opportune, aux brauaches, qu'aux gauaches, & gens lasches, aux tumides, qu'aux timides, aux hardis & valleureux, qu'aux paoureux. D'vne grãd victoire, vne grand' gloire, plus l'hõme a vne chose arduë & difficile en teste, plus faut-il qu'il s'esuertuë, & s'y arreste, en leuant plus de merite, que d'vne basse & petite. De ces maximes trescertaines & bien approuuees, il est à croire, que l'homme acquiert plus de gloire, à l'entreprise des choses hautaines & releuees, qu'à l'entremise des vaines & priuees. Ce cas posé & presupposé, l'homme de bien qui se pose & s'expose, à toutes sortes de perils, pour frapper droit au but, & remporter le prix de son salut, merite apres ses maux, le fruict de ses trauaux. Et à la verité Dieu iuste Iuge, de ce qu'il a merité, luy rend le plus souuent en tel effect outre mesure, son bien-faict, auec vsure. C'est ce que dit l'authentique, Axiome Theologique; comme le bien-faict est suiuy de la recompense, ainsi la peine suit le messaict, & l'offense, & Dieu tout bon tout puissant, à la fin de ce loüage, chacun selon son ouurage, va tousiours recompensant.

Ps. 63. De moy i'ay bien recogneu, ce que i'en ay tousiours creu, en la retribution, des fruicts de ma deuotion, au voyage de la Terre de Promission, où la solitude estoit ma seule beatitude, les douleurs mes douceurs, les supplices mes delices, parmy ces saincts exercices: Si qu'en ceste saincte action, mon mal estoit mon bien, mon trauail mon entretien, ma peine ma consolation. Et bien qu'auant le voyage, de ce long pelerinage, mon vieil aage, m'en destournast le courage, comme desia tout cassé, harrassé de mes premieres fatigues, me voyant embarassé, en cent mille autres intrigues, que ie me iugeois incapable, & du tout non receuable, à ceste saincte entreprise, n'estant plus de poids ny de mise: Desireux neantmoins de voir le Sepulchre de nostre Seigneur Iesus Christ, & le modelle de la Hierusalem celeste, i'y enuoyay de mon reste ; y appliquant si bien le courage & l'esprit, que ce chemin plein d'ombrages, & ambages, me fut vn rampart asseuré, bien-heuré, contre toutes sortes d'outrages. I'estois inueteré au vice, & enclin à mal-faire, tyron à la vertu & nouice à bien faire, mais si tost que i'eus adoré le sainct lieu, où s'est incorporé le fils de Dieu, & donné iusqu'au but, où il a operé nostre salut, en son dernier sacrifice, ie me suis tousiours depuis mieux porté à son seruice. Le Pelerin bien instruict, au voyage de la Hierusalem celeste & terrestre, remporte vn autre beau fruict ; lors que le bon Dieu, luy dóne au lieu d'vn vn double esprit, pour mieux preuoir & pouruoir, aux hazards qui l'assiegent de toutes parts, l'esprit de science & sapience, auec les au-tres qui suiuent, & les fruicts qui s'en ensuiuent, charité paix patience, douceur bonté continence, benignité cha-steté, ioye longuanimité, la modestie & la foy, auec l'ou-tre-plus, des autres vertus, contre lesquelles n'y a point de loy. Plus outre les principales vertus morales, Cardinales, que ce voyage luy apprend par interualles, la Iustice la Pru-dence, la Force la Temperance, la Verité la Clemence, l'Integrité la Tempérance, l'Equité la Bien-seance, & le surplus, des autres vertus, authentiques heroïques. Outre ces graces temporelles corporelles, il apprend les spirituel-les, si souuent qu'il se recorde, de faire misericorde, & qu'il a en singuliere recommandation, l'hospitalité la compassion, la charité la dilection, l'obeïssance eternelle, la chasteté per-petuelle, vne deuotion sincere, & la pauureté volontaire. Comme le Pelerin de la Hierusalem celeste, dedans la gloi-re des cieux, ne craint plus rien de funeste, ny rien de perni-cieux, n'estant plus du tout là haut, par la grace du tres-haut, subiet au froid ny au chaud, ny toute autre inquietude, con-traire à la beatitude. Tout ainsi le Pelerin de la Hierusalem terrestre, ioüist d'vn bel aduantage, ayant finy son voyage, n'estant si subiect qu'il estoit au peché qui le tourmentoit; Et paré de ceste botte, il a chez luy l'antidote, & le simple en son iardin, qui guerist de ce venin : car si le peché l'ex-cite & l'incite, comme il faisoit au premier, à son vice coustu-mier, & à transgresser la loy de Dieu, qu'il se ressouuienne du lieu, où Dieu mesme, vaincu d'vn amour extreme, en-uers nous, vne fois, attaché, pour le peché, dans le bois, a souffert la mort pour tous. Qu'il se represente deuant les yeux, les saincts lieux mysterieux, de sa mort & passion, les monts de Caluaire & Syon, pour vn remede soudain & sou-uerain, contre la tentation. Tout ainsi que l'ame fidelle, qui voyage en la gloire eternelle, n'y va pas simplement pour elle, ains toute pleine de charité, prie pour sa posterité, n'a-spirant & ne respirant rien tant que le gain, du salut de son

F ij

prochain: Ainsi le bon Pelerin, de la Terre saincte, a durant ce beau chemin, d'vn tel desir l'ame atteinte, lors que bruslant de deuotion, & dilection, il s'efforce de cueillir & accueillir, en son partage, aux fruicts & aux profits de son voyage, non seulement ses amis, mais ses plus grands ennemis. Or que ces belles prieres, n'ayent souuentesfois, plus de poids, & fondement que les ordinaires, ie ne le puis croire autrement: Estant porté & escorté aux saincts lieux, sainctement obsequieux, non de curiosité ny d'ambition, mais de pieté & deuotion. Comme en la loy Mosaïque le peuple Hebraïque forain, & fort loin de Hierusalem, y voyageoit trois fois l'an, pour faire ses sacrifices, & lauer ses malefices ; Le grand Prestre de la Loy, comme pilier de la Foy, entrant dans le Sanctuaire, appaisoit l'ire de Dieu, en ce lieu, par l'effect de sa priere : Ainsi le peuple Catholique, suyuant ceste coustume antique, deuroit bien au lieu de trois, à tout le moins vne fois, en tout le cours de son aage, y faire vn petit voyage : Specialement auiourd'huy, que ce lieu, est sanctifié, par les miracles du fils de Dieu, qui y a esté crucifié : mais soit faute de deuotion, ou de resolution, on void de compassion, pleurer les chemins de Syon ; de ce que personne ne vient à l'adoration. Pourquoy, ie dy que ce n'est pas peu, qu'vn bon vœu, fait par vn sainct personnage, en ce sainct lieu, quand il y va rendre hommage, au grand Dieu, non pour luy singulierement, mais pour vn peuple entierement; où braue courrier spirituel, il obtient quand il reuient, pour son criminel, en la Chancellerie & sainct Sanctuaire, du Mont de Caluaire, par sa bonne sollicitation, de belles lettres d'Abolition.

Exod. 34.

2. Parali. 8.

Des Stations que doit faire le Pelerin de l'vne & l'autre Hierusalem durant son voyage.

CHAP. XII.

COMME jadis le peuple Israëlite, fut affranchy de la terre d'Egypte, par l'entremise, de Moyse, & de son Collegue Aaron ; ces deux sacres-saincts Pontifes, qui le tirerent des griffes, de l'endurcy Pharaon, pour l'introduire & conduire, de ce lieu, en la terre de Chanaan, suiuant la promesse de Dieu, faicte au grand Pere Abraham : trauersant les mers difficiles, marchant par les deserts steriles, de station en station, premier qu'entrer dans les plaines fertiles, de la terre de promission. Ainsi le Pelerin de la Hierusalem celeste, pour s'affranchir de l'Egypte funeste, de son peché, qui le tient attaché, doit fausser & passer à la façon d'vne hirondc, les grands mers, & les deserts de ce monde, à la suite & soubs la conduite, de ce grand Roy, le Moyse de la nouuelle Loy, pour joüyr & s'esioüyr quelque iour, d'vn sejour, non point de laict ny de miel, viande grossiere & terreste, comme ce peuple Hebraïque, ains du Ciel, pour s'y repaistre du sacré Pain Angelique. Mais comme le peuple Hebrieu, cheminant de lieu en lieu, sejournoit en son voyage, vn temps en chasque passage, il faut que ce Pelerin, prenne le mesme chemin, des Hebreux, & qu'il sejourne comme eux, en ces lieux, par la contemplation, de station en station, premier que monter aux Cieux.

La premiere Station se fit en Ramessé, & Sochot, où ce peuple fut ramassé, en vn hot, auec tout son equipage, pour commencer son voyage. Or Ramessé nous designe, le rongement d'vn tigne, pour instruire & induire le Pelerin, cheminant par ce chemin, à commencer la premiere station, de sa penitence, par la consideration, du ver de sa conscience. Et pourtant, nostre Seigneur mesme, nous aduertist au 1. Euangile de Caresme, de ne thesaurizer en terre, mais au Ciel où la tigne ne se peut esleuer ny arriuer, pour nous faire la guerre. *Premiere station.* MATH. 6.

Et ce beau mot de Sochot signifie pauillons, que planterent en ces lieux, les Hebrieux, en forme de bastillons, pour faire teste, à la tempeste, de l'endurcy Pharaon, cent fois pire que Neron. Or ces pauillons soubs lesquels les Iuifs fuitifs en cette solitude austere, & austerité solitaire, estoient cachez, nous represente la charité necessaire, au Pelerin de la beatitude, qui durant ce long chemin, couure la multitude, de ses pechez. Vray est, que la premiere station, que fit ce peuple sur les confins de la domination, de Pharaon, fut en Ethan, qui vaut autant, que forteresse, ou oyseau, pour nous exhorter à supporter, d'vne telle allegresse, le iesune au pain & à l'eau, & tellement esleuer nos ames au contraire des hypocrites, tousiours tristes, à la contemplation des choses spirituelles, auec ces belles aisles, de la foy, l'esperance & la charité, qu'elles puissent paruenir au lieu de la vie, la voye, & la verité. La seconde station, fut en Phihahirot, où s'alla camper ce hot, pres les citez de Magdelon, & Bethsephon. Or est-il, que ce beau mot, de Phihahirot, signifie vn gentil cœur, plein de vigueur, pour resister aux trauaux, & aux assaux, que cet esprit immonde, Sathan, nous liure hors la forteresse d'Ethan, à la sortie de l'Egypte de ce monde. Le Centenier d'auiourd'huy, d'vne humeur toute gentille, loüé dans nostre Euangille, eut ce gentil cœur en luy ; lors que par sa pieté, enuers vn sien seruiteur, il fit tant que le Seigneur, luy redonna la santé. La troisiesme station de ce peuple Israëlite, dans les deserts hors l'Egypte, fut apres la submersion de Pharaon, & son exercite, dans les mers, & là le peuple murmura, contre les Peres, à cause des eaux ameres, de Mara. Mais Dieu par l'entremise, de Moyse, qui y jetta vn certain bois, les addoucit tout à la fois : L'amertume de ceste aquatique liqueur, nous denote la rigueur, des preceptes antiques de la Loy Mosaïque, moins seueres neantmoins, que ceux de la Loy Euãgelique ; S'il est vray qu'il fust permis, de hayr ses ennemis, & qu'on fust quitte en rendant, œil pour œil, main pour main, & dent pour dent. Mais Iesus Christ nostre Sauueur, pour leur donner plus de faueur, & de poids, les couurit auec le bois, de sa Croix, nous recommandant l'amour, de nos plus grands ennemis, en l'Euangile du iour, autant que de nos amis. Mara veut dire amertume, & pourtant heureux qui hume, de ceste onde, en ce monde, où Dieu fut abbreuué de fiel, auant que monter au Ciel. La quatriesme station, fut dans les plaines d'Helim, où les Hebreux, dans ces deserts areneux, trouuerent en leur chemin, douze belles fontaines calmes, ombragees de septante palmes: Or Helim le lieu où ils dresserent leur fort, vaut autant à dire que fort, pour induire le Pelerin au plus fort de ses desirs, d'imiter la force des Martyrs, pour triompher, & remporter icy bas la victoire, de l'Enfer, & là haut la palme de gloire, à force de ramer, sur les flots de la mer, faire ferme aux orages, esquiuer les naufrages, embarquez dans la nacelle, de l'Eglise vniuerselle, qui tire tousiours à bord, qui trouue tousjours le port, ny plus ny moins que fist celle, de laquelle parle aujourd'huy l'Euangile, qu'on iugeoit preste à perir, quand le Sauueur qui la suit, alla pour la secourir, à la quatriesme vigile, de la nuict. La cinquiesme station, fut à Iamsuph, interpreté mer Rouge, d'où ie presuppose, pour l'interpretation de ceste chose, que comme le passage de ceste mer, fut aux vns doux, & aux autres amer; les vns la trauersant facilement, pour entrer en la terre de promission, les autres s'y perdāt follement, par la diuine permission: Ainsi au passage du iugement final, les vns ressusciteront à bien, & les autres à mal, les bons à la vie eternelle, & les meschans à la peine immortelle: C'est la parole de Dieu, quoy que dure & difficile, escrite en Sainct Mathieu, d'où est pris nostre Euangile. La sixiesme station, de ce peuple tousiours en action, fut au desert de Sin, où la manne tombant du Ciel, beaucoup plus douce que le miel, luy seruoit de tapis & de coussin. Sin veut dire commandement: or le premier & plus grand commandement, est aymer Dieu parfaictement, d'vn amour extrême, & son prochain cōme soy-mesme: & en ces deux preceptes, consiste la Loy & les Prophetes: Si que le bon Pelerin, qui va droict par ce chemin, arriue plustost sans moleste, au lieu de paix & de repos, en la Hierusalem celeste. Or d'autant que l'auarice, est vn vice, contraire directement, à ces deux commandemens; car à mesure, que l'vsure, croist, & la grand' cupidité, diminuë la

Ps. 68.
IV.

Marc. 6.

V.

Math. 25.
VI.

MATH. 21. charité, pour cela nostre Seigneur tout fasché, chasse aujourd'huy ce peché, du temple de nostre cœur, ne voulant que sa maison, qui est le lieu d'oraison, dedié à cet vsage, soit vn lieu de brigandage. De là droict ce peuple alla, se retrâcher à

VII. Daphca, Sa septiesme station, qui veut dire impulsion, autrement remission: Ce passage nous exhorte, quand Dieu frappe à nostre porte, pour nostre saluation, à luy donner audience, & luy ouurir nuict & iour, l'huis de nostre conscience, pour y faire son seiour: à l'exemple de Niniue, qui s'amende & se repent, aussi-tost qu'on la reprend & que Ionas y arriue: n'attenter

MATH. 12. à tenter Dieu, comme le Iuif indigne, qui selon Sainct Mathieu, plein d'vne malice insigne, veut aujourd'huy voir

VIII. vn signe. La huictiesme station, où camperent ces Tribus, fut en Alus, & son interpretation vaut autant comme repulse, ou leuain; pourquoy comme le leuain, rend le pain, plus sauoureux, & l'homme plus vigoureux; ainsi le pain vif descendu du Ciel, voulut estre paistry de fiel, dans le bois de la Croix, afin que le mangeant de la sorte, il nous apporte, plus de consolation, en la tribulation, à propos de la iournee, & du beau

MATH. 15. don, que fit à la Chananee, aux enuirons de Sidon, nostre Seigneur Iesus Christ, qui selon qu'il est escrit, premier que l'esclairer des rayons de sa saincte face, & luy donner le pain vif de sa diuine grace, la repoussa plusieurs fois; toutesfois, ayant recogneu sa foy, sa charité & son esperance, la tira hors d'esmoy, & luy fist sentir les fruicts de sa grand' perseuerance: ainsi qu'il arriuera, à qui perseuerera, à l'exemple du Pelerin,

IX. en ces vertus iusqu'à la fin. Raphidim fut la neufiesme station, interpretee tentation, à raison qu'en ce lieu, le peuple murmura contre Dieu, pour le grand deffaut des eaux, n'y trouuant point de ruisseaux, mais Moyse ayant de sa verge, frappé deux ou trois fois la pierre, incontinent toute la terre, fut tellement, couuerte de cet Element, que presque le peuple en submerge: lequel nonobstant son mesfaict, & murmure,

Ps. 77. fut satisfaict outre mesure. Au rocher du desert il incisa les veines, qui fournit aux Hebrieux douze claires fontaines.

EXOD. 17. Vray est qu'Amalec, vint illec, donner à la despourueuë, sur l'Israëlite en queuë, qui tourna l'Amalecite, & son exercite en fuite:

en fuite: pourquoy au temps de la tentation, & de nos plus fortes alarmes, nous deuons tous les iours, auoir recours, à la contrition, & aux eaux de nos larmes, que nous ferons inspirez du Sainct Esprit, distiller iusques en terre, en frappant la vraye pierre, Nostre Seigneur Iesus Christ, auec le bois, de IEAN 5. sa Croix:& ainsi par le moyen de l'Ange de sapience, qui viendra troubler l'eau de la piscine de nostre conscience, auant qu'estre jettez en nostre afflictiō, dans la piscine de sa passion, troublee d'extrémes aduersitez, & diuerses calamitez, nous serons gueris de toutes sortes d'infirmitez.

La dixiesme Station, que fist ce peuple Hebraïque, fut au X. desert Sinaïque, mais l'interpretation, & la difference, est telle que desert vaut autant que penitence, & Sinaï selon l'Escriture, est vn terme de Iudicature, qui signifie ma mesure; or la mesure des esleus, se considere en trois manieres: la premiere est de penitence; car auec apparence, telle que sera la mesure de peché, soit manifeste ou caché, tenez pour chose certaine, que telle sera la mesure de la peine. La seconde mesure sert à DEVT. l'office, de la diuine iustice, qui nous cõuie, en tout le cours, de 25. nostre vie, & la mesure de nos iours, d'aymer tousiours Dieu sans mesure. La tierce est la mesure de gloire, du corps & de l'ame, apres la fin & la trame, de ceste vie transitoire; qui sera precisément, au grand iour du iugement: laquelle mesure & belle retribution, surpasse & deuance auec vsure, la proportion, & les limites, de nos merites: C'est ceste mesure, dont Dieu nous asseure, quand il nous dit à dessein, qu'on nous mettra dans le sein, vne mesure là sus, si foulee & si comblee, qu'ell' s'enfuyra par dessus. Et à tel iour qu'aujourd'huy, Iesus Christ fist voir en luy, à l'abord, de la cime de Tabor, le lieu où il se transfigure, vn quartier tout entier, de ceste belle me- MATT. sure: Vray est que ce fut en cachettes, à trois Apostres & deux 17. Prophetes, qui desià d'aise rauis, en ce petit Paradis, auoient faict les ethicquettes, pour y prendre leur logis.

L'vnziesme Station de ce peuple Hebrieu, fut en vn lieu, XI. qui s'appelle encor aujourd'huy Sepulchres de desirs, à cause des grands plaisirs, qu'il prenoit à se reduire en memoire, NOMB. le manger & le boire, d'Egypte, auant son heureuse fuite, 11.

G

ayant desia la douceur, de la manne à contre-cœur; & recommençant couſtumier, à murmurer comme de premier, & regretter les chairs cuittes, & les marmittes d'Egypte; deſirant pluſtoſt mourir, en ceſte terre eſtrangere, qu'eſtre plus long temps nourris, de ceſte viande legere: Voicy que Dieu, pour ſ'en venger leur fit pleuuoir en ce lieu, les cailles & les vollailles, quaſi preſtes à manger. La terre fut alors de chair toute ſemee, & le camp tout remply de vollaille emplumee: Ps.77. mais l'importance de ce feſtin, pitoyable ſur la fin; c'eſt que la mort eſpouuentable, vint ſeruir ces viandes ſur table, auec vn triſte deſſert, au mitan de ce deſert; car la pluſpart des Hebreux, mal-heureux, en auallant le morceau, alloient de la table au tombeau: & pour cauſe de leurs murmures, ce lieu a retenu le nom de deſirs de Sepultures. Or d'vn tout pareil chaſtiment, ſeront punis eſgallement, ceux qui eſtans vne fois ſortis & depeſchez, de l'Egypte de leurs pechez, & qui ont gouſté par la penitence, la clemence, & la douceur, du nom de noſtre Seigneur, oublieux des plaiſirs ſpirituels, ſe reſſouuiennent des charnels, comme il dit emporté d'ennuy, Iean 8. en l'Euangile d'aujourd'huy, aux Iuifs endurcis; Allez, vous mourrez tous entachez & attachez, aux liens de vos pechez.

XII. La douzieſme Station, fut en Hazerot, & ce mot ſignifie entree, de ceſte deſerte contree, où Aaron & ſa ſœur Marie No. 12. mal-appriſe, murmurerent contre Moyſe, dont Dieu iuſtement irrité, chaſtia la femme de lepre pour ſa temerité, qu'il guerit neantmoins, par les mains & l'entremiſe, de Moyſe, faiſant pardon à Aaron, à cauſe de la Preſtriſe. Pourquoy ne murmurez pas, icy bas, contre les gens d'Egliſe; puis que Matt. Dieu, nous dict en Sainct Matthieu, par la bouche de ſon 23. Fils, que ſils ſont imparfaicts, qu'on ſe marque à leurs dits, & non pas à leurs faicts: Car ſi les œuures ſont iniques, les paroles ſont Angeliques.

XIII. De là le peuple ſ'achemina, pour faire ſa treizieſme Station en Rethma, qui ſ'interprete geneure, ou bien qui ſignifie, viſion parfaicte & finie. Le geneure croiſſant peu à peu, ſemble d'vne pyramide de feu, & tient-on que ſon charbon, bien couuert en son ardeur, conserue vn an sa chaleur; par cet arbre & son ardeur, est entenduë la grandeur, de Nostre Seigneur, qui selon qu'il proteste, nous a apporté en terre la chaleur, du feu celeste: feu qui purge l'homme de tous maus, & qui eschauffa le cœur, des deux Pelerins d'Emaus. Lvc.12 Disons donc que la cendre de ce bel arbre Iesus Christ, icy Lvc.24 descrit, est la memoire de la Passion, que le feu d'vne saincte affection, nourry & entretenu de l'ardeur d'vne continuelle contrition, conserue iusqu'à tant que nostre vie, soit paruenuë à ceste vision finie, ou vision parfaicte, de la Hierusalem celeste. En fin comme ceste belle Mansion, du peuple Hebrieu, nous represente la Passion, du Fils de Dieu, sa bien-heureuse vision, & l'humaine indignation, en ce mesme lieu, pour le subjet de la Terre de Promission. Prenez en gré l'ennuy, de voir la mesme chose en l'Euangile d'aujourd'huy: La Passion de Nostre Seigneur, que discret, il declare à ses Apo- Math. stres en secret, sa bien-heureuse vision, lors qu'il leur dit 20. qu'au tiers iour seroit sa glorieuse Resurrection: puis l'indignation de dix de ses Apostres, offencez de l'ambition des deux autres, qui vouloient estre assis en Paradis, aux plus hauts lieux, du Royaume des Cieux.

Remonphares fut la quatorziesme Station, qui s'interprete XIV. violente exaltation, ou grenade de diuision, à raison que le mauuais riche, duquel parle l'Euangile d'aujourd'huy, enri- Lvc.16 chy du bien d'autruy, fut aussi tost raualé, qu'extollé, veu que toute chose violente, n'est iamais permanente; & que ce miserable, du tout inexorable, au iour de son trespas, perdit tout icy bas, pour auoir esté mal charitable. La grenade est le sein d'Abraham, où reposoit le Lazare, recogneu par cet auare, dans les griffes de Sathan: Si que ceste mansion, d'vn costé nous represente le vice, & la forte passion, du mauuais riche, pour auoir esté si chiche; de l'autre la vertu, & le refrigere, du pauure mandiant tiré hors de misere.

De là Moyse mena, les douze Tribus en Lebna, où ils firét XV. la quinziesme Station, & son interpretation, vaut autant que Matton, ou brique, à faire fabrique, d'où nous retiédrons que

G ij

plusieurs au lieu de trauailler à l'edifice de Dieu, composé de viues pierres, dressées à l'esquierre, ils s'arrestent plustost (mõ-strant que leur cœur est de terre) à suyure leur propre volon-té & volupté, que les commandements de la diuinité: Et pourtant permettez que ie vous die, ce que Dieu dit d'eux au Prophete Esaye; Va commencer les playes, la fuite & la de-confite, de ceux qui se resioüyssent sur les murs de la brique cuite, pour vengeance insigne, de ce qu'ils ont gasté & pillé ma vigne. C'est que Nostre Seigneur nous va discourant, par sa parole, en la parabole, de l'Euangile courant: il perdra meschamment les meschans, & loüera sa vigne à d'autres, qui en seront meilleurs marchands.

ESAYE 16.

MATT. 21.

XVI. La seiziesme Station, fut à Ressa, où ce peuple s'addressa, continuant sa peregrination; & signifie bridelicol, ou frain, equipage, pour dompter le trop de courage, & pour moderer le train, d'vn ieune & farouche poulain: ce mot signifie da-uantage lice, à faire exercice, d'où ie collige que comme l'homme vitieux & malin, est beaucoup plus enclin, à gallo-per en la lice, de ceste vie, apres la mort qu'apres la vie; Dieu le voyant ainsi farouche, souuent luy met en la bouche, la bride de necessité, auec le frein d'aduersité; & luy serrant le boutton, n'erre plus à l'abandon, ains l'attirant par le col, auec sa bride ou licol, d'vne fort belle industrie, le ramene à l'escu-rie, comme ceste brebis esgaree, recouuree, en l'Euangile d'aujourd'huy, à la bergerie, ce pauure prodigue, qui brigue & se fatigue, à toutes mains pour rentrer en la maison de son pere, sinon comme enfant du logis, reuestu de beaux habits, pour le moins comme mercenaire. Ainsi faut-il apres nostre offence, retourner à Dieu par penitence, si nous voulons mi-sericordieux, qu'il nous reçoiue au Royaume des Cieux.

LVC. 15

XVII. Celatha qui signifie Eglise, ou Congregation, fut la dix-septiesme Station; mais la differẽce d'entre l'Eglise des Chre-stiens, & la Synagogue des Iuifs inobediens, & pires que les Payens, est telle que la Synagogue s'appelle congregee, & l'E-glise conuoquee, à raison que les bestes se congregent, & les Chrestiens se nõment & s'appellẽt; & n'y a pas moins de differẽ-rẽce entr'eux & les Iuifs detestables, qu'il y a entre les hõmes

& les bestes irraisonnables: car comme les Chrestiens par la Foy, obeïssent à la Loy, & se rangent tous en vn lieu, pour y estre repeuz de la parole de Dieu: les Iuifs au contraire pleins d'opiniastreté, & sans sentiment, ne s'y rangent que par seuerité, & chastiment: & pourtant ie puis dire, que Virgile parlant auecques Titire, en sa premiere Eglogue, entendoit parler de la Synagogue, de ces testus, luy disant, *Tytire coge pecus.* C'est ce bel arrest, contre les Iuifs de Nazaret, qui vient à la file, de nostre Euangile, parlant de Naaman guery par le Prophete, & la veufue de Sarepte, lesquels nous representent la guerison des Gentils, & la reprobation des Iuifs: & ainsi à l'exemple de Naamán, & de la veufue de Sarepte, deuons nous chasser le vieil Adam, pour paruenir à la Hierusalem celeste. Lvc. 4. 4. Rois 5. 4. Rois 17.

La dixhuictiesme Station fut au mont de Sepher, interpreté, mont de beauté, en difference de l'enfer: ou si vous voulez mont de lettres, pour l'excellence des lettres, & des Prestres, de l'ancienne & nouuelle Loy, qui en toute verité, nous enseignoient la Foy, l'Esperance & la Charité, qui extirpe, & dissippe, la multitude des pechez, dont nous sommes entachez; specialement la Charité nostre principal appuy, en l'Euangile d'auiourd'huy, qui nous dit que par trois manieres, le peché se peut reietter loin de nos frontieres; par la fraternelle correction, par l'Ecclesiastique iurisdiction, & par l'abondante remission. XVIII. MATT. 18.

La dixneufiesme Station, que fist ce peuple tirant vers la Terre de Promission, & de Iuda, fut en Harada, qui veut dire en nostre langage, il suscita mon tesmoignage: Or ce suscitateur, c'est Dieu le Createur, qui suscita le tesmoignage en Iacob, & mist la Loy en Israel & son Estoc: Car l'ancien Testament a cet aduantage, qu'il est Loy & tesmoignage, Loy en tant qu'il commande, tesmoignage en tant qu'il prouue ce qu'il commande & recommande. Il prouue que Dieu est dateur & promulgateur de la Loy, & l'homme le transgresseur d'icelle, & violateur de sa foy. Car ce tesmoignage, mourut en Adam nostre premier pere, pere peu sage, mais Dieu nostre restaurateur, s'en rendit pour la seconde fois Legislateur, XIX. Ps. 77.

sur le mont Sinaïque, en la Loy Mosaïque : Ce mesme tesmoignage fut encor depuis aneäty par les traditions des Iuifs, mais nostre Seigneur l'a restably, en l'Euãgile d'auiourd'huy, où il commande en qualité de Roy, qu'on obserue les preceptes moraux de la Loy.

MATT. 15.

XX. La vingtiesme Station, où s'alla camper tout l'ost, & l'exercite Israëlite, fut en Maceloth, qui signifie congregation ; Or est-il qu'il y a deux congregations ou generations, l'vne de la Sinagogue des infidelles Iuifs, l'autre de l'Eglise des fidelles Chrestiens, descendus des Gentils, l'vne est composee d'opiniastres en leur peché, l'autre de penitens & repentans d'auoir peché : Nostre Seigneur abandonna la premiere, pour medicamenter & alimenter la derniere, à la maniere, de la belle mere de sainct Pierre qu'il guerit de la fiebure, à fin que mettant en luy nostre appuy, il nous guerisse auiourd'huy, de nos chaleurs immoderees, & nos douleurs desmesurees. Et non sans mystere mesme, cet Euangile se lit à la my-Caresme, moitié de ce sainct Printemps spirituel, my-chemin de ce beau voyage celestiel. Or comme dit l'Axiome de medecine, ce n'est pas assez de leuer le mal, si on ne leue quant & quant la racine : & la cure est imparfaicte, pour le mal estre osté, si la personne n'est bien refaicte, & le patient bien reconforté : ainsi nostre medecin spirituel, nous ayant bien gueris auiourd'huy de nos maladies spirituelles, nos passions temporelles, & chassé les peccantes humeurs, & mordicantes langueurs, restablira en nostre courage, auant la fin de nostre voyage, les vertus & belles qualitez que le peché par ces trames, & nos grandes laschetez, auoit obscurcy en nos ames.

LVL. 4.

XXI. La vingt & vniesme Station, fut en Thahath, & son interpretation, est penitence, ou si vous voulez patience, pour effacer les trauaux, que nous causent deux grands maux, à sçauoir le mal de la coulpe, qu'efface la penitence, & le mal de la peine que remet la patience. Quant à la patience, l'exemple en est formel, en l'Euangile d'auiourd'huy, où le Roy eternel, tout fatigué d'ennuy, pour le recouurement de la brebis qui estoit perie, prend vn peu de repos à pro-

IEAN 4.

pos, fur le puys de Samarie : & quant à la penitence, elle paroift à la contenance, de noftre Samaritaine, comme de la Magdaleine, & partant la Station, eft auiourd'huy à fainct Laurent où le peuple Romain, va faire fa deuotion, à deffain, pour impetrer la fcience, d'vne faincte patience, aux tourmens, arriuant l'occafion. Or l'Eglife dorefnauant, met prefque toufiours en auant, les Euangiles de fainct Iean iufques en fin de Carefme, fors vn de fainct Matthieu, chapitre vingt & vniefme, deux en fainct Luc au chapitre feptiefme : à raifon que l'Euangile de fainct Iean plus releué, declare mieux aux penitens & patiens, la grace du Verbe incarné, & enfeigne mieux au Pelerin, en ce monde funefte, le chemin de la Hierufalem celefte.

La vingt & deuxiefme Manfion, fut en Tharé interpreté chaffement, autrement iniquité : car à ce iour d'auiourd'huy, que les Iuifs ont produit la pauure femme adultere, deuant Iefus Chrift noftre pere, il chaffe diuerfement, deux grands maux enfemblement, la malice de ce peuple traiftre & infame, & le vice de cefte pauure femme : le premier par fa Iuftice diuine & faincte equité ; l'autre par fa grand' mifericorde & naturelle bonté : & d'autant que la Iuftice & la mifericorde, ruiffellent tous deux de cefte fontaine de concorde ; en cefte confideration, on fait auiourd'huy la Station, à faincte Sufanne qui f'interprete allegreffe de grace, qui ruiffelle qui diftille, fur la face de noftre Euangille. XXII.

IEAN 8.

La vingt & troifiefme Station où ce peuple f'arrefta, fut à Methca, qui f'interprete, par vn bon-heur, Verge ou douceur, la verge denote la Iuftice, la douceur, la mifericorde, qui vaut quelquefois mieux que facrifice : & ces deux fainctes chofes, à fçauoir la verge d'Aaron, ce bon Patron, la douce manne auec les tables de la Loy, contenant les fondemens de noftre Foy, eftoient enclofes, & conferuees d'vn grand foin & vigilance, dans l'Arche de l'alliance : pour nous apprendre & faire entendre, que le Prince ou Prelat d'auiourd'huy, doit auoir ces trois poincts en luy, la prudence de la Loy & la notice, pour bien gouuerner, la ver- XXIII.

NOMB. 17.

ge d'Aaron pour la Iustice, & bien corriger, & la douceur de la manne pour estre souuentesfois propice, & bien pardonner. Iesus Christ l'Arche diuine, dans laquelle sont enclos, tous les plus riches thresors, de l'vne & l'autre machine, eut ces trois choses parfaictement: premierement la verité, cognoissant secrettement, ce que chacun auoit merité: secondement, la douceur contre la tyrannie, durant tout le cours de sa vie: tiercement il garda la Iustice, pour chastier le vice, & seruir d'vn bel exemple, aux prophanateurs de son Temple: De ces trois poincts à la file, traicte auiourd'huy nostre Euangile.

IEAN 2.

XXIV. De là ce peuple s'achemina, en Hasmona, pour sa vingt & quatriesme Station, & son interpretation, vaut autant que hastiueté ou precipitation; Or il y a deux sortes de hastiueté, l'vne bonne l'autre pleine d'iniquité: la derniere est des Iuifs & Herodiens, la premiere des Catholiques & bons Chrestiens, les Iuifs empressoient pour faire mourir nostre Seigneur auant le temps, & nous autres nous deuons empresser à viure & mourir pour luy en tout temps: Les Iuifs empressoient à se donner la mort eux-mesmes par le peché, & les bons Chrestiens s'efforçoient à qui mieux mieux, & à l'enuie, à chasser le peché loin d'entre eux, pour se donner la vie. Ne soyons donc pas moins ardens, à faire la iustice, que les meschans, à commettre le vice.

IEAN 7.

XXV. D'icy ce peuple print complot, d'aller camper en Mozeroth, & ce mot bien interpreté, vaut autant comme liens discipline ou captiuité: car à la maniere d'vn pauure Sanson ou du Roy Sedechie, toute la Monarchie, du genre humain, estoit tellement reduitte souhs la tyrannie, de ce faux Sathan, ce tyran inhumain; qu'apres auoir trempé longtemps aux fers & aux cadenes, & dans les gesnes, de l'infernale Babylon, à l'appetit de cet ennemy felon; en fin par le moyen de la saincte discipline, & celeste medecine, composee du souuerain medecin de nos ames, nos liens furent brisez, & nous deliurez de nos fers & de nos flames: si que la veuë nous fut renduë & l'homme par l'homme illuminé, auparauant du tout imbecile, comme ce pauure aueugle-né,

IVG. 16.

4.R.25.

discouru

discouru en nostre Euangile. Et à ceste occasiõ, la belle ame, IEAN 9. prend son vol, pour estre à la Station, à sainct Pol, qui fut vn temps aueugle, puis apres illuminé, cōme nostre aueugle-né, ainsi que nous serons tous si à son imitation, apres auoir icy bas vaillamment combattu, nous faisons vne belle transmigration, du vice à la vertu.

XXVI. La vingt & sixiesme Mansion, que fist ce peuple cheminant, vers la terre de Chanaan, terre de Promission, fut en Benetaacam, & ce mot vaut autant, qu'enfant de pleurs & douleurs, & peut estre interpreté fils de la necessité, ou asseurance venuë, & preparation attenduë, ce que nous voyons clairemēt aux despens d'autruy, en l'Euangile d'auiourd'huy, Lors que Dieu resuscita par le chemin, le fils de ceste veufue LVC. 7. de Naim, à bon droict appellé enfant de pleurs & douleurs, pour la douleur amere, qu'il alloit causant à sa mere; & enfant de la necessité, puis qu'elle n'auoit que luy qui la peust secourir en son aduersité. Mais voicy que l'asseurance est venuë, puis que nostre Seigneur l'a entenduë, & qu'il a mis fin à ses pleurs & ses douleurs, ioint aussi que voicy, la preparation attenduë, qu'en la presence de tous malgré l'enuie, il luy a rendu la vie : mais puis que nostre mere l'Eglise d'vn amour naturelle, va pleurant tous les iours nostre mort spirituelle, resueillons nous, releuons nous, de ceste mort funeste, à la voix de ce grand Prophete, si nous voulons arriuer en la Hierusalem celeste.

XXVII. La vingt & septiesme Station fut en Gadgad, interpreté mont annoncé, mont expedié, mont rompu, mont releué. Or quant à nous autres hōmes escervelez, nous sommes tous rauallez, à la maniere d'vne terre basse, ou plustost vne carcasse : mais nostre Seigneur est vne terre viuifiee, glorifiee, en forme d'vn haut mont, dont le fondement est profond. Iesus Christ est vn sainct mont, haut par la diuinité, haut par l'humanité, haut par la pieté, puis que par vn cas estrange & rare, il a pleuré & ressuscité le Lazare. Ce mont fut figuré par les Patriarches, annoncé par les Prophetes, prophetisé par les Sibylles, & presché par les Euangiles : il est donc premierement appellé mont expedié, puis qu'en trois mots,

H

proferez bien à propos, il reſſuſcita fraiz & beau, ce corps tout puant au tombeau. Ce mont tout couuert de vertu, fut encore dit mont rompu, en la conſideration, de ſa tres-dure paſſion, par les paroles honteuſes, que les Iuifs luy proferoient, par les grands coups qu'ils luy donnoient, par la Croix dont ils le chargeoient, & les clous dont ils l'attachoient. Mais en fin il fut appellé mont releué, mont reuelé, lors qu'enyuré de noſtre amour, il reſſuſcita le tiers iour, d'vne mort ignominieuſe, à vne vie glorieuſe. C'eſt donc de ce mont des monts, mont glorifié, mont ſanctifié, Ieſus Chriſt ce grand Prophete, que noſtre Euangile traicte, mont de Dieu, mont que Dieu, par vn ſacré deſtin, a faict auant tout temps, ſans principe & ſans fin; pour IEA. II. nous exhorter, à reſſuſciter comme le Lazare de noſtre vie de peché & corruption, à vne vie d'integrité & de perfection.

XXVIII. La vingt huictieſme Manſion, où ce peuple ſe ietta, pour faire ſa Station, ce fut en Iettabatha, & ce mot bien interpreté, vaut autant comme bonté, ou deffaut, & d'autant que des l'origine du monde, autant en l'obſeruance de la Loy, comme de la Foy, il y eut bien du deffaut, à ce ſubiect le Verbe eternel vint d'enhaut, pour y rapporter le remede legal, qui fuſt egal, & au delà de la qualité du mal : Car ſelon ſainct Auguſtin, comme il y auoit icy bas, vn grand malade Pelerin, il falloit que d'enhaut il vint vn grand medecin : Et GEN. I. comme entre les premieres choſes crees de Dieu, la lumiere eut le premier lieu : Ainſi en la reparation & reſtauration de ces choſes crees alterees, la lumiere eſt touſiours la premiere, n'ayant point de ſeconde, ſçauoir eſt noſtre Seigneur qui a dit en l'Euangile d'auiourd'huy, ces belles paroles de IEAN 8. luy, Ie ſuis la lumiere du monde. Et partant que de nous ceſte belle lumiere ſoit ſuiuie, de peur de nous eſgarer parmy les tenebres de ceſte vie.

XXIX. La vingt & neuſieſme Station, que fiſt ce peuple en la peregrination, de ſon voyage, fut en Hebrona interpreté paſſage : Or de ce paſſage parle l'Euangile d'auiourd'huy, où noſtre Seigneur nous inuite, & nous excite à paſſer auecques luy, quand il dit parlant à tous, Ie seray encor vn peu de temps auecques vous : mais ennuyé, ie m'en vay à celuy qui m'a enuoyé. Or nous trouuons par escrit, trois passages de Iesus Christ, le premier à Dieu son pere, par le moyen de sa passion, le second aux Gentils, par le moyen de la predication, le troisiesme aux ames fidelles par le moyen de la Foy, l'Esperance, & la dilection : & marchant icy bas, sur ses pas, c'est le moyen de paruenir aux cieux où est nostre conuersation. IEAN 7.

PHIL. 3.

La trentiesme Station, fut en Aziongaber & son interpretation, est autant comme conseil de l'homme. Or l'homme qui est bien sage, doit prendre en ce long voyage, conseil de celuy que luy enseigne le sage : quand il dit, Si l'homme est habile, son conseil soit vn de mille : puis en vn autre passage, est escrit, de Iesus Christ, ceste parole subtile : I'ay trouué vn entre mille. Et quant au conseil que nostre Seigneur a receu & donné à autruy, il se void en l'Euangile d'auiourd'huy, auquel ses freres le conseillans de retourner en la Iudee pour se monstrer au monde, voicy qu'il ne tarde gueres qu'il ne responde, par vn conseil tout contraire; neantmoins plus salutaire : Mon temps n'est encore venu, mais le vostre est tousiours escheu : ainsi vsons de son conseil, premier que d'entrer au cercueil, & d'vne fort belle maniere, mesnageons nostre heure derniere, pendant que dure la lumiere. XXX.

Ecc. 6.

Ecc. 7.

IEAN 7.

La trente & vniesme Station, que fist ce peuple Israëlite, en sa fuite, fut au desert de Sin, & son interpretation, vaut autant que tentation, dont l'Euangile fait mention, où les Iuifs pleins de monopoles, tentent nostre Seigneur auec les effects & les paroles; par les paroles, quand ils disent premierement, Si tu es le Christ, dy le nous franchement : par les effects, lors que ne trouuans rien à dire ny redire en ses faicts ; ils cherchent à le vilipender, & des pierres pour le lapider. Apprenons donc à resister aux tentations du malin esprit, à l'exemple de Iesus Christ, & soyons luy compaignons en sa tentation, pour l'estre en sa consolation. XXXI.

IEA. 10.

Or la trente & deuxiesme Station se fist au mont de Hor, presque semblable à celuy de Tabor, & s'interprete le mont des monts, où par la permission de Dieu, Aaron mourut XXXII.

H ij

en ce lieu, & ce mont nous represente la grandeur & hauteur de la pieté de nostre Seigneur, qui aduance & deuance de beaucoup, voire surpasse en vn coup, tout ce qu'il y a au monde de saincteté. Pourquoy l'Eglise luy a donné ce nom des noms, le mont des monts, aux pieds duquel sourd vne claire fontaine de pieté, où se lauant la Magdeleine toute pleine de charité, elle oüyt sonner à ses oreilles, ces paroles de merueilles, & pleines de douceur, de la bouche de nostre Seigneur: Pource qu'elle a beaucoup aimé, on luy a beaucoup pardōné. Voulons nous donc auoir remission de nos pechez, soient publics soient cachez? Faisons à l'exemple de la Magdeleine, ruisseller vne fontaine, de nos yeux, qui iallisse iusqu'aux cieux.

L. vc. 7.

XXXIII. De là Moyse mena, tout ce peuple en Salmona, pour la trente & troisiesme Station, & son interpretation, en nostre langage, vaut autant que nostre image. Or comme Moyse fist eriger au desert, vn serpent d'airain en l'air, qui guerissoit peu à peu, d'vne belle & saincte cure, le peuple de la morsure dure, des serpens de feu, en ce lieu, pour cause de son murmure, contre la bonté de Dieu. Ainsi à tel iour qu'auiourd'huy, les Iuifs trop actifs, voulurent esleuer au bois, de la Croix, Iesus Christ nostre Seigneur souuerain, figuré par ce serpent d'airain, duquel nous portons l'image, graué sur nostre visage: pourquoy tandis que nous sommes incoles du desert de ce monde, errans par la terre & l'onde, esleuons tousiours nos yeux, vers les cieux, pour y voir nostre modelle, l'Espoux de l'ame fidelle, Iesus Christ qui nous y appelle.

NOMB. 21.

IEAN 3.

XXXIIII. La trente & quatriesme Station de ce peuple farouche, fut en Phunon qui s'interprete bouche; or ce que nous croyons hier de l'image de la passion de nostre Seigneur, selon l'Euangile dernier, par l'Euangile d'auiourd'huy, nous sommes obligez à confesser de luy, auec la bouche, ce que nous en pensions de cœur. Comme auec la bouche nous faisons quatre actions, & naturelles functions, premierement en faisant nos souspirs & nos respirs: secondement en manifestant nos desirs: tiercement par la bouche nous

IEA. 12.

appaifons noftre faim, & donnons le baifer de paix à noftre prochain: Tout ainfi Iefus Chrift Noftre Seigneur, eft la bouche de noftre cœur, par le moyen de laquelle noftre ame eft affouuie, & tire la conferuation de fa vie: Secondement nous tirons de cefte bouche eternelle, noftre nourriture fpirituelle, & tout ce qui nous eft propice, comme faict, vn petit enfant le laict, de fa nourrice: Tiercement nous apprenons de cefte bouche la verité, la prattique de la Foy, l'Efperance & la Charité: En quatriefme lieu, par vn feul baifer de cefte fainte bouche, (fuiuant la volonté de Dieu) nous fommes reconciliez foudain, auec luy & noftre prochain: Et finalement par cefte mefme bouche nous beuuons, mangeons & parlons, en attendant l'heure, qu'elle nous profere au fortir de cefte demeure, cefte parole faconde, & pleine de miel: Venez, les benits de mon Pere poffeder le Ciel, qui vous a efté apprefté, dés la fondation du monde. 1.Pier. 2. 2.Pier. 1.

La trente-cinquiefme Station, fut en Oboth, & l'interpretation, de ce mot, en noftre langage, fignifie autant que Mages, ou gens Sages, comme ceux qui vindrent de l'Orient, chargez d'or, myrrhe & encës, infpirez du S. Efprit, pour faire leurs beaux prefens, à Noftre Seigneur Iefus Chrift: par lefquels il femble qu'ils le recognoiffent Dieu, Roy & homme tout enfemble: nous faifans voir par cefte belle offerte, le recouurement de noftre perte: Par l'or, le prix de noftre redéption, par l'encens la force de la deuotion, & par la myrrhe la neceffité de la mortification. Viuons donc à la façon, de ces trois Mages, ces Roys fages, qui nous font en Bethleem, venans de Hierufalem, vne fi belle leçon. XXXV.

La trente-fixiefme Station, de ce peuple Pelerin, fe fift en Ieabarim, & fon interpretation, veut dire pierres paffantes, quand les Ifraëlites, fur les confins des Moabites, câperent & firent leurs tentes. Or Moab duquel la fœur fut la mere, f'interprete engendré du pere; pourquoy ceux qui ont eu iufqu'icy le cœur de terre, dur comme pierre, qu'ils penfent à le polir & l'amollir, par la propofition, d'vne fainte confeffion, afin que fortis de l'Egypte de leur mifere, ils foient recogneus pour enfans de Dieu le Pere. Et pourtant nous deuons auoir XXXVI.

MARC. 14. esgard, qu'en ce iour se lit l'Euangile de Sainct Marc, non sans vn grand mystere, en ce qu'il est fort consone à la cause, au temps, au nom & à l'affaire. A la cause, à raison que c'est la troisiesme ferie, auquel par le commandement de Dieu, les eaux se retirerent en vn lieu, & la terre seiche & tarie, Dieu le Pere Tout-puissant, fit produire tout espece de

GEN. I. bois fructifere & nourrissant, auec celuy qui nous fut si fatal, mortifere capital, & cause de nostre mal-heur total, le bois qui porta le fruict de science de bien & de mal, où l'homme par sa presomption, fut cause que Iesus Christ souffrit mort & passion. En ce mesme iour fut aussi produit le bois qui porta le fruict de vie, pour la conseruation de nostre vie, qu'on tient qui fut vne des sortes de bois, qui seruit à faire sa Croix : Et à raison qu'en ceste troisiesme ferie, furent produits les deux bois de la mort & la vie; à ceste mesme occasion, lit-on vn peu deuant la Passion, ceste leçon de Hieremie : Mettons du bois

HIER. II. en son pain, & le tirons de ceste vie. Quant au temps, souuenez-vous que Nostre Seigneur dit à ses gens; Sçachez que la Pasque se fera dans deux iours, & que sans aucun secours, le fils de l'homme clarifié, sera liuré pour estre crucifié : & au-

MATT. 26. jourd'huy sont ces deux iours, & ce *biduum* auant la feste, que Nostre Seigneur s'appreste, & se prepare à la tempeste. Quant à l'affaire, ie considere, que tout ce que ie refere, aduint vn iour de Mardy iour de Mars, subjet aux coups & aux hazards, iour de guerre & de tonnerre, auquel Iesus Christ vaillant & fort, triompha de la mort : ou sinon ie pourrois dire, ce iour de Mars iour de martyre, auquel Sainct Marc nous tesmoigne par escrit, le martyre de Iesus Christ. Finalement quant au nom, ie ne puis dire sinon, qu'à fort iuste occasion, se chante la Passion de Sainct Marc, dont l'interpretation, se peut dire, arc de martyre : Or l'arc de martyre de Iesus Christ, fut la Croix, où il rendit l'esprit; pourquoy si nous voulons estre vrays enfans de Dieu le Pere, il nous faut porter la Croix apres Iesus Christ nostre frere.

XXXVII. De ces deserts de Moab, ce peuple alla faire sa trentesepties me Station, en Dibongad, interpreté ruche de tentation : Or la ruche est le lieu où les mouches à miel, sassemblent fauorisees du Ciel, pour faire cet ouurage artificiellement doux & doucement artificiel : mais ce petit oysillon, a derriere vn aiguillon, dont il picque en rugissant, & meurdrissant, iusqu'au sang ; tout ainsi à tel iour qu'aujourd'huy, les Scribes & Pharisiens, ennemis des Chrestiens, à guise de grosses mouches, tres-farouches, sont assemblez chez Caïphe, grand Pontife, & d'vn conseil apocrife, enflez & bouffis d'enuie, à grand tort, ils ont conspiré la mort, de cil qui donne la vie, ainsi que chante le texte, de nostre Royal Prophete : Ces gens m'alloient enuironnant, comme vn esquadron bourdonnant, de freslons noircissans le Ciel, contre moy vomissans leur fiel : & à ce maudit conseil, ce venimeux moucheron, de Iudas, engendré de l'Acheron, le Prince des Apostats, tint tousiours la main & l'œil. Et à raison qu'en ce lieu, Iesus Christ le Fils de Dieu, à l'heure de sa misere, ne trouue en toute la liste, des siens vn seul qui l'assiste, que sa bien-heureuse mere : en ceste consideration, on faict aujourd'huy la Station, à saincte Marie majeur, à cause de cet erreur, & fait-on là ce voyage, en tesmoignage, de nostre peu de resolution, & lasche cœur, en la vendition & prodition, de Nostre Seigneur : Et auant la Passion, qu'on chante à la Station, se lisent deux Propheties d'Esaye ; l'vne en forme de Tragedie, represente comme Nostre Seigneur, par son humilité profonde, est resté victorieux, en ces bas lieux, premier que monter aux Cieux, de la mort, l'Enfer & le monde : l'autre raconte les injures, des ses propres creatures, & les outrages diuers, que luy firent ces peruers, tout autant de temps qu'il fut, & vescut en cet Vniuers. Et partant si nous meditons en sa douloureuse mort & Passion, nous participerons aux fruicts de sa glorieuse Resurrection.

Lvc 22

Ps. 117.

La trente-huictiesme Station, fut en Helmon de Blathaim, & son interpretation est de figues seiches, ou figues amassees, dont l'odeur & la douceur, procede de l'influence des Cieux, & de l'excellence des lieux. Or comme à tel iour qu'aujourd'huy, se faict à Rome en l'Eglise de Sainct Iean de Lateran, la deuotion, de la Station : comme ce beau nom

xxxviii

de Iean, par vne saincte efficace, s'interprete plein de grace, & que le sainct Sacrement de l'Eucharistie, contenant la verité de la saincte Hostie, aujourd'huy institué de Nostre Sauueur Iesus Christ, comme l'Euangile porte par escrit: par vne mesme paraphrase, s'interprete bonne grace, pour la douceur de ce tres-sainct Sacrement, nous deuons mespriser toutes autres douceurs entierement: Et à raison qu'en ce mesme iour, Nostre Seigneur fit preuue du grand amour, qu'il portoit aux siens, s'humiliant iusqu'à leur lauer les pieds, à la barbe des Scribes & Pharisiens: cela nous doit exhorter à mieux considerer la condition, de nostre nature humaine, & nous porter à fuyr toute sorte de gloire mondaine, par la consideration, des approches de sa proche passion; & de la grād' humilité qu'en tel iour il pratiqua, de la charité qu'il exerça, & de la verité qu'il enseigna: & partant si nous voulons particiter aux fruicts de sa diuinité; Il faut que nous soyons reuestus, de ces trois belles vertus, l'humilité, la charité & la verité.

IEAN 13

XXXIX. La trente-neufiesme Station que fit ce peuple Pelerin, fut sur le môt d'Abarim, qui s'interprete passage, sur la fin de son voyage; & là Moyse rendit l'esprit, comme aujourd'huy Iesus Christ, nostre Roy, le Moyse de la nouuelle Loy, qui finit en sa Passion, l'œuure de nostre redemption: & en l'office d'aujourd'huy, on lit deux leçons de luy; l'vne des Prophetes, l'autre de la Loy: pour monstrer comme ie croy, que la Passion de Iesus Christ, estoit portee par escrit, dans les deux textes, de la Loy & des Prophetes. La premiere contient l'vtilité de sa Passion, & la necessité de nostre redemption, par ces paroles pleines de charité & dilection; I'ay voulu misericorde, & non pas sacrifice, & la science de Dieu plus que les holocaustes; le bœuf ou la genisse, pour l'expiatiō des fautes. La seconde nous represente en Exode, la maniere & la methode, comme le peuple Hebraïque, Iudaïque, immoloit au temps legal, & mangeoit l'Agneau Paschal: & partant, si nous en faisons autant, & que prenions en toute humilité (comme nous dit l'Escriture) la realité, dont ils n'auoient que la figure, nous entrerons sans contradiction, en la Terre de Promission.

OSEE 6

EXOD. 12.

La qua-

La quarantiefme Station, où s'alla poser ce camp, fut sur les bords du Iourdan, depuis la ville de Bethsimoth, en tirant vers Hiericho, où ce peuple reprint haleine, ayant finy sa quarantaine: & nous ferons tout de mesme, ayant finy le Caresme; comme en fin les Hebrieux, de ces lieux, descouuroient la Terre de Promission : Ainsi commençons nous à voir, s'apparoir, la glorieuse Resurrection. Or il y a deux terres de Promission, vne terrestre, l'autre celeste, vne pleine de corruption, l'autre de benediction; la premiere c'est la terre de nos corps, demy-morts, terre par trop feconde, à faire germer en ce monde, espines de tentations, chardons d'afflictions, & œuures de maledictions : l'autre est là haut aux cieux, esloignee de ces bas lieux, dont parle le sacré Texte, de nostre Royal Prophete, quand il dict; Tu és mon espoir & ma portion, en la Terre des viuans, iusqu'à la fin de mes ans. Or les Hebrieux, comme auaritieux & terrestes, se soucioient fort peu des biens celestes, pourueu qu'ils peussent auoir la possession, de la Terre de Promission : Mais quant à nous qui sommes dicts Chrestiens, nous deuons plustost courir apres les biens, celestes que les terriens, à fin de les acquerir en celebrant sainctement ceste vigile, de la Resurrection, par vne saincte mortification, & nous rendans attentifs, & ententifs, à ce que dict l'Euangile, sçauoir est que tout le cours de nos iours, est icy bas vne continuelle vigile de penitence, si nous desirons là haut en auoir la recompense.

XL.

141.

I

Comme le Pelerin de la Hierusalem celeste doit passer par les Spheres des sept planettes.

Chap. XIII.

Tout ainsi que pour bien faire, le voyage de la Hierusalem terrestre, il est plus que necessaire, que le Pelerin plein de courage, d'vn bel aage, se resolue autant par mer que par terre, à toute sorte de guerre; à passer plusieurs Royaumes & Prouinces, à payer les tributs, à toutes sortes de Ducs, le peage & passage à autant de Princes: Aussi faut-il que le Pelerin de la Hierusalem celeste, non moins sage que modeste, se propose & dispose dés l'instant qu'il est faict, & baptizé, qui est l'aage plus parfaict, & moins cautherisé, à faire ce beau voyage, à passer audacieux, tous les Cieux, à voir toutes les logettes, des signes & des planettes. Or il passe en premier lieu, conduit par l'Ange de Dieu, en ceste saison opportune, par la maison de la Lune, c'est son premier logemēt, subjet à mutation, & beaucoup de changement, en ceste occupation. Ceste premiere planette, si subjette à l'inconstance, est attribuee à la premiere aage de l'homme, appellee enfance, comme aux plus petits enfans, qui ont seulement quatre ans, subjets en leurs actions, à mille mutations. Mais comme la creature, de temps en temps, va changeant de nature; tout ainsi le Pelerin, cheminant allegrement, va changeant de logement, & arriue chez Mercure, plaisant & gratieux, bon aux bons, & aux mauuais malicieux, & ceste planette est assignee, & designee, à la seconde aage de l'homme, dicte puerilité, à cause que les enfans, en l'aage d'vnze ou douze ans, ont plus de capacité, & se conformans à ceste planette, en leur nature foiblette, commencent à rendre, en cet aage tendre, desia quelque tesmoignage, de ce qu'on en doit attendre. De la region de Mercure, l'enfant renforcé de nature, & d'vne humeur vn peu plus forte, conduit de l'Ange son escorte, sont incontinent venus, chez l'amiable Venus, dont on attribué l'influence à la belle adolefcence, qui commence du douziefme, iufqu'à l'an vingt & deuxiefme, que l'homme ceffe de croiftre, & commence à fe cognoiftre; qu'il change de complection, propre à la generation, enclin à fuyure fes defirs, & à rechercher fes plaifirs: Si d'auanture il arriue, à la quatriefme aage plus viue, au temps de la verte ieuneffe, que l'homme a beaucoup plus d'adreffe, & de courage, du vingt & deux au quarante & deuxiefme de fon aage: Il eft temps qu'il ouure l'œil, pour entrer en la cité du Soleil, riche doreure du monde, flambeau de la machine ronde, Roy des Planettes, Prince des Comettes, dont la blonde cheuelure, dore toute la nature. Ce bel aage nous ameine, au plus beau de la vie humaine, au temps que le bon Chreftien, fuit le mal pour fuyure le bien; foir & matin foucieux, de placer fon ame aux cieux. Sorty hors de ces remparts, il f'en va loger chez Mars, hofte non moins dangereux, que Planette malheureux, duquel la condition, téd à la fedition: mais tout homme bien creé, bien né bien moriginé, doit bien faire fon deuoir, de deffaire fon pouuoir par la force de fon franc vouloir; & f'oppofer par fa prudence, à l'effect de fon influence. Ce Mars nourry de carnage, plein d'orage & difficile, enuifage, la cinquiefme aage virile, de quarante à cinquante ans, que tout homme deformais, franc de l'humeur des enfans, & forty d'apprentiffage, f'il eft fage, doit domter & furmonter, en cet aage, hors de page, fes paffions ou iamais: affranchy de la tempefte, & fraisefclos des hazars, qu'il court en paffant chez Mars, braue paffant qu'il f'apprefte, & f'arrefte à vifiter, l'Empire de Iupiter, Planette doux aggreable, fauorable, à quiconque iouial, focial & bien appris, fe réd de fes fauorits. Cefte Planette ioyeufe, gratieufe, qui nous comble d'allegreffe, f'attribuë à la vieilleffe, la fixiefme aage & paffage, de ce long & beau voyage. Or l'homme en cefte region, & Sphere de Iupiter, doit aimer la Religion, bien faire & bien mediter, aimer la chafteté, cherir la pieté, f'affranchir du peché, f'il en eft entaché, & fuyure au lieu du vice, quelque fainct exercice. Sortant de ce logement, qu'il arriue fagement, chez le fantafque Saturne, taciturne, à fin d'eftre bien venu, chez ce vieillard tout che-

I ij

nu, qui ne fait presque & ne dit, decrepit, rien qu'en fougue & par despit : & qui nous denote en somme, la septiesme aage de l'homme, qui le va chassant au port, & au havre de la mort. Or c'est là qu'il faut cognoistre, c'est le temps que doit paroistre, la grandeur de son courage, à porter & supporter, les rigueurs & les aigreurs, de ce vieil aage. Qu'en premier il craigne Dieu, l'aime & le serue en tout lieu, qu'il aime la solitude, la seule beatitude, s'il a perdu la practique, de la belle vie actiue, à tout le moins qu'il s'applique, à la contemplatiue : & passant ainsi le cours, de ses iours, sage modeste il arriue, à la riue, de la Hierusalem celeste. Maintenant donc qu'il ne reste, Pelerin, si tu es preste, qu'à percer & passer extollé, en vn char bien attellé, l'huictiesme ciel estoillé, auecques le cristallin, proche du premier mobile, pour la fin, de ton chemin, si tu es prompt & habile, heureux trois fois pren courage, à finir ce beau voyage, proche du doux rendez-vous, & de la douce retraicte, apres vne si grand' traicte. Enuironne Syon, contemple son enceinte, conte toutes les tours, de la montaigne saincte : voy bien de toutes parts, sa force ses rempars, de ses riches palais, l'admirable structure, à fin de le redire à la race future. Ha! Pelerin, où es-tu ? qu'ois-tu ? dy moy que vois-tu ? attaché par les deux yeux, dans les cieux, enchaisné par les oreilles, oyant voyant les merueilles, qui s'oyent & se voyent en ces lieux. Car de là se manifeste, la Hierusalem celeste ; de là s'entend l'harmonie, de la haute colonie, les fiffres les tambours, les clairons les trompettes : les flustes les haut-bois, les luts les espinettes : les cistres argentins, les manicordions : les plaisants harigots, les doux psalterions : les cimballes les regalles ; les bombardes, les cornets : les pandores les mandores, & les petits flageollets : les musettes les doucines, les harpes les voix diuines ; qui surpassent les fredons, des plus sçauants violons. Desia les neuf ordres des anges, desia les celestes phalanges, commencent à faire monstre, & se reuoir dans les cieux, Pelerin deuotieux, pour venir à ta rencontre. On void desia sur les rempars, & le pourpris, de la Hierusalem celeste,

Ps. 47.

formiller de toutes parts, d'vne façon fort lefte, les celeſtes eſprits, tous eſprits, & remplis d'allegreſſe, pour te faire careſſe : les Patriarches miſericordieux, les Prophetes religieux, les Apoſtres glorieux, les Martyrs victorieux, les Confeſſeurs les Docteurs, ſtudieux laborieux, les Vierges ſainctes & pudiques, & tous les eſprits Angeliques : ce que la langue ne pouuant dire, ny la plume eſcrire, l'eſprit entendre, la memoire comprendre, ie laiſſeray à peſer & penſer, à quiconque doüé d'vne belle imaginatiue, eſt mieux exercé & verſé en la vie contemplatiue.

Des douze portes de l'vne & l'autre Hieruſalem.

Chap. XIIII.

Ovt ainſi qu'à l'abbordee, de l'antique Hieruſalem de la Iudee, tous peuples & nations, de toutes conditions, comme gens de toutes ſortes, y entroient ſils vouloient, par douze portes : à fin que de toutes contrees, y entrant par douze entrees, ſe manifeſtaſt plus euidemment en ce lieu, à toutes ſortes de gens, fuſſent riches indigens, les merueilles de Dieu : tout ainſi y a il douze portes, en la celeſte Hieruſalem, par où entrent ſes cohortes, toutes les heures de l'an : trois du coſté d'Orient, trois du coſté d'Occident, trois du Nort & trois de l'Auſtre, autant d'vn coſté que d'autre : pour monſtrer que de toutes parts, on abborde, ſur les celeſtes remparts, au Dieu de miſericorde : & que de par tout on arriue, en bien viuant à la fontaine d'eau viue, en la Terre des viuans : de l'Orient de la ieuneſſe, de l'Occident de la vieilleſſe, du Septentrion de l'aduerſité, & du Midy de la proſperité.

Ezec. 48.
Apoc. 21.

Des portes Orientales. Ceux là viennent de l'Orient qui dés leur ieunesse, mettent leur addresse, & font vœu, de seruir Dieu, en toute allegresse, comme il appartient: Ceux qui viennent ainsi preparez, de ce costé, ne sont pas esgarez, au chemin de ceste saincte Cité: ains cheminans par ceste voye, dés leur aage encore vert, pour entrer en ceste ioye, y trouuent tout à l'ouuert. Sur ces trois portes Orientales, principales, la premiere, la deuxiesme, & sur la troisiesme encor, est escrit en lettre d'or: sur la premiere, porte de Sapience, sur la seconde, porte de Prudence, & sur la derniere, porte de Constance: en la Sapience, se manifeste l'excellence de la verité: en la Prudence, la iustice & l'equité: en la Constance, la force & la magnanimité. Par la porte de la Sapience, entrerent en ceste Hierusalem pleine de magnificence, tous les saincts predicateurs, anciens Theologiens, & bons Docteurs: Comme sainct Ambroise, sainct Hierosme, sainct Bernard, sainct Chrysostome, sainct Augustin, sainct Gregoire, sainct Basile, sainct Hilaire. Par la porte de la Prudence, entrerent les saincts Prelats & bons Docteurs: Comme sainct Pierre, sainct Clement, & autres qui eurent le regiment, & l'entremise, de nostre mere l'Eglise. Par la porte de Constance, entrerent les Protecteurs de nostre Foy & creance: sainct Estience, sainct Laurens, saincts Clete Clin & Vincent, sainct Cyprian sainct Denys, & autres constans Martyrs, du temps jadis, citoyens de Paradis. A ces trois premieres portes, il y a trois gardes fortes, pour prendre garde à l'entree, de ceste saincte contree, & deffendre ce costé, de la diuine Cité: ce sont trois grands Patriarches, Capitaines de ces marches, qui ont en leur propre nom, Leui, Ruben, Zabulon. Or Ruben vaut autant, qu'enfant de la vision, & ceste appellation, par excellence, nous denote la Sapience, pour nous dire & nous instruire, que quiconque est reuestu, de ceste belle vertu, & l'a tousiours pour escorte, entrera par ceste porte. Leui est interpreté pris & rauy, à la maniere des Primats, & des anciens Prelats, qui pour leur grãde prudence, doctrine & belle science, estoient pris & choisis, le temps iadis, tant à la Iudicature, qu'à la saincte Prelature. Pourquoy, au temps de la vieille

Loy, qui nous seruira d'exemple, Dieu voulut estre serui, en son Temple, de la race de Leui : Si que tous ceux qui s'exercent, & versent fidellement, à la saincte Prelature, & bonne Iudicature, passeront facilement, par ceste belle ouuerture. Zabulon & son interpretation, veut dire habitation, de forteresse, qui nous represente de quelle force & allegresse, les saincts Martyrs resistoient aux supplices, des Tyrans, leurs delices, au ieune Auril de leurs ans : passans tous francs de la sorte, par le cler de ceste porte.

Les autres pleins de paresse, sont la presse, arriuant par accident, de l'Occident de vieillesse, qui les a resueillez & ramenez, vers la fin du iour, plus par crainte que par amour, de peur d'estre damnez, laissez plustost par le peché, qu'ils ne l'ont delaissé, de maniere que le monde, n'en tenant plus aucun compte, ils s'en retirent de honte, apres luy auoir vendu, & chez luy tout despendu, leur plus grande richesse, la fleur de leur ieunesse, n'en remportant indiscrets, que mille & mille regrets, & rien pour toutes faueurs, que des pleurs & des douleurs. Or ceux que le monde abandonne, se sont embarquez au port, de l'Occident de la mort, qui les talonne : & à ces gens pleins de pechez & de maux, Nostre Seigneur Iesus Christ remply d'ire, pourra dire, ce qu'il dist, aux deux Perins d'Emaus : O chetifs d'esperance, ô tardifs de creance, que vous estes, vous n'entendez rien en la Loy, ny aux Prophetes : & pour tel euenement, à vostre aduenement, vous meritez le chastiment, de ce mauuais seruiteur de Roy, qui au lieu de garder la Foy, à son legitime Prince, pour le bien de sa Prouince, & luy rendre hommage, en la fleur de son aage, s'en est laschement departy, le voyant en affaires, pour embrasser le party, de ses aduersaires : & au declin de sa ieunesse, pressé de la vieillesse, qui l'atterre, ne pouuant plus faire la guerre, se va rendre à son premier maistre, qui le fait pendre comme vn traistre. Mais nostre Seigneur, plus oublieux, que soucieux des iniures, de ses creatures, ne demande la submersion, ains la conuersion, du pecheur : & vray Pere de concorde, a tousiours les bras ouuerts, pour receuoir les peruers, à sa grand' misericorde. Sur la premiere de ces portes Occi-

Des portes Occidētales.

Lvc. 24

Ezech. 18

dentales, sont escrites ces paroles legales: Mespris du monde, Ennuy de viure sur la seconde, & sur la troisiesme, Desir de voir la lumiere. Par la premiere entrerent sainct Paul Hermite, & tous ceux de son merite, sainct Anthoine, sainct Hylarion, sainct Machaire, sainct Spiridion : Par la seconde entrerent, Noé, Moyse Hieremie, & tous autres gens de bien, ennuyez de leur vie : ne se soucians du bien. Par la tierce entrerent les deux saincts Ieans, sainctes gens, le Baptiste & l'Euangeliste, & autres saincts de leur liste: S. Ignace, S. Pancrace, qui les suyuoient à la piste. Et à ces trois autres portes, il y a trois autres sortes, de bons gardes, auecques leurs hallebardes : Dan, Gad, auec Isachar, pour empescher le petard. Or Dan tout premierement, s'interprete iugement, suyuant que Iacob son pere, l'establit en Israel, Iuge ciuil criminel : & d'ailleurs, comme ailleurs il est escrit, les Apostres de Iesus Christ, Iuges de la machine ronde, pour auoir mesprisé le monde, sont entrez les premiers, par ceste porte, qu'ils ouuriront aux derniers, qui en feront de la sorte. Gad veut dire tentation, en son interpretation, soit que l'homme s'ennuye, de sa vie, soit qu'il prefere les biens temporels, aux eternels, ou qu'il ait l'ame saisie, de quelque autre fantaisie : ainsi que disoit Dauid, au Psalme cent dix-huict. Mon ame a sommeillé d'ennuy, tant elle est infirme, Fay que ta parole auiourd'huy, Seigneur, la confirme. A fin qu'affranchie de passions, enrichie de benedictions, & deuenuë plus forte, victorieusement heureuse, & heureusement victorieuse de toutes ces tentations, elle passe par ceste porte. D'autre part, Isachar, en ce lieu, signifie recompense ou souuenance de Dieu : Si que quiconque se recorde, de sa grand misericorde, & met au seul Dieu son appuy, il le porte iusqu'à la porte, & le fait passer apres luy.

GE. 49.

MATT. 19.

PS. 118.

Des portes Aquilonaires. Les autres picquez de l'aiguillon de la necessité, viennent de l'Aquilon d'aduersité ; lors que pressez de maux, oppressez de trauaux, ils sont forcez d'auoir recours, à Dieu leur vnique secours, car comme le vent Septentrional, contraire au Meridional, par sa froideur, astringe & constringe les humeurs : ainsi la douleur & le mal, qui naist de la tribulation,

astraint

astraint & contraint, l'homme en son affliction, d'addresser à Dieu ses clameurs. Comme il est escrit encor, que de l'Aquilon vient l'or : Ainsi de l'Aquilon des gesnes inquietudes & anxietez, viennent à Dieu les esprits anxiez, gesnez & inquietez. Et comme le bon or se treuue, à l'espreuue, à la pierre de touche, & au fourneau : ainsi le pecheur à la touche de quelque pesant & cuisant fleau : comme tesmoigne l'escrit, de quelque ancien qui dit : Ce que la lime fait au fer, la verge au grain, parmy l'estrain, & encor, le feu de la fournaise à l'or, l'affliction fait le semblable, iointe à la crainte de l'enfer, à l'endroit de l'homme loüable. Sur la premiere de ces portes de l'Aquilō, on void escrit tout au long, ce beau mot de patiéce : Sur la seconde indulgence, & sur l'autre penitence. La patience nous exhorte, à porter & supporter, toutes les extremes infirmitez, les infirmes extremitez, qui arriuent & deriuent, au temps de fatigue & de peine, sur la pauure nature humaine. L'indulgence, pardonne la coulpe & la peine : & la penitence, auec ses aigreurs, va chastiant nos erreurs. Par la premiere porte entrerent, le bon Iob & le S. Tobie, suyuis du pauure Lazare, qui va mendiant sa vie : & tous autres affligez, assiegez de la tentation, qui ont prins en gré leur affliction. Par la seconde porte entrerent, Samuel & Nathan autrefois, tous deux Prophetes de Roys, Sainct Dominique sainct François, & autres saincts personnages, qui pardonnoient les outrages, qu'ils receuoient. Par la troisiesme porte entrerent, la Magdeleine, le Prodigue, saincte Heleine, qui se fatigue tant du corps que de l'esprit, pour la gloire de Iesus Christ : & tous autres penitens, sainctes gens, de son temps, qui portez d'vn mesme zele, taschoient de faire comme elle. A ces trois portes Aquilonnaires, il y a trois gardes ordinaires : Azer, Simeon, & Iude : Azer interpreté beatitude, regarde la patience, & la sapience, de ceux qui sont en inquietude : ausquels Dieu, promet en sainct Matthieu, ceste belle recompense : Vous estes bien-heureux, lors que les malheureux, vous maudiront, martyreront, & diront tout mal de vous, comme de nous, mentans par irrision à mon occasion ; resioüyssez-vous-en, glorifiez-vous-en, & que l'aise

Iob 37.

S. Ber.

Matt. 5.

K

vous transporte : à raison que ce fiel, dans le ciel, vous sera changé en miel, ayant passé ceste porte. Simeon, qui signifie exaudition, appartient à la remission, de toutes sortes de pechez, manifestes ou cachez : si que quiconque pardonnera les iniures, les plus dures, sera là haut exaucé, rehaussé, ayant faussé la garde forte, de ceste seconde porte. Iude qui signifie confession, regarde l'absolution des pechez, qui nous tiennent attachez : de maniere que si nous auons au cœur vne vraye contrition, en la bouche vne saincte confession, en l'œuure vne entiere satisfaction, à quoy l'Eglise nous exhorte, nous passerons seurement, heureusement ceste porte.

Des portes Meridionales. Les autres en tranquillité, viennent à la diuinité, du midy de la prosperité, comme Abraham Iacob & Zachee, qui eurent tous l'ame allechee, à la recherche des biens eternels, beaucoup plus que des temporels, qu'ils postposerent tousjours, comme biens territoires, transitoires, à l'eternelle gloire. Mais celuy qui en telles occurrences, ne sçait faire ces differences, plein de malheur, s'esloigne plustost de la ioye, *Devt. 32.* de son Seigneur, qu'il n'en recherche la voye. Car tant plus l'homme est aisé, plus il est maladuisé : l'engraissé dit l'Escriture, change souuent de nature, & regimbant imparfait, delaisse Dieu qui l'a faict : en forlignant, & s'esloignant de la trace, & du chemin de bien viure, qu'il faut suyure, pour auoir sa saincte grace. Sur la premiere de ces portes Australes, se void escrit en lettres capitales, Humilité, sur la seconde Sobrieté, sur la tierce Hospitalité. Par la premiere passa le *Lvc. 18* Publicain, que l'humilité pour son vtilité, fist de Geant vn petit Nain : & passe l'homme reuestu, de ceste belle vertu. *Dan. 1.* Par la seconde entrerent, Sidrac Misag & Abdenag, qui pour ne violer leur Loy, ne se voulurent polluer des mets de la table du Roy : Par la tierce entrerent les amateurs de concorde, enfans de misericorde, sainct Sulpice sainct Nicolas, qui perdoient repos & repas, apres ce sainct exercice : & la veufue de *3. Rois 17.* Sarepte, nourrice du sainct Prophete. A la garde de ces marches, sont trois autres Patriarches, le bon Ioseph, Neptalim, & le petit Benjamin. Ceste belle appellation, de Ioseph, qui signifie augmentation, nous represente l'humilité de laquelle parle Iesus Christ, quand il dit, qui s'humilie sera exalté. Neptalim interpreté conuersion, largesse ou donation, nous Lvc. 3. denote l'opulence, de ceux qui font abstinence: lesquels plus ils s'abstiennent des choses caduques & temporelles, plus sont sustentez & repeuz des choses celestes, & spirituelles. Benjamin, qui s'interprete fils de ma dextre ennemy de la discorde, denote la misericorde, & que les misericordieux, dans les cieux, sont selon sainct Matthieu, assis à la dextre de Dieu. Mat.5. Pourquoy ceux qui seront en ces bas lieux, humbles, sobres, & misericordieux, passeront par ces trois portes, nonobstant leurs gardes fortes. Ces douze portes ornees, & couronnees, de belles perles & pierres pretieuses, nous figurent les ames bien heureuses: car comme les perles sont engendrees, de la rousee cristalline, qui distille dans la petite coquille, ainsi les belles ames sont crees, & tirent leur origine, de la puissance diuine; dont Dieu se sert en plusieurs sortes, pour l'ornement de ces portes. De ces quatre chemins diuers, ce Grand Pere de l'vniuers, dit à son fils en Esaye, ceste apparente professie; l'ameneray ta semence d'Orient, & t'assembleray d'Occi- ISAYE dent, ie diray; donne à l'Aquilon, & à l'Austre, qu'il n'em- 43. pesche non plus que l'autre, la gloire de ton sainct nom. Si bien que par ces douze portes, peuples & gens de toutes sortes, viuans en la crainte de Dieu, peuuent entrer en ce sainct lieu.

De la forme & situation de l'vne & l'autre Hierusalem.

CHAP. XV.

TOVT ainsi que la belle Hierusalem de la Iudee, est fondee non dans les razes campaignes, mais sur les hautes montaignes, & plus plaisantes collines, de toute la Palestine : comme chante le Prophete Royal, sur son instru- Ps.86. ment musical : Elle a ses fondemens sur des sainctes montaignes, chacun la peut cognoistre à ces belles enseignes. Ainsi le mesme Prophete, nous atteste, que la Hierusalem celeste, nostre Espouse nostre esperee, est tiree, sur les monts du ciel Empiree. Quand i'ay eu l'esprit oppressé, ie me suis tousiours addressé, à Dieu qui escoute ma plainte, du haut de sa montaigne saincte. Quant aux beautez de la terrestre, ie m'en rapporte aux oreilles, qui en ont oüy les merueilles, & aux yeux qui ont couru les saincts lieux : mais quant aux beautez incomparables, admirables, de la Hierusalem celeste; voyez ce qu'en dit le texte, Canoniste, de sainct Iean l'Euangeliste. Son mur à douze fondemens, est d'vn or pur & tous ses bastimens : elle est bastie en quareure, & sa pareure, est aussi belle en sa largeur, qu'en sa longueur : L'ange l'ayant mesuree, auec sa toise doree. Ses fondemens plus que dorez, sont decorez, de toutes sortes de pierres pretieuses, soyent diamans soient perles gratieuses : tous ses bastimens sont de iaspe, exempts de la mine & la sappe : La Cité & ses ruës sont d'vn pur or, & son premier fondement de iaspe encor : de saphir le deuxiesme, de calcedoine le troisiesme, d'esmeraude le quatriesme, de sardonix le cinquiesme, de sardoine le sixiesme, de chrisolite le septiesme, de berille l'huictiesme, le neufiesme de topase, le dixiesme de crisoprase, l'onziesme d'hyacinte, le douziesme d'amatiste, comme dit l'Euangeliste. Ses douze portes, extrememēt fortes, sont blanchies & enrichies de perles de toutes sortes : & sur chacune d'icelles biē barrees, aux infidelles, sont grauees, & releuees ces belles paroles dorees. Quiconque veut entrer en ce seiour, son ame soit claire comme le iour. Ce beau mur de iaspe d'honneur, represente nostre Seigneur, & sa diuinité : qui sera mis pour mur & auātmur, de ceste saincte Cité. L'or pur comme le verre, c'est la Charité necessaire tant au ciel qu'en la terre, esprouuee au fourneau des tentations, & au marteau des afflictions. Pour les douze fondemens, de ces riches bastimens, si richement reuestus, ce sont les douze vertus, par lesquelles en toute felicité, se modere se gouuerne ceste si saincte Cité. Le premier fondement de iaspe de couleur verdoyante, nous represente la Charité toute flambante. Le saphir de couleur celeste, c'est la Sapience inteste. La calcedoine d'vn palle aspect, c'est le don de l'intellect. L'esmeraude verde & aggreable à l'œil,

Ps. 3.

Ap. 21.

Esa. 26.

Esa. 26.

c'est le don de conseil. Le sardonix blanc tirant vn peu sur le roux, c'est le don de force parmy la force des coups. Le sardoine de couleur sanguine, c'est le don de science qui nous illumine. Le crisolite doré, c'est le don de pieté. Le berille transparent, c'est le don de crainte, fort apparent. La topase qui participe à la couleur, de toutes les autres pierres de valeur, mais specialement dorée & azurée, nous represente l'amour, qu'vn cœur vrayement humain, doit rendre à Dieu & à son prochain. Le crisoprase de couleur d'or, tirant sur le verd encor, en sa belle difference, c'est le don de la Prudence. L'hyacinte violet, rondelet, nous signifie, la vertu de l'adoration de latrie. Et finablement l'amatiste, la derniere de la liste, purpurine violette, vermeillette, nous represente la beauté, de la vertu de chasteté, qui est tousiours en affaires, auec trois grands aduersaires, dans ceste machine ronde, la Chair le Diable & le Monde. Mais ces douze belles portes, non moins superbes que fortes, par où gens de toutes sortes, passent estans reuestus, de ces douze belles vertus: nous representent les ames bien-heureuses, qui sont autant de pierres pretieuses, dont la diuinité, va dorant & decorant ceste saincte Cité. O diuine Cité, de Dieu la mieux aimee: que Ps. 86. d'excellens discours haussent ta renommee. Pourquoy ie dy en conclusion, que l'œil ne peut voir, l'ame conceuoir, l'oreille entendre, & l'esprit comprendre, les merueilles de ceste haute Syon. On dit que sainct Augustin, ce pere tout celestin, se penant en ces bas lieux, à l'intelligence, de l'excellence des cieux: l'ame de sainct Hierosme s'apparut, à luy, pour le tirer de cet ennuy; luy disant, Augustin que penses-tu? Augustin que cherches-tu? Veux-tu mettre toute l'onde, & l'eau du monde, en vn si petit vaisseau? penses-tu voir l'inuisible? diuiser l'indiuisible? toucher ce qui n'est palpable? mesurer l'immesurable? mettre fin à l'infiny, qui ne se peut definir? & toy seul pouuoir apprendre, ce que tous n'ont peu comprendre, non, non il n'est pas possible? Qui pourra donc parler de ta felicité, bien-heureuse Cité, puis que les bien-heureux, exempts de toute tristesse, & hors d'esmoy, trouuent en toy, toute sorte d'allegresse. Premierement, en la vision de Dieu, qui comble & remplist ce sainct lieu, entierement, par la contemplation, de la diuinité, & sacree humanité, du Prince de nostre redemption : de la beauté & bonté sincere, de la tres-sacree Vierge sa mere : au nombre infiny des anges, & celestes phalanges : aux cornettes toutes complettes, de tant de Patriarches & Prophetes : aux sainctes compagnies, de tant d'Apostres, Martyrs, Vierges, & Confesseurs toutes fournies : tant de victoires remportees, tant de couronnes portees, par ces ames bien-heureuses, victorieuses, de l'Enfer, le Monde & le Diable la Chair. Bref on n'en pourroit iamais dire, à suffire, puis que l'Apostre sainct Pol, en vn vol, que fist sa belle ame aux cieux, de ces lieux y vid de si grands merueilles, que nos yeux, ny nos oreilles, ne sont capables de voir, entendre ny conceuoir. Et partant pauure pecheur miserable, que ie suis, qui ne puis, en aucun lieu, rien faire d'aggreable à Dieu, qui n'ay iamais sceu, qui n'ay iamais peu, à cause de mon indignité, comprédre le moindre poinct de sa diuinité. Comment donc pourrois-ie dire, ou escrire, ce que la langue ne veut, ce que la plume ne peut, l'intellect ne sçait entendre, ny tout le monde comprendre ? O Cité glorieuse, ô vie bien heureuse, ô Paradis des cieux, sejour du Dieu des Dieux : Ie te saluë de loin belle Syon, comme fist Moyse la Terre de Promission, si bien ie ne te voy, pour le moins ie te croy : & de ces yeux impurs, tantost noyez de larmes, tantost pris par tes charmes, quand ie te pense mirer, pour t'admirer, chassé loin de ma brisee, ie voy tout aussi tost en toy, ie ne sçay quoy, qui me tire tout hors de moy, & me fait perdre visee. Ie suis tellement attristé, & contristé en mon ame, loin escarté de ta flame, que non seulement mes larmes & mes pleurs, vrays tesmoins de mes douleurs, mais les yeux, dont ie regardoy les cieux, se tarissent, & ternissent, vaincu de ces doux alarmes : Que puis-ie donc en ce lieu, ô mon Dieu, que ie reclame ! que puis-ie (dis-ie) ô mon ame, faire en cet endroit, dire en ce destroit, sinon souspirer, & en souspirant aspirer, tant que mon ame expiree, soit attiree, en ce beau ciel Empyree, où est la Hierusalem desiree ? Retire donc ô mon Dieu, de ce lieu, ma pauure ame affligee :

1. Cor. 2.

Ps. 141.

Voy l'abyſme où elle eſt plongee, & ie chanteray par tout le renom, de ton nom, voyant ma peine allegee.

De la grandeur & capacité de l'vne & l'autre Hieruſalem.

CHAP. XVI.

IL y a auſſi peu d'Analogie & proportion, de raiſon que de comparaiſon, d'affinité que de conformité, en la grandeur & capacité, de l'vne & l'autre Cité, qu'en leur beauté & perfection. Car bien que le Roy Dauid, chante & vante par tout l'vniuers, la baſſe en ces quatre vers, quand il dit: Hieruſalem ton baſtiment, vne grande Cité reſſemble, où chacun vit d'accord enſemble, & tous ſont d'vn conſentement. Bien que Ioſephe en ſon hiſtoire, nous baille à croire, que lors que l'Empereur Tite, auec tout ſon exercite print ceſte grande Cité, reduite à l'extremité: Il y demeura plus de douze cens mille ames, tant par le fer que par les flames, en comprenant les captifs, tous Iuifs, ce qui peut aucunement, par idee, fuyant le denombrement, de cet autheur, faire iuger la grandeur, de celle de la Iudee. Neantmoins, c'eſt moins que rien au reſpect, & proſpect, à l'eſgard & regard, de la grandeur & ſplendeur, de celle des plus hauts lieux, la Hieruſalem des cieux: Et pour preuue de mon dire, ie veux dire, ſi nous meſurons les corps ſuperieurs, à la meſure & proportion des inferieurs, l'inuiſible par le viſible, ſelon S. Paul aux Romains & aux Hebrieux, quand il dit, que des choſes inuiſibles, ont eſté faites les viſibles, & que les viſibles, qui ſont en ces bas lieux, nous portent à la cognoiſſance des inuiſibles, qui ſont par deſſus les cieux. Pour ſçauoir donc la grandeur du ciel Empyree, ſiege de la Hieruſalem deſiree; Quelques Mathematiciens, des plus anciens, ont tenu & maintenu, que la terre & ſa grandeur, contenoit cent cinquante mille mille en ſa rondeur: qui ſont vingt & cinq mille lieuës à deux mille pour chaque lieuë. Les Geometres, plus terreſtres, en retrãchant la moitié, pié pour pié, n'y en ont tãt voulu mettre.

Pſ. 121.

ROM. 1.

HEB. 11

Les Theologiens, plus croyables que les Geometres & Mathematiciens, & entre autres sainct Thomas d'Aquin, tres-expert & fort habile, dit en son liure du Ciel, vers la fin, qu'ell' n'en contient que dix mille. Or selon les Theologiens, & doctes Physiciens, le corps superieur, est dix fois plus grand que l'inferieur : d'où il s'ensuit que l'eau en grandeur, surpasse dix fois la terre & sa rondeur : c'est la proposition, d'Aristote, en son liure de la Generation, où il cotte, que d'vn poinct ou goutte d'eau, se font dix poincts d'air, pour la plus grande subtilité & rareté : & partant il s'ensuit de ce passage, si la rondeur de la terre contient dix mille lieuës & dauantage, reduisant auec licence, le tout à vne seule lieuë pour plus facile intelligence : On pourra conclurre que l'eau qui la surpasse dix fois en grandeur, aura dix lieuës en sa rondeur : l'air cent, le feu mille, la Sphere de la Lune dix mille, Mercure cent mille, Venus vn million, le Soleil dix millions, Mars cent millions, Iupiter mille millions, Saturne dix mille millions, le Ciel estoillé cent mille millions, & le Ciel cristallin dix cens mille millions. &c. Si maintenant toute la terre qui n'est mise qu'à vne lieuë en sa rondeur, estoit comptee à dix mille selon sa grandeur, iugez vn peu par ce mesconte, où auroit donné le vray compte. On peut encor autrement, mesurer & conjecturer, la grandeur du Firmament. Les Astrologues tiennent ceste maxime confirmee, par l'authorité de Ptolomee, qu'outre le Soleil, l'œil du monde, plus grand cent soixante fois que toute la terre & l'onde, il y a vingt six belles estoilles, par dessus le Firmament, qui sont sept cens fois plus grandes, que ce premier element : que chaque estoille du second ordre attachee à sa Sphere, est plus grande nonante fois que toute la terre entiere. Les estoilles du troisiesme, septante & deux fois, celles du quatriesme cinquante & quatre fois, du cinquiesme trente sept fois, & finablement la plus petite estoille du sixiesme ordre est dixhuict fois aussi grande que toute la terre ensemble. De ce compte bien calculé, nous pouuons apprendre & comprendre, la grandeur du ciel estoillé, sur lequel il y a vn autre mobile, en son cours bien moins agile, puis que sa Sphere est selon quelques vns trente six, & selon d'autres

quarante

Arist. de la Gener. c. 37.

quarante sept mille ans à le faire : & sur ce mobile si lent, est situé le premier plus violent, qui en vingt & quatre heures seulement, circuit tout le monde entierement. Or sur ce premier mobile, est posé le ciel Empiree, en soy tousiours immobile, où la celeste Hierusalem est anchree, & là Dieu habite auec ses saincts bien-heureux, & ses glorieux anges, sans cesse attentifs & tousiours ententifs, à chanter ses loüanges. Disons donc en conclusion, que la celeste Syon, est si capable au respect, de celle de ces bas lieux, que nos yeux ny nostre intellect, ne peuuent d'icy bas s'estendre, à comprendre la grandeur de sa situation.

De la reception du Pelerin en l'vne & l'autre Cité de Hierusalem.

Chap. XVII.

Tout ainsi qu'en arriuant, au Leuant, on rencontre à l'abbordee, de la Hierusalem de la Iudee, le pere Gardien de sainct François, Italien ou François, ou de quelque autre nation, qui sans aucune acception, de personne, tousiours donne, toute satisfaction, au Pelerin qui s'engage, au peril de ce voyage, luy faisant voir à l'entree, tous les lieux mysterieux, de ceste saincte contree. Quoy fait il luy fait apprester, vn beau festin pour le traicter, où luy faisant mille caresses, l'inuite & l'incite, à toutes sortes d'allegresses : mais specialement, parmy ce bon traictement, il l'instruict & le catechise, à ne perdre pas ses pas, & le fruict de son entreprise : à faire bonne diligence, de reparer ses negligences, par le fruict de tant d'indulgences : à se maintenir en la grace receuë, & s'abstenir à l'aduenir, de toute chose induë. Tout ainsi à l'arriuee, sur la celeste leuee, & aux approches du plan, de la haute Hierusalem ; le grand pere de l'vniuers, du ciel de la terre des mers, & tout ce que le ciel & la terre ; chacun en ses bornes enserre, vient de son ciel azurin, tout diuin, au deuant du Pelerin, pour le guinder & gui-

L.

der, par toute la Monarchie, de la celeste Hierarchie, & luy fait voir en vn clin d'œil, ainsi que dans vn tableau, tout ce qu'il y a de beau, dessus & dessous le Soleil. Ayant fait toutes les strades, couru toutes les contrades, de la Hierusalem celeste ; Pelerin, il ne te reste, rien, pour le comble de ton bien, sinon t'assoir à la table, du conuiue delectable, & delitieux, que Dieu fait dresser aux cieux pour traicter les ames fidelles, de viandes spirituelles. En ce conuiue celeste, rien n'arriue de funeste, comme aux banquets & festins, infestes & intestins, des mutins, de ceste machine terreste : où n'ayant rien que d'inique, la fin est tousiours tragique : comme il aduint dans l'Eden, au festin d'Eue & Adam, où pour vn morceau de pomme, là dedans se damna l'homme, par la ruse de Sathan. On dit que Marc Anthoine idolatre, de la Royne Cleopatre, ces deux courages lascifs, furent tous deux si excessifs, en leurs festins & banquets, desguisez en tant de mets, que cela fut l'origine, & la fin de leur ruine. Isaac y fut deceu, & son fils Esaü, par son frere Iacob : Tous les enfans de Iob, en vn bloc assemblez, y furent accablez. Ce malheureux Absalon, y tua son frere Amon. Le peuple Israëlite, s'enfuyant de l'Egypte, tenté de gourmandise, bandé contre Moyse, auoit encor au desert, pour dessert, le morceau dedans la bouche, que l'ire de Dieu le touche. Le Roy Balthasar en son yurongnerie, perdit le Royaume & la vie. Et ce puissant Holoferne, enyuré de sa tauerne, au mitan de sa conqueste, perd son armee & sa teste. Arriere donc les festins, clandestins, de la terre, qui pour la paix, nous apportent la guerre, & sement par l'vniuers, cent mille malheurs diuers : fors celuy de la saincte Hostie, contenu en l'Eucharistie. Mais quant aux festins du ciel, beaucoup plus doux que le miel, la discorde n'y abborde, comme elle fist vn matin, au festin, de le petite caterue, Iunon Venus & Minerue. Là n'y aura point de bruit, là ne sera point de nuict : il n'y aura plus d'alarmes, plus de cris plus de vacarmes : point de pleurs, moins de douleurs, plus

Est. 1. de souspirs ny de larmes. Nous lisons au liure d'Ester, qu'Assuerus fist apprester, vn festin fort somptueux, monstrueux, pour traicter non seulement les Princes, de cent vingt & sept

Prouinces, mais encor (si ie l'ose dire) tous les hommes de son Empire. Ainsi nostre grand Roy Dieu, non seulement de ce lieu, mais Dieu Roy, qui à tous Roys fait la loy, & qui commande par tout, le monde, de bout en bout, haut & bas imperieux, dessus & dessous les cieux: pour tesmoigner l'excellence, de sa grand' magnificence, en la nourriture, de ses creatures, leur prepare vn beau festin, à la fin de la victoire, de toutes sortes de maux, & trauaux, de ceste vie transitoire, pour les couronner là haut, ayant franchy ce grand saut, d'vne couronne de gloire. Toutes gens sont bien venus, à ces grand's nopces Royalles, pourueu qu'ils soient reuestus, de leurs robbes nuptiales, à quoy la diuinité, de toute la Trinité, les exhorte & les conuie, en tout le cours de leur vie, voulant sans rien reseruer, que tous se puissent sauuer. Premierement Dieu le Pere, par vn sacré-sainct destin, pour paistre nostre misere, nous inuite à ce festin: lors qu'auant nostre naissance, pitoyable il nous appelle, à la douce iouïssance, de sa couronne immortelle. En second lieu, ce Dieu mesme, nous semond à ce festin, depuis l'heure du baptesme, iusqu'au poinct de nostre fin. Et en fin il nous conuie, à ce festin donne-vie, par ses graces preuenantes, operantes, cooperantes. Et quant au Sauueur du monde, ceste personne seconde, de la saincte Trinité, ce fils plein de charité: il voulut apres le pere, dés son Incarnation, nous inuiter inciter, à ce festin salutaire, iusques à sa passion. C'est vn poinct de nostre foy, bien inseré par escrit, dans les liures de la loy, de nostre Roy Iesus Christ: où il dit, Quand ie seray dans le bois, de la Croix i'attireray tout à moy. C'est ceste humeur sitibonde, du salut de tout le monde, qui le trauailla si fort, peu de temps auant la mort, desirant l'extinction, de nostre alteration. Quant à la tierce personne, de la saincte Trinité, qui procede toute bonne, des deux par esgalité, le sainct Esprit nous semonne, à nous asseoir à la table, vestus de nos beaux habits, de ce festin delectable, comme le Pere & le Fils: il nous porte à ce conuiue, quand il arriue & auiue, nos froides ames, de ses plus viues flames, de bonnes inspirations, & sainctes meditations. Somme, voyla comme l'homme, trop heureux, est à toute heure

IEA. 12.

inuité, à ce festin somptueux, de toute la Trinité: & partant qu'il regarde, à se bien prendre garde, de refuser l'option, d'vne telle occasion, & de perdre le merite, du Tout-puissant qui l'inuite.

De la beauté de l'vne & l'autre Hierusalem.

Chap. XVIII.

BIEN que les beautez nompareilles, des saincts lieux, de la Hierusalem terreste, excedent les facultez de nos yeux, & nos oreilles, ce n'est pourtant rien au pris, des lambris, & des merueilles, de la Hierusalem celeste. Et que cela soit ainsi, Voyez la comparaison, que ie vous rapporte icy, pour dire vostre raison. En la creation de la machine ronde, tout ce visible & inuisible monde, compris ce qu'est dessus les airs, & dessous la terre & les mers, de ce grand & vaste vniuers: Dieu s'y est logé pour iamais, comme dans vn riche palais, où il a choisi le plus beau quartier, pour luy & son heritier: & pour le regard de ce bas monde, il en a fait vne grotte profonde, pour separer les corps inferieurs, d'auec les superieurs, & resserrer les animaux comme l'homme, abjet & sujet à mille maux, attendant que viéne l'heure, de le conduire & introduire en sa derniere demeure: en la maniere que dit, Ps. 67. le Prophete Royal Dauid: Tes animaux habiteront en elle, attendant l'heur de la gloire immortelle. Or s'il est vray que ce monde mal habitable, soit en somme, comme l'estable, de l'homme, qu'il trouue si aggreable, iugez bien ce qui peut estre, de ce beau palais Royal, Imperial, au respect de ce pauure estre, duquel la vaine figure, passe comme vne peinture, ou la couleur tendrelette d'vne petite fleurette. Iugez (dis-ie) à la proportion, de la grandeur & beauté du monde inferieur, la perfection, splédeur & clarté du superieur: C'est ce moyen naturel, par lequel la creature, cognoist le Pere Eternel, & Ps. 18. l'autheur de la nature: Et aussi, que Dauid, le chante ainsi, quand il dit. L'admirable ornement des cieux, raconte sans fin à nos yeux, du Seigneur l'eternelle gloire, & le firmament en tous lieux, de ses mains l'ouurage fait croire. Et partant ie dy moy-mesme, poussé d'vn amour extreme, que là haut mieux vaut vn iour, qu'icy mille de seiour : & chez Dieu passer vn mois, que cent mille chez les Roys. Car comme nous Ps. 83. auons cy-deuant, escriuant, de la grandeur de la Hierusalem celeste au respect de la terreste; vsé de ceste maxime de Philosophie, qu'approuue la Theologie, que le corps superieur, auance l'inferieur dix fois en grãdeur & capacité : Ie dy qu'en son ascendant, il en fait encor autant, en sa splendeur & clarté. Et d'ailleurs, Aristote cotte ailleurs, que le ciel est tant ARIST. plus excellent & beau, que son corps est esleué & releué, par LIV. DV dessus la terre & l'eau; l'appellant à ceste fin, corps diuin. Ce CIEL, C. cas posé bien pesé, si la terre vniuerselle, merite le nom de 16. belle, à cause de son cristal, de son or & son esmail, & autre riche metal : en ce premier degré, il faut bon gré malgré, que l'eau dont la terre est l'escabelle, soit de dix degrez plus belle : l'air de cent, le feu de mille, & la Lune de dix mille, Mercure encore de cent mille, & Venus d'vn million, le Soleil dix millions, & Mars de cent millions, Iupiter mille millions, Saturne dix mille millions, le ciel estoillé de cent mille millions, & en fin le cristallin de dix cens mille millions, &c. Or maintenant iugez bien, de combien, ce ciel aduance & deuance, en clarté la beauté de tous autres corps terrestes & celestes. Sa clarté & beauté sont telles, que si toutes les estoilles, attachees au firmament, reluysent esgallement, auec vn lustre pareil, que la clarté du Soleil, ceste clarté neantmoins, seroit tousiours beaucoup moins, au lieu d'estre accomparee, soit en grandeur ou splendeur, à celle de l'Empiree, qui tient presque dans les cieux, place d'vn corps glorieux : & aussi que sa beauté, & clarté, est d'vne eternelle duree. Car son estre est immuable, tousiours constant & durable, & le temps de sa clarté, des siecles n'est limité. Ses fabriques tres-auliques, surpassẽt tout à la fois, la beauté des Basiliques, & les Palais magnifiques des Empereurs & des Roys. Aussi leurs materiaux, principaux, ne sont de pierre ny chaux, mais plustost edifices, d'ames bien glorifiees, & liees estroittement, d'vne belle inuention, du ciment de l'vnion. Ce grand Dieu est au milieu, des habitans de ce lieu, qui pourueu d'experience, non moins que de prouidence, faict mouuoir tout ce grand corps, aux accords, d'vne pareille cadence. Tout ainsi que le joyau, tant plus il est riche & beau, faict que l'homme hors d'haleine, desireux de l'acquerir, à courir, prend mille fois plus de peine. Tout de mesme il faut croire, que l'eternelle gloire, se veut acquester & conquester, auec plus de mal & de brigue, de trauail & de fatigue, plus de peine & de labeur, à cause de sa valeur. Les Anges l'ont conquise, par leur grand' vaillantise, en chassant Lucifer, jusqu'au fond de l'Enfer. Les Patriarches l'ont prise, par vne belle entreprise, en edifiant & fortifiant dans les Cieux, trois Palais delicieux; l'vn d'or en l'honneur du Souuerain, l'autre d'argent en faueur de leur prochain, & encor vn de pierres precieuses, en se donnant & addonnant aux actions vertueuses: Comme à la charité, qui à dire verité, ne paroist icy bas en terre, non plus que terre, plomb ou pierre, mais là haut parmy les ames bien-heureuses, ces trois materiaux triuiaux, sont conuertis en or, argent & pierres precieuses. Les Prophetes l'ont forcee, & faussee, par la force de leur estude, & grãde sollicitude, à l'instruction & protection, du peuple peculier de Dieu, le peuple Hebrieu. Les Apostres en leur temps, l'ont acheptee & acquestee à beaux deniers tous contens : en vendant leurs facultez, pour secourir les pauures en leurs necessitez. Voicy, disent-ils, Seigneur, que de bon cœur, & franche volonté, nous auons tout quitté, pour te suyure, que s'en doit-il ensuyure ? Ie vous responds que tout contant, ô race trop fidelle, vous en aurez cent fois autant, en la gloire eternelle. Les Martyrs en ont eu la jouyssance, par leur violence & vaillance, s'opposans & s'exposans, en mourant, & mourans en s'exposant, à la rage des Tyrans, qui vouloient par leur malice, abolir & tollir, le Iuge & sainct sacrifice. Quant aux braues Confesseurs, professeurs de la concorde, & pleins de misericorde, ce grand & noble heritage, de droict leur vient en partage : d'autant que les pacifiques, Angeliques, sont appellez en tout lieu, les petits enfans de Dieu.

Quant aux bien-heureuſes Vierges, elles ont de beaux priuileges, puis qu'en pur don Dieu leur donne, ceſte celeſte Couronne, comme Eſpouſes de Ieſus Chriſt, & filles du ſainct Eſprit. Or eſt-il que c'eſt à l'Eſpoux, volontiers ialoux de l'Eſpouſe, de luy donner quand il l'eſpouſe, quelque noble & digne gaige, en faueur de mariage, & partant, l'office Eccleſiaſtique, va chantant, ce beau Cantique; Vien belle Eſpouſe de Chriſt, prendre la ſaincte Couronne, que te donne, pour iamais ton fauorit.

De la diuerſité des viandes, & beaux obiets, ſeruis aux conuiues, de l'vne & l'autre Hieruſalem.

Chap. XIX.

Tout ainſi qu'à l'arriuee, en Hieruſalem ou Bethleem de la Iudee, on void mille & mille obiects, & autant de beaux ſubiects, de deuotion, qui picquent noſtre affection, à ſe repaiſtre en paſſant, & repaſſer en ſe paiſſant, de mille choſes pieuſes, ſainctes & myſterieuſes, en contemplant çà & là, icy cecy, là cela. Icy le ſainct Preſepe, où Dieu s'humaniſa: & là le ſainct Sepulchre, où ſon corps repoſa: icy ſon ſainct berceau, là ſon ſacré tombeau: icy le lieu de ſa Circonciſion, là de ſa Reſurrection: & infinis autres lieux myſterieux, qu'à deſſein ie laiſſe à dire, pour en eſcrire, plus à plein. Tout de meſme il en arriue, au conuiue delicieux, de la Hieruſalem des cieux, où iamais œil ne vid mets, ſoubs le Soleil, ny vn ſeruice pareil, ny l'oreille, entendit telle merueille, que là haut le Pelerin, trop content, void & entend, à ce conuiue diuin. Et pour eſtre plus capable, de s'aſſeoir à ceſte table, Dieu change ſes infirmitez, en de tres-belles qualitez, ſa mortalité en immortalité, ſon obſcurité en clarté, ſa peſanteur en legereté, & ſon eſpaiſſeur en ſubtilité: dont S. Paul contre les Payens, 1. Cor. parle ainſi aux Corinthiens: l'homme eſt ſemé en corruption, 15. il reſſuſcitera en incorruptiō: Voila la mortalité & l'immortalité. Il est semé en deshonneur, il ressuscitera en gloire & honneur ; Voila l'obscurité & la clarté. Il est semé en infirmité, il ressuscitera en force & virilité : voila la pesanteur & la legereté. Il est semé corps mortel, il ressuscitera spirituel : voila l'espaisseur & la subtilité. Il y a bien dauantage, au progrez de ce voyage, c'est qu'estans glorifiez, nos sens seront beatifiez, & premierement nos yeux, en la vision & fruition de l'humanité du Dieu des Dieux, le souuerain bien, auquel se void en moins d'vn rien, toute la beauté des cieux. Nos oreilles, ressentiront des merueilles, & des graces nompareilles, toutes les fois, qu'elles orront sa douce voix : ainsi que chante l'Espouse, quand elle inuite l'Espoux, de sa douce voix ialouse, à chanter quelque hymne doux. Que ta voix doulce (dit-elle) à merueilles, sonne dans mes deux oreilles. L'odorat sera beatifié, & magnifié, en odorant & adorant, la douce odeur, de l'humanité de nostre Seigneur : laquelle en comparaison d'vne rose, frais-esclose en sa saison, rend là haut en abondance, vne fort douce fragance. Car s'il est vray qu'icy

CANT. 2.

bas, les corps saincts, comme de sainct Nicolas, soient attaints, & pleins d'vne telle odeur, & splendeur, iugez bien ce qu'on doit croire, des corps saincts qui sont en gloire, comme de nostre Seigneur, la splendeur de Dieu le Pere, & de la Vierge sa mere. Le goust est beatifié, & du tout diuersifié, au goust

ECCL. 50.

de la manne du ciel, ceste saincte prouision, beaucoup plus douce que le miel : Ce pain de proposition, tout plein de benediction, pain si aggreable & si doux, qu'il nous fournist toutes sortes de gousts, prouenans, ô mon Sauueur, de ta grande saueur, & de la multitude, de ta mansuetude. Goustez donc

Ps. 33.

& faictes espreuue (dit Dauid) des douceurs qu'au Seigneur on treuue. En fin quant à l'attouchement, il sera pareillement, beatifié, par l'attoucher, de la chair, & du corps glorifié, de la sacree humanité, de Iesus Christ ressuscité. Que si au toucher d'icelle, dés ceste vie mortelle, elle auoit ceste proprieté, de guerir de toute infirmité, en ces bas lieux ; iugez ce qu'on en peut dire, en son Empire des cieux ; où la senestre de mon chef, supportera mon chef : & sa dextre embrassera dextrement, tout mon corps entierement. Nostre ame encor sera

beatifiee

beatifiee & glorifiee, en la subtilité de l'intellect, & de la volõté. Pour le respect de l'intellect, elle aura l'experience, d'vne parfaicte science: car la sciéce humaine, en ceste vie mondaine & mortelle, est telle, qu'elle est suiette à trois deffauts principaux: en premier elle est obscure, de sa nature, ainsi qu'en termes subtils, dit le Docteur des Gentils: L'homme en son mortel vestement, ne peut icy voir autrement, qu'en vn miroir obscurement. Secondement, elle n'est entiere ny parfaicte, mais imparfaicte entierement. Et partant, nostre Apostre va disant: Ie cognois maintenant en partie, d'vne science aneantie. Ceste science tiercement ne vient de Dieu immediatement; mais de nos sens, abusifs & mal recens: comme il est dit apres, en ces termes expres: Au temps que i'estois enfant, ie parlois, ie iugeois, ie pensois, comme vn enfant, mais arriuez que nous serons, au diuin & celeste seiour, où nous aspirons, nostre science sera plus claire que le iour: & aussi que nostre Apostre dit ainsi: Alors Dieu me fera la grace, que ie cognoistray face à face. Secondement, elle sera parfaicte, & entierement satisfaicte, quand il dit: Ie cognoistray l'incogneu ainsi que i'ay esté cogneu. Ceste science en tiers lieu, nous sera diffuse & infuse de Dieu, par des moyés supernaturels comme l'Apostre finit, quand il dit: I'ay reietté loin de moy, hors d'esmoy, ce qui restoit d'enfance en moy. En fin Dieu nous glorifiera en la faculté, affectiue & appetitiue de nostre volonté: en l'affectiue de la bonté & beauté, excessiue, de la diuine Majesté. En l'appetitiue, de ceste fontaine tousiours viue, qui deriue de l'Essence, de la diuine Sapience: ny plus ny moins, que le Sage, escrit en ce bel Adage. Mille biens inestimables, me sont venus auec elle, & graces innumerables, par les belles mains d'icelle. C'est ce que le sainct Prophete, d'vne gentille façon, faisoit retentir au son, de sa douce chansonnette. Tu mettras les ames à mesme, tes Torrens de douceur extresme, dont le cours dure incessamment: car en toy gist la source mesme, de vie & de contentement. Quant aux viandes, plus friandes, de ce festin, on te seruira Pelerin, en grand' magnificêce, tous les obiets de la diuine Essence: en apres la varieté, de tous les attributs, & plus rares

1. Cor. 15.

1. Cor. 13.

Sap. 7.

Ps. 35.

M

vertus, de la diuinité. Toutes ses proprietez, quidditez, & plus grandes raritez; toutes les choses contingentes, plus excellentes, comme la predestination, & la reprobation: toutes sortes de subiects, & obiects, diligibles, alors comprehensibles, les idees existentes, & consistentes, en l'excellence, de la diuine Essence: suyuant que sainct Augustin, discourant de ce festin, dit que les belles ames seront felicitees, en la contemplation des diuines idees, aux obiets secondaires, extraits des traits & des portraits des diuins exemplaires: imitant en cela Dauid, qui desia ces vers auoit dit: Mon cœur d'aise tout rauy, sera Seigneur, assouuy, si tost qu'il verra sans crainte, luire au ciel ta face peinte. Bref nous serons là pour iamais, rassasiez de nouueaux mets, tousiours nouuelles cognoissances, tousiours nouuelles iouïssances, nouueaux sujets, nouueaux obiets, Et d'vne faueur singuliere, aux rays de la vraye lumiere, nouuel heur nous apparoistra, & nostre liesse premiere, à chaque moment renaistra. Outre toutes ces merueilles, nompareilles, & ce riche magazin, tout diuin, dont Dieu nourrist ce Pelerin, glorieux, dans les cieux: Il faut croire, pour chose toute notoire, que selõ qu'icy bas, il aura suiuy les pas, & imité les desseins, des plus saincts, il aura la mesme gloire. S'il a imité les Anges, il aura cõme les Anges, pour leur grãd' fidelité, des priuileges estranges. S'il a fait comme les Prophetes, il aura la recompense, que Dieu donne à l'esperance, des Prophetes, vne contemplation tres-parfaicte. S'il a suiuy les Patriarches, durant qu'il estoit en ces marches, menant vne vie exemplaire, en l'obseruance de la Loy, il aura le mesme salaire, de leur ferme & viue foy, l'entiere iouïssance, de la diuine Essence. S'il a suiuy les Apostres & Martyrs, il remportera la couronne, que Dieu donne, aux Martyrs & aux Apostres, & ainsi de tous les autres: comme à la charité des Apostres, vne perpetuelle dilection: à la peine des Martyrs, vne eternelle consolation: à la prudence des Docteurs, vne splendeur & lumiere sans diminution: à la iustice des Confesseurs, vne paix sans dissention: à la mundicité des vierges, vne pureté sans corruption. Si que quiconque en ce voyage, aura semé dauantage, recueillera en sa saison, vne plus grande moisson.

Ps. 16.

De l'ordre en la séance des Pelerins aux conuiues de l'vne & l'autre Hierusalem.

CHAP. XX.

OMME à la table du pere Gardien, de Hierusalem, & Bethleem, tout fidelle Chrestien, qui arriue dans l'enceinte, de toute la Terre saincte, y trouue son entretien: comme en ceste mesme table, il est receu & repeu, selon qu'il est remarquable, nō selō qu'il est vestu, mais qu'il a de la vertu, nō selon son origine, mais biē selō sa doctrine: Ainsi Dieu le Createur, qui n'est en riē accepteur, de personnes, que des bonnes, garde vne belle ordōnance, en la seance, du Pelerin, qui arriue à son festin: car il est assis à table, de ce bāquet delectable, non selon sa dignité, ou qualité temporelle & mondaine, mais selon sa charité, & sa bonté naturelle & humaine. Les premiers qui sont assis, à ce conuiue Royal, c'est le Pere, c'est le Fils, & cil qui leur est esgal, le glorieux sainct Esprit; aussi bien Dieu que le Pere, & que son fils Iesus Christ, tousiours esgallement assis, d'vne pareille magnificence, à la table de la diuine Essence, à cause que d'eux & par eux ils sont inuiolablement & perdurablement heureux: Si qu'en ce bel ordre tousiours entre eux vsité, de toute eternité, il n'y a point de difference, non plus que de preference. Ceux qui sont assis apres, les plus pres, des trois personnes diuines, ce sont les bien-heureux Saincts, qui ont mis tous leurs desseins, à reparer les ruines, de la Hierusalem celeste, arriuees auāt la cheute funeste, de Lucifer, & ses complices, dans les supplices d'Enfer. Et d'autant, que le Fils dés l'instant de sa conception, fut douié de la diuine perfection, & fait heritier de tous les thresors diuins, comme Roy des Pelerins, d'vne puissance eternelle, d'vne gloire essentielle, d'vne science infaillible, prescience incomprehensible, & d'vne bonté extraordinaire, pour ce estoit il necessaire, que ce Fils, fust deuāt tout autre assis, à la dextre d'vn tel Pere. Apres le Fils est la Mere, assise pres Dieu le Pere, car

M ij

ceste Vierge si purè, en ses faicts, merite plus que iamais, ne merita creature: ceste Fille du S. Esprit, ceste Mere de Iesus Christ, Vierge & Mere incontaminee, fut de tout temps predestinee, de toute la Trinité, à l'office & qualité, de ceste maternité : & pour estre exaltee solemnellement, non seulemẽt, par dessus les Saincts les plus Saincts: mais tous les chœurs des Anges & Archanges semblablement. La Vierge ainsi partagee & auantagee, chaque Sainct trouue son rang & sa place, non selon son sang & sa race, & quelconque qualité, corporelle ou temporelle, qui téde à la vanité : mais selon qu'ils ont eu en ce regne mondain, plus ou moins de Charité, enuers Dieu & leur prochain. Las ! quelle langue heroïque, Angelique, peut sainctement exprimer, icy bas, aux viuans, l'aise exẽpt de tout malaise, & la douceur du repas, de ces nobles conuiuans? le bel ordre sans desordre, la liesse sans tristesse, & la richesse excessiue, de ce celeste conuiue ? Tout y vit royallement, rien n'y manque entierement, car le pere de famille, dont parle
Lvc. 12 nostre Euangile, curieux de son deuoir, mais plustost de son pouuoir, va marchant dés le matin, parmy les bancs, & les rangs de ce festin: pour mieux preuoir & pouruoir, d'vne tresbelle police, que rien ne manque au seruice. La lumiere qui
Apoc. esclaire, dans ce conuiue si beau, c'est la lampe de l'aigneau,
12. beaucoup plus viue & plus claire, que la perle au fond de l'eau. Là s'entend vne harmonie, que toute la melodie, de ce monde, à vn besoin, ne seconde pres ny loin. Car sainct Iean
Apoc. l'Euangeliste, fort excellẽt Organiste, de Iesus Christ, y voya-
14. geant en esprit, nous a laissé d'auanture, icy bas en tablature, les fredons & les accords, les plus rares que pour lors, il oüit sur les cythares: que iamais, ny la voix, ny la main de nul humain, est capable, de chanter, ny pincer, pour à peu pres imiter, en ce monde perissable. Vne autre prerogatiue, de ce celeste conuiue, & festin tout diuin, comme dit sainct Augustin, c'est qu'il n'aura iamais fin: car la, dit-il, sera eternelle refectiõ, perpetuelle dilection, continuelle possession, iour sans nuict, qui tousiours luit : ieunesse sans vieillesse, force sans foiblesse, beauté sans laideur, gayeté sans douleur, parfaicte cognoissance, entiere ioüissance du souuerain bien, si que là ne man-

que rien. Nous lisons en l'Escriture, que Ioseph au banquet qu'il fist à ses freres en Egypte, les fist seoir par debuoir selon leur merite & leur primogeniture. Ioseph gouuerneur des Egyptiens nous represente le Seigneur des Chrestiens, Iesus Christ nostre grand Roy, le Ioseph de la nouuelle Loy; qui nous traicte, en son conuiue celeste, & nous y fait prendre place, à mesure & proportion, de nostre estimation, & selon qu'icy bas par nostre vaillance, nous auons merité là haut, plus ou moins de sa grace & bien veillance. Là nostre fantaisie, ne sera gesnee d'ambition ou ialousie; ny d'aucun mespris ou desdain, pour la difference de nostre prochain : Car bien que l'estoille differe de l'autre estoille, en lumiere & splendeur, l'Apostre du Martyr, & le Martyr du Confesseur: que la ioüissance soit inegalle, la ioye sera pourtant esgalle, & chacun sera satisfait, non seulement à mesure, mais à vsure de son bienfait : Là les bien-heureux esprits, seront tellement espris, en se mirant & admirant, en la diuine face du Dieu des Dieux, qu'ils en resteront pour iamais, allumez & illuminez dans les cieux. Car sa face belle à merueille, & sa beauté nompareille, qui n'eut iamais de seconde, va surpassant en beauté, la beauté, de tous les hommes du monde. Ceste table est tousiours ouuerte, & couuerte pour iamais, de toutes sortes de mets, de nectar & ambrosie, dont chacun se rassasie, depuis qu'il est inuité, de la saincte Trinité. Ceste table si feconde, est ronde, comme le monde, elle est toute circulaire, ainsi que son exemplaire & modelle, la beatitude eternelle, qui du tout, l'vne & l'autre n'ont point de bout, pour vn tesmoignage asseuré, qu'en ce lieu bien heuré, ce beau festin ne prendra iamais fin.

GENES. 43.

1. COR. 15.

*Comme toutes sortes de gens sont inuitez, à faire le voyage
des deux Hierusalems.*

CHAP. XXI.

BIEN que le pelerinage, du sainct Presepe en Bethleem, du sainct Sepulchre en Hierusalem, des monts de Caluaire & Sion, & du mont de l'Ascension, soit vn bel & sainct voyage, tres-vtile & necessaire, à quiconque le peut faire, de bonne deuotion: il faut aduoüer pourtant, que le voyage de la Hierusalem celeste, est beaucoup plus important, que celuy de la terreste. Ce dernier est volontaire, le premier est necessaire, que tout homme au monde né, soit riche ou infortuné, noble ou non, ieune ou vieillard, doit accomplir tost ou tard, à peine d'estre damné. Hie-

ESAIE 60. rusalem ouure les yeux, tu verras de combien de lieux, peuples & gens de toutes sortes, se viennent loger dans tes portes: Vray est que ces beaux voyages, ces deux saincts Pelerinages, ont tous deux, cecy de conforme entre eux, que l'vn estant bien finy, l'autre est fait comme à demy, puis que le pelerinage, de la Hierusalem terreste, est iustement le passage, & my-chemin, au Pelerin qui voyage, en la celeste. C'est pourquoy,

ESAIE 60. les Prophetes de la Loy, & entre autres Esaye, par toutes leurs Propheties, nous inuitent nous incitent, à rechercher le Messie, tantost en Hierusalem, & tantost en Bethleem. Plusieurs

ZAC. 8. gens, robustes & diligens, ainsi que dit Zacharie, iront & viendront de lointaines contrees, pour le moins vne fois l'an, chercher en Hierusalem, le Seigneur des armees: pour voir

PS. 101. sa diuine face, & gaigner sa bonne grace. Et comme dit Dauid, à fin que dans Sion soit sa grace annoncee, & dans Hie-

PS. 24. rusalem sa gloire prononcee, & que là toutes gens qui luy doiuent leur estre, le viennent adorer & leur Dieu recognoistre. Descouure moy donc, ô Dieu, le chemin que ie doy suiure,

PS. 26. & m'apprens comme il faut viure, pour aller en ce sainct lieu, celebrer tes loüanges, en presence des Anges, & qu'en toute

DE LA TERRE SAINCTE. 95

...aiſon, ſeruant de ta maiſon, bien-heureux ie contemple, les beautez de ton Temple. C'eſt ainſi qu'il faut aſpirer, à la Hieruſalem terreſte, à fin de pluſtoſt eſperer, les grand's faueurs de la celeſte. Or comme tous ne peuuent pas faire le voyage de Bethleem, de la baſſe Hieruſalem, des monts de Sion & Caluaire, pour n'eſtre du tout neceſſaire, tel s'accuſant de pauureté, qui s'excuſant d'infirmité, l'vn pour ſa trop grande ieuneſſe, l'autre à cauſe de ſa vieilleſſe : mais à tout le moins il faut, ſuppleant à ce defaut, pour aller en la celeſte, enuoyer de tout ſon reſte. On ne va qu'vne fois l'an, en la baſſe Hieruſalem, mais pour la ſuperieure on y arriue à toute heure : Touſiours la barque eſt à bord, qui nous deſcend dans le port, ſans payer aucun paſſage, ny tribut en ce voyage, où Dieu deffraye gratis, les ſiens iuſqu'en Paradis : Il y a dans ceſte barque, autant de place & de lieu, pour la perſonne de peu, que pour le Prince & Monarque : Il y a hebergemens & logemens, pour toutes ſortes de gens, ſoient riches ou indigens : Le Iuif & le Payen, ont tous deux bien le moyen, d'auoir part en ce voyage, ſans payer aucun peage : pourueu qu'ils ſoient baptiſez, & tous deux catechiſez, marquez de la meſme marque, que ceux qui ſont dans la barque. S'il eſt donc vray qu'en tout temps, ne manque barque ny guide, pour aller à tous momens, vers ceſte ſaincte Floride : Eſcoutons la Theologie, du Prophete Hieremie, quand il dit, que l'homme ſage, doit par vn bel aduantage, ſe charger dés ſon ieune aage, s'addonner à l'exercice, & chemin de la vertu, pluſtoſt qu'à celuy du vice, volontiers le plus battu. Il entend la penitence, que l'homme dés ſon enfance, doit careſſer & cherir, pour bien viure & bien mourir. Car il faut en ce voyage, auoir vn pareil courage, que ce braue Gedeon, cheualier de la toiſon, qui beuuoit l'eau dans la main, aux enuirons du Iourdain, pour deffaire l'exercite, du peché Madianite. Il faut que durant ce vœu, l'homme ſoit content de peu, qu'il viue à la mechanique, ne portant qu'vne tunique : qu'il trauerſe les deſerts, les montaignes, les campaignes, de ce penible vniuers : à l'exemple de Dauid, quand il vid, que Saül dettaché, au peché plein de cholere & d'enuie, le recherchoit de la vie. Il y a bien da-

TREN. 3.

1. ROIS 24.

uantage, c'est que ce mesme voyage, de la Hierusalem des cieux, de tout en tout necessaire, se peut faire, sans partir de ces bas lieux: le Gouuerneur ou le Prince, sans sortir de sa Prouince: le Moine le fait souuent, sans sortir de son Conuent: Le Curé de son Eglise: tel faict la mesme entreprinse, sans partir de sa maison, en vaquât à l'oraison: & tous sont de droict diuin, obligez à ce chemin, par vne belle & saincte imagination, de la beauté, de ceste saincte Cité, auant l'actuelle & reelle possession, de son eternelle felicité. Comme le Pelerin de Hierusalem de la Palestine, ayant finy son voyage, ne s'obstine, d'y seiourner dauantage, ains ne pense & ne souhaitte, rien tant qu'à faire retraicte, & sortir des mains des pilottes, pour le grand vouloir, qu'il a de reuoir, ses amis & côpatriotes: Ainsi faut-il que le Pelerin de la Hierusalem des cieux, soucieux, se determine, en voyageant icy bas, de mettre fin à ses pas, pour retourner vistement, prestement, au lieu de son origine: à fin de se resioüir & ioüir, de la presence, de ses plus feaux amis, tous les Saincts de Paradis, retourné de son absence. Helas! où suis-ie logé, (dit Dauid) parmy la hayne & l'enuie, où l'exil est prolongé, de ma pauure & triste vie? Fay Seigneur, que mõ ame esclose, de peine chez toy se repose, & aille soubs ton sauf-conduit, prendre au ciel vn peu de deduit: que l'on esprouue en mille sortes, parmy les celestes cohortes. Comme le Pelerin de la Hierusalem terrestre, doit par tout estre modeste, faire paroistre sa science, cognoistre sa patience, au peril & au naufrage, qu'il court durant son voyage: dissimuler ses trauaux, sur les eaux, & n'accroistre plein de cœur, par sa peur, durant la force des flots, la peur des bons mattelots: ains auoir bonne esperance, bonne foy bonne creance, en Dieu qui l'auoüât pour sien, le deliure en moins d'vn rien: car c'est luy qui peut changer, par ses merueilles profondes, la mer en terre & sans danger, nous faire marcher sur les ondes: ainsi faut-il que le Pelerin, de la Hierusalem celeste, ne soit pas moins genereux, & valeureux, au chemin, que celuy de la terreste. Car si par sorte il arriue, comme on void assez souuent, qu'au lieu de trouuer la riue, il soit prins d'vn mauuais vent, qui le chasse, de sa routte: pourtant qu'il ne se degouste,

Ps. 119.

gouste, & ne doute, de la puissance de Dieu: le Dieu de misericorde, qui l'aborde, & est tousiours au milieu, de sa peine & sa disgrace, en tout lieu, par sa digne & saincte grace. Est-ce pas ce qui est dit, par le Prophete Dauid: A l'heure de son angoisse, accourant ie veux tousiours, trois fois heureux qu'il cognoisse, que ie suis à son secours? Or sus donc braues Athletes, monstrez vos courages virils, en toutes sortes de perils, & faites voir qui vous estes. Opposez tous vos efforts, aux efforts de la tourmente, & plus elle est vehemente, soyez tousiours les plus forts: Au plus fort de vostre geine allez tousiours inuoquant, le Dieu qui tout quant & quant, vous peut tirer hors de peine. Et toy belle Hierusalem, celebre tous les iours de l'an, du Tout-puissant la memoire: que Sion chante la gloire, desormais pour iamais, du Prince de Bethleem, dessus sa Harpe d'yuoire.

Ps. 90.

Fin du premier Liure.

AV LECTEVR.

MY Lecteur, maintenant que tu peux, faire aisement si tu veux, le voyage de l'vne & l'autre Hierusalē, par le chemin que t'apprend mon premier liure, tō premier guide, & fidelle Dragoman: neantmoins afin que tu ayes moins d'excuse d'entrer en ce beau voyage, & le faire plusieurs fois, ie te veux icy pourtraire, vn chemin tout differēt & contraire, donner de nouuelles instructions & nouueaux Truchemens, te dresser d'autres Stations & logemens, remarquables aux enseignes de ces liures suiuants, qui te raddresseront s'il arriue, que tant soit peu tu esquiue, du chemin qu'il te faut suiure. Et partant comme ce chemin est difficile tant & plus, à quiconque fraiz-esclos du repos, s'y fourre mal à propos; Pelerin, il est necessaire, que tu ayes bon pied bon œil, touiours alerte en sentinelle, bonne ceruelle & bon conseil. Il est, dis-ie, necessaire au Pelerin qui deuise, de s'embarquer à Venise, de reigler si bien ses affaires, en preuoyant & se pouruoyant de toutes choses necessai-

N

res, specialement pour sa despense, à peine d'estre en hazard, d'en faire bien durement quelque part, tost ou tard la penitence. Et d'ailleurs que dans Venise il aduise, à tellement se former & conformer à l'humeur & l'honneur de ces gens de mer gens de fer, que faute d'estre secret & discret, liberal & bien accort, en ce long pelerinage, son voyage ne soit finy dés le port. Pourquoy tu me blasmeras Pelerin, de te guider au voyage des saincts lieux, par vn si mauuais chemin, & si perilleux passage : Mais pour y estre logé, pour ce tu n'es obligé, à l'vsance de la dance d'vne si viste cadance, ains au contraire, tu remporteras plein de gloire, vne fort belle victoire, si tu peux, comme tu pourras si tu veux, esquiuer en passant ce rocher Adriatique, plein de Syrenes vollages, qui le long de ces riuages, ont porté par leurs delices ; & leur amour impudique à mille & mille naufrages, autant de ieunes Vlysses. Pour le moins ie te conseille en tout cas, de n'y repasser pas, de peur qu'au retour tu ne troues encor pis que ie ne dis, ains de faire comme les trois Rays s'en retournans de Bethleem ailleurs que par Hierusalem : mais la fortune & le sort, t'ayant ietté dans ce port, tu es obligé de voir & sçauoir, passant chez cest estranger, ce qu'on peut voir sans danger, à fin de loüer ce qu'il y a de vertueux & loüable, & detester ce qu'il y a de vitieux & blasmable, attendant que ton vaisseau soit prest à rouller sur l'eau. Car ie diray sans flatter & sans passion, que comme le peché est fort commun dans Venise, & que son habitant a desia les pieds en l'eau, il ne faut qu'vn petit flus ou reflus de l'ire de Dieu, s'opposant au flus & reflus de tant de vices & pechez, qui regnent sur ces eaux & ces canaux, pour les y plonger iusques à la teste, & les estouffer entre les bras aquatiques de leur espouse la mer Adriatique. Car come ils se disent les espoux de ceste mer, il est à craindre que leur espouse en vne belle nuict ne les suffoque tous, comme les Belides leurs maris & espoux. Et à la verité Dieu ayant faict tant de graces à la Cité de Venise, que le nombre en est infiny, la situant premierement en vn lieu inaccessible à ses ennemis, l'ayant poruueuë de ceruelles si fines qu'ils auoient acquis vn temps fut, presque tout l'Empire des mers du Leuant, auec tant de belles dominations en terre çà & là de toutes parts, & rendu leur Republique si florissante en gloire & richesse que c'est chose incroyable, il est à craindre que le peché croissant de iour en iour là dedans, au lieu de recognoistre tant de benefices receus de la main de Dieu, ils ne soient proches de quelque changement & chastiment de la Iustice diuine.

LIVRE SECOND.

De l'origine des Venitiens auec la description de leur ville.

CHAPITRE PREMIER.

A La place sainct Marc.
B L'Arsenac.
C Sainct Christophle.
D Sainct Michel.
E Sainct Iacques des Palus.
F Sainct Nicolas.
G Torcello Buran.
H Mazorbe.
I Sainct François du Desert.
K Sainct Pierre.
L Les Chartreux.
M Sainct Segond.
N Sainct George d'Alegue.
O La Concorde.
P Nostre Dame des Graces.
Q Sainct Clement.
R Sainct Esprit.
S Sainct Seruule.
T Sainct Lazare.
V Saincte Heleine.

VENISE, qui ne l'a veuë la prise, & qui l'a veuë la mesprise: Ce prouerbe tres-veritable plein de rithme & raison, se peut diuersement interpreter soit qu'on prise Venise pour la reputation de sa situation, assise sur les mers, esleuee dans les airs, soit qu'on l'estime à cause de ses richesses, ou qu'on l'admire pour le grand peuple qui l'habite, que cela soit tousiours pris pour sa valleur & son pris. Pour le mespris de Venise à quicõque l'a bien veuë & recogneuë, il faut que cela soit peut estre à cause de son port edifié vers le Nort, en des lieux froids & de difficile accez, ou que voyant vne de ses ruës, on void toutes les autres, l'vne estant le modelle de l'autre, ou qu'on recognoisse en son habitant, habitant parmy tant de biens & richesses, vne trop grande auarice: ou qu'en fin on la mesprise en cecy que se retrouuant d'ordinaire, i'oseray dire plus de quatre cens mille ames dans l'enclos de Venise, bastie sur le sablon du costé de l'Aquilon, les trois parts n'estans de poids ny de mise, meritent d'estre enuoyees au billon. Mais en tout cas ce prouerbe dit que l'ayant veuë on la mesprise: qui faict croire que c'est plustost, pour ses dissolutions que pour ses perfections. Et neantmoins ce peuple d'or, tãtost se dit descendu d'Anthenor, & tantost d'vn Venetus Prince Troyen, duquel Homere ny Virgile en leurs œuures ne font aucune métion; par tel moyen que ce Venetus ayant fait sacrifice à la Deesse Venus, eut aduis & reuelation de ietter les premiers fondements de ceste ville auiourd'huy si superbe sur ces terres molles & marescageuses: apres que la Deesse Venus se fut apparuë à luy comme il dormoit, laquelle luy donna de grandes esperances de la beauté & des merueilles futures de ceste Cité: pour raison dequoy ils se sont attribuez le nom de Venitiens: mais quant à moy, ie dis qu'ils ne sont que du creu du païs descendus du plus simple peuple limitrophe de ceste mer Adriatique, qui tout espouuété de la venuë du cruel Attila en ces lieux-là, s'alla refugier & loger parmi les glajeuls & roseaux de ces marescages inaccessibles, trouuant les materiaux à pied d'œuure, tous portez sur les lieux pour faire leurs premiers logemens, qui n'eſtoient que des cabannes, cõme l'on dit, faites à coups de poing. Et pour l'ethimologie du nom de Venitien, elle vient de ces deux mots latins *Veni etiam*, que ces gens ſe diſoient les vns aux autres, comme ils ſ'alloient ſauuants du temps de cet Attila en ces lieux, que nous venons de dire. Tant y a donc qu'en l'an de noſtre Seigneur trois cens cinquante ſept, diſent les vns, les autres quatre cẽs vingt & vn, & quatre cens cinquante quatre, apres les courſes finies, & la retraitte de ce Tyran, ils commencerent à edifier vne cité parmy toutes ces Iſlettes qu'ils aſſemblerent en vne, laquelle depuis ce temps ſ'eſt tellement accreuë du gain que ce peuple alloit faiſant des peſcheries & des ſallines, en ces lieux propres à ce traffic, qu'au iourd'huy ſon habitant ne rougit point en l'appellant Fille du Ciel, Abbregé du mõde, la Perle de la terre & l'onde, Rome ſeconde pour ſes belles victoires, Imperatrice des Mers, la Reyne des Citez, & Mere des vniuerſitez : ſi que ces ſeigneurs pleins d'ambitiõ, diſent d'elle ce que diſoit Dauid de la belle Syon. O diuine Cité, la mignõne du Roy, que d'excellents diſcours on va diſant de toy. Et de faict ceſte ville admirable eſt eſtimee auoir auiourd'huy plus de trois grandes lieuës de circuit : elle eſt diuiſée en ſeptante parroiſſes, comme il ſe lit au repertoire des choſes memorables de ceſte Cité. Elle auoit vingt huict Conuents de Religieux cõpris les Ieſuiſtes qu'ils ont chaſſez depuis peu de tous les pays de leur obeïſſance : elle en a 26. de Religieuſes, douze Abbayes & Prieurez, mais fort peu d'hoſpitaux mal rentez, & gouuernez à la proportion de leur charité plus froide que les eaux qui les portent, comme il ſe void auſſi fort peu ou du tout point de pauures par les ruës de leurs villes, tant à cauſe des eaux qui de toutes parts les empeſchent d'en approcher, que ſelon le dire commun, ce n'eſt pas la couſtume d'y dõner. Elle eſt habitee comme i'ay dit de plus de quatre cens mille perſonnes, ſituee au quartier le plus froid de ceſte Mer, qui la rend froide à merueilles, quant à la region & la religion. Elle a trente cinq principaux canaux pour aller & venir ſur ſes eaux, outre vn nombre infiny de mediocres, plus de

N iij

dix mille gondolles & bateaux, pour aller par toutes les ruës de la Cité, cinq cens ponts tous de pierre, sans le principal de Realte, duquel le canal a treize cens pas de long, le pont six vingts, & quarante de large, il est faict en arcade de fort bonne massonneure acheué de bastir en l'annee 1591.

Ceste Cité est habitee de trois sortes de gens tous de traffic, sans les Ecclesiastiques, de nobles, de marchands, & artisans: les nobles veullent estre appellez seigneurs Illustrissimes, les marchands seigneurs Clarissimes, les artisans, iusqu'aux sauetiers, mariniers & courtaux de boutiques, seigneurs tres-magnifiques. Si nous y meslons les estrangers, c'est chose impossible à representer de combien de sortes de gens, peuples & nations, ceste ville est bigaree, attendu que de toutes les parties du monde ils abordent là dedans, tant pour raison du commerce & traffic, que pour estre l'asile asseuré de toutes gens. Et cest aussi à mon iugement de ceste cité que se doyuent entendre les parolles d'Ezechiel quand il dit que toutes sortes de peuples habiteront en elle asseurement. I'ay veu de ses habitans porter le Turban & le Doliman, mais garde que ceste grande habitude & concorde qu'ils ont auec le Turc, ne leur cause à la fin, de l'inquietude & de la discorde, adherez & coféderez de la sorte auec les ennemis de nostre foy qui n'aspirent & ne respirent rien tant que l'abolissement de nostre loy. Ils portent en leurs armes vn Lyon aisé pour donner l'espouuante à leurs ennemis par son vol haut & bas tant par mer que par terre, à cause de quoy ils se disent aussi les sentinelles de la Chrestienté: mais ja à Dieu ne plaise que nous y mettions nostre asseurance, tant à raison de ce qu'ils sont trop endormis en leurs vices & delices, que pour estre confederez & amis de nos ennemis: & d'ailleurs comme ils ont tres-mal gardé le leur, les Isles de Cypre, Scio, Negrepont & autres, perdues par leur grande negligence, il n'y a pas d'apparence de s'exposer & reposer sous leur mauuaise vigilance: & comme entre autres ceste belle Isle de Cypre, qu'ils perdirent en l'annee 1571. estoit la queuë de ce Lyon, garre que la teste Venise ne marche apres la queuë.

Ils s'eſtiment inuincibles à cauſe de leur grand Arſenac & monſtrueux magazin de richeſſes, veritablement incroyables à qui ne les a veuës, mais on peut dire que ce ſont autant de beaux ioyaux mal enchaſſez, car outre que cet Arſenac (qu'ils appellent la forterelle du monde contenant pres d'vne lieuë de circuit) eſt plein d'armes, canon, munitions, Galleres, & equipages de toutes ſortes, pour faire la guerre tant par mer que par terre, (mais l'homme pour neant fonde ſon eſperance, ſur ſon arc & ſon eſpee, ſi la dextre de Dieu ne les conduit) ils ont encor vn autre grand nombre de galleres tant groſſes que ſubtiles, comme il les appellent, dont la plus part ſe repoſe inutilement ſur les fers, & les autres ſont à ſe pourmener & brauacher tous les iours ſur les eaux dormantes de ceſte mer Adriatique, à la perte & preiudice de mille belles occaſions qui ſ'offrent d'heure en autre, pour l'aduancement de la gloire de Dieu, l'augmentation de ſon Egliſe, & le bien de toute la Chreſtienté.

Pourquoy il eſt à craindre que le grand Arſenac & magazin de vices de Veniſe, beaucoup plus fort que le precedent ne ruine & reduiſe à neant toutes leurs forces temporelles, & puis leurs ames qu'ils ne ſe ſoucient de fortifier aucunement. La cauſe de tant de maux, & de beaucoup d'autres que i'ayme bien mieux taire que de publier, vient de l'abus & trop grande flatterie de leurs predicateurs qui les endorment en leurs pechez, car au lieu de les reſueiller & reprendre aigrement en leurs vices, ils entreront pluſtoſt en chaire pour châter leurs loüanges, les applaudir & chatouiller. Ha ma chere Cité de Veniſe (diront ils) qui faits tout trembler ſoubs tes armes, qu'il paroiſt bien que tu es la Fille aiſnée du Ciel, & mieux aimee de Dieu: & vous ſeigneurs illuſtriſſimes qui eſtes la gloire du monde, qui n'auez iamais ployé pour perſonne, toute la terre vous fait hommage, & le Ciel eſt touſiours ouuert pour vous, où vous ſerez des premiers aſſis comme les mignons & petits Benjamins de Dieu, & autres ſemblables paroles de flatterie, ſuiuant le dire du Prophete Hieremie: tes Prophetes t'ont veu choſes fauſſes & folles, & ne manifeſtoiēt point ton iniquité pour te prouoquer à penitence: Mais helas où sont maintenant nos maistres Feu-ardant, Poignant, & la Riuiere, pour prescher vn peu d'vn autre air ces foibles Chrestiens, l'vn auec ses flammes, l'autre auec ses poinctes, & le dernier auec ses torrens de bien dire, pour enflammer, picquer, & entraisner les plus froids, les plus durs, & les plus pesans de ce peuple.

Quant au pourtraict de Venise cy dessus rapporté fort au naturel, vous y remarquerez la forme d'vn serpent ou dragon effroyable, qui porte la queuë retroussee, aussi l'ay-ie icy representee comme vn escueil dãs le gouffre de ceste mer Adriatique, pour porter le Pelerin à l'esquiuer & passer plustost au loin s'il peut, que d'y prendre port: l'Arsenac marqué de la lettre B. auec vn nombre infiny de maisons impudiques, qui le bloquent en tirant vers le Leuant, font la teste de ce dragon: tout ce qui suit depuis l'Arsenac iusqu'à la place de sainct Marc en reuenant du Leuant au Ponant, en font le gros du corps, & tout ce qui reste de bastimens retortillez, qui vont çà & là serpentans iusqu'aux dernieres maisons de la Iuifuerie, c'est la queuë de ce dragon où gist le plus de son venin. Et partant Pelerin, mets peine de l'arracher, au plustost de ce rocher feminin, plein de venin, de peur de faire naufrage des le port, & de finir ton voyage, sur le bord de ce riuage.

De

De l'ambition qui regne dans Venise, & autres particularitez resultantes de ce suiet.

CHAPITRE II.

L'Ambitiõ n'est autre chose sinon vn appetit immoderé en l'homme, à la recherche des honneurs, loüanges & dignitez mondaines, ou pour mieux dire l'Ambition est vn mal subtil, vn secret poison, vne peste occulte, mere de l'hypocrisie, inuentrice de toute fraude & deception, fille de l'enuie, l'origine de tous vices, dont le remede augmente le mal, & la medecine en est la mort, apres qu'on a obtenu la chose qu'on recherche. Qu'il n'y en ait vn peu dans Venise, ie croy qu'il ne se peut dire autrement: Car outre que les chefs de ceste Seigneurie ont de tout temps fait teste aux grands Ducs, Roys & Empereurs, ils n'ont pas fait conscience de s'addresser à nos Saincts Peres les Papes, attendu qu'il se lit en leurs Annalles qu'en l'annee mil deux cens septante neuf, au temps du Pape Nicolas, ils s'efforcerent de luy leuer de ses villes, & entre autres celles d'Ancone, pour cause dequoy au mesme an, il arriua dans Venise de si grandes inondations & tremblemens de terre qu'on estimoit qu'elle deust abysmer. Ces mesmes Annalles font mention comme en l'an mil trois cens huict, au temps du Pape Clement cinquiesme, ils furent excommuniez pour l'vsurpation des biens Ecclesiastiques: ce qu'ayans voulu faire d'assez fraiche memoire en l'annee mil six cens huict, durant le Pontificat de nostre Sainct Pere Paul cinquiesme à present seant, il en seroit arriué de grands malheurs par toute la Chrestienté, si HENRY LE GRAND tres-Chrestien & tres-inuincible Roy de France & de Nauarre (que Dieu absolue) n'y estoit interuenu par son authorité Royalle. Il se lit en la mesme histoire qu'en l'annee de nostre Seigneur onze cens ils eurent bien des affaires auec les Normans, sur lesquels ils auoient iniustement vsurpé la ville de Brundusium, autrefois Colonie des Romains, aux confins du Royaume de la Poüille, que les Normans leur

O

firent bien rendre: Ie croy que ce fut du temps de Roger fils de Robert Guischard, qui portoit ce beau vers Latin graué sur son espee.

Apulus & Siculus, Calaber mihi seruit & Affer.

Le Sicilien, le Pouïllois, l'Affricain & le Calabrois viuent tous quatre souz mes loix. Il print Corfou, Thebes, & Negrepont, brusla les fauxbourgs de Constantinople à la barbe de l'Empereur, cueillit par brauade des pommes de son iardin, & deliura vn de nos Roys de la main des Sarrasins. Qui doutera donc que la cause de tant de maux qui regnent dans Venise ne procede en partie des rebellions de ses habitans contre l'Eglise, d'où sont sorties tant d'excommunications? Le cœur me fremit & frissonne d'horreur quand ie pense aux blasphemes execrables qui se proferent là dedans, au preiudice de la gloire de Dieu & de ses Saincts, lesquels comme ils seroient mal seants en la bouche d'vn pelerin, i'ay voulu taire & passer souz silence pour n'en faire leçon à nos François qui en sont assez bons Maistres, & qui n'en sçauent que trop en leur langue. On a creu plusieurs fois à ceste occasion que les Venitiens deuoient prendre fin, voyant regner parmy eux sur leurs eaux toutes sortes de fleaux, embrasemens, inondations, guerres, famines, seditions, tremblemens de terre, contagions, coniurations secretes, & autres afflictions: Car on les a tantost veuz dans les flammes, tantost dessous les ondes, tantost le poignard à la gorge les vns des autres, auec des famines suiuies de pestilences si grandes, que leur ville s'en est veuë presque deserte. Et à la verité, si nous ouurons encor le liure de leurs Annales, nous trouuerons qu'en l'annee mil cent cinq, à deux diuerses fois en moins de deux mois, le feu s'y attacha de telle sorte, & en leur port de Malemocque, que nonobstant leurs eaux (qui sembloient ayder aux flammes) ceste ville fut presque toute bruslee. Pour la contagion & pestilence, apres vne pitoyable famine & tremblemés de terre fort espouuantables, ceste maladie s'y esprit si fort en l'annee mil trois cens quarante huict, depuis le commencement du mois de Mars iusqu'à la fin de Iuin, que Venise restant presque deserte, le reste des habitans furent contraints d'y faire venir gens de toutes parts, & declarer bourgeois tous ceux qui l'habiteroient deux ans consecutifs. Le semblable leur arriua en l'annee mil cinq cens septante six, qu'il y mourut de ceste maladie plus de cent mille personnes. Heureux donc celuy qui tire vn bien de son mal, & trois fois heureux le mal qui opere & agist tellement en son suiet, qu'il en reüssist vn bien, comme la punition temporelle, quand elle preuient en nous le chastiment de la damnation eternelle. Mais malheureux au contraire, le contumax & rebelle en son peché, qui au lieu de faire professiō des chastimés de Dieu & venir à resipiscence, peche de plus en plus, si que desdaignāt le Ciel, & ne se souciant de son salut, va iouant à quitte ou double comme en vn coup de dez, tout ce qu'il y pretend. Tel fut l'endurcy Pharaon, qui pour ses rebellions contre Dieu, fut enseuely dans les eaux, & puis ietté au supplice des flammes eternelles: tels furent les Sodomites & Gomorrheens qui furent bruslez tous vifs dedans les eaux pour le peché qui en a retenu le nom: Garre que ceux qui sont logez cōme eux dedans les eaux, & qui peut estre les imitent, ne courent la mesme fortune. Comme la Iustice est vne saincte & vertueuse action qui faict fleurir les Royaumes & les Republiques, qu'elle maintient en paix & vnion: Aussi n'y a il rien qui les deprime & rauale dauantage que l'impunité & le mespris de ceste saincte vertu: pourquoy il est à craindre que ce manquement dans Venise ne soit causé pour la pluspart de tous ces maux: car en ceste Cité on chastiera assez rigoureusement vn soldat ou quelque autre pauure habitant qui aura prins vn chou, vn abricot, ou vn limon dans le iardin d'vn noble de Venise, ou fait quelque autre legere offense: mais de punir vn meurtre, vn empoisonnement, vn adultere, ou autre plus grand crime, ce sera bien à tard, si que souz ceste grande impunité & vitieuse indulgence, c'est à qui pechera plus dans Venise, & s'escrimera mieux de la paillardise, l'vsure & la vengeance. Helas, ce n'est pas cruauté, dit S. Augustin, que punir & chastier les crimes pour l'honneur de Dieu, qui est vne grand pieté, ains trois fois cruauté que de n'en rien faire: car comme la cruauté est vn vice qui outrepasse les bornes de

O ij

correction & chastiment, & qui porte l'homme à vne vengeance qui excede la qualité de l'offense: l'impunité au contraire venant du mespris & faute de rendre la Iustice, merite plutost le nom de cruauté que de misericorde. Les Venitiens d'auantage s'estiment les premiers politiques de toute la Chrestienté aux affaires du monde & choses de neant: ce que ie leur passe: mais aux affaires qui dependent de la police Ecclesiastique, & qui regardent l'honneur de Dieu & de son Eglise, ie trouue qu'ils sont fort ignorans : & qu'il soit ainsi, on le recongnoist à leurs Eglises, Hospitaux & Monasteres : ioint qu'au lieu d'assister auiourd'huy & tenir la main à nostre Saint Pere le Pape, au Roy d'Espaigne, au Grand Duc, aux Cheualliers de Malte & autres en la guerre qu'ils font au Turc, tant s'en faut qu'ils y vueillent entrer ny contribuer en aucune sorte, ils ont paix & alliance auec luy. D'autrepart la licence est si grande là dedans qu'il s'y imprime toutes sortes de meschans liures sans le nom des Autheurs, sans permission de Superieurs, ny approbation de Docteurs, contre l'expresse ordonnance du Concile de Trente, en la Session sixiesme, si que de plus en plus le mespris & la desobeissance vont croissans dans Venise auec vn peril eminent de la foy. Il me fut asseuré par vn bon vieillard Esclauon aagé de quatre vingts cinq ans, qu'il ne se passoit presque iour en Venise, qu'il n'y arriuast du desastre & quelque accident funeste, soit qu'il se fist du meurtre, que cestuy-cy se pendist, cestuy-la se noyast, cest autre se precipitast de desespoir, ou se donnast la mort en quelque autre maniere: Aussi diray-je que la belle creance de la ieunesse de Venise est telle, que faute d'estre esleuee & nourrie en la crainte de Dieu, le fils y bastonne le pere, le nepueu l'oncle, & la fille la mere, & n'y void-on que tout desordre & desobeissance : & pour reuange aussi si le pere a vn fils qui ne luy soit aggreable, l'oncle vn nepueu, le tuteur vn pupille, & le frere vn cadet dont ils ne cherchēt que la deffaicte : ils s'addresseront franchement à vn Capitaine Venitien, auquel donnant la manche (comme ils disent) il prendra ce ieune homme souz sa charge, & au premier embarquement qui se fera de gens de guerre, s'il est bien recommandé, il ne reuerra iamais Venise:

car il sera empoisonné, assommé, ou ietté au fonds de la mer, ou luy fera lon espouser en Grece dans certaines Isles appartenantes aux Venitiens, esloignees de Venise de quatre ou cinq cens lieuës, vne belle potence, ou du moins vne perpetuelle gallere. Ie ne passeray pas souz silence cest autre meschante coustume qui se practique entre quelques vns des habitans de ceste Cité, qui est telle que les maris du viuant de leurs femmes, & les femmes de leurs maris, font à d'autres des promesses reciproques de s'entrespouser, la mort aduenant des vns ou des autres, coustume fort damnable, d'où procedent mille malheurs. Il se dit, mais fort secrettement dans Venise entre les gens de bien, d'autant qu'il est deffendu d'en parler à peine de la vie, que le corps du glorieux S. Marc leur grand patron & protecteur qu'ils auoient enleué de la Cité d'Alexandrie d'Egypte, ne pouuant plus supporter l'horreur de tant de crimes, se retira d'entre leurs mains, & qu'il s'apparut à Malemocque à vn sage vieillard, auquel il declara la cause de son depart: l'histoire en fut redigee par escrit & mise en lumiere, mais d'autant que c'estoit à la honte & confusion des habitans, ils firét mettre au feu tous les exemplaires qu'ils peurent recouurer, auec deffense d'en plus parler à l'aduenir à peine de la vie. Et pour en dire ma franche opinion, ce qui m'en faict croire quelque chose, c'est qu'ayant esté plusieurs fois dans Venise, i'ay fort clairement recongneu le peu d'honneur que les Venitiens font à son temple, lequel ie voyois tous les iours profaner, par toutes sortes d'irreuerences & mespris, specialement durant le seruice diuin, qu'ils s'en seruent quasi comme d'vne doüane & lieu de commerce & traffic, ioint que la tour & campanier de ceste belle Eglise, lequel est edifié en quarré tout au droit de so͂ portail, au haut de la place S. Marc, on void ce beau vaisseau de cinquãte toises de haut, & qui a du moins quinze pas de chaque face, entouré tous les iours de salles & profanes peintures, auec toutes sortes de tableaux si dissolus & deshonnestes que les traits de ces pourtraits meritent mieux d'estre teuz auec le silence, que d'en offenser les chastes oreilles des Lecteurs, qui fait bien paroistre l'impieté de ces habitans, & le peu de ceruelle de ceux qui le tolerent,

O iij

au lieu de ietter ces ordures au feu, & faire faire vne Iustice rigoureuse & exemplaire de ceux qui les y affichét & mettent en parade. Mais pour estre le bien venu à Venise il faut auoir des yeux & ne voir pas, des oreilles & n'oüir pas, vne langue & ne parler pas, dissimuler en fin & ne dire ce qu'on pense: autrement pour fort peu de chose vn homme de bien seroit aussi tost enuoyé à la gallere, ou sans doubte on trouue assez souuent des mieux crespez de nostre France, qui soubs ombre des grands gages & bonnes payes de Venise, à ceux qui veulent porter les armes pour S. Marc, & en esperance aussi de mieux voir les singularités d'Italie, specialement de ceste Cité, s'y laissent attrapper, & depuis qu'on est enroollé soldat de Venise, il faut faire estat que c'est le nouitiat de la Gallere, où le nouuel intrant pour la moindre faute est enuoyé faire sa profession: que si d'auenture il en retourne, comme il y en a sans nombre, luy regardant le creux de la main & les espaules on verra incontinent à quel exercice on luy a faict passer le temps, & reconnoistra lon bien tost les armoiries de la Gallère. Toutes les conquestes & victoires de ces Seigneurs se font plus par l'or & l'argent qu'auec le fer & l'acier. Il se lit en l'histoire de la guerre sacree du Leuant, que les Francois du temps de nostre Sainct Pere le Pape Innocét 3. s'estans offers à Venise en l'an mil deux cens deux, pour passer en la Terre Saincte au secours des Princes Chrestiens trauaillez tant & plus, & serrez de pres par les infidelles: apres s'estre embarquez pour faire voile & cingler en ces lieux, les Venitiens les côtraignirent à les assister çà & là contre tout droit diuin & humain, à la conqueste des terres & possessions de leurs miserables voisins, pendant que les belles occasions du Leuant se perdoient au preiudice du S. Sepulchre de nostre Seigneur, & du bien de toute la Chrestienté. Ils ont la gloire & l'augmentatió de leur Republique en telle recommandation, que pour la maintenir en sa splendeur ils n'obmettent rien de ce qu'ils iugent luy estre necessaire: car Francisco Zapullo qui a redigé l'histoire de Venise par escrit, laquelle se vend publiquement chez eux, rapporte que pour fort peu de chose ils ont autrefois rasé les cheueux & la barbe à leurs Ducs, exilé les vns, arraché

DE LA TERRE SAINCTE.

les yeux, & massacré les autres, mis à mort & ietté de leurs Patriarches par les fenestres, & rué plusieurs de leurs gouuerneurs. Entre autres ils rapporte qu'en l'an de N. Seign. 974. les Venitiens enleuerēt iusques dans la ville de Rauennes appartenant à nostre Sainct Pere le Pape, vn de leurs Ducs nommé Pierre quatriesme qu'ils mirent à mort & son fils entre ses bras, puis les taillans par pieces les firēt manger aux chiens. Ils en penserent autant faire à Petro Orseolo, vn autre de leurs Ducs, sans que pour sauuer sa vie il desloges de bonne heure, s'en alla bien loing, & ne retourna iamais. En l'an mil vingt & six pour vne grace fort speciale ils enuoyerēt leur Duc Othon en exil, duquel la vie fut ballottee, & ne s'en fallut presque rien qu'il ne passast le pas. En l'an mil trois cens cinquāte cinq, ils firent trancher la teste à Marino Faliero vn autre de leursDucs aagé de quatre vingts ans, à raison qu'il ne pouuoit supporter beaucoup d'insolences qui se faisoient dās Venise. Bref ils font porter apres leur Duc marchāt parmy la ville vne espee dont le fourreau est tout doré & attaché comme i'estime à l'espee mesme, pour donner à entendre qu'il ne la peut tirer sans l'expresse licence de son Conseil, & s'il a faict durant sa charge quelque chose qui leur soit desagreable, ils feront proceder criminellement contre luy par cinq Correcteurs & trois Inquisiteurs. Ce qui m'a forcé de parler en ces termes des Venitiens, n'est point la haine que ie leur porte, Dieu m'en est tesmoin, ny ne sont point les François en guerre ou different auec eux, comme du temps des Roys Charles huictiesme, & Louis douziesme, ausquels ils donnerent tant d'affaires. Mais c'est qu'il est à craindre que pour les vices que dessus, qui sont en la plus part d'eux, Dieu irrité permette que les Turcs se rendent à la longue maistres de leur Estat, ainsi que depuis quelques annees ils ont faict du Royaume de Cypre, qui leur estoit subiect, & de suitte du reste de l'Italie, & finalement de toute la Chrestienté, tant pour les diuisions, que pour les enormes confusions qui y regnent à present de tous costez, plus abondamment, ce semble qu'ils n'estoient en l'Afrique, en Asie, en Espaigne, en la Grece & en Hongrie, lors que les Arabes, Maures, Turcs, & aultres peuples Mahometans ont subiugué toutes ces grandes Prouinces, & exercé l'ire de Dieu sur icelles : se pouuant vrayement dire qu'auiourd'huy la Chrestienté est reduite par nos pechez au mesme estat qu'elle estoit, lors que les Turcs ont commencé de paroistre, & se sont saisis en peu d'annees de tout l'Orient: selon que nous l'apprenons de Guillaume Chancellier du Royaume de Hierusalem, en l'an onze cens septante & quatre, Archeuesque de Tyr, au premier liure de son histoire chapitre huictiesme, où il represente les grands maux qui regnoient lors presque en toute la Chrestienté, qui est vne image de nostre temps.

Certains

Certains poincts que le Pelerin se doit remettre deuant les yeux, auant l'entreprise de son voyage.

Chap. III.

COMME on dit communement qu'vn aduerty en vaut deux, & que les coups preueus apportent moins de dommage. De là ie me suis representé qu'il ne viendra pas mal à propos d'aduertir icy le Pelerin de certaines particularitez fort considerables auant l'entreprise de son voyage.

Et premierement, qu'il face reueuë & iuge en luy-mesme, de quel esprit il est porté à ce bon œuure, ce qu'il descouurira facilement en ceste maniere : car s'il est desireux de faire penitence pour la remission de ses pechez, s'il apprehende la Iustice de Dieu, & qu'il desire aller aux saincts lieux, faire sa penitence, gaigner les indulgences, & là luy demander pardon de ses fautes, il est à croire qu'il y est porté d'vne bonne volonté & saincte inspiration : comme d'autre part s'il y va par vanité & curiosité, il sera facile de iuger le contraire, & receura son salaire dés l'heure de son partement. Si le Pelerin recognoist à ceste belle pierre de touche qu'il soit de poids & de mise auant l'entreprise de son voyage, ie luy conseilleray de faire testament, & donner ordre à son ame, comme s'il estoit prest de la rendre à son Createur. Qu'il se resolue à faire vne bonne & saincte penitence par ce chemin, laquelle acceptant de bon cœur luy sera douce & legere, & seruira de remede à ses pechez, à faute dequoy, & s'il ne la prend en gré, ceste peine luy sera vn martyre, qui ne luy sera pour rien contée. Dauantage ie luy conseille de ne declarer à personne, qu'il aille ny vienne de Hierusalem, sinon à ceux à qui on ne le peut celer, & lors qu'on ne s'en peut desdire, pour les raisons que i'en ay cottees à la 34. page du premier liure. Et quand bien il seroit tout porté dans Venise au iour de l'Ascension, il ne se laissera voir s'il me croit, & n'assistera à la procession generale en qualité de Pelerin, où se trouuét la pluspart des Pelerins, qui font

P

le voyage de la Terre saincte, à raison qu'il donne belle visée pour estre espionné, soit par les Iuifs, Mores, Turcs, ou Arabes alors dedans Venise, lesquels arriuent souuent en Leuant premier que luy, & l'ayant remarqué en Venise pour quelqu'vn, ils trouuent du subiect assez par delà pour auoir sa bourse, & luy faire du desplaisir. Et d'ailleurs il arriue encor vn autre mal de ceste monstre & parade: qui est tel que les Venitiens gés de plaisir & d'esbat, sont coustumiers de parier & faire des gageailles entr'eux, lors que iettás l'œil sur vn Pelerin, cestui-cy gagera côtre l'autre que tel Pelerin mourra en son voyage, l'vn que si, l'autre que nõ, d'où il arriue selõ la qualité de la gageaille qu'on auance quelquefois les iours à tel qui n'en peut mais, & qui ny pése pas, soit par le chemin sur les lieux, ou durãt son retour. Ils font le semblable des nauires qui võt & viennent en leur haure. Si le Pelerin est de qualité, qu'il die cóme Dauid: Ie ne suis pas vn hóme, ains vn ver seulemét, l'oprobre & le mespris de tous entieremét. Qu'il n'apprehende la mort allant en Hierusalé, où il est asseuré de trouuer la vie. Ne parler en tous lieux que bié à propos, & faire estat que pour estre bié caché, il est tousiours veu d'vn chacũ, & pour ne dire mot, escouté, sondé, espionné, specialemét à Venise, se pouruoir de toutes sortes de bonnes lettres, se tenir tousiours en bon estat, attendu que le Diable fait chopper à vn festu le Pelerin de la Terre saincte, s'il ne marche en bon ordre, & n'est bien sur ses gardes, se recõcilier à toute heure auec Dieu, de peur qu'il ne l'abandõne à la deuotion de ses ennemis: car le Pelerin voyageant en peché mortel, specialement en vn pays excõmunié, parmy les Turcs, les Iuifs, & les Arabes, n'a aucune cõsolation en l'ame qu'au prealable il ne soit entré en ceste belle reconciliation. Que dauãtage il aduise à se bien gouuerner tant sur mer que par terre, parmy le froid & les chaleurs, l'abondance & la disette, de peur de seruir de pasture aux poissons, ou aux vers de ce chãp de Hierusalem achepté des trente deniers de nostre Seigneur Iesus Christ pour seruir à la sepulture des Pelerins, tousiours beãt pour le consommer en 24. heures. Qu'il s'asseure aussi que se bien gouuernãt en ce beau voyage il meritera dauantage qu'vn Religieux en son Cõuent: qu'il se confesse & cōmunie souuent, & ne le pouuāt pas, que du moins il en ait lavolōté, pour se maintenir toujours en la grace de Dieu, & ne perdre le fruit & merite de sa peregrinatiō. qu'il soit toujours échauffé d'vne belle cōcupiscéce spirituelle: qu'il mette peine de cōseruer tout le tēps de son voyage le goust de sa deuotiō pour la reporter en son païs plus ardente s'il est possible, que lors qu'il en partit: qu'il euite à son possible toutes sortes de mauuaises cōpagnies, rixes, querelles, excez, desordres, mauuaises paroles, mesmes à ne les pas escouter de peur de distraction, sur tout cheminant par terre qu'il se loge en lieux non suspects, & exēpts de scandales : mettre peine d'edifier vn chacun par l'odeur de sa bōne vie & toutes sortes de bōs exēples, en fuyāt les honneurs & les premieres places au lict & à la table: qu'il soit doux & affable à tous, & cōtre luy cruel & rigide: qu'il s'accoste de peu de gēs par les villes, specialemēt de ceux de son païs qui le trōperont plustost que les estrāgers. Si d'auāture on le veut dissuader de son entreprise en luy represētāt les perils de la mer & la terre: soit qu'on lui propose les guerres, pestes ou famines du Leuāt, que pour toutes ces cōsiderations il ne perde courage, ains qu'il s'asseure d'estre porté aux lieux saints à la faueur des Saincts qui guerissent de tous ces maux, & qu'il a chez luy le medecin, les drogues, & toutes sortes de bōs preseruatifs en son cœur pour resister à la corruptiō de l'air, & aux malignes influēces. Quāt aux bastōnades des Turcs & des Arabes, il en porte les remedes en sa bourse. Ie l'auertiray aussi voyageāt par terre à sō arriuee aux grādes villes, de ne courir apres les vanitez, & à la recherche des choses prophanes, ains aller droit aux Eglises premier qu'aux hostelleries, ne mettre à la fin ce qui doit marcher deuant, qui seroit comme les Iuifs cercher nostre Seigneur sans le pouuoir trouuer: rēdre graces à Dieu deuant & apres le repas, le loüer soir & matin & à toute heure. Bref cōme les bons aduis qu'on peut donner au Pelerin de la Terre saincte, sont autant de bons moyens pour faciliter & feliciter son voyage, & le rendre non moins heureux à la fin qu'au commencement, ie luy ay voulu proposer ceux cy au deuant, à fin de les bien digerer, premier que d'y entrer, auec ces autres qui ensuiuent.

P ii

Des prouisions necessaires que doit faire le Pelerin auant son embarquement.

CHAP. IIII.

APRES que le Pelerin en luy mesme aura bien conté par le menu, se trouuant capable de faire ce sainct voyage, reuestu des liurees de l'humilité, s'il est François, Espagnol, Portugais, ou plus Occidental, il prendra son chemin deuers Marseille, pour se seruir en ceste occasion de la mer Mediterranee, qui commence depuis le destroict de Gilbartar, & s'estend iusques aux bords de la Iudee. S'il est Flamand, Allemand, Anglois, Escossois, ou Irlandois, il se pourra seruir de la mer Adriatique & s'embarquer à Venise. S'il est plus Septentrional, & voisin des deux Sarmaties, ou dessoubs le Pole Antarctique vers la mer Glaciale, il a le Paluz Mœotide, qui s'appelle auiourd'huy mer de la Tana auec la mer Euxine. S'il est habitant de l'Æthyopie, il s'aidera de la mer Rouge, passage ordinaire des Abyssins & de ceux de l'Arabie Heureuse. S'il est des Indes Orientales, comme des Royaumes de la Chine, des Tartares, ou des regions de Cataïo, Cambalu & Bargu, s'embarquant sur la grand mer du Sur, il aura facile entree à la Terre saincte par le Sein Persique : côme aussi les Armeniens, ceux de la Scythie & autres feront fort facilement leurs approches par la mer de Bachu pour arriuer en Hierusalem : d'où il appert suyuant le dire des Prophetes Dauid & Ezechiel, que nostre Sauueur comme vray Soleil de Iustice a voulu communiquer la splendeur de sa lumiere à ses creatures, & operer en ce lieu l'œuure de nostre redemption, comme le centre de toute la terre : & aussi que de toutes les parties du monde, tous peuples, gens & nations y eussent facile accez, pour luy aller rendre hommage, & voir les marques de nostre salut. Mais tant y a, de quelque nation que soit nostre Pelerin, soit qu'il s'embarque à Marseille où ailleurs, il s'informera premierement d'vn bon vaiſſeau, bien equippé & conduit d'vn bon Pilote, aſſiſté de bons mariniers, qui face voile vers Cypre, Tripoly, ou autres ports ſignalez de Leuant & plus proches de Iaffa, auquel lieu raremét ou point du tout abordent les gros vaiſſeaux, à cauſe que tout y eſt en ruine, & qu'il n'y a point de commerce. Il ſera ſoigneux de ſe pouruoir de bonnes lettres teſtimoniales, ſpecialement de ſa Saincteté ou de ſes Legats à peine d'encourir l'excommunication. Il s'embarquera en la meilleure ſaiſon de l'annee, qui ſont deux: La premiere en Ianuier & Feburier, la ſeconde vers les mois de Iuin & Iuillet: mais la premiere eſt la meilleure à cauſe des vents qui ſont plus frais, gaillards, & plus ſtables, qui fait qu'à telle fois en dix ou douze iours vn bon nauire arriuera de Veniſe en Cypre: & de Marſeille en Tripoly, à ioindre que rarement en telle ſaiſon on fait rencontre ſur mer de fuſtes, brigantins & galliottes Turqueſques, & qu'auſſi arriué en ces lieux vous trouuez à cauſe du Careſme des Carauannes qui marchent de toutes parts pour eſtre en Hieruſalem la ſemaine Saincte qu'on voit mille belles choſes auec moins de deſpenſe & plus de liberté. Quant aux choſes neceſſaires pour le vaiſſeau, il acheptera premierement vn bon coffre ou caiſſe de marine, fermant d'vne bonne ſerrure, à peu pres de ſa longueur. Ceſte piece de meuble luy ſeruira de lict, garderobe, table & eſcabelle, & à ceſte fin il ſe garnira d'vn matelas, coüeſſin, & couuerture de ſa longueur : & d'autant que ſelon mon iugement il ſera mieux à propos qu'il face luy-meſme ſa deſpenſe, que de ſe mettre à la table du Patron de la naue, ou de l'Eſcalque, laiſſant ceſte commodité aux marchands & riches paſſagers, qui font plus de deſpéſe extraordinairement qu'à ce maigre ordinaire de huict ou dix eſcus le mois. Noſtre Pelerin donc fera ſon petit magaſin à part, dont il vſera à ſes heures & ſelon ſes appetits. Vray eſt que ſe mettant à la table du Patron de la naue, il aura meilleure place dans le vaiſſeau, & ne payera pas tant pour ſon paſſage que celuy qui meſnage à part. Premierement donc qu'il achepte ou face faire ſon biſcuit s'il a le temps : vn baril de bon vin de trente ou quarante bocaux, qu'il tiendra ſous la clef, de peur des mariniers : deux autres boeaux du meilleur vin de maluoisie, qu'il pourra trouuer, pour charmer au matin les bruines de la marine: vne couple des plus gros iambōs de Mayence qu'il pourra recouurer: deux douzaines de saulcisses & ceruelats plus ou moins selon la grosseur qu'il les trouuera: cinq ou six liures de formage Milanois ou Parmezan pour estre le meilleur: vn bocal d'huile, & vn autre de vinaigre; trois ou quatre liures de grosses oliues pour le remettre & luy aguiser l'appetit qui manque volontiers au commencement du voyage: des citrons & orenges; du rys & legumes; de l'oignō & de l'ail, s'il est coustumier d'en manger. Selon qu'il aura bonne bourse, il fera prouision d'vn peu de viandes fraisches toutes cuites, pour l'incommodité qu'il y a de les cuire & apprester, & aussi qu'elles se corrōpent incontinent sur l'eau: toutefois heureux celuy, qui les y voit plustost se corrōpre que manquer. S'il est delicat, & qu'il redoubte le mal de la mer, qu'il face emplette de quelque quantité d'espiceries douces, du succre, de la conserue de roses, du syrop de citrōn contre les chaleurs, vn peu de casse preparee, iulep violat & autres drogues laxatiues pour empescher la fieure, & entretenir le benefice de vétre en ce lieu là qu'on est plustost constipé qu'autrement. Pour le regard du linge, le Pelerin recognoistra que c'est vne chose plus que necessaire pour resister aux poux qui l'attaqueront en furie s'il ne change souuent de linge. Et pourtant que du moins il ait deux couples de chemises sans replis, fraize ny collet, dont se rient les Leuantins, & outre que se sont autant de logemens pour la vermine. Qu'il n'oublie vne couple de linceux pour mieux se rafraichir, & reposer plus à son aise, si d'auāture il luy suruenoit quelque maladie: vne liure ou deux de sauon, pour faire en vn beau iour de Soleil sa petite lexiue, & blanchir luy-mesme son linge auec de l'eau chaude s'il est possible. Pour son linge de table, qu'il ait deux couples de seruiettes, & vn petit trauers dont il retirera tousiours son argent. Et quant à son habit qu'il le face faire d'vn bonne & forte estoffe de gris cordelier qui luy seruira contre le froid & le chaud tant par mer que par terre, car il va par pays tousiours monté, & par ce moyen, la pesanteur de son habit ne l'incommode point. Pour la façon, il fera faire vne fotane qui luy paffe le gras de la iambe, auec le petit mantelet de la mefme eftoffe, & le chappeau de la couleur, au lieu duquel il fe feruira d'vn petit bonnet dans le vaiffeau. Il fera ceint d'vne belle corde, f'il ne luy eft refté quelque lifiere de la matiere de fon habit: qu'il ait de bons fouliers, tant à caufe du long voyage, que pour cheminer plus à l'aife dans les rochers, & autres lieux pierreux, quand il fera forcé de mettre pied à terre. Qu'il foit foigneux de f'embarquer auec toutes fes prouifions bien à propos, de peur de refter derriere, fe rendant pluftoft que plus tard dans le vaiffeau, qui n'attẽd iamais perfonne apres l'embarquement du Patron & de l'Efcriuain, le vent eftant cõmode. S'il paffe par Venife, qu'il f'adreffe au Conuent de fainct François de la Vigne, où il fera pleinement inftruict des affaires du Leuant, & luy donnera on peut eftre aduis du proche partement de la nouuelle famille de Cordeliers qui fait ce fainct voyage de trois en trois ans pour paffer auec elle. Et d'autant que la contagion eft toujours quelque part l'Efté en ces lieux là, qu'il n'oublie pas à faire prouifion d'vn peu de Theriaque de Venife, fort excellente pour f'en feruir à la neceffité.

Comme le Pelerin fe doit gouuerner dans le vaiffeau.

CHAP. V.

LE Pelerin embarqué auec fes prouifions & commoditez qui eft tout fon vaillant, aura toufiours l'œil deffus, & f'en tiendra pres, voire les ferrera foubs la clef f'il eft poffible de peur de fortune de gueule, naufrage ordinaire que les mariniers font courir aux pauures paffagers, & d'ailleurs ie l'aduertiray de les mefnager fi bien qu'il en ait pluftoft de refte à l'arriuee, que d'en tirer neceffité fur mer, qui eft vn vray martyre. Qu'il fe loge f'il peut à fon entree au mitan de la naue, car outre qu'il fera pres de la cuifine, il ne fera pas fi toft eftourdy des grands branles du vaiffeau, comme il feroit à la pouppe

où se retire le Patron auec les plus apparens & mieux moyennez de la naue, ou à la proüe où sont les mariniers. Il faut qu'il se resolue de bonne heure à la patience, & à passer le temps selon la compagnie & le lieu, à manger cuit & crud, fraiz & salé, froid & chaud, & boire doux-amer selon l'exigence du temps & la qualité du lieu. Il faut qu'il s'accoustume à reposer au bruit des ondes & des vents, & parmy les grands vacarmes des mariniers durant le mauuais temps : souuentesfois endurer qu'ils luy passent & repassent sur le ventre, allans & venās à leur manœuure, laschans le plus souuent en ces allees & venuës, des vents qui donnent ailleurs que dans les voilles, de sorte que le meilleur est de leur faire largue, & ne se trouuer à leur rencontre : nonobstant ces affronts il ne faut pas laisser de les appeller Messieurs, leur donner le bon-iour, leur faire à toute heure caresses, voire de leur faire boire & māger de vos prouisions, de peur qu'ils n'en prennent à discretion dans le coffre, lesquels ils sont fort bōs ouuriers de crocheter. Et quoy que le voyage soit court ou long, ie conseille au Pelerin de se domestiquer, & faire plus particuliere cognoisāce auec quelqu'vn d'eux, celuy qui reuiendra mieux à son humeur : car outre qu'il en tirera mille petits seruices dans le vaisseau, s'il est vieux & practic aux voyages, en passant à la veuë des terres, il les luy dechiffrera, dont il ne remportera pas peu contentement. Dauantage si le Pelerin est seul de sa patrie, qui face le voyage, il s'accompagnera de quelque galant homme de sa condition pour se iurer amitié & donner parole d'assistance, si l'vn ou l'autre tomboit malade, & en fin de viure & passer le temps ensemble. Si en quelque sorte il arriue que le vaisseau face rencontre de Corsaires, & qu'il faille venir aux mains, il faut qu'il se monstre genereux & face son debuoir comme les autres, dissimulant sa peur s'il en est attaqué, non seulement en ceste occurrence, mais en tous autres accidens, cōme fortunes de mer, tourmentes & bourasques où il se doit monstrer ferme & cōstant, & asseurer les autres au lieu de les espouuenter, supportant les tempestes d'vn semblable visage, que les calmes & bonasses, se monstrer secourable aux malades s'aucuns en y a dans le vaisseau, se gouuerner si bien de la
bouche

bouche au changement d'air, & à la descente dans les terres, specialement en pays chaud, qu'il ne luy en mesprenne, ne courir apres les fruicts, & ne se laisser emporter à la douceur de la maluoisie & muscadets des pays estranges, de peur des fieures & dissenteries, qui troussent ordinairement leur homme en vingt quatre heures, au grand contentement du Patron de la naue, qui se declare son heritier apres l'auoir fait enseuelir dans le sepulchre de Neptune, *sine cruce, & sine luce*. Si le Pelerin voyage l'Hyuer, qu'il se tienne chaudement tant le iour que la nuict, de peur des rheumes, & du mal de la mer, auquel pour mieux resister & chercher de l'appetit, s'il luy manque, il sera bon qu'il se tienne soir & matin à l'air, & se pourmeine sur le tillac du vaisseau. S'il arriue qu'il soit pressé de tourner vers la proüe, & monter sur les anchres, qu'il soit aussi peu honteux que les autres, puis que ce sont choses naturelles, & que faute d'y aller à temps par vne mauuaise honte on s'expose quelquesfois au peril de grandes maladies. Ie l'aduertiray aussi de ne se rendre trop delicat & mignon dans le vaisseau, quoy qu'il ait des moyens, de peur des estrangers & toutes sortes de Leuantins, qui le tenans pour grand luy pourroient sur les lieux apporter quelque preiudice, sinon à sa personne, du moins à sa bourse. Et partant qu'il se tienne clos & couuert, leur face bon visage, & s'en tienne pres & loin selon les occurrences. Si d'aduanture il arriue vne tourmente trop veheméte, & qu'il soit inutile aux mariniers, qu'il se prenne garde de leur rencontre, & aille faire ses prieres en secret soubs le tillac, où il seruira dauantage au nauire. Ioint qu'en ce faisant il esquiuera le danger d'auoir peut estre la teste rompuë de quelque bois, cable, poullie, ferraille, ou autre piece du vaisseau qui tombe souuét d'enhaut au temps de la tempeste. Quand il arriue aussi que le nauire est à l'Ourse, & que le vent donne trop furieusement dans les voiles en danger de le faire sousoubrer, qu'il soit prompt & à l'erte de passer de l'autre part, & resister de tout son pouuoir à la fortune, pour l'interest qu'il y a comme les autres. Qu'il se prenne bien garde aussi d'allumer durant la nuict aucun feu dans le vaisseau, si ce n'estoit à vne extreme necessité auec la per-

Q

mission du Patron, de peur de se manifester aux Corsaires qui sont le long des costes, & pour le peril du feu plus redoutable que l'eau, dessus les mers. Bref comme souuent sur les mers les heures sont des iours, les iours des mois, & les mois des années, à fin d'enuoyer le temps plus doucement, & qu'il luy ennuye moins, il aura recours aux loüables & honnestes occupations, entre autres à la priere soir & matin, où l'ame bien née se delecte tant & plus au lieu de s'ennuyer, à la lecture des bons liures spirituels, & entre autres de quelque bon autheur qui traicte naïfuemét des lieux mysterieux de la Terre saincte, desquels comme il aura desia vne idee bien formee, & vne science toute acquise, voyant la verité des choses, il aura moins de peine à les conceuoir en son esprit. Qu'il ne mette aussi en oubli de porter à la pochette vn petit Almanach, pour sçauoir nõ seulemét les vigiles & festes mobiles de l'an, specialement en Grece, & par tout le pays de Leuant, où les dix iours n'ont point esté retranchez, mais aussi pour estre instruict aux entrees & declinaisons des Lunes, science fort necessaire à quiconque va sur mer. Finablement si le Pelerin est homme de recreation & bon mesnager, il fera prouision de quelque nombre d'hameçons pour pescher durant les calmes, & arriuera quelquefois qu'il prendra de beaux & grands poissons dont il fera bonne chere auec ses compagnons & amis.

De la plus commune despense qui se fait au voyage de la Terre saincte.

Chap. VI.

BIEN qu'il soit comme impossible de pouuoir dire au vray la despense qui se fait au voyage de la Terre saincte, tant à cause de la diuersité, des pays plus esloignez de Hierusalem les vns que les autres, ou selon que le Pelerin en sera plus proche, ou plus escarté, il fera plus ou moins de despense, que pour raison aussi de l'incertitude du temps qui ne se peut limiter aux voyages sur mer où la varieté & changement des vents sont frequents selon les lieux & les saisons. D'autre part le vaisseau y fait aussi les vns beaucoup meilleurs de voile que les autres, & selon qu'on prend la mer & les vents bien à propos: & que le voyage du Pelerin est frāc & net de toute mauuaise rencontre, specialement de Corsaires, qui le chasseront souuentesfois bien loin de son chemin, & en fin qu'il y a tel Pelerin qui sera de plus grand vie & despense que l'autre, toutesfois nous en dirons selon qu'il arriue plus coustumierement depuis l'embarquement aux deux plus communs ports de nostre Europe, à sçauoir Marseille & Venise, ou pour le peu de difference qu'il y a entre les deux quant aux frais qui se font iusqu'en Hierusalem tant par mer que par terre, ie n'en diray pas dauantage; car s'embarquant à Marseille pour Tripoly, il arriuera telle fois qu'il mettra autant de temps à aller de Tripoly en Hierusalem & auec plus de frais prenant la terre, que de Marseille à Tripoly, où s'embarquant à Venise il descend plus coustumieremēt en l'Isle de Cypre, d'où remontant sur l'eau pour la seconde fois en de petites barques que l'on trouue à poinct nommé, apres le marché fait auec les Rais & Patrons d'icelles, il arriue ordinairement en trois ou quatre iours en Hierusalem, moyennant qu'il ne trouue de l'empeschemēt. Vray est qu'on est porté & nourri pour dix ou douze escus de Marseille à Tripoly, & beaucoup mieux traité que dans les naues Venitiennes, où le Pelerin qui se met à la table du Patron est seruy de menestres bien maigres. Pourquoy ie diray que partant de Marseille ou Venise pour le voyage de la Terre saincte, le Pelerin estant accompagné sera rendu iusqu'au port de Iaffa pour vingt Sechins, sans mettre en compte la despense faite aux lieux, où le vaisseau va donnant fond par le chemin: mais l'importance de ce voyage, & la plus grande despense qui s'y face, est aux caffares & tributs qu'il faut payer çà & là en diuers lieux de la Terre saincte, ainsi que nous dirons bien tost par le menu. Le Pelerin donc se representera que tāt plus nous allons en auant, les caffares & fraiz vont tousjours augmentant. Vray est qu'au passé depuis Iaffa en Hierusalem le Pelerin estoit à toute heure arresté & forcé de mettre la main à la bourse en diuers lieux, mais auiourd'huy ie réduiray tous ces payements qu'on alloit faisant çà & là, tant d'aller que reuenir, auec ce qu'il faut payer en la ville de Hierusalem, à deux principaux payements pour n'ennuyer & confondre l'esprit du Pelerin sur ces vieilles coustumes, mettant si souuent la main à la bourse. Il y a donc premierement quatorze Sechins, Ongarōs, ou Sultanius, especes de mesme valeur qu'on paye à l'Attala de Rama tant pour vous conduire, & porter de Iaffa en Hierusalẽ, que vous y reporter au bout de la quinzaine, ou autre plus bref ou long terme, selon la deuotion & la compagnie qui vous oblige souuentefois à l'vn ou l'autre. Cet Attalla est obligé moyennant ce payement de vous affranchir & rendre exempt de mettre la main à la bourse en plusieurs embuscades, qui pour cet effect vous sont dressees sur ce chemin d'aller & venir, par les Turcs & Arabes. Quant à l'autre payement il est de la mesme somme de quatorze Sechins qu'il faut payer arriuant en Ierusalem, sçauoir deux pour l'entree de la Cité, deux pour les cierges qui vous sont mis en main tant au Conuent de Sainct Saulueur, qu'aux Eglises du Saint Sepulchre & Bethleem, pour assister aux processions qui se font en ces trois lieux au poinct de vostre arriuee: vn autre Sechin pour le droict du Truchement, & neuf premier que d'entrer dans l'Eglise du Sainct Sepulchre. Quant aux voyages qui se font çà & là par les lieux ordinaires de la terre saincte, comme Bethanie, Bethleem, les montagnes de la Iudee, & autres saincts lieux proches de Ierusalem, d'autant que le Conuent vous nourrist en ces petits voyages que vous faictes en compagnie, & que le pelerin n'a qu'à payer sa part des frais qui se font pour l'assistance du Truchement, de quelque Ianissaires selon les lieux & les saisons auec leurs asnes, & celuy du Religieux qui vous accompagne, ie mettray le tout à vne couple de Sechins pour le plus. Quãt à la despense que vous faites tant au Conuent, que dans les Eglises du saint Sepulchre & Bethleem, & par toutes vos visites où les Religieux vous nourrissent, d'autant que le payement en est volontaire ie n'en feray point de taxe; & neantmoins consideré que ces bons Peres ne viuent que d'aumosnes parmy les infidelles qui les gehennent tous les iours & en toutes façons, il y a bien du merite au Pelerin qui leur fera vne bonne & large aumofne, qui fe doit reduire du moins à 3. ou 4. Sechins pour quinze iours, eftant fi bien traicté chez eux. Pour les petites courtoifies qui fe donnent en allant & venant aux Moucharis vos palfreniers & voituriers fur le chemin de Iaffa en Ierufalem, qu'aux portiers & feruiteurs des Conuents de Ierufalem & Bethleem, qu'aux Santōs, Imans, & Gardiens de certaines Eglifes & Chappelles des faincts lieux erigees en Mofquees, tant dedãs que hors la cité de Ierufalem, que mefmes aux Chreftiens Grecs, Armeniens, Cophites, Georgiēs, Abyffins, & autres qui occupent beaucoup de lieux faincts dans l'Eglife du fainct Sepulchre, que vous ne pouuez voir fans leur permiffion, qu'aux Arabes que vous trouuez, cà & là de toutes parts, fpecialement allant de Bethleem au lieu des Pafteurs, & aux montagnes de la Iudee, cela s'appelle du moins vne autre couple de Sechins. Pour l'emplette que le Pelerin fait fur les lieux de croix de Ierufalem, de couronnes & Chappellets de bois d'oliue, Therebinthe, de la terre de champ Damafcene, de Ceintures, de Rubans façonnez qui font de la longueur des faincts Sepulchres de noftre Seigneur & de noftre Dame, de pierres Aquillines, de rofes de Iericho, des modelles du faint Sepulchre, & du faint Prefepe, dont les plus riches & mieux releuez font d'ebene, du prix de quatre & cinq Sechins, à caufe de leur gentille & induftrieufe façon. Les mediocres font de bois d'oliue, & les plus communs d'vne terre fort blanche & femblable à la craye, & auec ce plufieurs autres gentilleffes & chofes extrauagantes qui ne fe peuuent taxer, cela dependant de la volonté & des moyens du Pelerin : mais à ne prendre que des Croix & des chappelets, & quelque chofe de plus, c'eft du moins qu'ō parle d'vne autre couple de Sechins. Que fi maintenant le Pelerin genereux a le cœur porté à fe faire Cheualier du fainct Sepulchre, foit Gentilhomme ou non, il faut qu'il face eftat d'y defpendre 30. ou 40. Sechins pour obtenir cefte qualité, mais c'eft à faire à ceux qui ont de bon argent de refte : comme à dire verité le Pelerin eft loüable qui en a tant qu'il en rapporte, &

Q iij

l'aduance en eſt bône, voire quelquefois treſ-que neceſſaire, ſoit pour vous tirer d'vne Auannie, ou pour voſtre ſecours en vne maladie, ou ſi vous tombez en l'vn ou l'autre, & que vous ſoyez ſans moyens ſans doubte c'eſt faict de voſtre vie. Car ſi pour auoir ſuffiſamment des moyens, vous eſtes neantmoins bien ſouuent empeſché & auez de la peine à viure, iugez ce qu'on doit croire de celuy qui n'en a point du tout. Il ſe faict encor vne autre deſpenſe pour eſtre porté de Cypre, Tripoly ou Damiette à Iaffa, par certains Rays Grecs, ou Mores, qui vous leueront dans leurs barques en leur donnant bon prix, & non moins de 25. ou 30. Sechins pour vous porter ou reporter en l'vn de ces trois lieux, c'eſt là ſans doute que le pauure Pelerin demeure fort eſtonné s'il eſt ſeul ſans compagnie qui lui ayde à payer vne partie de ces frais là, où qu'il ne trouue à l'aduanture quelque barque chargee de ſel ou de Rys qui aille deſcendre à Iaffa, comme i'eus ce bon-heur eſtant à Damiette, d'où ie fus porté & nourry iuſqu'à Iaffa pour deux Sechins: à faute dequoy, & ſi vous eſtes forcé d'en trouuer vne pour vous ſeul, outre la grande deſpenſe qui y vient, ces Grecs ou Mores malicieux à merueilles, ont cecy de mal en eux qu'ils prennent plaiſir à vous pourmener & faire prendre port en diuers lieux eſcartez du chemin & hors de voſtre route, qui eſt autant de retardement ſur le voyage, & vne deſpenſe ſuperflue: & auſſi qu'a chaſque lieu où ils donnent fond & moüillent l'anchre, les pauures Chreſtiés Pelerins & autres ſont forcez d'y payer vn Sechin pour teſte, & ces meſchants vous font ordinairement ces brauades d'aller & de venir, ſi que ſans difficulté ny ſcrupule le Pelerin peut faire eſtat de deſpendre en compagnie tant en deſpenſe de bouche que pour ſa part de la barque & ces caffares, huict Sechins pour le moins, & s'il retourne à Tripoly ou Damiette où la traicte eſt plus longue, & les bons vents de plus difficile rencontre, il luy en couſtera dauantage. Or ſi nous voyons maintenant en gros à combien ſe monteront toutes ces parties, ayant tout conté par Sechins, Ongarons, ou Sultanins qui valent quatre liures piece, nous trouuerõs ſans parler du retour à Venize ou Marſeille la ſomme de 260 liures de noſtre monnoye de France. Que ſi le Pelerin auoit trois cents liures à son partement, il ne luy en restera que quarante pour sa retraicte : en quoy vous iugerez s'il sera obligé de faire à la petite depuis Cypre iusqu'à Venise, ou de Tripoly à Marseille. Si maintenant il est François, Espagnol, Normant, Breton ou Portugais, iugez ce qui luy est necessaire depuis Marseille ou Venise pour retourner commodement en sa maison. S'il a mis par estat sa despense en allant, il verra qu'il ne luy en faudra pas moins en reuenant. Et partant ie ne conseilleray à personne de ces pays là de s'acheminer pour faire ce voyage, que du moins il n'ayt cent cinquante escus d'or auecques luy, à peine de s'en repentir, & en outre qu'il ait à se bien prendre garde de faire aucun extraordinaire ou desbauche. Et si le Pelerin parloit d'aller au fleuue du Iordain, le mont de la quarantaine la mer morte, Samarie & Galilee, ie luy dirois d'autres paroles & luy donnerois d'autres aduis.

Des monnoyes plus necessaires qui se despendent en ce voyage, & le moyen de les conseruer.

Chap. VII.

Bien que la monnoye qui se manie & s'employe au voyage de la Terre sainte soit fort diuerse, & de differentes especes, attendu qu'elles y ont cours de toutes sortes, les vnes à perte, les autres à gain, auec plus ou moins de profit selon leur marque, neantmoins afin de ne confondre l'esprit du Pelerin sur vne si grande varieté, ie l'aduertiray de se retrancher à trois ou quatre especes principales, où il n'y aura que perdre, ains au contraire. S'il prend son chemin par Marseille, s'embarquát dans vn bon vaisseau, qu'il ne face difficulté de mettre tout son argent en francs & demy-francs de nostre France, l'asseurant que les trois ou les six demis passerót en Hierusalem & autres lieux circonuoisins pour le Sechin, Ongaron, ou Sultanin, où il gaignera 16. sols pour piece. L'Espagnol fera le semblable de ses realles d'huict & de quatre, où il ne fera pas moins de profit, s'il n'en fait dauantage, laissant là ses pistoles & doublons, sur lesquels il y a en ces lieux là perte quelquesfois de trente cinq ou quarante sols pour piece. Si vous me dites que ces especes soient par trop empeschantes au Pelerin en vn si long voyage : à cela ie diray, qu'allant tousiours par mer de Marseille à Tripoly, & de Tripoly en Hierusalem (si trouuans des Carauanes à propos il n'aime mieux aller par terre pour sa plus grande seureté, porté par des chameaux, asnes & mulets) ie dy moy que ces deniers ne luy peseront outre raison, & arriué qu'il sera dans ces terres, il regrettera que le poids n'en sera plus grand. S'il s'embarque à Venise, ie l'auertiray de l'ordōnance, ou plustost de la rigueur qui s'y practique aussi bien à l'endroit des plus pauures Pelerins que de tous autres ; qui est telle, qu'arriuant dans Venise pour faire le voyage, soit de la Terre saincte, de Rome, ou de nostre Dame de Lorette, il sera pris par les Saffis & Sergens de ceste Seigneurie qui le foüillent & recherchent iusques à tout, pour voir de quelle monnoye il est saisi. S'il a de la monnoye de France, Espagne, Italie, ou autres païs, ils peseront toutes ces especes, entre lesquelles, s'il y en a de legeres, seulement d'vn demy grain ils les taillent en deux, & enuoyent le pauure Pelerin au change auec son argent, en quoy il souffre vne grand' perte : & pour le regard des autres especes qui sont de poids ils le forcent à les changer, & prendre de leur monnoye, prenant la sienne à si bas prix, qu'il souffre vne autre grand' perte, sans vouloir entrer en cognoissance qui vous estes, où vous allez, & sans aucun esgard à vostre qualité de Pelerin ou autre. Si vous pensez faire le fin, & doucement couler vostre argent en l'espece que vous iugez plus vtile & necessaire pour vostre voyage, faictes estat que ceste ville est toute pleine d'espions, de toutes nations, lesquels auec les Saffis vous laisseront escarter à deux ou trois cens pas sur le chemin que vous desirez suiure, & faisans arrest sur vous, ils vous rechercheront pour la secōde fois de plus pres qu'au premier, & vous trouuās saisi d'autre argent que de leur marque, c'est autant de perdu pour vous, & serez encor mis à l'amende. En l'an 1610. ce malheur arriua à trois ou quatre pauures Religieux

Religieux François qui perdirent presque la moitié de leurs deniers en doublons, auec l'occasion de leur embarquement, pour faire le voyage de la Terre saincte, qu'ils regrettoient cent fois plus que la perte de leurs deniers, qu'ils auroient entierement perdus sans monsieur l'Ambassadeur de France en faueur duquel les Venitiens leur firent quelque grace, ou pour mieux dire ne leur furent si cruels de leur oster tout, leur en laissant autāt qu'il leur en falloit pour s'en retourner. Tant y a que ces gens ne font estat des Papes, des Empereurs, des Roys, Princes ny Ducs, ils enuoyent toutes leurs marques au billon, tesmoignans par cela le peu d'estime qu'ils en font, ne desirans sinon d'en abolir & faire perdre la memoire. Et partant si le Pelerin prend son chemin par Venise, qu'il ouure l'œil & se tienne pour aduerty qu'il est à Venise, où s'il faut à bien niueler & marcher droit, à peine en sortira il ses bagues saues, & qu'il ne reçoiue quelque reuers de ces Seigneurs, qui ont les yeux d'Argus, les oreilles de Midas, & les mains de Briaree. Le Pelerin donc se trouuant en ce lieu, qu'il se resolue à quelque prix que ce soit de changer toutes ses especes en Sechins, qui luy reuiendront à quatre liures selon la valeur de nostre mōnoye, vray est qu'ils sont de bonne mise, non seulement en la Terre Saincte, mais par toute la Turquie, l'Ægypte, & autres terres du Leuant. Si le Pelerin estant à Rome desire s'acheminer en ce voyage par le Royaume de Naples ou la Sicile, qu'il prenne des Sultanins qui luy cousteront vn sol ou deux moins que les Sechins, & les mettra à mesme prix en la Terre saincte & autres lieux, moyennant qu'ils soient de poids. Mais ce qui plus importe au Pelerin arriué qu'il est aux saincts lieux, c'est de chāger ses especes le moins qu'il pourra, de peur de se trouuer chargé dés le commencement de son voyage de plusieurs monnoyes, dont il ne trouueroit aisement la deffaicte, & pour obuier à cest euenement s'il est en compagnie, il suffira qu'vn seul mette la main à la bourse, & face les legeres despences pour tous, sauf à compter ensemble. Les especes plus communes qui se mettent en ces terres, c'est le Sultanin, le Seriffe & Abrahim, presque de mesme valeur que le Sechin. Et pour la menuë mōnoye ils ont les sayes,

R

les medins, les aspres, & les folleres. Le saye vaut coustumierement cinq sols: les medins quinze deniers: les aspres, dix, & les folleres vn peu plus d'vn double, tantost plus, tantost moins selon qu'il leur vient à plaisir. Vray est que là où se mettent les medins, comme par toute la Sorie & la Terre saincte les aspres n'ont point de cours, & reciproquement où les medins n'ont point de vogue, comme dans l'isle de Cypre, & toutes les isles de l'Archipel & en Constantinople les aspres y sont bien venuës. Quant à la seureté des deniers, & le moyen de les conseruer, comme la risque en est fort grande, ie suis fort empesché qu'en dire. Car si vous les remettez à vne simple lettre de change pour les receuoir quelque part: si vostre lettre n'est bien faicte, outre que ceux qui auront charge de les vous deliurer, seront peut estre morts, absents, ou y rapporterōt de la difficulté: il est à craindre que les vents ne vous chassent en vne autre terre que celle que vous allez cherchāt, ce qui arriue assez souuent, & que là vous n'en tiriez necessité: Ioint que si vous tombiez en main de Corsaires, vos deniers vous seruiroient pour vous rachepter, ce qui se fait souuent pour peu de chose, où n'ayant vostre argent, vous courez risque de le perdre auec la liberté, & peut estre la vie. Parquoy ie suis d'aduis, puis que le Pelerin en ce voyage risque sa vie qu'il resigne entre les mains de Dieu, plus estimable que les biens, il luy consigne encor le reste, & non pas faire comme les chicaneurs de Costentin quand ils vont à Roüen, car arriuez qu'ils sont à la Boüille, ils se mettent sur l'eau, & enuoyēt leur procés par terre le reste du chemin, redoubtant plus la perte de leurs papiers que de leurs personnes. Que dōc le Pelerin, soit par mer soit par terre ait tousiours bon pied, bon œil, & l'esprit ouuert à tenir son argent en secret, selon le lieu, le tēps, & la compagnie, qui l'assiste. S'il est en vn bon vaisseau, & que ses deniers soient en monnoye, pour euiter l'encombre qu'il en receuroit les portant sur luy, qu'il donne ordre auant son embarquement que son coffre fermant à vne bonne serrure soit fait à double fond, & mettant ses deniers en l'entredeux par vne piece qui se leuera secrettement, il ne courra risque de les perdre qu'aduenant la perte du vaisseau tout entier. Et à fin que ceste monnoye ne face aucun bruit aux mouuements & branles de la nauire, où les coffres sont souuent reuersez, comme on dit çen dessus dessoubs, que son argent soit bien cousu & lié ensemble, & force noisilles dedans qui par leur bruit en empeschet le son. Si le Pelerin est pied à terre, qu'il se tienne encore mieux sur ses gardes, & qu'il ait bon nez pour esuenter toutes sortes d'embuscades, en ce chemin tout different à celuy de la mer, où du moins vous pouuez descouurir de loing vos ennemis pour vous resoudre & preparer à fuir ou faire ferme. Quoy qu'il en soit, s'il est saisi de son argent, qu'il se gouuerne sagement, tantost retardant le pas, & tantost l'aduanceant selon la compagnie, les lieux & les aduertissemens. Et cependant ie suis d'aduis qu'il face vn double ceinturon de chamois fort deslié, dans lequel il mettra ses sechins quatre à quatre, ou six à six, les vns sur les autres selon la quantité qu'il en aura, se prenant bien garde de l'attacher ou engager dans ses habits, mais le fera seruir de iarretiere entre la chair & la chausse au dessoubs du genoüil, & quelquefois au dessus de la cheuille du pied, où le passant n'est pas recherché du volleur si coustumierement, comme au dessus de la ceinture où il aura l'œil & la main premierement. Et neantmoins ie diray pour mon particulier, qu'ayant fait doubler de bon cuir au dedans & aux bords vn fort grand chapeau gris, que ie portoye au voyage, pour resister aux grandes chaleurs du Leuant, ie m'aduisay d'y couldre à l'entree de la teste entre la coiffe & le chappeau, vne bãde de cuir, où du moins il y auoit cent sechins, dont mes compagnons mesmes qui portoient souuent mon chappeau pour plaisir, retournans du voyage iamais ne s'en apperceurent, à ioindre que ceste inuention n'estoit mal à propos en ces lieux, où pour saluer ces infidelles, il n'est besoin de mettre la main au chappeau. Vn Espagnol de nostre compagnie me confessa qu'il en portoit huictante en deux emplastres de poujal qu'il s'estoit appliquez dessoubs les deux aisselles, qui ne l'incommodoient aucunement. D'autres en ont aualle iusqu'à vne trentaine, les mettant six à six par petits paquets. D'autres en ont logé plus bas en forme de petits suppositoires iusques au nombre

R ij

de soixante ou quatre vingts; mais ie conseilleray à ceux qui feront de mesmes, qu'ils mettent cest or à part pour en payer leurs tributs & caffares, & rassasier la faim insatiable des Turcs & des Arabes. Pour faire fin à ce Chapitre ie diray m'estre bien trouué de ceux que i'auois tousiours à la main, où pour telle fois i'ay porté cent Sechins dans vne paste composee de resine & de cornes de belier reduittes en cendre, le tout pestry ensemble, ressemblant à vne pierre, où l'or se conserue fort bien. Mais sans en venir là, à qui n'a le temps & le moyen de faire ceste composition, il suffira de couldre ses especes ensemble dans vn morceau de cuir, ou grosse toille sallie, que vous aurez tousiours en main aux lieux suspects, ou s'il arriue que soyez attaqué (ce que Dieu ne vueille) ce ne peut estre de si pres que vous n'en ayez tousiours quelque indice, auec le temps & loisir de laisser doucement tomber aupres de vous en lieu remarquable ce petit pacquet, en esperance de le reuoir vn iour: au lieu que si vous le tenez cousu sur vous, il est à craindre que tombant entre les mains des Arabes, qui despoüillent le plus souuent les Chrestiens tous nuds pour se vestir de leur despoüille, le Pelerin ne perde l'argent auec les habits.

Comme le Pelerin se doit gouuerner parmy les Turcs, les Mores & les Arabes.

Chap. VIII.

COMME l'homme ne merite peu, & ne remporte pas vn petit contentement à l'entreprise d'vn long & sainct voyage, tel qu'est celuy de la Terre saincte, s'il se maintient en la grace de Dieu qui l'escorte par tout, & luy fait trouuer les choses laborieuses & difficiles, gracieuses & faciles, aussi diray-ie qu'il ne se hazarde pas peu, & ne se met en peril à demy, si premierement il n'a contracté ceste grace, bien preueu & pourueu aux dangers où il peut tomber voyageant parmy les estrangers, à faute de s'estre bien fait rendre vn bon & fidelle compte à luy mesme, & s'estre examiné par le menu pour iuger s'il est capable de faire ce qu'il desire entreprendre, de porter & supporter toutes sortes de tentations & dures fatigues. Ie dis cecy pour raison des diuers accidents qui suruiennent ordinairement si dru à ce Pelerin, tant par mer que par terre, que s'il n'est des enfans legitimes de la patience, & bien esprouué à ceste belle pierre de touche, il court souuent risque des biens, de la vie & de son salut tout ensemble, & luy vaudroit beaucoup mieux se contentant de la grace ordinaire que Dieu offre & communique indifferemment à tous & en tous lieux rester paisiblement chez luy, que de risquer euidemment vn si precieux gage, pour n'estre de poids ny de mise, ains repellable en l'entremise de ce tres-digne & sainct voyage. Et d'autant que là où il y a plus à gaigner, il y a aussi quelquefois plus à perdre, à faute de se sçauoir bien conduire & gouuerner en vne belle entreprise, comme au voyage du sainct Sepulchre de nostre Seigneur Iesus Christ, qui est nostre seul & vnique Palladium, plus precieux & digne mille fois sans comparaison, ny que la riche toison des Colchides, ny les pommes d'or des Hesperides gardees iour & nuict auec plus de vigilãce par les furieux & venimeux dragons de la Palestine, il est tres-expedient & plus que necessaire à quicõque desire voir ce thresor inestimable, & en remporter vne saincte conqueste en son ame, se gouuerner auec toute la discretion, patience & deuotion qui se peut imaginer. Que donc nostre Pelerin arriué qu'il sera dans ceste belle & saincte Floride pleine d'horribles serpens les Turcs & les Arabes, ait l'œil à mettre en practique pour son salut ces aduertissemens suyuans. Et premierement, qu'il n'aille courir la campagne, errant à sa deuotion, qu'il ne soit accompagné d'vn religieux truchement & Ianissaire s'il est possible. Cheminant en compagnie dans le pays, qu'il tienne tousiours le milieu pour le peril & scandale qui arriue plus coustumierement à la teste & à la queuë. S'il fait rencontre de Turcs ou Arabes par le chemin, estant monté, qu'il soit diligent à leur faire largue, & prompt à leur laisser la gauche ou la main droicte, selon que le chemin leur sera plus commode & plus beau, à peine de releuer quelque baſtonnade en paſſant, & d'eſtre ſouuent porté par terre & culbuté luy & ſon aſne deuant tout le monde. Qu'il ſoit auſſi couſtumier & bien aduerty d'euiter leur rencontre à la ville & aux champs, ſpecialement quãd ils ſont yures: qu'il ne ſoit moins ſoigneux en voyageant par pays, d'euiter à marcher deſſus leurs ſepultures, auſſi peu que ſur leurs grains, leurs bornes & deuiſes. Qu'il ne mette la main ſur la hanche ou derriere le dos, ſoit à pied ou à cheual, ou ſinon on luy fera bien toſt changer de poſture à belles baſtonnades. Qu'il ne ſoit pareſſeux de mettre pied à terre à la porte des villes, ſpecialement de Hieruſalem, & ſe prenne bien garde d'aller monté par les ruës, de peur de deſcendre plus viſte qu'il ne voudroit. En tous les voyages qu'il fera çà & là qu'il ne porte eſpee, ou poignard, bourdon, & non pas ſeulement vn petit baſton, non plus que de vin & de la chair de pourceau à peine de leurs Auänies & peut eſtre de la vie. Que paſſant par Damas qu'il ne ſoit enuieux de leurs coutelas, ciſeaux, & non pas ſeulement du moindre petit couſteau. Qu'il n'aille que bien à propos par pays au téps de leur moiſſon & recolte, que les Arabes ſont en nombre par la campagne, & qu'il ſe prenne bien garde d'eſconduire ou faſcher le moindre pour peu de choſe, ou ſinon, frappant des mains, & iettant de la pouſſiere en l'air il fera vn tel cry que de toutes parts ſes compagnons viendrõt à centaines: ne parler de l'Alcoran ou loy de Mahomet en bien ny en mal, & n'en diſputer auec perſonne, ſoubs aucune couleur, pretexte & maniere que ce ſoit, ains diſſimuler leurs ridicules & beſtiales folies, de peur de tomber en pareille peine qu'vne Dame Eſpaignole appellee Marie, que ces impies firent bruſler toute viue deuant la porte de l'Egliſe du ſainct Sepulchre il y a trente cinq ou quarante ans. S'il arriue par forme de deuis ou autrement qu'il en laſche quelque parole à la trauerſe auec ſes compagnons, qu'il ſe prenne bien garde d'eſtre eſcouté des Iuifs, eſpions ordinaires des Turcs, pour l'intelligence que ces meſchants ont de toutes ſortes de langues. Qu'il ne s'arreſte à regarder fixement ces gens en face, & encore moins leurs femmes qui crient comme folles, & veulent frapper l'eſtranger qui les regarde: ne tirer le chappeau à personne, ne rien dessseigner, escrire, non pas seulement lire en leur presence, ne leur tourner le dos, ny à leurs boutiques, si on n'est forcé pour quelque subiet de s'arrester en ruë: ne rien monstrer au doigt, & s'arrester fort peu en chaque lieu cheminant parmy eux, qu'ils ne vous ayent à suspect. Si le Pelerin void au ciel apparence d'orage, ecclypse de Lune, impetuosité de vents, & autre mauuais temps, qu'il se retire en son logis, & ne se trouue à la rencontre de peur de scandale, & qu'ils ne luy en attribuët la cause, comme fort superstitieux & ennemis des Chrestiens qu'ils sont. Que sur tout la curiosité ne l'emporte à contempler leurs forteresses mal à propos, qu'il ne luy arriue ce qui aduint à certains François à leur arriuee à Iaffa, où s'allans pourmener sans y penser vn peu trop pres des deux tours qui regardent sur la marine, furent faits prisonniers, & y eut bien de la peine à les deliurer, & sans leur bourse qui estoit bonne ils couroient fortune de la vie. Qu'il se prenne bien garde d'accoster ny practiquer auec les infidelles soubs quelque pretexte que ce soit, & quand bien ils s'offriroient de luy faire voir le Temple de Salomon ou autres singularitez des lieux, qui ne sont ordinaires, ains difficiles à voir, qu'il les remercie humblement, & se prenne garde de leur trahison, & grande perfidie. Si le Sangiach de Hierusalem ou autres luy demandent de quelle nation il est, qu'il ne se die Romain, Florentin, Maltois, Espagnol, ny de Hongrie, que le Turc hait iusqu'à tout, pour la guerre que ces nations luy font, mais qu'il se die Venitien, pour estre le mieux venu, à raison que ce n'est qu'vn, & qu'ils sont grands camarades; Qu'il ne se monstre aussi en marchant parmy eux ny trop gay, ny trop melancholique, pour les grands ombrages & friuoles iugements de ceste nation sur les esträgers. Qu'il ne crache deuant eux à la rëcontre, ains secrettement en son mouchoir ou en se tournant à ses pieds. Qu'il ne soit curieux d'apprendre leur langue, ny autres langues estrangeres, que l'apprentissage ne luy soit bien cher vendu; car il se faut prendre garde du Turc pour cause de son ombrage: du Grec pour sa malice: de l'Arabe pour son auarice: du Iuif pour sa trahison: de l'Espagnol pour son ambition: & de l'Italien pour sa finesse. Que si le Pelerin cheminant parmy eux est outragé ou prouoqué, quoy que ce soit qu'il se prenne bien garde de rendre coup pour coup, ny iniure pour iniure, puis que la loy de repousser la force par la force n'a point de lieu pour luy en ce pays là, l'asseurant que s'il vient aux mains auec eux, & qu'il en tire seulement vne goutte de sang, il court fortune de la vie : me ressouuenant de ceste histoire de nostre temps qui me fut asseuree par le Pere Vicaire de Hierusalem au temps de mon voyage d'vn ieune Prestre Grec, lequel ayant appellé chien vn miserable Turc fut mis à choix de prendre leur loy & se Mahometiser, ou d'estre bruslé vif, ce qu'il aima mieux endurer que perdre sa pauure ame : d'où nous apprendrons qu'il vaut beaucoup mieux ployer que rompre, patir & endurer que d'auoir le courage porté à la vengeance, de peur d'y laisser la vie, & perdre le fruict & le merite d'vn si sainct voyage. I'aduertiray aussi le Pelerin de se prendre garde de les surprendre, & qu'aussi de sa part il ne soit surprins faisant ses necessitez : & s'il est forcé d'en venir là quelque part que ce soit, qu'il n'ait le dos tourné vers le Midy, à peine d'en receuoir de la vergongne, d'autant qu'ils se tournent tousiours de ceste part pour faire leurs prieres. Qu'il ne soit curieux que bien à propos d'aller voir leur iustice & forme de supplices, de peur d'estre employé faute de bourreau à faire cest office. Que le ieune Pelerin Chrestien se loge de bonne heure, & n'aille voir leurs danses, soit de iour ou de nuict, non plus qu'à la campagne, s'il n'est en bonne compagnie, de peur du peché de Sodomie, auquel ces detestables sont subiects tant & plus. Bref toutes sortes de Pelerins, grands & petits riches & pauures, nobles & ignobles se vestent le plus simplement qu'ils pourront, & portent les couleurs cy-deuant dittes, sur tout se prenans garde de porter rien de vert sur eux pour estre la couleur du faux prophete Mahomet & de ses descendans. Et s'il y a quelque grand qui ait des seruiteurs, qu'en ces lieux là il en face ses compagnons : qu'il ne baise rien en leur presence qui leur appartienne, par deuotion ou autrement, qu'il ne soit forcé de l'achepter, ou d'en payer l'amende. En fin que le Pelerin

face

face son profit de ce dernier aduertissement qui n'est pas à reietter, lors que pressé de payer ses tributs, soit à Rama, soit en Hierusalem, il mette à part son plus bel or & mieux de poids, pour s'en rendre quitte, & n'en tire iustement que le nombre qu'il faut payer, d'autant que la malice de ces gens est si grande, que tout à dessein ils prennent plaisir à refuser au Pelerin toutes sortes de pieces, côbien qu'elles soient bonnes & tresbuchantes, pour l'obliger à manifester & faire monstre de tout ce qu'il en a, à fin de recognoistre par ce moyen ce qu'il porte sur luy.

Partement de Venise, auec vne legere description des pays & villes situees sur son Gouffre, & autres lieux iusqu'en l'Isle de Corfou.

Chap. IX.

ENNUYÉ tant & plus du long & fascheux seiour de Venise, comme d'vne lõgue & fascheuse prison, où ie fus plus d'vn mois attendant le partement du vaisseau, seul de ma compagnie qui fit pour lors le voyage de la Terre saincte: à la fin Dieu me regardant en pitié me fit ceste misericorde que le vingtiesme iour de Feburier en l'annee mil six cens douze embarqué dans vne petite naue Corfiote, de quatre vingts tonneaux seulement, chargee de munitions de toutes sortes pour la conseruation des deux forteresses de Corfou, les anchres leuees & les voiles desployees ie commenceay de mettre en practique & me seruir le premier des aduertissements & bons aduis que i'ay cy-dessus cottez en faueur de nostre Pelerin, si que soufflez d'vn petit vent Nord-Ouest, que les mariniers de delà les monts appellent Maestral, nous fusmes doucement leuez du port de Malemocque, distant de la cité de Venise d'vne lieuë & demie: peu plus ou moins, & portez peu à peu dedans son Gouffre sur la mer Adriatique, vn peu fascheuse en la saison que nous la prismes: le premier pays que nous descouurismes à la gauche, branlans dessus ces ondes fut l'Istrie, autrement appellee Egide, Peninsule, tres-fertile & abondante en bleds, vins, huiles, & toutes sortes de fruicts necessaires à la vie de l'homme. Ce pays est plein de ports en son circuit & de bonnes villes au dedans qui le rendent fort habitable. Sa capitale est Iustinopole appellee auiourd'huy chef d'Istrie. Ceste isle a du moins soixante lieuës de long, & deux fois autant de circuit. Elle releue en partie des Venitiens, & partie de l'Austrie qui luy est limitrophe du costé de Septentrion. Ie ne passeray point le temps à raconter par le menu ses petits ports, fleuues, mõtaignes & isles de sa terre ferme, ny des autres pays qui sont dessus ce Gouffre, renuoyãt le curieux lecteur au theatre d'Hortellius, & aux chartes Geographiques des Cosmographes, d'où nos Auteurs modernes ont tout tiré ce qu'ils ont dit, & n'ont eu sinon la peine de faire passer les paroles toutes maschees d'vne lãgue en l'autre. Car s'il est vray, comme il n'y a point de doute que la gallere allant soir & matin seulemẽt à la rame & toujours terre à terre, voire qui feroit eschelle tous les soirs pour entrer dãs les pays, ne pourroit en si peu de temps remarquer tant de particularitez par le menu pour les descrire: Iugez comme il est possible que la nauire qui vogue tousiours en haute mer, & va cherchant le large, & qui ne redoute rien tant que les costes & les escueils, à cause des Corsaires qui y sont ordinairement embuscadez pourroit remarquer les pays, villes & ports selon leur ordre, qui paroissent si peu que rien ou point du tout en haute mer: à ioindre qu'il arriuera que le nauire d'vn bon vent s'esloignera pour telle fois du soir au matin, & du iour à la nuict de quarante ou cinquante lieuës d'vne terre à l'autre. Apres auoir passé les citez de Parenze & de Pole, derniers ports de l'Istrie separee d'auec la Dalmatie du Gouffre du Garnier à trente lieuës de Venise, nous descouurismes à main gauche la Dalmatie, pays de sainct Hierosme, autrefois Colonie des Romains du temps de l'Empereur Diocletian qui en estoit natif: Ses deux principales villes sont Zare, & Sebenique à cent lieuës de Venise, elles sont fort enuiees des Turcs à cause de la bonté du pays & leur belle situation. De la Damaltie on entre incontinent en la Sclauonie appellee Illyrie, & maintenant Sclauonie des Esclauons, peuples Septentrionaux qui occuperent ces terres au temps de l'Empereur Phocas. Ce pays est d'vne fort grande estenduë, & sa terre fort aspre & montagneuse, toutesfois riche en minieres de fer & vif argent. Elle produit de beaux & puissants hommes fort courtois & assez bien ciuilisez sur les riuages & bords de la marine, mais à demy barbares & grands voleurs dans les montagnes, comme desia participans de l'humeur du Turc qui les domine & seigneurie en partie. Sa langue est fort difficile à entendre, d'autant qu'elle n'a point d'articles, & vse de trois nombres en ses phrases comme la Grecque. Sa ville capitale est Raguze, où nous fusmes contraints d'aborder à cause du mauuais temps, & ietter l'anchre d'extremité. Les Turcs l'appellent Dobronica, & la rendent contribuable à leur Empire de douze mille ducats disent les vns, & dix-huict mille Sechins par chacun an disent les autres, outre la Doüane & droict de visite qu'ils leuent sur toutes sortes de marchãdises.

S ij

Ceste ville est vne autre Republique qui se gouuerne Aristocratiquement par ses nobles, comme celle de Venise. Elle est situee au pied d'vne tres-haute montaigne (qui la commande aucunement) sur les bords de la mer Adriatique. Son port est fort petit, & fait par artifice, mais elle en a vn plus grand à demy lieuë de la ville, qu'on appelle Grauose, à cause du lieu fort pierreux capable au reste de loger vne armee naualeˊ. Ceste cité est asseuree d'vn bon & fort chasteau gardé auec autant de soin & vigilance qu'on sçauroit desirer. Elle est soubs la protection de S. Blaise, comme Venise de sainct Marc. On la tient pour estre fort subiecte au tremblemens de terre. Les Esclauons nauigét par toute la mer Mediterranee, estans reputez par tout pour gens de bien & de parole. Ce païs despend de l'Illyrique & est en l'Europe, où il y a deux regiõs, six fleuues, trois isles, seize diuerses nations de gens & soixante cinq villes selon la recherche & le rapport des plus fidelles Cosmographes de l'Europe. Comme nous attendions en ce port la misericorde de Dieu, vn petit vent de Nord, nous vint

refueiller, qui nous occasionna de leuer au plustost les fers & mettre les voiles au vent pour continuer nostre voyage. Mais nous ne fusmes point trois lieuës auant en haute mer, qu'il se changea en Nord-Est, qu'ils appellent autrement Grec Leuant. Cela nous força malgré nous de retourner tant soit peu en arriere, & aller donner fond de l'autre part du Gouffre de Venise, vers le pays d'Italie, à la veuë des trois isles de Tremiti. Elles sont bien peu separees les vnes des autres, & proches cinq ou six lieuës de terre ferme le pays de l'Abrusse. On les appelloit anciennement Diomedees, pour raison du naufrage feint par les Poëtes que les compagnons de Diomedes firent en ces lieux. La principale de ces trois isles porte le nom de nostre Dame où il y a vne fort belle Eglise fondee en son nom, seruie par des Chanoines reguliers, où le peuple circonuoisin apporte beaucoup de deuotion. Sur ce que nous commencions à nous ennuyer, & que nostre petite naue auoit desja dormy douze ou quinze heures sur les fers, voicy qu'vn petit vent Maestral nous venant reuoir, nous aida fort à sortir de ce port, & nous chassant doucement terre à terre de la coste d'Italie au droict de l'Abrusse, & la Poüille, nous allions rangeant d'assez pres le fameux & tres-deuot mont de Gargan, qui est auiourd'huy appelé le mont sainct Ange fort remarquable de toutes parts à cause de sa hauteur, & qu'il en-

LE MONT DE GARGAN

tre si auant dans la mer Adriatique', que cela occasionna Diomedes de faire ses efforts, mais en vain, pour rendre ceste belle Peninsule en vne Isle tout à fait. On l'appelle mont S. Ange à raison de l'apparition de l'Archange S. Michel sur ce grand roc en l'an de nostre Seigneur quatre cens trente six il y a pres de douze cens ans, plus de deux cens septante auant celle de nostre France en la basse Normandie, qui fut en 707. où si le concurse des Pelerins est grand, il n'est pas moindre, voire encor plus grand & plus frequét en l'autre, auec des miracles si grands que chacun s'en admire. En passant par deuant ceste saincte Montaigne, vous voyez la ville de Manfredonia prosternee à ses pieds, maintenant fort enrichie des ruines de sa voisine Siponte pour la belle situation de son port & le grãd trafic qui s'y fait specialement de bleds qu'on y iette de toutes les parts de ce Royaume de la Poüille, qui est comme le grenier de la pluspart des pays situez sur les bords du Gouffre de Venise, & de Venise mesme. Le vent se continuãt Maestral à nostre benefice nous aida fort à sortir de ce Gouffre Adriatique, toutesfois pour nous souffler en vn plus dangereux le Gouffre du Ludrin au droict de l'Albanie, anciennement dite Epire. Apres auoir passé à la veuë du territoire de Barry, & rangé les villes maritimes de Barry, Molle, Poligname, Monople, Ostune, Brindesi, autrefois Colonie des Romains, & Ottrante la derniere ville de ce Royaume de la Poüille. Sortis donc que nous fusmes de ceste mer Adriatique, que plus communement les mariniers appellent le Gouffre de Venise, long de cent cinquãte lieuës, & large de soixante, nostre vent de Nord Ouest se changea en Suest, que les mariniers de ces mers appellent Siroc, ce qui nous suruint bien à nostre preiudice pour deux raisons, la premiere qu'il nous chassoit bien rudement vers la coste d'Albanie dans le Gouffre du Ludrin fort perilleux durant le regne de ce vent. La seconde que nous approchions vn peu trop pres des Merleres, le Fanou, les Chimeres, & autres escueils de la mer Ionique, difficiles à esquiuer en tourmente, outre qu'ils sont proches de la Vallonne ville possedee par les Turcs qui battent à toute heure ceste mer auec leurs fustes & brigantins: mais en fin la tourmente appaisee, &

le vent se tournant à l'Ouest que ces mariniers appellent vent de Ponant, nous commenceasmes à nous rasseurer par la descouuerte que fit nostre sentinelle du plus haut de la hune du vaisseau, de deux galleres Venitiennes qu'il recogneut à leurs voiles Latines, & aux enseignes de S. Marc, les armes de Venise. Ils venoient de donner la chasse à vn brigantin de saincte Maure, ville de retraicte aux plus grands Corsaires Turcs de ces mers, qui auoiét coulé presqu'à fond vne petite naue Ragusine, chargee de muscatelles de Candie. Nous ne tardasmes point à ioindre l'isle de Corfou, & assez tost apres la ville & ses deux forteresses inexpugnables, passant preallablement la deuote chappelle de nostre Dame de Casope, lieu de fort grāde deuotion, situé aux premieres approches de l'isle du costé de l'Occident, que nous saluasmes en passant de trois canōnades selō la coustume, de maniere que nous arriuasmes à Corfou le 3. Mars en l'annee cy-deuant ditte auquel lieu practique nous fut incontinent donnee en faueur de S. Marc, duquel nous auions mis au vent les enseignes & banderolles fort remarquables & respectees tāt & plus en toutes ces mers de Leuant: & aussi que la naue estoit Corfiote, & chargee de munitions pour les deux forteresses.

De l'Isle de Corfou, de sa Capitale, & ses deux forteresses, De la vie des Grecs & Venitiens pesle-meslez, & autres particularitez.

Chap. X.

L'Isle de Corfou, anciennement appellee Ephire, Pheacee, & puis en fin Corcyre, du nom de ceste Nymphe, ne fut iamais tāt reputee au passé ny tenuë si celebre, à cause des iardins & parterres d'Alcinous, qu'on l'estime auiourd'huy pour deux forteresses inexpugnables qui la decorent. Elle est situee dans le sein de la mer Ionique, & de telle importance à l'Italie, voire à toute la Chrestienté, qu'on la tient pour vne des principales clefs de la Turquie, proche qu'elle est de l'Archipel, & capable de loger en son port deux ou trois cens gal-

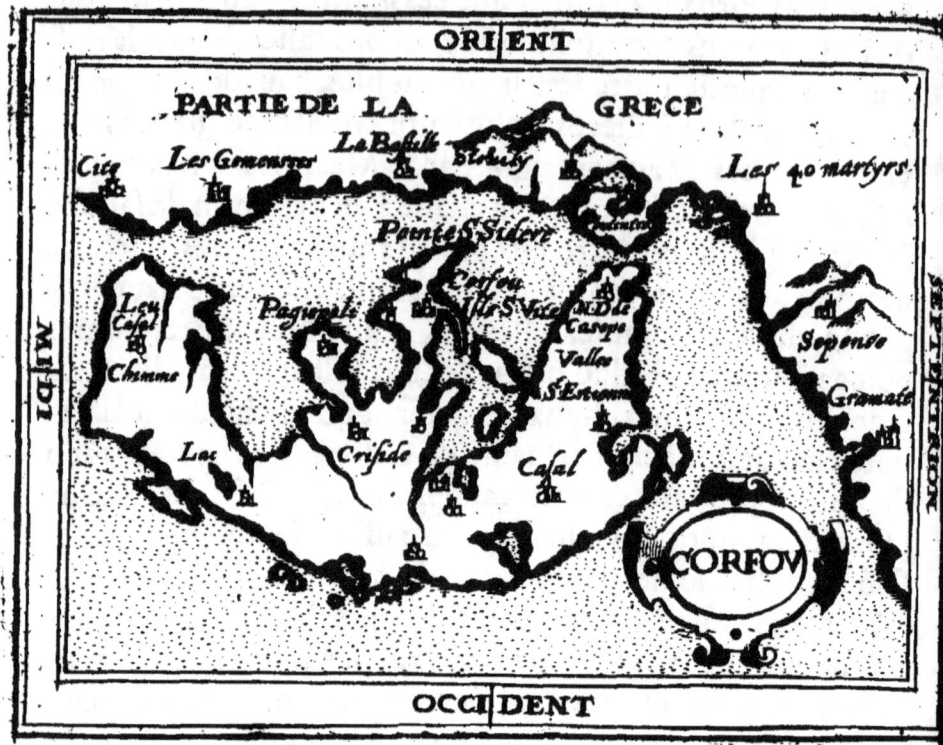

leres pour resister aux courses ordinaires des Turcs, & autres Corsaires qui vont & viennent de la grand mer. Il y a plus de deux cens ans qu'elle est en la possession des Venitiens, & environ quatre vingts ans que les Turcs la prindrent & bruslerent en l'annee 1537. Ce qui rend ceste isle plus prisable, c'est le corps de S. Spiridion que les habitans de la capitale possedent tout entier, pour le subiect duquel Dieu leur fait tous les iours de grandes graces & faueurs, les secourt en leurs plus grandes necessitez, & les deliure de toutes sortes de perils. Mais pour vn corps sainct qu'il y a dans ceste Isle, il y en a dix mille corrompus, detestables & maleficiez, car depuis que ceste place a passé de la main des Grecs en celle des soldats Venitiens, ils l'ont tellement imbuë de toutes sortes de vices & pechez, que c'est auiourd'huy vn vray escueil de mer, où quiconque en approche se met en peril d'y faire vn manifeste naufrage. De moy i'y passé par force vn Caresme, durant lequel ie courus risque plusieurs fois des biens & de la vie, si que les heures m'estoient autant de petits siecles, pour l'impatience de mon seiour, me voyant bloqué des eaux de toutes parts parmy les volleurs dans ces effroyables rochers, où selon les histoires antiques ce fameux & signalé volleur Sisyphe finit ses brigandages, & pour son iuste chastiment aux enfers côme il auoit tant & plus vollé & brigādé dans ces rochers il y va remuant iour & nuict, (mais en vain) vn eschātillon de la mesme estoffe. Parquoy il faut faire estat que non seulemēt ceste Isle, mais toutes les autres qui sont situees en ces mers appartenantes aux Venitiens, comme Cataro, Corfou, la Cephalonie, le Zante, Cerigo, Cicerigo, Candie, &c. sont autant de coupegorges d'où le passāt se peut asseurer de ne sortir iamais ses bagues sauues : mais comme toutes ces isles sont repeuplees de fourbes, marioles, bānis, manigoldes, assassins & autres gens de ceste estoffe, qui font tous les iours infinies meschancetez & commettent mille blasphemes, prisonniers qu'ils sont & bloquez dans ces eaux, qu'ils s'asseurent aussi de iamais n'euiter l'ire de Dieu non plus que les Iuges des lieux qui voyans & oyans toutes ces choses, s'endorment au bruit de ces horribles blasphemes, & ferment les yeux à tant d'impietez. La source de tant de maux qui regnent dans ces eaux, vient de la mauuaise police, & du tout point de Iustice de ceux qui les possedent : car comme ces petits lieux prennent exemple sur Venise leur patrone & modelle, toute la piece estant tissuë & ourdie d'vne mesme façon, il faut de necessité, que les eschantillons s'y rapportent. On tient que l'Isle de Corfou qui n'est qu'à lieuë & demie de terre ferme ne contient guicres moins de quarante lieuës, les autres disent cinquante de circuit, & qu'elle peut fournir vingt cinq mille combattans. Sa Capitale Corfou a vne bonne lieuë de tour, & compris les soldats de la ville, & des deux forteresses auec les habitans, le tout ensemble feroient bien dix mille hommes. Et neātmoins ie me ressouuiēs que durant le Caresme que le sermon se faisoit seulement trois fois la sepmaine, à l'Annonciate, la principale Eglise des Latins, seruie par des Religieux de l'ordre de sainct Dominique, on n'y eust peu compter en vn iour de Dimanche plus de quatre cens personnes, qui tesmoignoient encor

T

par leur impatience au seruice de Dieu vne si grande indeuotion que rien plus, & me fut dit qu'ordinairemét au iour de la saincte Pasque il se trouuoit plus d'excómuniez que de communiez. La cause de ce mauuais reiglement vient aussi de l'incapacité des chefs tant en l'administration de la Iustice seculiere, qu'en la discipline militaire; car s'il y a de ieunes & ignorans Iuges en l'vn, vous voyez de ieunes & mal experts Capitaines en l'autre, d'où il est à craindre que comme par leur grande negligence & peu d'experience ils ont laissé perdre & vsurper au Turc tant de belles Isles & places si importantes à toute la Chrestienté, le reste ne leur tombe des mains: les Grecs à tout le moins qui en sont les habitans y sont entierement portez, & ne font qu'attendre la moindre occasion ou remuement pour en secoüer le ioug plus insupportable, (disent-ils) que des Turcs & Barbares. Et à dire verité les Venitiens (comme recognoissent les Grecs) ont tellement gasté le pays de Grece qu'ils possedent, quant aux mœurs, qu'il est tres-difficile qu'ils se puissent iamais changer, pour y auoir establi des vices qui y estoient du tout ignorez. C'est vn grand mal que ces Isles si bien situees, en des pays aduantageux pour le bien de l'Eglise, & de toute la Chrestienté ne sont pourueuës de gens de bien qui en eussent l'honneur & l'accroissement en plus grande recommandation, au lieu de conniuer & cousiner auec le Turc comme font ceux qui en ont la charge. Car quant à l'Isle de Corfou, elle est situee en vn lieu si propre & commode que les ennemis n'y peuuent prendre port ny entrer en la Chrestienté par ce costé, comme estant vne de ses principales portes. Sa capitale Corfou qui porte le nom de l'Isle, outre qu'elle est deffenduë & cóseruee par deux imprenables forteresses, la vieille & la neufue, & toute circuite & enuironnee de profonds fossez à fonds de cuue, flanquee de bouleuards, esperons & casemattes, le tout de belle taille. La forteresse vieille qui commande à la mer du costé du Leuant le plus perilleux & redoutable, c'est comme vne petite ville à part, ou autre Arsenac de Venise pourueuë de toutes sortes d'armes & equipages pour faire la guerre, tant par mer que par terre. Mais l'importance est que ce beau Talent est fort mal mesnagé, qui me fait dire qu'il seroit bien raisonnable de le leur leuer des mains, pour le bailler à d'autres qui le feroient mieux valoir. Ceste vieille forteresse est composee de trois forts chasteaux, & comme citadelles edifiees sur trois poinctes de rocher, qui toutes trois commandent à la ville d'embas, comme le chasteau du mont sainct Michel en Normandie à la ville edifiee à ses pieds. Il y a vne forteresse des trois, qui commande aux deux autres, pour estre beaucoup plus esleuee en haut: & le Capitaine qui en a la charge est vn noble de Venise, lequel ne la peut desemparer ne quitter aucunement, & non pas seulement descendre en bas parmy ses compagnons à peine de la vie, que le temps de sa charge ne soit expiré entierement. L'Eglise Cathedrale est enclauee dedans la forteresse; Il y a du moins cinq cés soldats tous les iours en faction, pour la garde de ces deux forts, & me fut dit par vn Seigneur Venitien, qu'il n'estoit iour que Venise ne fit despense de mille Sechins d'or pour le payement de la Garnison & des artisans qui y trauaillent tous les iours. Pour la citadelle qu'ils appellent la forteresse neufue, elle est assise au costé du Ponant, edifiee aussi sur vn roc, non du tout si haut esleué que le grand rocher de la vieille, toutesfois elle ne luy cede guieres en force & valeur. On fait estat de trois mille soldats là dedans en Garnison. Pour la ville on n'y faict point de garde, sinon lors qu'il vient des aduis que le Turc faict armee, ou qu'il y a nombre de Corsaires sur mer. Quant à la fertilité de l'Isle, elle est tres-fructueuse en grains, vins, huiles, cire, citrons, orenges, & autres sortes de bons fruicts. A bien considerer tout le corps de ceste Isle faite en arcade, elle a la forme d'vne Truye, animal assez sale, qui me fit ressouuenir la voyant, que comme Romulus & Remus ces deux freres iumeaux si diuisez, furent autrefois allaictez d'vne Louue, ces deux peuples aussi, les Grecs & les soldats Venitiens fort differens d'humeurs qui viuent en ceste Isle, se veautrans en toutes sortes de salletez semblent aussi estre allaictez d'vne Truye, & attachez aux tetines de cest animal si sordide & si sale, comme il se remarque au pourtraict cy-dessus rapporté.

De l'impieté & autres sortes de crimes & grands vices qui regnent en Corfou.

Chap. XI.

E serois fort empesché de dire la source & l'origine de tant de maux qui regnent en Corfou, car les Venitiens en imputent la cause aux Grecs & les Grecs aux Venitiens. Les Venitiens reprochent aux Grecs auec raison leurs grands schismes & diuisions de l'Eglise Catholique, Apostolique & Romaine, comme la verité est que ce peuple a fort degeneré & gauchy de la bonne vie & du chemin que luy auoient tracé ses peres, sainct Athanase, sainct Basile, sainct Spiridion & autres: les Venitiens (dis-ie) reprochent aux Corfiots qu'ils sont descendus de la race de Iudas, comme il est tres-certain que dans Corfou il y a des Grecs qui portent encor auiourd'huy le nom d'Iscarioth, & me fut monstré hors & dedans la ville de Corfou des ruines, où ils tiennent qu'auoit autrefois habité Iudas, quoy qu'on tienne qu'il fut natif de la Iudee en la Tribu d'Issachar. Les Grecs reprochent aux Venitiens ce que nous reprochons aux Heretiques de nostre temps, que pour de nouueaux reformateurs en matiere de mœurs & de religion, comme ils se disent, ils se deuroient reformer les premiers, tesmoignans par leur mauuaise vie & grandes dissolutions le contraire de leurs paroles, & de ce qu'ils disent croire. Car premierement pour le blaspheme contre Dieu & ses Saincts, c'est chose horrible seulement d'y péser plustost que de le dire, tant il est execrable. Pour les charmes, sortileges, & empoisonnemens, c'est chose si commune que l'amy ne practique, boit, ny mange auec l'autre sans entrer en de grands soupçons & deffiances. Quant aux trahisons, meurtres, & assassinats, il ne se passe iour qu'il ne s'y represente quelque acte fort tragique. Il me fut dit, que bien peu de iours auant que i'arriuasse en ceste Isle, douze ou quinze soldats de ceste garnison vn vendredy

matin se couperent les gorges en la grand' place situee au deuant de la vieille forteresse. Il s'y est plusieurs fois donné de petites batailles, & fait d'estranges boucheries, tantost soldats contre soldats, tantost entre les forçaires libres qu'ils appellent Galliottes Bonneuogles, autrement forçaires volontaires, qui seront quelquefois deux ou trois mille en nombre, liguez auec les soldats des galleres contre les soldats des deux forteresses, & tantost entre les Grecs habitans de la ville, & les soldats de la Garnison, où il s'est fait d'horribles massacres. Aussi ne voyez vous aller & venir par les ruës de ceste ville, ny par tous les lieux de l'Isle, soldat ou habitant qui ne soit armé iusques aux dents, le pot en teste soubs le chappeau, la chemise de maille à dos, l'espee au costé, le poignard sur la gauche, & la rondelle aux reins : & les plus communs discours d'entr'eux entremeslez de mille meschants sermens & blasphemes, ne sont autres sinon, garre la bourse, garre le boucon, garre le poignard, & autres paroles funestes & pleines d'horreur. I'ay veu pour tel iour en ce lieu qu'on n'y entendoit que gehennes, que chaines, cris, outrages, feu, sang & fer, comme si c'eust esté vn Enfer. Parquoy le Pelerin qui sera forcé de prendre terre en ces lieux, se tiendra pour tout aduerty de se retirer de bonne heure en son logis, & tenir sa porte bien close de peur des ribleurs de nuict, soldats & galliottes, où il arriuera pour telle nuict que l'vn sera icy esgorgé, l'autre là : icy vn habitant, là vn soldat : de ce costé vn forçaire, & de cet autre vn autre. De sorte que ce n'est rien de nouueau pourvoir telle fois à la diane cinq ou six corps sur le quarreau sans aucune enqueste ny recherche, & tousiours quelque maison enfondree, & logis vollé. Vous remarquerez aussi ceste autre practique fort ordinaire en Corfou qui est telle, que si vn soldat ou vn habitãt a fait quelque insolence & grãd crime, pour peu de chose il trouuera à poinct nommé vn barquerolle qui le passera au plus clair du iour en terre d'infidelles, où il sera le bien venu, & trouuera tout aussi tost appoinctement, qui est occasion qu'il se fait beaucoup de Renegats par ceste voye. Ce trop proche voisinage & grande impunité est cause que ceste autre signalee meschanceté se pratique en

T iij

ceste Isle, telle que si quelque estranger ou autre de qualité sort de la ville pour s'aller pourmener aux champs, s'il s'escarte tant soit peu du lieu de sa retraicte, & qu'il soit mal armé & mal accompagné, il sera aussi tost enleué & mis secrettement en quelque grotte, attendant la nuict qu'on le passera en Albanie, terre d'infidelles, où il sera vendu à certains Esclauons des lieux, auec lesquels ils ont de la correspondance, qui l'iront reuendre si auant dans les terres qu'on n'orra iamais autres nouuelles du pauure miserable. Il ne faut point trouuer estrange si tant de maux à la fois regnent en ceste Isle, à cause que Dieu y est tres-mal seruy: d'ailleurs la trop grande licence & liberté qui se practique sur tout l'estat des Venitiens, semble tacitement inuiter les Religieux & gens d'Eglise à se rendre imitateurs & se comporter à l'exemple des seculiers, pour raison dequoy il s'y en voit de fort dissolus, qui pour mieux gouster que c'est que du monde, quittent leurs Conuents & Monasteres pour se rendre Chapellains de Galleres, où ils apprennent vne merueilleuse vie & fascheuent de perdre. Ie croy que cela est cause qu'en trois beaux Monasteres de Religieux Latins, deux en la ville, & l'autre aux faux-bourgs, l'Annonciate, sainct Roch & sainct François, il n'y auoit lors que ie passay par ces lieux qu'vn seul Religieux Cordelier sans nouices, en chacun des deux derniers, & trois Religieux de sainct Dominique au premier. Vray est que ceste grande licence des Religieux, & le motif de ce malheur procede de l'abus manifeste, ou plustost sacrilege & grande impieté des Capitaines & soldats Venitiens, lesquels outre qu'ils emportent les meubles de ces Conuents, deslogent les Religieux de leurs plus belles chambres pour s'y loger auec leurs garses, & y mener vne vie fort abominable, & à la sortie font enleuer leurs meubles, comme licts & matelas pour porter en leurs Galleres. Il me fut dit par gens dignes de foy que dans la ville de Corfou il y auoit au passé vn fort bon Hospital fondé de S. Iaques, bien entretenu de toutes choses necessaires pour la commodité des pauures malades & des Pelerins, mais ces Messieurs les gens de guerre en chasserēt les pauures & les malades, & en firēt pourrir le linge & tous les licts à leurs soldats tous gastez de vilaines & sales maladies, & apres les auoir defpoüillez de leurs meubles, ils commencerent à mettre la main au reuenu. Si quelque bon Religieux & Predicateur les penfe reprédre de leurs vices publics, en public ou en particulier, ils feront bien fi infolents & temeraires de le menacer du poignard, de la corde, qui eft vne façon d'eftrapade, ou de la Gallere, & en ont fait publiquement defcendre & fuir de la chaire prefchans la parole de Dieu, dont l'Archeuefque des lieux vn peu trop indulgent ne s'en reffentit aucunement, bien qu'il euft en ceft affront vn grand & notable intereft, & non moindre qu'en la vie diffoluë que les Capitaines & foldats meinent en la vieille forterefse où eft fon manoir Epifcopal, ioignant & tout au droit duquel ils tiennent leurs garfes & putains en fi grand nombre que c'eft chofe horrible à voir, mais fans doute le bon Seigneur n'en eft pas maiftre, attendu que les Venitiens par tout où ils font veulent eftre Seigneurs temporels & fpirituels. Cefte hiftoire me fut racontee pour tres-veritable de quatre Peres Iefuiftes qui aborderent à Corfou, faifans le voyage de Conftátinople par le commandemét de noftre feu Roy, que Dieu abfolue, ce fut en l'annee 1609. Ces bons Peres ayás defia beaucoup paty par le chemin à caufe du mauuais téps furent côtrains de prédre port en cefte ville. Et à cefte caufe ils firent demander permiffion aux Gouuerneurs d'icelle de mettre pied à terre, non tant pour fe rafraifchir & reprédre haleine à caufe de leurs longues & dures fatigues fur mer, que pour l'extreme defir qu'ils auoiét de celebrer la faincte Meffe, affamez comme ils eftoient du S. Sacrement, cefte faincte pafture fpirituelle, dequoy ils furent refufez tout à plat. Ces bons Peres non contens en efcriuirét par le Conful des François à Monfieur l'Archeuefque des lieux pour auoir feulement permiffion de refter en terre le temps qu'il faut pour celebrer la Meffe, & retourner tout auffi toft à bord. Or voicy ce qui aduint : Môfieur l'Archeuefque en fut premierement refufé, le pauure Conful mis prifonnier pour fa peine, & en danger d'auoir trois traits de corde, le paffetéps ordinaire de ces Meffieurs pour vne faute affez legere, côme il fe void fort fouuent, & en outre cômandement fait au Patrô de la naue qui portoit ces bôs Peres, de defemparer le port dans 2. heures à peine de la vie. Ce qu'il fallut faire nonobftát les Corsaires dont la mer estoit pleine alors, & les vents entierement contraires. Mais ce que ie trouue plus estrange des Venitiens, c'est qu'estans Seigneurs & maistres absolus d'vn assez bon nombre des Isles de Grece, & entre autres de celles que i'ay cy-deuant dittes, le Calendrier reformé n'y a point de cours, & les dix iours n'y ont esté retranchez; si que ces Messieurs qui se disent si grands Catholiques & zelez à l'honneur de Dieu & de son Eglise, reçoiuët en cela la loy de leurs esclaues, ployans où ils deuroient roidir, & se roidissans où ils deuroient fleschir, obeissans en cela plustost aux Patriarches de Constātinople qu'à nostre S. Pere le Pape: & de ce schisme il arriue que tel venant en ces lieux de l'Eglise Latine où il aura desia receu les Cendres, il les trouuera au plus fort de leur Carnaual, faisans mille desbauches non sans beaucoup de scandale.

De la grande misere & calamité extreme des soldats de l'Isle de Corfou, & autres dependantes des Venitiens.

Chap. XII.

COMME les Venitiens sont fort puissans en terres, isles, forteresses, villes & autres possessions, aussi sont-ils obligez à la recherche de toutes sortes de soldats pour les conseruer, mais comme les bons soldats du pays cognoissent trop l'auarice, & sont fort bien imbus des mœurs & humeurs de ces Seigneurs qui veulent estre fidellement seruis pour neant, ou pour si peu de chose, que le soldat n'a moyen de se maintenir & entretenir à leur seruice, aussi sçauent-ils bien les moyens de l'esquiuer & de n'en rien faire, en leur baisant les mains de belle heure. Ceste grande penurie & necessité de gens de guerre est cause que toutes sortes de vagabonds, maraux & pauures coquins sont les bien venus chez eux pour estre employez à cet office. Mais croyez pour certain qu'ils n'ont que deux iours de bon temps à leur seruice: le premier qu'ils y entrent qu'on leur fait faict vn peu de caresses, & celuy qu'ils en sortent. Or quant au moyen qu'ils tiennent, & la procedure qu'ils obseruent pour recouurer bien tost nombre de soldats ; representez-vous que ces Seigneurs ont par la pluspart des villes d'Italie des escumeurs & mouchards, comme l'on dit, autrement de bons rompus, & souuentesfois des Capitaines de leur ville en personne, qui trouuans en ces lieux de pauures compagnons à la desbauche, soit pour auoir ioüé, mangé ou perdu leur argent, comme il y a mille François, ausquels ce malheur arriue tous les ans au voyage de l'Italie ; Ces fins rusez & attrapeurs de barbets apres les auoir consolez en leur misere, leur proposent le seruice de sainct Marc, les asseurant que s'ils veulent porter les armes pour la Seigneurie de Venise, ils s'enrichiront pour iamais : qu'il y a où faire vne belle fortune, qu'ils iront tous les iours en guerre & par mer & par terre, qu'à toute heure ils feront prise où tout sera partagé esgalement, bref qu'en peu de iours ils porteront la soye & le clinquant, & autres semblables paroles mielleuses & pleines d'appasts. Ces pauures miserables qui ne sçauent plus de quel bois faire flesches, & qui n'ont plus que frire escoutent volontiers ces discours, & s'y consentent libremēt, de sorte que ces Capitaines de marine qui seront quelquefois neuf ou dix à la chasse, chacun de son costé feront prise & leuee de gēs de ceste cōdition, tantost plus, tantost moins, & quelquefois iusqu'au nombre de deux ou trois cens, entre lesquels il se trouuera souuent des plus beaux fils de nostre France : comme la verité est que i'ay veu dans Corfou, la Cephalonie, le Zante, Cerigo, Cicerigo, Candie, & autres Isles Venitiennes plusieurs Gentils-hommes François, qui s'y estoient laissé attraper par les moyens dessusdits, lesquels ie desireroye que chacun sceust, à fin de s'en prendre garde. Tant y a que ces Meslees les Capitaines se retireront ainsi dans Venise auec leur butin, & enuoyent ce qu'ils ont de poisson pris de ce beau coup de filé en reserue au chasteau de Lio à vne petite lieuë de Venise, où l'on commence de leur bailler des armes à leurs despens, & des habits si besoin est, bien cheremēt, escripts & couchez sur leurs parties. Ces pauures miserables sont enclos là dedans

V

comme en vne prison, iusqu'à tant que les Galleres de Venise partent pour aller en Grece, où ils sont portez pour estre çà & là iettez dedans ces Isles en garnison, souuentesfois pour iamais, ainsi que i'ay veu par experience de vieux François Gentilshommes, les vns & les autres de bon lieu, qui par force s'y sont habituez, & à la fin mariez la pluspart auec les garces de leurs Capitaines, ou autres qui ne valoient gueres mieux. Que si on me demande maintenant la paye qu'ils touchent, sçachent tous presens & aduenir qu'il n'y a rien que huict gazettes le iour, pour toutes choses, qui sont à peu pres cinq sols de nostre monnoye : & le pis est que ceste chetiue & triste paye leur sera peut estre auant la fin du mois reduitte & retranchee de moitié ; & la raison est, que ces paures miserables n'ayans coustumierement pour cinq sols d'habits sur eux à leur entree, leurs Capitaines leur en font faire au meilleur marché pour les leur vendre le plus qu'ils peuuent, comme s'il n'y en a que pour dix liures, le paure soldat en payera vingt. S'ils luy font deliurer vn chapeau de trente sols, il en payera soixante ; si vne paire de souliers de vingt sols, il en payera quarante, & ainsi du reste. Ils vont deuorant de la sorte ces paures compagnons, qui ne se peuuent iamais r'auoir & rendre quittes : car ces Capitaines Croquants pour se rembourser peu à peu de l'aduance ainsi faicte à leurs soldats, leuent la moitié de leur paye, si qu'il ne leur reste le plus souuent que deux sols, ou six blancs, à despendre par iour : Veritablement les paures compagnons se voyans confinez, & comme releguez à perpetuité en ces lieux où il n'y a que des coups & des poux à gaigner, commencent à regretter la France, & la maison de leur pere, à la maniere de ce paure prodigue ; mais pour sortir de ceste misere, il faut de necessité qu'ils attendent le change, c'est à dire, la venuë d'vn autre Capitaine, qui les tire de charge ; & passent ainsi cinq ans, & souuentefois sept, lesquels expirez & finis, s'ils sont redeuables à leur Capitaine de quelque petit reste qu'ils ne puissent payer, il les vendra aux nouueaux Capitaines intrans, qui leueront aussi la moitié de leurs gages, tant qu'ils soient remboursez. Cependant s'ils ont faute d'habits, ces nouueaux Capitaines leur en feront deliurer de la sorte, & aux conditions que dessus, si bien que ces pauures miserables ne se peuuent iamais acquiter. Et bien que ce genre de vie soit merueilleusement dur & insupportable, il leur arriue assez souuent bien pis; car ne pouuans plus viure ainsi gehennez & enchaisnez, ils se hazardent à se sauuer & sortir hors les Isles, qui n'est pas chose aisee, si qu'estans vne fois reprins (s'il n'y va de la corde) ils sont mis irremissiblement à vne perpetuelle Gallere, ce que ie voyois arriuer tous les iours à nos miserables François, & autres, non sans la larme à l'œil, pendant que i'estois en ces lieux: De sorte que s'aller rendre en ces Isles au seruice des Venitiens, c'est se mettre la corde au col, & s'exposer euidemment à la Gallere. Et neantmoins les menaces & le peril eminent de ces chastiments, tenez cecy pour chose tres-certaine, que ces pauures miserables sont si mattez de tant de dures & longues fatigues qu'on leur faict supporter, que quand ils verroient cent gibets dressez pour les pendre, & autant d'enfers preparez pour les engloutir, s'ils voyent tant soit peu d'apparence de se sauuer à quelque prix & peril que ce soit, ils en tenteront le hazard. Il me fut dit arriuant à Corfou, que de la forteresse de Cataro, situee entre Corfou & l'Esclauonie, appartenant aux Venitiens, trente miserables soldats se precipiterent de haut en bas, où la pluspart d'eux se rompirent bras & iambes, qui tous froissez accosterent vn meschant bateau, dans lequel ils s'exposerent à la mercy de la mer & des vents, ausquels ils esperoient trouuer plus de misericorde qu'au plus grand calme & bonasse de leurs Capitaines: Il n'en fut pas de mesme à cinq pauures François de la garnison de Corfou, qui pensans enleuer la nuict à demie lieuë de la ville vne barquette de Pescheurs, furent empeschez par les païsans du lieu, qui les rendirent prisonniers à Corfou, sur les huict heures du matin, & sur les dix confinez à perpetuité à la Gallere, où ie les veis assez tost apres, & consolé en leur mal-heur selon mon pouuoir : D'autres vont fuyans & errans par les Isles comme bestes sauuages, en esperance de se ietter en quelque vaisseau passager. Mais c'est la voye la moins tentee, d'autant qu'il y a dix escus à quiconque rendra prisonnier

V ij

vn soldat euadé de la sorte entre les mains de son Capitaine, qui occasionne les paysans des Isles d'estre à lertes & leur donner viuement la chasse. Il me fut dit dans Corfou, que deux autres François s'estans eschappez de la Garnison vagabondans par l'Isle à la maniere des bestes sauuages, soubs esperance de quelque heureuse rencontre, ces miserables se retiroient le iour dans des grottes & hydeuses tannieres, & la nuict ils sortoient pour quester leur pauure & triste vie en tenebres, à la maniere des bestes les plus sauuages, viuans comme ils pouuoient de racines, oliues, carrobes & autres fruicts. Ils menerent ceste vie le temps d'vn mois ou six sepmaines, & descouuerts en fin par les paysans, ils furent pris & remenez en Corfou, & sembloient des squelettes & vrayes anatomies qui faisoient pitié à qui auoit le courage de les regarder, n'ayans que les os & la peau : & si tost que l'vn des deux eut retrouué les viures, soit qu'il en print trop ou autrement, il mourut & ne passa point la iournee : pour l'autre qui estoit d'vne plus forte complexion, apres qu'il fut vn peu remis & qu'il eut recouuré la moitié de ses forces, il fut enuoyé finir ses iours à la gallere. Il y eut vn autre soldat François qui me dist que lors qu'ils arriuerent en l'Isle de Corfou, ils estoient bien deux cens, & qu'au bout de l'an ils n'estoient plus que septante, les vns morts à l'Hospital, les autres de desespoir, les autres tuez & assassinez, & les autres mis à la gallere : Vous voyez ces miserables tous deschirez, pieds nuds & sans chemise, & me fut dit par vn de la ville d'Eureux, en Normandie, duquel ie tairay le nom, pour cause de sa noblesse, qu'à dessein il auoit fait de l'insensé, du furieux & du demoniacle en esperance d'auoir son congé, mais tout cecy vain, & que foy de Gentil-homme qu'il se disoit changeant tous les iours de chemise, & toutes les sepmaines d'habits en la maison de son pere, il y auoit trois ans entiers qu'il n'auoit porté chemise sur son corps, & de fait on luy voyoit la peau de toutes parts soubs vn meschant habit qui ne valloit pas la peine de le vestir. Pourquoy ie diray en conclusion que la condition de ces pauures soldats est plus miserable que celle d'Ixion, & que toutes ces Isles Venitiénes Cataro, Corfou, Candie, &c. c'est l'enfer des pauures François & autres soldats estrangers.

Du voyage de Corfou en Candie.

CHAP. XIII.

AYANT passé mon Caresme à Corfou, durant lequel i'y vy, comme ie croy, plus d'insolences & desbauches qu'au plus dissolu Carnaual de la ville de Naples, incontinent apres la Pasque six galleres Venitiennes, deux grosses & le reste subtiles comme ils disent, se disposerent au voyage de Candie, en partie pour le Change & partie pour porter la paye aux garnisons des villes de la Seigneurie. Apres donc l'aigade faicte les galleres espalmees & pourueuës de toutes choses necessaires pour faire vn beau voyage, les Comites commencerent à resueiller les Chormes de long temps alenties & lassees d'estre si longuement inutiles en vn port. Les Capitaines & Alfiers de leur part alloient rangeant les soldats à la rabande de prouë, & autres places ordinaires de leur quartier : Les Trompettes, fifres, & tambours à la pouppe, les canonniers à la chambre de saincte Barbe leur Patrone, les bannieres de sainct Marc, mises au plus haut de tous les arbres, auec le grand estendart à la pouppe, & les gaillardets de toutes parts aux antennes & matteraux de la gallere, chacun rangé à son quartier, les Comites ayans les sifflets en vne main & le baston en l'autre cōmencerent à faire serper & leuer les fers des galleres lassees d'estre si long temps à sec, & sciāt à toutes mains pour tourner plus court vers la route que nous voulions suiure, chaque gallere à la partie tira seulement trois canonnades pour dire adieu, & les tambours battans, les fifres & trompettes sonnans comme au plus fort d'vne forte & cruelle meslee, chaque soldat lascha vne harquebuzade, de maniere que sortant ainsi de Corfou, en la plus belle saison du Printemps les galleres allerent donner fond aux ap-

V iij

proches du soir en vn port appellé les Goumenices à la coste de l'Albanie terre du Turc à dix lieuës de Corfou. Assez pres de ce port est vne forteresse, appellee la bastille où fait sa demeure & tient siege vn Bascha pour l'importance de la place. De ce lieu des Goumenices les galleres allerent tousiours ramans iusques à sainct Nicolas rangeans la mesme coste de l'Albanie, ou pour mieux dire la Macedoine, & en ce lieu nostre Surcomitte qui est le chef & Capitaine de la gallere se fist seruir en terre en vn petit boscage fort plaisant à l'œil & à l'oreille à cause du chant des oiseaux de toutes sortes, qui n'auoient pas oublié leur ramage ordinaire, le disner estant couru, on tira vne canonnade pour aduertir vn chacun de se rembarquer, ce qui fut faict, sauf & reserué vn soldat Padoüan qui resta en ceste terre des infidelles, soit qu'il fust endormy ou qu'il le fist à dessein, tant y à qu'apres la reueuë generale faicte dans la gallere, vers le soir selon l'vsance des soldats forçaires & passagers, il se trouua de manque. Du port de S. Nicolas tirans pays auec la rame nous allasmes donner fond sur les cinq heures du soir à Passeport vne petite Isle de douze ou quinze lieuës assez sterile de viures & autres fruicts pour la commodité des passans & habitas des lieux qui sont Chrestiens, Grecs, Albanois & infidelles pesle-meslez ensemble, le lendemain venu la Diane battuë & les fanfares accoustumees d'estre faites par les trompettes, voicy que se leuant vn petit vent de terre assez frais on leue aussi la voile du Marabout seulement, qui nous porta gayement iusques à Cap Ducato en l'Isle de la Cephalonie où l'on compte vingts lieuës ou peu plus : nous y arriuasmes à bonne heure qui occasionna nostre Surcomitte & tous les siens de sortir dehors pour s'aller rafraischir & prendre leur repas sur des beaux Promontoires & autres lieux fort plaisans de ceste Isle, on luy donne trente lieuës de circuit, fort fertile au reste, specialement en brebis & moutons, portans les plus belles & meilleures laines qu'on pourroit souhaitter, & tient-on que ces animaux & autres de l'Isle, se leuent & font passer la soif à la fraischeur du temps. Il se trouue vne espece de serpent vn peu plus gros & long que nos lezards, tellement amis de l'homme, qu'à toute heure

DE LA TERRE SAINCTE. 159

ils les ont à dos, soit qu'ils se reposent ou s'endorment sans en estre endommagez. Nous commençasmes à laisser derriere nous ce grand pays de la Macedoine dependant de l'Europe, enrichy de huict Promontoires, reputé contenir trente Prouinces, auec autant de peuples differens, quinze fleuues, douze montaignes principales, cent quinze villes & huict Isles.

Le lendemain nous arriuasmes au Zante fort à l'aise où l'on conte douze ou quinze lieuës, c'est vne autre Isle de Grece qui releue des Venitiens, on luy donne vingt-cinq ou trente lieuës de circuit, comme à la Cephalonie, quoy qu'elle ne paroisse pas tant: ceste Isle est plus fructueuse du costé de Septentrion que d'aucun autre, & fort aspre & montaigneuse du costé du Leuant, son plus grand trafic sont les vins merueilleusement bons & delicats, auec les datils, passes, & raisins de Corinthe. Il y a aussi des sallines qui sont d'vn fort grand reuenu, son chasteau dãs lequel est enclauee l'Eglise Cathedrale comme à Corfou, est situé sur vne fort haute montagne, qui commande au port & à toute la ville assez mal bastie en arcade d'vne demie lieuë de longueur, les maisons sont basses, & pour la pluspart d'vn seul estage pour raison des tremblemens de terre fort frequents en ce lieu & autres Isles Venitiennes à cause de leurs grands vices & pechez ; ce fut presque à la veuë de ceste Isle que se donna la bataille de Lepante en l'annee 1571. que le Turc fut deffait entierement. Continuant nostre voyage nous allasmes tousiours rangeant ceste belle & grande Peninsule de la Moree, anciennement appellee le Peloponese à cause de sa grande fertilité : elle a la forme d'vne fueille de vigne, & sa circonference est de plus de cent soixante lieuës. La premiere poincte de ceste fueille est le chasteau Torneste tout à costé de l'Isle du Zante, la seconde Crisso Modon & Coron au droit de l'Isle de Caprere, la troisiesme est au port de Guayo ou le cap de Matapan, que les anciens estimoient estre vne des bouches d'enfer ; la quatriesme est au cap de Mallio, vis à vis de l'Isle de Cerigo, & la derniere est au cap Sylli, tout au droit de l'Isle de Sydra, & la queuë par où ceste fueille est attachee au corps de la Grece, ou si vous aimez mieux la Macedoine, c'est ce petit destroit de terre ferme que Demetrius & autres s'efforcerent en vain de faire trancher pour rendre ceste belle Peninsule vne Isle entierement : ce petit destroit de terre ferme s'appelle Istmo, d'où le prouerbe s'est ensuiuy, qui dit. *Isthmum fodere*, quand on entreprend vne chose impossible ; ceux qui ont fait plus particuliere description de ceste terre qui est de l'Europe, luy attribuent neuf Prouinces, douze Promontoires, cinq fleuues, six montaignes, huict villes, tant en estre que ruinees, auec huict principales Isles : du Zante, nous arriuasmes vers le soir au port dit Protono vn grand rocher en mer fort desert & mal habité où l'on conte vingt-cinq ou trente lieuës, & de là continuant nostre voyage nous arriuasmes le iour suiuant à bras de Meyne où l'on conte autant de Protono : ceste terre est habitee par certains Chrestiés Grecs appellez Maynoti, qui sont quatre ou cinq mil en nombre que le Turc n'a iamais peu subiuguer. Comme nous allions sortans de la Moree voicy qu'vn vent Garbin, autremét dit

dit Nordest nous vient donner en proüe fort à l'improuiste, qui força nos mariniers, à l'aide des forçaires, de faire en moins d'vn clin d'œil vne tire-volle & changer les voilles de la gallere du costé du vent, ce qui nous retarda vn peu, neantmoins que le mesme soir nous arriuasmes au port de Cerigo, Isle de vingt lieuës de tour appartenant aux Venitiens: sa forteresse haut esleuee, commande du tout au port fort à l'abry des vents; Ceste Isle presque à l'entree de l'Archipel, est fort celebree par les Poëtes qui l'appellent Cythere en leurs œuures, à cause de la naissance de Venus. On conte du bras de Mayne à Cerigo bien pres de trente lieuës: de Cerigo ayant le vent en pouppe nous passasmes la petite Isle de Cicerigo, appartenãt encor aux Venitiens, & de là à la veuë des Isles & villes de ce grand Archipel, lesquelles ie passeray pour le present sous silence, en esperance d'en parler plus à plein retournant de mon voyage. Donc pour continuer les erres de nostre chemin nous arriuasmes de Cicerigo à vn certain port appellé Cap de Spada; port vrayement admirable pour sa belle situation en ce qu'il est capable, de receuoir & loger vne armee naualle toute entiere. Il despend de l'Isle de Candie, appartenant aux Venitiens, & d'autant qu'il y a fort long temps que les Venitiens s'accommodent auec le Turc, & que ceste place si estimable reste là comme inutile, par le moyen de laquelle on pourroit faire de beaux exploicts, si proche qu'elle est de l'Empire du Turc, tous les Roys d'Espaigne depuis vn assez long temps ont fait tous les offres raisonnables aux Venitiens pour y auoir retraicte, à fin d'entreprendre plus facilement sur ce grand ennemy de toute la Chrestienté, & de s'opposer aux dommages & rauages qu'il fait tous les iours dessus ces mers, à quoy les Venitiens n'ont iamais voulu entendre: Le Roy d'Espaigne à present regnant leur a fait offre d'y faire bastir à ses frais vne Citadelle où les Venitiens mettroient garnison à leur deuotion, ne demandant rien que la seule retraicte de ses vaisseaux dans le port, mais ils n'y ont iamais voulu entendre. De Cerigo on conte à ceste belle place du moins trente cinq lieuës, & de ce lieu de Cap de Spada on ne conte rien que dix petites lieuës à la ville & forteresse de la Canie

X

premiere ville de l'Isle qu'on trouue allant de Venise au Leuant & où les Venitiens ont vne grande & forte garnison dans vne forteresse si bien flâquee & munie de toutes sortes de canons de belle fonte verte que rien n'y máque, outre que dans le port & sur le Cay, comme nous disons, tout en est paué, & l'y foule l'on aux pieds, de quoy c'est grand dommage & qu'il n'est pluftost employé à faire la guerre aux ennemis. De la Canie à Candie ville capitale de l'Isle il faut faire encor estat de trente lieuës, mais elles vous durent si peu que rien pour le bel entretien, & grand contentement que vous receuez à l'aspect de l'Isle de ce costé qui est au Septentrion, où vous allez recreant vos yeux à la veuë d'vn grand nombre de belles villes & villages, comme Biconia, Capo, Maleca, le port de la Sude, Retimo, Millopotamo, Freschie & puis Candie.

De nostre arriuee en la ville de Candie, sa description & autres particularitez resultantes de ce subiect.

Chap. XIV.

IL y auoit desia vn bon espace de temps que les Candiots ayans langue & aduis de nostre depart de Corfou, pour les aller voir, estoient aux eschauguettes & creneaux de leurs tours & leurs murailles (non moins desireux de nous voir que nous d'arriuer) pour descouurir s'ils verroient paroistre aucunes voilles Latines en mer, & les banderolles de S. Marc desployees, specialement les soldats qui attendoient les vns le change & les autres la paye, quand voicy que le troisiesme iour de May sur les dix heures du matin nous commençasmes à descouurir la grād tour de S. Marc, auec les clochers de S. Sauueur, S. Pierre & S. Tite l'Eglise Metropolitaine de l'Isle, & à l'instant la Coronelle de nos galleres commença pour la deuxiesme fois à mettre les armes de S. Marc en parade, auec les estandarts, bannieres, banderolles, confalons, & gaillardets au vent, ce que les autres galleres (prenans touiours exemple sur leur Patrone) firent en vn instant: chacun se range à son quartier, ceux-cy à la pouppe, & ceux-là à la prouë: les Surcomites font donner du meilleur vin aux Chormes, specialement aux vaillans Espalliers pour les encourager à nous faire surgir & arriuer les premiers dans le port, d'autant que le vent nous ayant manqué tout à fait, on auoit aussi amené toutes les voilles sauf le bastard qui est la voille de bonnace, de sorte que c'estoit vn plaisir de voir trauailler à la rame, les forçaires de six galleres, qui estoient du moins quinze cens en nombre, si iustes en leur manœuure que leurs corps & leurs rames alloient tout à la fois, vn tout seul d'vn si grand nombre ne manquant à la mesure. Les Candiots d'autre part qui auoient l'œil au vent, sçachans que ces galleres portoient le prouiseur de l'armee qui alloit pour leur faire faire monstre, estoient à double rang sur les murailles de la ville tous le mousquet & l'harquebuse en main, si qu'à l'arriuee ils nous firent vne Salue de canonnades & mousquetades, qui dura pour le moins vne grosse heure. Arriuez que nous fusmes dans le port, tres-seur & fort commode pour les galleres & autres vaisseaux, ayant donné

X ij

fond & fait eschelle, chacun s'alla rafraischir & pouruoir en terre comme il peut; De moy i'allay droict à l'Eglise de sainct Pierre, seruie par des Religieux de sainct Dominique chanter le *Te Deum*, & remercier Dieu d'vn si heureux passage dans ces galleres qui nous passerent tout le plus facheux pays, tant pour le peril des naufrages que pour la rencontre des Corsaires. Ceste ville de Candie est presque edifiee en quarré, & quasi toute close de mer, sauf du costé du Midy, par où l'on entre en son Isle, elle a vne lieuë de circuit, elle est close de sept belles portes fort bien gardees tant de iour que de nuict, auec toutes ses aduenuës, où il y a du moins chaque iour mille soldats en garde, elle est fort bien pourueuë de toutes sortes de munitions, armes & equipages de guerre tant par mer que par terre, vray est qu'ils n'ont point de moulins à eau, mais pour ceux que le vent fait tourner i'estime qu'il n'y en a guieres moins de deux cens dans la ville, dont les aisles sont tressees de paille, d'vne fort gentille inuention, au lieu que les nostres sont garnies de toile. Elle est fortifiee de dix grands boulleuards, où il faudroit estant attaquee du Turc (comme les habitans en ont fait les deuis) mille hommes à chaque bouleuard, mille à les rafraischir, qui seroient vingt mille, & du moins dix mille autres à border les murailles & deffendre le reste. Son Eglise Metropolitaine est fondee de sainct Tite disciple de sainct Paul, où son chef est en depost, il y a du precieux Sang de nostre Seigneur, ils ont aussi le chef de saincte Barbe & plusieurs autres sainctes & dignes Reliques de saincts Apostres, Martyrs & Confesseurs. La plus haute & forte tour de la ville est celle de sainct Marc, fenduë toutefois en quatre, à cause d'vn fort grand tremblement de terre aduenu depuis peu en ceste ville. Il y auoit aussi vn florissant College de Peres Iesuistes qui faisoient beaucoup de fruict en ceste Isle: mais depuis la derniere rebellion des Venitiens contre nostre sainct Pere le Pape, duquel ces bons Peres auec droict & raison deffendoient le party, ils les chasserent de ceste terre comme des autres, ne leur donnant pas seulement le temps de prendre leurs breuiaires, les spoliant au reste de leurs liures, ornements d'Eglise, & tous autres meubles. On ne pourroit iamais croire l'abus qui se commet là dedans en la vente de toutes sortes de marchandises, les vnes sophistiquees, les autres corrompuës & gastees & les autres à faux poids & fausse mesure. La cause d'vn si grand mal est, que ce sont gens de guerre, qui au lieu de bien regler & policer leur ville, prenant l'argent de certains marchands de mauuaise foy, leur donnent toute licence de mal faire; & aussi que cela procede du change trop frequent des Gouuerneurs & Officiers qui picorent à qui mieux chacun durant le temps de sa charge, & pendant qu'ils ont le pied en l'estrié. On y trauaille les Festes & Dimanches, comme aux iours ouuriers, les gens de guerre ayans osté à l'Eglise la cognoissance de ce peché pour la bailler à vn Barizel, à qui baillant le vin donne à chacun toute licence de mal faire, & tel passe-droict qu'il desire pour violer les Festes. Ils sont cinq ou six Chefs establis pour rendre la Iustice; le Duc, le General, le Capitaine Grād, le Gouuerneur, & deux Conseillers: Quant à leurs habits ils portent le noir, ou le violet dessus, & le rouge dessous, cachant la rigueur soubs la compassion & misericorde: car comme ie pense auoir dit au cōmencement de ce liure, ils iugeront souuent au sault du lict, en iouant à la prime, ou prenant leur repas, pour fort peu de chose vn pauure soldat à la Corde, ou à la Gallere, & fermeront les yeux & les oreilles à mille pechez, crimes, & grands blasphemes qui regnent parmy eux. Ils ont gasté l'Eglise & Conuent des Cordeliers de Candie, soubs pretexte de les fortifier; mais garre qu'il ne leur en mesprenne comme en l'Isle de Cypre qu'ils perdirent, pour y auoir faict de mesme comme nous dirons plus amplement en sa description. Ie ne passeray sous silence ceste histoire tres-veritable, pour en auoir veu la representation deuāt mes yeux le dixiesme du mois de May, auquel iour ceste coustume se pratique tous les ans en la place de sainct Marc, tout au droict du Palais où est logé le Duc: & pour sçauoir que c'est, & la cause de ceste representation. Vous-vous representerez dōc que les Grecs ennuyez du ioug insupportable des Venitiens, s'en voulurent descharger vn iour en ceste sorte, il y a maintenant cent ans. Et pour mieux executer leur dessein, ils s'aduiserent d'inuiter les principaux Chefs de la ville pour aller prendre le disner à vne lieuë d'icelle, en vn chasteau fort plaisant, appartenant à vn Noble de Grece : aux enuirons de ce chasteau estoit vn bois taillis où il y auoit vne forte embuscade de Grecs tous en armes, afin d'attrapper les Venitiens desia tous acheminez pour aller à ce festin ; mais voicy qu'à la bonne heure pour eux, ils rencontrerent sur le chemin à trois cents pas seulement de l'embuscade vne vieille femme rustique Grecque, qui leur donnant aduis de ce qui estoit, les fist retourner sur leur pas : Pourquoy outre la vengeance fort griefue que les Venitiens pour lors tirerent des Grecs, cecy s'est tousiours prattiqué dans Candie, qu'au mesme iour de ceste entreprise qui fut le dixiesme de May, ils font vne procession generale depuis l'Eglise de sainct Tite iusqu'à la place de sainct Marc, de la grandeur d'vn demy acre de terre, toute plantée en bois artificiel, representant ce bois de la trahison ; & aux approches d'iceluy les trompettes, fiffres & tambours sonnans, les soldats de la garnison tirent mille harquebusades dans ce bois, qui ne dure pas le temps d'vn *Aue Maria* qu'il ne soit en mille & mille pieces : I'ay oüy dire aux Venitiens que les Gentils-hommes du pays leur ont plusieurs fois faict offre de cent mille escus pour abbattre ceste coustume, & oster ceste Feste de leur Calendrier. Mais voicy ce que ie veis de plus estrange en Candie : Neuf ou dix soldats Chrestiens fort bien adoüez par la Religion de Malte, ayans faict prinse en mer sur le Turc d'vn petit vaisseau Carmoussal chargé de ris, & de ceux qui le conduisoient, forcez de prendre port en Candie, les Chrestiens furent tous faicts prisonniers les fers aux pieds en danger de la vie, leur vaisseau confisqué, & les Turcs remis en leur liberté, & en possession du leur, & de leur marchandise. Cet autre traict n'est pas moins odieux qu'ils firent en l'annee 1609. que le Sieur de Froissinet, Cheualier de Malte, rencontré de l'armee Turquesque, fut tué dans son Gallion, son Lieutenant auec luy, & du moins cinq ou six Cheualiers faicts prisonniers, & conduits en Constantinople, où ils furent enuoyez dans les sept tours, & tout le reste à la Gallere, apres auoir escallé & petardé en plein iour le tambour battant, & l'enseigne desployee, la ville de la Yasse au pays de la Caramanie: Ces bons compagnons & gallans hommes François, pour la pluspart qui auoient esté enuoyez à la Gallere, l'enleuerent incontinent apres de la mer Noire, & la passerent en nos mers azurees, apres auoir passé premierement les deux chasteaux appellez Dardanelli, situez sur les bords de l'Archipel; l'vn en l'Europe, & l'autre en l'Asie, à vn petit quart de lieuë l'vn de l'autre, au destroit de l'Hellespont, où moururent Leandre & Hero, & où Xerxe fit faire vn pont pour passer en la Natolie. Ces pauures François essuyerent en ce passage pour le moins cent canonnades, dont peu furent offencez; mais la Gallere fort incommodee, ils se pensoient retirer à Malte, ou en Sicile, où ils auroient esté les bien-venus; mais vn vent du Ponant les iettant en Candie (à demy morts de faim) ils ne peurent iamais auoir ny viures ny prattique, si que forcez de se remettre en mer à la mercy des vents, la Gallere faisant l'eau de toutes parts, l'arbre joüant dans le coursier, & ne se pouuant plus ayder que du trieu, la voille de fortune, tous prests de faire naufrage; ils arriuerent au Zante, autre Isle des Venitiens, dont nous auons cy-deuant parlé, auquel lieu premier que prattique leur fust octroyee, ils furent forcez n'en pouuant plus de rendre la Gallere, & la remettre entre les mains des Venitiens auec tout l'equipage de dedans, & en outre dix-huict ou vingt puissants Turcs qu'ils auoient enleuez auec la Gallere, desquels ils auroient eu en Malte ou en Sicile pour le moins deux cens escus de la piece. Mais les Venitiens les meirent en pleine liberté, & priuerent par ce moyen, & firent perdre le butin à ces braues auanturiers, de la valleur de plus de neuf ou dix mille escus. Voyla les grandes faueurs d'entre les Iuifs & les Samaritains, entre les Barbares & les Chrestiens, au preiudice des Chrestiens mesmes, d'où il s'ensuyura qu'ils receuront quelque iour de leurs confederez (outre le chastiment du Ciel) la retribution qu'ils meritent, le mal pour le bien, mais plustost le mal pour le mal, le regret à l'erreur, la peine au malefice,

Bref comme la paillardise & l'autre peché plus abominable, sont fort communs entre les soldats Venitiens; ils ont encor plus de regne en Candie: mais pour excuser leur vice, ils disent auec les habitans & se targuent de ces raisons, que le climat les y porte, à raison que Iupiter grand paillard en son téps, fut nourry & esleué dans ceste Isle d'vne Cheure, animal fort lascif, sur la montaigne d'Ida; qu'il y rauit Europe, fille d'Agenor Roy de Phœnicie, soubs la forme d'vn Taureau, pour en abuser: & qu'vn autre Taureau y deceut Pasiphaë femme de Minos Roy de ceste Isle, dont fut engendré le Minotaure, duquel nous parlerons au chapitre ensuyuant, traittant du labyrinthe. En fin ie ne pourrois iamais raconter les grands vices qui regnent en ces Isles, où il semble à la façon de viure & grand endurcissement des habitans, qu'ils y soient logez & retranchez comme en vn fort imprenable, pour faire teste à Dieu, deffier le Ciel, & s'opposer à sa puissance: Mais au contraire qu'ils tiennent pour chose tres-certaine, qu'estans desia là dedans bloquez des mers, leur heure estant venuë, iamais n'euiteront son ire, suiuie des iustes chastimens deubz à leurs crimes.

Description de l'Isle de Candie, de son Labyrinthe, & autres choses remarquables.

Chap. XV.

L'Isle de Candie, anciénement appellee Crete, est beaucoup plus longue que large, ne contenant guieres moins de deux cents lieuës de circuit, soixante de long, & quinze ou vingt de large, selon les lieux qui ont plus ou moins de largeur: Elle est close du costé de l'Occident & du Midy, des mers Mediterranee & de Lybie, du costé de l'Orient & du Septentrion, des mers Cretique & Egee; il semble que Dieu à dessein l'auoit situee au cœur de la mer Mediterranee, & presque au milieu du monde, pour dominer par toute ceste mer & autres mers voisines, riche & ornee comme elle estoit au passé, au passé de cent villes, fort peuplees, auiourd'huy reduittes à quatre assez chetifues au prix de leurs antiques magnificences & splendeurs, la Canee, Rethimo, Candie & Sethie: vray est que maintenant elle contient encor deux mille villages pour le moins. Apres auoir esté long temps soubs l'Empire des Grecs, elle tomba en la possession des Geneuois & depuis à vn Boniface Marquis de Montferrat, qui la vendit aux Venitiens en l'annee mille cent nonante quatre. Elle est fort montaigneuse & bocagere, qui fait que pour la grande quantité de son gibbier, il y a nombre de chasseurs dans ceste Isle. On void par ces bocages des Cyprés d'vne admirable hauteur, mais pour cause des galleres & autres vaisseaux qui touchent en ces ports le nombre en va tousiours diminuant. Elle a trois principales montaignes que vous voyez à l'aise de la ville, le mont de Iupiter, le mont sainct Paul, & le mont Ida, sur les deux premiers il y a deux petites Chappelles l'vne de S. Saueur, l'autre de saincte Croix, toutes deux seruies par des Prestres Grecs. Ces môtaignes sont fort abondâtes en toutes sortes d'herbes medecinales, côme nous recogneusmes y allans arboriser, son air est si temperé qu'il n'y faict iamais froid pour dire, les habitans du pays se vantent, à cause de sainct Paul, qu'il n'y a point d'animaux venimeux dans ceste Isle, mais à ce defaut les hommes & les femmes sont remplies du venin de l'vsure, auarice, paillardise, & autres vices: & aussi qu'on tient que les femmes de ceste Isle subiettes à mordre les hommes qui les attaquêt, portent le venin aux dents, dont on leur fait la guerre. Les femmes de ceste Isle & de toute la Grece, mais entre autres celle de Candie sont les plus excessiues & desreglees qui soient au monde, comme i'estime, en dueil & lamentations apres le decez de leurs maris, leurs parents & amis deffuncts (faute d'auoir bien estudié le precepte de sainct Paul en son Epistre aux Tessaloniciens où il parle des Dormans) car la mort aduenant de quelqu'vn de leurs amis ils feront reuestir le corps de tous les plus beaux habits qui soient à la perche ou dans les coffres, & le posant sur table dessus vn beau tapis, les femmes & les filles parentes & alliees de la vefue & du deffunct, auec les filles du logis s'il y en a, se rangeront

Y

à table deuant le corps eſtendu de ſon long, chacune ſelon ſon aage rang & merite, & tout au bout de la table eſt aſſiſe en chaire vne certaine femme d'aage veſtuë tout de noir qu'ils appellent la Cantarice, Cantarelle ou Chantereſſe. Ceſte femme pendant que les autres rempliſſent l'air de cris, de battemens de poictrine, s'arrachent les cheueux & dechirent la face, chante les loüanges du deffunct en ſon Grec vulgaire, pour les exciter à crier plus haut & pleurer dauantage, continuant ceſte belle vie & plaiſante façon de faire deux ou trois mois apres que le corps eſt en terre, & neantmoins apres auoir bien crié & tempeſté toute la matinee, l'heure du diſner s'approchant chacune de ces femmes fait apporter le ſien au logis de la vefue, & boiuent quelquefois enſemble de ſi bonne façon, à la Grecque ſelon la mode du pays, qu'il les faut remporter chez elles. Il me fut dit dedans Candie, que depuis peu, vn ſeigneur de Grece, eſtant allé de vie à treſpas, ſa femme extrememēt belle & parfaictement folle auoit fait coupper la teſte à tous ſes cheuaux, aſſommer tous ſes chiens de chaſſe, & fait tordre le col à ſes oiſeaux : Elle bruſla tous ſes plus beaux habits, ne retenant que le plus ſimple & de moindre prix : Elle mangeoit en tout ſes repas autāt de terre que de pain, & ne beuuoit que de l'eau encor à toute extremité, elle ne ſe deſpoüilloit aucunement, & couchoit touſiours ſur la dure, ne cerchant en vn mot ſinon d'accompaigner bien toſt ſon deffunct mary au tombeau. Ie ne paſſeray ſoubs ſilence vne autre humeur de gens habitans en ceſte Iſle à douze ou quinze lieuës de la ville de Candie tirant vers le Midy appellez Sfaciotti qui ſe diſent reſter d'vne Colonie des Romains, pendāt qu'ils eſtoient les maiſtres de ces terres, ils ne ſont que trois familles, qui habitent en huict villages, de fort difficile accés à cauſe des montaignes, ces gens ſont ſi belliqueux & vaillans qu'on ne les oſe attaquer, & non pas meſmes les corſaires qui deſcendent ſouuentesfois en l'Iſle pour faire l'aigade, fourrager & ſe rafraiſchir : ils viuent ſans releuer de perſonne, & ont entr'eux vne autre langue que celle du pays : mais le pis eſt que tous parens & alliez qu'ils ſont ne trouuans auec qui diſputer pour paſſer plus gayement leur temps ils se battent côme cheuaux, & s'assommēt en telle sorte qu'il en reste quelquefois dix ou douze sur la place, & n'y a pas presse à mettre le hola entr'eux, & qui ira cōposer leurs disputes, si ce n'est le Gouuerneur de Candie auec trois ou quatre cents hōmes bien armez; encor n'y peut-il que faire, sinon par prieres & supplications, côme si c'estoient de grāds Seigneurs. Le Labyrinthe ou Dedale si renōmé par les histoires, est fort proche de ces Sfaciottes, & à douze lieuës de Candie; ou d'vne bonne iournee, si vous aymez mieux: on sort par la porte qui regarde au Midy, & prenant à main gauche on arriue premieremēt en vn fort beau village qu'on appelle Venerat; secōdement à saincte Barbe, pays assez agreable, où croissent de fort excellēs vins, le reste du chemin est assez fascheux à cause des montaignes. Vous auez à demie-lieuë du Labyrinthe vne petite ville appellee Chasteau-neuf, Gortine, dicte maintenant Ausdeque; & vn autre village plus proche, où l'on prend des guides instruits & adextrés de pere en fils, à cōduire les curieux par les ruës & places de ceste grande ville obscure & tenebreuse. Pourquoy il ne faut pas oublier d'y porter force bougie & chādelle de cire, & tousiours vne mesche allumee, pour cause des chauue-souris qui esteignent les flambeaux en vollant. Quāt à la situation de ce grand lieu sous-terrain, & palais de Proserpine, fort à propos appellé labyrinthe, pour les grāds Gyres & Meādres qu'il contiēt, on y entre du costé de Midy par vne assez belle & spacieuse entree en forme d'antichābre, contenant quinze ou vingt pas de long, & presque autant de large, fort cōmode pour le peuple des enuirons, qui a vne surprise d'orage & mauuais tēps y sauue son bestail. Arriuez que vous estes là dedans, vous voyez deux entrees, à gauche & à droit, maison prend volontiers à droit cōme la plus cōmune: De là on entre dans les ruës, où il y en a telle entr'autres, que si elle estoit bien suiuie, elle meneroit le Pelerin à plus d'vne grand' demie-lieuë sans se tourner de part ny d'autre. Quant aux chambres qu'il est impossible de nōbrer, elles sont à l'vne & l'autre main, des deux costez des ruës, fort proches les vnes des autres, & faictes cōme en rond par le dedans, cōmunemēt de 10. 15. & 20. pas de dedans à dedās. On void de toutes parts

Y ij

moyennant la lumiere, vn nombre infiny de noms grauez dans les pierres plus remarquables & mieux polies de ceste noire & obscure prison, mais pour y auoir bien cherché & recherché, ie n'ay point trouué celuy de quelque autheur qui nous en a parlé fort maigrement, peut estre pour n'y auoir pas esté. On trouue en cheminant par ce petit modelle d'enfer, infinis monceaux de fiente de Souris chauues, que les païsans des lieux resserrent curieusement pour porter à Candie, à fin d'en faire poudre à canon. Nostre guide apres nous auoir pourmenez quatre fortes heures du moins, nous fist entrer en vn lieu plus spacieux que les autres, fait en forme de voûte, & de la hauteur d'vne picque; on void à la voûte de ceste grotte vn grand croc de fer attaché, où le Minotaure estoit enchaisné, côme disoit la guide : & au dessous de la voûte au milieu de la grotte se void vne longue & large pierre, sur laquelle, s'il est croyable, comme il disoit, ceste monstrueuse beste deuoroit les humains. Il nous eust bien mené trois iours (disoit-il) en ces lieux sous-terrains par ruës tousiours diuerses; mais nous contentans de la raison, nous le priasmes bien humblement de nous faire reuoir le iour, estant impossible à quiconque, de pouuoir retrouuer la sortie ny l'entree de cette grande prison, depuis qu'on y est vne fois enfourné, sans vne guide & homme pratic de longue-main à ces destours. Il s'y est perdu beaucoup de gens, comme Religieux, soldats, & autres curieux, outre la raison, se fians en leur simple ceruelle. Il est à croire neâtmoins qu'en brief ce lieu s'aneantira & deuiendra à rien, à raison des grands tremblemens de terre frequens & ordinaires en ces lieux, qui ont desia bousché vn grand nombre de ses ruës, & l'entree de quelques-vnes de ses chambres, où souuentesfois il se faut mettre à genoux pour y entrer. Voyla donc quant à la description du Labyrinthe de l'Isle, mais celuy de la ville est beaucoup plus dangereux, à cause de ses destours, les vices & pechez, où l'homme se perd en moins de rien, s'il n'a la guide de la foy, & des commandemens de Dieu. Au beau milieu de ce Labyrinthe inextricable, ce cruel Minotaure le Diable, est tousiours deschaisné & prompt à estrangler les ames esgarees. Car il n'y a point de doute que les Grecs, specialement ceux de ceste Isle, sont fort malicieux de leur naturel : L'Apostre Sainct Paul de son temps en fit l'espreuue, comme il faict paroistre en l'Epistre qu'il escrit à Tite, où il dict, les Creteins sont tousiours menteurs, mauuaises bestes, ventres paresseux : Ce tesmoignage est vray, pour ceste cause reprens les viuement, à fin qu'ils soient sains en la foy : & de leur malice cogneuë d'vn chacun est venu le Prouerbe, *Cretisa cum Cretensi*, comme si on disoit, A fin, fin & demy. Ie passeray mille autres particularitez qu'on void en ceste Isle, pour ne me rendre trop prolixe, joinct qu'il est temps de retourner sur mer pour continuer mon voyage. Ie passay pres de quinze iours en Candie, tousiours en esperance qu'il s'offriroit quelque vaisseau pour aller en l'Isle de Cypre mon plus court, à faute dequoy ie m'embarquay dans vn meschant Nauire, si vieux & mal equippé qu'il n'estoit plus capable d'aller sur l'eau; aussi fut-ce le dernier voyage qu'il fit iamais, prenant la route d'Alexandrie. Il y auoit en ce vaisseau toutes sortes d'animaux, comme en l'Arche de Noé : car outre cinq ou six Chrestiens Romains que nous estions là dedans, representans sa famille, il y auoit des Turcs, des Iuifs, des Mores, blancs & noirs, des Arabes, des Anglois, des Venitiens, des Barbares, des Egyptiens, des Sauuages, & autres passagers de toutes nations estrangeres. Ie n'oublieray pas à dire neantmoins que l'Isle de Candie, qui est de l'Europe, est fort fertile & abondante en Maluoisies & Musquatelles. Il y a treize promontoires, neuf fleuues & riuieres, neuf montagnes, & autrefois cent villes, aujourd'huy reduites à quatre principales, & plus de deux mille villages, comme nous auons dict cy-dessus.

De nostre Voyage de Candie en Alexandrie; Sa description & autres choses remarquables dedans & dehors ladite Ville.

Chap. XVI.

APRES ce bel embarquement bigarré en tant de sortes, vers le quinziesme du mois de May, nos logements faicts dans le vaisseau à loge qui peut comme au temps de la guerre, à raison du grand nombre de passagers, & que chacun au hazard & comme à l'aduanture eut faict son camarade, ie vins à me ressouuenir de la Prophetie d'Isaye, disant; le Loup habitera auec l'Aigneau, le Leopard auec le Cheureau, le Veau, le Lyon, & la Brebis coucheront ensemble, & vn petit enfant les conduira : car là se voyoient mesnager doucement ensemble le Chrestien auec le Iuif, le Turc auec l'Arabe, le More blanc auec le noir, l'Espagnol auec l'Anglois, le Sauuage auec le François, le Sarrasin auec le Venitien, & ainsi des autres, sans entrer en la moindre picque & parole de rigueur, comme aussi les mariniers Grecs, qui ne sont pas gens aisez, ains fort capricieux, enuoyeroient pour moins que rien deux mutins & querelleux, vuider leurs differents de l'autre part, dans le champ de Neptune, & boire d'autant ensemble, pour s'accorder. Estans donc rangez de la sorte, & logez de la façon; le Patron du vaisseau fist promptement leuer les fers, & desployer les voilles, qu'vn petit vent de Nort qu'ils appellent Tramontane, enfla de si belle maniere, qu'en moins de rien nous passasmes à la veuë de Sethie, la derniere ville de Candie, tirant vers le Leuant : & apres auoir doublé le Cap de Salomon, le vent se tournant au Nord'-oüest (tout tel que nous desirions pour passer le Goulfe de Setthalie) nous ietta en quatre iours à la veuë de la ville d'Alexandrie d'Egypte. Ceste cité paroist si belle de loin que rien plus, à cause d'vne centaine de tourrelles en forme de clochers tous faits à petits domes les marques des Mosquees des infidelles, par où les Imans & Santons qui sont leurs Miniſtres montent cinq ou ſix fois le iour pour denõcer au peuple les heures & les appeller à la priere; de maniere que voyant de loin ces tourrelles eſclattantes & blanches cõme argent auec les tours des murailles de leur ville belles & fortes à merueilles, l'eſtráger d'abordade penſe entrer en vne ſeconde Florence, mais incontinẽt que vous auez paſſé la porte du port pour entrer dans la ville, ne trouuant là dedans que ruine & deſolation; vous demãderiez volontiers où eſt Alexãdrie, & quelle part on a trãſporté la ville cloſe de ces belles murailles. Ayant donc pris terre, ie me retiray au Fontigue des François, baſty en forme d'vn petit Conuent, chez Monſieur le Conſul Frenoux de la ville de Marſeille, lequel me fiſt tres-bon accueil, & apres m'auoir fait cõduire en vne chambre ie m'y repoſay le reſte du iour: le lendemain deſireux de voir vn peu plus par le menu les merueilles d'Alexandrie, ledit ſieur Conſul me dõna vn de ſes ſeruiteurs auec vn Ianiſſaire, qui me guiderẽt preſque par tous les lieux de la ville. Alexandrie Cité tres-antique Metropolitaine de l'Egypte, du coſté de Septẽtrion eſt cloſe de la mer Mediterranee, qui la cerne à demy du coſté de l'Orient: du coſté de Midy elle eſt cloſe du Lac Meotide ou Mareotide: du coſté de l'Occidẽt, des deſers Areneux de Barcha & de S. Machaire; de l'autre part de l'Orient elle a la terre ferme, & le chemin qui va deuers Roſſette & autres lieux de l'Egypte; ceſte Cité eſt ſituee en pays ſablonneux, toute ceinte de doubles murailles, caſemattes, & faulſes-brayes, auec 500. tours tant groſſes que petites: elle eſt percee de quatre principales portes couuertes de lames de fer ſelon la couſtume du Leuãt, elle a pres de deux lieuës de circuit, ſes foſſez autrefois ſi profonds ſont maintenant tous comblez, elle fut premieremẽt ruinee des Chaldeens au tẽps de Nabuchodenoſor (comme luy auoient predit les Prophetes) & reſtauree entieremẽt 320. ans auant l'aduenement de noſtre Seigneur par Alexandre le Grand, dont elle a retenu le nom, quoy que les Turcs l'appellent Scanderia: du temps qu'elle eſtoit en ſa ſplendeur ſous l'Empire Romain elle payoit plus de tribut en vn mois que Hieruſalem en vn an. Ses eſtudes eſtoient tres-floriſſantes. Il y auoit vne librairie admirable, contenant ſelon l'opinion des anciens, sept cens mille volumes, qu'on appelloit la richesse & l'Academie du monde, qui furent bruslez du temps de Iules Cesar. Ce fut aussi en icelle que les Septante deux Interpretes traduirent la Bible d'Hebreu en Grec. Les Turcs l'empieterent dés le temps qu'ils prindrēt Hierusalem, Damas, & toute la Sorie, depuis le regne de Homar fils de Charab, en l'an de nostre Seigneur six cens trente six. Elle a deux principaux chasteaux bien munis de canon, dont l'vn cōmande en mer, & l'autre en terre. L'air en est tres-mauuais, pour raison dequoy il ne se passe guieres annee que la dissenterie, ou contagion n'y soit bien fort. Ses rues plus marchandes sont couuertes pour la grande ardeur du Soleil, & les autres pour la plusspart sont pleines de ruines. Elle est presque edifiee en forme d'ouale, & fort abōdante en poisson & chair de mouton. Son port est separé en deux d'vne langue terrestre, & est bien seur, & fort commode, comme aussi il est frequenté plus qu'aucun port du Leuant. Ce fut en ceste ville que le glorieux sainct Marc fut Euesque vingt ans, & qu'il y fut martyrisé disant la Messe vn iour de Pasque en l'an huictiesme de Neron. Là se void encor auiourd'huy l'Eglise & les fonds où il baptisoit le peuple de son temps. On void aussi la chaire où il preschoit la parole de Dieu, faite de marbre toute à pieces rapportees de diuerses couleurs, & tout au proche d'icelle est le lieu de sa sepulture dans la muraille. Son Eglise est auiourd'huy gouuernee par les Chrestiens Suriens, autrement Iacobites. Sainct Athanase & sainct Cyrille luy succederent. Mes guides me firent encor voir les ruines du Palais du pere de saincte Catherine, que ie contemplay fort pour sa belle & antique structure, & non loin d'iceluy est le lieu de l'emprisonnemēt & martyre de ceste glorieuse Vierge, où il y a vne tres-belle Eglise seruie & officiee des Grecs, & à l'entree d'icelle se void la pierre de marbre blanc, sur laquelle elle eut la teste tranchee: ceste pierre est marquetee de petites taches rouges que ces Peres nous dirent estre du sang de ceste saincte Vierge, quoy que i'aye leu en quelque autheur qu'il iaillit de son corps du laict au lieu de sang. Quant aux antiquitez & merueilles de ceste ville, en premier lieu elle est toute creuse

&

& foubs-terraine, ce qui a efté fait de toute antiquité, & dés fa fondation pour y retenir l'eau du Nil, qui n'eft qu'à trois lieuës, lequel fe va defchargeant au mois d'Aouft & Septembre dans le Calife qui eft vn long Canal qui la porte dans toutes les Cifternes & lieux foubs-terrains de la ville. Mais comme elles font maintenant à fec, ie defcendy non fans difficulté dedans quelqu'vne, où ie remarquay plufieurs croix fort bien faites, releuees auec le cifeau fur certains pilliers de marbre, & autres tailles, qui font iuger combien ce beau figne eft antique. Il y a dans l'enclos de la cité deux groffes & artificielles montaignes, entre autres, qui me firent reffouuenir du mont Teftacio de Rome, qu'on dit auoir efté faites du terrain tiré de ces Cifternes: & bechât de cefte terre pour la porter & f'en feruir ailleurs on y trouue à toute heure des medailles fort antiques & de grand valeur. Toute cefte Cité eft fi pleine de ruines qu'à peine vous pouuez recognoiftre les anciénes ruës & fa premiere ordonnance, car au lieu des beaux & magnifiques Palais du paffé, on void vn nombre infiny de Palmiers qui occupent leur place: mais des Cyprez & Genieures y auroient plus de grace à caufe que tout y eft funefte & lugubre. Il croift parmy ces ruines en tres-grande quantité vne herbe que ces Mores appellent Caly en leur langue vulgaire, dont les vns font du fauon, & les autres des verres comme nous de fougere. Ie ne parleray point de la belle vaiffelle de terre d'Alexandrie, pour eftre affez cogneuë en beaucoup de lieux de noftre France. Là fe voyent auffi hors les murs de la ville fur le bord de la mer du cofté de Septentrion les ruines du Palais de Cleopatre d'où elle partit pour aller au deuant de Marc Antoine auec des Galleres dont les voilles eftoient de toille d'or, & les rames dorees, qui au maniment rendoient vne plaifante harmonie. Tout au proche de ces ruines au dedans de la ville ioignant les murailles d'icelle font deux grands Obelifques ou Pyramides, faites de pierre Thebaide, marquetees de grains noirs, blancs & roux, & toutes deux hiftoriees de lettres hyerogliphiques à la façon des Egyptiens, l'vne eft couchee de fon long contre terre, l'autre eft encor fur pied, mais on tient comme il eft croyable qu'il y en a plus en terre que dehors pour cauſe des ruines qui vont touſiours ſurmontant, & neantmoins elle a encor plus de cinq braſſes de tour, & plus de quinze de hauteur. Là ſe voyent auſſi les ruines du Palais de la fameuſe Magicienne Armide, qui donna tant d'affaires à nos Princes Chreſtiens au ſiege de Hieruſalem : Sortant la ville par la porte du Caire à demy quart de lieuë d'icelle on void la Colonne de Pompee miſe là par Ceſar, que chacun tient qu'elle ſoit de Porphyre. Ceſte piece eſt fort admirable, pour auoir plus & vingt braſſes de hault, & quatre de circuit, & ſur icelle eſtoit autresfois vne Statuë que les Egyptiens adoroient. Elle eſt poſee ſur vn pilaſtre qui ſe ruine fort, qui a cinq pieds de chaque face : autres diſent que Ceſar y fit mettre la teſte de Pompee dans vne vrne. Quant pour le terroir de la fertilité de ce Climat, le plus proche de la marine eſt le plus fertile où viennent toutes ſortes de fruicts en abondance ſans l'engraiſſer, comme froment, rys, melons, concombres, anguries, legumes & autres fruicts. Là ſe void la tour du Phare à l'Occident de la ville, autresfois edifice par Iules Ceſar, reputee pour vne des ſept merueilles du monde, mais n'y trouuant rien d'extraordinaire ny de ſi merueilleux, ie dy que c'eſt vne autre qui n'en a que le nom, ou qu'au vieillir elle ſ'eſt ainſi diminuee : toutesfois il y a touſiours vne ſentinelle le iour, & vn flambeau la nuict pour reclamer de toutes parts les vaiſſeaux qui nauigent dans ces mers. Si peu qu'il y a de baſtiments dans Alexandrie ſont preſques tous à platte forme, & les Mores & habitans du lieu prennent plus de plaiſir d'y repoſer la nuict pour y recueillir la fraiſcheur, que dans les logis où l'on eſt eſtouffé. Ie n'obmettray auſſi de dire qu'au plus fort des chaleurs cheminant par la ville à toute heure on faict rencontre de certains Mores qui ont de beaux grands verres de fin cryſtal, dans leſquels ils verſent de fort belle & bonne eau de conſerue plus froide que la glace qu'ils vous preſentent à boire pour rien, en faueur, diſent-ils, du grand Seigneur. Ayant donc paſſé 4. ou 5. iours en Alexandrie, ie m'accoſtay de trois gallands hommes Italiens de la ville de Meſſine en Sicile, qui ſe preparoient pour aller au grand Caire, ie fis marché comme eux auec vn More qui m'accommoda d'vne fort bonne mule, moyennant vne piastre, qui est vne piece de huict realles d'Espaigne, ou autre de la mesme valeur pour estre porté iusques à Rossette, où l'on conte d'Alexandrie du moins treize lieuës. I'ay dit vne mule, à raison qu'en terre de Turcs, vn Chrestien n'oseroit se seruir de cheuaux, si ce n'est vn Consul, ou autre qui en ait d'eux plus particuliere licence.

Du voyage d'Alexandrie à Rossette & au grand Caire sur le fleuue du Nil, auec la description des passages.

CHAP. XVII.

ENNVYÉ extremement de l'air pestifere & mauuais d'Alexandrie toute pleine de corruption, à cause du grand nombre de venimeux serpens & monstrueux Crocodylles, les Turcs, Mores & Iuifs, que non point le fleuue de Nil, bien que fecond en ses desbordements, ains plustost le grand Eurippe & torrent de nos pechez au fluz & refluz de nos malheurs a vomy & ietté sur ce beau riuage pour deuorer les Chrestiens & les chasser de ces belles terres. Accompagné donc comme dessus, & d'vn Ianissaire pour tous, ie me deliberay d'en desloger au plus viste. Pourquoy i'aduertiray le Pelerin en passant, soit qu'il passe ou repasse par Alexandrie, le grand Caire, Damiette, Cypre, Tripoly, Damas, Hierusalem & autres lieux du Leuant, de ne s'y arrester que le moins qu'il pourra, de peur qu'emporté à la longue par la force de l'air, auec lequel il ne faut se domestiquer ny laisser recognoistre que de sorte, aussi la terre ne vueille prendre cognoissance de cause, & demander son partage specialement en Cypre que l'Isle est basse, qui faict qu'on y void souffler toutes sortes de mauuais & pernicieux vents. Sortans donc de ceste ville par la porte du Caire le 25. iour de

May pour aller à Roſſette nous trouuaſmes à la ſortie vne fort belle campaigne ſablonneuſe toute plantee de Capriers portans fruict auſſi gros que febues, & paſſant tout ioignant la Colonne de Pompee, de laquelle nous auons parlé cy-deſſus, nous entraſmes incontinent dans vn grand bois fort beau, ou pluſtoſt vne foreſt toute de Palmes, où l'on void telle ſouche & tige communement ietter huict & dix grands Palmiers de la groſſeur de l'homme, & de la hauteur de deux picques & demie auec leur beau rond & couronne de Palmes, & le fruict à la cime, choſe fort belle à voir, qui ſont les Datils fort amers au premier, & puis ſi douceureux que rien plus eſtans aſſaiſonnez. On void auſſi nõbre de Tamariſques portans fruict, comme vne petite noix de Galle, dont ceux du pays vſent en medecines. A la ſortie de ce bois plaiſant & agreable, on entre en vne autre terre ſablonneuſe non moins plaiſante à l'œil, mais infertile au reſte, & aſſez toſt apres on rencontre vne fort iolie Chappelle decoree d'vn bel Autel ſur la main droite en paſſant chemin, auquel lieu nous miſmes pied à terre pour faire nos prieres, à raiſon que la rencontre en eſt fort rare en ces terres, nous laiſſaſmes Bichierry à main gauche, port de mer, ſitué au proche d'vne des ſept bouches du Nil. De là continuans noſtre chemin, nous arriuaſmes à vn autre petit bras du Nil, preſque à my-chemin d'Alexãdrie & de Roſſette qu'il fallut paſſer au batteau pour aller loger de l'autre part à Lamedia. Mais il faut faire eſtat vn peu deuant qu'arriuer à ce cours d'eau, de fauſſer à coups de bourſe & de ce qui eſt dedans deux ou trois embuſcades de pauures miſerables Mores, femmes, enfans, & toutes leurs familles, equippez neantmoins de picques, demy picques, arcs, fleſches & maſſuës, qui donneroient terreur aux plus reſolus & aſſeurez de nos François, ſpecialement en ces lieux où il n'eſt loiſible de porter aucunes armes aduantageuſes. Noſtre Ianiſſaire bien inſtruict aux couſtumes des lieux, & ſçachant la difficulté du paſſage, print incontinent le deuant, qui pour moins de la valeur d'vn quart d'eſcu le nous rendit libre. Ce bras du Nil paſſé auec la nuict qui nous ſembla fort courte, nous remontaſmes au plus matin sur nos mules, & continuans nostre voyage nous entrasmes dans vne belle & grande plage sablonneuse, dans les deserts de la Thebaïde, qui va formant le plus bel Horison du monde; en sorte que pour marcher droict en ces lieux & ne perdre son chemin, nous n'auiõs autres raddresses par ces terres desertes & du tout infertiles, que de grands pieux de bois fichez en terre de lieuë en lieuë, & à l'aduanture de petites cases edifiees à perte de veuë dans ces lieux areneux, pour conduire plus seurement les passans d'Alexandrie à Rossette, & leur seruir de couuert à vne necessité parmy la force des vents & des orages. Il arriue souuét qu'en ces lieux-là & autres de l'Egypte, on est contraint de se seruir aussi bien de la Boussole comme sur les mers. Rossette anciennement appellee Canopium Ostium, & maintenant Raschit, par les Turcs, est situee à vne lieuë pres de la mer Mediterranee, sur vn des plus grãds bras du Nil. Elle est ouuerte de toutes parts, & n'a pour closture du costé du Ponant & du Midy, sinon de grandes montaignes de sable en forme de bouleuards, que le vent d'Oüest qui souffle du costé de ces deserts areneux, y assemble à grand force, faict & deffaict, porte & transporte comme il luy plaist, selon qu'il va souflant & ressouflant de part & d'autre. De l'autre costé opposite, le Septentrion & le Leuant, elle a le Nil si proche, que sortant de son lict au plus sombre de la nuict il va souuent espionner ce que les Mores habitans font dans les leurs. Ceste ville est presque toute edifiee de brique & matton rouge, lié de chaux à la maniere des bastiments de Thoulouze; de sorte que là dedans il n'y a rien de fort, reserué deux chasteaux tels quels, dont l'vn est à demie-lieuë de la ville, situé au proche lieu où le Nil se descharge dans la mer; l'autre est dans la ville mesme, desquels ces Mores ne font pas beaucoup d'estime. Ie diray neantmoins que dans Rossette il s'y faict vn grand traffic, pour cause du Nil, qui la rend de tant plus commode & accessible. Apres auoir vn peu faict collation, & gousté les viures des lieux, sur les dix heures que nous y arriuasmes, & auec ce laissé passer tant soit peu la chaleur du iour fort excessiue en ce pays, sur les derniers iours de May, nous fismes marché auec vn Rays

Z iij

de Rossette pour nous porter dans sa Germe iusques au Caire. Or quant à la beauté de ceste nauigation, & le grand contentement qu'on remporte en rangeant tousiours les bords de ce fleuue, où l'on met pied à terre quand on veut pour se rafraischir, c'est chose impossible à dire. Car premierement comme on dit, vous ne sentez ny vent, ny vague; les logemets ny les viures, reserué le vin que vous deuez porter si vous en voulez boire, ne vous y manquent à toutes les heures du iour, ayans les villes & bourgades à droicte & à gauche, qui s'y entre-suiuent de pres iusques au Caire, comme Anguidie, Mahate, Limio, Dibi, Elminic, Deruthi, Berimbat, Sindon, Gezirat, l'Isle de Dibeg qui fait fourcher ce fleuue, Dorothé, Machellat, Sachit, selon leurs appellations anciennes qu'on va laissant à la droite. On voit à la gauche vers l'Orient les ruines de la ville de Foua, autresfois belle & florissante, maintenant reduite en vne chetiue bourgade, qui faict my-chemin de Rossette & du Caire; Turbet, Thebes, Nantubes, Diruth, Subsir, & autres; puis le Boulac port du grand Caire, où arriuent & montent les marchandises qui viennent du costé d'Alexandrie & Rossette. Là est la Doüane où il faut manifester & payer selon la marchandise, aux Iuifs qui tiennent en ce lieu & presque par tout ailleurs les gabelles du Turc; & en outre vne piastre pour chasque estranger à l'entree, pour vne fois seulemēt. Quant à la largeur & profondeur de ce fleuue, il l'est plus ou moins selon les lieux. Icy de demie-lieuë, comme à Boulac, là d'vn quart & demy quart de lieuë. Pour la profondeur, la plus grande incommodité que nous receussions en ceste nauigation, nos mariniers estoient forcez à toute heure d'entrer dans l'eau pour debouter la Germe qui estoit attachee au sable. Pour le regard de ceste eau, elle est telle & si naturelle, que soit que vous en vsiez à toute heure, de iour, de nuict, chaud ou froid, à ieun ou autremēt, elle ne vous faict iamais mal; la raison est, selon que chacun tient, que ceste eau vient de si loing, que les plus curieux n'ont peu sçauoir parfaictement son origine; les autres disent de plus de mille lieuës, à cause dequoy elle est tellement subtilisee & affinee par la vehemence des chaleurs, qui exhalent tout ce qu'il y a d'impur, qu'il ne luy reste rien de malin & nuisible. Pour l'augmentation de ce fleuue, qui se conuertist en vne mer, côme vn petit Deluge, toutefois pour le bien de son habitant, & non pour son dommage: cela arriue quand le Soleil entre au signe du Lyon vers la my-Iuillet, iusqu'à la my-Aoust, que le Soleil entre au signe de la Vierge, qu'il cômence à décroistre. Ayant donc mis pied à terre à Boulac, le iour de l'Ascension, vers la fin du mois de May, faict les submissions accoustumees, & payé les deuoirs de la Doüane, nous montasmes tous chacun sur son Asne, pour aller à la ville; les Italiens se retirans chez leur Consul, les François chez le Vice-consul François d'Alexandrie, & les autres passagers dans les fontigues & logemés deputez pour les estrangers. De moy, ie ne fus point si tost entré chez Monsieur Croissin, natif de Marseille, Vice-consul au grand Caire, qu'il ne me dônast aduis d'vne fort belle occasion pour faire le voyage de saincte Catherine au mont Sinay, par le moyen de six Caloyers ou Religieux Grecs, arriuez au Caire d'Alexandrie vn iour seulement deuant nous autres, asseurez desia pour leur escorte de quatre Ianissaires, & deux Arabes, qui cognoissoient les terres & le chemin qu'il faut tenir par ces deserts. Ces Prestres Grecs auoient toutes sortes de passe-ports en faueur du Patriarche d'Alexandrie, qui en auoit escrit & fait escrire au Bascha du grand Caire: Bien qu'il me faschast fort de repartir si viste, pour l'esperâce que i'auois de me reposer, joinct aussi que ie reseruois ce voyage apres le principal du sainct Sepulchre. Neantmoins prenant l'occasion, apres m'estre recômandé de bon cœur à Dieu, laissé mon equipage, & la pluspart de mon argent audit Sieur Vice-consul, marché faict en fin d'vn fort bon Chameau sauuage comme les autres, à raison que les Sauuages sont de plus grâde fatigue & duree que les ordinaires, à huit sequins, tant pour l'aller que reuenir; & pour ma part de deux autres chargez de toutes sortes de prouisions sur le tout, à fin de faire plus commodément ce long & mal-aisé voyage, ie ne fis aucune difficulté de m'exposer en la compagnie que ie vien de dire.

Du Voyage de Sinay, Des grandes Pyramides d'Egypte,
& des Momies.

Chap. XVIII.

SVR les deux heures apres midy nous cōmençasmes à desloger du Caire par la porte Babōnasse, & prendre le chemin du desert de Suez, & de la mer Rouge, que nous laissasmes à main droicte, dix ou douze lieuës du Caire. Nous passasmes les terres sablonneuses d'Ethan, où Dieu cōmença de fauoriser les enfans d'Israël de la colonne d'vne nuee le iour, & de feu la nuict, suiuant le dire du Prophete Royal Dauid. Nous passasmes aussi aux extremitez du desert de Sur, que nous laissasmes à main gauche. Continuans nostre chemin, plus la nuict que le iour à raison des chaleurs, & aussi pour fuyr la rencontre des Arabes, nous passasmes par les eaux de Mara, que Moyse auoit adoucies, lieu fort marescageux, & non beaucoup esloigné de la mer Rouge, où goustant ces eaux, il me sembla qu'elles estoient retournees en leur premiere amertume : par les fontaines d'Helim, lieu fort multiplié de Palmes, semblable aujourd'huy à vne petite forest : & veismes en plusieurs lieux de ces deserts de fort hautes montaignes de sable mouuant, que les vents assemblez, comme nous auons dict, tantost en vn lieu, tantost en vn autre, selon qu'ils vont souflant, & qu'ils changent à toute heure. Ces soufflements si frequents & ordinaires, qui vont portant le sable de toutes parts, sont cause que ne recognoissant en ces lieux aucune piste de chemin, souuent on s'esgare. Ce qui est plus à craindre en ce chemin tant aux hommes qu'aux bestes (bien qu'vn Chameau soit quelquesfois trois ou quatre iours sans boire) c'est la penurie & necessité d'eau, pour raison dequoy nous estions souuent forcez de bescher auant dans le sable pour en trouuer, & de mesler du vinaigre parmy pour en oster la puanteur, & ainsi estancher nostre soif. Les Serpents & Viperes sont fort communes en ces terres, & n'estoient les Ci-
goignes,

goignes, Ibes & autres oiseaux, qui leur sont la guerre, on n'y pourroit passer aucunement. On voit aussi en ces deserts grand nombre d'Austruches, qu'on diroit ne pouuoir voler, mais quād vous en pensez approcher, elles vont vn si grād pas, qu'à peine vn cheual les prendroit à la course. Nous passasmes fort peu de montaignes, sauf à la sortie de l'Arabie deserte, pour entrer en la Petree. Les pauures habitans de ce pays-là n'ont point de demeure asseuree: car ayant faict paistre à leurs bestes les pasturages, & boire les eaux d'vn lieu, ils le quittent pour en aller habiter vn autre. Ce que nous recogneusmes lors, qu'à nostre retour nous ne trouuions plus personne aux lieux habitez où nous auions passé. Parquoy il ne faut pas estre paresseux d'auoir des hondres & cuirs de Cheures pour porter de l'eau fraische, & les emplir à chaque passage, à peine d'en faire bien durement la penitence en ce pays bruslant, voisin de la Zone Torride, & inhospitable, où les plus braues & mieux môtez sont forcez de loger à l'enseigne de l'Estoille. On tient que la nuict les Serpents volants & autres bestes venimeuses viennent de toutes parts boire, & se rafraischir dans les eaux de ces deserts: mais soit que les Lycornes y viennent boire apres & leuer le venin, ou que la grande prouidence de Dieu opere en cela par la force de son Soleil, il n'en arriue aucun inconuenient qu'on s'apperçoiue aux creatures raisonnables, & autres. Nous passasmes aussi les grands deserts de Sin, qui durent depuis les fontaines d'Helim, quatriesme mansion des Israëlites, iusqu'au mont Sinay: Ce fut en ce lieu que la farine leur manquant, ils commencerent à murmurer contre Dieu, & Moyse; & que les vollailles, & puis la manne tomberent du Ciel, cōme i'ay dit en la 50. page du premier liure. Du desert de Sin on entre en celuy de Sinay, d'où l'on descouure incontinent ceste saincte montaigne, mais plustost deux que non pas vne: la montaigne d'Oreb du costé d'Occident iointe auec celle de Sinay du costé d'Orient. Et arriuant au pied d'icelle on voit le lieu de l'adoration du Veau d'or, qui paroist encor tout foulé des danses, & de la grande idolatrie de ce peuple. Ceste saincte montaigne est situee en l'Arabie Petree, entre l'Egypte & la Palestine, non que ce païs soit ainsi appellé

A a

pour les pierres & rochers qu'on y trouue, mais du nom d'vne ville autresfois appellee Petree, & maintenant Arach par les Arabes. Ce mont est extremément haut, & sur le sommet d'iceluy fut porté par les Anges le corps de ceste bien-heureuse Vierge: mais à cause de la difficulté du lieu par trop inaccessible, & auquel on arriue partie en grimpât auec pieds & mains, & partie par de petits escalliers encauez dãs la pierre pour arriuer dans vne petite chapelle, qui est au haut du môt, longue de dix pas, & large de cinq, où ie croy qu'il y a mille & mille nõs escrits, & au proche de ce lieu, Dieu donna la loy à Moyse: le Monastere où habitêt les Religieux a esté basty bien plus bas, lequel durant qu'il estoit en sa splendeur estoit admirable à voir, mais maintenãt il tombe tous les iours en ruine, à cause qu'il n'est habité que par interualles, & que les Religieux sont contraints de quitter à toute heure, pour crainte des Arabes qui les vollent, & quelquesfois les esgorgent. Et neantmoins on remarque encor en ce lieu & aux enuirons le beau sepulchre d'albastre de ceste bien-heureuse Vierge, où d'ordinaire bruslent six belles lampes de verre, autresfois d'argent doré. Ce sainct lieu est si odoriferant que rien plus. Au frontispice de ceste Eglise & Monastere on void encor aujourd'huy fort bien releuees en bosse les Images, premierement de nostre-Dame au mitan de celuy de Moyse & saincte Catherine, & sous le principal autel de ladite Eglise est le lieu où Moyse vid le buisson ardant, & entendit la parole de Dieu, & non beaucoup loin de là tirant vers la montaigne, est le lieu où Moyse frappant la roche de sa verge, en fit sortir les eaux en abondance par douze endroicts, dont on void encor les marques, pour abreuuer les douze lignees d'Israël. Dedans ce mesme contour, vn peu plus haut se void le lieu que nous auons dit cy-dessus, où Dieu donna les deux tables à Moyse, apres auoir ieusné quarante iours, dedans vn certain antre fort deuot & remarquable. Là se voyent encor, cheminant par ceste montaigne les ruines d'vne petite Chapelle, anciennement appellee Nostre-Dame de l'Apparition; à raison qu'en ce mesme lieu la sacree Vierge s'apparut aux Caloyers, c'est à dire, aux bõs Religieux vieillards de ce Monastere, pour les empescher de quitter, pour cause des grandes incommoditez qu'ils receuoient en ce lieu. Et vn peu au deſſus eſt le lieu de la retraicte du Prophete Helie. Tout au haut du mont, & comme on va montant vers ſa cime, on void en deux endroicts la forme du corps de Moyſe: l'vne encauee dans la pierre, & l'autre releuee en boſſe à la maniere d'vn corps enſeuely. Toutesfois on dit que ceſte marque eſt la figure du corps ſaincte Catherine, & que ceſte repreſentation n'eſt là, ſinon depuis le téps que les Anges y porterent ſon corps long téps depuis la mort de Moyſe: Nous appriſmes d'vn vieil Arabe, que là & aux enuirons ſe recueille encor aujourd'huy vne ſorte de manne qui tombe ſur les arbres en quantité, cōme vne gōme fort douce. Ayant fait nos deuotions aſſez à la legere pour crainte des Arabes, & auſſi que nos guides Ianiſſaires & truchements nous ſollicitoient tant & plus d'entendre au retour du grand Caire. Deux Caloyers fort anciens de ce lieu, apres auoir inſtalé les ſix ieunes, & leur auoir mis en main toutes les clefs de l'Egliſe & Monaſtere, montans ſur les meſmes Chameaux ſauuages, & moy ſur le mien, nous les auançaſmes de ſi bōne façon, qu'en moins de ſeize iournees nous accompliſmes ce voyage. A noſtre retour chacun ſ'eſtōnoit de noſtre bon-heur & grāde diligence au chemin, ſpecialemēt noſtre Vice-conſul, lequel ioyeux de me reuoir, me fit fort bonne reception. Apres m'eſtre ſeulement repoſé iour & demy retourné de ce long voyage, nous fiſmes partie vne douzaine de Chreſtiens que nous eſtions de toutes natiōs, pour aller voir les Pyramides à quatre lieuës du Caire, & les Momies à neuf, montez ſeulement ſur de petits Aſnes d'amble, viſtes comme haquences. Ayans donc pris noſtre chemin vers le Midy par le vieil Caire tout ruiné, à vn quart de lieuë ſeulemēt du nouueau, & trauerſé le Nil vn peu au deſſus de ce vieil Caire preſque inhabité, nous trouuaſmes pluſieurs poteries où l'on faiſoit des vaiſſeaux de terre de toutes ſortes, & paſſaſmes quelques autres villages de fort peu d'eſtime, quoy que le terroir ſoit fort bon, à raiſon du Nil qui luy eſt proche. Comme nous fuſmes à my-chemin, nous deſcouuriſmes les merueilleux baſtiments de ces Pyramides aſſez proches du Nil, qui cauſe ſouuentesfois de la difficulté à les voir de pres durant ſes innondations.

A ij

Tant plus nous approchions de ces rochers d'artifice, plus les admirions pour leur hauteur eſtrange, & grande circonference qui eſt d'vne demie-lieuë Françoiſe, ayant plus de trois cents cinquante de mes pas à chaſque face, & du moins deux cents fortes braſſes de hauteur, ſpecialement la plus grande des trois qui ſont aſſez proches les vnes des autres : noſtre Dragoman nous dict qu'elle auoit autant de hauteur comme vne de ces quatre faces en emportoit, par le bas, qui ſeroit trois cents cinquante pas. Elles ſont edifiees de fort grandes pierres d'Arabie, communément de douze ou quinze pieds de long, & ſept ou huict de large. On arriue au ſommet de la premiere en montant au dehors par certains pas & degrez fort hauts & difficiles à enjamber, qui ſont en nombre de 215. peu plus ou moins, qui rendent ceſt ouurage deux fois plus haut, ſelon mon foible iugement, que le clocher de ſaincte Geneuieſue de Paris. Ceſte piece va touſiours en diminuant comme vne Pyramide, tant que vous ſoyez arriué ſur le haut dicelle ; vous la iugez toute pointuë d'embas, mais perché ſur le haut, elle a pres de cinq pas en quarré, & peut facilement receuoir ſur ſa pointe quarāte perſonnes du moins. Ceſte pointe eſt faicte de ſix ou ſept pierres, & non d'vne ſeule, comme vn de nos autheurs modernes a eſcrit. Nous auions faict prouiſion de pierres dés le bas, pour eſprouuer nos forces à qui ietteroit plus loing, mais le plus robuſte bras ne paſſoit point la quatrieſme partie de la Pyramide, & tel eſtimoit faire vn grand coup qu'il ſembloit que la pierre reuint tomber à ſes pieds. Apres auoir bien contemplé haut & bas ceſte machine par le dehors, nous la voulu ſmes voir au dedans, ce qui ne ſe peut ſans battre le fuſil cōme nous fiſmes : ſi qu'entrans là dedans auec cinq ou ſix flambeaux que nous auions porté, ie me vins à reſſouuenir du Labyrinthe de Candie deſcrit au quinzieſme chapitre de ce liure, tant pour raiſon des Gyres & Meandres qui ſont là dedans, que pour les Chauue-ſouris qui voltigent ſi dru dans ces voûtes obſcures, qu'elles eſteignent à toute heure les flambeaux, ſi vous ne les ſçauez conſeruer. Il y a pluſieurs logements haut & bas, auec puits & cheminees : qui faict croire que ce lieu a eſté autresfois habité, & ſ'y perdroit-on aiſément qui n'auroit de bons guides. Entre autres logements il y a vne salle d'assez belle grandeur toute edifiee de marbre de plusieurs couleurs, si reluisant & poly qu'on s'y mireroit dedans. Il y a vne fort belle sepulture de la mesme estoffe de toise & demie de long, & peu pres de quatre pieds de large. Quelques vns tiennent que cest edifice auoit esté rendu prest en vingt ans à la diligence de trois cens mille ouuriers, pour seruir de sepulchre (ainsi qu'on presume) à ce grand Pharaon, quoy qu'il ait esté enseuely dans les eaux de la mer Rouge. Vn assez long temps se passa qu'on estimoit que ceste piece fust toute massiue, mais vn certain More Nigromancien du Royaume de Fees auec la permission du Soldan qui regnoit pour lors en trouua les entrees, & dit-on qu'il y auoit de grãds thresors cachez du tẽps des guerres anciẽnes, d'entre les Egyptiens, & les Arabes Mahometãs. Il y a deux autres Pyramides nõ guieres moins admirables que la premiere, & plusieurs autres petites qui sont esparses çà & là, mais ayant bien contẽplé la plus grande vous en restez content, & ne vous trauaillez à voir le reste. Beaucoup de Pelerins & autres ont autresfois esté en cest erreur que ceste ville du grand Caire, vulgairement appellee le Caire de Babylone, estoit ceste ancienne Babylon mentionnee aux sainctes Escritures, & que la plus grande de ces Pyramides dont nous venons de parler estoit ceste tour de Babel edifiee par les enfans de Noé, mais ils ne se trompoient pas pour vn peu. Car ceste premiere Babylon long tẽps y a toute ruinee est en Chaldee, & à quatre ou cinq lieuës d'icelle sur le fleuue d'Euphrate a esté edifiee de ses ruines la cité de Bagdet, autresfois du Sophy de Perse, & maintenant en la possession du Turc, & dit-on qu'au proche des ruines de ceste antique Babylon se void encor sur pied la plus grand part de ceste monstrueuse Tour, laquelle toute ronde contient vne grande lieuë de circuit, & pres d'vn quart de lieuë de hauteur. Elle fermoit à quatre portes d'vne mesme grandeur, & montoit-on au haut par quatre escalliers si larges & capables que cinquante hommes de front y montoient à l'aise, & sans s'incommoder. Et pour les serpents & autres bestes venimeuses que quelque Autheur moderne escrit y

Aa iiij

estre en si grand nombre qu'on n'en pouuoit approcher, ce sont autant de fables. Non loin de ces trois Pyramides se void aussi le reste d'vne statuë de pierre sur le sable, de laquelle il ne paroist que la teste & vn peu des espaules, d'vne grandeur si excessiue, que i'estime qu'il n'y a nauire de huict cens tonneaux qui la peust charger. Apres auoir passé trois ou quatre heures de temps à contempler la merueille de ces sepultures antiques, nous reprismes nostre chemin, pour aller aux Momies, qui est vn voyage fort incertain, à cause que ces paysans & malicieux Mores des lieux, ayans descouuert l'estime & trafic qu'on en fait en la Chrestienté, ont si bien foüillé & fureté par tout, qu'à peine on y trouue plus rien : ioint qu'ils assassineroient fort librement s'ils pouuoient quiconque s'en approche pour leur leuer, & les priuer de ceste pratique, comme à la verité nous vismes aux enuirons d'vn meschant village qu'on appelle Sacare, vne trouppe de Mores serrez ensemble, comme s'ils auoient dessein de nous attaquer, mais vn de nos Ianissaires tirant de loin vne harquebusade par plaisir, les fit escarter comme perdreaux : deux autres pauures Mores dudit lieu, desireux de gaigner la piece d'argent, sçachans bien ce qui nous menoit, nous vindrent trouuer auec du feu & des ferrements propres à faire ceste recherche parmy le sable, pour voir s'ils pourroient descouurir la bouche de quelque grotte & sepulture entiere : car on en trouue vn nôbre infiny d'ouuertes & toutes vuides. De moy comme i'estois à l'escart retiré à faire ma recherche, ie vins à voir parmy le sable vne grand' trace d'herbe verte à l'entour d'vne pierre de taille seulement de la rondeur du fond d'vne barique, qui m'occasionna d'appeller la compagnie pour luy faire voir ma descouuerte. Nos Mores bien instruicts à tels affaires, nous donnerent bonne esperance de ce que nous recherchions, si tost qu'ils eurent recogneu la place. Ils se mirent donc en effect de leuer ceste pierre, ce qu'ils firent non sans difficulté à cause qu'elle estoit cimentee & fort au iuste de son embouchement ; ils descendirent sans difficulté les premiers là dedans. Et d'autant que la grotte estoit fort estroitte & anguste, ils furent d'aduis de peur d'inconuenient de mettre la lumiere dans vne lanterne qu'ils auoient apportee, ce qu'ayans fait, nous y defcendions quatre à la fois; le lieu n'eftant capable finon de neuf ou dix perfonnes au plus. Il s'y trouua fix Momies qui furent mifes à la pille à toute la compagnie: mais quant à moy ie fis bon marché de ma part, voyant que i'eftois bien efloigné de mon retour. Vray eft que pour plaifir nos Ianiffaires auec leurs coufteaux & poignards en ayans ouuert 3. on leur trouua dans le corps de petites images, ou pluftoft de petites idoles de terre verte cuitte au fourneau, ayans la figure d'homme & de femme de la longueur de la palme de la main, & de la groffeur d'vn coffre d'efcritoire, qui fut tout le butin que ie fis en ce voyage. Les Egyptiens fe faifoient ainfi embaulmer, à raifon qu'ils croyoient que l'ame reftoit feulement autant de temps immortelle que le corps eftoit fans fe gafter & corrompre. Ce que nous vifmes de plus remarquable en repaffant par le vieux Caire, ce fut vn bel Aqueduc de quatre cens arcades fort bien elabourees, & hautement releuees pour conduire l'eau du Nil iufques dans le nouueau, comme dans le chafteau & autres lieux plus fignalez de cefte grand' cité. Nous vifmes auffi les ruines des greniers de Pharaon: le lieu où noftre Seigneur & noftre Dame pafferent vn temps durant leur fuite en Egypte, & autres ruines fort antiques difficiles à diftinguer.

Defcription de l'Egypte, & de la Cité du grand Caire, de la Mattalie, & de noftre Voyage à Damiette.

Chap. XIX.

'Egypte eft prefque triangulaire en fa fituation, ayant les villes d'Alexandrie, Laris & le Caire à fes trois angles, du cofté de l'Aquilon elle eft bornee de la mer Mediterranee: du Midy de la Nubie principe de l'Ethiopie & des grands deferts qui la rangent: du Ponant elle a les deferts de

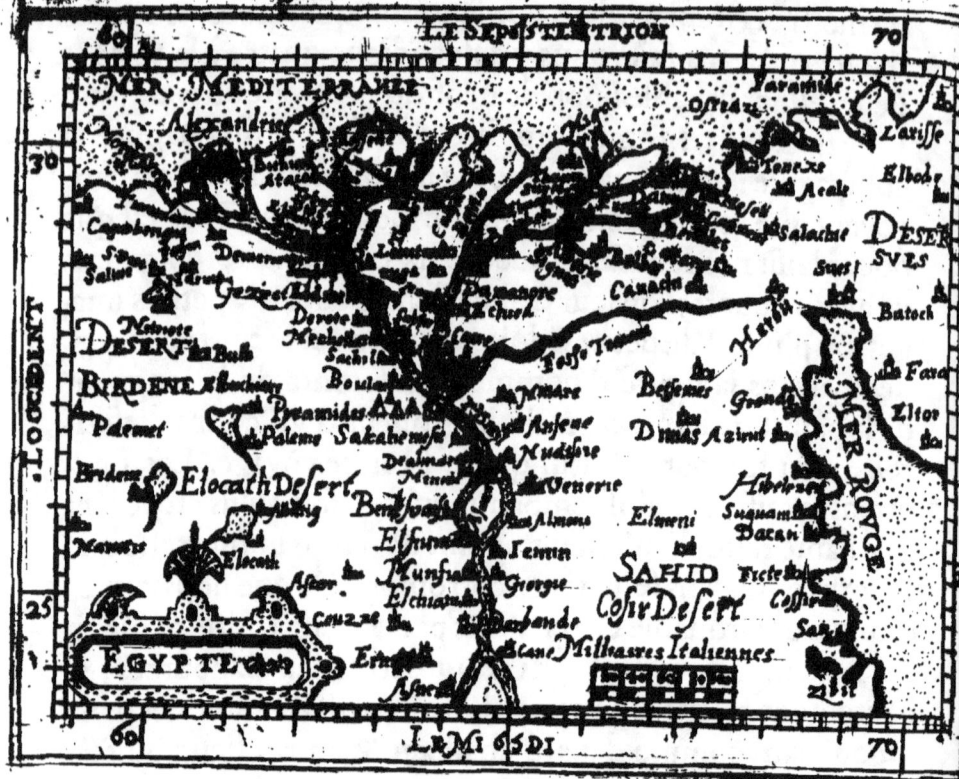

Lybie & le Lac de Barcha: du Leuant elle est close de la mer Rouge, & des deserts d'Arabie. Le Nil coupe ce pays par la moitié, & à guise d'vn bel arbre haut esleué comme vn Palmier à mesure qu'il entre dãs l'Egypte, il s'estẽd en sept beaux rameaux, qui la vont arrousant, si seiche & aride qu'elle est de sa nature & selon sa situation: & neantmoins par ses frequentes inondations, il s'y est fait de toutes parts (à raison que ce pays est bas) vn nombre infiny de marais qui font par leurs vapeurs & grãdes exhalaisons, que les pluyes y sont plus communes & ordinaires qu'au passé. Ce pays qui despend de l'Affrique, autresfois enrichy de vingt cinq mille villes, a cinq regions, deux Promontoires, seize fleuues, deux cataractes, dix montaignes, nonante villes & cinq Isles, & luy donne l'on deux cens lieuës de long, & cent de large. Pour le grand Caire appellé des vns Mensur, & des autres Alcair, ceste ville fut premierement edifiée presque au cœur de l'Egypte, sur vn des principaux bras du Nil qui l'arrouse au dedans & la coupe en

deux

deux parts au têps de ses desbordements. Son premier fondateur, selõ l'Archeuesque de Tyr en l'an de Mahomet trois cês cinquante huict, fut Iohar general de l'armee de Mehesidinalle pour lors regnant en Afrique, apres l'entier conquest de l'Egypte qui pour la plus part en releue, apres le long regne des Pharaons, des Ptolomees, & des Romains qui la maistriserent. Quelques vns ont voulu dire que c'estoit l'antique Memphis tant recommandee par les histoires sacrees & prophanes: mais la plus saine opinion est que c'est celle dont paroissent encor les ruines vers les Pyramides au delà du Nil en ces lieux tous deserts. La Cité de Caire est edifiee en forme d'ouale, non beaucoup esloignee de la superbe Cité de Thebes en Egypte. Elle a esté vn long temps le siege des Soldans auant qu'elle tombast en la possession des Turcs, durant l'Empire de Zelim : Quant à sa grandeur, bien que quelques escriuains ayent dit qu'elle estoit cinq fois plus grande que Paris, neantmoins ceux qui l'ont consideree de plus pres, & entre autres Lodoicus autheur digñe de foy, dit qu'elle n'est plus grande que Rome, mais i'estime qu'il n'y comprendroit le vieil Caire, le Boulac, & autres dependances. Elle est si peuplee, que la plus part des habitans couchent dehors, faute de logis & retraictes, les vns parlans de deux, & les autres de trois millions de personnes qui l'habitent. Elle est bornee de montaignes du costé du Leuant : du fleuue du Nil au Midy : & du Ponant & Septentrion de toutes sortes de beaux iardinages. Elle n'est point close de murs, mais toutes ses principales ruës qui sont en nombre de plus de vingt & cinq mille grandes & petites sont fermees de bõnes portes par les deux bouts, comme à Paris la ruë de Sorbonne, & des maisons qui sont voisines. Ses principales ruës sont esclairees la nuict de lampes & lumieres pour aller & venir plus librement. Son chasteau est au costé du Leuant, & cõmande à la ville, mais il est aussi fort commãdé de la montaigne de Moncaton : nous eussions bien voulu voir le puys de Ioseph, mais on nous asseura que cela ne se pouuoit sans peril. Les edifices & maisons de ceste Cité sont haultes à merueilles iusques à quatre & cinq estages, & les ruës fort estroites pour cause des chaleurs. La plus part de ses

Bb

bastimens sont faicts de bois qui n'ont pas grand' grace au dehors, mais presque tous dorez & lambrissez par le dedans. Ceux qui ont plus particulierement escript de sa grandeur, comprenant le Boulac, le vieil Caire, & autres lieux qui sont à l'escart, luy donnent dix lieuës de circuit. Sa longueur est depuis la porte Fontua iusques au bout du vieil Caire, & sa largeur depuis le chasteau iusques au Boulac. Ceste Cité est decorée de cinq ou six belles places, où ces infidelles tiennent leurs Bazars & marchez. Car en l'vne se vendent les soyes, en l'autre les espiceries, en celle cy les pierreries, en celle la les muscs, ambres & ciuettes, & aux autres les esclaues auec toutes sortes de viandes cuittes & crues qui s'y vendent à grand marché, sauf le vin. Quant au grand nombre de Mosquees, dont quelques autheurs ont si aduantageusement, ie n'ose dire abusiuement, escript, les vns parlans de vingt trois les autres de quatre vingts mille, d'autant qu'en chaque maison, tant soit peu qualifiee il y a quelque petit oratoire, s'ils prennent cela pour Mosquee, ie le passe. Mais il me fut asseuré par vn vieil François, lors habitant de ce lieu, qu'il n'y en auoit point plus de cinq à six cens qui meritassent le nom de Mosquee, passant à la verité par dessus mille petits lieux où ces infidelles s'arrestent pour prier ou du moins en faire le semblant : mais i'estime que ces modernes escriuains auoient ferme creance que personne ne deust retourner en ces lieux apres eux, & qu'ils en auoient bousché du tout le passage. Il n'y a rien de fort en toute ceste grande cité, sauf qu'elle est si peuplee de ceste canaille de Mores & autres infidelles, que c'est presque chose incroyable. La cause d'vn si grand peuple vient du grand nombre de femmes qu'ils entretiennent, auec lesquelles nonobstant le peché vn Turc viura auec plus de patience que par deça vn Chrestien auec vne seule femme, comme l'experience le tesmoigne, & faut tenir pour certain que si les femmes & filles qui sont resserrees dans les logis auoient licence de sortir, il seroit impossible de marcher par les ruës. La contagion y est souuent à raison du peuple qui y est si dru, & que les ruës sont estroites & mal aërees, à cause des bastimés si haut esleuez, si bien que pour y mourir en trois mois deux cens mille creatures, il n'y paroist presque point,

& faict-on estat que ceste cité est habitee, nonobstant ce qui est cy-dessus dit, du moins de douze ou quinze cens mille ames, entre lesquelles il y en a plus de cent mille Chrestiennes. On est porté par tous les coins de ceste ville à plaisir & souhait sur de petits asnes qui sont là dedãs en nombre de plus de trente mille, & autant de chameaux sauuages & autres, voire à meilleur marché qu'à Venise dans les gondolles & batteaux. Ils font cuire les viandes, & chauffent les fours en partie auec la fiente de Chameau, comme on fait de tan seiché au Soleil en quelques lieux de la France où le bois est rare. La chaleur qui est insuportable en ces lieux au tẽps de l'Esté vous les fait enhayr. Le pain & la volaille y sont à bon marché, pour l'industrie que ces gẽs ont de faire couuer & esclorre les œufs à milliers dans les fours. Ils se seruent de moulins à bras & à cheuaux, n'ayans l'inuention d'en faire à eau sur ce beau fleuue du Nil, lequel y est si propre. C'est vn grand bien que durant les chaleurs si excessiues en ces lieux, l'eau du Nil est fort singuliere à boire, comme i'ay desia dit. Ces miserables laissent tous les iours ruiner ceste belle ville auec son chasteau, faute d'y reparer, se retranchans de quartier en quartier, tant qu'ils soient forcez de quitter entierement, & que les maisons leur tombent dessus. Le lendemain vingt & vn du mois de Iuin, nous prismes resolutiõ de faire le voyage de la Mattaroe à vne bonne lieuë & demie du Caire, qui est vn lieu de grand' deuotion, pour raison du sejour que nostre Seigneur Iesus Christ fit en ce lieu auec nostre Dame & le bon Ioseph, au temps de leur fuitte en Egypte, où à sa venuë toutes les idoles du pays tomberent par terre. Là se void en ces beaux iardinages contenãs pres de deux acres de terre le figuier qui s'ouurit & ferma pour seruir de retraite & forteresse asseuree, au pere, la mere & l'enfant, durãt la fureur des Iuifs qui le cherchoient pour le mettre à mort. On void comment cest arbre s'ouurit pour la seconde fois, par trois diuers endroits pour leur donner issuë apres le peril passé. Là se void aussi vne tres-belle fontaine, où nostre Dame lauoit les linges de nostre Seigneur: la fenestre où elle posoit le Sauueur du mõde estant occupee à ce mesnage. Tout au dessous de ceste fenestre est vn petit Autel, sur lequel on celebre la saincte Messe, & de ceste petite fenestre, qui a serui de cabinet à nostre Seigneur sort vne odeur qui deuance tout à la fois tous les parfums du monde. A costé de ce iardin plein d'orengers, citronniers, grenadiers, carobiers, figuiers, oliuiers, cassiers, gesmins, tamarisques, est vn autre iardin côtenant vn demi acre de terre, où se cultiuoient anciennement les Baulmes, qui y ont du tout manqué, à cause que la femme d'vn iardinier (comme on dit) ayant laué ses linges sales & gastez en ceste belle & claire fontaine, ceste belle eau qui empeschoit auparauant ces baulmes de seicher, n'y rapportant plus sa vertu, tout y est allé en ruine. Autres disent que certains Iuifs ou autres infideltes s'estâs voulu mesler de les cultiuer, les firent mourir tout à fait, ceste culture n'appartenant qu'aux Chrestiens. Les Mores des lieux ont creusé au proche de la fontaine de nostre Dame vn puys de la profondeur de cinq ou six brasses, duquel ils tirent incessamment auec deux forts bœufs de l'eau, qui se va rendre par vn canal au beau mitan de ceste belle fontaine prenant son eau en passant pour aller arrouser ensemble les arbres & les plantes de ce beau grand iardin, & tient-on pour chose tres-certaine que de tout temps ces bœufs pour rien du monde, & les deut-on mettre en pieces ne veulêt plus tourner depuis l'heure venuë du samedy midy, iusqu'au lundy matin suyuant. On tient de verité qu'vn Soldan en son temps voulant voir l'experience de ce faict, fit attacher iusques à huict couples d'autres bœufs les vns apres les autres, qu'il fit rompre de coups, mais en vain, ne voulans faire vn pas ny passer outre, ceste heure estant venuë. Ces pauures miserables Mores ont vne Mosquee en ce lieu, où ils tiennent iour & nuict vne lampe allumee. Assez pres de ce lieu se void Elmichias, autrefois dit Niloscopium, pour estre la marque en forme d'vne colonne à peu pres de cinq brasses de hauteur, marquee en diuers lieux, pour recognoistre les accroissemens & decroissemens du Nil, d'où les Egyptiens coniecturent la fertilité ou sterilité de l'annee. Il y a certains deputez à cest effect qui ont l'œil à cela pour en donner aduis au public, dequoy ils sont fort bien recompensez. Ie diray en passant lors que ce fleuue s'augmente peu, ils redoubtent la cherté : quand il se desborde outre mesure, la contagion & la cherté tout ensemble, à raison qu'il noye tout : mais se desbordant mediocrement ils esperent de là vne abondāce de biens. Pour ceste cause les anciens Prestres d'Egypte tenoient ce fleuue pour sacré-sainct. Et quant à la cause de ses croissemens & decroissemens, specialemēt l'Esté que tous les autres fleuues & riuieres decroissent, il s'est trouué là dessus plusieurs opinions diuerses : car premierement les vns tiennent que ceste augmētation vient de l'abondance des neiges qui tombent sur les montaignes de la Lune qui sont en Affrique, & l'Esté se vont perdre en ce fleuue : les autres attribuent la cause de ces desbordemens à certains vents Aquilonaires que les Grecs appellent Ethesies, lesquels soufflans l'Esté quarante iours continuels, contre le cours ordinaire de ce fleuue, le rebroussent de telle façō, que malgré luy il faut qu'il sorte de son lict pour aller saccager la Campagne. Mais la plus saine opinion est que ce sont les grandes pluyes qui en telle saison tombant en l'Ethiopie, l'enflent de la sorte, lors que le Soleil est au Zenith. Apres auoir veu dans le grand Caire, & aux enuirons, tout ce qui se peut voir de curieux & remarquable sans peril, ie m'accostay de certains Grecs Maronites & Abyssins par le moyen de nostre Vice-consul pour faire le voyage de Damiette, ils me receurent ioyeusement en leur compagnie, leur ayant esté recommandé : & l'heure de nostre despart s'approchant qui fut le vingt deuxiesme du mois de Iuin, vn chacun commença à remuer & charger son bagage pour retourner à Boulac, nous embarquer en la Germe qui nous attendoit, nous passasmes par le Zebeguie, sçauoir est vn grand chāp tousiours en labeur contenant du moins huict acres de fort bonne terre, & si fertile qu'elle produict trois fois l'an diuerses sortes de fruicts dont elle est tousiours garnie. Mais ie trouue qu'elle est hors le principal corps de la ville, contre l'opinion de quelque autheur moderne qui dit qu'elle est au cœur d'icelle. Arriuez que nous fusmes au Boulac sur le Nil, nous nous embarquasmes sans marchander dauantage le prix de ce passage estant faict à deux Sechins pour teste, bien que nous fussions fort serrez & à l'estroit. Mais ce qui nous incommodoit le plus, c'estoit la grãd' chaleur du iour qui nous rostissoit sur ces eaux vers la fin du mois de Iuin, nonobstant que la Germe fut toute couuerte de tapis de Turquie qui leur sont communs dans les vaisseaux, comme nous sont icy les nattes. On ne conte guieres moins de cent lieuës du Caire à Damiette, & neantmoins nous fismes ce chemin en trois iours par le moyen du vent & la courante, & ce auec tous les côtentemens du monde que nous allions receuans sur ces eaux douces, le long de ces beaux riuages, car on va tousiours terre à terre, & là ne vous manquent à gauche ny à droite les plus beaux paysages qui se peuuent imaginer, decorez de villes, bourgades & villages, où l'on met pied à terre quand on veut, & trouue l'on toutes sortes de bons viures & à vil prix sauf le vin, comme i'ay dit, qu'il faut porter qui en veut boire. Ce terroir est si heureux & fauorisé du ciel, qu'il semble que la terre de son bon gré sans estre autrement cultiuee ny ensemencee y rapporte & produict toutes sortes de biens. Là les plantes & les arbres ne furent iamais veuës florir à faux, si qu'il semble que ce pays soit vn vray Paradis terrestre, ou d'autres champs Elysees. Ce qui rend ces riuages si fertiles c'est l'eau singuliere de ce fleuue que les habitans tirent des conserues auec des roües pleines de vases de terre tournees par des bœufs qui la versent dans vn grand canal, qui la va distribuant à vn nombre infiny de petits, lesquels se vont rendre aux quatre coins, & au mitan de leurs compaignes. Ces riuages sont presque tous bordez de toutes sortes de beaux arbres, tant pour le contentement de l'œil que la santé du corps, & en outre de courges, concombres, citroüilles & melons, & entre autres d'vne sorte de fort gros melons verts, tous ronds & doux tout ce qui se peut, meurs dés le mois de May, mais l'vsage n'en vault guieres qu'à ceux qui y sont naturalisez. D'ailleurs ce fleuue est ordinairement couuert de cignes, & autres sortes d'oyseaux, non moins admirables qu'agreables à l'œil à cause de leurs plumages diuersement esmaillez. Vous trouuez depuis le grand Caire à Damiette nauigeant sur le Nil, tant du costé de Chargnie que de Garbie à gauche & à droict plusieurs belles villes & bourgades, & entre autres Buldao, Echied,

Siron, Raſcalis, Damanore, Segniti, Mazura, Munuſi, Rambelli, Surbi, Tacarie, Chorbin, Tanille & Cayarie. Aux approches de Damiette les Mores des lieux vous monſtrent encor auiourd'huy l'endroit où noſtre bon Roy ſainct Loys fut pris deſſus ce fleuue par le Soldan d'Egypte, & comme en payement de ſa rançon il engagea la ſaincte Hoſtie entre les mains de ceſt infidelle, qu'il deſgagea incontinent. Pour ſouuenance de ceſte victoire, les Mores habitans de ces lieux & par toute l'Egypte tracent encor auiourd'huy en leurs tapis vne Hoſtie & vn Ciboire. Paſſant par ce lieu ſi malencontreux & deſaſtré tout fremiſſant & paſle d'effroy, le cœur me bondiſſoit d'horreur, & ſeignoit de regret, forcé de recognoiſtre & reduire en memoire vne perte ſi grande parmy ces infidelles.

Deſcription de Damiette, & de mon embarquement pour aller en la Terre ſaincte.

Chap. XX.

Damiette de tout temps appellee Sin des Hebrieux, Peluſium, & Heliopolis des Latins, des Turcs & des Mores Bebei & Damiata, eſt ſituee en forme longue comme la ville de Caen en Normandie en plat pays ſur la bouche du Nil plus proche de la Iudee. Son fondateur fut Peleus pere d'Achilles, duquel elle a retenu ce nom de Peluſium mentionné aux ſainctes Eſcriptures. Du temps qu'elle eſtoit en ſa force & beauté, elle auoit trois ceintures de murailles, & vn nõbre infiny de fortes tours, pour raiſon dequoy Ezechiel au 30. ch. l'appelle la force d'Egypte. Elle eſt auiourd'huy toute à l'ouuert, & en lieu & place de ſes Palais autrefois ſi magnifiques, la pluſpart de ſes baſtimens ſont maintenant de chetiues caſes, de ſimple terre & bois, ſi mal liez enſemble, qu'ils tombent tous les iours en ruine. Elle auoit, ſelon les autheurs, vne grand' lieuë de circuit, mais elle eſt bien alteree de ſa grãdeur & ſplendeur ancienne n'eſtant cloſe de muraille qui vaille, sauf du costé de Septentrion qu'elle a le Nil qui luy sert de closture, & pour le reste, ses maisons & edifices de fort peu de valeur luy seruent de muraille. Elle est proche d'vne lieuë de la grand'mer, comme Rossette, qui est toute sa richesse, à cause du trafic & commerce. Vray est que son port est si difficile, qu'on n'y peut aborder sans Pilote, & vne barque seulement de dix tonneaux n'y peut entrer, ny sortir estant chargee. On l'appelle Damiette la neufue, à la difference de l'antique plus proche de la mer, & de ses ruines qui paroissent encor. Presque au lieu où le Nil se desgorge Damiette la neufue a esté edifiee. Ce qui la rend plus plaisante & agreable sont les iardinages qui la cernent de toutes parts (sauf du costé de son fleuue) auec leurs beaux arbres & bons fruicts de toutes sortes, comme Palmiers, Grenadiers, Orengers, Citronniers, Tamarisques, Cassiers en abondance dont le fruict agité du vent semble d'vne petite bataille en l'air qu'on oit d'vne grande lieuë, figuiers de Pharaon, pommiers de Paradis, auec leurs fueilles si grandes, qu'vn homme seroit tout couuert d'vne, & dont le fruict a presque la forme de concombre. Les tourterelles blanches & autres y sont en si grande abondance, qu'on les y mange pour moins d'vne aspre l'vne. Le vice & l'impieté est si commune parmy ces Mores & infidelles, que non sans cause les Prophetes auoient long temps y a prophetisé la ruine de Damiette. D'ailleurs ceste ville est fort subjecte à la contagion & dissenteries, d'autant qu'elle est mal nettoyee & entretenuë de ses habitans. Elle a autresfois esté prinse & ruinee d'Antipater pere d'Herode, depuis par Almeric, frere de Baudoüyn quatriesme Roy de Ierusalem, en l'an 1168. & posterieurement par Iean de Brenne Comte de Vienne aussi Roy de Ierusalem en l'annee 1219. qu'il print Damiette à la barbe de Meldin pour lors Soldan d'Egypte. C'est vne merueille d'ouyr parler les autheurs des grands thresors & richesses que les Chrestiens y trouuerent à sa prinse, qui furent neantmoins tost apres contraints de rendre ceste place aux Infidelles. Ayant donc sejourné bien peu de temps parmy ceste canaille de Turcs & Mores, ie m'embarquay dans vne fort petite Germe pour

aller

aller à Iaffa où l'on conte cinquante ou foixante lieuës. Et d'autant que ce vaiffeau n'eftoit capable de voguer en haute mer, tant à caufe de fa petiteffe & peu de capacité, que pour crainte des Corfaires de Thunes, des Anglois qu'ils appellent Bretons, & autres efcumeurs de mer. Le Patron qui eftoit Grec alloit toufiours rangeant les Coftes le plus pres qu'il pouuoit. Cela fut caufe que nous vifmes beaucoup de villes, chafteaux, & autres lieux remarquables depuis Damiette iufques à Iaffa. Et premierement on defcouure de loin le mont Caffie, fur lequel font les ruines d'vn temple autrefois dedié à Iupiter, entre les villes de Damiette & Oftracine, & non loin de là le fepulchre de Pompee, & le lac de Sirbon, qu'auiourd'huy on appelle de Thenes, qui donne fort auant dans les terres. Continuans noftre chemin nous paffafmes à la veuë du defert de Sur prefque au droict duquel eftoit autrefois Oftracine, autrement dicte Afedec, fort racourcie auiourd'huy, eu efgard au paffé. La plus grande incommodité qu'il y ait c'eft la penurie d'eaux douces, à raifon dequoy il y a là beaucoup de Cifternes ruinees & lieux de conferue. Apres fuit la ville d'Anthedon qui fut prife & ruinee par Alexandre Iannæus, & reftauree par Herode, qui luy donna le nom d'Agrippe. En apres vient Gaza, vne des cinq principales villes des Philiftins, laquelle faicte Chreftienne au temps de la guerre facree de Hierufalem fut appellee Conftance du nom de la fœur de l'Empereur Conftantin. Cefte ville eft efloignee du riuage de la mer à peu pres de demie lieuë. Ce fut là dedans que ce braue Samfon tant recommandé pour fa valeur en l'Efcriture faincte fit preuue de fes forces. Elle fut prife & ruinee par le grand Alexandre, fi que celle qu'on void auiourd'huy fur pied n'eft pas en la mefme place de l'antique. Dans Gaza eftoit autrefois vn Conuent de Religieux Cordeliers fort à propos en ce lieu pour la commodité des Pelerins qui alloient par terre de Hierufalem au mont de Sinay, mais il n'y a plus que des ruines. Cefte ville de Gaza eft à deux grandes lieuës de Berfabee, & fert de bornes à la Palestine & à la terre de Chanaan, proche des deserts d'Arabie. Ayant passé Gaza vous descouurez la montaigne d'Angarim, & incontinent l'antique & noble Cité d'Ascalon à cinq lieuës de Gaza. C'estoit aussi vne des principales citez des Philistins bastie autresfois en forme d'vn demy cercle, sur le riuage de la mer. Ce fut en ceste ville qu'Herodes le meurtrier des Innocens print naissance. Son port est fort dangereux & mal commode pour toutes sortes de vaisseaux, à raison des sablons mouuans au moindre effort des vents : & nonobstant sa force & aduantageuse situation elle tomba en l'obeïssance des Chrestiens, & fut forcee par Godefroy de Buillon, qui y trouua de grands thresors : auiourd'huy elle est toute en ruine. Continuans nostre voyage, nous descouurismes Azot autre ville des Philistins à quatre lieuës d'Ascalon, où estoit le temple de Dagon l'Idole de ce peuple : mais l'Arche de l'Alliance le fit briser autant de fois qu'on le releuoit. Ce fut aussi aux enuirons d'icelle que Bacchides mit à mort ce braue Iudas Machabee, qui occasionna Ionathas de mettre à feu & à sang tout ce territoire, pour la vengeance de ceste mort. Car le Pelerin remarquera en passant que bien que les Philistins n'eussent que cinq principales citez, Gaza, Ascalon, Azot, Accaron & Geth, neantmoins ce peuple estoit si fort & belliqueux, que les Iuifs n'ont point eu de plus grands aduersaires, qui pour telle fois mettoient sur pied à la campagne trois cens mille hommes de pied, trente mille chariots, & six mille cheuaux. A quatre lieuës d'Azot est Acharon, autresfois ville royalle des Philistins, qui n'a retenu que le nom pour le peu, ou du tout point de parade que l'on y remarque à present : & neantmoins c'estoit vne des cinq Philistines où ces idolatres adoroient Beelzebub, & où l'Arche de l'Alliance fut autrefois conduicte par les Philistins. Quelques vns tiennent, & entre autres le venerable Bede, que sainct Denys Areopagite, l'Apostre des Gaules estoit natif d'Accaron. Ayant passé Accaron, on void Geth à quatre lieuës de Iaffa ; de ce lieu sortit ce grand & redoutable Goliath que le petit David porta par terre d'vn coup de fonde en la vallée de Therebinthe. Ceste ville autresfois si florissante n'est maintenant rien plus qu'vn chetif casal, que les Arabes appellent Ibdin, situé sur vne assez haulte montaigne où commence la terre des Philistins. Reste Iamnia encor plus proche de Iaffa, qui estoit autrefois vn port fort commode, lequel neantmoins Iudas Machabee brusla & ruina entierement, à cause de la perfidie de ceux de Iaffa, tellement que de Hierusalem on en voyoit les flammes, quoy qu'il y ait plus de quinze lieuës de l'vn à l'autre. Ceste ville estoit comme les bornes & limites entre la Tribu de Dan, & celle d'Ephraim: mais auiourd'huy elle est tellement ruinee qu'à peine il s'y void vne pauure maison qui soit entiere. Le vent par la grace de Dieu ne nous ayant iamais manqué par le chemin, depuis Damiette, fut cause qu'en moins de deux iours & deux nuicts nous arriuasmes à Iaffa, premier & plus commun port de la Terre saincte. Et sans que nous descouurismes vn vaisseau Corsaire en mer qui tesmoignoit à sa contenance nous en vouloir, nous chassant de nostre plus droite route pour luy faire largue nous aurions faict le voyage de Damiette à Iaffa en moins de deux fois 24. heures. C'est icy que ie ne pourrois iamais representer le grand aise & rauissement qui m'emporta à la descente du vaisseau, sur ceste saincte Terre le dernier iour de Iuin. Ie la baisay & rebaisay plusieurs fois, l'arrousant de mes larmes, comme nostre Seigneur l'arrousa de son Sang. Ce fut aussi là que ie me ressouuins de ces belles paroles de nostre Seigneur toutes pleines d'effroy, & d'vn sainct estonnement: Voicy nous montons en Hierusalem, le Fils de l'Homme sera liuré és mains des Prestres qui le condamneront à mort. Cela me remit deuant les yeux le subiect pourquoy i'auois entrepris ce voyage, si plein de difficulté, & de là en auant me fit resoudre à souffrir & endurer plus que iamais, toutes sortes d'accidens & incommoditez qui me pourroient arriuer, iusques à faire sortir des larmes de sang, s'il m'estoit possible, & endurer courageusement la mort, au cas qu'elle s'offrist pour l'amour de celuy qui me voyant mort & occis par le peché, a voulu mourir pour me redonner la vie.

FIN DV SECOND LIVRE.

LIVRE TROISIESME,
CONTENANT LA DESCRIPTION
GENERALE DE DA TERRE SAINCTE,
& par les singulieres parties, auec la moralité
des plus saincts lieux, descrits selon leurs
distances, proportions & mesures.

AV LECTEVR.

COMME la ioye est vne douce passion & contentement extresme, en la possession & iouyssance de la chose où aspiroit la creature, dont elle donne des preuues & tesmoignages apparents, par les signes exterieurs qu'on void naistre en elle, de l'aise qu'elle ressent: Tout ainsi la crainte & la terreur est vn accident & passion contraire à la ioye, qui en suspend du tout les effects, par l'imagination qui tombe en la creature, de quelque proche peril ou danger qui l'afflige & trauerse, comme par semblable elle enseigne & donne à cognoistre par des signes tous differents aux signes de la ioye. Et à la verité si ces passions & accidents contraires ne logeoient esgallement en l'ame du Pelerin Chrestien qui voyage aux saincts lieux, il seroit à craindre qu'il ne mourust souuent de ioye, & souuent de frayeur & de crainte: De crainte, n'y allant plus comme libre qu'il estoit au passé, mais comme esclaue des Serpents & Dragons infidelles qui habitent ces belles terres, parmy lesquels il court mille fortunes & dangers: De ioye, pour le contentement extresme qu'il reçoit en la iouyssance de la chose que plus il desiroit en ce monde, son arriuee aux saincts lieux. Mais quoy que c'en soit, la ioye tousiours emporte le dessus, & restant victorieuse en ce concert, chasse la peur & la frayeur loing de l'ame du

Cc iij

Pelerin qui ſe fie & confie en Dieu, marchant diſcretement en ces lieux au lieu d'y entrer à la vollee. La Terre Sainćte eſt vne belle & ſainćte lampe qui eſclaire nuićt & iour au Pelerin, pour luy faire eſquiuer d'vn coſté le peril & danger, & pour luy faire voir de l'autre les myſteres de ſon ſalut, auec les moyens de recouurer la grace de Dieu qu'il auoit perduë chez luy. Car comme nous ſommes criminels de leze Majeſté diuine, & par conſequent dignes de mort; Si nous y allons de bon cœur demander pardon à Dieu, ſans doubte nous trouuerons noſtre grace entherinee en ces lieux ſainćts, où noſtre Seigneur a ſouffert la mort pour nous faire reuiure. Mais à fin que le Pelerin s'eſgare moins au chemin de la ſainćte cité de Hieruſalem, & à la viſite des principaux lieux myſterieux de la Terre Sainćte, attendant que nous luy en ferons l'entiere deſcription par les ſingulieres parties, nous luy en mettrons icy deuant les yeux vn abbregé à l'entree, à fin de luy faire peu à peu recognoiſtre le lieu où il eſt logé, & luy donner quelque cognoiſſance des terres qu'il va marchant.

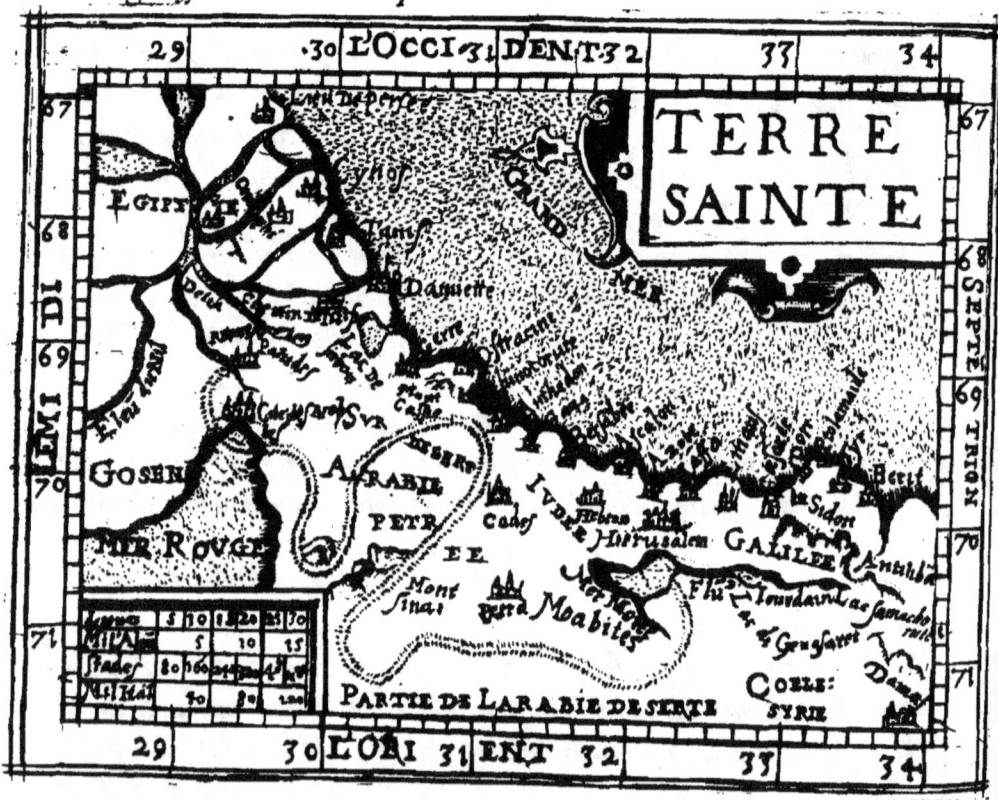

La Terre Saincte diuisée au dedans en plusieurs Prouinces, est bornee du costé de l'Occident de la mer Mediterranee, autrement de Phœnicie, qui se peut considerer depuis les villes de Tyr & Sidon, & du mont de Bagdaf iusqu'aux extremitez de l'Idumee, où sont les villes de Gaza, Bersabee, & le mont Angarim : Du costé de Septentrion, elle est close du mont Liban, qui la diuise d'auec la Phœnicie : du costé de l'Orient, elle a le reste de la Sorie, & du Midy l'Arabie Petree, & les deserts par où passerent les enfans d'Israël en la cherchant. Sa longueur se remarque du Septentrion au Midy, comme dit l'Escriture, de Dan iusques à Bersabee, où l'on peut faire compte de huict bonnes iournees, & de quatre de large de l'Orient à l'Occident, qui se pourront reduire à cent lieuës en l'vn, & soixante en l'autre. Elle a trois principales regions, la Iudee, la Samarie, & la Galilee; mais si nous parlons de la Sorie dans laquelle la Terre Saincte est enclauee, elle a dix-huict regions, deux lacs, sept montaignes, & autrefois cent septante & quatre villes. Bien que ces trois parties s'appellent souuentesfois du seul nom de la Iudee, la Iudee neantmoins est au Midy, la Galilee au Septentrion, & la Samarie iustement entre les deux : pour raison dequoy l'Euangile dit bien à propos, que nostre Seigneur allant de Galilee en la Iudee, passoit par le milieu de la Samarie. La largeur de la Iudee se remarque depuis le fleuue de Mayonne & la ville de Bersabee, iusques à la montaigne d'Ephraim, & sa longueur de la mer Morte, & le fleuue de Iordain, iusques à la mer de Sorie & la vallee de Raphaim. La Samarie a sa longueur du pied de la montaigne d'Ephraim, aux montaignes de Gelboé, sa largeur du fleuue de Iordain à la mer de Sorie. La Galilee s'estend des monts de Gelboé iusques à l'Antiliban, & se diuise en superieure & inferieure. Or pour faire vne plus particuliere description de ces trois parties, la Iudee contient seulement deux Tribus ou lignees, la Tribu de Iuda & de Benjamin, le Royaume de Roboam, & de ses successeurs, les dix autres secoüans le ioug de son Empire. Hierusalem est la capitale de ceste Prouince, & les autres villes qui en dependent sont Bethel, Hiericho, Ephraim, Ramula, Nicopolis, Bethleem, Hebron, Cariathiarim, Eleutropolis, Engaddi, Silicen, Cadesberne, Bersabee & autres. Quant à la Samarie, elle est situee cōme il est dit, iustement entre la Iudee & la Galilee, & a pour ses principales citez, Samarie, Sichen, ou Sichar, Narbatha, Anaharat, & autres qui sont demolies entieremēt bloquees à ce qu'il semble, des montaignes de Bethel, Dan, & Garizim.

Pour la Galilée inferieure & superieure, l'inferieure proche de Samarie est situee deçà le fleuve de Iordain, & l'autre par delà en tirant vers le Septentrion & le mont Liban. En ceste belle & grande prouince sont situees les nobles & celebres citez (quoy que pour la pluspart demolies) premierement ceste cité si celebre par tout le monde Nazareth, le lieu de l'incarnation de nostre Seigneur, Genesareth, Naim, Capharnaum, Betsaida, Tyberia, les monts de Thabor, Hermon & autres saincts lieux, que plus particulierement nous toucherons autre-part selon leur ordre. Les anciens bornans & diuisans la Terre Saincte à leur mode selon les quatre parties du monde, luy attribuoient le Lyban de la part du Septentrion, le mont de Saron & ses dependances du costé de l'Occident, le Royaume de Basan du costé de l'Orient, & le mont de Carmel en la haute Idumee du costé de Midy. Dieu tout bon & tout puissant, promit ceste belle & saincte terre en pur don aux enfans d'Israël, la tirant pour ceste fin de la main des Gentils & idolatres à cause de leurs crimes & impietez, pour les en rendre possesseurs: Pourquoy Iosué ce grand Capitaine la partagea aux douze lignees d'Israël en ceste sorte, que la moitié de la Tribu ou lignee de Manassé fils aisné de Ioseph, vnziesme fils de Iacob & Rachel, s'estend depuis le mōt Lyban, iusqu'à celuy des Amonites delà le fleuue du Iordain. La Tribu de Gad, s'estend depuis le mont des Amonites iusques à la terre d'Aroer, par delà le Iordain. La Tribu de Ruben, s'estend depuis Aroer proche de la mer Morte, iusques aux montaignes d'Arabie, au delà du Iordain. La Tribu d'Azer, s'estend depuis Sidon iusques à Ptolomaide, autrement sainct Iean d'Acre, entre le fleuue du Iordain & la grand mer. La Tribu de Neptalim, se void en venant de l'Orient à l'Occident, depuis le Lac Samachonite, autrement dit les eaux de Meron, iusques à la Galilee superieure. La Tribu de Dan, commence depuis Iaffa tirant vers la terre des Philistins, & s'estendant iusques aux Tribus de Beniamin & Iuda vers l'Orient, & à la Tribu de Simeon vers le Midy. La Tribu de Zabulon se void en venant de la cité de Ptolomaide iusques à Magoly, & du mont de Carmel iusques au fleuue de Iordain. La Tribu d'Isachar est pour la pluspart dans la Samarie, & a son estenduë de l'Orient à l'Occident, en venant de la mer Tyberiade iusqu'à la grand' mer de Sorie au deçà du Iordain. La Tribu d'Ephraim, & l'autre moitié de celle de Manassé, se remarque en venant de l'Orient à l'Occident iusques à Iaffa, & des limites du Lac de Genetzareth iusques à Hiericho,

PREFACE.

richo, Ephraim estant au Midy, & Manassé au Septentrion. La Tribu de Benjamin beaucoup plus longue que large, s'estend presque de Hiericho, passant par les confins de Hierusalem iusques à Azot, cité des Philistins. La Tribu de Simeon commence au proche de Hierusalem, & donne iusques aux limites de Bersabee, excepté la vallee de Raphaim, & les villes maritimes des Philistins. Finalement la Tribu de Iuda contenant le reste de la Terre Saincte, s'estend depuis la mer Morte iusques aux montaignes d'Idumee, en venant de l'Orient au Midy. Ceste terre est abondante en toutes sortes d'eaux naturelles & medicinales; elle est d'vn fort bel aspect à cause de ses collines & montaignes qui sont en fort grand nombre, toutesfois si bien disposées qu'elles ne preiudicient en rien sa fertilité, bonté & beauté, mais la rendent forte & inaccessible de toutes parts; elle estoit si peuplee au passé que c'estoit vne merueille, mais depuis que les Serpents & venimeux Dragons l'ont occuppee, elle est demeuree presque toute deserte; car on eust facilement conté aux siecles passez, seulement en la Tribu de Iuda, cent quinze villes, & aux autres plus ou moins selon leur estenduë, argument certain que ceste terre si peuplee & habitee de la sorte, estoit fertile & abondante en toutes sortes de biens, suyuant la promesse de Dieu faicte aux Israëlites, de les introduire en vne terre pleine de laict & miel, & autres fruicts & benedictions. Ceste belle terre nous figure la gloire du Ciel, où nous allons aspirans, comme les enfans d'Israël en la Terre de Promission : Mais comme ils y paruindrent auec beaucoup de difficulté, aussi ne peut-on entrer en la gloire celeste que par diuerses peines & fatigues, ny paruenir à la possession de ce beau raisin nostre Seigneur, mis au pressoir de la Croix pour abbreuuer nos ames d'vn nectar vrayement diuin, & tout celeste, qu'en portant nostre Croix apres luy.

Dd

210 LE PELERIN VERITABLE

Description du port de Iaffa, & du chemin de Iaffa à Rama.

CHAP. I.

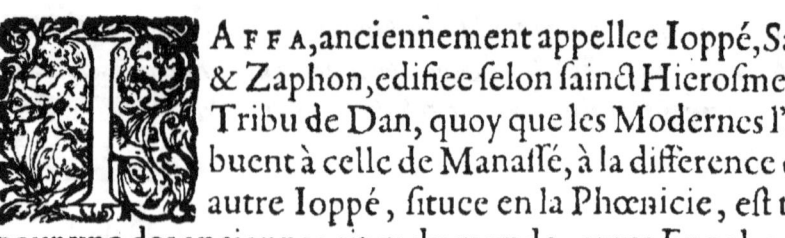

IAFFA, anciennement appellee Ioppé, Saphar & Zaphon, edifiee selon sainct Hierosme, en la Tribu de Dan, quoy que les Modernes l'attribuent à celle de Manassé, à la difference d'vne autre Ioppé, située en la Phœnicie, est tenuë pour vne des anciennes citez du monde; apres Enoch edifiee par Caim, sur le mont Liban. Ceste ville selon quelques-vns, fut premierement edifiee par Cepheus Roy d'Ethiopie, qui luy donna le nom d'vne sienne fille appellee Ioppen, mais le commun tient auec plus d'apparence & de verité, que ce fut de Iaffet fils de Noé, à qui toucherent ces lieux en partage, &

que Cepheus fut long temps depuis son edification. Quoy que c'en soit ceste ville tres-antique, estoit bastie sur vne haute montaigne, ou plustost vn grand rocher, qui commande encor aujourd'huy du costé d'Occident & Midy, à ces mers qui la baignent: & diroit-on que l'autheur de la nature, à dessein l'auoit faict edifier en ce lieu, pour seruir de sentinelle à sa metropolitaine Hierusalem, & à Cesaree de la Palestine sa voisine, ausquelles pour raison de sa hauteur elle pouuoit facilement donner aduis, par toutes sortes de signals de ce qu'elle voyoit paroistre en mer, bien qu'il y ait plus de douze & quinze grandes lieuës de l'vne aux deux autres. Elle estoit autrefois ceinte de doubles murailles en forme ronde, comme on recognoist facilement à ses fossez & ruines, qui ne contiennent guieres moins d'vne lieuë de circuit: son port est fort pierreux, & beaucoup plus difficile aujourd'huy qu'au passé, pour raison des grands sables qui s'y amoncellent au moindre vent, la mer ne trouuant plus rien qui s'oppose à ses efforts. Là se voyent encor maintenant certains anneaux & restes de chaisnes de fer, où le vulgaire tient qu'Andromede autre fille de Cepheus fut attachee, & exposee sur vn rocher en mer, à vn monstre marin que tua Perseus: Autres disent que ce fut en Ethiopie, & neantmoins il est à croire que ce fut à Iaffa, attendu ce que dessus, & que les histoires font mention que Marc Scaure estant Edile à Rome, & Gouuerneur en ces lieux, apporta en Italie des costes de ce monstre, qui auoient quarante pieds de long; & aussi que Sainct Hierosme en dit quelque chose en l'Epitaphe de saincte Paule, d'où l'on peut colliger que si ceste ville ne fut premierement edifiee par Cepheus, du moins il l'auroit depuis restauree pour y faire sa demeure. La plus-part des Historiographes tiennent qu'à Iaffa s'adoroit anciennement la Deesse Atargatte en forme d'vn poisson, pour raison dequoy les anciens Soriens ne mangent point encor aujourd'huy de poisson: mais Diodore Sicule rapporte que ce fut à Ascalon, dont nous auons cy-deuant parlé. Tout ce qui est resté des antiques bastiments de ceste ville, ce sont deux Tours, encor ont elles esté rebasties depuis la ruine des Romains, & autres, qui n'y laisserent pierre sur pierre. Ces deux Tours, sont quarrees & esloignees seulement de vingt pas les vnes des autres, entre lesquelles les Turcs ont faict faire depuis neuf ou dix ans vn petit rauelin, seulement de trois toises de long, & vne & demie de hauteur qui sert à la plus grosse, où se retire l'Aga pour y faire la garde: elles sont descouuertes toutes deux, & sur la plus grosse qui est au Midy, paroissent aux creneaux deux ou trois meschantes arquebuses à croc toutes roüillees. Il n'y a pour tout logement en bas sur la marine, sinon cinq tristes grottes entaillees dans le mesme rocher, qui seruoit de fondement à la ville, dont la plus grande est la quatriesme, dans laquelle se retirent les Chrestiens, & autres, à la necessité, quand il faict mauuais temps: elle peut auoir du moins cinquante pieds de long, & vingt de large. Ceste ville estoit riche de bains singuliers, & fontaines fort salubres pour toutes sortes de maladies. Anciennement pres ces grottes estoit vne Chapelle dediee à sainct Pierre, de laquelle à peine paroissent les ruines. Et quant à ce qui rend ce lieu recommandable outre la necessité du port, où plus coustumierement abordent les Pelerins de toutes les parts du monde; c'est la demeure qu'y a faict S. Pierre chez vn Simon le couroyeur; c'est la vision que Dieu luy fist voir en ces lieux du linceul tout remply d'animaux de diuerses especes, & l'aduis de la conuersion du Centenier Corneille en Cesaree: c'est la resurrection qu'il fist de la bonne Thabite, pour conuier l'ame Chrestienne qui prend port à Iaffa, de ressusciter du vice à la vertu, & du peché à la grace; & qu'au lieu de la Synagogue morte & enseuelie, est ressuscitee la Loy Euangelique: Bref c'est l'embarquement du Prophete Ionas, & aussi que les materiaux plus exquis, les marbres & les cedres du mont Liban qui seruirent au bastiment du Temple de Salomon, prindrent port en ces lieux, auec les braues artisans qui les meirent en œuure. Ie ne passeray sous silence qu'il y a vn rocher à deux traicts d'arc du port tirant vers le Leuant, sur lequel nostre Seigneur s'apparut à Sainct Pierre, pour raison dequoy on tient que les pierres de ce rocher iettees dans la mer, ont pouuoir d'appaiser la tourmente. Quant aux caffares & tributs qu'on paye aux infidelles, tant en ce lieu qu'ailleurs, i'ay dict en vn mot cy-dessus en la page 124. ce qu'il en faut sçauoir. Ie n'oubliray de dire aussi que le temps passé le Pere Gardien de Hierusalem auoit de coustume de venir en personne, accompagné de Religieux & Ianissaires receuoir les Pelerins en ce lieu pour les conduire luymesme, ainsi que faisoient les Templiers de leur temps, auec plus de seureté & contentement en la saincte Cité, mais ceste bonne vsance s'est perduë, à cause du petit nombre des Pelerins qui y vont auiourd'huy, au regard du passé qu'ils y arriuoient à centaines : de maniere que c'est à faire maintenant aux Pelerins arriuez à Iaffa, d'enuoyer promptement à l'Attala de Rama, qui au moindre aduis les vient enleuer auec autant d'asnes & mules qu'il y a de Pelerins. Et de moy, à raison que i'estois seul Pelerin qui fist pour lors le voyage de Hierusalem, ie fis marché auec vn More Negre qui me porta de Iaffa à Rama, sur vn grand chameau chargé de riz, sur lequel i'estois si hault monté en montant ces montaignes, qu'à toute heure ie croyois voir le clocher de mon village. Sorty de la marine & monté sur la montaigne de Iaffa en tirant vers Rama, on entre dans des plaines autāt belles & fertiles qu'on sçauroit desirer, & est à plaindre qu'elles ne sont mieux cultiuees par ces Mores & fainéāts Arabes, car le fromēt, le cotton, le mil, les melons, le riz, les concombres, y viennent en abondance sans fumier ny engrais. Continuant ce chemin on range d'assez pres sur main gauche vne fort belle bourgade auant qu'elle fust ruinee, où l'on remarque les restes d'vn chasteau & d'vn temple autrefois edifié par les Chrestiens à fin de rendre ce chemin plus libre : à main droicte on trouue vne petite Mosquee toute quarree, couuerte d'vne platte forme sur laquelle on void paroistre neuf couppes en forme de petits domes dextrement arrangez, & faicts comme il paroist de plastre & chaux meslez ensemble, à cause de leur grande blancheur. En ce lieu ceux de ceste ancienne bourgade qui s'appelle Iazor & des lieux circonuoisins vont faire leurs prieres, & tout ioignant ceste Mosquee se void vne sepulture fort antique, qui donne à cognoistre que ce lieu seruoit autrefois de

Dd iij

Cimetiere aux habitans de Iazor. Tout au proche de ceste sepulture dans le chemin sur la main droicte, est vn puys fort cõmode pour appaiser la soif des passans, & pour arrouser ce terroir en la saison des chaleurs, & aussi que les Turcs, Mores & Arabes de ce quartier, selon leur loy s'y vont lauer premier qu'entrer en ceste Mosquee. On trouue encor par ce chemin vn autre meschant village sur main droite dont le terroir est plaisant & aggreable ce qui se peut, car vous voyez en leur saison les oliues, figues & grenades pendantes aux hayes, & la terre la plus fertile & produisante qu'on pourroit desirer, outre que ce chemin est droit & vny comme la main depuis Iaffa iusques dans la ville de Rama.

Description de Rama, du chasteau du bon Larron, du lieu de Hieremie, de la vallee de Therebinthe, & autres lieux iusques dans les portes de Hierusalem.

Chap. II.

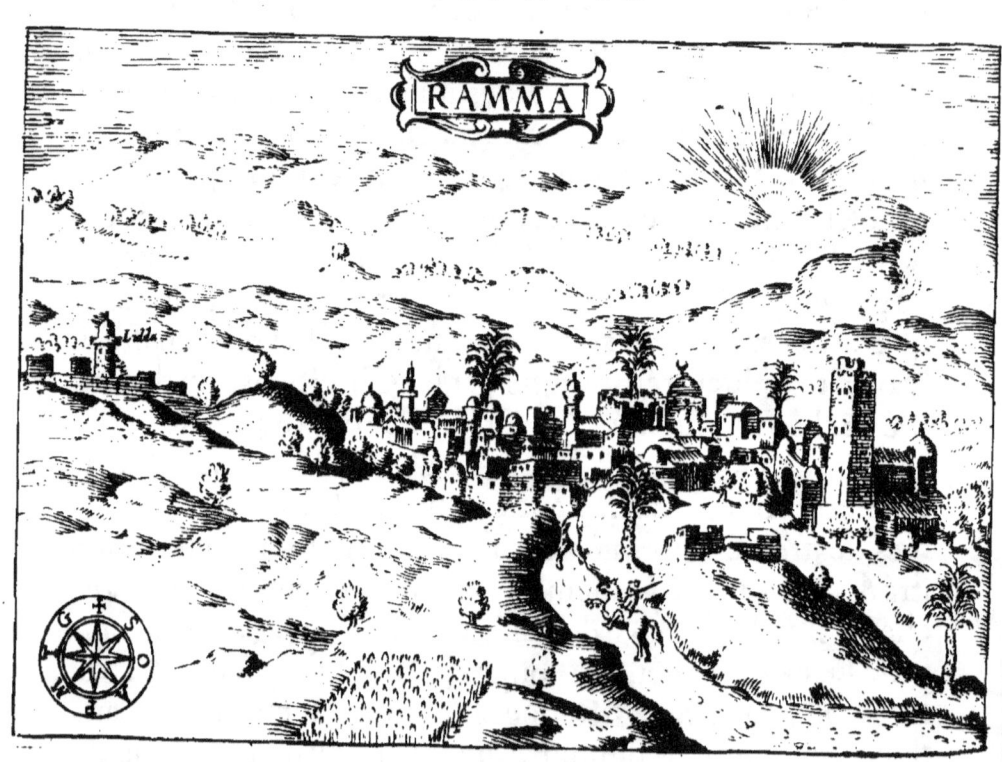

RAMATHA, Ramathaim, Arimathie, & maintenant Rama & Ramula, autrefois en debat de teneure entre ces trois lignees Ephraim, Dan, & Beniamin, est iustement edifice sur le chemin de Iaffa à Hierusalem, à dix lieuës de la derniere & trois lieuës de la premiere. Nous l'appellerōs de ce nom moderne Ramula, à la difference de plusieurs autres qui portent le nom de Rama, l'vne proche de Thecua sur le chemin de Bethleem en Hebron, l'autre en la Tribu de Neptalim pres le chasteau de Sephet, l'autre pres Sephorim, l'autre en Silo, & l'autre pres Gabaa, toutes edifices sur des montaignes, comme aussi Rama diction Hebraïque, vault autant comme haulte & esleuee. En celle-cy dont nous parlons nasquit & fut inhumé le Prophete Samuel qui oignit Saül pour Roy, selon l'opinion de quelques vns, quoy que la Thrace ait herité de ses os. Les autres disent comme il est plus croyable, que ce fut en ceste Rama qui est en la Tribu d'Ephraim, qu'on laisse à main gauche, passant par la vallee de Therebinthe pour aller en Hierusalem. En Ramula selon l'opinion du vulgaire, print naissance ce braue Decurion Ioseph d'Arimathie, qui donna ordre à la sepulture de nostre Seigneur. Nous lisons qu'vn S. personnage de la ville de Rouën (duquel Guillaume Archeuesque de Tyr au liure de sa Guerre sacree ignore le nom) fut creé Euesque & Gouuerneur tout ensemble de ceste Rama, Lidda & autres lieux circonuoisins, du temps que les Chrestiens conquesterent la Terre saincte. Ceste ville de Ramula estoit au temps passé fort riche, bien close & forte de murailles, mais auiourd'huy elle est toute à l'ouuert : le plus commun logement des Pelerins est en la maison de Nicodeme disciple secret de nostre Seigneur, & tient-on pour chose veritable qu'en icelle il tailla de ses propres mains, ce beau Crucifix qu'on adore auec tant de deuotion & merueille en la Cité de Luque en Italie : On dit aussi que ce logis à present reduit en vn petit Hospital pour la retraicte des Pelerins qui font le Voyage de la Terre saincte, fut premierement commencé d'edifier par nos Roys de France, & finy par Philippe le bon Duc de Bourgongne.

A Ramula se voyent encor deux belles Eglises fort entieres, mais reduictes en Mosquees l'vne dehors l'autre dedans la ville, l'vne dediee à sainct Iean, l'autre à Nostre Dame soubs le nom des quarante Martyrs dont les corps y furent apportez de Sebaste en Armenie, & tient-on de verité qu'ils furent iustement posez dessoubs le grand Autel de ceste Eglise. Il me fut dit par l'Attala de Rama, qu'autrefois il y en auoit vne troisiesme dediee à Dieu soubs le nom de saincte Sophie, à present toute en pouldre. Ce More qui m'apporta de Iaffa me descendit chez cet Attala de Ramula, où par vn bonheur, ie trouuay vn Caloyer & Religieux Grec de Lidda, qui estoit là venu pour quelques affaires tout prest à s'en retourner (comme il disoit) à son Monastere : Et à raison qu'il parloit tant soit peu Italien, fort ioyeux qu'il estoit d'ouyr parler des affaires de la Chrestienté, il me persuada d'aller passer le reste du iour à Lidda maintenant appellee Diospolis, c'est à dire Cité de Dieu. Elle est toute ruinee & n'y conte l'on de Ramula qu'vne bien petite lieuë, tirant vers l'Orient & declinant tant soit peu à la gauche vers le Septentrion. On void en ce lieu vne Eglise fort iolie, auec son petit Monastere, le tout edifié comme son pourtraict cy-dessus rapporté le represente en la planche de Ramula. On tient que ce bastiment est iustemét situé au mesme lieu où estoit l'antique Lidda, & qu'vn Roy d'Angleterre le fist edifier de la sorte, en la mesme place où le glorieux sainct George natif de Cappadoce eut la teste tranchee, ce qui est bien vray semblable, attendu que du temps que les Anglois estoient bons Catholiques, ils reclamoient tousiours sainct George pour leur protecteur. Dessoubs le maistre Autel de l'Eglise, se void vne pierre tirant sur le noir, percee par le mitan, auquel lieu selon la tradition des Leuantins, ce glorieux Martyr fut decapité. Ce mesme lieu a esté autrefois honoré de la predication & des miracles de sainct Pierre, & par la guerison du Paralitique Enee. Ayant fait ma deuotion & gaigné l'indulgence, ce bon pere Grec me vint remettre en mon chemin, & conduire tousiours en deuisant, tout au proche de Ramula, où l'Attala m'attendoit à soupper, ce qu'ayant fait ioyeusement, il me fist

conduire

conduire à cest Hospital, maison de Nicodeme, dont nous auons cy-dessus parlé, auquel lieu residoit pour lors, vn Consul François qui me fist bon accueil, ce lieu est à vn tire d'arc du logis de l'Attala. Le lendemain venu qui estoit le iour de la Visitation de Nostre Dame, apres luy auoir payé sept Sechins d'or, comme i'ay dit en la page 124. monté sur vne bonne mule & accompagné seulement d'vn sien seruiteur monté de mesme, nous commençasmes à prendre le chemin de la saincte Cité, par vne belle plaine & chemin droit de la duree pour le moins de quatre ou cinq grandes lieuës.

A Chasteau du bon larron.   D Lieu en ruine.
B Les Arabes.   F Les Pelerins.
C Le Puys de Iob.   F Eglise des Machabees.

Le premier lieu remarquable qu'on trouue sur le chemin à vn bon iect de pierre sur la main droite, c'est le Chasteau du bon Larron, à trois lieües Françoises de Ramula, situé au reste en vn lieu releué fort plaisant & aggreable. Ceste place fort ruinee sert auiourd'huy de retraicte aux Arabes qui si tost qu'ils voyent paroistre vn Pelerin à la campaigne, ils sont à l'instant à cheual tous en armes pour luy coupper chemin, & à tous autres allans & venans de Hierusalem pour en tirer la courtoisie, en la sorte & maniere qu'il se remarque en ce pourtraict : mais c'est à faire à l'Attala de Ramula ou à ses Lieutenans & Commis de vous rendre quitte enuers eux & tous autres iusques dans les portes de Hierusalem moyennant la somme de quatorze Sechins, laquelle il touche de vous, comme dit est, tellement qu'au lieu de ce bon Larron Dipsas qui logeoit le temps passé en ce lieu, il y en a maintenant vn nombre infiny qui ne vallent rien. De l'autre part du chemin est le lieu de la naissance & de la sepulture des sept freres Machabees, qui souffrirent genereusement le Martyre au temps d'Antiochus, en l'an du monde trois mille sept cens nonante sept. Là se void aussi comme il est rapporté en ce pourtraict, vn assez grand puys qu'on estime par tradition auoir esté faict par ce bon Patriarche Iob, quoy qu'il ne se trouue en aucun lieu de l'Escriture, qu'il ait iamais habité si auant en la Terre saincte. Mais premier que perdre ce lieu de veuë, que le Pelerin s'efforce à l'exemple de ce bon Larron de si bien desrober la grace de Dieu qu'il luy die ces belles paroles pleines de douceur, Tu seras auiourd'huy en Paradis auecques moy, à fin que nonobstant qu'il soit le dernier en merite, il soit le premier recompensé, comme ce bon Larron, qui pour estre le dernier venu à la cognoissance de Dieu, fut salarié deuant les Peres qui estoient aux Lymbes. A deux lieües de ce Chasteau peu plus ou moins finissent les campaignes, & commence l'on d'entrer en des bocages & lieux fort rudes & pierreux, si que tant plus qu'on approche de la saincte Cité le chemin se rend plus aspre & difficile. A vne bonne lieuë auant dans ces bocages, on trouue à la main droite les restes d'vne fort vieille tour quarree edifiee en des vallons, au frontispice de laquelle sur le costé qui regarde au chemin, le Turc a faict attacher vne pierre de deux pieds en quarré toute escrite en lettres Turquesques, que les habitans des lieux appellent Serith. On ne manque iamais à faire rencontre en ce lieu d'aller & venir d'effroyables Arabes, lesquels tenans l'arc & les flesches en main, & portans les pierres tout contre les yeux du Pelerin, le pressent tant & plus de mettre la main à la bourse, comme par tout ailleurs qui les voudroit croire: Continuant nostre chemin à vne autre bonne lieuë de là, on descend le long d'vn petit vallon tout planté d'Oliuiers & autres arbres, au bas duquel sur main droite, se voyent les ruines d'vne belle Eglise, autrefois dediee à Dieu soubs le nom du sainct Prophete Hieremie.

Ceste Eglise est en l'estat que vous la voyez portee au dedans de quelque nombre de Colomnes, auec les ruines d'vn fort ancien Monastere tout au proche d'icelle, autrefois habité par des Religieux Cordeliers, mais il y a cent ans ou plus, qu'ils furent tous esgorgez, & le lieu bruslé par les Arabes, pour raison dequoy ce terroir si fertile abandonné des Chrestiens est tousiours demeuré depuis ce temps en la possession de ces impies. Ordinairement en ce lieu les Pelerins font la pausade, soit pour repaistre, s'ils ont dequoy, ou du moins abbreuuer leurs mules à la belle fontaine qui est tout ioignant ce lieu. Ceste belle Eglise & Monastere furent là bien à propos edifiez en l'honneur de ce sainct Prophete, à raison qu'Anathot le lieu de sa naissance n'en est pas bien esloigné. A trois quarts de lieuë de ceste Eglise est la vallee de Therebinthe, tant recommandee en l'Escriture saincte, pour le signalé duel d'entre le petit Dauid & le grand Goliath.

Là se void encor le torrent où ce petit berger print les cinq pierres pour sa deffence, premier que venir aux mains auec ce grand aduersaire; au bout de la vallee qui est à l'Occident se voyent les ruines d'vne fort belle Eglise & de son Monastere, edifiez en souuenance d'vne si heureuse victoire, pour aduertir le Pelerin de rendre graces à celuy qui fortifia le bras de Dauid & le prier de si bien façonner nos mains & tout nostre corps au combat que nous restions victorieux de Goliath & ses confederez, le Diable, le monde, & la chair, par le merite & au nom du Dauid de la nouuelle Loy. Iettans nos yeux vers la main droicte, nous vismes les montaignes de la Iudee, & les deserts de Sainct Iean Baptiste, que ie passeray maintenant soubs silence, pour en parler ailleurs auec plus de loisir: les tournant à la gauche au bout de la vallee qui est à l'Orient, en montant sur vn petit costau on descouure Sochot, & incontinent Silo, vne des plus hautes montaignes de la Terre Saincte; à deux lieuës de Hierusalem, & dans le pourpris de ceste montaigne se voyent encor les ruines de la ville qui en porte le nom, où reposa assez long temps l'Arche de l'Alliance, tant qu'elle en fust leuee par les Philistins. Ce lieu de son temps estoit fort celebre, à cause des sacrifices & assemblees ordinaires des enfans d'Israël, mais il fut en fin demoly, & les autels abbatus pour le peché du peuple; on l'appelle encor aujourd'huy sainct Samuel. De là se void aussi Modin, le lieu de la naissance des genereux Machabees, auquel paroissent encor les ruines de certaines Pyramides, qui representoiét la place de leurs sepultures, edifiees par ce braue Simon, l'vn des enfans de ce fidelle Mathatias. Non loing de Silo se void aussi Gabaa en la Tribu de Benjamin, le lieu de la naissance de Saül, où fut oppressée la femme de ce Leuite, d'où s'ensuiuit l'entiere ruine & extermination de ceste lignee. Continuant nostre chemin par des lieux fort aspres, montaigneux & pleins de ruines de toutes sortes d'edifices, comme Eglises, maisons, Chapelles & sepultures: apres qu'on a passé entre deux montaignettes, on arriue aussi tost sur le haut d'vne petite plage fort aggreable, d'où se void bien au clair comme d'vn quart de lieuë, la saincte Cité de Hierusalem.

En ce lieu le Pelerin est obligé selon son deuoir, de mettre pied à terre pour la baiser, à l'exemple des Pelerins de ce pourtraict, & chanter vne autrefois le *Te Deum*, ou ce bel Hymne, *Vrbs beata Hierusalem*, & de finir ce beau chemin de pied pour si peu qu'il en reste. On trouue à gauche & à droict nombre de iardinages fort plaisans, remplis neantmoins la plus-part de ruinés, Mosquees & sepultures de Turcs, & entre-autres

A	Lauatoire des Turcs.	D	Sepulchres des Turcs.
B	Mosquee.	E	Mont des Oliues.
C	Pelerins.	F	Silo.

d'vne assez remarquable à main droicte, mais vous quittez & allez desdaignant tout ce qui s'offre deuant vos yeux, pour les contenter du bel aspect & en la seule contemplation de ceste Cité saincte, bien que de ce costé vous n'en puissiez voir autre chose que ce qui vous en est representé en ceste figure. Tout au proche de la cité se void à main droicte le Champ au Foulon, où les artisans de ce mestier le temps passé lauoient & estendoient les draps; mais d'autant que ce meschant garnement Rabsaces profera en ce lieu paroles blasphematoires contre le nom de Dieu, que le Pelerin se prenne bien garde de passer par ce champ, de peur de s'esgarer au chemin de la celeste & terrestre Hierusalem. Estant arriué seul de ma compagnie le iour de la Visitation nostre-Dame à la porte de Iaffa, mon Mouchari voiturier ou palfrenier de mules, celuy qui m'assistoit, me laissant à cette porte auec ma mule & ma valise, m'enchargea fort de ne me pas mettre en effect de passer plus auant, & non pas seulement de regarder dans la ville, qu'au preallable il n'eust faict sçauoir mon arriuee au Pere gardien du Conuent de Sainct François, lequel aduerty, s'achemine à l'instant vers le Sangiac Gouuerneur de la cité, ou son Lieutenant, pour luy donner aduis du nombre des Pelerins qui attendent à la porte de la cité, & obtenir pour eux licence d'y entrer. Quoy faict & la parole donnee, le Gardien ou le Pere Vicaire auec vn ou deux Religieux, ou plus grand nombre selon le nombre des Pelerins, vous viennent receuoir pour vous conduire au Conuent, ainsi qu'ils me firent : & là les Turcs sont aussi tost venus pour visiter les hardes & bagages pour la conseruation des droicts de la Doüane. Apres vous estre vn peu reposé, le Gardien quelquefois ou en son lieu vn autre Religieux qu'il depute auec le truchement du Conuent, vous conduisent deuant le Sangiac ou Cady en son absence, qui vous interroge par la bouche du truchement de quelle nation vous estes, par quel chemin vous estes venu en ces lieux, quelles rencontres vous auez faict sur mer, s'il y couroit bruit de Corsaires, s'il y à aucune armee naualle de Chrestiens qui parlast de venir en Leuant, & autres poincts dont il s'aduise : Apres que vous luy auez respondu par la bouche du mesme truchement le plus laconiquement qu'il est possible, & plustost dit non qu'autrement, de peur de le mettre en ceruelle, il vous renuoye au Conuent pour vous reposer, & aduiser auec les Religieux le moyen de satisfaire à vos deuotions; pour mon particulier ie ne fus point à cet examen, pour raison de l'absence de ces Inquisiteurs : Mais apres auoir faict ma priere à l'Eglise de sainct Sauueur, le Pere Gardien me laua les pieds, & m'exhorta d'assister à la procession generalle qui se faict à l'arriuee des Pelerins.

De l'origine & premiere fondation de Hierusalem, sa description selon la forme qu'elle est maintenant.

Chap. III.

IERVSALEM cité Royalle, chef & metropolitaine de la Iudee, Type ou vrayement figure de la Hierusalem celeste, situee en la Tribu de Benjamin au plus beau de la Palestine, au trente & troisiesme degré du Pole Arctique, presque le nombril de la terre, où nostre Seigneur fist l'œuure de nostre redemption, fut premierement edifiee dans le pourpris & sur les plus hautes montaignes de la Iudee, au temps d'Abraham, par ce grand Prestre & Roy Melchisedec, lequel y regna cinquante & trois ans, en l'an du monde deux mil vingt & trois ans; trois cents soixante ans depuis le deluge vniuersel, & mil neuf cents quarante & vn an auant la Natiuité de nostre Seigneur : si que depuis sa premiere fondation iusqu'à l'annee presente, il se trouueroit trois mil cinq cents cinquante ans, peu plus ou moins. Ce qui a rendu au passé ceste ville tant illustre, si pleine de merueilles & d'estonnement, à quiconque l'a bien veuë & regardee : ç'a esté premierement son conditeur ce grand Prince Chananean Melchisedec, figure de nostre Seigneur; en cecy principalement que comme ce Prestre Roy fut sans pere & sans mere, Nostre Seigneur aussi entant qu'homme fut sans pere, & entant que Dieu sans mere, & puis en fin Prestre selon l'ordre de Melchisedec. Illustre pour sa forme & belle situation, estant edifiee sur les plus belles montaignes & mieux aërees de la Palestine, & en lieu presque inaccessible, outre les forces artificielles que tous ses Gouuerneurs chacun en son temps, y alloient rapportans. Illustre pour la grandeur & magnificence de son Temple, edifié par ce grand Salomon, sans ouyr donner coup de hache ny marteau, d'excellens marbres & des plus beaux Cedres du mont Liban, & orné de meubles pour la plus-part de fin or, outre les Tables de la Loy, l'Arche de l'Alliance, la Verge d'Aaron, d'Aaron, la Manne, les Pains de proposition ses plus precieux meubles. Illustre à cause de ses lettres, nostre Seigneur y ayant tenu les sainctes Academies, & faict leçon aux plus grands Docteurs de la Loy, pour la verification de ces paroles en Esaye : La Loy sortira de Sion, & la parole du Seigneur de Hierusalem. Illustre à cause du Royaume & du Sacerdoce, pour lors si florissant; car comme aujourd'huy Rome en est la Corriphee, ainsi Hierusalem aux siecles passez en estoit le siege & la representation, voire de la Hierusalem celeste. Bref ceste ville estoit encor illustre à cause de ses noms & epithetes, & belles appellations : car premierement on l'appelloit Iebus, Salem, & puis Hierusalem; Vision de paix, Cité de Dauid, apres qu'il en eut chassé les Iebuseens, Cité de parfaicte beauté, la maistresse des nations, Sacraire du Christianisme, Gouffre des mysteres des deux Testaments, Bureau de nostre redemption, Salette des chants spirituels, & diuines loüanges, Carte de la Loy Euangelique, Principe de la Religion Chrestienne, Oratoire de la saincte Trinité, College sacré des Apostres, Receptacle des Pelerins, Cité saincte; Ioinct que les Turcs l'appellent *Gozumberech*, *Cuzumoberech*, & plus communément *Codsbarich*, qui veut dire ville sacree, de maniere que non sans cause Dauid chantoit en tout lieu les merueilles nompareilles de ceste Cité de Dieu.

Quant à sa description selon la forme & maniere qu'elle estoit du temps de nostre Seigneur, ceste Cité estoit si admirable à quiconque leuoit les yeux pour la regarder, qu'il en restoit plustost confus qu'estonné; car soit qu'on la contemplast du costé d'Orient sur le mont des Oliues, où elle estoit en sa plus belle veuë & perspectiue, au lieu d'vne Cité on en remarquoit quatre, distinctes & separees de murs & de fossez, outre que l'vne seruoit de flanc à l'autre. On voyoit le semblable du costé du Midy sur le mont de Sion, & ainsi des deux autres. Et qu'il soit ainsi du costé d'Orient, sur le mont Moria, estoit edifié le magnifique & superbe Temple de Salomon, fortifié de toutes sortes de Tours iusqu'au nombre de soixante, & circuit de plusieurs belles cours pour sa deffence, outre

infinis beaux logements qui le flanquoient de toutes parts, & le rendoient imprenable. Du costé du Midy sur le mont de Sion estoit edifiee la Cité de Dauid auec ses Tours & forteresses admirables, & entre-autres celle qui portoit le nom de ce bon Roy, la Tour & forteresse de Dauid tant recommandee aux sainctes Escritures, de laquelle on void encor aujourd'huy les ruines ; Ceste Cité bien flanquee & separee des autres estoit appellee superieure, à cause de son eminence, & qu'elle commandoit à la Cité inferieure, edifiee du costé de l'Occident sur le mont d'Acre. Quant à la quatriesme du costé de l'Aquilon appellee Bezette, d'autant qu'elle fut edifice & amplifiee quelque temps apres les autres, & depuis l'Ascension de nostre Seigneur on luy donna le nom de Seconde Cité, & ville neufue. Et bien que ces quatre forteresses bien munies, fussent separees les vnes des autres de fossez & de murs merueilleusement forts (comme i'ay desia dit) neantmoins elles estoient closes & ceintes d'vne belle & forte muraille qui entouroit le tout, auec ses fossez & vallons à l'aduantage : Car premierement du costé du Leuant estoit comme encor aujourd'huy la longue & profonde vallee de Iosaphat, du Midy celles de Siloé, Gehemon & Trophet, qui veut dire du Tambour ; de l'Occident celles de Raphaim & Bersabee, qui s'estendoient auec la vallee des Cadaueres iusques au costé de l'Aquilon. Sa longueur se remarquoit du Septentrion au Midy, comme nous auons cy-dessus dict, de toute la Terre Saincte, qui a faict que beaucoup d'Escriuains & doctes Historiographes ont pourtraict ceste Cité à la maniere d'vne Nauire, prenant la pouppe du costé du Midy, où estoit situee la Cité de Dauid en lieu fort commode & releué pour tenir le gouuernail, & la prouë du costé de Septentrion où estoit la nouuelle Cité, si que voyant ceste belle fabrique & nauire du monde, figure de l'Eglise militante & triomphante, equippee & tournee de la sorte vers le Septentrion où elle auoit la prouë ; il sembloit que son autheur & fabriquateur ce grand Dieu, qui a creé tout ce grand Vniuers, l'eust tournee à dessein de ce costé de l'Aquilon vers la Cité de Nazareth, où deuoit estre conceu le Sauueur du monde son pilote & premier chef visible. Comme selon le Prophete Royal ceste saincte Cité estoit bastie & edifiee sur des montaignes, le mesme Prophete nous apprend qu'elle estoit enuironnee de montaignes comme vn Seigneur de ses esclaues, lesquelles toutesfois la nature auoit escartees si à propos & disposees d'vne si belle maniere, ainsi que nous auons dit à la 209. page, qu'elles ne la preiudicioient en rien pour estre esloignees & hors la portee du canon. Car en premier du costé d'Orient est la montaigne des Oliues, du Midy les monts de l'Offension & Haceldema, de l'Occident le mont de Ghion, & du Septentrion vn autre mont fort esleué à quatre stades de la Cité, sur lequel Salomon fist bastir vn Temple à Chamos, l'Idole des Moabites, auquel lieu les Machabees edifierent de leur temps vn chasteau duquel se voyent encor aujourd'huy les ruines. Quant à ce qu'on peut dire de son circuit, & de la grandeur de son enceinte, l'Autheur Iosephe remarque de son temps nonante Tours principales, y comprenant le mont de Sion, & sa closture. Or est-il qu'entre chasque Tour il y auoit deux cents coudees de distance, que nous reduirons à trois cents pieds; & à fin de trouuer plustost ce que nous cherchons à soixante pas d'vne Tour à l'autre, lesquels multipliez en nonante, nous rendront cinq mil quatre cents pas, qui diuisez par stades reuenans à cent vingt & cinq pas chacune: nous trouuerons quarante stades qui font cinq mille pas, à sçauoir le chemin d'vne grand' lieuë & demie. I'ay leu neantmoins en certain autheur digne de foy, qui se vantât d'auoir bien recherché l'antiquité, asseuroit qu'elle auoit du temps de nostre Seigneur ses murs & auant-murs cent septante & quatre Tours, & du moins deux lieuës de circuit. Mais auant que toucher les particularitez de ceste cité des citez, & des petites citez encloses en ceste grande cité, ie suis d'aduis outre son pourtraict cy-apres rapporté, de la descrire le plus naïuement qu'il me sera possible, selon l'estat auquel on la void maintenant.

1. Porte de Iaffa.
2. Le Chasteau.
3. Couuent des Cordeliers.
4. L'Eglise du S. Sepulchre.
5. La maison de Zebedee.
6. La porte ferree.
7. La maison de S. Marc.
8. La maison de S. Thomas.
9. L'Eglise de S. Iacques.
10. La maison d'Anne Pontife.
11. La porte de Dauid.
12. La maison de Caiphe.
13. Le S. Cenacle.
14. Où les Iuifs voulurent rauir le corps de Nostre Dame.
15. Où S. Pierre pleura son peché.
16. La fontaine de Siloé.
17. La fontaine de Nostre Dame.
18. Porte Sterquiline.
19. L'Eglise de la Present. N. D.
20. La place du Temple.
21. Temple de Salomon.
22. La porte doree.
23. La porte S. Estienne.
24. L'Eglise saincte Anne.
25. La probatique Piscine.
26. Le Pretoire de Pilate.
27. La maison d'Herodes.
28. L'Arc de Pilate.
29. La Chap. de la pasmoison de Nostre Dame.
30. Simon Cyrenee.
31. Maison du mauuais riche.
32. Maison du Pharisien.
33. La maison de la Veronique.
34. Porte Iudiciaire.
35. La porte d'Ephraim.
36. La place du marché.

Hierusalem ceste Cité autrefois si belle, esclatante, & superbe, à cause de ses edifices esleuez & releuez auec tant d'artifices, & ses belles tours entre autres qui portoient la teste si haute, qu'elles sembloiét menacer le Ciel & desdaigner la terre, mais ayans passé par les mains des Romains, qui la porterét par terre, n'y laisāt pierre sur pierre, ceste Cité si meschine est si pleine de ruine, qu'à peine on peut recognoistre, & void-on presque paroistre, pour memoire de sa gloire, vn tout seul des fondemens de ses premiers bastimens. Qui en feroit inuentaire, ce ne sont que des ombrages, ou de petits racoustrages, esloignez de la grandeur de sa premiere splendeur: car au lieu de tant de tours, tant d'arsenacs, tant de cours, tant d'arcades triomphales, de forts de places royalles, theatres, amphitheatres, tant de riches edifices auecques leurs superfices, tant de sacrez Tabernacles pleins d'Oracles, de triomphantes Colonnes, d'estincellantes couronnes, tant de murs & auant-murs, tāt de conclaues, de pretoires, tant de graues Consistoires, tant de superbes portiques, tant de palais magnifiques, pyramides obelisques, tant de Mausoles antiques, & tout plein d'autres merueilles nompareilles, estranges à nos oreilles & aux yeux, dignes de voir ces beaux lieux, qui iadis, sembloient d'vn vray paradis, on ne void en Bethleem non plus qu'en Hierusalem, & toute la Palestine, rien sinon toute ruine, & abomination chez la fille de Sion. Vray est qu'en ce triste lieu, par la volonté de Dieu, est restee vne relique, ou plutost vne fabrique, tres-antique, bastie à la Mosaïque, qui surpasse en excellence, toute la magnificence des fabriques & toutes les Basiliques, soient modernes ou antiques des grands Roys, lesquelles tout à la fois, elle emporte au contrepoids. C'est ce Tēple du sainct Esprit, ce Sepulchre de Iesus Christ, cabinet plein de richesses, où Dieu nous faict ses largesses, nostre sainct Palladium, nostre sacré Bastion, auant que la belle Sion, par nostre diuision, vint en la possession, du fils de perdition. Or pour bien sçauoir l'estat auquel est la ville de Hierusalem auiourd'huy; le Pelerin se representera qu'apres que Tite fils de l'Empereur Vespasian eust entierement ruiné & desmantelé ceste Cité, trente huict ans apres la mort de nostre Seigneur, reserué trois tours extremement fortes appellees Phaselle, Hippicos, & Marianne auec bien peu de sa muraille du costé de Midy & Septentrion. Les Iuifs soixante cinq ans apres ceste ruine, s'estans voulus reuolter contre les Romains, donnerent subiect à l'Empereur Helie Adrian de les retourner voir, qui en mit la pluspart au fil de l'espee, acheua de ruiner du tout ceste Cité, & fit abattre le reste de ses forteresses, faisant par tout semer du sel au dedans pour perpetuelle memoire de leur perfidie & grand' desloyauté, & qu'aussi pour l'accomplissement de la parole de Dieu (laquelle selon mon iugement se doit interpreter à la rigueur) il n'y restast pierre sur pierre. Et neantmoins quelque temps apres ces choses, ce mesme Empereur Adrian se delibera de la faire redifier, non du tout selon sa premiere forme, mais la retraschant de la partie du Midy & du Septétrion, fist abattre la pouppe & la proüe de ceste belle Naue, mettant le mont de Sion où estoit autrefois la Cité de Dauid dehors, & partie de la Bezette ou Ville-neufue, de laquelle nous auons cy-dessus parlé, en recompense dequoy & pour ne perdre rien au change, à fin de rendre ceste Cité quarree comme elle est auiourd'huy; passant par dessus les fondemens des murs de l'antique Cité de Hierusalem, pour le moins deux cens pas au deçà de la porte Iudiciaire du costé du Ponant, par vne muraille tirée en forme triangulaire, il fist par vn bonheur enclorre dans ceste nouuelle ville, tout le sainct Mont de Caluaire & la vallee des Cadaueres, faisant au reste appeller ceste Cité de son nom Ælie. Quelque ancien autheur dit qu'elle a bien quatre coups d'arc manié d'vn fort & robuste bras d'vne muraille à l'autre, ce qui se peut rapporter à mille pas que ie mesuray estant sur les lieux, depuis la porte sainct Estienne qui est à l'Orient, iusques à ces nouueaux murs aduancez qui sont à l'Occident, qui me faict iuger tout son circuit de quatre mille pas, ou si vous aimez mieux vne bonne grande lieuë. On peut remarquer vne autre fort grand' difference de la Cité moderne d'auiourd'huy à l'antique, c'est que ces montaignes si superbes, sur lesquelles la premiere estoit edifiee, les monts de Moria, d'Acre, & de Sion, sont tellement explanez auiourd'huy, & de l'arras des ruës & places de la moderne qu'il n'y a plus aucune apparēce de monts. Quant à ses bastimens il ne s'y remarque rien pour dire de releué ny magnifique, reseruez les Temples anciens auec leurs Domes & campaniers, qu'ont autrefois fait bastir les Chrestiens, lesquels çà & là espars dans la ville auec le Temple de Salomon, luy donnent quelque grace: Elle est fort mal percee & ses ruës pour la plusparttoutes tortuës, sont fort estroittes & angustes. Soliman vn de ses derniers tyrans Turcs, la fist reclorre tout de neuf depuis la prise de Rhodes, il y a du moins septante ans, vray est qu'elle n'est flanquee ny fortifiee d'aucunes eaux, tours, fossez ny remparts, sa plus grande force consiste au chasteau des Pisains peuple d'Italie releuant du grand Duc de Florence edifié au proche de la porte de Iaffa, mais outre qu'il est fort petit & mal capable il ne commande qu'à la moindre partie de la Cité. I'ay leu en quelque autheur que ces Pisains commencerent à imposer des Tributs sur les Pelerins du sainct Sepulchre pourquoy il ne faut trouuer estrange auiourd'huy, si les infidelles ayans appris ceste leçon des Chrestiens la leur font rigoureusement practiquer. Pour le nombre des habitans de Hierusalem, s'il y en a neuf ou dix mille c'est au plus, de malitieuse canaille pour la plus part, gens qui ne font pas grand trafic, ains qui paroissent fort paures à la culture de leur terre, à leur façon de viure & leurs habits: & pour les Iuifs s'il y en a cinquāte ou soixante familles c'est tout, qui est bien peu au respect du passé qu'il y auoit plus de douze cens mille ames quand elle fut bloquee & prise par Tite fils de l'Empereur Vespasian, vray est que ce fut au temps de la Pasque la principale feste des Iuifs qu'ils s'estoiēt rendus dans Hierusalem, pour la mieux celebrer, & ne faut s'estonner pour ce grand nombre, ayant leu quelque part qu'à vn semblable iour il s'y en est trouué plus de deux millions, mais considerant bien le pays de la Iudee pour la plusparts remply de montaignes & collines presque toutes couuertes au passé en leur hauteur & circonference de citez, villes, & bourgades, si bien habitees que rien plus, outre le plat pays qui l'estoit dauantage, il y auoit à ceste cause deux tiers de pays & de

monde

monde plus qu'il ne paroiſſoit, ioint que les femmes Iuifues eſtoient en ce temps là, cõme encor auiourd'huy, fort fecondes ſelon la promeſſe que Dieu auoit faicte à Abraham de multiplier ſa ſemence comme les eſtoilles du ciel & le ſable du riuage de la mer: Pourquoy ce n'eſt rien de nouueau ſi en ce temps là ce peuple eſtoit ſi fourmillant & dru, & ſi les Iuifs marchands de mauuaiſe foy ayans vendu leur Roy noſtre Seigneur trente deniers, on vendoit trente Iuifs pour vn denier; & pour tant de maſſacres qu'on en a faicts, neantmoins on ne les a peu iamais exterminer; qui nous doit faire croire que Dieu les veut ſauuer. Les viures y ſont quelquefois chers, le pain noir aucunement & le vin fort corroſif & nuiſible à qui en fait le moindre excez. Quant aux portes qui luy ſont reſtees du nombre de douze qu'elle auoit le temps paſſé, deſquelles nous parlerons par cy-apres en la repriſe de la Hieruſalem antique; il n'y en a plus que cinq, la porte de Iaffa, de Damas, de ſainct Eſtienne, Sterquiline, & de Dauid, qui ſont encor aux meſmes places qu'elles eſtoient le temps paſſé. Pour les bonnes & claires eaux, elles y ſont aucunement rares & non moins dehors que dans la Cité, à raiſon qu'Ezechias Roy de Iuda ayãt nouuelles de la venuë de Sennacherib pour aſſieger Hieruſalem, fiſt tarir toutes les ſources & ruiner toutes les Ciſternes à trois lieuës à la ronde, ce que reïtererent les Sarraſins & infidelles en l'an mil nonante & neuf au mois de Iuin que les Chreſtiens y allerent poſer le ſiege.

Deſcription du Temple de Salomon ſelon la forme qu'il eſtoit anciennement, & qu'il eſt maintenant.

Chap. IIII.

DEſirant maintenant pour le contentement du Pelerin, reprendre par le menu les particularitez de l'antique Cité de Hieruſalem, i'ay creu qu'il eſtoit raiſonnable de commécer par la plus belle piece & premiere partie d'icelle, à ſçauoir ſon Temple, le Temple de Salomon, quoy qu'il euſt eſté deſia long temps auparauant ſa derniere ruine par Tite Ceſar, pluſieurs fois ruiné & mis en cendre, par Nabuchodenoſor, An-

G g

tiochus, & autres idolatres. Le Temple de Nostre Seigneur autrement dit le Sainct des Saincts, & le sainct Sanctuaire lequel ce grand Roy pacifique Salomon fils de Dauid auoit fait edifier en sept ans sur le mont Moria en la mesme place & de partie des materiaux desia preparez par son pere, de pierres esleuës & choisies, des Cedres du Mont Liban, & autres bois exquis & incorruptibles, enuoyez sur les lieux à la diligence du Roy Hiran, & mis en œuure par la vigilance de cent cinquante trois mille artisans sans ouyr coup de hache ny marteau estoit tenu pour merueille ou plustost miracle du mõde, si qu'on n'en peut rien dire qui approche tant soit peu de son excellence & beauté, Dieu l'ayant plusieurs fois remply de sa gloire, enuoyé son feu du ciel pour deuorer les Holocaustes qui luy estoient offertes, rendu ses diuins Oracles, & faict plusieurs fois retentir de sa diuine parole, iusques à tant que ce peuple luy tournant le dos & se laissant emporter à l'Idolatrie, profanant ce sainct lieu en plusieurs sortes, Dieu permit qu'il fut reduit entierement en cendre par Nabuchodenosor, quatre cens quarante & vn an apres sa premiere edification, demeurant pour le moins soixante cinq ans en ruine, apres ceste premiere & si longue desolation ce braue prince Zorobabel le fist redifier en quarante & six ans, mais trois cens cinquante & quatre ans apres ceste seconde restauration, ce grand scelerat & signalé impie Antiochus Epiphane Roy de Syrie, le pollua & profana non seulement, mais le volla & despoüilla de toutes ses richesses: Trois ans apres ce genereux Iudas Machabee le fist purger de tant de profanations, & zelateur de la gloire de Dieu & de sa maison le remist en son premier estat, mais arriuant qu'il fut encor ruiné & profané par les Gentils, Herodes Ascalonite en neuf ans l'augmẽta & orna de tant de richesses, que selon l'Escriture la gloire du second Temple surpassoit de beaucoup le premier, bien que cela se doibue entendre de la personne de Nostre Seigneur, la presence duquel auec tant de miracles le debuoit illustrer de la sorte, & neantmoins toutes ces merueilles, il fut encor vne autrefois bruslé par Tite fils de l'Empereur Vespasian qui n'y laissa pierre sur pierre, le dixiesme iour d'Aoust le mesme iour

& heure que les Babyloniens au paſſé l'auoient reduit en cendre. Or auant que ce beau lieu couruſt tant de fortunes & ruines, c'eſt choſe preſque incroyable d'oüir parler de ſa ſtructure & des grandes richeſſes comme tables, vaiſſeaux & autres inſtrumens & vſtencilles de pur or, qui eſtoient là dedans gardees pour ſon ſeruice & vſage. La premiere partie & la piece plus digne & admirable de ce premier chef d'Oeuure du monde eſtoit ce qu'on appelloit le Sainct des Saincts autrement la maiſon interieure du Temple, laquelle d'autant qu'elle eſt amplement diſcouruë en l'Eſcriture ſaincte, i'y réuoyeray le Pelerin pour en contenter ſon eſprit & en prendre & laiſſer ſelon ſon loiſir & qu'il l'aura aggreable. Les principales parties & plus pretieux meubles de ce ſainct & ſacré Oratoire, eſtoient l'Arche de l'Alliance faicte par les mains de Moyſe de la matiere & en la maniere qu'il ſe lit aux meſmes Eſcritures. Dedans ceſte Arche eſtoiét les deux Tables de pierre contenans les dix commandemens de la Loy, eſcrits du doigt de Dieu, la Cruche d'or contenant la manne, la verge d'Aaron, auec le liure du Deuteronome: là ſe voyoit auſſi le Sainct Propitiatoire couuert des aiſles des deux Cherubins, faits & diſpoſez comme dit l'Eſcriture. La ſeconde partie du Temple qu'on appelloit auſſi du nom de Sainct & Sanctuaire, ou autrement la maiſon exterieure, où ſe retiroient les Preſtres n'eſtoit moins ſuperbement edifiee que la premiere. Par la loy l'entree de ce lieu eſtoit deffenduë aux prophanes: Là tout proche eſtoit l'Autel des encenſemens, fait de bois de Sethim, tout couuert de pur or, le Chandelier d'Or auec ſes ſept bras au coſté du Midy & autant de lampes ardantes dans le Temple tant le iour que la nuict: la fontaine d'eau claire & toujours viue pour l'vſage du Temple, laquelle par des lieux ſous-terrains ſalloit rendre dans le torrent de Cedron. La Table d'or poſee du coſté de l'Aquilon, ſur laquelle eſtoient les pains de Propoſition auec deux phiolles d'or pleines d'encens. En aprés ſe voyoit le grand preſtre reueſtu de ſes habits Sacerdotaux en la meſme ſorte & maniere qu'il nous eſt repreſenté aux liures de l'Exode & Leuitique. Ie ne paſſeray pas ſoubs ſilence ce grand voile du Temple tissu de plus fine soye & teint de quatre riches & plus fines couleurs. La piece qui suyuoit apres estoit le paruis & la place des Iuifs, autremét le lieu où les seculiers estoient rangez durant les sacrifices, qu'on appelloit encor le Portique de Salomon, tout paué de marbre de plusieurs couleurs, fort luisant & poly : On y montoit par quatorze larges & spatieux degrez, ce lieu estoit orné & decoré d'infinis beaux portiques, releuez & portez de vingt & cinq belles colomnes de marbre fin ; sur le frótispice de ce lieu estoit escrit en lettres Grecques & Latines : Tout estranger passant par dans ce lieu soit mis à mort, car il n'estoit loisible d'y entrer sinon aux Iuifs & leurs femmes qui estoient chastes & non polluës d'aucune soüilleure de peché. Quant aux autres pieces qui enrichissoient dauantage ce beau lieu, il y auoit l'autel des Holocaustes faict de bois de Sethim, reuestu de lames d'airain situé au descouuert au beau mitan de ce lieu, tout au proche duquel estoit entretenu ce feu, venu premierement du ciel, que le grand Prestre Nehemias faisant rechercher au retour de la captiuité de Babylone, fut trouué au lieu d'iceluy vne eau espaisse & crasse, de laquelle ayant fait arrouser les victimes offertes sur l'Autel, elle se cóuertit en feu pour les consommer. En ce mesme lieu paroissoient au Portique du Temple, deux colónes de bronze auec leurs corniches & chapiteaux pleins d'artifice, ayans 35. coudees de haut & 12. de rondeur. Là estoient aussi certaines conches & cuues de fonte d'vne admirable grandeur, tousjours pleines d'eau pour l'vsage des sacrifices : Au costé de Midy estoit le lieu du Conseil des anciens, & non loin d'iceluy estoient certains lieux particuliers à gauche & à droit, en forme de Sacristies, où les Prestres se reuestoient de leurs habits Sacerdotaux, premier qu'entrer dans le Sanctuaire, & les deposoient apres le ministere. En ce mesme lieu estoit ceste grand'mer de fonte, portee par douze bœufs de la mesme matiere, contenant du moins trois mille cruches d'eau pour seruir au Temple. En ce paruis il y auoit deux portes, l'vne appellee la porte neufue regardant vers le Midy, l'autre la porte sacree qui estoit à l'Orient, & pour le porche edifié au deuant de ce lieu sainct, il estoit de vingt coudees de long

& dix de large, au dessus duquel estoit magnifiquement releué le lieu des Chantres & Musiciens, & au dessus de tous ces lieux paroissoit richement elabouree la Chaire Royalle de Salomon par luy faite edifier en ceste superbe Basilique, pour luy & les autres Roys ses successeurs. La quatriesme & derniere partie de ceste admirable & miraculeuse fabrique estoit le Paruis ou quartier des Gentils, où l'on montoit aussi par de beaux escalliers ornez de toutes sortes de pierres rapportees, ayant sa veuë sur toutes les quatre parties du monde, fermant au reste par quatre magnifiques portes de bronze: Tout son frontispice estoit porté par vn nombre infiny de colonnes de marbre de diuerses couleurs, le tout contenant du moins quatre stades qui estoit plus d'vn demy quart de lieuë de circuit. En ce lieu toutes sortes de gens fussent Iuifs, fussent Gentils, mundes & immundes, estrangers ou non, y pouuoient entrer; ce fut de là que nostre Seigneur chassa les vendeurs & achepteurs, qu'il pardonna à la femme adultere, & que les Iuifs le voulurent lapider. Au dessus de la porte Orientalle de ce lieu, fut posee vne Aigle d'or d'vn poids incroyable, par la main de cet Herodes qui restaura le Temple, laquelle abbatuë & mise en pieces par certains Iuifs mutins, causa bien de la sedition & du meurtre en Hierusalem. En ce mesme lieu estoit posé le Tronc où se mettoient les aumosnes pour la fabrique, nourriture des pauures, & autres choses necessaires pour la bien-seance du Temple. Bref en ce quartier sur la porte qui estoit à l'Occident, se voyoit cest horloge d'Achab auec tous ses mouuements pleins d'artifice, sur lequel visiblement on vid le Soleil retourner en arriere de dix lignes, pour tesmoignage de la guerison du Roy Ezechias. Finalement aux deux angles de ceste cour du costé de l'Occident, il y auoit deux hautes Tours, appellees les Tours des Trompettes, où les Prestres montoient pour appeller le peuple aux Sacrifices auec deux Trompettes d'argent au lieu de cloches. Maintenant s'il m'est permis d'allegoriser tant soit peu sur les principales parties de ce Temple, ie diray premierement que tout le corps de ceste saincte fabrique, nous representoit tout le monde entierement. Le Sainct des Saincts

Gg iij

se pouuoit prendre pour le Ciel, auec tout ce qui est esleué par dessus nous, & caché à nos yeux. Ceste cour separee d'auec le Tabernacle nous representoit la partie inferieure de ce bas monde corporel & visible. Ce voile de quatre couleurs si bien agencé au deuant du Tabernacle, sont les quatre elements de nostre corps, qui empeschent à la maniere d'vn voile que nous ne puissions voir Dieu dans son tabernacle du Ciel, où il n'est loisible d'entrer tandis que nous sommes en peché, durant le cours de ceste vie caduque & mortelle. Il se lit que le grand Prestre n'entroit qu'vne fois l'an dedans ce lieu si sainct, non plus que nostre ame à la fin de l'an apres le cours de nostre vie, n'entrera qu'vne fois dans le sainct tabernacle du Ciel. Ces courtines de diuerses couleurs qui entouroient le Tabernacle, sont les plus luisantes estoilles, ou pour mieux dire les sainctes ames differentes en splendeur & merite, ou les esprits Angeliques qui entourent le Throsne de la Diuinité. Dans l'Arche estoient trois choses sainctement & religieusement conseruees, la Manne, la Verge d'Aaron, & les deux Tables de la Loy. La Manne nous signifioit toutes sortes de nourriture corporelle & spirituelle: la Verge d'Aaron la Iustice Ecclesiastique & ciuile, & les deux Tables, le Vieil & Nouueau Testament contenant la Loy de Dieu, escrite sur la pierre nostre Seigneur, où si vous aymez mieux sa diuinité & humanité, qui nous ont donné la Loy de l'Euangile, & des sainctes Traditions, pour nous acheminer à la vie eternelle. Ie diray plus que l'arche de nostre corps forgé sur l'enclume de la diuinité, porte en soy la mãne de l'amour diuin, & la verge de la Iustice qui est le burin auec lequel nous deuons escrire dans les deux tables de nostre memoire & volonté, la dilection de Dieu & de nostre prochain, en rendant à Dieu ce qui est à Dieu, à Cesar ce qui est à Cesar; & en vn mot à chacun ce qui luy appartient. Hors le Sainct des Saincts estoient trois choses au deuant de l'Arche, l'Autel des encensements, la Table des douze pains de Proposition, & le Chandelier lumineux qui auoit sept beaux bras: Nostre Seigneur est en premier lieu ce beau Chandelier, ou plustost ceste belle Lumiere qui illumine tout homme venant en ce monde, par la force des sept dons du sainct Esprit. Les douze pains sont les douze articles de la Foy, ou bien les douze Apostres, dont les vertus & merites sont exposez, & nous sont proposez sur la Table du sainct Euangile : Et pour faire fin, nous dirons que ceste belle cour qui estoit au deuant du Sainct des Saincts, c'est la Terre Saincte, que Dieu a tousiours deuant les yeux repeuplee des douze Tribus & lignees d'Israël, qu'il esclaire & nourrist par la force des sept Planettes, sur l'Autel de ce monde vniuersel. Bien qu'il soit fort difficile aujourd'huy de representer au certain la forme & le plan du Temple de Salomon, & comme il est faict au dedans, à raison qu'il n'est permis aux Chrestiens d'y entrer à peine de la vie, ou se faire Turc, & se Mahometiser. Neantmoins selon que i'en ay peu remarquer à l'œil, & apprendre des anciens qui sont sur les lieux, i'en diray des particularitez assez remarquables. Ce Temple donc ainsi qu'il paroist à nos yeux, a esté redifié par vn certain Roy Sarrasin nommé Homar, troisiesme successeur de Mahomet, selon qu'il s'apprend par la lecture de certaines inscriptions & paroles Arabiques, dedans & au dehors d'iceluy, qui tesmoignent le nom de son Autheur, auec la despence qu'il fist pour en venir à chef. Ce Temple est edifié sur le mont Moria en la mesme place que le premier, vray est qu'il estoit en forme longue, cestuy-cy en forme ronde, ou pour mieux dire Octogone, monstrant huict belles faces esgalles en tout son circuit, où l'on ne void rien que du marbre. Icy le Pelerin se representera qu'au Temple ancien la principale entree estoit à l'Orient, & les Prestres de l'ancienne Loy faisans leurs sacrifices auec le peuple, auoient la face tournee à l'Occident : mais aujourd'huy la plus cõmune entree de ce Temple moderne est Occidentalle, comme des nostres, bien qu'on y puisse entrer par quatre portes. Il faut passer deux cours bien closes de bonnes portes & murailles, fortifiees de Tours pour la conseruation du Temple : La premiere est vne grande cour qui ferme à quatre portes, disposees selon les quatre Vents, contenãt quatre cents pas de long, & autant de large, ombragee de beaux arbres de toutes sortes. Pour la seconde elle paroist releuee du moins de six bons pieds de haut au beau mitan de la premiere, & quarree par semblable, contenant du moins 85. pas de chasque costé en sa quarreure. Elle a cinq entrees, deux au Midy, deux au Septentrion, & la cinquiesme au Leuant, où l'on monte par cinq petits degrez. Le Temple est edifié iustement au milieu de ceste seconde place en la forme que i'ay dit; & quiconque a bien remarqué estant à Rome la Chappelle à huict faces où fut baptisé l'Empereur Constantin, laquelle est ioincte auec l'Eglise de sainct Iean de Lateran, qu'il face estat d'auoir veu la forme & le modelle du Temple de Salomon. Il y a enuiron vingt & cinq pas de chasque face, tout le corps de ce Temple auec son Dome & superfice est porté au dedans par deux rancs de colonnes de marbre bien ordonnees & disposees en rond. Au premier ranc il y en a vingt & quatre, & seize au second: Il y a de la muraille qui est au dedans du Temple cinq pas de distance aux pilliers du premier ordre, qui ont deux petits pas en quarré de chasque costé, & sont esloignez seulement de quatre pas les vns des autres. Il y a des premiers pilliers aux seconds qui aduancent dans le Temple huict pas, & ne sont esloignez que de trois pas les vns des autres, & ont à peu pres quatre pieds de chasque face en quarré. Tout au milieu de ce Temple est vne grotte où les Turcs descendent par dix-huict marches pour aller faire leurs plus secrettes prieres, & non loin de là est la pierre quarree où l'Ange s'arresta, apres auoir frappé le peuple d'Israël au temps du Roy Dauid: Tout le corps de ce Temple peut auoir cinquante & cinq pas en diametre; l'ay tousiours oüy dire qu'il n'y a autre richesse au dedans, & qu'il n'est sinon blanchy tout simplement comme les autres Mosquees. Pour retourner au dehors il est tout reuestu de beau marbre blanc à chasque face, comme il est au dedans. Son Dome est enrichy & supporté d'vn nombre infiny de belles colonnes de marbre, de porphyre & de bronze, comme il paroist, portees sur de beaux pilastres, richement elabourees auec leurs bases, chapiteaux & corniches. Comme i'ay dit que ce Temple est Octogone, toutes ses faces en approchant du Dome sont basties non à la Mosaïque (comme ont escrit quelques autheurs modernes) mais à la Damasquine, sçauoir est de pierres de

toutes

toutes sortes de couleurs artificiellement faictes & cuites au feu comme ces beaux vases dorez d'Alexandrie, faicts d'vne terre subtile & esmaillez de plusieurs sortes, puis arrangees & entre-meslees d'vne fort belle maniere. On y remarque deux beaux estages de fenestrages & portiques tout à l'entour faits en arcades, remplis de vitres fort claires & lucides. On le void bien au clair du mont de l'Ascension, mais sa plus belle & proche perspectiue est du Pretoire de Pilate, où faict sa demeure le Sangiac Gouuerneur de la Cité, duquel lieu ie contemplay ce Temple fort à mon gré en son absence, auec les plus rares particularitez & plus particulieres raretez de son Palais, par le moyen d'vn sien esclaue Flamand, ainsi que ie diray plus amplement par cy-apres. On le peut voir aussi bien à propos de dessus les platte-formes du Conuent de sainct Sauueur, où se retirent les Pelerins. Quant à sa hauteur sauf meilleur aduis, ie luy donnerois volontiers soixante brasses: son Dome est couuert de plomb, & au dessus de sa lanterne est vn Croissant, les armes du grand Turc, qui a les deux cornes en haut, ainsi qu'on void paroistre sur toutes les autres principales Mosquees des Infidelles.

De la premiere & principale partie de l'antique Cité de Hierusalem, auec ses dependances.

CHAP. V.

LE mont de Sion, autrement dit le mont du Seigneur, & souuent le mont Sainct, estoit de beaucoup esleué par dessus les autres, ayant la forme d'vn demy cercle, fortifiant entierement la Cité du costé de Midy, comme à ceste occasion les Iebuseens s'y estoient auantageusement logez auant que Dauid les en chassast, & s'y logeant apres eux fortifia ce quartier de telle sorte, qu'il fut appellé de son nom la Cité de Dauid, ou Cité superieure, apres l'auoir decoree de toutes sortes de bastiments superbes & magnifiques, munie de forteresses, ornee de ruës, places, fontaines & iardinages. Au

Hh

beau milieu de ceste montaigne estoit la Citadelle & maison Royalle de Dauid, comme vn vray Arsenac & Capitole pour la conseruation de ceste cité. Ce lieu fut tousiours la demeure des Roys de Iuda, iusques à son entiere ruine, & là estoit la garnison & soldats de leur garde : Non loin de ce beau fort estoit la prison Royalle, où fut long temps prisonnier Hieremie, pour auoir predit la ruine de Hierusalem. En ce mesme quartier estoit le superbe Palais faict edifier par Herodes Ascalonite, diuisé en deux parties à l'honneur de l'Empereur Cesar & du Roy Agrippa, desquels il emprunta le nom pour donner à ces deux bastiments. A costé d'iceux estoit le sainct Cenacle de nostre Seigneur, des merueilles duquel nous traitterons en la reprinse des lieux mysterieux & saincts, qui se remarquent encor aujourd'huy en la moderne Cité de Hierusalem, lors que nous parlerons d'icelle. Tout au bout de ceste cité tirant vers le Leuant, estoit le Parc des Cypres admirables, dont l'Ecclesiastique faict mention : Vn peu au dessous estoit le Palais d'Anne beau-pere de Caïphe, où nostre Seigneur fut interrogé de ses disciples, & de sa doctrine. A main droicte de ce Palais en venant de l'Orient à l'Occident, estoit la maison des plus braues Capitaines de la garde de Dauid, & à la gauche du mesme Palais d'Anne estoit la maison du bon Vrie. Non loin du sainct Cenacle estoit le lieu où se retira & mourut la sacree Vierge, quatorze ans apres la mort de nostre Seigneur. Entre la Cité & le sainct Cenacle estoit la principale place du marché. A costé du Palais de Dauid tirant vers le Midy estoit le iardin Royal, où l'on tient que Manasses & Amon Roys de Iuda furent inhumez. Entre ceste cité superieure & l'inferieure situee vers le Septentrion estoit le Melo, autrement la vallee de Tyropeon, qui estoit vn precipice fort profond à l'auantage de la forteresse du mont de Sion, mais aujourd'huy elle est toute comblee & remplie. Entre le sainct Cenacle & le Sepulchre de Dauid, en venant du Leuant au Ponant estoit le Palais de Caïphe, & non loin de ce lieu vne fontaine admirable pour sa grandeur & belle structure, appellee la Piscine de Sion: Là se voyoit aussi vn pont fort magnifique porté sur de belles colonnes de marbre, par deſſus lequel on paſſoit pour aller de la Cité ſuperieure à l'inferieure. Non loin du ſainct Cenacle eſtoit le ſepulchre de Dauid & de ſes ſucceſſeurs, duquel Hircan Duc & Pontife de Hieruſalem, tira trois mille talents, & quelque temps apres Herodes Aſcalonite voulant faire le ſemblable, vne flamme de feu en ſortit qui deuora deux de ſes ſoldats occuppez à telle entrepriſe, de laquelle il ſe deſpartit; & pour l'expiation de ſon peché, l'orna & enrichit beaucoup plus que deuant. Fort pres du ſainct Cenacle tirant vers le Midy, eſtoit auſſi le ſepulchre de ſainct Eſtienne, Nicodeme, Gamaliel & Abibon, qui furent la enſepulturez pour la ſeconde fois. Entre le S. Cenacle & la maiſon Royalle de Dauid, eſtoit le Tabernacle de Sion, à deſſein couuert de peaux, où l'Arche de l'Alliance repoſa quarante & quatre ans, & cheminant vers les Cypres de Sion droict au Leuant, on trouuoit les Preſſoirs Royaux où ſe tiroit le vin pour la bouche du Roy. La ſeconde partie de la Cité ſ'appelloit fille de Sion, à raiſon qu'elle ſembloit prendre naiſſance de la montaigne de Sion; on la nommoit auſſi Cité inferieure, de laquelle par ſemblable nous repreſenterons les ſingulieres parties: & partant nous commencerons par le mont d'Acre le lieu de ſa ſituation, fort eminent & releué auant que Simon Machabee en trois iours & trois nuicts à force de peuple l'euſt faict explaner: vn peu au deſſous d'iceluy tirant vers la porte vieille ou Iudiciare eſtoit l'Amphitheatre, non moins admirable & capable que celuy de Rome, auquel pres de cent mille perſonnes pouuoient facilement voir tout ce qui ſ'y paſſoit ſans ſ'incommoder l'vn l'autre. A trois cents pas de ce lieu, tout au proche du Temple de Salomon eſtoit la forstereſſe Antonienne, du coſté de Septentrion, baſtie en forme de Citadelle par Hircan Machabee, pour tenir en bride les habitans. Herodes le grand Roy de Hieruſalem, la fortifia, & luy donna le nom d'Antoine Trium-uir ſon amy. A vn des coins du Temple de Salomon celuy d'entre l'Occident & le Septentrion, eſtoit edifié l'Archiue public, autrement le lieu de la Chancellerie, où eſtoient rangees en bel ordre, toutes ſortes de lettres &

instruments concernans les droicts & priuileges de la Cité, auquel certains seditieux meirent le feu, au grand preiudice & dommage du public. Au plus beau du mont d'Acre du costé de Midy estoit la forteresse d'Antiochus Epiphanes, qu'il fist bastir en ce lieu auantageux apres la prinse de la Cité, & le pillage du Temple; & sur la mesme montaigne au costé de Septentrion, estoit vne autre forteresse Royalle de ceste Princesse Heleine, qui de Gentille faicte Iuifue, & à la fin Chrestienne, sauua la Cité de Hierusalem de la famine par son bel ordre & bon mesnage. Tout au proche du premier mur de l'antique Cité du costé de Septentrion, estoit la prison publique des malfaicteurs, où les Apostres furent tant de fois emprisonnez par les Iuifs, & miraculeusement deliurez par les Anges. Non loin de la forteresse Antonienne estoit vne grotte & lieu sous-terrain, pratiqué par le vieil Herodes, par où l'on se retiroit à couuert dans le Téple, s'il aduenoit qu'on y fust forcé par quelque sedition populaire. Auprés de la prison publicque proche de la seconde Cité estoit la Cour ou Conseil des septante Senateurs, qui iugeoient de toutes sortes d'affaires graues: Les Hebrieux appelloient ce lieu Gazit, comme vn Consistoire, où les Apostres ont souuent comparu ainsi qu'il est escrit, pour rendre raison de leur doctrine: Ils y ont esté ignominieusement traittez par les Iuifs sortans de deuant le Conseil, fort ioyeux d'auoir souffert & enduré quelque chose pour le nom de Iesus-Christ. Pour les maisons de remarque, il y auoit entre-autres la maison du Pontife Ananias, qui fut à la fin bruslee par les seditieux de la Cité. Il y auoit la maison de la forest du Liban, longue de cent, large de cinquante, & haute de trente coudees que Salomon fist edifier, auec toute la richesse & magnificence qu'on se peut imaginer. Il y auoit plus la maison de Messa, dont mention est faite au 4. liure des Roys chap. xi. La maison du vulgaire où s'exerçoit la ieunesse aux armes, & se recreoit quelquefois le peuple aux festins & conuiues, ieux dances & autres recreations. La maison du mauuais riche, du Prince des Pharisiens, où nostre Seigneur guerit l'hydropique, de Simon le Pharisien, de la Veronique de saincte Anne & autres, desquelles nous ferons plus ample description, venans à parler des Eglises qui y ont esté edifiees, & autres choses mysterieuses qui en dependent. Au dessous de la forteresse Antonienne estoit la place du grand marché tout au milieu de la Cité où se faisoient les monstres & parades des gens de guerre, & entre le mõt de Sion & le mont d'Acre estoit vne autre fort belle place qu'on appelloit le marché des choses venales, où sainct Iacques Maieur eut la teste tranchee, & en ce mesme lieu a esté edifié vn beau Temple en son honneur, duquel nous parlerons plus à plein. Non loin de la Probatique Piscine estoient deux autres places & marchez, l'vn de bestes pour les sacrifices, l'autre de vieux meubles & fripperies le plus grand trafic des Iuifs. Tout au proche de la forteresse d'Antiochus estoit le College des Gétils, où la ieunesse apprenoit les lettres Grecques & Latines. Tout à l'entour du Temple estoient les logemens des Prestres, sauf du costé de l'Occident où estoient logez les gens de guerre qui en auoient la charge. Au dessoubs du Temple au coin de la Cité inferieure, estoit la lice publique où se faisoiét toutes sortes de courses & combats pour la recreation des grands. Le mont Moria, autrement dit Terre de vision, & le mont du Temple, seruant de forteresse à la Cité du costé d'Orient, estoit fort remarquable & encor plus recommandable, tant à cause de son Temple, que pour estre le lieu (selon quelques escriuains) où Abraham pour obeïr à Dieu, voulut immoler son fils Isaac. Entre la Probatique Piscine & le Temple estoit la tour d'Opher forte & haute à merueilles, que les soldats de Tite forcerent & bruslurent. Entre le Temple & le marché des choses venales, estoit le Palais des Machabees, que le Roy Agrippa augmenta fort depuis eux, pour raison de son bel aspect, voyant de sa table en prenant son repas, tout ce passoit par la Cité & dans le Temple, dont les Princes des Prestres & autres ministres d'iceluy conceurent de grandes ialousies, où il fut besoin que l'Empereur Neron interuint par son Ordonnance. Le Palais de Pilate autrement la garnison des Romains, & le Pretoire où se rendoit la Iustice, estoit vne fabrique fort admirable proche de la forteresse

Antonienne, & non trop esloigné du Temple, comme nous dirons autre part, lors que nous parlerons de la mort & passion de nostre Seigneur. De l'autre part du Temple au costé de Midy entre iceluy & la Cité superieure, estoit le Palais de la Reyne femme de Salomon & fille de Pharaon, & fort peu au dessoubs estoit celuy du Roy, qu'il fist bastir en treize ans, auec toute la diligence possible, de marbre choisi & poly, & des plus beaux Cedres du mont Liban. Du costé de l'Occident est encor auiourd'huy le chasteau des Pisains, occupé maintenant par les Turcs sacrileges des saincts lieux. Du costé de l'Aquilon estoit la Piscine interieure que fist faire Ezechias presque au mitá de la Cité, & de ce costé mesme se void encor la Probatique Piscine auec ses cinq porches entre le Temple & la porte des troupeaux par où l'on descend en la Vallee de Iosaphat. Presque au mitan de la place & marché des choses venales duquel nous auons cy-dessus parlé, estoit l'ancienne Piscine de la Cité dont les eaux apres l'auoir lauee s'alloient precipiter dans le torrent de Cedron. De la forteresse Antonienne on alloit à couuert par dessus vn pont fort magnifique porté par de hautes colomnes de marbre, iusques dedans le Temple. Tout au proche du Palais des Machabees estoit le theatre de la Cité, edifié à grands frais par Herodes Ascalonite, en forme de demy-cercle, au frontispice duquel estoient releuees en or les victoires & trophees de Cesar Auguste, auec l'Ordonnance bien obseruee pour la place des grands & des petits, & le lieu des Histrions ioüeurs & Comediens. Ie ne tairay pas le riche Throsne de Salomon tout d'yuoire fin & couuert du plus pur or d'Ophir, on y montoit par six degrez portez par douze petits lions, & en ce lieu qui estoit edifié au costé du Midy entre le mont de Sion & le Temple, le Roy rendoit Iustice à vn chacun, & de son Palais iusqu'au Temple y auoit vn passage en forme de gallerie & courritoire, porté par toutes sortes de colonnes d'vne beauté incomparable. Au droit de ce magnifique Tribunal de l'autre part du Temple, tirant vers le Septentrion, estoit le detestable Tribunal de Pilate duquel nous parlerons autre part. Entre le Temple & la forteresse Antonienne estoit la

DE LA TERRE SAINCTE. 247

tour de Strabon, & au proche d'icelle vn chemin sous-terrain, qui donnoit dans le Temple, où selon l'autheur Iosephe, Antigone fut mis à mort par les satellites de son frere.

De la seconde Cité & de ses dependances.

CHAP. VI.

A seconde Cité troisiesme partie de Hierusalem, estoit aucunement bastie à l'estroit & ses ruës estoient fort angustes, neantmoins les Prophetes & la pluspart des Nobles de la Cité habitoient ce quartier: En ceste Cité seconde estoit vn assez grand estang ou viuier qui s'appelloit Amigdalon fort plaisant & proche du Palais d'Herodes; nõ loin d'iceluy l'Empereur Tite (comme escrit l'autheur Iosephe) fist dresser vn Cauallier pour emporter le reste de la ville. En ce quartier estoit la maison de la Prophetesse Holdan femme de Sellon homme fort illustre & proche parent du Prophete Hieremie: ceste femme consultee par le Roy Iosias, luy predit la destructiõ de Hierusalem. A l'opposite de ceste maison edifiee vers l'Orient en reuenant à l'Occident estoit basti d'vn admirable artifice & structure le Palais d'Herodes Ascalonite meurtrier des Innocens, duquel nous parlerons plus à plein en la description de la moderne Cité. Non loin de cet edifice si magnifique estoit vne fontaine fort artificielle ornee d'vn nombre infiny de tuyaux, iettant l'eau de toutes parts, laquelle par des canaux & conduicts soubs-terrains s'alloit rendre par toutes les demeures de ce Palais. Tout au haut de la seconde Cité presque ioignant les murs qui sont à l'Orient, estoit le Tabernacle des Rechabites, desquels le Prophete Hieremie fait ample mention au trente cinquiesme chapitre de ses Propheties: ces gens de la race de Ionadab premierement ne vouloient habiter dans les maisons ains soubs les tentes & tabernacles: Ils ne vouloient pas seulement posseder vignes ny autres terres, mais du tout ne boire point de vin. A lieu cy-deuant dit

contre le premier mur d'entre l'inferieure & seconde Cité, estoit vne eau dormante, comme vn lac duquel parle Esaye. De l'autre part ioignant le mur qui faisoit closture à la seconde & nouuelle Cité estoit le superbe monument d'Alexandre Ianeus, Roy & Pontife tout ensemble. Au dessoubs du Palais d'Herodes estoit le Stratopedon, à sçauoir vne grand Cour enuironnant la maison royale où estoient ses corps de garde & royales prisons. On tient que ce fut en ce lieu que sainct Pierre fait prisonnier fut miraculeusement deliuré de l'Ange. A l'entour de ce Palais si superbe au mur d'entre la Cité inferieure, le Temple, & la seconde Cité, il y auoit trois tours extremement fortes & hautes, la premiere en allant du Ponant au Leuant s'appelloit Hippicos, laquelle estoit toute quarree, & bien qu'elle fust edifiee en lieu haut & auantageux, elle auoit en outre quatre vingts coudees de hauteur: ce fut le vieil Herodes qui la fist faire & l'appella de ce nom Hippicos, pour souuenance d'vn sien amy mort en guerre qui s'appelloit ainsi. La seconde venant apres s'appelloit la tour Phasel, haute de quatre vingts dix coudees & grosse à la proportion. Cet Herode l'auoit fait faire au modelle de la tour du Phare qui estoit en Alexandrie, & la nomma du nom de son frere Phasellus. La troisiesme s'appelloit la tour Mariamme ou Marianne, du nom de la femme d'Herodes: ceste tour estoit seulement haute de cinquante & cinq coudees, pour raison dequoy elle n'estoit si forte que les deux autres, & neätmoins Herodes s'estoit efforcé de la rendre par vn autre auantage plus riche & plus plaisante. L'Empereur Tite ayant pris la Cité de Hierusalem laissa ces trois tours en leur entier, pour donner plus de subiect à la posterité d'admirer la force & vaillance des Romains, ayans oppugné & expugné vne ville qui auoit des deffences si fortes. Toutesfois l'Empereur Adrian au temps que nous auons cy-deuant dit, fist cheoir par terre ces trois beaux vaisseaux à cause d'vne rebellion faicte par les Iuifs contre l'Empire. Non loin de la maison royale d'Herodes, estoit vn iardin orné de toutes les beautez & perfections requises pour le contentement d'vn Roy. Il y auoit en premier lieu vn viuier remply de toutes sortes de bon poisson

son, lequel estoit couuert de beaux & aquatiques oiseaux esmaillez de plusieurs couleurs & plus rares plumages, faisans la guerre aux poissons qui de leur part les voyans endormis dessus ces belles eaux, les resueilloient à toute heure. Dans ce iardin estoit vn fort plaisant vollier garny d'oyseaux les plus beaux & les plus rares qu'on eust peu souhaitter, fredonnans & degoisans à l'enuie les vns des autres en mille belles façons. En vn quartier de ce iardin estoit vn petit parc repeuplé de toutes sortes de bestes sauuages qui auoient oublié leur fierté naturelle pour donner du plaisir aux regardans. Là les fontaines murmuroient & iettoient leurs eaux en mille & mille sortes artificiellement plaisantes : Les pallissades de ce iardin estoient faictes de Cedres & Cyprez où l'on voyoit mille belles choses releuees en bosse, & diuersifiees selon leur ordre, pour mieux contenter l'esprit des plus curieux : car aux vnes on voyoit des sieges aux autres de batailles, & aux autres des chasses à toutes sortes de bestes sauuages : Les parterres & compartiments de ce iardin estoient encor plus admirables pour la diuersité de leurs figures & belles inuentions. En donnant vn peu à l'escart, il y auoit de fort belles promenades de toutes sortes de grandeurs, & à chaque pas on trouuoit où contenter son esprit, en voyant toutes sortes d'histoires representees à personnages faicts de Cedres, Myrthes, Cyprez, & autres arbrisseaux si bien agencez & compassez ensemble qu'il n'y restoit que la parole. Il y auoit au reste des grottes tant naturelles qu'artificielles, ornees de tout ce que la mer le long de son riuage peut produire de plus beau à l'œil, comme coraux, porcelaines, nacques de perles & toutes sortes de plaisantes coquilles, de pierrettes & milles petits cailloux diaphanes peints de la nature en autant de couleurs taillez & arrangez d'vne fort belle Mosaïque, auec infinis souspiraux & secrets tuyaux par où l'eau viue qui auoit ses sources au dedans, coulloit & reiallissoit de la hauteur de la picque, quand on se vouloit par esbat entremoüiller les vns les autres : d'où ie presuppose que ce monsieur viuant icy bas si à son plaisir & faisant la fin qu'il a faite n'est maintenant si à son aise. Aupres du monument de Hircan grand Duc & Pontife de Hierusa-

Ii

lem, estoit l'Hospital public, edifié des deniers qu'il print dans le Sepulchre de Dauid. Entre le Palais d'Herodes & le mur de la seconde Cité estoit vne belle Academie où specialement l'hyuer les braues Athletes digladiateurs & autres vaillants hommes passoient le temps à manier les armes, & faire toutes sortes de penibles & belliqueux exercices. La quatriesme partie de la cité de Hierusalem s'appelloit la Bezette, c'est à dire maison d'estenduë d'esgarement ou espines, ainsi appellee selon mon iugement à cause d'Herodes qui l'auoit habitee: Ceste ville neufue estoit close & separee des autres, de bons murs & retranchements. En ce quartier habitoient toutes sortes d'Artisans, comme Filandriers, Mareschaux, Armuriers & autres. Ceste cité pourtant fut appellee Bezette, d'vne montaigne de ce nom qui estoit au haut d'icelle en tirant vers l'Orient, & tient on pour chose asseuree que les Assyriens qui prindrent premierement Hierusalem camperent sur ceste montaigne, laquelle pour lors n'estoit encor enclose dans la cité: comme aussi la verité est, que Tite ayant forcé la premiere muraille d'icelle campa en ce mesme lieu, pour emporter le second mur qui en estoit esloigné d'vn coup de fleche. Pour le troisiesme mur lequel faisoit closture à toute la cité, ce fut le Roy Agrippa qui le fist faire aux despens du public, beaucoup plus materiel, & plus fort qu'il n'estoit auparauant, ayant vingt & cinq coudees de haut, & communément dix de large. Outre ce, il auoit en son circuit deux cens Tours de toutes sortes de grandeurs, les vns disent plus les autres moins. Maintenant qu'il ne reste à parler sinon du nombre des portes & de quelques Tours principales de la cité: bien que la pluspart de nos Autheurs Anciens & Modernes, n'en trouuent les vns sinon huict, les autres dix, les autres plus ou moins: comme ceste belle cité de la Hierusalem terrestre auoit esté edifiee au patron & modelle de la celeste, où il y a douze portes, ainsi que nous auons verifié parlant d'icelle en la page 69. il ne s'en trouuera pas moins en celle-cy disposees en la sorte & maniere qui ensuit. Premierement, du costé de l'Orient, il y auoit trois portes, la premiere en venant du Leuant au Midy, s'appelloit la porte de la vallee, ainsi appellee, d'autant que par icelle on descendoit en la vallee de Iosaphat, & comme elle estoit fort proche de la probatique piscine où se lauoient, & du marché où se vendoient les bestes qu'on deuoit immoler au Temple, que plus coustumierement on faisoit entrer par cette porte, pour ce sujet on l'appelloit aussi la porte des Troupeaux, & maintenant de sainct Estienne, à raison que par icelle, & au proche d'icelle, il fut tiré hors la Cité pour estre lapidé. La seconde qui suit apres est la porte Doree, ainsi appellee, pour l'or que le temps passé on n'auoit espargné pour son embelissement. On l'appelloit aussi la porte Orientale, d'autant que par icelle du costé d'Orient on entroit dans le Temple, & par ceste mesme porte nostre Seigneur fist son entree en Hierusalem le Dimanche des Rameaux. Depuis que les Turcs sont maistres de Hierusalem, ils ont faict murer ceste porte pour escarter le monde de leur Temple, où il n'est loisible à personne d'entrer que les pieds nuds, & qu'il ne soit circoncis, joinct qu'ils ont ceste creance, & tiennent, soit par prophetie ou tradition, que la Cité de Hierusalem doit estre prinse sur eux par vn Prince Chrestien qui entrera par ceste porte, laquelle à ceste cause ils tiennent tousiours fermee. La troisiesme estoit appellee porte de la Fontaine, & quelque fois porte des cheuaux, qu'on abbreuuoit commodément par icelle aux eaux de Siloé & du Torrent de Cedron. Secondement, du costé de l'Occident il y auoit trois portes, la premiere en allant du Ponant au Septentrion, s'appelloit la porte des poissons situee tout au proche de la Tour de Dauid, ainsi appellee, d'autant que par icelle on apportoit le poisson en Hierusalem, de Iaffa & autres lieux maritimes. On l'appelloit aussi la porte du Commerce, à raison que de Bethleem, Hebron, Gaza, Egypte, & de toute l'Ethiopie on apportoit en Hierusalem toutes sortes de marchandises. La seconde, s'appelloit la porte vieille, autrement iudiciaire, elle semble estre auiourd'huy au cœur de la ville, & est bouschee de pierres si mal arrangees, & sans aucun ciment qu'on void le iour au trauers; On l'appelloit iudiciaire, tant à raison de ce que les Anciens y faisoient leurs iugemens, que hors & au proche d'icelle ils se mettoient à execution, & par ceste mesme porte nostre Seigneur fut conduit sur le mont de Caluaire. La troisiesme s'appelloit la porte Genath, c'est à dire du iardin à cause que du iardin d'Herodes on pouuoit par icelle fort commodément sortir la ville : Par ceste mesme porte durant le siege des Romains les assiegez faisoient souuent des sorties sur le camp. Tiercement, du costé de l'Aquilon, il y auoit trois portes, la premiere en allant de l'Aquilon à l'Orient s'appelloit la porte de la Tour des Femmes, non moins commode que la precedente pour faire sortie sur les ennemis qui tenoient la Cité assiegee de ce costé. La seconde qui est encor auiourd'huy en sa mesme place, s'appelloit, comme encor de present, la porte d'Ephraim, d'autant que par icelle on alloit par toutes les terres de ceste lignee. L'Autheur Iosephe rapporte qu'entre ceste porte & la porte de l'Angle Ioas Roy des Israëlites fit faire bresche de quatre cens coudees pour entrer dans son char triomphant par ce passage en la Cité, & qu'Ozias Roy de Iuda fist reparer quelque temps apres toutes ces ruynes. La troisiesme, estoit la porte de l'Angle, ainsi appellee, à raison qu'elle estoit presque situee au coing de la Cité, entre l'Orient & le Septentrion ; Elle fut vn temps appellee la porte de Benjamin, d'autant que par icelle on alloit en la Tribu de Benjamin : La plus part du bois qui se brusloit en la Cité entroit plus coustumierement par ceste Porte. Finablement du costé de Midy, il y auoit trois autres portes, la premiere en venant du Midy à l'Occident, s'appelloit la porte Sterquilinne, ainsi appelle, à cause des ordures & immondices que tantost le peuple, & tantost les eaux du ciel traisnoient par ceste porte dans le Torrent de Cedron. La seconde estoit, la porte du iardin du Roy, sur le mont de Syon par où l'on sortoit pour aller vers Bethleem & les montaignes de la Iudee; ce fut par ceste porte que sortit le Roy Sedechias,

& la plufpart des fiens, fe penfans fauuer de la fureur des Chaldeans. La troifiefme & la derniere eftoit la porte du Palais du fouuerain Pontife, de laquelle Nehemias faict mention au troifiefme chapitre du fecond liure d'Efdras. Quant aux principales Tours de l'antique Cité de Hierufalem, venant du cofté de l'Orient, & faifant tout le circuit de la ville, nous commencerons par la Tour Angulaire ainfi appellee, d'autant qu'elle eftoit fur la porte de l'Angle; le Roy Ozias la reftaura, & fift fon fuperfice iufques à la hauteur de cent cinquante coudees: Apres fuyuoit la Tour d'Anaël tant recommandee és fainctes Efcritures, pour fa force & belle eminence. Du mefme cofté d'Orient eftoit la Tour haute que le Roy Ozias fift reparer par femblable, & eftoit ainfi appellee, tant à caufe qu'elle eftoit fituee fur la vallee de Iofaphat en vn lieu haut, que pour raifon de cent cinquante coudees qu'elle auoit de hauteur. Non guieres loing de cefte Tour eftoit celle de Meath, ou Emath, c'eft à dire haute, ayant cent coudees de hauteur, & eftoit fort proche du Temple. Du mefme cofté eftoit la Tour grande, laquelle faifant clofture au Temple fembloit encor deuácer en grandeur & beauté toutes les autres. En venant du Leuant au Midy eftoit la Tour de Siloé, belle à merueilles comme les autres, vray eft qu'elle tomba du temps de noftre Seigneur, & tua dix-huict hommes de fes ruines. Du mefme cofté de Midy eftoit la Tour Floé, non moins belle en grandeur & hauteur que les precedentes. En defcendant du Midy au Ponant eftoit la Tour de Dauid, fituee à l'Angle de deux precipices, comme il paroift encor aujourd'huy à fes ruines, edifiee par Dauid de fort grandes pierres quarrees, polies & liees enfemble auec fer & plomb. La grand' force & finguliere beauté de cefte Tour a efté accomparee à l'Eglife, Efpoufe de Iefus Chrift, par Salomon, quand il chante en fes Cantiques: Ton col eft comme la Tour de Dauid, laquelle eft edifice auec fes baftillós; mille boucliers pendent en icelle, & toute armeure des hommes forts. En retournant de l'Occident au Septentrion, iuftement au Nort-Oüeft eftoit la Tour Sephine, autrement dite Nebuleufe, de laquelle paroiffent encor aujourd'huy les ruines. Cefte Tour estoit Octogone, comme le Temple de Salomon, & auoit septante coudees de haut, bastie sur vne croupe de montaigne, pour cause dequoy faisant vn beau serein, on voyoit presque toute la Terre saincte, les mers voisines, & les deserts d'Arabie. Il ne reste plus que la Tour des Fours, situee du costé de l'Aquilon, ainsi appellee, à raison que le feu y estoit entretenu iour & nuict, si que le iour la fumee, & les flammes la nuict seruoient de guide & de radresse comme la Tour du Phare d'Alexandrie à ceux qui voyageoient en ce pays, & par mer & par terre.

Du nombre de fois que la Cité de Hierusalem a esté prinse & reprinse, des saincts lieux qui sont en icelle, & premierement de l'Eglise du sainct Sepulchre.

Chap. VII.

OR TY comme ie suis hors des murs & l'enclos d'vne Hierusalem si superbe & magnifique, alleiché de sa beauté, & tout rauy de ses merueilles: Ie feray comme celuy qui ne pouuant oublier la douceur tousiours desiree, du lieu que plus il aggree, forty par vne de ses portes, rentre aussi tost par l'autre: Mais helas! trouuant du soir au matin ceste belle cité toute changee & rauallee entierement de sa pristine splendeur, tout estonné & confus de sa deffaicte, ie ne puis que ie ne die auec Dauid: I'ay veu l'impie porte-turban, comme les Cedres du Liban s'esleuer; mais tout soudain, retournant à la mesme heure, sans attendre au lendemain, ie ne voy plus sa demeure: Ie ne puis (dis-je) que ie ne die auec Hieremie, Côme sied la cité seulette si peuplee, la Dame des nations est faicte comme veufue & tributaire, Hierusalem est faicte instable pour son peché detestable. Et de moy ie croy que c'est ce peché dont parle Amos: Sur trois pechez d'Israël, & sur quatre ie ne me côuertiray point, pource qu'il a vêdu le iuste pour argent. Mais quoy que c'en soit la gloire antique de ses merueilles est aujourd'huy tellemét rabaissee, que c'est chose incroyable à nos oreilles, tout y est plein d'horreur & terreur: l'horreur est pourtant belle, & belle la terreur, puis que durant ces reuers si diuers, puis que parmy tant d'allarmes, tant d'assauts, tant de vacarmes, tant de prinses & reprinses, la pieté reseruee, s'est sauuee, qu'on a veu malgré l'enfer triompher & de la flamme & du fer, comme les lieux plus pieux où nostre Seigneur voulut operer nostre salut, & n'y eut que la vanité des superbes edifices, de ceste pauure cité, pour son peché par ses vices, & l'vsure trop commune qui courust plus de fortune: Pourquoy ie diray en passant que ceste miserable cité a esté prinse & reprinse, & changé de main plus de trente fois, depuis sa premiere fondation iusqu'à sa derniere destruction. Ceste cité fut donc premierement edifiee comme il est dit en la page 224. l'an du monde 2023. ans par Melchisedec, qui y regna cinquante ans. Depuis ce temps elle vint au pouuoir des Iebuseens, qui la garderent quatre cents vingt ans, sans en rendre compte, ny payer tribut à personne, & rendus tributaires les Israëlites, la possederent encor vn temps. Ce faict, elle vint en la possession des Roys, Dauid, Sedechias, & leurs successeurs, qui y regnerēt plus de quatre cents ans. Vers la fin de ce temps elle fut prinse par Sesac Roy d'Egypte, en l'an du monde deux mil neuf cents septante-cinq: des Philistins, en l'an trois mil soixante-deux: d'Azaël Roy de Sorie, en l'an trois mil cent dix: de Ioas Roy d'Israel, en l'an trois mil cent vingt & cinq: de Razin Roy de Sorie, & Pheacie Roy d'Israël, en l'an mil deux cents dix: de Benmerodac Roy de Babylone, en l'an trois mil deux cents nonante-cinq: de Nechaone Roy d'Egypte, en l'an trois mil trois cents quarante & vn: de Nabuchodenosor, aux annees trois mil trois cents quarante & quatre, trois mil trois cents cinquante & deux, & trois mil trois cents soixante & trois. Apres ceste derniere prinse, elle fut deserte septante ans, durant la captiuité de Babylone. Depuis ce temps elle vint soubs le pouuoir d'Alexandre le Grand, & les Roys de Macedoine, qui la garderent deux cents quatre-vingts ans. Ce faict, elle fut prinse par Ptolomee, en l'an trois mil six cents quatre-vingts & sept: de Philopatre, en l'an trois mil sept cents soixante & neuf: d'Antiochus le grand, en l'an trois mil sept cents quatre-vingts quatre: d'Epiphanes, en l'an trois mil huict cents vingt & vn: de Triphon en l'an trois mil huict cents quarante & deux: de Pompee, l'an trois mil neuf cents & trois: d'Antigone assisté des Parthes, l'an trois mil neuf cents vingt & six: d'Herodes l'an trois mil neuf cents trente, qui la garda quarante & deux ans. Ce faict, elle fut sept ans sous la domination d'Archelaus. Sous les Romains vne autrefois, qui la garderent vingt & huict ans. Sous Herodes Agrippa, elle fut trois ans. Sous les Romains derechef vingt & deux ans. Apres ce temps elle fut empietee par certains, appellez les Zelez, rebelles à leurs Roys, qui la conseruerent quatre ans. Bien peu de temps apres, elle fut presque toute destruite par Tite fils de l'Empereur Vespasian, pour cause dequoy elle fut pres de soixante & cinq ans toute deserte. Ie croy que ce fut le huictiesme d'Aoust, en l'an de nostre Seigneur septāte & deux, à vn semblable iour que Nabuchodenosor en l'an du monde trois mil trois cents soixante & trois, l'auoit prinse. Apres le temps de ceste desolation, l'Empereur Adrian la fist redifier, & puis fut habitee par les Chrestiens (subjects à l'Empire Romain) le temps de quatre cents quatre-vingts & dix ans. De là elle tomba en la possession des Sarrasins & Infidelles, qui la dominerent quatre cens soixante & trois ans. Le genereux Godefroy de Buillon les en chassant en l'an de nostre Seigneur mil quatre-vingts dix-neuf, le septiesme iour de Iuin, vn iour de Vendredy, à la mesme heure que nostre Seigneur rendit l'esprit, sur les trois heures apres midy, auec vingt mil hommes de pied, & quinze cents cheuaux seulement, la garda & ses successeurs quatre-vingts & huict ans, au bout desquels elle fut reprinse sur eux le second iour d'Octobre. Le Soldan d'Egypte la força en l'an de nostre Seigneur, mil deux cents dix-huict. Saladin la reprint apres, en l'an mil deux cents quarante & cinq. Ce fait, elle fut prinse par Meldin Soldan de Babylone, & depuis par Mulec Prince des Sarrasins, en l'an de nostre Seigneur mil deux cents quatre-vingts & vnze. Le Soldan d'Egypte la reprint huict ans apres, en l'an mil deux cens quatrevingts dix-neuf. Apres vint

Selim

Selim Empereur des Turcs, qui en fist la derniere prinse, en l'an mil cinq cents dix-sept, duquel les successeurs l'ont iusques icy tousiours gardee. Voyla donc comme ceste miserable cité, qui a tousiours esté vne vraye boucherie depuis la mort de nostre Seigneur, a esté prinse & reprinse tant de fois deuant & apres sa venuë; si qu'il n'est resté rien d'entier en elle, sauf quelques Temples, Chappelles & Oratoires, auec les principaux lieux mysterieux & plus belles marques de nostre salut, qui sont autant de sainctes & modernes antiquitez qui aduancent de beaucoup, & sont de plus grand' duree que les premieres, & ne faut autre que ceste belle piece du sainct Sepulchre, pour surpasser toutes les merueilles ensemble de l'antique Hierusalem, voire de tout le monde entierement.

Premier & auant qu'entrer en ce beau Temple du S. Sepulchre, nous en representerons naïfuemnt le plan, & ferons la ronde, ou à parler plus catholiquement, nous ferons la procession à l'entour d'iceluy, à fin de mieux comprendre & remarquer sa belle situation, si que pour la mieux conceuoir, sans qu'il soit besoin de me rendre prolixe outre mesure, contre la reigle de briefueté, à laquelle ie desire tant que ie pourray me conformer. Ie renuoyeray le Pelerin au dessein & pourtrait qu'il a deuant les yeux, pour en tirer le contentemét qu'il desire, sauf que ie diray en passant la mesure des principaux membres, & parties plus necessaires de ce sainct Téple, esloigné du Conuent de sainct Sauueur où les Religieux Cordeliers font leur demeure, à peu pres de 150. pas. A l'arriuee de ce lieu sainct, on entre en vne belle & spacieuse cour pauee de belles pierres blâches de toutes sortes de grâdeurs, laquelle quarree à peu pres cóme son paué, peut auoir quarantecinq pas de long, & bien peu moins de large. Elle est close du costé du Leuât en partie du lieu de la pretédue immolation d'Isaac, du sacrifice d'Abraham, & autres bastiments: du costé de l'Occident en partie du campanier de l'Eglise, & d'vn lieu où les Grecs officiét, & font leur demeure: du Midy, de la prison des Turcs, qui estoit autrefois vn Hospital pour receuoir les Pelerins de la Terre Saincte, & du Septentrion, de l'Eglise du sainct Sepulchre.

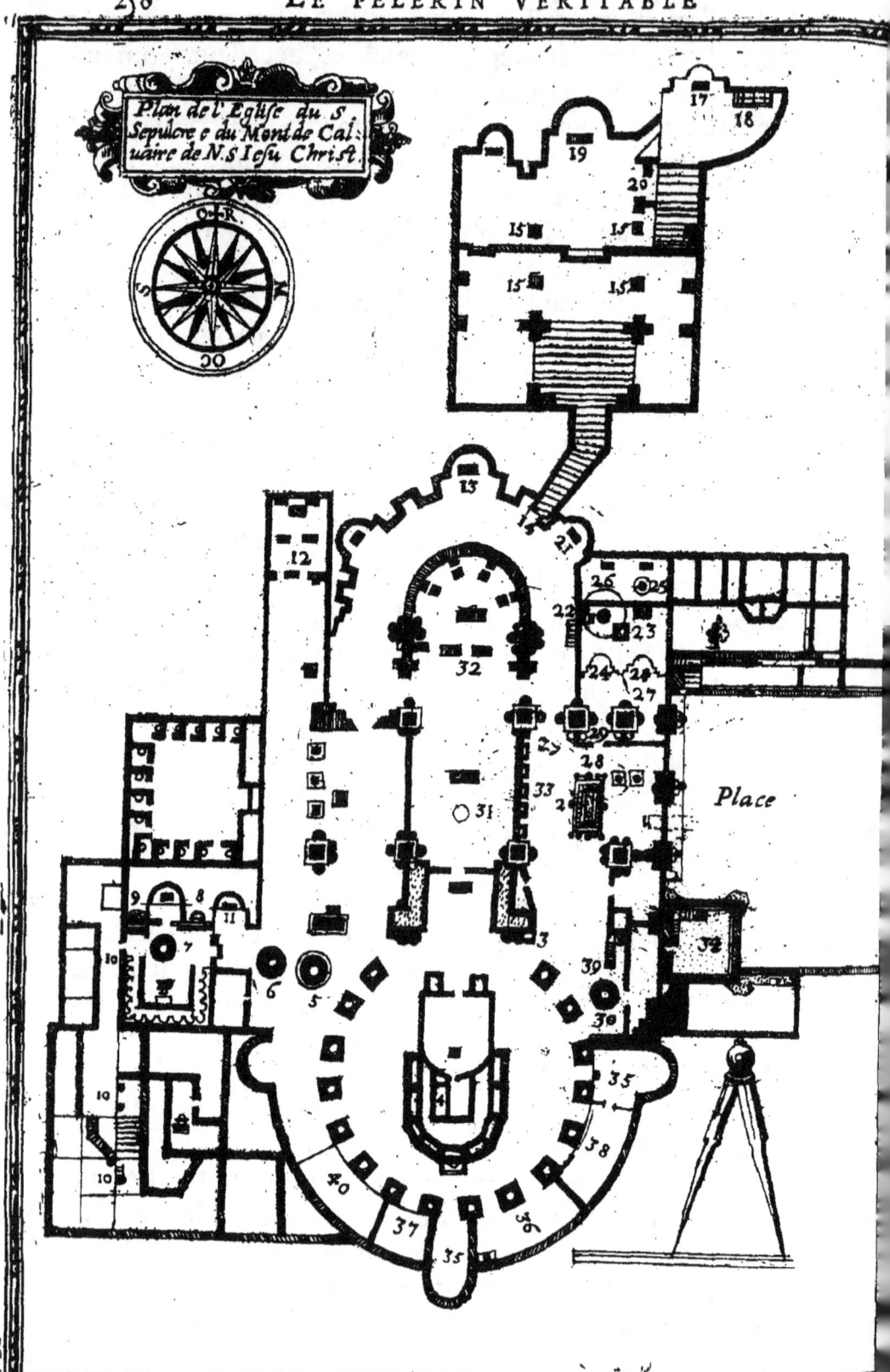

DE LA TERRE SAINCTE.

1. L'entree de l'Eglise.
2. Pierre de l'Onction.
3. Chemin du sainct Sepulchre.
4. Sainct Sepulchre.
5. Où nostre Seigneur s'apparut à la Magdeleine.
6. Le lieu de la Magdeleine.
7. Chappelle de l'Apparition.
8. L'Autel de la colonne de la flagellation.
9. L'Autel de saincte Croix.
10. La demeure des Religieux.
11. Chappelle de la Magdeleine.
12. La prison de N. Seigneur.
13. Où furent divisez les vestements de nostre Seigneur.
14. Escallier de la Chappelle saincte Heleine.
15. Les 4. colonnes qui pleurent.
16. Escal. de l'invention S. Croix.
17. Le lieu où elle fut trouuee.
18. Où furent trouuees les autres.
19. Chappelle de saincte Heleine.
20. La Chaire de saincte Heleine.
21. Chappelle de la colonne de l'impropere.
22. Escallier du mot de Caluaire.
23. Les autels du mont de Cal.
24. Chappelle de la Crucifixion.
25. Chapelle où pensa estre immolé Isaac.
26. L'autel de Melchisedec.
27. Fente du mont de Caluaire.
28. Chappelle de sainct Iean.
29. Sepul. de Godefroy de Buillon & de Baudouin son frere.
30. Le lieu de N. D. & S. Iean.
31. Le milieu du monde.
32. Le Chœur de l'Eglise.
33. Les Sepulchres des Roys.
34. Le Campanier.
35. Sep. de Ioseph & Nicodeme.
36. Chappelle des Iacobites.
37. Chappelles des Gossites.
38. Chappelle des Abyssins.
39. Escallier pour aller aux Armeniens.
40. Chappelle des Georgiens.

Il n'est aucunement loisible aux Iuifs sous quelque pretexte que ce soit, d'entrer en ceste cour & belle place à peine du pal, d'vne grosse amende, ou d'y estre assommez sans aucune recherche, ny forme de procez. En ceste mesme place deuant la porte de l'Eglise, se voyent encor les mesmes lieux où furent bruslez tous vifs frere Cosme d'Andelousie, Dame Marie Espagnolle, & vn ieune Prestre Grec, pour estre entrez en contestation & dispute de la foy auec les Turcs, ce qui seruira d'exemple au Pelerin pour ne tomber en vn tel accident, comme i'ay desia dit en la page 134. Le Campanier de ceste Eglise estoit autrefois fort admirable pour sa hauteur, force & belle structure, decoré comme il est encor à present, de trois beaux ordres de fenestrages, auec leurs piliers, bases, colónes, chapiteaux & corniches de marbre, & de porphyre. Mais soit que les Turcs l'ayent faict abbattre, ou que pour cause de son antiquité il soit tombé en ruine, il est à present priué de son beau superfice. Saladin Roy d'Egypte estant maistre de Hierusalem, en fist leuer les cloches; il y a plus de trois cēs soixante ans que les vns disent auoir esté iusqu'au nombre de dixhuict, ainsi que les trous & marques paroissent encor aujourd'huy sur les lieux, quelques-vns disent plus, les autres moins, le vulgaire luy donnant cinquante cinq brasses de hauteur. A main droite du costé du Leuant, il y auoit vne fort belle Chapelle faicte à la Mosaïque, decoree de son petit Dome, où l'on montoit par quinze degrez ; & de là entroit-on sur le mont de Caluaire, & puis dans le corps de l'Eglise : mais outre qu'elle est presque maintenant toute en ruine, ce passage est entierement bousché. Dessous son escallier se void encor à present le lieu où saincte Marie Egyptienne faisoit sa penitence, auant qu'il luy fust loisible d'entrer dans l'Eglise du sainct Sepulchre. Son frontispice qui est au Midy ne manque pas d'artifice, ains est riche & plein de belles inuentions : Il y a premierement six beaux pilliers à chacun des costez de la porte, portans l'Architecture d'vne double corniche, elabouree de beaux fueillages, & autres inuentions. Outre ce il y a de grandes pierres de marbre, en forme d'architraue, sur lesquelles sont releuees l'image de nostre-Dame, tenant nostre Seigneur entre ses bras, les histoires du Lazare ressuscité, l'entree de nostre Seigneur en Hierusalem auec le triomphe des Palmes, comme il chassa les vendeurs & achepteurs hors le Temple, le sainct Cenacle, auec la trahison de Iudas au iardin des Oliues. Anciennement on entroit dans ceste Eglise par trois portes, dont les deux premieres en venant du Leuant au Ponant sont murees, & n'y a que la derniere qui ouure, laquelle est de neuf pieds de haut, & cinq de large, tousiours close neantmoins, sinon lors qu'il faut faire entrer ou sortir les Pelerins. Pres ceste porte qui ouure, est à main droite vn petit siege ou relais de marbre blanc de trois pieds de haut, & six de long, sur lequel les Turcs sont assis pour voir entrer & sortir, & faire payer par semblable les Pelerins qui entrent en ce S. lieu.

Cefte feule porte qui ouure & ferme auec vn gros varrouil de fer, a vne petite feneftre prefque au mitan trauerfee d'vn fort barreau de fer pour empefcher les plus grands d'y paffer: Par cefte feneftre ceux de dehors adminiftrent les viures à ceux qui font dedans enfermez fous la clef, & feellez du feau du grand Turc qui en eft l'auare portier. Aux deux coftez de cefte feneftre plus grande, il y en a deux autres bien moindres comme à paffer les deux poings feulement, par où ceux de dedans & dehors peuuent commodément parler & deuifer enfemble.

EGLISE DV SAIT SEPULCHRE

Pour bien comprendre la forme & fituation de ce beau Temple, voyant fa belle perfpectiue, le Pelerin fe reprefentera qu'il a efté faict à deux diuerfes fois, la premiere partie en forme ronde (laquelle par-cy apres ie feray marcher à part) s'appelle l'Eglife du fainct Sepulchre, ou de la Refurrection, edifiee par fainte Heleine: La feconde qui a efté depuis faite baftir par nos Princes Chrefticns, s'appelle l'Eglife de Golgotha, autrement du mont de Caluaire. Ceste vertueuse Princesse du temps jadis, diuine Architectrice temporelle & spirituelle, & curieuse indagatrice des Thresors spirituels de la terre Saincte, ne fist pas seulement bastir ce Temple, mais selon l'opinion commune, & le rapport des Autheurs qui en ont escrit, elle fist edifier en ces lieux iusques au nombre de six cens Eglises, Chappelles & Oratoires, & entre autres, celle-cy que nous auons dict, il y a pres de treize cens ans, encor toute entiere sur pied, sans que iamais on y ait faict (aussi qu'il n'est permis) la moindre reparation. Pourquoy ie diray en passant, que ce n'est rien de nouueau, si la duree de ce sainct bastiment faict par ceste saincte Imperatrice est si longue, ayant esté maçonné auec le ciment de la Foy, demeslé de l'eau de ses larmes, & fortifié du feu de la Charité : Vray est que les chouëttes, pigeons, souris-chauues & autres oyseaux qui s'anichent soubs les toits & autres lieux inaccessibles de ce sainct bastiment y causent bien de la ruyne; Les Turcs d'autre-part en couppent le plomb à grandes tables, donnans par ce moyen entree à l'eau qui pourrist les materiaux & gaste toutes ces belles Mosayques. Et neantmoins ie me suis tousiours persuadé que ce sainct bastiment durera dauantage que la Loy de Mahommet, & tous ses sectateurs qui nous en empeschent l'entree. Quant à l'Eglise de Golgotha, elle fut ainsi edifiee afin d'enclorre le sainct mont de Caluaire sur lequel nostre Seigneur souffrit Mort & Passion, auec son sainct Sepulchre. La belle Chappelle ou plustost l'Eglise toute entiere au milieu de laquelle est ceste saincte & sacree Relique du sainct Sepulchre est toute ronde, & faicte à la maniere d'vn coulombier, & iustement au modelle du Pantheon de Rome, appellé auiourd'huy Nostre Dame de la Rotonde, & pour donner lumiere à toute ceste grande fabrique, il n'y a qu'vne seule ouuerture dans sa voulte, qui la rend plus claire, auec l'Eglise du mont de Caluaire, que s'il y auoit vne douzaine de fenestres autre part. Ce grand vaisseau ne contient gueres moins de deux cens pas de circuit qui le pourroit commodément cerner par le dehors, pres de cinquante en diametre, & à mon iugement cinquante brasses de haulteur. Pour l'autre Eglise, elle est faicte en Croix, & son Dome est de la haulteur de l'autre, sauf qu'il est faict & couuert de ciment, on y peut monter par le dehors iusques au faiste, par vn escallier faict de pierre. Pour la Chappelle du sainct Sepulchre elle est premierement couuerte de longues & larges tables de Cypres, & puis de beau plomb par dessus : Tout le corps de ceste Eglise estoit anciennement entouré de toutes sortes de beaux edifices, & bastiments, pour la commodité des Cheualliers & Officiers seruants de la Religion de sainct Iean de Hierusalem, mais auiourd'huy tout y est en ruyne, sauf du costé de Septentrion, où il est encor resté quelques logements assez commodes où se retirent les Santons, Imans, & autres Ministres de la Loy de Mahommet. De ce Discours precedent le Pelerin remarquera comme l'Eglise du sainct Sepulchre fut edifiee long-temps auant celle du mont de Caluaire, bien que cela soit difficile à discerner à quiconque n'y prend garde de pres, & fut besoing d'ouurir du costé du Leuant l'Eglise du sainct Sepulchre pour donner plus de iour à l'Eglise de Golgotha, & les vnir ensemble, afin d'entrer plus commodément de l'vne en l'autre.

A. Ouverture qui donne iour au
 sainct Sepulchre.

B. Le lieu & plan du sainct Se-
 pulchre.

*De l'entree en l'Eglise du Sainct Sepulchre, & de l'ordre qu'on fait
obseruer aux Pelerins à la visite des Saincts lieux.*

Chap. VIII.

E Pelerin entré dedans l'Eglise par sa principa-
le porte qui est au Midy, au contraire des no-
stres qui sont au Couchant, s'il jette les yeux à
main droicte, il void premierement le sainct
mont de Caluaire dedié & consacré par le pre-
cieux sang de nostre Seigneur: s'il les tourne à la gauche, il
void son sainct Sepulchre, si à ses pieds il void la pierre sur laquelle fut oingt son precieux corps descendu de la Croix, de
sorte qu'à l'entree de ce sainct lieu, illustré de la Mort & Passion

sion du fils de Dieu, decoré de sa glorieuse Resurrection, honoré de la presence des Anges, des Apostres, des sainctes femmes qui l'allerent cercher au Sepulchre, frequenté d'vn nombre infiny de bons Chrestiens qui en tous les iours de l'an sans aucune exception le lauent & arrousent de leurs larmes, ce n'est rien de nouueau si le Pelerin fait tout tremblât est quelque fois hors de soy, & tout rauy de deuotion : comme entre autres il se raconte d'vn Pelerin François, lequel meditant à genoux sur le mont de Caluaire, doucement rendit l'ame à Dieu. Le séblable me fut dit d'vn autre sur le môt des Oliues, lequel priant ainsi : O Iesus mon Sauueur, i'ay esté vous cercher à Nazareth, où vous fustes conceu du sainct Esprit, mais las, ie ne vous y ay point trouué, i'ay fait le semblable en Bethleem où vous prinstes naissance, sur le mont de Caluaire où vous fustes crucifié, au sainct Sepulchre où vous ressuscitastes, auquel lieu ne vous ayant non plus trouué, ie suis venu en fin sur ceste autre montaigne d'où vous montastes au Ciel, où ie vous supplie en toute humilité, mon doux Seigneur, receuoir ma pauure ame, & vous communiquer à elle : où ce bon Pelerin obtint l'effect de sa priere, l'ame s'enuolant au ciel, & son corps inhumé en la place. Le Pelerin donc entré en ce sainct Temple, est conduit droict à la chappelle de l'Apparition, où les Religieux Cordeliers font l'office, ceste chappelle est au Septentrion, aucunement à l'escart, comme si elle estoit hors l'enclos de l'Eglise : elle est ainsi appellee de l'Apparition, d'autant que tous les Peres tiennent qu'en ce mesme lieu, nostre Seigneur s'apparut premierement apres sa glorieuse Resurrection, à la tres-sacree Vierge sa Mere : Il y a vn petit cercle de pierre au mitan de ceste chappelle, où l'on tient que Nostre Dame estoit lors que nostre Seigneur s'apparut à elle : qui doit exhorter le Pelerin à prier instamment ceste saincte & sacree Vierge, de s'apparoistre à luy, pour le secourir au grand iour du combat, & de la separatiô de son corps & de son ame. Ceste chappelle est fort bien tapissee, & a dix pas de long, huict de large, & haute à la proportion : elle est bien pourueuë & garnie de bancs, pulpitre, chaires, liures, & toutes sortes d'orne-

Ll

mens pour faire commodément le diuin seruice. Elle a trois Autels esclairez d'vne grand' fenestre vitree qui est au Leuant, le principal Autel est entre les deux autres dans vne petite chappelle qui aduance au Leuant en forme de nid, laquelle a à peu-pres quatre pas de long, & trois de large: L'Autel qui est à main gauche est appellé de saincte Croix, à raison qu'en ce lieu fut faicte l'espreuue de la vraye Croix, & que de tout temps il y en auoit vne fort bonne portion qui fut enleuee (on parle de cent ans) par les Armeniens, fort enuieux (ie n'ose dire ennemis) de la prosperité des Latins, pendant que les pauures Religieux Cordeliers, par l'espace de quatre ans, furent retenus prisonniers dans la ville de Hierusalem, par la rage du grand Turc Solyman, tout desesperé pour vne bataille qu'il auoit perdue contre les Chrestiens. L'autre Autel & chappelle sans closture comme la precedente, qui est à la droicte du costé de Midy, s'appelle de la Colonne de la Flagellation, d'autant que derriere l'Autel où le Prestre celebre, dans vne petite fenestre qui entre en la muraille, fermee d'vn treillis de fer, de deux pieds & demy de haut, & non du tout deux de large, se void vne assez belle quantité de ceste saincte colonne haute de deux grands pieds, & grosse de quatre pans, où nostre Seigneur attaché (qui pouuoit renuerser les colonnes du monde) fut flagellé chez Pilate, d'où ceste relique, selon sainct Hierosme en l'Epistre qu'il escrit à Eustochiū, fut portee à l'Eglise du môt de Syon, mais les infidelles rendus maistres des saincts lieux la mirent en pieces, lesquelles furent depuis fort curieusement recueillies par les Chrestiens, comme il se recognoist à Rome, Venise, Espaigne, Raguse & autres lieux de la Chrestienté, où il y en a des portions: l'Autel qui est au deuant sur lequel on celebre la saincte Messe, est de quatre pieds de long, large de deux, & haut esleué de quatre autres pieds de terre. De ceste chappelle de l'Apparition part coustumierement la procession generalle que font les Pelerins par les saincts lieux, assistez des Religieux, apres auoir commencé à faire leurs prieres deuant ceste saincte colonne, à laquelle le Pelerin doit tellement attacher ses pechez pour les flageller, que son corps ny son ame ne soient plus regimbans ny rebelles à l'aduenir, contre la volonté de Dieu. Sortant de ceste chappelle, & deuallant trois marches de degré pour entrer dans l'Eglise on trouue incontinent à la gauche, vne petite chappelle fort mal soignee, que quelques-vns appellent de la Magdeleine, elle est en la charge des Nestoriens, & leur fut acceptee apres auoir abiuré leur heresie à Rome, mais d'autant qu'elle ne remarque auiourd'huy rien de mysterieux, & qu'elle est *sine cruce*, *& sine luce*, la procession passe outre pour aller droict à la chappelle de la prison de Nostre Seigneur. C'est vn petit Oratoire fort obscur, soubs la charge des Georgiens, qui a sept pieds de long, six de large, & huict de haut. Il est situé du costé de Septentrion, iustement à l'opposite du mont de Caluaire, qui est au Midy, faisans ensemble la croisee de l'Eglise, esloignez à peu pres de cinquante pas l'vn de l'autre. Ce lieu est porté par deux pilliers, tousiours esclairé d'vne lampe, & semble creusé dans le rocher. Ce fut en ce lieu que nostre Seigneur fut resserré, pendant que sur le mont de Caluaire, les Iuifs faisoient les preparatifs pour le mettre en croix. Selon la creance de tous les Orientaux, ce lieu pour lors estoit semblable à la cisterne de Ioseph vendu & despouillé par ses freres, lesquels tout ainsi qu'ils ensanglanterent sa robbe, ainsi les Iuifs celle de nostre Seigneur. C'est en ce lieu que le bon Pelerin doit captiuer, & tellemét emprisonner ses passions, qu'il ne retourne pas à crucifier nostre Seigneur vne seconde fois, de peur de tomber en la cruelle prison de l'Enfer. Le Pelerin continuant ses deuotions, pour reprendre le chemin du mont de Caluaire, & autres lieux saincts, retourne quatre ou cinq pas en arriere, & trouue à la sortie de ce lieu sur main gauche vne petite cellule où se retira fort long-téps vn deuot des saincts lieux pour faire sa penitence. Il laisse à la mesme main vne autre chappelle où estoit autresfois en reserue le Tiltre de la Croix de nostre Seigneur, mais d'autant que ceste saincte Relique est auiourd'huy à Rome en l'Eglise saincte Croix en Hierusalem, la procession passe tout outre: Ie diray neantmoins en passant, que ceste chappelle reclamee par les Nestoriens, a quatre pas de long, & deux & demy de large. De là on arriue incontinent à vne autre chappelle, où nostre Seigneur fut despouillé de ses vestements par les Iuifs, ainsi que Ioseph par ses freres, pour estre diuisez & partagez: ceste chappelle qui est aux Armeniens a vn peu plus de cinq pas de long, & trois de large. C'est en ce lieu que le Pelerin se doit reuestir en passant de la robbe d'innocence, & du vestement de salut, & sur tout prier Dieu que ceste belle robbe nuptiale de nostre foy & creance ne soit iamais diuisee, ains tousiours toute entiere, pour la representer en l'estat à celuy qui nous l'a donnee. A la sortie de ceste chappelle on faict rencontre à main gauche d'vn large & spacieux escallier de trente marches de beau Marbre blanc, par où l'on descend en la chappelle de saincte Heleine, edifiee hors le corps, & au delà du maistre mur de l'Eglise, iustement au Leuant, mais la laissant à main gauche iusques à nostre retour, on descend encor vnze assez larges degrez insculpez dans le mont de Caluaire, pour descendre en la chappelle de l'Inuention saincte Croix, auquel lieu furent aussi trouuez les cloux, la couronne d'Espines, l'escriteau de la Croix & le fer de la lance, qui auoient esté plus de trois cens trente six ans cachez soubs terre, par Ioseph & Nicodeme disciples secrets de nostre Seigneur, qui les auoient là mis à dessein par vne belle preuoyance de peur des Iuifs, comme s'imaginans que les trophees de la passion de nostre Seigneur pour lors ignominieux, seroient vn iour glorieux. Ceste chappelle toute sousterraine & tiree sous le mõt de caluaire, a deux Autels, & à raison qu'elle n'est pas quarree, elle a icy six, sept, & huict pas de long, & vn peu moins de large. Elle est gouuernee par les Grecs & les Latins, qui y entretiennent trois lampes d'ordinaire, on void bien au clair en ce lieu, le rocher fendu de hault en bas, qui doit occasionner le Pelerin, à faire fendre son cœur de mesme, & tellement loger ce beau signe de la Croix au mitan d'iceluy, qu'elle y soit perpetuellement grauee. Nos Oraisons finies, remontans par les derniers vnze degrez, nous entrasmes dans vne belle & spacieuse Chappelle, dont le Dome est porté par quatre belles colonnes de marbre blanc, esloignees de cinq pas seulement les vnes des autres: On tient que le temps passé ces quatre colonnes estoient tousiours trempees d'eau, comme si elles auoient pleuré la mort de nostre Seigneur, ce qui arriue encor souuentefois aujourd'huy. Ceste Chappelle a esté edifiee en l'honneur de saincte Heleine, & est au gouuernement des Armeniens: Il y a deux Autels en icelle, dont celuy du mitan faict de beau marbre, est d'vne extraordinaire grandeur, & pour la Chappelle elle a vingt pas de long, & seize de large: ce qu'il y a de plus antique & remarquable là dedans, c'est vne belle chaire de marbre blanc faicte à l'antique, & grauee d'vne gentille façon, où ceste saincte Imperatrice estoit assise tandis qu'on trauailloit à la recherche de ces sainctes & precieuses reliques. Ceste bonne Imperatrice trauailla beaucoup à ce bon œuure, & à faire purger & repurger tous ces saincts lieux de la grande idolatrie des Payés, lesquels aux lieux & places du sainct Presepe, de la Croix & du sainct Sepulchre de nostre Seigneur, auoient planté les idoles d'Adonis, Venus & Iupiter, qui y furent pres de cent quatre-vingts ans. Reprenant le chemin de nostre premier escallier de trente marches, arriuez à la derniere on trouue à la sortie en tournant à main gauche, vne autre Chappelle close de barreaux de bois, de la grandeur de quatre grands pas de long, & deux & demy de large, gouuernee par les Abyssins; sous l'Autel de laquelle porté par deux petites colonnes, se void vne colonne de marbre gris, marqueté de taches noires, qu'ils appellent couleur granatine, haute de deux pieds, & vn pied quatre doigts en diametre, appellee la Colonne de l'improper; à raison que nostre Seigneur estant au Pretoire de Pilate fut faict seoir dessus, comme sur son Throsne Royal, pour estre couronné d'espines, & affligé de plusieurs coups, injures & grands improperes: Il y a d'ordinaire vne lampe allumee en ceste Chappelle. C'est à toy Pelerin, pendant que tu es en ce lieu d'attacher à l'exemple de nostre Seigneur ta vie à l'im-

270 LE PELERIN VERITABLE

propere; en priant comme luy, selon le dire de sainct Paul, pour ceux qui te persecutent.

A Premiere Chappelle.
B Seconde Chappelle.
C Fente du mont de Caluaire.
D Où se veid la teste d'Adam.
E Sepulchre de Baudouin.
F Sepulchre de Godefroy.
G La pierre de l'Onction.
H Entree de l'Eglise.

A dix pas de ceste Chappelle est vn petit degré fort estroit, dont les marches sont de bois au commencement, & de pierre à la fin, le tout contenant dix-neuf marches, qui vont sur le sainct mont de Caluaire; mais premier que se mettre en effect de monter sur ceste saincte montaigne, il faut faire comme fist Moyse sur celle de Sinay, deschausser ses soulliers, & y monter pieds nuds, ainsi que dans le sainct Sepulchre. On trouue sur ce mont deux belles Chappelles diuisees d'vn beau pillier qui en faict la separation, lequel se termine & finist à demy, au lieu de clorre le tout, & donner entierement d'vn bout à l'autre; si que vous allez & venez, entrez & sortez comme vous voulez de l'vne en l'autre. La premiere de ces deux Chappelles, est celle de l'Eleuation de nostre Seigneur en la croix. La seconde, est celle du Crucifiement; d'autant qu'en ce lieu nostre Seigneur fut premierement attaché & cloüé à la croix, & puis porté à six pas de là, pour esleuer & planter la croix où il estoit cloüé en vn trou, comme de la grosseur de la teste, & profond d'vn bon pied & demy, ou à peu pres de la longueur du bras, dans le cœur du rocher que les Iuifs auoient ainsi creusé pour cet effect. Dedans ceste premiere Chappelle est vn bel entablement de marbre blanc de dix pieds de long, sept de large, & releué seulement de deux autres pieds de haut de son paué. Tout au mitan d'iceluy est le trou que nous auons dit, où fut plantee la croix de nostre Seigneur, non à droicte ligne de celles des deux larrons; mais côme en forme de triangle, & vn peu plus en arriere vers le Leuant. Ce trou est aujourd'huy enrichy d'vne belle platine d'argent, ronde à l'orifice comme vne grande assiette, sur les bords de laquelle sont releuez en bosse les principaux mysteres de la Passion douloureuse de nostre Sauueur. Dieu me face la grace qu'on trouue tousiours au mitan de mon cœur vn lieu pour planter la croix de nostre Seigneur, à fin que le sainct Esprit descendant dans l'abysme de mon ame pour faire ceste recherche, il trouue ces belles armoiries, & ce Royal escusson, graué en lettres d'or sur le plus beau de mon ame auec le burin d'vne ferme & viue foy. Il y auoit au premier dix pieds de distance entre les croix des deux larrons, au lieu desquelles sont rapportez deux petits pilliers de marbre en forme de croix, releuez d'vn pied au dessus de l'entablement, & de la hauteur de quatre pieds chacun, ou peu s'en reste; la croix du bon larron estant au Septentrion, & celle du mauuais au Midy: mais le rocher se fendant de ce mesme costé, esloigna le mauuais larron & sa croix de celle de nostre Seigneur d'vn grand pied & demy; ce que nostre Seigneur permit ainsi, à cause que ce miserable s'estoit le premier esloigné de luy. Il ne faut trouuer estrange si ce grand rocher se fendit, pour raison du grand poids & pesant fardeau de la Croix, & le prix de nostre redemption, le Sauueur du monde qu'elle portoit. Si on regarde bien dans ceste fente, on void paroistre le crane de la teste d'vn homme, que le vulgaire & tous les Leuantins estiment estre celuy de nostre premier pere Adam. Ceste premiere Chappelle a douze pas de long, cinq de large, & haute selon mon aduis de dix ou douze pieds: L'autre Chappelle du Crucifiement est vn peu moindre en grandeur que la premiere, mais en hauteur il y a peu ou point du tout de difference; au reste il y a six grands pas (comme i'ay desia dit) du lieu où nostre Seigneur fut attaché à la Croix, au lieu où elle fut esleuee. Pour la premiere Chappelle elle est gouuernee par les Grecs & Georgiens qui y celebrent, & n'est loisible aux Latins sinon d'y faire leurs deuotions. Quant à l'autre, il y a deux Autels; l'vn au Leuant, l'autre au Septentrion, de trois pieds & demy de haut chacun, ausquels il n'y a que les Latins qui y celebrent. Au beau milieu de ceste Chappelle est vn lieu marqué de marbre, de plusieurs couleurs, comme vn petit paué où nostre Seigneur respandit beaucoup de son precieux sang, comme on l'attachoit en Croix. Ce fut en ce lieu que les ingrats & felons Iuifs eurent bien le courage de percer ses mains sacrees & pieds si precieux, dont ils auoient receu tant de graces, & qui auoient faict tant de pas pour les sauuer. Et partant Pelerin, regarde que nostre vie est procedee de la mort de nostre Seigneur, nostre guerison de ses playes, nos douceurs de ses douleurs, comme son sang nous a lauez de nos crimes, ses

mains

mains liees desliez des liens de nos pechez, ses pieds clouez acheminez à la voye de ses commandements, & sa soif enyurez de son amour. Il n'est loisible à aucun Pelerin d'entrer en ce sainct lieu autrement que les pieds nuds, excepté le Prestre qui dit Messe : car c'est iustement le lieu de la saincte banque, où nostre Seigneur a payé pour tout le monde, & laué & leué toutes les taches de nos ames. En la premiere de ces deux Chappelles il y a d'ordinaire cinquante lampes, & en l'autre trente-deux, qui bruslent toutes les nuicts. Or bien que la longueur & la largeur du mont de Caluaire soit fort difficile à iuger, pour raison des bastiments qui en ostent le iugement; Ie diray neantmoins selon le mien, sauf vn meilleur & plus certain, qu'il peut auoir trente pas de long, & quinze de large, soixante pieds de hauteur, & enuiron trois cents septante de circonference. Tandis que nous faisions nos deuotions en ce sainct lieu, vn bon Religieux de l'Ordre de sainct François Italien de nation, pour lors President au sainct Sepulchre, commença à nous faire vne exhortation touchant la mort & Passion de nostre Seigneur, sur le mont de Caluaire, où se rangerent à l'instant quelques Prestres Grecs, Religieux Goffites & Armeniens, lesquels entendans aucunement la langue Italienne, sont fort desireux & contents d'ouyr prescher la parole de Dieu : Mais ie croy que ce bon Pere n'eut point si tost proferé dix paroles, que nous ne fussions tous en larmes. Il fut tout aussi tost interrompu par le grand cry des vns qui montoient iusques au ciel, par le grand battement de poitrines des autres ; les vns auoient tousiours la face contre terre, les autres se battoient auec des cordes, iusques à se faire saigner, les autres declaroient leurs pechez tout haut, les autres se leuans sur pieds ouuroient les bras comme s'ils auoient voulu monter au ciel : on en voyoit de tous estendus sur la place, comme s'ils auoient desia rendu l'ame, & les autres estoiét en extase ; de sorte qu'en telles occasions, il s'en est trouué autrefois (còme i'ay desia dit) qui ont rendu l'esprit sur le lieu, lesquels estant ouuerts on leur trouuoit le cœur fendu en deux : Bref on eust dit que tant de sanglots & souspirs si ardants alloient faire fendre le mont de

Mm

Caluaire vne seconde fois. A ce subject, i'aduertiray le Prestre Pelerin en passant selon qu'il est esmeu de deuotion, de se faire assister d'vn autre Prestre en celebrant la saincte Messe, de peur que tout rauy & hors de soy il ne manquast & fist faute au sainct Sacrifice, specialement s'il celebre dedans le sainct Sepulchre, où estant arriué à ces paroles du *Credo & Resurrexit*, il adjouste cet aduerbe, & dit, *& hic resurrexit*, qui veut dire, & il est ressuscité en ce lieu ; S'il celebre sur le mont de Caluaire, il dit, *hic passus & sepultus est* ; si au sainct Presepe en Bethleem, *hic homo factus est*; si au sainct Cenacle, où nostre Seigneur institua le sainct Sacrement, *Accepit hic panem*; si sur le mont de l'Ascension d'où il monta au ciel, *hinc ascendit in cœlum, &c.* Sus donc sus, Pelerin, s'il est vray que les creatures inanimees ayent rendu vn fort ample tesmoignage de leur dueil à la mort du Createur, que le Soleil se soit obscurcy, le voile du Temple party en deux, la terre tremblé, les pierres fendües, les sepulchres ouuerts, les morts ressuscitez, sera-il dit que les enfans d'Adam, pour lesquels ceste mort a eu lieu, ne s'esmouueront autrement ? On dit que la pierre d'Aymant attire le fer, & le Diamant ceste pierre si dure, est amollie par le sang de bouc, & le plus dur acier par la force du feu : ce que bien consideré, sera-il possible que le cœur du Chrestien aceré & plus que diamantin, ne soit attiré par Iesus Christ qui est la vraye pierre ? amolly ny eschauffé par le sang de l'Aigneau sans macule, ny par le feu de sa grande charité & dilection? Ces choses bien considerees par sainct Augustin, pour resueiller nostre grande negligence & paresse, s'escrie sur nous disant : Regarde les playes de celuy qui pend en la Croix, le precieux sang respandu du Fils de Dieu qui meurt pour toy, la valeur & le prix de celuy qui te rachepte, les grands frais qu'il a faicts pour te sauuer, par les playes & cicatrices de la mort si dure qu'il a soufferte : Il a la teste baissee pour te baiser, le cœur ouuert pour t'y loger, les bras estendus pour t'embrasser, & tout le corps mis en pieces pour te rachepter. O bon Dieu, mollifiez donc nos cœurs si durs, & faictes que par vn miracle d'amour, ie trouue en l'amertume de ceste Passion de la douceur, en ceste douceur de la confolation, en ces tourments du plaifir, en cefte mort la vie. O admirable mixtion & delicate confiture, amerement douce, & doucement amere, qui bien qu'elle femble au premier infiniment aigre, bien gouftee neantmoins eft infiniment douce. C'eft ainfi que le bon Pelerin doit difcourir en fon ame aux lieux fainéts, qui ne fe doiuent voir finon auec difciplines, larmes, effufion de fang, foufpirs, fanglots, douleurs, craintes, tremeurs, & ardantes prieres: car l'ambitieux confiderant bien le mont de Caluaire, l'Atheifte, le fainct Sepulchre, le Superbe, le fainct Prefepe, le Paillard, la Colonne de la flagellation, le Libertin, la prifon de noftre Seigneur, le Gourmand, le mont de la Quarantaine; ils changent incontinent d'humeur, & fe refoluent de mener vne autre vie.

Du refte de la Proceßion qui fe faict à la pierre de l'Onction, au fainct Sepulchre, &c.

Chap. IX.

Ayant tant foit peu reprins nos efprits, encor tous alterez, & efgarez des allarmes, difons pluftoft des fainéts charmes, & de la fainéte efpouuente fainctement vehemente, qui nous furprit en ce lieu, où voulut le Fils de Dieu, fouffrir mort & Paffion, pour noftre faluation: les vns trempez de fueur, les autres pleins de frayeur; les vns tous confits en larmes, de ces diuines allarmes, remplis neantmoins d'vn plaifir ineftimable, & d'vne ioye incroyable, noftre proceffion partant de la Chappelle de la Crucifixion, print droict fon chemin à la pierre de l'Onction. Cefte pierre eft iuftement à quinze pas du mont de Caluaire, en venant du Leuant au Ponant, & faict prefque my-chemin entre iceluy & le fainct Sepulchre, où l'on ne conte que cent pieds, ou trente & cinq pas: elle eft droict au deuant de la porte de l'Eglise : ceste pierre est ainsi dicte de l'Onction, à raison que sur icelle fut oingt le precieux corps de nostre Seigneur, de myrrhe & aloës, descendu de la croix par Ioseph & Nicodeme disciples secrets de Iesus-Christ, auant que le mettre en sepulture, selon la coustume des Iuifs. Les vns disent que ceste pierre est du mesme rocher du mont de Caluaire : les autres que c'est vne pierre rapportee tirant sur le vert, & que les Chrestiens Orientaux depuis vn certain temps, à raison de l'indiscretion d'aucuns Pelerins qui la rompoient à coups de marteau, comme le sainct Sepulchre, pour en auoir des pieces, l'ont couuerte de ceste belle pierre de marbre blanc, enrichie tout à l'entour de petites pierres rapportees de marbre blanc & roux en forme d'eschiquier, & peut auoir sept grands pieds de long, & deux de large. Pour euiter qu'on ne marche dessus, on y a rapporté vne forme de grille, rehaussee d'vn demy pied sur la pierre, dont les membres sont enclauez auec plomb & ciment dans le paué de l'Eglise, qui empesche qu'on ne marche dessus, & faict qu'on ne la peut seulement baiser. Il y a d'ordinaire huict lampes qui bruslent sur ceste pierre, entretenuës en commun par toutes les nations qui sont dans le sainct Sepulchre. C'est là, Pelerin, que tu dois prier nostre Seigneur, qu'il te face la grace de l'oindre auec la myrrhe & l'amertume de tes souspirs & tes larmes, pour l'ensepuelir auec les mysteres de sa Passion en ton cœur, iusques aux plus petits membres de son corps les paunres par bonnes aumosnes, à fin que reciproquement il t'oigne de ses graces ; & que rendu par ce moyen braue Athlete spirituel, tu puisse plus facilement porter par terre au grand iour de la luitte tes aduersaires visibles & inuisibles, le Diable, le Monde, & la Chair. La procession partant de ce lieu pour aller au sainct Sepulchre, laisse à la gauche droict vis à vis de l'Escallier qui va aux chambres & logements des Armeniens, sur le paué de l'Eglise vne pierre ronde de marbre gris, sur laquelle pend vne lampe : Ceste pierre est à peu pres de la grandeur de deux autres, desquelles nous parlerons tantost, & la on mise là pour remarquer la place où nostre Dame & sainct Iean estoient au plus fort de la Passion de nostre Seigneur. Et neantmoins soit que pour le grand nombre des Tyrans, & la foulle du peuple qui estoit present à la mort de nostre Seigneur ils eussent esté jettez si loing iusques en ce lieu où il y a plus de vingt pas du mont de Caluaire, d'où auec difficulté ils auroient entendu les parolles de nostre Seigneur en la Croix : nous parlerons par cy apres d'vn autre lieu plus proche où la pluspart des Escriuains de ceste Histoire tiennent qu'ils estoient presens.

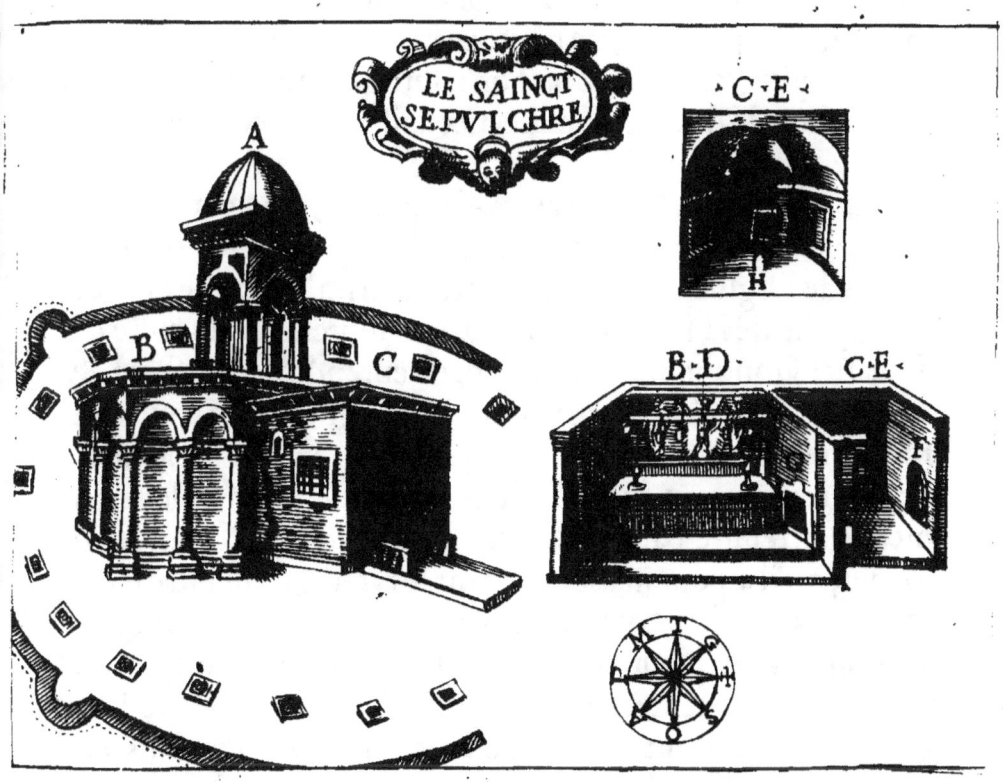

A Couppe du Sainct Sepulchre.
B Le Sainct Sepulchre.
C L'Antichappelle.
BD L'Autel du S. Sepulchre.
CE Le Clair de l'Antichappelle.
F La premiere entree.
G La seconde.
H La pierre de l'Ange.

De ce lieu tournant à la main droicte, & marchant vers

l'Aquilon, nous arriuafmes à l'inſtant au ſainct Sepulchre de noſtre Seigneur, que nous blocquaſmes auec vne auant-garde de ſouſpirs & de larmes, filles de ioye & non de la triſteſſe. Et d'autant que ceſte ſaincte place eſt bien la principale & plus entiere, qui nous ſoit reſtee aux ſaincts lieux, & neantmoins celle que la plus part de nos eſcriuains antiques & plus modernes nous deſcriuent ſi douteuſement & obſcurement, qu'à la fin de tous leurs diſcours, le lecteur ne ſçait encor où il en eſt, ie me ſuis deliberé pour le contentement d'vn chacun d'en rapporter, icy le pourtraict en ſa perſpectiue tout entier, & par les ſingulieres parties, afin que la naifue pourtraicture marchant auec le diſcours le plus veritable & naif qu'il ſera poſſible, il ne reſte plus aucun lieu de doubte de ceſte merueille, à quiconque ouurira i'cy l'œil & l'oreille. Le ſainct Sepulchre de noſtre Seigneur eſloigné comme i'ay cy-deuant dit, de cent pieds du mont de Caluaire, eſt iuſtement ſitué à la partie Occidentale, au bas de l'Egliſe de Golgotha, & tout au milieu de l'Egliſe ou Chappelle de la Reſurrection, ayant ſon entree du coſté du Leuant: Donc pour mieux donner à entendre ſa ſtructure, & le lieu où fut poſé le corps de noſtre Seigneur en Sepulture: repreſentez-vous vn artiſant qui tenant le cizeau, ou le marteau, en main, ou tous les deux enſemble, afin de les bien mettre en œuure par ordre & ſelon la neceſſité, ſur vn beau rocher, qu'il a pour matiere deuant les yeux, ce maiſtre ſculpteur ayant la face tournee droit au couchant, commence ſon ouurage par l'ouuerture qu'il fait dans ce rocher, d'vne petite porte ſeulement de trois pieds de haut & deux de large, qu'il va traçant peu à peu tant qu'il ſoit logé dans ce roc. Ce braue artiſant ayant mis viſuement & ſi bien en œuure, la main & l'eſprit, qu'il eſt à couuert là dedans & les bras libres, pour venir à fin de ſa beſongne, ſe reſoult de ne donner aucun repos au fer, ny à la main qui le conduit, qu'il n'ait tracé dans la pierre à main droicte du coſté du Septentrion, vn bel Autel bien releué, de ſept pieds de long, trois de haut depuis le paué, où ſont ſes pieds, autant de large, & neuf en hauteur depuis le paué iusqu'à la voûte & lambris: bref ce maiſtre artiſant maintenant maiſtre de la place, pour rendre ce lieu plus commode & parfait de tout poinct, luy donne autant de vuide du coſté de Midy, comme l'Autel qui eſt au Septentrion en emporte, à ſçauoir vn petit lieu vacquant où à la neceſſité quatre perſonnes de coſté pourroyent reſter, ſi que ce beau chef d'œuure edifié de la façon, & qui merite le nom de Chappelle, faict cognoiſtre que ce braue ſculpteur Ioſeph d'Arimathie, à deſſein l'auoit ainſi tracé & diſpoſé afin qu'on y celebraſt la Saincte Meſſe comme on fait tous les iours, ſuiuant ce que le Prophete Royal Dauid long-temps auant l'auoit predit: Y aura-il point quelqu'vn (mais pluſtoſt tous au lieu d'vn) qui ſe recorde de raconter au Sepulchre ſainct, ta ſaincte miſericorde? Ce bel ouurage finy & edifié de la ſorte, le precieux corps de noſtre Seigneur fut porté là dedans, les pieds les premiers, & poſé de ſon long ſur ce bel Autel, ayant dans le ſainct Sepulchre comme il auoit en l'arbre de la Croix, ſa ſaincte face tournee à l'Occident, pour offrir aux Occidentaux, les Italiens, François, Eſpagnols, Portugais & autres, la grace que les Iuifs Orientaux auoient refuſee. Ie ne paſſeray pas ſoubs ſilence qu'vn Reuerend pere Gardien des ſaincts lieux, appellé Boniface Eſtienne, Eueſque de Stagne en l'Eſclauonie, depuis ſoixante ans ennuyé du grand abus & temerité des Pelerins, qui alloient martelant & briſant la pierre, ſur laquelle fut poſé le corps de noſtre Seigneur pour en auoir des pieces, & ayant en horreur la ſuperſtition de certaines femmes Grecques & autres, qui bruſloient ordinairement de leurs cheueux deſſus la meſme place, fit reueſtir & couurir entierement cet Autel de toutes parts, de belles tables de marbre blanc, & tient on pour choſe aſſeuree comme il ſe lict au liure Latin, qu'il a eſcrit de l'honneur & reuerence qu'on doit porter inceſſamment, à la Terre Saincte, que faiſant ce bon œuure & remuant ces belles pierres precieuſes, pour les enchaſſer plus richement il vid au lieu où le ſacré chef, les pieds, les mains, & le coſté de noſtre Seigneur auoient poſé deſſus la pierre,

Mm iiij

de son precieux sang meslé auec la Myrrhe & l'Aloës dont son corps tout diuin auoit esté oingt premier que le mettre au Sepulchre : & cecy contre l'opinion de ceux qui disent qu'il n'y auoit rien de releué au dedans, & que le sainct Sepulchre estoit tout vague. Tout ce qu'il y a d'enrichissement, & de plus noble en ce cabinet sacré-sainct, c'est vn beau tableau de la Resurrection de nostre Seigneur posé dessus l'Autel, du don des tres-excellens & tres-pieux grands Ducs de Florence. Quant au nombre des lampes entretenuës de tous les Chrestiens en ce sainct lieu, i'y en ay compté iusques au nombre de soixante trois, que chasque Nation y allumoit tous les soirs, selon le nombre auquel elle estoit obligée. Maintenant le Pelerin se representera qu'à deux pieds ou enuiron de la petite porte du sainct & sacré monumēt est vne pierre quarree releuee du mesme roc, à peu pres d'vn pied de haut, & de pied & demy de chasque face en sa quarreure, qui seruoit d'appuy à la grand' pierre qui estoit à la porte du Monument, de laquelle nous traitterons venans à parler de la maison de Cayphe, où elle sert de maistre Autel à l'Eglise qui a esté edifiee au lieu de son Palais en l'honneur de sainct Sauueur. Quant à l'autre Chappelle autrement dicte la Chappelle de l'Ange deux fois aussi grande que le sainct Sepulchre, selon l'opinion de quelques-vns, elle a esté artificiellement rapportee & iointe à ce sainct lieu pour son ornement. Toutesfois i'estime qu'elle fut faicte du temps, & à la maniere du sainct Sepulchre, eu esgard aux paroles de l'Escriture parlant des trois Maries, disant : Et comme elles entroient, elles virent la pierre roullee. Elle est edifiee en forme d'vne demye Oualle, & peut facilement comprendre dix ou douze personnes : elle a quatre pas de long, trois de large, & à peu pres neuf pieds de haut, & sa muraille quatre d'espaisseur. Elle a esté là rapportee pour representer le lieu de l'Ange & des trois Maries, quand elles y allerent pour oindre le corps de nostre Seigneur. Tout le corps de ceste saincte Fabrique est releué d'vn bon demy pied de haut, sur l'arras du paué de l'Eglise : On peut faire la procession à l'entour comme à la Chappelle de nostre Dame de Lorette, mais celle du sainct

Sepulchre

Sepulchre est finie en moins de vingt pas. Tout ce sainct lieu est reuestu de belles tables de marbre blanc, dehors & dedans, soustenuës & portees par dix Colonnes de mesme estoffe, qui enuironnent le tout, de la hauteur de dix pieds, iusqu'à vne belle platte forme, sur laquelle posent douze autres belles Colonnes, qu'on iugeroit de Porphire à la couleur, elles sont posees deux à deux faisans cinq arcades & portent vn petit Dome, auec ses corniches de la hauteur de six pieds. La porte de l'Antichappelle a six pieds de haut, & deux & demy-de large, sans comprendre l'arcade ou demy-rond qui est au dessus d'icelle de deux pieds en diametre ; le tout fait de beau bois tirant sur le roux en pieces rapportees, & fortifiees de cloux faits d'vne belle façon. Il y a quatre fenestres en tout le corps de ceste fabrique, pour luy donner lumiere & trois petits souspiraux à la voûte du sainct Sepulchre, pour faire euacuer la fumee des Lampes. Dans la Chappelle des Anges du costé du Midy, il y a vn petit Autel de marbre gris, sur lequel se vestent & deuestent les gens d'Eglise, quand ils vont & qu'ils ont celebré la Messe. A l'entree de l'Antichappelle aux costez du Midy & Septentrion, sont deux relais de marbre blanc, entablez au droict l'vn de l'autre, de la hauteur de deux grands pieds, & longs d'vne grand' toise & plus, sur lesquels on se peut asseoir, & s'acouder estant à genoux tandis que les Prestres Latins celebrent la Messe dans le sainct Sepulchre, ce qui n'est permis à autres qu'à eux à peine d'vne grosse amende. Vray est que ce qui donne vn peu mauuaise grace au corps de ceste Chappelle, c'est que certains Chrestiens Goffites Schismatiques, ont attaché à ceste saincte fabrique du sainct Sepulchre, depuis vn temps du costé de l'Occident, vne Chappelle fort mal bastie, où ils font leur seruice, & n'y pend que mille Sechins à bailler au Grand Turc pour la ietter par terre. En ce diuin, & sainct seiour vn mois ne paroist pas vn iour, vn iour vne heure, ny vne heure vn moment. C'est donc en ce sainct lieu, Pelerin, qu'il faut disposer ton ame à vne belle & saincte meditation, premierement dans l'Antichappelle où estoit l'Ange qui introduisit les trois Maries dans ce diuin Palais, priant Dieu que nostre bon Ange soit tousiours assis à la porte du Monument de nostre ame pour y faire entrer & introduire la grace de Dieu, auec toutes sortes de sainctes inspirations, & que tout ainsi comme ce sainct lieu a comprins celuy que tout le monde n'a peu comprendre, ton cœur soit aussi faict digne & perpetuelle habitation de ses graces, & qu'on ne puisse iamais dire du Sepulchre de ton ame, *surrexit, non est hîc*, il a ressuscité, il n'est plus icy. A quinze pas du sainct Sepulchre tirant deuers le Septentrion, auquel lieu est situee la Chappelle de l'Apparition, où les Religieux Cordeliers auec ce qu'il y a de Pelerins de l'Eglise Latine, dedans le sainct Sepulchre se retirent & font leur demeure, on trouue vne grand pierre de marbre gris brun toute ronde, qui peut auoir douze bons pieds de rondeur & quatre en diametre auec vn petit trou au milieu, de l'arras du paué de l'Eglise: C'este pierre est là rapportee pour remarquer iustement l'endroit où nostre Seigneur, apres sa Resurrection s'apparut à la Magdeleine en guise de jardinier, & à cinq pas de ceste pierre en allant vers la Chappelle de l'Apparition, on en trouue vne autre pour si peu qu'il s'en reste de la mesme grandeur, qu'on appelle la pierre de *Noli me tangere*, où estoit la Magdeleine quand nostre Seigneur s'apparut à elle, & qu'elle le voulut toucher: la pierre de nostre Seigneur est au Midy, celle de la Magdeleine au Septentrion, la procession faict ferme & s'areste en ce lieu pour y faire ses prieres & gaigner les Indulgences, que nos saincts Peres les Papes y ont octroyees. Pelerin, c'est en ce lieu que le pecheur se doit rendre, s'il veut que nostre Seigneur s'apparoisse à luy en guise de jardinier pour purger & defricher son ame, de toutes sortes de mauuaises herbes les pechez & les vices, & la planter au contraire de toutes sortes de vertus & bons exemples. Nos deuotions faictes sur ces deux pierres, nous r'entrasmes en la Chappelle de l'Apparition, qui est à vingt cinq pas du sainct Sepulchre, auquel lieu nous finismes nos prieres pour lors, que nous y auions commencees.

Autres particularitez qui dependent de la description de tout le corps de l'Eglise du sainct Sepulchre.

CHAP. X.

COMME le bon & sainct Pelerin picqué d'vne bonne & saincte deuotion, à peine peut mettre fin à ses prieres & assouuir son ame, de mille belles contemplations & autant de sainctes inspirations que le sainct Esprit luy suggere, tandis qu'il est en ce sainct lieu: tout ainsi puis-ie dire qu'il est presque impossible de mettre fin à la description de ceste saincte place, si pleine de merueilles qu'elles ne prennent iamais fin, & où l'on void naistre vn subiect apres l'autre. Ce qui me rend aucunement prolixe en la description de ce sainct lieu, c'est la grace particuliere & le priuilege que i'y receus extraordinairement en cecy que i'eu ce bon heur d'estre enfermé, douze iours & autant de nuicts en ce sainct Temple, où les autres Pelerins, selon la coustume ordinaire, n'y sont que vingt quatre heures, & durant tout ce temps mes deuotions estans faictes, ie n'auois autre exercice qu'à les entremesler de toutes sortes de sainctes curiositez, en contemplant, nombrant & mesurant, les choses que ie iugeois dignes entre les autres qu'on en print la peine: ie diray donc que la piece plus admirable & digne d'estonnement, c'est ceste ancienne Eglise de la Resurrection edifiee comme dit est par saincte Heleine, toute ronde par le dehors, & à six faces par le dedans, de la rondeur & hauteur que nous auons dit cy-deuant, portee par deux ordres & beaux estages de pilliers & colonnes, dont la plus part ont trente huict pieds de haut & quatre en diametre: sur chaque ordonnance & estage de espace ces pilliers & colonnes, il y a de beaux logemés couritoires ou cloistre, car en premier lieu soubs le premier estage composé de quatorze colonnes, & six gros pilliers, qui portent ceste grand Rotonde sont logez cōmodement, & au large

Nn ij

les Armeniens, Suriens, Georgiens, Abyssins & Goffites, qui sont derriere le sainct Sepulchre logez dans les Sepultures de Ioseph & Nicodeme, là le Pelerin remarquera en passant que ce bon Ioseph trouua bien tost sa place se logeant à cinq ou six pas du Sepulchre de nostre Seigneur auec son fidel compagnon Nicodeme, pour garder plus fidellement ceste saincte Relique iusques au iour de la Resurrection generale. Sur le second estage, lequel est composé de huict Colonnes & dix pilliers portans le reste du superfice, on alloit autrefois tout alentour des deux Eglises de la Resurrection & du mont de Caluaire, auant que les Armeniens y eussent faict des clostures & retranchemens, l'vn du costé du Leuant l'autre du Couchant. Là souuentefois les Pelerins se vont reposer, quand ils sont en trop grand nombre, sur des mattelats, tapis & estorres que leur fournist le Conuent. Au dessus des fenestrages de ce second estage, & tout alentour des deux Eglises, se voyent tous les Prophetes & saincts personnages de l'ancien Testament, auec leurs propheties de la Natiuité de nostre Seigneur, le tout fort bien representé en belles figures à la Mosaïque : & entre ces belles representations, du costé de Septentrion est l'Image de saincte Heleine, & droit vis à vis d'icelle du costé de Midy, celle de son fils l'Empereur Constantin, ayans tous deux la Croix en main. Tous ces pilliers & Colonnes qui sont en nombre de plus de cent, estoient autrefois reuestus & tout le dedans de ces deux Eglises, de belles tables de marbre blanc, comme la plus part des Chappelles de l'Eglise de sainct Pierre de Rome, & particulierement ceste Chappelle de sainct Iean de Lateran, où les Chanoines de ceste Eglise font leur office: mais les Turcs les ont despoüillees de ceste richesse, pour en orner & enrichir leur Temple de Salomon. Il y a du moins vingt cinq Chappelles en ces deux Eglises, & à mon iugement trente cinq Autels sur lesquels on peut celebrer la Messe : ces deux Eglises qui sont auiourd'huy en vne, sont disposees en ceste sorte, que l'Eglise du sainct Sepulchre est la nef de l'Eglise du mont de Caluaire, ce qui semble repugner à l'ordre de l'Architecture, &

faict contre l'intention de saincte Heleine : mais ceste seconde Eglise là, rapportee en la maniere que i'ay dit, fut ainsi faicte à dessein, pour enclorre le sainct mont de Caluaire qui est au Leuant, auec le sainct Sepulchre de nostre Seigneur qui est au Couchant. La fenestre qui donne plus de lumiere à toutes ces deux Eglises, c'est celle qui est à la voûte de ceste grand rotonde, quoy qu'au Dome de l'Eglise du mont de Caluaire, & au proche d'iceluy il y en ait quatre autres qui ne rendent pas vne si grande clairté. A la Chappelle où nostre Seigneur fut attaché à la croix, il y a vne assez large fenestre du costé de Midy, qui seruoit autrefois de porte pour entrer par ce costé dans l'Eglise: elle a son aspect sur la cour, & droict dans vne autre Chappelle, où l'on dit que nostre-Dame & S. Iean l'Euāgeliste estoient lors que nostre Seigneur pendant en croix, leur dist; à sa mere, Femme voicy ton fils; à sainct Iean, voicy ta mere : ceste Chappelle est au Midy, esloignee de huict pas au plus, du lieu où nostre Seigneur fut esleué en la croix. Le chœur de l'Eglise est en la possession des Grecs, entouré de pilliers & colonnes, auec sa closture de pierre de hauteur competente, & le maistre Autel auquel on monte par vn bel escallier de huict degrez, faict en demy rond, a le lieu de sa situation à demy circulaire & faicte en arcade; ce lieu a vingt & cinq pas de long, & quinze de large : il n'y a aucun siege au dedans, d'autant que les Grecs faisans leur office & prieres ne s'agenoüillent, & ne s'assoient iamais, ains sont tousiours debout. Il y a trente-huict lampes d'ordinaire en ce chœur, mais venant la moindre de leurs festes, ils redoublent de moitié, si que ie pense auoir pour telle fois compté en certain iour de feste dedans l'Eglise du sainct Sepulchre, trois cents cinquante lampes. Dans ceste mesme place vers la porte de bas qui est au Couchant, est vn fort beau chandelier de cuiure pendu en l'air en forme de Tabernacle, qu'vn Roy de Moscouie auoit enuoyé pour seruir au sainct Sepulchre, mais n'y ayant peu entrer à cause de la grandeur de l'vn, & petite capacité de l'autre, on l'a mis en ce lieu. On y peut appliquer facilement cent cierges, & autant de lampes; & pour moy ie luy donne la rondeur de la grosse cloche de l'Eglise de nostre

Dame de Roüen, George d'Amboife, de laquelle on void la grandeur marquee à vne des portes de ladite Eglife. Il y a vingt & deux œufs d'Auftruches meflez parmy les lampes. Deffous ce chandelier prefque au mitan d'iceluy, eft vne pierre de marbre releuee par deffus le paué de l'Eglife de demy pied, au milieu de laquelle on void vn petit trou enfoncé feulement d'vn doigt, que tous les Orientaux croyent fermement eftre le milieu du monde, f'appuyans peut-eftre fur ce paffage de Dauid ; Que noftre Seigneur a œuuré noftre falut au mitan de la terre : ce qu'on pourroit interpreter du mont de Caluaire, aujourd'huy prefque au mitan de la cité, ou de la cité au mitan de la Terre de Promiffion, ou de la Terre de Promiffion au milieu de la terre habitable. Tout à l'entree du chœur de cefte Eglife, efloigné de quinze pas du fepulchre de noftre Seigneur, eft vn petit Autel à peu pres au droict d'iceluy, où tous les Grecs font affemblez le Samedy fainct durant la ceremonie qui fe faict de leur nul & abufif feu fainct, qu'ils difent ce iour-là defcendre du ciel, chofe abfurde & recogneuë aujourd'huy pour nulle, & du tout fallacieufe. Contre le chœur où officient les Grecs tout au droict de la grand' porte de ladite Eglife, font trois ou quatre fepultures de fort beau marbre blanc, qu'on tient eftre des Roys de Hierufalem, & autres Princes Chreftiens, & de leurs femmes & enfans : mais à fept ou huict pas de là, iuftement à main droicte comme on entre dans l'Eglife, eft vne Chappelle qu'on appelle du nom de fainct Iean l'Euangelifte : les autres l'appellent la Chappelle de l'Onction, à caufe de la pierre dont nous auons cy-deuant parlé, en laquelle font deux fort belles fepultures de marbre blanc, releuees & grauees de leurs epitaphes, comme vous les voyez cy-deuant reprefentees ; celle qui eft à main gauche eft de Godefroy de Buillon, & l'autre de Baudouin fon frere, tous deux Roys de Hierufalem : elles font efloignees de trois grands pas les vnes des autres, & cefte Chappelle eft iuftement edifiee foubs le mont de Caluaire, qui luy fert de frontifpice du cofté de l'Orient ; & void-on fort clairement en ce lieu, la verité de ces paroles rapportees par les quatre Euangeliftes : Et les pierres se fendirent: car vous voyez ce gros rocher fendu de haut en bas, où il y a du moins vingt & huict ou trente pieds de fente. En ceste mesme Chappelle gouuernee par les Georgiens à main droicte, quatre ou cinq pas au dessus de la sepulture de Baudouin, est vn autre fort beau tombeau de marbre blanc, qu'ils tiennent auec les Grecs, mais en vain, comme croit le vulgaire des lieux, du Roy Melchisedec, qui edifia premierement la cité de Hierusalem: ceste Chappelle a enuiron douze pas de long, & six de large. Il y auoit au temps de mon voyage dans l'Eglise du sainct Sepulchre sept sortes de Religieux & Prestres Chrestiens, chantans & faisans le seruice chascun en sa langue, souuent tous à la fois, non sans vne grande cacophonie, dissonnance & beaucoup d'estonement à qui n'est accoustumé de les oüyr. Chasque nation de ces Chrestiens a sa façon & maniere d'appeller & sonner au seruice, encor qu'ils soient tous logez soubs vn mesme toict, & seruent Dieu en vne mesme Eglise; les vns auec des clochettes, les autres auec des tables & maillets, les autres en frappant du fer contre le fer; les autres auec la voix, & les autres autrement, comme il est amplement escrit ailleurs. Quant à la capacité de ceste Eglise auec ses dependances, on ne pourroit iamais croire la grande commodité de logemens qu'il y a là dedans, où se pourroient à la necessité loger cinquante mille personnes, sans beaucoup s'incommoder les vns les autres: car outre les nefs des deux Eglises, les cloistres bas & hauts, les Chappelles basses & hautes, les lieux soubsterrains, les cuisines, refectoirs, les cours & autres logements où se retirent les Religieux Latins, mieux logez que les autres, il y a encor infinis autres lieux dedans & hors l'enclos de ce sainct lieu, capables d'y receuoir vn peuple infiny. Pour les deux Eglises joinctes ensemble, elles contiennent du moins cent pas de long, & septante de large, sans comprendre les Chappelles, specialement de saincte Heleine, & de l'Inuention saincte Croix, & de Ioseph & Nicodeme, qui donnent à tout le corps de ce Temple vne fort grād' allonge, ny la Chappelle de l'Apparition qui la rendroit large de cent pas, & presque deux fois autant de long

Vn temps fut que les Chrestiens Latins estoient maistres absoluts de ce beau Temple, mais du temps de Soliman ou son predecesseur, il fut diuisé & vendu à l'encan, par les singulieres parties, chacun s'en allant auec sa piece comme on void aujourd'huy. Forcé de quitter ce sainct lieu, d'où ie sorty en fin auec tous les regrets du monde, à fin de voir entierement ce qui depend de tout le corps de ceste saincte fabrique, vn des Religieux me vint conduire à la sortie aux lieux de la pretenduë immolation d'Isaac, & où ce grand Prestre & Roy tout ensemble Melchisedec, offrit à Dieu pain & vin en sacrifice deuant Abraham, retournant de la victoire des Infidelles : Vous estes introduit pour aller en ces lieux, par vne petite porte, rapportee aux bastiments attachez au mont de Caluaire du costé de Midy, & cheminant à l'aduanture par vn lieu fort estroit, sans aucune lumiere, si vous ne l'y portez, vous vous seruez d'vne corde qui vous conduit vn peu de temps: Apres auoir cheminé à peu pres quarante pas en montant, vous arriuez à vne petite Chappelle regie & gouuernee par les Abyssins, laquelle est joincte & attachee du costé de Septentrion au mont de Caluaire : ceste Chappelle est toute pauee de marbre blanc, & au milieu d'icelle est vne pierre releuee & faite de plusieurs pieces, sur laquelle est figuree vne belle Estoille pour remarque du lieu où Abraham auoit erigé son Autel pour immoler Isaac : & à cinq ou six pas de là en allant au Sur-Oüest, entre le Midy & l'Occident, se void vn fort vieil Oliuier portant fruict encor aujourd'huy, auquel tous les Orientaux tiennent pour chose asseuree, que le mouton estoit lié, lequel Abraham sacrifia au lieu d'Isaac : mystere vrayement diuin, qui doit induire le Pelerin de quitter & laisser tous ses pechez au bas de la montaigne ; c'est à dire, les fouller aux pieds, pour faire à Dieu sur ce sainct mont vn sacrifice de loüange, à fin de sauuer Isaac figure de nostre ame, pour laquelle fut immolé nostre Seigneur l'Aigneau sans macule, ou l'Isaac de la nouuelle Loy. Quelques Peres contemplatifs ont creu que ce Sacrifice auoit esté faict sur le mont Moria, où fut depuis edifié le Temple de Salomon ; mais sainct Hierosme & autres, tiennent que ce fut sur le mont de Caluaire,

Caluaire, à fin qu'au mesme lieu de la figure, fust representee la verité, nostre Seigneur l'Aigneau sans macule y ayant esté sacrifié, attaché à la Croix comme le mouton à l'Oliuier, & trouué parmy les espines de sa couronne, comme le mouton dans les halliers de ceste montaigne: les bras de la Croix sont les cornes du mouton, desquelles parle le Prophete Abacuc troisiesme, quand il dit; Les cornes en ses mains. Non loin de là presque au droict de la Chappelle où nostre Seigneur fut mis en Croix, la seule muraille de l'Eglise faisant la separation des deux, est le lieu où se conserue l'Autel sur lequel Melchisedec offrit pain & vin en sacrifice à Dieu, mystere figuratif du real sacrifice du precieux corps & sang de nostre Seigneur Iesus-Christ, à la grand' confusion des Iuifs opiniastres qui sont là presents, n'ayans que respondre à ces deux passages essentiels & fondamentaires de nostre foy, voyans la verité accomplie de ces deux belles figures en la personne de nostre Seigneur le vraye Messie.

Du nombre des Chrestiens Schismatiques qui sont dans l'Eglise du sainct Sepulchre, & des principaux poincts de leur creance.

Chap. XI.

ON dit volontiers que le changement & la mutation est perilleuse en toutes choses, fors l'eschange du bien au mal, & du vice à la vertu: ce que Seneque recognoissant de son temps, souloit dire, que l'arbre souuent transplanté diminuoit plustost qu'il ne s'augmentoit, & qu'en matiere des iours, des heures & des ans, les meilleurs passoient les premiers, & les pires restoient les derniers: ie croy que cela se peut dire des Royaumes & Empires, où le changement n'est pas moins perilleux parmy l'inconstance & la vicissitude des affaires du monde, qu'en toute autre chose que l'homme se pourroit representer: Les Israëlites m'en seront tesmoins, qui pour auoir voulu vn Roy, & secoüé le ioug de l'obeyssance qu'ils deuoient premierement à Dieu, & à son Prophete Samuel, ne gaignerent rien, ains furent tres-mauuais marchands en cest eschange. Mais sans aller si loin rechercher des exemples de penitence de la part de ceux qui ayment le changement, ie me ressouuiendray des complaintes & regrets que les Napolitains, Poüillois, Siciliens & Calabrois, font tous les iours d'auoir secoüé le ioug des François, pour en charger vn beaucoup plus pesant & insupportable. Ie dy cecy à propos des Grecs, ceste nation autrefois si florissante, qui faisoit ployer tout le monde sous ses lettres & sous ses armes, aujourd'huy reduite à neant, & la plus miserable qui soit sous le ciel, pour le subjet de son inconstance, son schisme, & sa diuision d'auec la vraye Eglise, attendu que du temps de sainct Basile, sainct Athanase, sainct Spiridion, & autres anciens Peres Grecs, ces erreurs n'estoient point en vogue. Les Grecs estoient autrefois si sçauants qu'il faut passer condamnation que nous tenons d'eux beaucoup de belles choses, qu'ils ont inuentees & mises en vn bel ordre; mais aujourd'huy c'est la mesme ignorance, veu que ces gens sont sans estude, exercice, & toute bône occupation, voire sans polissure & sans ciuilité aucune. Ces gens sont tombez en toutes sortes de malheurs, depuis le temps qu'ils ont faict banqueroute à la vraye Religion, & qu'ils ont quitté le party des bons Princes Chrestiens & Catholiques, pour se ietter entre les bras des Infidelles: Ils sont encor aujourd'huy si miserables & aueuglez en leur malheur, qu'ils prient pour la manutention du Turc, iugeans bien que si les Chrestiens Romains en auoient le dessus, ils seroient forcez de recognoistre le Pape. Ie sçay que tous nos Escriuains modernes ont parlé de leurs erreurs, & des autres Schismatiques & Religionnaires qui sont dans l'Eglise du sainct Sepulchre, qui fera que i'ē diray peu apres eux pour fuyr à prolixité.

Les Grecs donc, pour vn de leurs principaux erreurs & plus grands poincts d'infidelité, ne croyent pas que le sainct Esprit procede aussi bien du Fils comme du Pere, ne penseroient pas communier si ce n'estoit sous les deux especes, n'admettent le Purgatoire, mais bien vn troisiesme lieu, attendant le iour du iugement: Ils ne croyent pas que les Saincts soient en Paradis, où ils n'entreront (disent-ils) qu'au iugement final, neantmoins qu'ils les prient de prier Dieu pour eux : ils n'admettent aussi le Sacrement de Confirmation, & d'extresme Onction : ils ne tiennent la paillardise que pour vn petit peché, ils n'entrent en l'Eglise le iour qu'ils ont habité auec leurs femmes, & ne celebrét la Messe depuis la mort d'icelles: I'ay veu de leurs propres filles les encenser, & leur respondre la Messe, ce qui se peut iusques à l'aage de douze ans; iamais ils ne mangent de chair estouffee, ny le sang d'aucun animal, specialement de pourceau : ils approuuent le diuorce pour peu de chose : ils sont tousiours debout en priant, ils attendent au quarantiesme iour pour baptiser leurs enfans, que la mere va à l'Eglise pour estre purifiee. Les ceremonies de leur Baptesme sont fort differétes des nostres: pour les Prestres ils ne sont admis à la Prestrise qu'en l'aage de trente ans, & ne celebrent plus passé soixante: Ils ne se marient qu'vne fois en leur vie, & faut que ce soit à vne vierge: ils s'abstiennent de leurs femmes (disent-ils) le iour qu'ils doiuent dire Messe ; ils ne meslent l'eau parmy le vin au sacrifice de la Messe : ils ne disent qu'vne Messe le iour sur chasque Autel, comme aussi presque par toutes leurs Eglises il n'y a qu'vn seul Autel, & s'il arriue qu'auec leur licence vn Prestre Latin y celebre, ils le laueront apres cóme s'il estoit profané. Pour leurs plus cómuns images, outre le Crucifix, c'est l'image de la Vierge, de sainct Iean l'Euangeliste, & de sainct George, qu'ils ne tiennent qu'en platte peinture. Quand le Prestre consacre les rideaux sont tousiours tirez sur luy, & vn peu deuant la consecration il sort de l'Autel, & va portant sur le calice l'Offerte haute esleuee, couuerte d'vn voile de soye par toute l'Eglise, pour inciter le peuple à la priere. Leurs Eglises sont diuisees en trois, le chœur où est l'Autel & le Prestre qui celebre, vne premiere nef pour les hommes, vne seconde pour les femmes : ils sont pres de trois heures en leur Messe. Pour les Religieux Caloyers, ils ne se marient, ny ne mangent iamais chair, ils portent les cheueux longs comme les femmes : ils obseruent quatre Caresmes l'an, durant lesquels ils ne mangent point de poisson qui ait sang, mais bien des limaçons, qu'ils appellent *Bouoli*, des seiches, margasses, & autres poissons de ceste sorte:

Pendant qu'ils chantent l'Office, vn Clerc leur prononce mot à mot les paroles qu'ils doiuent chanter; au lieu de cloches ils ont des ais de bois, ou des lattes de fer, pour appeller le peuple au seruice: Ils ont quatre Patriarches, de Constantinople, d'Alexandrie, d'Antioche, & de Hierusalem.

Les Armeniens ont autrefois esté grands ennemis de l'Eglise Romaine, qu'ils recognoissent maintenant pour la superieure, quoy qu'ils versent encor aujourd'huy en de grands & manifestes erreurs: ils ne gardent la feste de Noël, ils vsent de calice de bois ou de verre disans la Messe, & ne mettent l'eau parmy le vin non plus que les Grecs: ils gardent le Caresme comme nous, lequel ils ieusnent fort austerement, ne mangeans poisson, & ne beuuans vin aucunement, ains se contentent de pain & d'eau, s'ils n'y rapportent quelques racines & legumes: ils recognoissent le S. Pere de sept en sept ans, leur chef s'appelle *Catholicos*; pour leurs vestements à l'Autel, ils ne different gueres des nostres: ils sacrifient en pain sans leuain, au contraire des Grecs: ils lisent les Epistres & mesmes Euangiles que nous lisons, & disent les Prefaces, les *Sanctus*, & les *Agnus* que nous disons, sauf que c'est en langue vulgaire: les Prestres ne se marient aussi sinon à des vierges, comme les Grecs; & fut vn temps qu'ils ne celebroient depuis le Lundy iusques au Vendredy quelque feste qui arriuast, pour mieux vacquer (disoient-ils) au mariage, ie ne sçay comme ils en vsent maintenant. Si le Prestre est trouué en fornication ou adultere, il perd son office & son droict en l'Eglise; & pour la femme tombant au mesme peché, on luy couppe le nez. Pour leurs Religieux qu'ils appellent Vatapetre, ils sont fort mortifiez, & vacquent iour & nuict à l'oraison, & n'entrent dans leurs Eglises autrement que les pieds nuds.

Les Ethiopiens qu'on appelle encor Abyssins, releuans de l'authorité du Roy Negus, qui est le Prete-jan, le plus puissant de l'Afrique, sont presque tous noirs, & demy-Mores: Ils sont Schismatiques commes les autres, & authorisent le diuorce; ils se disent disciples de sainct Matthieu, qui les a baptisez, quoy qu'ils n'imitent sa vie; ils n'entrent aux Eglises sinon les pieds nuds, & ne veulent que leurs femmes y entrent non plus que les Mahometiftes en leurs Mofquees: Leur plus grand Patron eft fainct Antoine: ils font fort deuots & longs en leurs prieres: lors qu'ils ont confacré, ils ne leuent le fainct Sacrement, ains f'inclinent tout le corps en terre pour l'adorer: ils circoncifent & baptifent leurs enfans quarante iours apres la natiuité dans vn lac, ou riuiere, & reïterent cefte Ceremonie tous les ans, non qu'elle foit neceffaire (difent-ils) à falut, mais pour memoire de noftre Seigneur baptifé au Fleuue de Iordain: ils fe font auffi marquer au front ou à la iouë auec vn fer tout chaud, fe fondans fur ce paffage de l'Efcriture qui dit: Iefus-Chrift vous baptifera au fainct Efprit & feu; ils difent en Carefme la Meffe au foir: en la celebration de leurs plus grandes Feftes, on recognoift en leurs geftes & fignes exterieurs, de la folie & fuperftition pluftoft que de la deuotion, pour raifon dequoy on les peut à iufte caufe accomparer à ce Gerion triple-corps, ou au Cerbere à trois teftes, d'autant que leur fecte eft compofee du Chriftianifme, du Iudaïfme, & de la Loy de Mahomet.

Les Georgiens, font ainfi appellez pour auoir efté conuertis par fainct George, ils font de l'Iberie entre les Colches & l'Armenie à la difference de l'Efpaigne qui fe peut appeller femblablement Iberie: ils obeïffent aux Patriarches des Grecs, ils communient foubs les deux efpeces, confeffent l'egalité des trois perfonnes, portent la couronne quarree, les cheueux & la barbe longue: difent leur office en Grec, quoy que leur langue vulgaire foit la Chaldaïque, Arabique, & Perfienne: ils font belliqueux comme fainct George leur Patron, & paffent encor les Grecs en yuronguerie, & gourmandife.

Les Suriens, font ceux qui habitent la Sorie, viuants en partie à la Grecque, & partie à l'exemple des Armeniens & Goffites, ces gens font d'vne humeur fort auare, à caufe de quoy ils viuent & font veftus fort mechaniquement autant le riche que le pauure: ils ne font point aumofniers, ains au contraire grands trompeurs & fort fubiects à rapine: ils font gens fans parole, & tenus pour efpions des Turcs fur les actions de toutes les autres nations, ils fe difent les fils aifnez de l'Eglife, à raison que sainct Pierre tint premierement son Siege en Antioche : ils font leur Office en Grec, & leur plus commun langage, est le Turc, l'Arabe & le Moresque.

Les Goffites où Iacobites, sont ainsi appellez d'vn Iacob schismatique, qui fut disciple d'vn certain Patriarche d'Alexandrie de ceste farine, ils sont de la Nubie confinans à l'Egypte : ils suiuent la Circoncision & appliquent le fer chaud à leurs enfans comme les Abyssins, ils se disent aussi disciples de sainct Matthieu : ils vsent fort d'encensemens, disans qu'ils bruslent leurs pechez, & les font euanoüir en l'air auec la fumée : ils se font appeller Chrestiens de la ceinture, à raison qu'ils la portent fort large, en memoire de ce que nostre Dame montant au ciel laissa tomber sa ceinture à sainct Thomas au lieu que nous dirons par cy apres : ils participét encor à l'heresie d'Arius & sont fort secrets en leurs ceremonies.

Les Nestoriens, sont de l'Assirie, la Chaldee & l'Indie, autrefois grands blasphemateurs contre l'Eglise, pour raison dequoy ils furent reprouuez au Concile d'Ephese, depuis lequel temps ils ont abiuré vne partie de leurs erreurs. Le grand Cham du Cathaï suiuit vn temps ceste Réligion, ils sacrifient en pain leué, ils l'oignent d'huile premier que de l'offrir : ils ont gasté la Perse & la Tartarie, ils officient en langue Chaldaïque, & leur plus commun langage est l'Arabe & le More : ils communient soubs les deux especes : leur heresie vint premierement d'vn Nestor Euesque de Constantinople : mais auiourd'huy leur principal Prelat s'appelle Iacelich, le pouuoir & la iurisdiction duquel est fort grande par tout l'Orient.

Les Maronites, finablement sont ainsi appellez d'vn certain Maronus heretique en son temps, ils habitent le mont Liban, & se disent descendus des François, qui resterent de ceux qui assisterent Godefroy de Buillon au voyage de la Terre Saincte : on les appelle autrement Druisi, gens fort vaillans, ne releuants (disent-ils) que de Dieu & de l'espee, cóme à la verité ils ne recognoissent le Turc, & ne luy payent aucun tribut. Pour les Religieux Maronites ils n'ót point de place dans l'Eglise du sainct Sepulchre, ains se contentent d'y aller souuent en Pelerinage, nostre sainct Pere le Pape les a faict catechiser, pour raison dequoy ils se disent auiourd'huy Catholiques Apostoliques & Romains: vn temps fut qu'ils n'attribuoient à nostre Seigneur que la volonté diuine, le priuant de l'humaine, mais i'estime qu'ils ont abiuré cest erreur, leur Euesque ne porte Mitre ne anneaux, & font leur Office en langue Syriaque & Chaldaïque.

Description du Conuent de sainct Sauueur, de la Probatique Piscine, de l'Eglise de saincte Anne, du Pretoire de Pilate, & autres lieux Mysterieux de la voye douloureuse.

Chap. XII.

YANT passé douze iours entiers dans l'Eglise du sainct Sepulchre, à raison que i'estois seul Pelerin de Hierusalem, comme i'ay desia dit, desireux de continuer à voir ce qui estoit digne d'estre veu, ie reprins de bon cœur le chemin du Conuent de sainct Sauueur, où les Religieux Cordeliers se logerent depuis qu'ils furent chassez il y a cinquante cinq ans, du sainct Cenacle sur le mont de Sion par les infidelles, il me fut dit qu'ils auoient acheté ceste place des Armeniés, & que Sixte quatriesme & depuis luy tous nos Saincts Peres les Papes y auoient octroyé les mesmes Indulgences qui se gaignoiët au sainct Cenacle au temps que l'entree en estoit libre. Ce petit Monastere donc assez bien assemblé & compassé selon la grandeur du lieu est edifié en quarré sur le mont de Gihon, & a de toutes parts cent cinquante pas en sa quareure, comprenant les jardins & bastimens: on n'y entre que par vne seule porte assez bien renforcee comme la necessité du lieu le requiert, elle est posee sur vne ruë fort commune & frequentee, & à l'entree d'icelle pour aller au Conuent, on trouue vne longue allee de quarante pas couuerte en maniere de porche qui la rend aucunement obscure, & marchant vers l'Aquilon, on trouue aussi tost à main gauche ployant vers l'Occident, vne petite cour longue de quarante autres pas & à peu pres vingt & cinq de large,

Alentour de ceste cour est releué vn petit cloistre en l'air porté par des pilliers qui enuironnent ceste cour, & là sont la plus part des chambres & comme le petit dortoir des Religieux, il y a aussi plusieurs lieux bas & soubs-terrains, comme salles, fournils, caues, buschers, & autres lieux commodes & necessaires pour le Conuent. Du costé de l'Orient au bout du cloistre est l'Eglise, longue de cinquante pas, large de vingt & cinq, & haute à la proportion : il y a trois autels dont le plus grand est l'Autel du sainct Esprit, celuy qui est à main droicte est du sainct Sacrement, & le troisiesme de sainct Thomas : ce petit bastiment regulier & Spirituel, a son Dome releué à l'equipollent de sa grandeur, haut de dix ou douze brasses, tout au proche duquel, d'vne belle & spacieuse platte-forme, on descouure non seulement toute la cité de Hierusalem, mais fort loin de toutes parts au delà d'icelle : ce lieu estoit autrefois plus commode de logis & bastimens qu'il n'est auiourd'huy, mais la malice & l'enuie des infidelles sur les paures Chrestiens, fut telle qu'ils donnerent à entendre au grand Turc que ce lieu estoit plus fort que le chasteau de la ville, suiuant quoy il ordonna par vn rescript, qu'on portast par terre ce qu'il y auoit de plus eminent & plus fort, ils auoient desia fait le semblable pour chasser les Religieux du mont de Sion, ainsi que nous venons de dire, où estoit le Conuent au passé. Comme on faisoit le Seruice au Conuent de soir, & matin, ie remarquay cecy que les Turcs qui passoient par la ruë s'arrestoient souuent & prenoient vn singulier plaisir, à ouyr chanter nos Religieux, ne sçachans que c'est que de chant en leurs Mosquees. Apres m'estre vn peu rafraischy, & renouuellé mes cognoissances auec le Pere Gardien & les Religieux du Conuent, ie me deliberay de voir tout ce qui restoit plus à voir, dans l'enclos de la Cité, premier que sortir hors pour aller au loin : accompaigné donc d'vn Religieux de ma nation, & du Truchement ordinaire du Conuent, le Pere Gardien fut d'aduis que ie fusse conduit selon la coustume deuant le Cady, Gouuerneur de la ville en l'absence du Sangiac qui estoit en Tripoli, desireux de voir tous les Pelerins qui entrent en icelle, me disant que ce me seroit vn

moyen

moyen pour voir la maison de Pilate, & autres belles particularitez remarquables en ce lieu là, nous prîsmes donc nostre chemin vers ce quartier où estans arriuez, il nous fut dit par vn sien esclaue Flamen, qu'il estoit allé prendre l'air hors la Cité, ce qui nous occasionna de passer outre attendant son retour & tirant vers le Leuant, de donner iusqu'à la porte de sainct Estienne, d'où nous vismes fort à clair le lieu de son martyre, la vallee de Iosaphat, le mont d'Oliuet & autres saincts lieux fort remarquables, mais remettant ceste visite de plus pres à vne autre occasion pour suiure nostre premier dessein, nous retournasmes court sur nos pas, & à vn petit ject de pierre de la porte de sainct Estienne, & tout proche la porte du Temple de Salomon qui est au Septentrion est ceste belle Probatique Piscine, tant recommandee aux sainctes Escritures : elle auoit autre-fois cinq porches pour la retraicte & commodité des malades, trois du costé de Septentrion bouschez de vieille main, & deux du costé de l'Occident qui estoient encor ouuerts : elle a plus de cent trente pas de long, & seulement trente cinq de large, & dix ou douze brassees de profondeur. Du costé de l'Orient elle est close des murailles de la ville, du Midy des murailles de la premiere cour du Temple de Salomon, de l'Occident & Septentrion de certains bastimens & demeures des infidelles : son escallier pour y descendre estoit autre-fois de trente marches, mais il est auiourd'huy fort ruiné & au lieu d'eau en ceste Piscine on n'y void que des halliers meschantes herbes & autres immondices : neātmoins il semble que le Pelerin bien inspiré & tout admiré en ce lieu void les cieux ouuerts & l'Ange d'escendant qui en apporte les graces : & partant Pelerin, si nostre Seigneur te demande en ce lieu, si tu veux estre rendu sein à l'exemple de ce languide, ne dis pas non, car tu n'auras pas tousiours vn tel Ange, ny vn tel homme à ta trousse : il ne vient là qu'à certain temps, & non à nos heures & au son de nostre horloge, qui troublant l'eau auec le sang issant de son costé a gueri toute la paralisie du monde. A vn petit ject de pierre de ce lieu en retournant du Leuant au Ponant vers le Palais de Pilate, sur la main droicte est la maison de saincte Anne, mere de la sacree Vierge, au lieu de laquelle fut edifié vn beau Monastere de Religieuses soubs le tiltre de saincte Anne: en ce mesme lieu estoit vne autre fort belle Piscine edifiee par le Roy Ezechias de laquelle se voient encor les marques, ainsi que nous auons touché en la description de l'antique Cité de Hierusalem: ce fut en ce mesme lieu que la Vierge print naissance, d'où les infidelles qui luy portent plus de respect que les heretiques de nostre temps, ont print subiect de la leuer aux Chrestiens pour l'eriger en Mosquee. Ce qu'il y a de plus remarquable en ceste Eglise, c'est le lieu de la Conception & Natiuité de la glorieuse Vierge, posé soubs le chœur de ladicte Eglise, où l'on descend auec de la lumiere, tantost auec vne petite eschelle & souuent sans eschelle, mettant les pieds en certains trous faits exprez dans la paroy pour laise du Pelerin. A la sortie de ce sainct lieu on est quitte en baillant vn medin & le reste de sa chandelle au Santon qui en a la garde, & nonobstant ceste vsurpation par les Turcs les Latins y peuuent celebrer aux Festes de nostre Dame, & specialement aux iours de sa Natiuité & Conception en donnant peu de chose. C'est icy Pelerin (si tu es plein de belles conceptions) que tu dois conceuoir en ton ame, le merite de la saincte Conception de celle qui a conceu & engendré le Sauueur du monde.

Au sortir de l'Eglise de saincte Anne, on arriue à l'instant au Pretoire de Pilate, situé au mesme lieu où estoit anciennement la forteresse Antonienne, premierement edifice par les Machabees, & depuis augmentee par Herodes: Ce Palais est à la main gauche, où font auiourd'huy leur demeure les Sangiacs & soubs-Baschats Gouuerneurs de Hierusalem. Arriuez que nous fusmes à la porte de ce lieu, mon Truchement entra le premier pour sçauoir si le Cady estoit de retour, afin de me presenter deuant luy, mais trouuant qu'il estoit encor absent, l'esclaue Flamen dont nous auons cy-dessus parlé en la page 241. nous fist entrer fort librement dans le Palais, d'où l'on void à plaisir le de Téple de Salomon, & nous faisant monter plus haut en vn lieu fort aëré de ce Palais nous

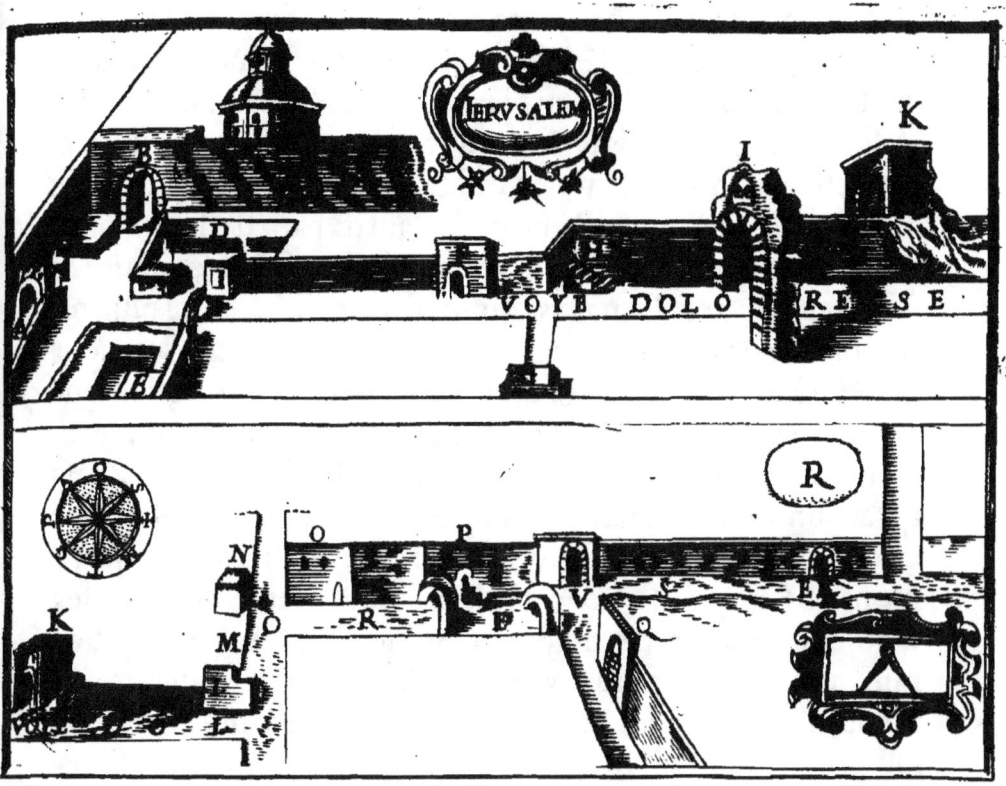

A Porte sainct Estienne.
B Porte de la place du Temple.
C Temple de Salomon.
D Probatique Piscine.
E L'Eglise de saincte Anne.
F Pretoire de Pilate.
G Maison d'Herodes.
H Le lieu de l'eschelle saincte.
I L'arc de Pilate.
K L'Eglise de la Pasmoison.
L Le lieu de Simon Cyrenee.
M Le lieu des filles de Hierusalem.
N Maison du mauuais Riche.
O Maison du Pharisien.
P Maison de la Veronique.
Q Porte Iudiciaire.
R Mont de Caluaire.

vismes toute la Cité en vn trait d'œil: Il nous fist encor entrer dans certains Cabinets & lieux fort antiques, & dedans vn entre autres, où l'on tient que se firent tous les interrogatoires & responses d'entre nostre Seigneur & Pilate: on y voyoit encor en peinture à demy effacee les Images de nostre Seigneur & de ce meschant Iuge, auec le lict & place de l'eschelle saincte de vingt-huict degrez de marbre blanc,

Pp ij

par où nostre Seigneur monta & descendit du pretoire de Pilate, laquelle saincte Heleine fist porter à Rome, où elle se void encor auiourd'huy en l'Eglise de sainct Iean de Lateran. A la sortie de ce palais où se rend encor auiourd'huy la iustice, (s'il est vray que parmy les infidelles il y a de la iustice) ce Flamen esclaue nous fist entrer de l'autre part de la ruë dans vne Chappelle fort antique comme il paroist à sa structure & à certains restes d'Images, qu'il est fort difficile ou plustost impossible de discerner: ce fut en ce lieu que nostre Seigneur attaché à la Colonne, fut cruellement flagellé & tellement rompu de coups, qu'il ne resta partie entiere sur son precieux corps qui ne fust en pieces, depuis la plante du pied iusqu'au sommet de la teste, pour cause dequoy on appelle tout ce chemin qui se fait depuis le pretoire de Pilate, iusqu'au mont de Caluaire la Voye douloureuse, à cause des grandes d'ouleurs que nostre Seigneur alloit souffrant par ce chemin, tant pour le poids excessif de sa Croix, la poincture de sa couronne d'espines & la meurdrissure de six mil sept cens soixante six coups de fouët & autres martyres qu'il souffrit en la maison de Pilate. Quelques docteurs contemplatifs tiennent que Cain, mena son frere Abel par ceste voye pour le tuer, Abraham son fils Isaac pour le sacrifier, comme les Iuifs, nostre Seigneur pour le crucifier. Cheminons donc par ceste mesme voye, pour arriuer à la vraye voye de la vie, & non pas par la voye & les chemins du monde, qui conduisent l'homme à la voye de la mort.

Ie me ressouuiens d'auoir leu autre fois en certain autheur digne de foy, que Dieu auoit reuelé à saincte Brigide, outre le nombre des coups que nostre Seigneur receut en sa passion cy-dessus rapportez, qu'il fut premierement prins au iardin d'Oliuet par cinq cens trente soldats, qu'il tomba sept fois en terre premier qu'arriuer à la maison d'Anne Pontife, qu'il fut frappé de trente coups de poing sur sa saincte face sans les soufflets, qu'il fut vingt & deux fois enleué de terre tant par les cheueux que la barbe, qu'il receut le nombre des coups de fouët que nous auons cy-dessus dit, & que finablement il y auoit mille poinctes en sa couronne d'espines, dont la plus grand' partie luy perçoient son precieux chef iusques à l'os: ce fut donc pour la plus-part chez Pilate, que nostre Seigneur fut traitté de la sorte, pour raison dequoy nous lisons au liure mis depuis cinquante ans en lumiere par le Pere Boniface, Gardien de la Terre Saincte, Autheur digne de foy, intitulé *De perenni cultu Terræ Sanctæ*, que ce bon Pere luy-mesme accompagné de nombre de ses Religieux a oüy en ce mesme lieu le bruit de certains coups redoublez, comme venans de la main de bourreaux, qui sans misericorde foüetteroiët quelque personne: ce qu'oyans aussi tous ceux de sa compagnie, ce bon Pere interrogea vne fort vieille femme de là dedans en la presence de tous, luy demandant si elle auoit accoustumé d'oüyr ce bruit; à quoy elle fist responce, que depuis soixante ans qu'elle habitoit en ce lieu elle auoit tousiours entendu ce bruit iour & nuict, & sur ce que ce bon Pere luy demanda ce qu'elle croyoit de ces choses & la cause d'icelles, dist, qu'à son aduis c'estoient les Iuifs qui receuoient la recompense du martyre qu'ils auoient faict souffrir à Iesus-Christ le vray Messie. Les Turcs font auiourd'huy seruir ce lieu d'escurie, à cause dequoy l'entree en est fort difficile aux Pelerins: Et partant Pelerin, Dieu t'ayant faict la grace de voir & toucher au doigt & à l'œil ces saincts lieux, efforce toy d'y respandre autant de larmes que nostre Seigneur de gouttes de son precieux sang, contemplant des yeux de ton ame la sentence de nostre iustification iniustement prononcee par l'iniuste contre le iuste, pour les iniustes tous nous autres, & escrite dans le liure de la Croix, auec les clouds & les coups, les foüets & les espines, sur le parchemin vierge de cest Aigneau sans macule, & ne sois pas moins facile d'esmouuoir à ce deuoir, que le bon Larron & le Centurion, voire que les creatures insensibles, comme les pierres qui se fendirent, les sepulchres qui s'ouurirent, &c. Sorty que ie fus tout tremblant de ces lieux saincts, pleins d'vne saincte espouuente & frayeur, voyant que le Cady estoit encor absent, le Religieux & Truchement qui m'accompagnoient, voulurent que peu à peu nous reprinssions le chemin du Conuent.

A cinquante pas de ces lieux nous trouuasmes vn arc fort antique basty de pierre, presque à la maniere de ces arcs triomphaux qu'on void à Rome, vulgairement appellé *Ecce homo*, sur lequel est vne grand' fenestre où sont escrites ces paroles, *Tolle, tolle, crucifige eum*, d'autant que par ceste mesme fenestre faicte en arcade, auec sa separation en deux d'vne petite colonne de marbre, Pilate d'vn costé monstrant nostre Seigneur qui estoit de l'autre aux Iuifs, desia fouëtté & couronné d'espines, leur disoit, *Ecce homo*: les Pelerins se contentent de voir ce lieu du bas de la ruë, mais pour si peu qu'on donne aux Infidelles qui en sont proches, ils baillent vne eschelle pour monter sur vn petit couritoire ou gallerie, d'où l'on contemple ce lieu plus à l'aise : C'est là que le Pelerin se representant ces paroles *Ecce homo*, *Tolle, tolle*, les doit interpreter pour luy, & rendre gloire & action de graces à celuy qui l'a si librement cautionné de la vie, luy qui auoit merité la mort. A cinquante autres pas de là ou enuiron est la maison d'Herodes, à main droicte tirant vers le Septentrion, où nostre Seigneur fut reuestu de la robbe prophetisée par le Prophete Zacharie troisiesme, fort differente à la verité de celle qu'on luy vid sur la montaigne de Thabor. Les Pelerins n'y ont aucun accez, à raison de la Mosquee edifiee tout au proche de ceste maison. Ce bastiment est en forme quarree, percé de plusieurs fenestres, & orné d'vn nombre infiny de pilliers & colonnes de marbre, qui le rendent beau ce qui se peut. Que le Pelerin prie en ce lieu nostre Seigneur de luy donner le don & vertu de patience en la persecution, pour mieux posseder son ame, & puis le Royaume des Cieux. Continuans nostre chemin vers sainct Sauueur, nous trouuasmes à vingt-cinq ou trente pas, vne petite Eglise entierement ruinee, qu'on appelle le lieu de la Pasmoison de la Vierge, à raison qu'en ce mesme lieu estant accompagnee de quelque nombre de femmes deuotes & pieuses, elle fist rencontre de son cher fils nostre Seigneur tout en sang, chargé de sa pesante Croix, esloigné seulement de cent pas du lieu de sa condamnation, pour la porter à plus de six cents pas de là, couronné de longues & poignantes espines, condamné à la mort, & conduit au supplice par vn nombre infiny de bourreaux qui le mal-traictoient par le chemin, à cause dequoy la glorieuse Vierge tomba en terre toute pasmee, & comme demie morte. Saincte Heleine faisant bastir ceste belle Chappelle au mesme lieu, auoit fait mettre deuant l'Autel d'icelle la mesme pierre sur laquelle nostre Dame tomba, & respandit tant de larmes; mais la ruine de ceste Chappelle aduenant & deuenant profanee, le Pere Bonauenture Curset de Dalmatie, pour lors Gardien de Hierusalem, achepta ceste pierre vne bonne somme d'argent de Curthbei Sangiac Gouuerneur de la saincte Cité, pour la mettre en parade sur la principale porte du sainct Cenacle au mont de Sion, qui estoit encor pour lors en la possession des Chrestiens Latins : On tient indubitablement que par ceste mesme voye (s'il estoit loisible d'y regarder) on trouueroit soubs terre des pierres beaucoup plus precieuses, comme estans encor toutes rougies du precieux sang de nostre Seigneur, qu'il alloit respandant par ce chemin, comme les Iuifs le conduisoient au supplice de la Croix. Ie ne passeray pas soubs silence ceste particularité, qui est telle que les Turcs par plusieurs & diuerses fois se sont efforcez de se loger, & faire bastir en ceste place, à cause de son eminence,

& qu'elle est proche du Temple de Salomon, mais en vain, car tous leurs bastiments & profanes edifices tomboient aussi tost par terre. Mais aduance toy Pelerin, & donne vistement la main, pour ayder à releuer ceste mere tant affligee, & luy demande la grace en ce lieu, de ressentir vne pareille douleur & mortification en ton ame, & qu'elle te preste la sienne pour ayder à te releuer de toutes tes cheutes, au vice & au peché. A cinquante pas de là, est le lieu de la rencontre de Simon Cyreneé venant des champs par la porte d'Ephraim, que les Iuifs forcerent d'ayder à porter la Croix de nostre Seigneur, plus par forme de cruauté que de charité, de peur qu'il ne rendist l'esprit sous le faix, & cela aduenant ils ne fussent priuez de le crucifier, & luy faire souffrir vne mort plus dure & ignominieuse. Ceste Croix trois fois saincte, selon l'opinion des anciens estoit longue de quinze pieds, & large de huict: les autres disent huict coudees de long, & six de large. O bien-heureux Simon, que tu auois prins ton temps bien à propos, partant de ton village, pour contribuer de ta peine & vacquer à ce sainct office, suiuant le beau premier nostre Seigneur à la piste, qui veut que nous luy aydions à porter sa Croix. A huict ou dix pas en tournant à main gauche, au droit de certains bains que les Turcs ont fait faire de nouueau, est le lieu où nostre Seigneur destournât sa face, dist ces paroles: Filles de Hierusalem ne pleurez point sur moy, mais sur vous-mesmes: comme s'il eust voulu dire, Pleurez plustost la cause que l'effect, pleurez plustost vos pechez cause de ma passion, que ma passion le seul & vnique remede de vos pechez. En ce petit contour premier que tourner sur main droicte pour suiure ceste voye douloureuse, est la maison du mauuais Riche, qui nous oblige à donner l'aumosne, & à ne pas flatter nostre corps à son exemple, ains ieusner, si nous voulons reposer au sein d'Abraham, où nostre ieusne sera recompensé, nostre pauureté enrichie, nostre faim rassasiee, & les playes de nostre peché bien medicamentees. Tout au droict de ceste maison est celle du Pharisien, qui traitta nostre Seigneur, & quinze pas à peu prés de ce lieu, au de là d'vn petit arcade de pierre, sur main gauche, est la maison de la deuote Veronique,

où l'on

où l'on entre par trois petits degrez, c'est en ce lieu que le Pelerin se representera la grand' hardiesse, deuotion, & charité de ceste saincte femme, qui sans nulle crainte des bourreaux, voyant nostre Seigneur en vn si pitoyable estat, & la belle figure de sa saincte Face toute desfiguree & gastee de sang, sueur, crachats & autres cruautez, esmeuë de compassion arracha le blanc voile de sa teste, pour l'essuyer & nettoyer, lequel nostre Seigneur luy rendit auec le pourtrait de sa saincte Face au naturel, selon l'estat auquel il estoit lors. Ce sainct Voile se void à Rome à certains iours de l'annee en l'Eglise de sainct Pierre. Pourquoy Pelerin esleue icy ton ame à la contemplation, pour essuyer à force de larmes la face de nostre Seigneur, & la rendre blanche comme ce linge, afin de receuoir si bien l'impression de sa grace, que perpetuellement elle demeure emprainte en ton cœur. A cent pas de ce lieu, suyuant la mesme voye, apres auoir passé dessous vn autre plus grand arc, & sa voûte assez longue, se void vne porte fort antique, que le Prophete Nehemias appelloit dés-ja de son temps ancienne, comme estant du temps de la premiere fondation de la Cité: Ceste porte fut depuis appellee Iudiciaire, pour deux raisons touchees au Chapitre sixiesme de ce mesme liure. Par ceste porte passa le Sauueur du monde, pour aller souffrir la mort sur le Mont de Caluaire, qui pour lors estoit hors la ville, comme recognoist l'Apostre sainct Paul en son Epistre aux Hebrieux, quand il dit que nostre Seigneur endura hors la porte, où estoit le Mont de Caluaire à deux cens pas d'icelle, & peu moins d'vn quart de lieuë de la maison de Pilate: Icy le Pelerin se representera par la longue distance d'vn lieu à l'autre, quelle peine nostre Seigneur pouuoit souffrir portant sa pesante Croix de si loing, si foible & debile qu'il estoit, ayant presque perdu tout son precieux sang: Ceste porte est aujourd'huy à demy muree & comme estançonnee d'vne colonne fort antique, pour marque de sa longue duree. Ayant ainsi employé la moitié du iour à la visite de ces choses, & l'heure du disner s'approchant, nous retournasmes au Conuent, où si tost que nous fusmes arriuez la clochette sonna pour s'aller mettre à table, & au son d'icelle ie remarquay ce que beaucoup d'autres Pelerins ont peu voir deuant & apres moy à sçauoir autant de chats que de Religieux qui arriuoient de toutes parts, prenant selon leur coustume chacun place aupres de son Religieux nourricier, & comme le pere Gardien me demāda en riant si i'estois point estonné de voir tant de chats, & ne voir aucuns chiens, ie luy fis responce que les chiens n'estoient pas loin & que la ville en estoit pleine.

De la maison de Zebedee, de l'Eglise de sainct Iacques le Maieur, & de l'Eglise des Anges, en la maison d'Anne Pontife.

Chap. XIII.

COmme le voyage de la Terre saincte n'est pas de peu de difficulté ny de petits frais, cela doit solliciter le Pelerin tādis qu'il a le téps, les moyens & la santé, de prédre l'occasion pour se bien employer à ces saincts exercices. Ceste consideration que i'auois tousiours deuant les yeux, me portoit iour & nuict à vn desir incroyable de n'en perdre vne seule minute: Pourquoy dés l'instant que i'eus pris ma refection, ie repris mon Religieux, duquel i'auois gaigné la bonne grace & tiré parole de son assistance, & de mon Dragoman fort friant à l'argent, qui n'auoit aucune autre occupation ny practique pour lors seul Pelerin comme i'estois en Hierusalem (à mon plus grand coustage neantmoins) d'autant qu'il falloit payer par tout autant pour moy seul que si nous auions esté plus grand nōbre: mais quoy que c'en soit desireux de me rendre bien tost quitte de mon voyage ie n'y espargnois rien pour arriuer à ce contentement. Nous retournasmes donc continuer nos visites à vne heure apres midy, commençans par la maison de Zebedee pere de ces glorieux Apostres sainct Iacques le Maieur & sainct Iean l'Euangeliste freres, qui nasquirent en ce lieu esloigné du Conuent de sainct Sauueur de cent bons pas en tirant vers le Midy, auquel lieu les Chrestiens de la primitiue Eglise auoient fait edifier vn beau petit Temple, mais les Mahometans l'ayans vsurpé pour en faire vne Mosquee, tout l'auantage que nous eusmes en passant, ce fut de le contempler par le dehors à la legere, & de faire nos prieres le plus secrettement que nous peusmes, sans aucun signe exterieur de peur des bastonnades. Ce lieu auoit autrefois esté erigé en vne Eglise Collegiale, & tient-on que la sacree Vierge y resida quelque temps auec sainct Iean depuis la mort de nostre Seigneur. Ceste Eglise est faicte en Croix, & paroist plus large que longue, ayant d'vn nid de sa croisee à l'autre enuiron quatorze pas, & chaque nid quatre en diametre, excepté celuy du maistre Autel vn peu plus grãd que les deux autres : Pour le grand Autel il a six pieds de long, trois de large, & demy d'espais ; ce peu de mesure à l'aduanture me fut donnee par vn Religieux de Hierusalem, qui m'asseura auoir entré dedans. A cinquante pas de ce lieu est la porte ferree, laquelle sainct Pierre assisté de l'Ange trouua miraculeusement ouuerte, auec ses membres libres des pesans fers dont il estoit lié : ceste porte est faicte en arcade & n'est pas des plus grandes : On tient qu'Alexandre le Grand auoit fait edifier ceste prison. Or comme sainct Pierre (ses chaisnes estans tombees) trouua ceste porte ouuerte, ainsi trouuerons nous la porte du ciel ouuerte les chaisnes & les liens de nos pechez estans tombez. Non loin de la prison de sainct Pierre est vne petite Eglise fort antique, iustement edifiee au lieu où estoit la maison de S. Marc Euangeliste, ceste Eglise à vray dire vn peu trop obscure regie & gouuernee par les Suriens est la premiere Eglise Collegialle du monde, de tout temps fort estimee, tant à cause de ce bon Euangeliste qui y print naissance, que sainct Pierre franc & libre de sa prison y fist sa retraicte, & porta les premieres nouuelles de sa liberté, & aussi que nostre Seigneur s'y laissa voir à ses disciples apres sa Resurrection assemblez en vn corps. Tous ces poincts nous doiuent faire croire que tandis que nous viurons en vnion de creance, nous serons consolez & visitez de la grace de nostre Seigneur. A 25. ou trente pas de ce lieu à la tournee de la ruë, est vne autre petite Eglise fort ruinee, bastie au lieu où estoit la maison de sainct Thomas Apostre, où peu de Pelerins entrent pour le peu de satisfaction qu'ils en remportent, les Infidelles l'ayans vsurpee sur les Chrestiens, quoy qu'il me fut asseuré par le Religieux & Truchement, qu'ils n'osoient & n'y pouuoient habiter aucunement à raison des bruits & de la frayeur qu'il y auoit là dedans, ce qui a lieu comme i'estime à cause de la grande incredulité de ces Barbares: cela nous doit induire à viure si fermement en la foy & creance des commandemens de Dieu & de son Eglise, que si vn Ange descendoit du Ciel pour nous en diuertir, nous mourrions plustost cent & cent fois que d'y consentir. Voyans que nous estions fort proches du lieu où nostre Seigneur s'apparut aux trois Maries le iour de sa Resurrection, nous prismes sujet d'en approcher pour le voir de plus pres, non qu'il nous fust loisible d'y entrer: ce lieu est edifié en forme de trois Chappelles à vingt pas du Chasteau des Pisains, où est la garnison des Turcs, de laquelle si on estoit veu s'arrester à regarder rien du leur, sans doute il s'en ensuyroit du scandale. Pour souuenance d'vne si heureuse rencontre en ce lieu, nostre Seigneur dist à ces trois Dames; Bien vous soit: lequel par semblable s'apparoistra à nous pour nous consoler toutesfois & quantes que nous le chercherons comme il appartiendra, auec vne telle intention & deuotion que ces trois vertueuses femmes. Du lieu des trois Maries, le Truchement m'asseura qu'il y auoit enuiron soixante pas à l'Eglise & Hospital de S. Iacques regy & gouuerné par les Armeniens, quoy qu'au passé vn Roy d'Espagne l'eust faict edifier en faueur des Pelerins de sa nation. Ceste Eglise assez spatieuse & belle, est situee iustement au lieu où le temps passé se tenoit le marché public, auquel ce bon Sainct eut la teste tranchee, par le cõmandement d'Herodes Agrippa, & auec luy le Satrape ou Sergent qui l'auoit mené au Pretoire receuoir la sentence de mort, comme par semblable vn peu auãt les deux vn sainct personnage appellé Iosias. Ceste Eglise a vingt pas de long & douze de large, elle est portee par quatre grãds pilliers, qui ont chacun trois pieds en quarré, & cinq bons pas de distance les vns des autres: le grand nid de derriere le maiſtre Autel, a douze pieds en diametre, l'Autel ſix de long, & à peu prés trois de large: les nids des deux Chappelles qui ſont à gauche & à droicte, ont chacun trois pieds & demy, & le vague des deux Chappelles leſquelles ſont à peu prés d'vne grandeur, approche de ſept pieds de long, & trois & demy de large. Comme on entre dans l'Egliſe à main gauche, au deſſous de la Sacriſtie, on void vne fort petite Chappelle, qui a ſeulement quatre pieds de long, trois de large, & vn peu plus de pied & demy de nid: c'eſt le propre endroit où ce ſainct Apoſtre eut la teſte tranchee, comme il eſt facile à iuger par l'antique marque là rapportee pour ceſte fin; à ſçauoir vne pierre de marbre blanc, ayant vn petit rond au milieu enfoncé de trois doigts en la pierre, qui eſt le propre lieu de ſon martyre: la Sacriſtie a enuiron huict pieds en quarré de toutes parts. Ceſte Egliſe pour toutes feneſtres n'a qu'vne ſeule ouuerture à ſa couppe, comme celle qui eſclaire le ſainct Sepulchre: elle peut auoir huict pieds en diametre, & ce petit Dome tout de fer en forme d'vn treillis, eſt ſi induſtrieuſement elabouré, & ſi artiſtement compaſſé, qu'on diroit à le voir d'embas, qu'il ſeroit tout vitré n'eſtoit la pluye & les petites rouſees qu'on void paſſer au trauers quand il en eſt ſaiſon. C'eſt icy que le Pelerin doit prier inſtamment ce grand Apoſtre & maiſtre Pelerin ſainct Iacques, de prier pour nous le Roy des Pelerins, apres la peregrination de ceſte vie, de nous faire participans de ſon ciel, où doiuent tendre tous nos vœux & nos voyages.

Apres noſtre partement de l'Egliſe de ſainct Iacques, nous accoſtaſmes de plus prés la muraille de la ville qui eſt au Midy, & ayans cheminé deux cents pas en coſtoyant la ruë des Iuifs, où nous fut monſtree la maiſon où la femme de Pilate eſcriuit le billet à ſon mary, pour empeſcher qu'il ne iugeaſt noſtre Seigneur à la mort, nous arriuaſmes en moins d'vn rien à la place où eſtoit la maiſon d'Anne Pontife, au lieu de laquelle eſt vne fort iolie Egliſe dediee à Dieu ſous le nom de ſainct Ange, gouuernee par les Armeniens, logez à l'entour d'icelle dans de petites cellules fort proprement edifiees en forme de Cloiſtre: On void à l'entree de ce petit Monaſtere,

310 LE PELERIN VERITABLE

A Pierre du monument.   *B Prison de nostre Seigneur.*

contre la costiere de l'Eglise qui est au Septentrion, vn fort vieil Oliuier fendu d'vn costé, tout entouré & comme rempatté d'vne masse ronde de pierre & terre tout ensemble, auquel selon que tiennent les Orientaux, nostre Seigneur pris au iardin des oliues fut tousiours estroitemét lié, iusqu'à tant que ce Pontife qui dormoit sur le cotton, eust dôné le dernier tour de peigne, & fust prest de luy donner audience. On tient aussi que comme ces bourreaux mal-traittoient nostre Seigneur lié à cest oliuier, il s'ouurit miraculeusement pour luy donner place, si bien que reuestu de cest arbre ils ne le pouuoient plus frapper : De là il arriue que tous les Pelerins qui vont en ce lieu, demandent par deuotion à ces Religieux, de cest arbre encor tout verd, dont ils font grand' estime. Ce fut en ce lieu que nostre Seigneur receut le soufflet de la main de ce vallet: qui occasionne beaucoup de Pelerins à se donner des soufflets, & se battre en la mesme place, il y a tousiours vne lampe allumee deuant cet oliuier: pour la grandeur de l'Eglise, dont le maistre autel est posé au mesme lieu où estoit le siege de iustice de ce Pontife, elle a bien dix pas de long, & sept & demy de large : les quatre pilliers qui la portent estans pas entierement quarrez, ont deux pieds de large d'vn costé, & pied &

demy de l'autre, & sont esloignez les vns des autres de dix pieds en vne sorte, & vn peu plus de cinq en l'autre. Que le Pelerin se represente icy les peines & les grands opprobres que nostre Seigneur souffrit en ce lieu, pour le second acte tragique de sa Passiõ, à fin de se resoudre à receuoir le semblable pour participer aux fruits d'icelle, & de sa saincte Resurrectiõ.

De l'Eglise de sainct Sauueur où estoit le Palais de Caiphe, sa description auec celle du sainct Cenacle, & de tous les saincts lieux enclos en iceluy.
Chap. XIV.

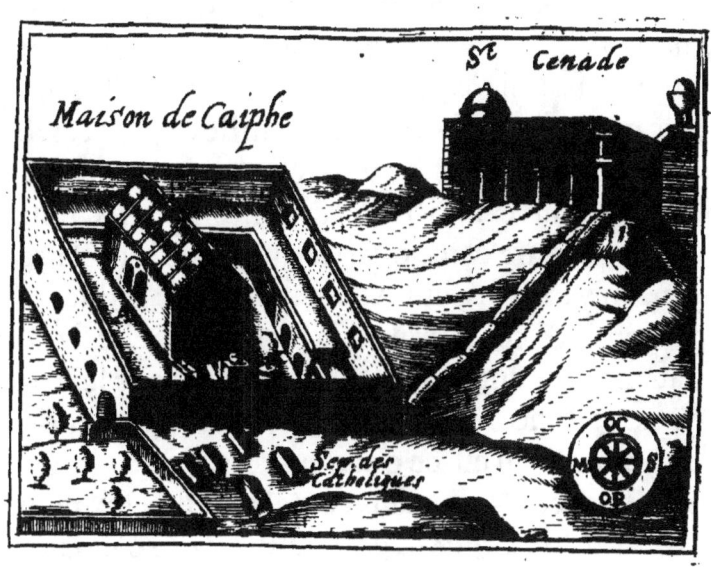

A Maison de Caiphe.
B Le pilastre où chanta le coq.
C Le lieu où sainct Pierre se chauffoit.

 Trois cens pas de la maison d'Anne, sortant la ville par la porte de Dauid, nous arriuasmes à la maison de Caïphe son gendre, maisons detestables & pleines d'abomination, pour les grands opprobres & iniures que N. S. y receut, mais de benediction, pour le salut & la grace qu'il nous y acquit. L Imperatrice S. Heleine fist edifier vne Eglise au nom de S. Sauueur en ce lieu, à la verité fort anguste & racourcy à l'esgard du passé, qu'il y auoit vn Palais si magnifique, basty iustement au Midy entre la porte de Dauid & le S. Cenacle, cheminant

donc l'espace de deux cents pas peu plus ou moins depuis ceste porte, apres auoir trauersé vn petit champ nous fusmes introduits là dedans par vn petit escallier de cinq ou six marches qui nous porta droit en la cour ; nous trouuasmes là d'abordée à la main droite au costé du Midy, la colonne sur laquelle chanta le coq, apres que sainct Pierre eut renié nostre Seigneur, & à quatre ou cinq pas au mesme costé, se void encor sur pied vn fort vieil orenger portant fruict, planté iustement au lieu où sainct Pierre dist le mot, & franchit le sault que nous auons dit. Comme nous fusmes entrez dedans l'Eglise, tout au haut d'icelle sur la main droicte au costé du Midy, nous vismes vne petite prison fort obscure, large seulement de quatre pieds, & huict de haut, où nostre Seigneur fut resserré quelque temps, & receut mille opprobres durant que Caïphe escriuoit son renuoy, lesquels selon que tiennent les Docteurs & autres saincts Peres contemplatifs, nostre Dame faisant sa demeure en ce quartier, pouuoit fort clairement entendre. Il n'y a qu'vn seul Autel dans ceste Eglise regie par les Armeniens, & cet Autel est la pierre laquelle seruoit de closture au monument de nostre Seigneur, dont les trois Maries tãt & plus redoutoiét la pesanteur, quãd elles s'alloient disans par le chemin : Qui est-ce qui nous roullera la pierre de la porte du monumét ? & non sans cause, car elle a six pieds de long, deux & demy de large, & pour le moins vn d'espaisseur, sauf d'vn costé qu'elle est vn peu rompuë. Pour l'Eglise elle a quatorze pas de long, & à peu prés douze de large. D'autant que l'entree du sainct Cenacle, est non seulement deffenduë aux Chrestiens, mais la licence de la regarder, sinon à la secrette, & comme à la desrobee, d'où il est à craindre que comme pour l'irreuerence que nous portons au S. Sacrement, nous auons perdu ceste saincte place, nous ne perdions la chose ; & pour le peu d'estat que nous faisons de la Passion de nostre Seigneur & de sa saincte Resurrection, nous ne perdions aussi le mont de Caluaire & son sainct Sepulchre, apres la perte des monts de Sion & de l'Ascension : & ce qui est plus à craindre, qu'apres la perte de la place nous ne perdions la grace. Les Prestres Armeniens de ce lieu, qui iugent assez de quelle

deuotion

deuotion & curiosité le Pelerin est porté, le font monter par vn petit escallier, qui le conduit sur vne platte-forme de leurs logements, d'où par vne petite fenestre le Religieux qui m'assistoit me deuisa à peu prés separement, tous les lieux mysterieux du mont de Sion, sur lequel est edifié l'Eglise du sainct Cenacle, qu'on void de ce lieu bien en sa perspectiue : & neantmoins estant de retour au Conuent, le Pere Vicaire Ange de Messine Sicilien de nation, à present Gardien & Commissaire de la Terre Saincte, où il y a vingt & huict ans qu'il fait sa demeure, ayant plusieurs fois entré en ceste saincte place m'en fist vne plus particuliere description, laquelle i'insereray en ce chapitre, apres que le Pelerin aura icy recueilly toutes les facultez de son ame pour mediter les tourments & opprobres que nostre Seigneur receut en ce lieu, les grandes douleurs du Fils & de la Mere, & se disposer d'en receuoir autant pour eux de volonté si l'effect ne s'en ensuit, afin d'estre accueilly & faict participant aux graces qui en resultent.

Le sainct Cenacle situé sur le mont de Sion, autrefois dedans & maintenant hors la cité de Hierusalem, est edifié au mesme lieu où estoit anciennement le Palais Royal de Dauid, tout proche de la maison de Caïphe tirant vers le Midy : ceste saincte maison qui estoit au passé le gouffre des mysteres sacrez de nostre redemption, le principe de la Religion Chrestienne, le lieu de l'institution du sainct Sacrement, le cabinet des diuines graces & sainctes influences celestes par la descente visible du sainct Esprit, le College des saincts Apostres, & le receptacle des bons Pelerins de la Terre Saincte, est aujourd'huy erigé en Mosquee, & conuerty au seruice de ce detestable Mahomet ; ce qu'estant aduenu (comme i'ay dit) par le mespris que nous faisons du sainct Sacrement, il est à craindre que iusques en ces terres nous n'en soyons depossedez & perdions l'vsage. On dit que l'Arche de l'Alliáce figure de nostre Seigneur, retournant de la maison d'Obededon, fut mise en depost sur le mont de Sion fort à propos, à fin que la figure fust veuë où deuoit reluire la verité, comme nous auons dit du sacrifice d'Abraham sur le mont de Caluaire,

R r

- A Le sainct Cenacle.
- B Maison de Caiphe.
- C Lieu de l'attentat des Iuifs au corps de nostre Dame.
- D Où sainct Pierre pleura amerement.
- E Porte Sterquiline.
- F Fontaine de Siloé.
- G Quercus Rogel.
- H L'Eglise de la Presentation de nostre Dame.
- I Fontaine de nostre Dame.
- K Pont du Torrent de Cedron.
- L Champ de Haceldema.
- M Le lieu où les Apostres se cacherent.
- N Mont de l'Offensi n.
- O Maison d'Anne Pontife.
- P Le lieu de la sepulture des Catholiques.

en la page 289. A voir donc ce sainct lieu par dehors, il a la forme d'vn Monastere fort commode, où l'on entre par vne assez belle porte, ornee de son portique fort plaisant porté d'vn nombre de pilliers & tresbelles colonnes qui aduancent & sortent tant soit peu hors le pourpris de la place, & de sa principale muraille: Il est decoré d'vn beau Dome couuert de plomb, auec sa tourrelle faicte à la Turque, ornee de son petit Dome couuert de mesme, pour declarer aux passans que ce n'est plus vn lieu de Chrestiens, mais d'Infidelles & Mahometans. Le lieu le plus spacieux de tout le corps de cet edifice, est vne belle salle où l'on monte par douze ou quinze degrez, de la longueur & largeur de nos plus grandes salles, auquel lieu nostre Seigneur institua le sainct Sacrement, mais il laua les pieds autre part à ses Apostres premier que d'en venir là, à sçauoir au mesme lieu où fut rosty l'Aigneau Paschal: pour nous donner à entendre que ceux qui veulent manger la chair & boire le sang de l'Aigneau sans macule, doiuent premierement lauer les pieds de leur ame, & la purger de toutes sortes de mauuaises concupiscences: En ce mesme lieu se void aussi bien à propos, l'image de nostre Seigneur lauant les pieds à ses Apostres. Comme ie contemplois la situation de ce sainct lieu, ie remarquay que nostre Seigneur mangeant l'Aigneau Paschal auec ses disciples auoit la face tournee vers l'Orient, pour raison dequoy l'Eglise a institué que les Autels des Eglises soient disposez de ce costé, & que le Prestre au sainct Sacrifice de la Messe, y ait aussi la face tournée. A vn des bouts de ceste salle, celuy qui est au Midy est l'entree au tombeau de Dauid, presque semblable à ceux de nos Roys de Hierusalem qui sont sous le mont de Caluaire : ce lieu estoit autrefois vne fort belle Chappelle qui auoit du moins douze pas de long, & huict de large : & à la premiere voûte du sainct Cenacle & de ladite Chappelle qui se regardent l'vn l'autre, est le lieu par où le sainct Esprit descendit en langues de feu sur les Apostres, auec le reste des croyans le iour de la Pentecoste, pour renouueller selon la Prophetie de Dauid la face de la terre, c'est à dire, toutes creatures en grace. A l'autre bout de la mesme salle qui est au Septentrion, se void le lieu où fut rosty l'Aigneau Paschal, edifié en forme de Croix: : ce lieu a douze pieds de long, & neuf de large, tout au proche duquel les corps de Sainct Estienne, Nicodeme, Gamaliel, & Abibon reposerent long temps, apres auoir esté leuez du lieu de leurs premieres sepultures vers la vallee de Iosaphat. Là se remarque aussi parmy ces bastiments entre l'Occident & le Midy, le lieu où sainct Thomas douta & s'esclarcit de la Resurrection de nostre Seigneur, & où il entra à ses Apostres *ianuis clausis*, ce lieu a vingt pieds de long, & dix de large: Non loin de là est la place où tomba le sort sur sainct Matthias. Au coin du Monastere qui est au Ponant, est la Chappelle où sainct Iean l'Euangeliste disoit ordinairement la Messe deuant nostre Dame, ceste Chappelle a dix-huict pieds de long, & treize & demy de large, & d'icelle on va au lieu où les Infidelles qui ont la charge de ceste saincte place font leur demeure. Le Cloistre de ce digne & sainct Monastere des Apostres dans lequel se void encor aujourd'huy vn vieil oliuier, est à peu prés tout quarré, & a bien de clair & de vague quinze pas de chasque part, & les couritoires qui sont à l'entour inesgaux de toutes parts comme ceux de Bethleem, ont vingt cinq, trete, & trente cinq pieds de long, & à peu prés huict de large. A l'entree de ce sainct lieu sur la main droicte est vn autre lieu fort commode, où logeoient les Pelerins du temps que ceste place estoit en la possession des Chrestiens. A l'autre angle du Monastere qui est au Leuant sur la main gauche, tout au proche du lieu où fut rosty l'Aigneau Paschal, est l'endroict où nostre Seigneur enuoya prescher les Apostres par tout le monde, & où depuis sa mort & Passion S. Iacques fut esleu Euesque de Hierusalem. Finalement dans le pourpris de ce beau Monastere en allant du Ponant au Leuant, est le lieu où la sacree Vierge rendit l'esprit, & où elle auoit tousiours faict sa residence par quatorze ans depuis l'Ascension de nostre Seigneur, ce sainct lieu peut auoir douze pas en quarré: De ce mesme costé est le cimetiere où les Religieux Pelerins, & autres Chrestiens Latins qui meurent en Hierusalem sont inhumez, moyennant dix sechins d'or qu'il faut payer au Sangiac. Et bien que chasque Pelerin aspire tousiours à son retour apres ses deuotions faictes, heureux toutesfois celuy que Dieu attire à luy des saincts lieux, attendu qu'il ne se pourroit embarquer en vn plus beau port, pour faire le voyage du Ciel.

Premier que leuer tes yeux de ce sainct lieu, Pelerin, auquel nostre Seigneur fist gouster la douceur de la manne de la loy nouuelle à ses Apostres, entra à eux le iour de sa Resurrection *ianuis clausis*, & nous a laissé de si grandes souuenances de son amour, si tu mets peine d'y entrer par bonnes & sainctes meditations, & d'y enuoyer tes prieres n'y pouuant aller en personne, (comme il y a du iour assez pour les y faire entrer les portes closes) tu entreras au ciel les portes ouuertes. Le Pelerin remarquera dauantage, qu'au passé à vingt pas du Sainct Cenacle entre le Midy & le Septentrion, estoit vn autre Monastere de Religieuses de Sainct François, auquel se retiroient les deuotes Pelerines qui alloient aux saincts lieux. Sortis de la maison de Caiphe d'où nous contemplasmes à l'aise tous les lieux cy dessusdits, repassant pardeuant la porte de Dauid que nous laissasmes à main gauche, costoyant tant soit peu les murailles de la Cité, pour prendre le chemin de la vallee de Iosaphat, & du lieu où nostre Seigneur fut prins & lié au Iardin des Oliues, esloigné d'vn bon quart de lieuë du Mont de Sió, nous trouuasmes sur nostre chemin à vn bó ject de pierre de la porte de la Cité, vn petit lieu si ruiné qu'il n'y a auiourd'huy plus apparence aucune de bastiment, quoy qu'autrefois il y eust vne chapelle edifiee, & c'est precisement la place où les felons Iuifs voulurent attenter au corps de la tref-sacree Vierge comme on le portoit en son Sepulchre en la vallee de Iosaphat, lesquels pour leur temerité furent priuez les vns de la veuë, les autres de la vie. Que le Pelerin se represente le iuste & rigoureux chastimét de ces temeraires semblable à celuy d'Oza qui pour auoir ozé toucher l'Arche de l'Alliance mourut de mort subite, cóme ceux cy l'arche de nostre salut & qu'il n'oublie à prier en passant la sacree Vierge, que par ses sainctes prieres, il soit deliuré des embuscades de ses aduersaires visibles & inuisibles. A cent pas de là descendant vn peu à main droitte, est la grotte pleine de deuotion & d'vn sainct effroy où sainct Pierre alla pleurer son peché apres auoir renié nostre Seigneur: ce lieu est encaué dans le rocher non loin de la muraille de la Cité, & la pierre qu'on brise & prend en ce lieu là par deuotion paroist toute rouge au dedans comme si sainct Pierre y auoit pleuré le sang. Que le Pelerin en ce mesme lieu, demande à Dieu la grace de pleurer tellement ses pechez pour auoir cent & cent fois renié nostre Seigneur de tout son cœur, où sainct Pierre ne l'auoit renié que de bouche, qu'à l'exemple de ce bon sainct il en puisse obtenir remission : mais pour impetrer ceste grace, il faut qu'il sorte de chez luy, & qu'il aille pleurer ses pechez dehors comme S. Pierre, & nostre premier pere Adam du Paradis terrestre, en sortant de sa mauuaise conuersation & condition pecheresse, ioint qu'Abraham, Iacob & Ioseph sortans de chez eux virent la gloire de Dieu. A cinquante pas de ce lieu est la porte Sterquiline, par où nostre Seigneur pris au iardin d'Oliuet, fut conduit par les Iuifs à la maison d'Anne Pontife, & vn peu au delà tirant vers la vallee de Iosaphat, en allant du Midy au Leuant, on passe par deuant l'Eglise de la Presentation nostre Dame attachee au Temple de Salomon, où tãt de beaux mysteres furent accomplis, la Purification de la Vierge, la Presentation de nostre Seigneur, la cõsolation de Simeon, la composition de ce beau Cantique *Nunc dimittis*, les Propheties d'Anne & de Simeõ sur la vie de ñostre Seigneur; & d'autant qu'il n'est permis d'y entrer ny pas seulement la regarder qu'on soit veu de ces impies qui l'ont erigee en Mosquee, le Pelerin passant par deuant fera doucement & à la secrette, ses prieres sans s'arrester ny faire aucuns signes exterieurs qu'il ne luy en mesprenne: on luy donne cent pas de long & soixante de large. A bien trois cens pas de ce lieu à la racine du mõt de Sion vers le Leuant est la fontaine de Siloé, que les anciens appelloient la Piscine inferieure, tant recommãdee aux sainctes Escritures à raison de l'Aueugle-nay que nostre Seigneur y enuoya se lauer apres luy auoir rendu la veuë ; les infidelles qui ne sont pas ignorans de ce miracle s'y lauent si souuent, que beaucoup de Pelerins Chrestiens passans par ce lieu sont souuentesfois frustrez de leur deuotion & ne la peuuent voir: ce mesme lieu est aussi fort souuent occupé par leurs femmes qui y lauent le linge: quiconque a veu à Rome la fontaine de sainct George ainsi appellee pour estre proche d'vne petite Eglise & d'vn arc triomphal des anciens

Romains, qui tous deux portent le nom de S. George, qu'il face estat d'auoir veu la fontaine de Siloé. Or c'est en ceste fange de Siloé que le Pelerin se doit rouler puis qu'elle nous illumine, & non pas en la fange de vice & de peché qui nous aueugle: c'est dans ces belles eaux spirituelles qu'il faut lauer nos yeux corporels & spirituels, pour mieux voir les merueilles de la Hierusalem spirituelle & terrestre: & comme ce mot Siloé signifie & vault autant que mandé, prenons nous bien garde d'empescher la venuë & de fermer les yeux de nostre ame à nostre Seigneur mãdé du Ciel, pour illuminer tout le genre humain entierement qui estoit aueuglé auant sa venuë en ce monde. Ceste grand' fontaine est longue de 40. pas, large de 12. & haute de six brasses. A vn tire d'arc de ce lieu est cest arbre tãt recõmandé en l'ordinaire de la Terre saincte appellé *Quercus Rogel*, quoy qu'il soit tout semblable à vn meurier blanc, rempatté de pierre & terre tout ensemble, pour le mieux conseruer en son entier: On tient qu'en ce mesme lieu fut inhumé le Prophete Isaye, apres auoir esté scié tout vif d'vne scie de bois, & mis en deux parts par le commandement du Roy Manasses, & à ceste cause les Turcs y ont au proche les marques d'vne Mosquee. A cent cinquante pas de la fontaine de Siloé vers l'Aquilon à l'entree de la vallee de Iosaphat & tout proche le torrent de Cedron, est la fontaine de la Vierge Marie, autrefois appellee fontaine du Dragon, où l'on descend par seize fort larges degrez: de bon encontre nous n'y trouuasmes personne qui nous en empeschast l'entree, y ayant à toute heure des Turcs & des Arabes à s'y lauer: Ceste fontaine est ainsi appellee suyuant la creance des Leuantins qui tiennent que nostre Dame y alloit souuent lauer les langes de nostre Seigneur, elle est plus longue que large, donnant fort auant soubs le rocher. Pelerin, ne passe pas sans boire de ceste belle eau, dans laquelle la sacree Vierge comme dans vn miroir de fin cristal, a tant de fois peint & graué sa belle face, vray Paradis de delices, qui surpasse toute la beauté du monde entierement, & d'où elle a chassé les dragons de l'Enfer à l'Enfer. De là continuant nostre chemin vers la vallee de Iosaphat, nous vismes vn certain puys mediocrement profond, que les anciens appellent le puys de Iacob, neantmoins sans goutte d'eau, dans lequel on tient que les Prestres de l'ancienne Loy au temps de la captiuité de Babylone cacherent le feu de l'Autel, & au retour d'icelle le grand Prestre Nehemias le faisant chercher audit lieu par les neueux & successeurs de ceux qui l'auoient caché, ne fut trouué qu'vne eau grasse, laquelle esparse sur la victime qu'on offroit en Sacrifice, s'alluma aussi tost vn feu qui brusla entierement l'holocauste, ainsi que nous auons cy-dessus touché en la page 236. quelques autres ont escrit que ç'auoit esté dedans ce puys qui est dans l'Eglise de l'Assomption de nostre Dame. Cestui-cy estoit autrefois enclos dans vne petite fabrique de pierre maintenant toute ruinee, où l'on entroit par deux ou trois petites portes ainsi qu'il est facile à remarquer. Là tout proche est aussi la vallee de Gehennon ou Tophet, pleine de beaux arbres portans fruict, où Adonias se pensant faire Roy d'Israel, sacrifia plusieurs bestes grasses, & fist festin à tous les plus grands de la Cour de Dauid. De ce lieu il nous print fantaisie d'aller sur le mont de l'Offension, ainsi appellé pour raison des autels que Salomõ à la requeste de ses femmes idolatres y auoit fait bastir, à sçauoir l'vn à l'idole Chamos le Dieu des Moabites, & l'autre à Moloc l'idole des Amonites, auquel les idolatres sacrifians les petits enfans de la mammelle, estoient estouffez & bruslez à l'instant : ce lieu est à vn quart de lieuë de la Cité.

Descendant de ce mont en allant du Ponant au Leuant, nous passasmes par le champ du potier, ou le champ du Sang, appellé en l'Escriture Haceldema, acheté des trente deniers dont fut vendu nostre Seigneur, pour seruir à la sepulture des Pelerins. Bien que ceste pauure piece de terre ne fust achetee que trente deniers, elle fut neantmoins trop cher venduë puis que le prix inestimable de tout le pretieux sang du Fils de Dieu y entra, dont vne seule goutte pouuoit acheter & racheter cent mille mõdes. Là tout au proche est vn bastimẽt presque tout quarré, lequel à peu pres, a vingt cinq pas de chaque face & cinq ou six brasses de hauteur : Ce bastiment est couuert

A   Le sainct Cenacle.
B   Quercus Rogel.
C   Où les Apostres se cacherent.
D   Le champ Haceldema.
E   Le Mont de l'Offension.

uert d'vne platte forme sur laquelle paroissent plusieurs petits domes qui donnent iour à cest edifice. On void par de petites fenestres qui sont là rapportees, les corps tous enseuelis des Turcs Pelerins seulement, qu'on dit estre consommez en vingt & quatre heures, ne restant que le linge & les os. On les deuale là dedans auec des cordages, & les range l'on les vns côtre les autres, par les fenestres que nous auons dit. A moins que rien de là tirant vers le Midy, nous arriuasmes au lieu d'vne fort belle sepulture, semblable à celle de nostre Seigneur, & dans la grotte où elle est posee, se retirerent les Apostres durant sa passion, & depuis ce temps beaucoup de bons Hermites, lesquels y ont mené vne fort loüable & sainte vie. On y void encor auiourd'huy nombre de figures à demy effacees auec plusieurs fleurons de toutes couleurs.

De la vallee de Iosaphat & des saincts lieux qui se remarquent en icelle, comme le S. Sepulchre de nostre Dame, & la grotte où nostre Seigneur sua sang & eau.

CHAP. XV.

MAINTENANT qu'il faut toucher les merueilles (selon la suitte de mon dessein) de la vallee de Iosaphat, & des lieux voisins & circonuoisins d'icelle, nous commencerons par le plus sainct & remarquable, à sçauoir le Sepulchre de nostre Dame : vray est que nous dirons au preallable quelque chose de ceste vallee tant & plus mentionnee aux sainctes Escritures : sa longueur se remarque en venant du Septentrion au Midy, & par ceste vallee fort estroitte, va roullant selon les saisons le Torrent de Cedron duquel on luy donne aussi le nom : ie dy selon les saisons, à raison qu'ordinairement on n'y void vne seule goutte d'eau. Les Romains se sont autrefois efforcez (mais en vain) de luy faire perdre le nom de vallee, tant par le grand nombre de fascines dont ils la pensoient combler durant leurs sieges, que par les grandes ruines du Temple de Salomon, & autres edifices tous entiers qu'ils faisoient rouller dedans, apres tant de prinses & reprinses de ceste triste & deplorable Cité : ceste vallee estoit au passé le Cimetiere plus commun des anciens Iuifs, en quoy ceux de leur secte les ensuyuent encor auiourd'huy auec les Turcs pesle-meslez ensemble : & d'autant que selon l'Escriture ceste vallee est le lieu où se doit faire le Iugement final, quoy qu'à peine elle ait vne lieuë de long, les Turcs, les Iuifs, les Arabes & autres Leuantins qui croyent à cet article de foy, y mettent chacū à sa poste vne pierre (disent ils) pour y garder leur place : attendant la venuë de ce grand iour. Ce fut en ceste vallee que les Roys pieux de Iuda, Aza, Ezechias & Iosias, bruslerent les Idoles du Temple, dont ils ietterent les cendres au vent : elle est aussi appellee la vallee de concision, d'autant que en icelle les bons seront separez d'auec les mauuais pour estre enleuez au ciel & les meschans precipitez à l'enfer. Or c'est là que le Pelerin doit faire vne belle priere à Dieu, qu'à tel iour il entende la parole de nostre Seigneur qui luy die de sa saincte bouche: Vien le beny de mon Pere posseder le Royaume celeste qui t'est appresté dés la fondation du monde.

A L'entree.
B Mosquee.
C L'entree de l'Oratoire de nostre Seigneur.
D Ouuerture qui luy donne iour.
E Place deuant l'Eglise.
F Iardin des Turcs.

C'est en ceste noble & illustre vallee que le Temple de la sepulture & de l'Assomption tout ensemble de la tres-sacree Vierge a esté edifié, par la structure duquel, il est facile à iuger de combien ceste vallee a esté remplie & comblee, puis que ce bastiment autrefois de la hauteur de vingt brasses est auiourd'huy presque tout soubsterrain, d'où il arriue que souuent le Torrent de Cedron enflé tant soit peu passe & prend son chemin par dessus, si qu'il n'y a que le frontispice de ceste Eglise qui paroisse vn peu. Elle est edifiee en la sorte qu'il paroist, au bout de la vallee de Iosaphat qui est au Septentrion presqu'au droit de la porte sainct Estienne : Son frontispice a enuiron trente pieds de haut & fort peu moins de large : On y descend par quarante & huict degrez, qui vont tousiours en eslargissant du haut en bas, sauf vn peu au mitan, on les a cizelez à dessein comme la plus part du paué de Florence, pour empescher qu'on ne glisse sitost dessus, à cause de leur humidité. Son entree est au Midy comme à l'Eglise du sainct Sepulchre de nostre Seigneur, bien qu'il y ait vne de ses portes bouschees, celle qui luy donnoit entree du costé de l'Orient. A main droite au bas de l'escallier qui finist presque au mitan de la nef, est le sainct & glorieux Sepulchre où fut posé le corps immaculé de la sacree Vierge, situé comme en forme de chœur, dans lequel on entre & sort par deux petites portes de chacune cinq pieds de haut, & deux & demy de large, dont l'vne est à l'Occident & l'autre au Septentrion. Ceste saincte fabrique toute quarree, par dehors a huict pieds de chaque face, & sept & demy de hauteur par le dedans, depuis son paué à sa voûte. Pour le Sepulchre, il est de deux pieds & demy de haut, & le reste à la grandeur & proportion de celuy de nostre Seigneur; le tout de beau marbre blanc. Derriere ce sainct oratoire iustement au Leuant, est le maistre Autel où celebrét les Grecs, lequel est de sept pieds de long & deux de large. A main gauche d'iceluy vers le Septentrion est l'Autel des Soriens, & à main droicte de l'autre part, est vne petite Mosquee pour les Turcs. Tout au bas de l'escallier à main droitte est vn autre autel où officient les Armeniens de quatre pieds & demy de long & deux & demy de large. A la gauche vers le Ponant est vn puys de fort bonne eau, vn peu plus auant de ce costé mesme est vn autre Autel où celebrent les Abyssins, de quatre pieds & demy de long & trois de large. En descendāt ce long & large escallier aux vingts premiers degrez à main droitte, est vne petite chappelle à deux autels qui sont les sepultures du bon Ioachim & saincte Anne sur l'autel qui est au Leuant celebrent les Georgiens, sur l'autre qui est au Septentrion les Gophites. De l'autre part vis à vis est la Chappelle du bon Ioseph espoux de la Vierge qui est aux Abyssins, elle a dix pieds de long & huict de large. On void encor à main droicte au haut dudit escallier, vne fort belle & grande porte muree, par où autrefois on entroit & sortoit pour aller & venir d'vn fort beau Monastere tout proche & contigu de l'Eglise de l'Assumption, duquel ne se void aujourd'huy ny vestige ny marque. Ceste Eglise est fort obscure, à raison que la lumiere n'y entre que par la porte fort esloignee de son plant, & par vne petite fenestre posee au dessus de l'Autel de la Chappelle des Grecs: elle a cinquante-six pas de long, & la moitié moins de large, & haute à la proportion; pour son escallier ie le iuge à peu prés de dix ou douze toises de long. Tout au bas de cet escallier à main gauche, on entre en vn certain lieu, qu'il est difficile de iuger à quelle fin il a esté là rapporté, ayant vnze pas de long, & quatre seulement de large. Il y a vne petite place presque toute quarree au deuant de l'Eglise, separee d'auec le chemin d'vn petit mur, tout au proche duquel & de ladite place, est vne petite portion de terre close de murs, & plantee d'arbres qu'on tiét pour vn lieu de Mosquee. Or comme le Pelerin trouue ce sainct Sepulchre vuide côme celuy de nostre Seigneur, qui a voulu qu'on dist de sa sacree Mere comme de luy, *surrexit non est hic*, ne voyant en ce lieu que la place qui fut trouuee toute vuide trois iours apres l'inhumation de ce corps si sainct & immaculé: Que ce Pelerin (dis ie) s'il est deuot & bien mortifié, ressuscite icy de sa vie de corruption & de peché à vne vie d'innocence & de vertu, à fin de faire monter ses prieres là haut au ciel iusques deuant le throsne de la diuinité, où la sacree Vierge est assise pour les y presenter.

A quarante pas du sepulchre de nostre Dame en allant du Septentrion au Midy, chargeant vn peu sur la main gauche du costé du Leuant, on va droit par vn petit chemin exprés au deuot & sainct Oratoire en forme de grotte, où nostre Seigneur fait en agonie, sua sang & eau, la mesme nuict qu'il fut prins & lié par les Iuifs. Cest antre plein d'vne saincte terreur, plus propre pour les souspirs & les larmes que le discours & les paroles, est situé au pied de la montaigne des oliues, & est entaillé dans le rocher, porté au dedans par quatre pilliers de

S f iij

A Où nostre Seigneur sua sang & eau.
B La place de l'Ange.
C Entree de la Grotte.
D Par où entre la clarté.

la mesme estoffe. Il est en forme circulaire, & peut auoir quarante-cinq pas de circuit, & quinze en diametre. Là se void le mesme endroit où nostre Seigneur estoit en priere, lors que l'Ange s'apparut à luy pour le consoler; comme par semblable se void la place de l'Ange, toutes deux fort proches des pilliers qui portent le corps de ceste saincte fabrique. Tout ce qui donne lumiere à ceste saincte place, c'est vne ouuerture ronde qui est au milieu de sa voûte, à la maniere de la Chappelle de la Resurrection, qui couure le sainct Sepuchre de nostre Seigneur, ou bien du Pantheon de Rome : On a autrefois dit Messe en ce sainct lieu, comme il se remarque à vn Autel qui est là dedans encor en estre. Or tout ainsi comme ce lieu si deuot a esté dedié par le precieux sang du Fils de Dieu, qu'on luy vid couller de sa saincte face estant aux agonies de la mort : ainsi le bon Pelerin estant en ce mesme lieu, se doit efforcer de faire couler de ses yeux, si non du sang, à tout le moins vn torrent de larmes, qui seruent à lauer son peché, pour lequel Iesus-Christ nostre Sauueur fut crucifié. A vn bon iect de pierre (comme dit l'Escriture) de la Grotte de nostre Seigneur, nous arriuasmes au lieu où il posa les trois Apostres, sainct Pierre, sainct Iacques, & sainct Iean, & leur dist ces paroles: Mon ame est triste iusques à la mort. Vous voyez en ce lieu qui est proprement le iardin d'Oliuet, trois fort grosses pierres, entre autres sur lesquelles reposoient ces trois Apostres: & à sept ou huict pas de là est le lieu où nostre Seigneur faisant sa priere, fut abordé par les Iuifs, cherchans auec fallots & lanternes le Soleil de Iustice, & la lumiere du monde, conduits par Iudas qui le trahissoit. Ce lieu est fort anguste, situé entre deux petits murs de pierres mal liees, & posees les vnes sur les autres sans aucun artifice. En ce lieu quatre ou cinq personnes les vns derriere les autres peuuent rester, & faut descendre trois petits pas de degré pour y entrer. Ce fut doncques en ce lieu que le traistre & perfide Iudas donna le baiser de la mort à nostre Seigneur, & que par la force de sa saincte parole, les Ministres de Sathan tomberent tous à la renuerse, au contraire des gens de bien qui tombent sur la face; & lierent neantmoins des liens de nos pechez celuy qui deuoit rompre les portes d'airain & les barreaux de fer, & qui leur donna le baiser de paix quand il dist à Iudas: Trahis tu le Fils de l'Homme par vn baiser? Ainsi soyons nous prins & liez des liens de sa grace, pour estre desliez des liens de peché.

Quant au iardin d'Oliuet à peine le peut-on aujourd'huy bien remarquer pour cause de plusieurs petites separations d'iceluy qu'ont faict les particuliers, ausquels il appartient maintenant, & de certains chemins qui passent au dedans pour aller çà & là, specialement sur la montaigne des Oliues: neantmoins à le bien considerer en sa forme quarree, il peut contenir à peu prés vingt & cinq toises d'vne part à l'autre.

328 LE PELERIN VERITABLE

A Eglise de l'Ascension.
B Oratoire de saincte Pelagie.
C Où nostre Seigneur parla du dernier iugement.
D Où il enseigna le Pater noster.
E Où les Apostres composerent le Credo.
F Où nostre Seigneur pleura sur Hierusalem.
G Où nostre Dame receut la palme de l'Ange.
H Lieu de Viri galilei.
I Lieu où nostre Dame laissa tomber sa ceinture à sainct Thomas.
K Lieu où nostre Dame se reposoit souuent.
L Où nostre Seigneur posa ses trois Apostres.
M Où nostre Seigneur fut prins.
N Oratoire de nostre Seigneur.
O Gethsemani.
P Sepulchre de nostre Dame.
Q Où Iudas se pendit.
R Sepulchre d'Absalon.
S Le pont du Torrent de Cedron.
T Sepulchres des Turcs.
V La vallee du Figuier maudit.
X Le chemin de Bethanie.
Y Le chemin de Hierusalem.
Z Le Torrent de Cedron.
& Le iardin d'Oliuet.

Il y a encor au dedans nombre d'Oliuiers fort antiques, dont
les

les Religieux Cordeliers qui sont sur les lieux, sont fort soigneux de faire faire des Croix, des Presepes, des chappellets, & autres choses deuotes & curieuses à ceux qui en font estat. Lors que nous sommes dans les iardins du monde parmy les fleurs & les odeurs, nous ne pensons sinon à resioüyr nos sens, & contenter nos appetits, ne iugeant pas le peril qui tallonne de prés nos resioüyssances, comme de nostre premier pere Adam, qui fut prins & deceu dans vn iardin de delices: Nostre Seigneur le second Adam qui fut prins & trahy dans le iardin des Oliues, & la vertueuse Susanne de l'ancienne Loy, pensa perdre l'honneur & la vie dans vn iardin; ce qui nous doit faire redouter les iardins & les delices du monde, où il y a plus de peril que sur les mers & les deserts, plus horribles & terribles de l'Vniuers. Ce fut en ce mesme iardin que sainct Pierre couppa l'oreille à Malchus, où nostre Seigneur rendit le bien pour le mal, la remettant en son premier estat: ce meschant vallet nous represente le peuple Iuif qui eut l'oreille dextre couppee, c'est à dire, la foy perduë, auec l'intelligence des mysteres de la Passion de nostre Seigneur. A cent cinquante pas de ce lieu, tirant vers le Midy, & tout au droict de la porte doree est cet autre lieu de Gethsemani, maintenant tout en poudre, auquel se remarque neantmoins la place où nostre Seigneur laissa les huict Apostres allant faire sa priere, & qu'il leur dist, Faictes icy ferme tant soit peu pendant que i'iray là pour prier: ce lieu estoit edifié au pied de la montaigne des Oliues, où il se recognoist facilement qu'il estoit gras & fertile, à raison du Torrent de Cedron qui en baignoit les terres. C'est icy que le Pelerin se doit representer la figure d'Abraham, lequel allant immoler son fils Isaac, fist demeurer ses seruiteurs au bas de la montaigne de Caluaire, comme nostre Seigneur ses Apostres à Gethsemani au bas de la montaigne des Oliues, quand il voulut aller non pour immoler, mais pour estre immolé au lieu d'Isaac, sur la mesme montaigne de Caluaire. Vn peu au dessus de Gethsemani en allant du Ponant au Leuant, se void encor aujourd'huy le lieu où le traistre Iudas se pendit, tout au proche d'vne voûte ou demie arcade de pierres liees à

Tt

chaux & à sable : Il y auoit tout au proche vn suc planté auquel ce miserable s'estrangla : on tient que ces mal-heureux Iuifs opiniastres en leur peché plus que iamais, ont acheué d'abbattre & desraciner entierement depuis trente-cinq ou quarante ans le reste de ce funeste & malheureux arbre, pour leuer desormais aux Chrestiens tout subject d'admiration de leur desloyauté & grande perfidie : & neantmoins ces meschans tiennent encor que Iudas est sauué, contre l'exprés commandement de Dieu qui dit, *Non occides*. Si ce suc auiourd'huy estoit encor en estre comme non, son fueillage seroit fort à propos pour faire des couronnes, guirlandes, & chappeaux de triomphe, aux mauuais François qui trahissent & meurtrissent leurs Roys, pour marque de leur trahison & grande desloyauté; mais ie croy que pour en bailler à tous, il en faudroit planter vne forest entiere, tant le nombre de ces peruers est grand en nostre France. Aux enuirons de ce lieu si funeste, ces endurcis & opiniastres Iuifs ont leurs sepultures, & complices qu'ils sont du meurtre de Iudas commis en la personne de nostre Seigneur, ils sont par consequent obligez à la mesme peine de la damnation eternelle, veu qu'ils ont dit, *sanguis super nos, &c.*

Continuant nostre chemin vers le Midy, par ceste belle vallee de Iosaphat, nous arriuasmes au lieu du sepulchre d'Absalon, edifié presque au pied de la montaigne de l'Offension, fort à propos, puis qu'il auoit si lourdement offensé son pere Dauid par ses folles rebellions : ceste faute est si odieuse aux Turcs, Arabes & Iuifs, qu'en horreur & perpetuelle memoire de sa desobeyssance, autant de fois qu'ils passent & repassent auprés de ce monument, ils y iettent chacun vne pierre, qui par succession de temps ont faict vn grand monceau; mais ces aueugles ne considerent pas qu'en tout le monde, il n'y a point de plus mauuais enfans qu'eux-mesmes, ny qui soient plus desobeyssans à Dieu, qu'ils ne recognoissent pour Pere, ny l'Eglise pour Mere. Quant à ce monument, il est fort artificiel, bien finy, & bien acheué, comme il se recognoist à la perspectiue des singulieres parties de son pourtrait : tout au proche d'iceluy il s'en void vn autre,

A Le Pont de Cedron.
B Les marques des pieds & mains de noſtre Seigneur.
C Le Torrent de Cedron.
D Sepulchre d'Abſalon.
E Sepulchre de Manaſſes.
F Sepulchre de noſtre Dame.
G Hieruſalem.
H Le mont des Oliues.

lequel à la verité n'eſt pas ſi releué, ny d'vn ſi grand artifice, où l'on tient que fut mis le Roy Ioſaphat, duquel ceſte vallee a retenu le nom, mais la plus commune opinion tient qu'il eſt du Roy Manaſſes. A cinquante ou ſoixante pas de là, marchant vers le Midy, ſe remarque à main gauche vne fort belle & ſpacieuſe Grotte entaillee dans le rocher, ornee à ſon frontiſpice de colonnes & corniches de marbre blanc, qui ſe va noirciſſant tant & plus à cauſe de ſon antiquité: ceſte piece eſtoit fort bien elabouree, & tient-on que dans icelle l'Apoſtre ſainct Iacques le Mineur s'alla cacher durant la Paſſion de noſtre Seigneur, dont il conceut vn tel regret, qu'il ſe propoſa de ne boire ny manger, ce qu'il fiſt, qu'il n'euſt nouuelles de ſa Reſurrection. Non loing de ceſte

Grotte est vn autre petit antre assez difficile à trouuer en ce rocher, dans lequel selon que tiennent les Orientaux, le Prophete Hieremie composa ses lamentations sur la Cité de Hierusalem.

A Sepulchre d'Absalon.
B Sepulchre de Zacharie.
C Grotte de sainct Iacques.
D Torrent de Cedron.

A vingt & cinq ou trente pas de ceste premiere Grotte de sainct Iacques sur le Torrent de Cedron, est le sepulchre du Prophete Zacharie, qui fut tué entre le Temple & l'Autel, il est aussi entaillé dans le mesme rocher, & porté par quatre colonnes, ornees de leurs bases, corniches & chappiteaux, auec vn fort beau couuercle, finissant en poincte de Diamant : à mesure que le desir & la deuotion me venoit de passer plus auant, & voir de plus en plus choses nouuelles, le iour d'autre part s'alloit finissant : si bien que mon escorte faisant en ce lieu-là le hola, dist que c'estoit assez pour la iournee, l'heure du repas & du repos estant proche, ioinct que si nous estions là plus long temps (dist le Dragoman) il eſtoit à craindre que les Turcs & les Arabes, qui à la maniere de hiboux, eſcharbots, cerfs volans, ſouris-chauues & autres engeances de tenebres nous rencontrans, allans & venans comme ils font ſur le ſoir, par les fontaines & Moſquees de la vallee de Ioſaphat, ma deuotion ne me ſeruiroit pas de raiſon vallable enuers eux pour m'empeſcher de releuer quelques peſantes baſtonnades, dont ces volleurs ſont aſſez liberaux, ſi on ne les pare promptement auec la bourſe, ce qu'oyant & voyāt deſia mouuoir ces gens par le chemin, i'eus tout cher de faire retraitte par la porte Sterquiline, comme la plus proche & commode pour retourner au Conuent, & de remettre la ſuitte & pourſuitte de mes deuotions au lendemain.

Continuation des merueilles de la vallee de Ioſaphat, & de la montaigne des Oliues.

CHAP. XVI.

APRES auoir rendu compte au pere Gardien de mes allees & venuës, & de l'heureux ſuccez de toutes mes viſites, il en reſta fort content, & deſirant me gratifier entierement ſur le progrez de mon voyage, il donna ordre dés le ſoir à faire tenir quatre petits aſnes tous preſts pour le iour enſuyuant auec les prouiſions neceſſaires, pour quatre perſonnes, le Religieux, le Ianiſſaire & Dragoman qui m'aſſiſtoient, à fin de faire plus commodement le voyage de la montaigne des Oliues, de Bethanie, & autres lieux circonuoiſins, où il y a des choſes remarquables : il faut donc faire eſtat que le iour ne parut point ſi toſt que tout ne fuſt bien mis en ordre, comme s'il auoit eſté queſtion de faire vn grand & long voyage, ſi bien qu'oüye la premiere Meſſe du Conuent, nous priſmes noſtre chemin vers l'Orient droit à la porte ſainct Eſtienne, de laquelle nous auons deſia parlé.

A Porte dorée.
B Porte sainct Estienne.
C Où il fut lapidé.
D Sepul. de nostre Dame.
E Iardin d'Oliuet.
F Torrent de Cedron.
G Le pont du Torrent.
H Sepultures des Turcs.
I Lieu de Mosquee.

A cent pas de la porte sainct Estienne, en allant du Septentriõ au Midy, est la porte dorée si celebre à cause que par icelle nostre Seigneur (qui s'accompare à la porte) fist son entree en Hierusalem le iour des Rameaux & que c'estoit la plus ordinaire pour toutes sortes de Pelerins qui voyageoient au Temple; & aussi que certains docteurs tiennent que nostre Seigneur passera par ceste mesme porte pour venir iuger les viuants & les morts en la vallee de Iosaphat qui est tout au dessous d'icelle: Depuis que la Cité est tombee en possession des Infidelles, ceste porte a tousiours esté bouschee pour plusieurs raisons cy deuant dittes en la page 251. & qu'ils tiennent de pere en fils que la Cité de Hierusalem doit estre emportee par les Chrestiés qui forcerōt ceste porte, quoy qu'elle soit au Leuāt, la plus esloignee de leur arriuee, & la plus inaccessible de toutes. De moy ie me suis tousiours persuadé que ce sera moyennant la grace de Dieu vn Roy de France à qui seul cette gloire est reseruee. Entre ces deux portes à la pente & flanc du mont Moria, cent cinquāte pas en descendant par vn chemin qui va droit en la vallee de Iosaphat pour aller vers les terres de Benjamin, fut lapidé sainct Estienne, & au mesme lieu vne chapelle auoit esté edifiee par l'Imperatrice Eudoxia femme de Theodose le ieune, dont il ne paroist plus aucun vestige: c'est en ce lieu que le Pelerin doit lapider ses vices & pechez s'il desire voir les cieux ouuerts, & auec la couronne de ce doux martyre remporter à l'exemple de ce bon sainct la Couronne de gloire. Tout au droit de ce lieu de l'autre part de la vallee de Iosaphat, peu plus ou moins de deux cens pas tirāt vers l'Orient, se void vne place fort remarquable où l'on tient que nostre Dame, presente durant tout le martyre de sainct Estienne, prioit Dieu que sa foy ne manquast aux tourmens: qui doit conuier le Pelerin en toutes ses afflictions & plus dures angoisses d'inuocquer le nom de la tres-sacree Vierge à fin que sa foy ne manquant iamais, il soit plus habile à les supporter, pour remporter le merite qui en procede. Le Torrent de Cedron qu'on passe par dessus vn petit pont faict d'vne seule arcade pour aller de l'autre part de la vallee, est vn cours d'eau qui passe entre la Cité de Hierusalem & le mont des Oliues, procedant en partie des sources & fontaines qui sont aux vallees de Gehennon & Iosaphat, & partie des pluyes qui s'y rendent de toutes les montaignes circonuoisines faisant son cours du Septentrion au Midy vers la mer morte quand il a de la force assez, attendu que plus coustumierement il est à sec sans vne seule goutte d'eau. Quant au pont par dessus lequel on passe quand il y a de l'eau, il fut edifié par saincte Heleine au mesme lieu où l'on passoit ce Torrent par dessus vne longue planche que la plusart des Orientaux tiennent qu'elle fut prise pour seruir de principal membre à la Croix de nostre Seigneur: Comme on passe dessus ce pont pour aller de Hierusalem en Bethanie ou sur la montaigne des Oliues, on void à main droitte sur vne pierre fort dure, l'impression des mains, des pieds, des coudes & precieux genoux de nostre Seigneur comme si c'estoit sur de la cire molle, & tient on que cela arriua d'vne cheute en ce lieu, comme les Iuifs le menoient trop rudement, apres l'auoir faict prisonnier au iardin des Oliues: merueille de ces belles marques qui se sont conseruees il y a tantost seize cens ans, chose qui doit bien mollifier nos cœurs, à fin que plus facilement le sainct Caractere de la grace de Dieu s'imprime sur eux: & aussi que suyuant le dire de Dauid au Psalme cent neufiesme, nostre Seigneur vouloit boire en ce Torrent pour estancher nostre soif, marcher la teste leuee deuant nos aduersaires, & le passer à pied nud fuyant la face des Iuifs comme auoit faict Dauid, fuyant la face de son fils Absalon.

A L'Eglise de l'Ascension.
B Oratoire de saincte Pelagie.
C Où N.S. parla du Iugement.
D Où il enseigna le Pater nost.
E Où les Apost. coposerēt le Symb.
F Où N.S. pleura sur Hierus.
G Reposoir de nostre Dame.
H Lieu de Viri Galilæi.

Ayant

Ayant visité à loisir ces belles particularitez, nous commençasmes à monter peu à peu la montaigne des Oliues, passant premierement au lieu où sainct Thomas absent des obseques de nostre Dame, la vid enleuer & porter au ciel par les Anges en corps & en ame, pour tesmoignage dequoy elle luy laissa tomber sa ceinture. Ce lieu est fort pierreux & ces plus grosses pierres qui sont à la main droitte, seruent de closture au iardin d'Oliuet: ceste saincte consideration nous doit de plus en plus rendre deuots à la tres-sacree Vierge, si nous desirõs qu'elle nous honore des gages de son amour, & qu'elle se laisse voir à nous specialement au iour de nostre trespas: nõ loin de ceste place se void vne pierre de raisonnable grandeur releuee en forme de siege, où nostre Dame se reposoit, souuent, allant & venant à ses saincts exercices & fatigues spirituelles: continuant ce mesme chemin qui est le plus droit pour aller sur la montaigne des Oliues, nous arriuasmes au lieu où nostre Seigneur voyant la Cité de Hierusalem en sa splendeur & plus grande gloire, laquelle ne pensant sinon à viure en delices, & nostre Seigneur au contraire preuoyant les gehennes & dures estraintes qui luy deuoiét arriuer pleura sur icelle, comme Esaye sur Babylon, Ezechiel sur l'Egypte, Osee sur les citez de Tyr & Sidon, & Amos sur les pechez de Samarie: ce que voyans & oyans sera-il dit que nous ne pleurerons pas les nostres, auec la perte de ceste saincte Cité à present entre les mains des infidelles? A douze ou quinze pas plus haut se recognoissent à la main droicte, les ruines d'vne petite Eglise, où le sainct Concile & sacré Consistoire des douze Apostres composerent le Symbole des douze articles de nostre foy: C'est en ce lieu que le Pelerin deuot & mortifié, doit estre eschauffé plus que iamais, d'vne belle & saincte affection à reciter ceste belle & saincte leçon cõtenant les fondemens de nostre creance, & de rendre action de graces à tous les douze Apostres qui en ont esté les autheurs & les inuenteurs pour son salut. Vn peu plus haut comme à vingt & cinq pas de ce lieu remarquable, s'en trouue vn autre, orné autrefois d'vne chappelle fort capable, en souuenance de l'oraison Dominicale que nostre Seigneur composa en ceste

V u

mesme place, pour raison dequoy ceste Chappelle de laquelle on ne void plus auiourd'huy aucunes marques, fut appellee maison de pain: Cela nous doit induire à dire iour & nuict ceste belle Oraison qui comprend en soy toutes les demādes que l'homme vrayement Chrestien peut faire à Dieu, pour impetrer de sa diuine bonté, tout ce qui luy est necessaire tant à l'ame qu'au corps. A quarante bons pas de ce lieu, fort pres du haut de la mōtaigne, est la marque d'vne belle colonne iustemēt sur le lieu où les Apostres vn peu trop curieux, demanderent à nostre Seigneur le temps de la fin & consommation du monde, lequel les contenta en vn mot, pour nous seruir d'exemple, & rembarrer nos curiositez indiscretes causes le plus souuent de nostre perte. Ie ne manqueray d'aduertir le Pelerin partant de Hierusalem pour faire le voyage de Bethanie, que la pluspart vont par le chemin de la vallee du figuier infructueux & maudit de la bouche de nostre Seigneur à cause de sa sterilité, & s'en retournent par Bethphagé & le mont des Oliues, mais cela est indifferent comme resultant en partie de l'humeur & la volonté du Pelerin, & partie de l'occasion & de ceux qui l'assistent. Entre le lieu de l'Ascension de nostre Seigneur, & cest autre appellé *Viri Galilæi*, qui est sur la main gauche du costé de Septentrion, duquel nous parlerons par cy-apres, se void vn petit Quarrefour, où l'on croit pieusement que nostre Dame, depuis l'Ascension de nostre Seigneur passant ses iours en prieres & visites des saincts lieux se reposoit souuent voyageant en ceste saincte Montaigne: & en la mesme place d'où elle contemploit à son aise, & voyoit à plaisir tous ces lieux pleins de mysteres: on tient (dis-je) qu'à vne des fois vers l'an Climacteric de son aage, l'ange du ciel luy apporta la triomphante palme en signe de victoire & de son proche triomphe au Royaume des Cieux. Ce fut sainct Iean l'Euangeliste à cause de sa virginité qui eut l'honneur de la porter deuant son cercueil, lors que le sainct Clergé des Apostres portoit son sacré corps au Sepulchre, en la vallee de Iosaphat. Bref nostre plus grand exercice en ces hauts lieux estoit de les arrouser de nos pleurs & plus chaudes larmes.

DE LA TERRE SAINCTE.

A   La Chappelle de l'Ascension.   *C*   Ruines d'vn Monastere.
B   Oratoire de saincte Pelagie.   *D*   L'entree à ces lieux.

Aux approches du mont de l'Ascension, le plus haut qui soit aux enuirons de Hierusalem, vous remarquerez force ruines & pans de murailles, qui pour leur grand' espaisseur font iuger qu'il y auoit autrefois vn fort chasteau edifié en ce lieu, & au proche d'iceluy vne fort belle Eglise & Monastere du nom de sainct Sauueur. Au mitan de ces ruines se void vne iolie Chappelle à huict faces comme le Temple de Salomon, auec son petit dome couuert de plomb, porté par huict colonnes de marbre blanc auec leurs bases, corniches & chapiteaux, à la Dorique: ce petit lieu que les Turcs ont auiourd'huy vsurpé pour Mosquee, est tout blanc au dedans, & n'y void-on aucun ornement sauf la forme d'vn des pieds de nostre Seigneur, à sçauoir le gauche qu'il laissa imprimé sur la pierre auec le droit quand il monta au ciel: surquoy quelques vns ont voulu dire, que perpendiculairement tout au droit de ce lieu, il est assis à la dextre de Dieu son pere, & qu'en ce mesme lieu il descendra cóme il est monté pour venir iuger les viuans

V u ij

& les morts: pour l'autre marque du pied droit, les Turcs l'ont pour relique & en fort grand' estime au Temple de Salomon: Ceste chappelle a du moins 16. pieds en diametre, trête à peu pres de hauteur, & quarante cinq pas de circuit par le dehors: Pour sa muraille elle n'a que deux pieds d'espaisseur entre les colônes: La pierre où est graué le pied de nostre Seigneur qui est presque quarree, a deux pieds & demy de long, non bônement deux de large & vn grād demy pied de hauteur: & quāt à la forme du pied, elle est d'vn bon pied de long, & cinq poulces de large. Ie representeray au Lecteur vne autre chose fort remarquable en ce lieu qui est telle que nostre Seigneur à voir la graueure de ses pieds, montant au ciel auoit la face tournee vers l'Aquilon les parties les plus froides de l'vniuers, selon la region & la religion, comme ie pense auoir dit de Venise, & aussi qu'il est escrit: Sa face est du costé de l'Aquilon, & tout mal se manifeste de l'Aquilon. Il y a des autheurs dignes de foy & entre autres Seuere Sulpice qui ont escrit ceste merueille de la forme du pied de nostre Seigneur que plusieurs fois les Chrestiés & infidelles, ayans voulu pauer ce lieu d'excellens marbres & autres pierres plus pretieuses, pour l'enrichir & honorer dauantage, on a veu sauter en l'air à la face des artisans, pierre, ciment & autres materiaux qu'ils y vouloient rapporter. A ce lieu si sainct & remarquable est attachee du costé de Midy, vne fort ancienne chappelle, ou plustost vne Spelonque fort deuote appellee du nom de saincte Pelagie, autrefois riche & fameuse Courtisanne de la ville d'Antioche: ceste pauure femme fut tellement inspiree, & frappee d'vn regret si grand de son peché, que là elle passa le reste de ses iours en de grandes mortifications & austeritez. Ceste Pelagie qui estoit vn pelague de vices & pechez, par le moyen d'vn sainct pelage, fut vn pelague de vertus: & d'ailleurs c'est en ceste saincte Chappelle de l'Ascension que le Pelerin voyant le passage ouuert par lequel nostre Seigneur monta au ciel, le doit prier instamment de l'attirer à luy par ceste mesme voye, & l'y faire monter à son exemple. Ceste saincte montaigne en fin a trois poinctes & belles cimes bien releuees, vne du costé de Septentrion, l'autre du Midy, & sur la plus haute & apparente qui est au mitan des deux, est le lieu de l'admirable Ascension de nostre Seigneur : Sur celle qui est au Midy, on ne void rien de remarquable, & sur l'autre qui est au Septétrion est vn fort ancien bastiment, fortifié d'vne assez haute Tour faicte en quarré, quoy que ce lieu ne soit habité de personne, on l'a de toute antiquité appellé *Viri Galilei* ; pour ceste raison disent les vns que ce lieu seruoit d'hospital & logement aux Pelerins qui voyageoient de Galilee en Hierusalem : les autres disent que ce fut en ce lieu que les Anges, à l'instant de l'Ascension de nostre Seigneur, dirent aux Apostres ces paroles suiuantes: Hommes Galileens, pourquoy vous arrestez vous regardans au Ciel? & ce qui suit en l'Escriture saincte; mais les plus fidelles autheurs qui ont mieux escrit de ce voyage, tiennent que ces paroles furent dictes aux Apostres, au lieu où l'Ange apporta la palme à nostre Dame, lequel n'est qu'à vingt & cinq ou trente pas du lieu de l'Ascension, entre lequel & le lieu *Viri Galilei* cy-deuant dit, il y a plus de quatre cents pas de distance : qui faict croire que nostre Seigneur montant au Ciel, les Apostres tous rauis alors d'admiration, n'auroient si tost quitté ce lieu sainct de l'Ascension, pour faire quatre cens pas hors de leur route, attendu que l'Escriture dit, que ce mystere estant accomply, les Apostres s'en retournerent droit en Hierusalem, d'où ie concluray que ce lieu de *Viri Galilei*, tire son appellation & origine de la premiere raison que nous auons cy-deuant dite, & non d'ailleurs, ioinct aussi qu'il ne se recognoist point qu'il y ait eu iamais en ce lieu tout profane aucune Eglise, Chappelle, ny Oratoire. Pour le regard du mont de l'Ascension sur lequel estoient anciennement bastis tant de beaux edifices, ie trouuay en faisant la ronde à l'entour de ses ruines, que du moins il auoit autrefois cinq cents pas de circuit.

Du Voyage de Bethanie, & des saincts lieux qu'on y void : de ce qui me pensa arriuer par ce chemin, & de nostre retour en Hierusalem, par le lieu de la sepulture des anciens Roys d'Israël.

Chap. XVII.

A Le mont des Oliues.
B Bethphagé.
C Fontaine des Apostres.
D Maison de saincte Marthe.
E La pierre où s'assit nostre Seigneur.
F Maison de la Magdeleine.
G Sepulchre du Lazare.
H Chasteau du Lazare.
I Maison de Simon le Lepreux.
K Vallee du Figuier maudit.
L Le chemin de Hierusalem.

APRES auoir veu les choses racontees au chapitre precedent, où ie passay la matinee auec toutes les satisfactions qui se peuuent desirer, ie priay mon escorte que nous suiuissions nostre dessein, qui estoit de donner iusques en Bethanie, à demie lieuë du lieu de l'Ascension, sur la montaigne des

Oliues. Le premier lieu mysterieux que nous trouuasmes, ce fut Bethphagé, assez mentionné aux sainctes Escritures, esloigné seulement d'vn quart de lieuë dudit lieu de l'Ascension: ce lieu estoit autrefois appellé le village des Prestres, tant à raison de leur retraitte en ce lieu, que pour cause de leurs troupeaux qu'ils faisoient paistre en vne petite plaine pendante, voisine dudit lieu maintenant toute en ruine: Passant par ces terres pour aller en Hierusalem, le Pelerin doit mettre en practique ceste belle vertu d'humilité, & y faire son entree au mesme equipage que nostre Seigneur, monté seulement sur vne Asnesse, & chanter ses loüanges aux approches de Hierusalem, à fin qu'on nous chante reciproquement ces paroles pleines de douceur: Beny soit celuy qui viét au nom du Seigneur. Saincte Heleine fist pauer autrefois tout ce chemin de Bethphagé en Hierusalem, comme il se remarque encor en beaucoup de lieux. L'heure du desieuner s'approchāt, & l'appetit tout formé à chacun de nous, à cause du chemin fort penible de ces montaignes & vallees, nostre Dragomant fut d'aduis que pour prendre nostre heure plus à l'aise & mieux à propos, nous donnassions iusqu'à la fontaine des Apostres, veritablemét vn peu escartee de nostre chemin sur main gauche en allant vers le fleuue de Iordain, mais l'heure ne nous pressant autrement & voyans le téps beau, nous nous resolusmes d'y aller desbrider nos asnes, & les mettre à paistre l'herbe assez courte de ces lieux-là, pour raison de la grande seicheresse qu'il faisoit lors: Arriuez donc que nous fusmes en ce lieu, ce fut de choisir vn bel endroit au plus proche de la fontaine, & de desployer nos viures sur la belle herbe verte, & les pierres qui en sont proches. Cōme nous allions prendre nostre refection, ie diray legerement la disgrace qui me pensa arriuer sans y penser, qui seruira d'exemple au Pelerin s'il arriue qu'il boiue & mange auec les Infidelles; comme donc nous commençasmes à visiter nos viures, ayant pour mon particulier à cause de la grand'chaleur du temps plus soif que faim, ie demanday à boire au Dragoman qui auoit la bouteille en gouuernement, lequel m'ayant versé vne bonné volte de vin, en vn des verres du Conuent que le Pere Cordelier auoit porté dans sa manche, pensant gratifier au Ianissaire qui m'assistoit, ie luy monstray le verre, luy disant en Italien, que i'allois boire à ses bonnes graces, mais sur ce que i'estois prest à boire pour estancher ma soif, il se leua tout en colere, mais plustost en furie, mettant la main au cimeterre, disant au Dragoman en son langage Turc, qu'il vouloit auoir ma vie, puis que ie m'estois mocqué de luy : l'horrible fierté de son insupportable regard, planta si auant dans mon cœur la frayeur de son enfumee & hideuse trongne, allumee de deux yeux plus rouges que cochenille, & plus estincellás que charbons ardants, qu'à peine ceux de sa nation l'auroient peu enuisager sans fremir & auoir peur, si que ie lisois clairement en son front basanné plein d'horreur & terreur, l'histoire figuree de ma desconuenuë. Le Dragoman le voyant en fureur me print le verre à la main encor tout plein de vin qu'il luy bailla pour boire, ce qu'il fit, & d'autant, pour appaiser sa colere : moy fort estonné de ce changement si subit, & le Pere Cordelier autant que moy, attendu ce me sembloit que ie n'auois point peché : Le Ianissaire encor tout hors d'haleine, dist au Dragoman, qu'il auoit bien conduit çà & là des Pelerins Chrestiens, mais que iamais aucun d'eux ne luy auoit fait vn tel affront que moy, faisant verser du vin comme i'auois faict, luy tendre le verre s'attendant que ie luy baillasse à boire, & le vouloir boire moy-mesme. Le Dragoman vn peu mieux ciuilisé & faict à nos coustumes que ce mal poly Ianissaire, luy fist mes excuses, disant, que c'estoit la coustume des Chrestiens & des amys de boire les vns aux autres, & qui premier auoit soif beuuoit le premier sans scrupule, aduertissant son amy d'en faire autant ; & à ces paroles le Ianissaire commença à s'appaiser, disant au Dragoman, qu'il me versast à boire, & que donc ie beusse à luy ; moy qui estois encor tout esmeu, & non trop bien reuenu de ma derniere peur, ie demanday au Dragoman si ie le pouuois faire ceste fois en seureté : dequoy m'asseurant, ie luy fis ce second brinde, dont il me remercia, baissant deux fois la teste en sous-riant : Le Dragoman qui cognoissoit l'humeur de ces gens là quand ils sont sur le vin, luy versa à boire pour la seconde fois, dont il beut à moy, à moy, & d'autant, trouuant ce ieu beau & plaisant, duquel il ne s'ennuyoit aucunement. Quoy faict, il faict emplir le verre, & me le baillant luy-mesme, il me força de boire sans manger pour la seconde fois, ce que i'aurois volontiers refusé si i'auois osé, mais le Dragoman me conseilla pour euiter à plus grand' noise de n'en faire refus, si que beuuant ceste seconde fois contre ma soif au Pere Cordelier, qui commençoit à s'ennuyer de ces caresses, voila Monsieur le Ianissaire qui se met encor en colere de ce que ie n'auois pas beu à luy; surquoy le Dragomã ennuyé de sa part de ce duël de bouteille, qui n'eust iamais prins fin, & que la plotte ne luy venoit en son ranc, luy dit en son langage : Et quoy ? veux-tu tousiours boire sans manger, & que ce Pere Chrestien & moy mangions tousiours sans boire ? sommes-nous pas de la partie ? est-il pas temps que nous entrions en ieu, & que nous tenions le det en nostre ranc ? mange vn peu tandis que nous boirons, & puis tu boiras quand tu voudras : Ce Ianissaire lors entendant & se rangeant à la raison, ne dit autre chose que ces deux paroles, Bonne vsance, bonne vsance, voulant dire c'est la raison, ceste coustume est bonne, puis se meit à manger aussi gaillardement comme il auoit beu, nostre bouteille en fin qui tenoit pres de deux pots vuide à ce beau petit ieu, & nos viures finis, ioinct que l'heure de Midy estoit proche; toutes ces considerations nous firent leuer le siege pour continuer le chemin de Bethanie, & chacun ayant bridé son Asne, nous allasmes descendre droit à la maison de saincte Marthe à demie lieuë de Bethphagé, laquelle selon la situation de Bethanie est au Septentrion, mais tant s'en faut qu'il paroisse plus aucune chose de ce noble lieu, où nostre Seigneur auoit tant de fois logé, à peine peut-on voir les ruines de l'Eglise que les Chrestiens y auoient faict edifier le temps passé : Et neantmoins nous fismes nos prieres en ce lieu, priant ceste saincte Vierge, que comme elle auoit esté faicte hostesse de nostre Seigneur, en faueur de ses prieres nous fussions faicts dignes hostes de ses graces, & puis du Royaume celeste. A trente pas de ce lieu tirant vers le Septentrion, se void vne fort belle pierre entre les autres de couleur de gris meslé de blanc, à la

X x

maniere des pierres à feu, releuee de terre en forme d'oualle, de la hauteur d'vn bon pied, deux de long, & à peu pres vn de large; c'est la creance non seulement de tous les Chrestiens Orientaux, mais des Mahometans, que nostre Seigneur venant pour ressusciter le Lazare, fatigué du long chemin, se reposa sur ceste pierre, lors que les deux sœurs du Lazare Marthe & Magdeleine, luy vindrent au deuant, & luy dirent: Seigneur, si tu auois esté icy, nostre frere ne seroit pas mort, & tout ce qui suit en ce beau dialogue d'entre nostre Seigneur & elles, rapporté en sainct Iean chap. XI. Il y a excommunication à qui gaste la façon de ceste belle pierre, & qui s'efforce d'en rompre, pour n'effacer la memoire d'vn mystere si sainct. C'est là que le Pelerin se doit representer la personne de nostre Seigneur tout fatigué pour nous sur ceste pierre, & reduire en memoire ses paroles diuines, & pleines d'instruction, auec la belle foy & creance de saincte Marthe touchant la puissance de nostre Seigneur, auec l'article de la resurrection de la chair. A soixante & dix pas de ceste pierre est la maison de la Magdeleine, en chargeant encor sur le Septentrion, où l'on tient qu'autrefois il y auoit vn fort beau Monastere de Religieuses fait edifier (ainsi que dit l'Archeuesque de Tyr en son liure de la Guerre sacree du Leuant) par la Royne Melissande, femme de Fulcon troisiesme Roy Chrestien de Hierusalem, en l'an mil cent quarante-deux, mais ce lieu n'est pas moins en ruine que les autres. Or qu'en ce lieu les pleurs de ceste bien-heureuse Magdeleine arrachent les nostres par force, & nous facent faire vn torrent de larmes, à fin qu'ayans à son exemple beaucoup pleuré & beaucoup aymé, il nous soit beaucoup pardonné. A cent quatre-vingts pas de ce lieu en reuenant du Septentrion au Midy, est vne petite Eglise assez entiere, au prix des grádes ruines de tous les autres lieux de ceste terre autrefois tant aymee & frequentee de nostre Seigneur: On descend de ce petit lieu pour aller au sepulchre du Lazare, par vingt degrez entaillez dans le rocher, obscurs & fort estroits, & à la fin d'iceux on entre dans vne petite Antichappelle quarree de douze pieds de chasque part; & pour la pierre qui seruoit de closture au monumét, elle a cinq pieds de long, & deux de large, & sert aujourd'huy d'autel pour dire

Messe dans ceste Antichappelle, & au bout de l'autel où se lit l'Euangile sont trois pas de degré par où l'on descend dans le sepulchre du Lazare, à l'entree duquel nostre Seigneur dit ces paroles, *Lazare veni foras*. Le lieu de ce sepulchre a bien neuf pieds de long, sept de large, & autant de haut, iusqu'à sa voûte, & dans iceluy est vn autre petit autel, sur lequel anciénement on disoit Messe, ce qui se fait rarement aujourd'huy, à cause que les Turcs vsurpans sur nous ceste sainte place l'ont erigee en Mosquee, & neantmoins les Religieux Latins y vont faire l'office tous les ans, & dire Messe dans l'Antichappelle le iour de la Magdeleine, cõme le iour S. Iean aux montaignes de la Iudee, & ainsi des principales festes de l'annee aux lieux deuots proches de la saincte Cité. C'est en ce lieu qu'il faut prier le Tout-puissant, de ressusciter nos ames du vice à la vertu, & nos corps de la mort naturelle, à la resurrection de la vie eternelle : car sans doute c'est à nos ames pleines de corruption que parle nostre Seigneur venu non pour crier apres les iustes, mais apres les pecheurs ; Pourquoy nous ayant ressuscitez de nostre vie de corruption & peché à vne vie d'integrité & vertu, il faut faire cõme fist le Lazare & ses sœurs, lesquels ressuscitez, affrãchis & rendus libres de ce linceul funeste & noircy du peché qui enueloppoit leurs sens, s'escarterent fort loin de leurs sepulchres, pour instruire le pecheur ressuscité à la grace de s'esloigner de l'occasion : Et en outre considerons les pleurs de nostre Seigneur, lequel sous la mort du Lazare pleure celle d'Adam, & toute sa posterité, depuis quatre mille ans putrefait au sepulchre du monde, & admirons tout ensemble la force de sa parole, non seulement en la resurrection du Lazare, mais au iour du iugement final, où au moindre mot il fera sortir des tombeaux les corps putreficz de cinquante mondes. A quatre-vingts pas ou enuiron de ce lieu se voyent à main gauche les ruines d'vn Chasteau fort antique, autrefois plus fort que magnifique, veu sa structure & bastimẽt de pierres fort mal polies auec les restes d'vne tour quarree faite à l'antique, qui auoit autrefois tous ses flács, ses fossez, rampars & deffences. Le vulgaire tiẽt que c'estoit le chasteau du Lazare, mais l'Archeuesque de Tyr autheur digne de foy, dit au lieu prealleguè, que ce fort estoit de la Roine Melissáde, qui l'auoit faict edifier & bastir à dessein pour la conseruation des Monasteres de Religieuses qui estoient edifiez en la place des maisons des sainctes Marthe & Magdeleine. A vn petit iect de pierre de ce vieux Chasteau en retournant du Leuant au Ponant, est la maison de Simon le Lepreux, où la Magdeleine print son temps pour venir oindre les pieds de nostre Seigneur, & les essuyer de ses beaux & blonds cheueux, pour auoir la remission de ses pechez : c'estoit autrefois vne fort iolie Eglise restee aucunement en son entier, mais le mal est que tout y est profané par ces Mores & Arabes qui y retirent le bestial, specialement au temps des grandes chaleurs : Faisons icy vn torrent de pleurs auec ceux de la Magdeleine pour oindre & lauer les pieds de nostre Seigneur, en secourant icy bas les pauures, pour trouuer là haut sa misericorde, & la remission de nos pechez. Toutes ces choses veuës par le menu, & l'heure de nostre retraitte approchant, non moins baigné de pleurs que de sueur à la visite de tous ces lieux, nous reprismes nostre chemin vers la saincte Cité par l'autre costé de la montaigne des Oliues, que nous auions tousiours à la droicte, & presque à my-chemin de Hierusalem & Bethanie, nous vismes à main gauche la place du Figuier infructueux, maudit de la bouche de nostre Seigneur à cause de sa sterilité, qui en deuint tout sec, digne d'estre comparé aux Iuifs & pecheurs, & eux à ce figuier, en ce qu'ils florissent assez sans produire aucun fruict, lisent & entendét les sainctes Escritures sans en faire profit, ioint qu'il ne suffit pas seulemét d'auoir les fueilles qui sont les paroles, si le fruict des effects, exemples & bonnes œuures ne s'en ensuit. Et partant comme l'homme est vn arbre renuersé, Pelerin prens toy garde que tu ne sois trouué sans fruict, de peur d'estre maudit de la bouche de nostre Seigneur comme ce figuier infructueux. De ce lieu nous arriuasmes à l'instant à la vallee de Iosaphat, & voyant qu'il estoit assez belle heure pour estre employee encor à la visite de quelque chose de merite, le Pere Cordelier fut d'aduis que nous allassions voir les superbes & magnifiques sepultures des anciens Roys de Hierusalem, qui sont au Septétrió de la cité, seulemét à vn quart de lieuë d'icelle, & ce fait que nous retourneriõs au Couuent par la porte d'Effraim autrement de Damas, ce qui fut trouué bon; cheminans donc vne partie de la vallee de Iosaphat iusqu'au sepulchre de nostre Dame, nous commençasmes à prendre sur main gauche & laissant la porte sainct Estienne à la mesme main faisant le circuit de la ville de ce costé iusqu'à passer la porte de Damas, nous arriuasmes en peu de temps au lieu de ces monumens & sepultures royalles, où mettans pied à terre nostre Ianissaire se tint content de faire la sentinelle & garder les montures, à cause qu'en ce lieu les Pelerins courẽt fortune d'estre bastonnez & destroussez s'ils faillent d'estre alertes, & de bien prendre garde à eux, d'autant que ces detestables infidelles qui haïssent les pauures Chrestiens iusqu'à tout, les estiment indignes d'entrer en ce lieu, & ne pardonnent à vn tout seul de ceux qu'ils y attrapent. On entre premierement dans vne vigne à l'entree de laquelle on trouue vn petit chemin qui conduit en vne fort belle & ancienne fabrique de murailles toute quarree, dont le frontispice & la plus part desdites murailles sont taillees & releuees de la roche naturelle qui est sur les lieux. Au dessoubs de ce frontispice est vn trou de la grosseur de l'homme, par lequel on entre dans vne belle court toute quarree à peu pres de quarante pas & faite en forme de cloistre : à chaque face de ladite court sont douze chambrettes toutes separees l'vne de l'autre, taillees & creusees dans le rocher d'vn autant bel artifice qu'on se pourroit imaginer, & en chacune de ces chambrettes toutes faites en voûte est vne belle sepulture auec son couuercle, taillee & incisee de la mesme pierre plus blanche que l'albastre, si que se trouuant en nombre quarante huict chambrettes, on peut faire estat d'autant de sepultures, lesquelles pour contempler & mieux voir à l'aise auec les autres singularitez de ce petit sejour d'Atropos, nous battismes le fuzil comme nous auions fait en Bethanie au sepulchre du Lazare. Il y a quelques Leuantins qui tiennent que le lieu de ces belles sepultures fut fait edifier en ceste sorte & maniere par vn fort riche Iuif pour luy seruir & à toute sa famille, mais à vray dire ce lieu meritoit bien pour son bel artifice, d'estre reserué pour la sepulture des plus grands Roys comme il fut. Ayant contété mes yeux de ceste derniere curiosité pour la iournee desia toute brunie, ce fut à nous de remonter au pluftost sur nos asnes pour retourner au Conuent où nous trouuasmes le soupper qui nous attendoit, fort contens au reste d'auoir esté francs & libres de mauuaises rencôtres, sauf la brauade de mon Ianissaire qui estoit oubliee dont ie fis le recit au Pere Gardien & à tous les Religieux, qui apres en auoir vn peu ris ne laisserent de la trouuer estrange.

Du voyage de Bethleem, auec la description des lieux qu'on trouue par ce chemin.

Chap. XVIII.

A Le sainct Cenacle.
B Ruines de la Tour de Dauid.
C Maison de Caiphe.
D Le Chasteau.
E Porte de Iaffa.
F Aqueduc.
G Fontaine de Bersabee.
H Mont d'Oliuet.

LA resolution prise dés le soir pour faire ce voyage auec la mesme escorte que i'auois le iour precedent, la premiere Messe du matin qui se dit au Conuent estant oüye nous allasmes monter sur nos asnes qui nous attendoient à la porte de Iaffa, n'estant permis aux Chrestiens d'aller montez par la Cité à peine de l'amende, & peut estre de la bastonnade encor au bout, comme i'ay dit en la page 134. Montant donc hors la ville & laissant le chemin de Iaffa, nous prismes à main gauche rangeant de pres les murailles de la Cité, & les ruines de la tour de Dauid qui sont à ceste main, tout au droit desquelles pour si peu qu'il s'en reste est la fontaine de Bersabee, le lieu où Dauid fut pris par les yeux ayant de trop pres regardé ceste Dame. Ceste fontaine que nous laissasmes à main droitte n'a guieres moins d'vn ject de pierre en long, la moitié moins de large, & est ordinairement à sec: au bout qui est au Midy nous passasmes vn petit pont en forme de chaussee par où les eaux s'escoulent lors qu'il en est saison dans le Torrent de Cedron, & à l'autre bout de ceste piscine qui est au Septentrion, se void vn Aqueduc par où fluent les eaux de *fons signatus*, que font venir les Turcs de deux grandes lieuës de Hierusalem dans le Temple de Salomon. Ceste fontaine passee en descendant tousiours depuis Hierusalem, on commence à remonter peu à peu tirant vers le Sourouest où Bethleem est situee à deux petites lieuës de Hierusalem: si vous tournez vos yeux au Midy vers la main gauche vous voyez fort à clair le mont de Sion & tout le sainct Cenacle, qui vous occasionne en le saluant de loin de faire encor quelque bonne priere, & vn peu plus à l'escart vous voyez les ruines du lieu de Mal-conseil à vn quart de lieuë de la Cité, où fut fait le complot & conspiration par les Princes des Prestres & autres grands de Hierusalem, contre nostre Seigneur pour le mettre à mort, suyuant la Prophetie de Dauid: les Roys, Princes & grands du monde assemblez ont employé toute la malice de leur esprit pour conspirer contre le Seigneur & son Christ. Si vous regardez à main droicte comme aussi à la gauche, vous voyez plusieurs belles vignes proprement cultiuees & fort bien closes, separees de murs & bonnes hayes les vnes des autres auec la tour & pressoir au mitan pour la conseruation & commodité d'icelles: car bien que les Turcs n'osent boire le vin sinon en cachettes, ils ne font aucune difficulté de manger le raisin voire fort goulluëment.

A Hierusalem.
B Fontaine de Bersabee.
C Le Therebynthe.
D La maison de Simeon.
E Cisterne des Mages.
F Maison d'Abacuc.
G Eglise de sainct Helie.
H La forme de son corps.
I Maison de Iacob.
K Le champ de Iacob.
L Sepulchre de Rachel.
M Rama.
N Cisterne de Dauid.
O Monastere de Bethleem.
P Maison de Ioseph.
Q Le village des Pasteurs.
R Le lieu des Pasteurs.
S Thecue.
T Les monts d'Arabie.
V Monastere de saincte Croix.

Comme on a monté la premiere montaigne à la sortie de Hierusalem sur le chemin de Bethleem, & que le Pelerin est vn peu au droit de son chemin il fait rencontre de ce tant fameux & renommé Therebinthe ce bel arbre tousiours verd & seul qui se trouue par ce chemin iusques en Bethleem,

soubs

soubs lequel selon l'opinion des Orientaux il est croyable que la tres-sacree Vierge s'est maintefois reposee ayant nostre Seigneur entre ses bras durant ses frequentes allees & venües de Bethleem en Hierusalem, specialement quand il le fallut porter au Temple & autresfois qui sont sans nombre : Tous les Pelerins passans par ce chemin ne manquent iamais d'en prendre vert ou sec ou tous les deux ensemble, pour en faire des Croix, des grains, & autre deuotions. Cest arbre a ses branches fort basses à fin que chacun sans peine & sans peril montant dedans en puisse prendre à l'aise, ses fueilles sont presque semblables à celle du sicomorre, & son bois à celuy de l'Oliuier, & pour en prendre incessamment on ne void point qu'il diminuë ; & de moy ie croy que ce bel arbre aura ceste grace de durer iusques à la fin du monde & de meubler autant de temps tous Pelerins de son bois & de ses fueilles pour auoir plusieurs fois fait ombrage au Fils & à la Mere : prie en ce lieu Pelerin que les deux qui se sont reposez tant de fois sous ce bel arbre te facent reposer en seureté soubs l'arbre de la Croix. Continuans nostre chemin nous vismes paroistre demie lieuë à main droicte parmy des vignes la demeure de ce bien heureux Simeon à qui Dieu fit la grace dans le Temple de Salomõ de porter nostre Seigneur entre ses bras. C'est vne grand' tour toute quarree semblable à ces tours antiques qui se voyent encor auiurd'huy en la ville de Rome, comme la tour Neron tour des Comtis, tour Sãguine ou à celle qui est restee au chasteau de Bissexte dãs des vignes (comme celle de Simeon) aupres de Gentilly à demie lieuë de Paris. Ce lieu meritoit bien d'estre veu de plus pres, mais il sert de retraitte ordinaire aux volleurs de ce quartier, pour raison dequoy les Turcs mesmes ont quitté la frequentation d'vne Mosquee qu'ils y auoient fait faire. Poursuiuans nostre chemin à vn petit quart de lieuë de là nous vismes paroistre deuant nous au beau milieu du chemin la Cisterne des trois Mages ou si vous aimez mieux la fontaine de l'Estoille ainsi appellée à raison que les trois Roys ayans discõtinué leur chemin de Bethleem s'arresterẽt en Hierusalẽ pour s'informer du lieu de la naissance du Fils de Dieu & conferer auec Herodes, l'estoille qui les

Y y

cõduifoit s'eftoit difparuë, iufques à tant que reprenans leur premier chemin à leur venuë en ce lieu, elle commença à paroiftre & fe laiffer reuoir, c'eft vn puys affez profond entouré fans artifice de groffes pierres de roc releuees feulement de trois pieds de terre à la façon & maniere des noftres: à deux cent pas de là fur la main droitte en vn lieu aucunement releué paroiffent les ruines d'vne Eglife & Monaftere de religieux Cordeliers autrefois edifiez au mefme lieu où eftoit le Champ du Prophete Abacuc, lors que portant le difner à fes laboureurs, il fut enleué de l'Ange par les cheueux, fon difner entre fes mains, pour le porter en Babylone à Daniel prifonnier en la foffe aux Lions. Que le Pelerin fe recommande en paffant à ce fainct Prophete, qui auoit fi bien prophetifé l'aduenement de noftre Seigneur Iefus Chrift, fa Paffion, & victoire contre les lions de la grand' foffe de ce monde, les Iuifs & les Diables: Ce bon Prophete eftoit de Thecué fur le chemin de Bethleem en Ebron, & fon fepulchre eft en ces mefmes lieux.

A Monaftere de fainct Helie.   C Maifon d'Abacuc.
B Forme de fainct Helie.   D Cifterne des Mages.

A vn demy quart de lieuë & moins au delà de la maifon

d'Abacuc sur la main gauche assez pres du chemin se void vne assez belle & forte Eglise en forme de Monastere bien clos & bien flanqué, pour resister aux courses ordinaires des Arabes: ce lieu est regy & gouuerné par les Grecs qui en font grande estime, pour estre le lieu de la naissāce (disent ils) du Prophete Helie, au nom duquel ce lieu est dedié à Dieu: comme à dire verité on void sur le grand chemin tout au proche de ce Monastere vne pierre de rocher sur laquelle est fort bien grauee au naturel, comme si c'estoit sur de la cire, la forme d'vn homme nud qui prendroit son repos auec ses replis, encauez de trois doigts dans la pierre comme si ç'auoit esté auec le cizeau & le marteau, qu'on tient estre celle de ce sainct Prophete: tout au proche de ceste pierre est vne fontaine où boiuent ceux qui sont attaquez de la soif par ce chemin: on dit qu'en ce lieu estoiēt autrefois de pauures religieuses de l'ordre de sainct Basile, qui viuoient pour la plus part des aumosnes des Pelerins allans & venans de Hierusalem en Bethleem. A vne autre demy quart de lieuë de là, se voyent à la main droicte les ruines d'vne autre Eglise & Monastere autrefois edifiez au lieu de la maison de ce grand Patriarche Iacob & de la belle Rachel son Epouse retournez de Mesopotamie, & où Rachel mourut à son enfantement du petit Benjamin; A cent pas de ce lieu sur la main gauche se void vne assez grande quantité de terre dont le fond n'est autre sinon toute pierre comme vn roc tout vni de la hauteur de l'autre terre fort fertile qui est aux enuirons: la cause de ceste terre renduë infertile & sterile vient de ce que nostre Dame passant vn iour par ce lieu nostre Seigneur entre ses bras, elle vid des laboureurs qui y semoient des pois, desquels soit que nostre Seigneur en eust enuie ou non, comme les enfans de cest aage sont volontiers enuieux, cela occasionna N. Dame de leur demander ce qu'ils semoient, qui luy respondirent assez rustiquement que c'estoient des pierres, des pierres soient, (dit N. Dame) de sorte que dés lors ceste portion de terre fut toute conuertie en pierre qui produit incessamment de petites pierres rondes comme des pois & de mesme grosseur, que les Pelerins allans & reuenans de Bethleem serrent à grands poignees.

Non loin de ce lieu de l'autre part du chemin à cinquante pas sur la main droitte du costé du Ponant est le sepulchre de Rachel à vne petite demie lieuë de Bethleem, qui depuis tant de temps s'est si bien conserué qu'il semble estre fait de nouueau; voicy sa structure : Premierement il est semblable à ces tombeaux couuerts & reuestus de leurs draps mortuaires qu'on void par les Eglises lors qu'on officie pour les morts, vray est qu'il est à la hauteur de l'homme, & long & large à la proportion, il est d'vne pierre si dure qu'on dit que le fer ne luy peut rien, il est iustement posé soubs vn petit dome ouuert de toutes parts, & porté par quatre pilliers tous quarrez qui ont chacun trois grands pieds à chaque face esloignez de six pieds les vns des autres & vn peu plus de hauteur : tout à l'entree de ceste fabrique où vous entrez par quatre degrez, à la main gauche est vne arcade de semblable matiere au tõbeau, sous laquelle est vn vase attaché à la muraille ordinairement plein d'eau pour la commodité des passans. Il y a deux autres petites sepultures aux deux extremitez de la plus grãde, qu'on estime estre fort antiques, pourquoy les vns tiennent qu'elles sont des Pasteurs que l'Ange aduertit d'aller voir N. Seigneur en Bethleẽ : les autres qu'elles sont d'infidelles qui par deuotion ont voulu estre portez en ce lieu qu'ils tiennẽt pour Mosquee, le tout fort proprement releué & clos d'vn petit mur en quarré, qui a de toutes parts seulemēt trois pieds de hauteur. En descendant de là vers la cité de Bethleem, on laisse à main droite à cinq cents pas loin du chemin, vne certaine terre garnie de peu de bastiments comme de deux cents feux, appellee Betticelle terre de Chrestiens, où les Infidelles ne peuuent ny n'osent habiter : Cela me fit ressouuenir d'vn tout semblable lieu vers Damas, appellé Sardinelle, habité aussi de Chrestiens, parmy lesquels si vn Turc ou autre Infidelle se pensoit habituer & loger, il ne passeroit iamais l'annee ; encor tient-on qu'à Betticelle ils ne passent point trois iours. A cent pas du droit chemin de Bethleem sur la main gauche, en vn petit vallon se void encor ceste fontaine si fameuse, mentionnee aux sainctes Escritures, assez proche de l'ancienne porte de la cité qui regardoit Hierusalem : C'est ceste belle Cisterne, de l'eau de laquelle Dauid fort alteré au siege de Bethleem trois de ses plus braues guerriers faussans & forçans toutes les forces des ennemis, luy en apporterent au peril de leurs vies, qu'il ne voulut boire, ains la sacrifia à Dieu. Ceste Cisterne c'est la fōtaine de nostre ame, assiegee par nos aduersaires les Diables, & ce Dauid est nostre Seigneur alteré de l'eau de nostre salut, qu'il demande à ces trois braues gendarmes nostre memoire, volonté & intelligence. Dauantage on void à la main droite iustement au Midy les ruines de l'ancienne cité de Rama, situee sur vne petite montaigne: c'est d'elle que le Prophete Hieremie & autres saincts escriuains disent ces paroles : Vne voix a esté oüye en Rama, pleur & grand brayement, Rachel plorant ses enfans, &c. Aux approches de la Cité vous laissez à main droite le chemin qui tire vers Hebron, pour suiure celuy qui vous conduit droict en Bethleem ; ceste cité autrefois si fameuse à cause de la naissance des deux Dauids de la nouuelle & ancienne Loy, est auiourd'huy reduite en vn triste & chetif village de neuf ou dix maisons, & fort pauures cases : & neantmoins il est facile de remarquer à ses ruines, que ceste cité estoit autrefois d'vne belle & grande estenduë, situee comme elle estoit sur vne croupe de montaigne faite en arcade, s'estendant de l'Orient à l'Occident, le costé par où elle a son entree. On l'appelloit Bethleem Iuda, à la difference de Bethleem de Galilee en la Tribu de Zabulon, & l'appelloit-on aussi Bethleem Ephrata auec tout son voisiné, d'Ephrata femme de Caleb, l'vn des explorateurs de ceste saincte terre. Tous les Autheurs escriuent vnanimement que c'estoit merueilles à la voir du temps de nostre Seigneur, & que comme les creatures irraisonnables l'Asne & le Bœuf, luy firent hommage au temps de sa natiuité, la terre mesmes, les arbres, les fleurs, les pâltes & les fruits contribuoiẽt ensemble à qui mieux mieux, pour luy rendre ce deuoir. Du temps de la primitiue Eglise vne noble & vertueuse Dame Paule Romaine, de la noble & illustre famille des Corneilles & des Gracches, y auoit fait bastir iusques au nombre de quatre beaux Monasteres, pour les hommes & femmes, qui sont auiourd'huy tous en ruine. C'estoit autrefois Archeuesché, dont l'Eglise metropolitaine qui est restee sur pied auoit esté edifiee premierement par S. Heleine: Quant aux habitás de ce lieu sont de pauures Mores & Chrestiens Soriens, que les Religieux Cordeliers de Bethleem catechisent tous les iours auec leurs enfans dans le Conuent à la foy Catholique. Ils ne viuent sinon des aumosnes & profit qu'ils tirent des Pelerins, car les vns leur seruent de truchement & interpretes allans par pays, les autres font des croix de Therebinthe & bois d'Oliue, les autres taillent des sepulchres & presepes de bois & de pierre industrieusement auec la pointe d'vn couteau, qu'ils vendent assez bon prix aux Pelerins: les autres en fin impriment fort dextrement sur le bras, où telle autre part qu'on veut aux plus curieux & deuots les armes & croix de Hierusalem, qui seruent quelquesfois beaucoup à la necessité, si d'auanture passant par les deserts & lieux plus escartez, on tomboit en main des Turcs, ou des Arabes, qui sans ceste marque laquelle ils recognoissent, feroient indubitablement le Pelerin esclaue. Comme donc il n'y a plus de cité de Bethleem sur pied, vous laissez ses ruines sur main droicte, pour tirer vers la gauche, où est edifié son Temple, duquel nous parlerons amplement au chapitre suiuant.

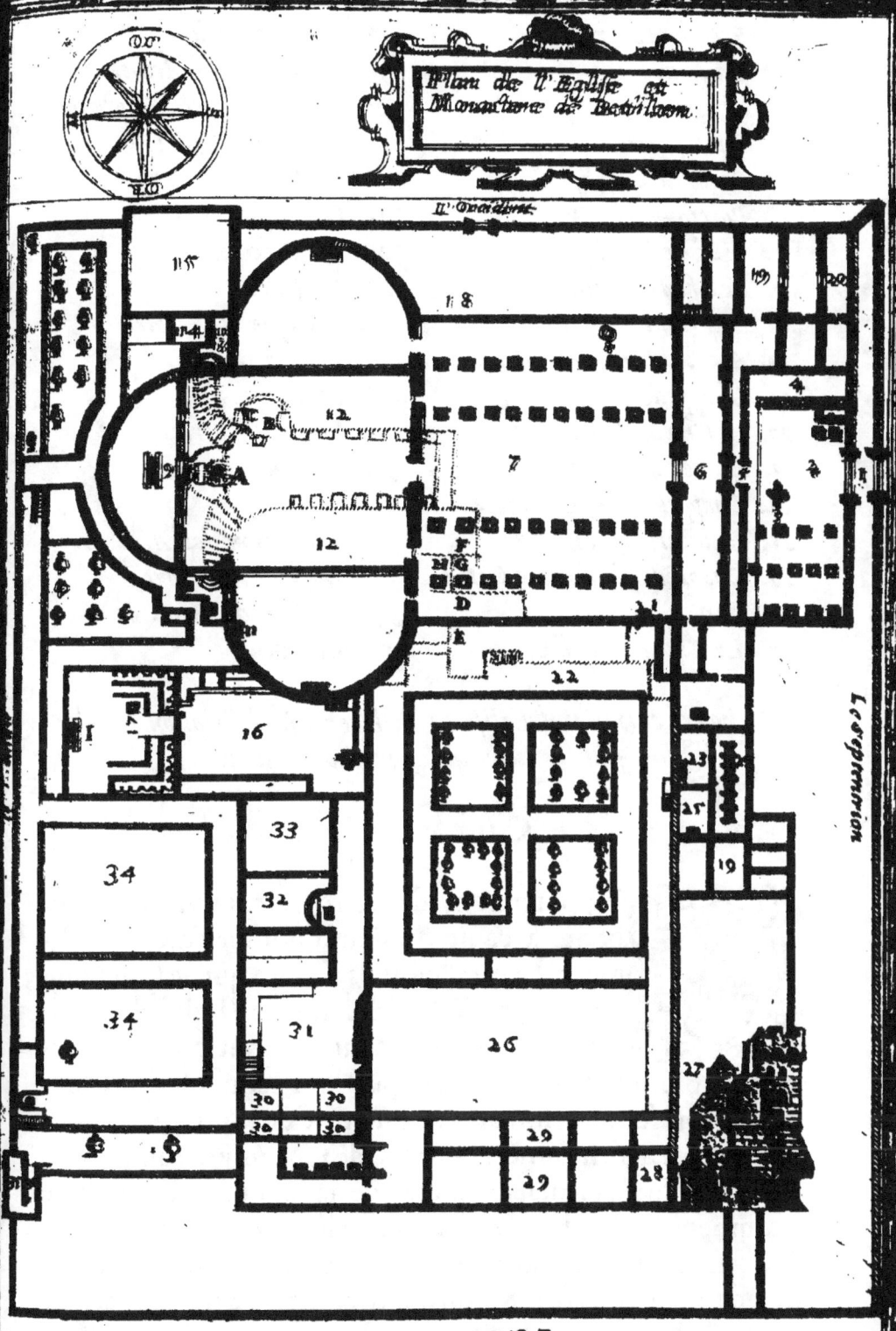

1. Premiere entree.
2. La court.
3. Cisterne.
4. Lieu separé.
5. Porte de l'Eglise.
6. Portique.
7. Nef de l'Eglise.
8. Les fons baptismaux.
9. Le grand Autel.
10. Autel de la Circoncision.
11. Chappelle des Grecs.
12. Le Chœur de l'Eglise.
13. Entree au sainct Presepe.
14. Chappelle des Armeniens.
15. Habitation des Grecs.
16. Chappelle de saincte Catherine.
17. Le Chœur d'icelle.
18. Lieu de iardinages.
19. Demeure des Armeniens.
20. Où lisoit sainct Hierosme.
21. Porte du Cloistre.
22. Le Cloistre.
23. La Cuisine.
24. Le Refectoir.
25. L'Office.
26. Antique Refectoir.
27. Tour ruinee.
28. Lieu de prison.
29. Lieu d'Escuyries.
30. Demeure des Religieux.
31. La court.
32. Habitation des Anciens.
33. Ancienne Sacristie.
34. Iardins du Conuent.
35. Belle veuë.

De nostre entree en l'Eglise de Bethleem, sa description, & des saincts lieux qui sont dedans icelle.

Chap. XIX.

LE pourtrait cy-dessus representé vn peu à l'abbregé à cause du grand nombre de ses bastiments, entre lesquels il y en a qui ne sont point necessaires : C'est la plante de l'Eglise de Bethleem auec ses dependances, qui seront plus remarquables au dessein de sa perspectiue, lequel sera par cy-apres representé en son ordre ; on entre en la premiere court par vn portail fort ruiné, & proche de son entiere ruine : si on ne le redifie, la principale pierre de sa tour estãt toute preste à tomber, & tombant qui en fera choir beaucoup d'autres. De ceste premiere court on entre en vne seconde toute pauee de belles pierres, & dans ceste court il y a trois cisternes, dont la plus proche de l'Eglise est la plus grande & plus frequente:

quentee: ces deux courts ont à peu prés chacune trente pas de long, & vingt de large : à main droicte de la seconde est vne salle basse bien aëree faicte en voûte, portee par six colonnes de granatine enuiron de quinze pieds de haut, & là dedans lisoit & enseignoit autrefois sainct Hierosme, mais maintenant elle sert d'estable à cheuaux aux allans & venans : elle a trente pas de long, & enuiron dix de large. Le portique autrement la petite court qui est au deuāt de l'Eglise, a dix-neuf pas de long, sept de large, & dix-huict pieds de haut: quant à la porte par où l'on entre à ce portique ou petite court qui est deuant l'Eglise, elle est presque toute bouschee sauf vn fort petit huis de deux pieds de large, & trois de haut; ce que les Religieux Latins & autres qui ont la garde de ce sainct Temple ont fait à dessein, pour se fortifier contre les courses ordinaires des Arabes en ces lieux. Comme nous passions de ceste petite porte à la plus grande, nous trouuasmes à la rencontre le Pere Vicaire du lieu auec ses Religieux, qui nous receurent fort humainement, & m'ayant conduit particulieremēt comme seul Pelerin que i'estois, en la Chappelle saincte Catherine, pour faire mes prieres deuant le sainct Sacrement, où les Religieux font leur seruice, m'estant acquitté de deuoir, il nous mena tous au refectoir pour prendre le disner: & ce faict, il m'accompagna luy-mesme par tous les lieux aërez, & sous-terrains du Conuent, tant pour y faire mes prieres que pour en prendre les mesures & hauteurs. Nous commençasmes donc ceste visite par la contemplation de la nef de ce Temple admirable, edifié par saincte Heleine en l'honneur de nostre Dame: Tout le corps de ceste Eglise estoit autrefois magnifiquement reuestu de belles tables de marbre, luisantes & polies ; mais il est à present mis au nud comme celuy du sainct Sepulchre, par la rapine des Infidelles qui l'en despoüilleront pour en enrichir leurs Mosquees: de maniere qu'il n'est là resté que les crampons de fer qui les tenoient attachees aux pignons & costieres du Temple. Ils auoient deliberé de faire le semblable des colonnes & autres pieces de remarque, n'eust esté vn grand serpent qui les fist arrester, tout prest à les engloutir s'ils s'estoiēt mis en effect de

Zz

passer outre; ce fut du temps d'vn Soldan qu'on faisoit ceste entreprise, le paué de ce Temple est de marbre de plusieurs couleurs meslees d'vn si bel artifice que rien plus. Ceste belle nef est portee par quatre rancs bien ordonnez de fort belles colonnes de marbre blanc roussatre, tirant sur la couleur de porphyre toutes d'vne piece, auec leurs bases & chappiteaux, qui font voir trois nefs toutes voûtees au lieu d'vne, garnies de leurs autels, si qu'il me sembloit voir l'Eglise de S. Paul hors les murs de Rome, ou l'Eglise nostre Dame de Paris pour vne semblable ordōnance de colonnes : & cōme il y a trois nefs, il y a trois chœurs auec leurs nids, portez de pilliers & colonnes de la grādeur & couleur des autres. La nef du mitan qui est la plus grande a onze pas de large, & les deux autres cinq chacune : les bases des colonnes toutes quarrees ont deux pieds de chasque face, & six pieds d'vne base à l'autre. La grand' porte de bas a bien huict pieds de haut, & non bonnement tant de large, & d'icelle iusqu'au nid du grand autel il y a septante pas, & quarante du nid d'vne croisee à l'autre: le nid de derriere le grand autel & les deux autres de la croisee enuiron d'vne grandeur, peuuent auoir chacun dix pas en diametre. Il y a deux petits escalliers de luisant porphyre de cinq degrez chacun, l'vn au Midy, l'autre au Septentrion, en forme de demy rond au haut du chœur fort proches du grād autel par où l'on descend au S. Presepe: les portes de son entree sont de brōze, fort bien elabourees à beaux compartimens pleins d'artifice, percez à iour, en partie pour dōner de l'air dauantage au saint Presepe qui est tout sous-terrain, & en partie aussi pour voir ce saint lieu de dehors: ces deux portes sont enrichies de quatre belles colonnes de marbre chacune; il y a au bas de la nef à main gauche cōme on entre en l'Eglise vne petite porte ferree, de trois pieds & demy de haut, & deux & demy de large par où l'on entre dans le Cloistre, & autres logemens des Religieux. Le Cloistre a vingt-deux pas de clair de toutes parts, & ses courritoires trēte-deux pas de chaque costé, & de large icy plus, & là moins, cōme quatre, cinq, & six pas, n'estant bien proportionné come il appartient. De ce Cloistre on entre par vne porte qui est au Septētrion dans le refectoir antique, tout desmantellé, qui a 29. pieds de long, & dix de large. Pres les chābres des Pelerins se void celle de S. Hierosme, qui a seize pieds & demy en quarré: la plus grande pour les Pelerins a douze pas de long, & six de large, & la moindre qui est presque quarree a cinq pas de toutes parts. La Chappelle de saincte Catherine où les Religieux Latins font l'office, & en laquelle se gaignét les mesmes indulgences qu'au mont de Sinay, a enuiron 35. pas de long, & seulement sept de large, & au bas d'icelle comme on sort à main droite est vn puys de fort bonne eau, il y a d'ordinaire 22. lampes allumees en ceste Chapelle à toutes les bonnes festes de l'an: la court des Religieux a enuiron dix pas de long, & huict de large: il y a deux petits iardins pour les Religieux Latins, l'vn plein d'orengers & grenadiers, dans lequel est vn ioly berceau; l'autre est vn iardin à herbes & fleurs, auec le puys pour les arrouser. A costé du grād autel de l'Eglise est vn escallier de dix larges degrez, par où l'on monte à la Chappelle des Grecs, & autres lieux où ils font leur retraitte, specialement en ceste haute tour qui se ruine fort, bien que ce soit toute la deffence de ce sainct lieu. Ceste Tour a de clair au dedans douze pas de long, & dix de large, & sa muraille a du moins quatorze pieds d'espaisseur: ce beau vaisseau selon sa situation me fit ressouuenir en le contēplant de l'Eglise Collegiale de Mortaing en la basse Normandie au Diocese d'Auraches, laquelle outre qu'elle a beaucoup de conformité en longueur, largeur & superfice à celle de Bethleem (sauf vn si grand nōbre de colonnes) elle a ainsi vne Tour au Midy à costé du chœur, & au Septentrion vne autre bastimēt presque semblable à vne Sacristie qui fait la croisee.

Le dessein cy-dessus representé vous fera voir la forme du sainct Presepe, & le lieu de la natiuité de nostre Seigneur, auec tous ses membres sous-terrains; mais auant que passer outre, le Pelerin contemplant icy la forme de son plan, verra comme vn homme en Croix: ce qui s'est ainsi rencontré par la permission de Dieu, nostre Seigneur allant du Presepe à la Croix. La lettre A represente le lieu où nasquit nostre Seigneur, entaillé dans le rocher, sur lequel estoit autrefois edifiee la Cité de Dauid: la table de marbre blanc au mitan de laquelle est

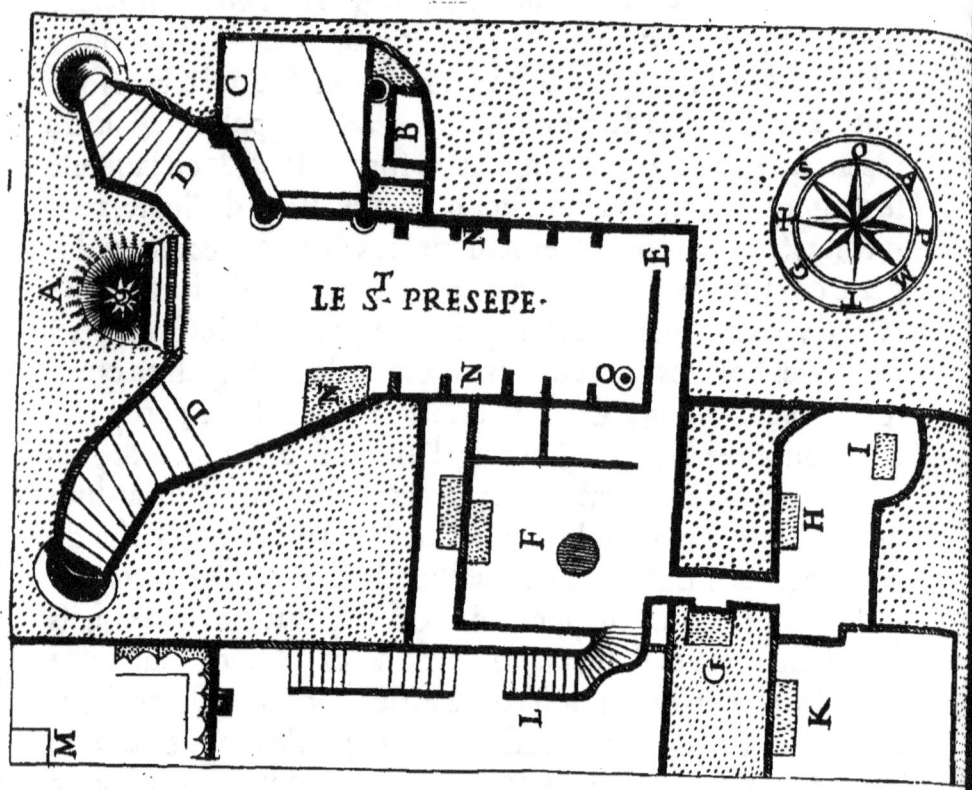

A Le lieu de la Natiuité.
B Le lieu du sainct Presepe.
C L'Autel des trois Roys.
D Descente au sainct Presepe.
E Entrée au sainct Presepe.
F Chappelle des Innocens.
G Sepulchre de sainct Eusebe.
H Sepulchre de saincte Paule,
& sa fille Eustochium.
I Sepulchre de S. Hierosme.
K Chambre de S. Hierosme.
L Escallier du sainct Presepe.
M Eglise de saincte Catherine.
N Coffre de bois pour se vestir
& deuestir, & les acoudoirs.
O Trou de l'Estoille.

iustement posée l'Estoille qui remarque le lieu de sa natiuité, a six petits pieds de long, & non bonnement deux de large: ceste Estoille est enfoncée de deux doigts auant dans le marbre, dont les pointes & rayons en nombre de quatorze, sont faicts de pieces rapportées, brunes & violettes. qu'ils appellent Pierres Serpentines, de la grandeur d'vn demy pied en diametre: Il y auoit au passé au lieu de ces pierres vne belle placque d'argent, representant l'histoire de la

Natiuité de noſtre Seigneur, mais elle fut rauie par les infidelles. Quiconque conſiderera bien ce lieu il verra dans le marbre au proche de la natiuité de noſtre Seigneur la figure d'vne femme agenoüillee tenant vn enfant entre ſes bras deſſus le marbre au naturel, qu'on dit eſtre noſtre Dame qui adore celuy qu'elle a engendré, ce lieu ſi precieux & digne eſt touſiours couuert d'vn voile de toile d'or ou du moins argentee : au deſſus de ceſte Eſtoille eſt l'autel de marbre blanc ſur lequel on dit la Meſſe, releué de terre à la hauteur de quatre pieds. Il eſt en forme de demie oualle eſpais de quatre doigts, long de quatre pieds & demy, & vn peu plus de deux de large : deſſus ledit autel ſe void vn tableau en forme de retable où toutes les particularitez de ceſte ſainɕte Natiuité ſont fort bien repreſentees, & ne pourroit-on ſ'imaginer la douce odeur de ce ſainɕt lieu comme aux ſepulchres de noſtre Seigneur & de noſtre Dame. La cauſe de la Natiuité du Fils de Dieu en Bethleem a trois grandes iournees de Nazareth, le lieu de ſa Conception & plus commune demeure de la Vierge tres-ſacree eſt rapportee par ſainɕt Luc chapitre ſecond, pour l'entrepriſe que fit Ceſar Auguſte de la deſcription du monde, ou ſelon les Hiſtoriens anciens & modernes, & Priſcian entre autres au liure de ſa Coſmographie, où il dit que cet Empereur fit compter & meſurer le monde en trente ans par gens habilles & experts : & que ce faiɕt il ſe trouua trente mers differentes, comme la mer Oceane, Mediterranee, &c. vingt & ſept Iſles principalles comme l'Angleterre, l'Iſle de Sicile, &c. quarante Monts remarquables, comme les monts Pyrenees, Appénins, &c. ſeptante & huiɕt Empires ou grands Royaumes comme les Royaumes de France, d'Eſpagne, &c. trois cens quatre vingts Citez principalles comme Rome, Paris, &c. quatre vingts quatorze Fleuues comme le Tybre, le Danube, &c. Cent vingt cinq ſortes de nations comme François, Eſpagnols, &c. & ce qui enſuit en ces Autheurs. Le B. remarque le S. Preſepe où l'on deſcend par trois marches de deux pieds & demy de long & vn grand pied de large, ſa longueur eſt de trois pieds & demy, ſa largeur de deux, & eſt eſleué de terre ſeulement d'vn bon pied & quatre doigts, &

Zz iij

creuſé de demy au dedans, fouſtenus d'vne petite colonne ſerpentine qui a deux pieds de haut. Au coſté du Septentrion dedans vne des tables de marbre qui feruent d'ornement au ſainct Preſepe, on remarque par certaines lignes noires naturellement rapportees ſur le marbre la figure d'vn Religieux Hermite que les Docteurs cōtemplatifs diſent eſtre de ſainct Hieroſme, attendu que ce ſainct perſonnage vray miroir de penitence n'eſtoit que feu d'amour diuin en la contemplation de ces lieux ſaincts, en quoy il ſemble que l'autheur de la nature & la nature meſme, l'ayent voulu honorer & recompenſer en rapportant ſon portrait en ce S. lieu pour y exciter & augmenter de plus en plus la feruer & deuotion des Pelerins. C. nous fait voir la place de l'autel des trois Roys qui ne deſdaignerētde ſ'agenoüiller ſur le fient pour adorer noſtre Seigneur & luy offrir Or, Mirrhe, & Encens. Ceſt autel fait de marbre eſt releué du paué de quatre pieds de haut, & ſur iceluy eſt vn beau tableau repreſentant ceſte hiſtoire, fait de la main d'vn excellent peintre de noſtre temps appellé Iacques Palme, il a quatre pieds de long, deux de large, & quatre doigts d'eſpais, à l'entree du ſainct Preſepe eſt vne colonne de marbre qui ſert à ſouſtenir les deux grottes du lieu de la Natiuité & du S. Preſepe éloignez l'vn de l'autre de cinq grands pas, ceſte colonne auec ſes baſe & chapiteau a ſix pieds & demy de haut. D. repreſente les deux eſcalliers chacun de cinq ou ſix marches par où l'on ſort & monte du ſainct Preſepe en la grande Egliſe, & en deſcendant dans le ſainct Preſepe par celuy qui eſt au Midy, on void trois belles colonnes de marbre qui aident fort à ſupporter ſa voûte de ce coſté le plus chargé. La lettre E. nous enſeigne la porte plus commune par laquelle on entre dans le ſainct Preſepe, elle a cinq pieds & demy de hauteur & tant ſoit peu plus de deux large. Tout proche d'icelle à main droite eſt vne grāde armaire où l'on ſerre vne partie des ornemēs de ceſte ſaincte Chappelle. F. nous repreſente la Chappelle des Innocens ſous l'autel de laquelle eſleué de quatre pieds de terre, long de cinq & demy, & deux de large, furent inhumez tous ces petits corps ſaincts iuſqu'au nombre de quatorze mille ſelon l'opinion de la plus part des Peres, deux ans apres la Natiuité de noſtre Seigneur : ceſte Chappelle qui a 15. pieds de long & dix de large, eſt portee par vne fort groſſe colonne à peu pres de huict pieds de hauteur. G. eſt le ſepulchre de ſainct Euſebe de Cremone (qui ſuruefcut ſainct Euſebe Pamphile Eueſque de Ceſaree de la Paleſtine) diſciple de ſainct Hieroſme, releué de trois pieds & demy de terre, & cinq & demy de long & deux de large. H. repreſente le ſepulchre de ſaincte Paule & de ſa fille Euſtochium, releué de trois pieds de terre, long de quatre & deux de large : ſa Chappelle a huict pieds de haut, ſix pas de long & quatre de large. I. repreſente le ſepulchre de ſainct Hieroſme de la meſme hauteur de terre, mais il a ſix grands pieds & demy de long & vn peu plus de deux de large : La Chappelle où ſont ces deux tombeaux a ſeize pieds de long, dix de large & huict de hauteur : deſſus l'autel de ſainct Hieroſme qui eſt au Ponant ſe void vn petit relais de marbre blanc dans lequel aucuns tiennent qu'il y a encor des reliques de ce bon ſainct qui fut inhumé en ce lieu, apres auoir paſſé cinquante ans & demy de temps en la Paleſtine. La lettre K. eſt la Chappelle où le glorieux ſainct Hieroſme par le commandement de ſainct Damaſus Pape de Rome tranſlata la ſaincte Bible des langues Hebraïque, Chaldaïque & Grecque en la Latine : on y entre par deux petits degrez & eſt de dixhuict pieds de long, quatorze de large, & douze de haut : pour l'autel de ceſte Chappelle, il a quatre pieds & demy de long, trois de large, & releué de trois & demy de terre. L. nous repreſente l'eſcallier de vingt deux degrez, par lequel on deſcend de la Chappelle ſaincte Catherine dans le ſainct Preſepe auec de la lumiere pour ſe voir conduire dans ce ſainct & ſacré labyrinthe, à faute dequoy on ſ'y perdroit facilement, d'vne douce & heureuſe perte en terre pour ſe ſauuer au Ciel, à cauſe du nombre de ſes Chappelles & petits deſtours ſemblables aux grottes de S. Sebaſtien hors la ville de Rome. M. nous repreſente l'Egliſe de ſaincte Catherine de laquelle nous auons cy-deſſus touché la longueur & largeur. N. eſt vn coffre de bois qui ſert de Sacriſtie au S. Preſepe, où le Preſtre ſ'habille

& des-habille, prend & remet les ornemens apres auoir dit Messe. Ces petits acoudoirs qui sortent de la muraille sont de tuffe & ont esté là rapportez pour la commodité des Pelerins. La Chappelle de la Natiuité & sainct Presepe est toute reuestuë au dedans de tables de marbre de six pieds & demy de long plus communement, & deux & demy de large: les pierres de son paué qui sont de la mesme matiere, ont à peu pres trois pieds & demy en quarré: sa voûte est ornee de diuerses figures à la Mosaïque, gastees toutesfois à raison de la fumee des lampes qui ardent là dedans ordinairement en nombre de dixsept, à sçauoir dix au lieu de la Natiuité, cinq au lieu du sainct Presepe qui y sont entretenuës par les Religieux Latins, & deux dedans la nef de la Chappelle entretenuës par les Armeniens, à qui nos Religieux Latins ont donné place en ce lieu, d'autant que durant leur prison par l'espace de quatre ans comme i'ay touché en la page 266. de ce present liure, les Armeniens à leurs prieres officierent & garderent ce sainct lieu tout le temps de leur absence. Finablement quant à la lõgueur de ceste place elle a depuis la porte d'en bas iusques au lieu de la Natiuité douze pas, & du lieu de la Natiuité iusques à la muraille du nid derriere son Autel deux grands pas, qui sont quatorze: pour sa largeur elle a entre ses acoudoirs en allant du bas en haut neuf pieds & demy, mais par le haut allant d'vn escallier à l'autre qui sont marquez de la lettre D. elle en a dixsept & demy, & douze de hauteur depuis le paué iusques à la voûte, l'O. remarque vn petit trou où les Religieux nous dirent qu'ils tenoient par tradition & selon la creance des Leuantins que l'Estoille guide & conductrice des trois Roys, arriuans en ce sainct lieu, alla captiuer & perdre sa splendeur. A la sortie de ce diuin & sacré Palais en retournant droit à l'escallier par où l'on y descend, on trouue à main droitte encor vne autre Chappelle dediee à sainct Ioseph espoux de la Vierge, longue de seize pieds, large de huict & autant de hauteur, & tout au proche d'icelle sont ordinairement trois lampes allumees pour donner lumiere à ceux qui vont & viennent en ce sainct lieu.

A L'Auté

DE LA TERRE SAINCTE. 349

A L'Autel de la Natiuité.
B Le lieu du sainct Presepe.
C L'Autel des Mages.
D Les deux escalliers du lieu de la Natiuité.

Ceste figure cy dessus rapportee nous represente en perspectiue, & fait voir au iour le principal membre de l'Eglise de Bethleem, le lieu soubs-terranee de la Natiuité de nostre Seigneur tout encaué & creusé dans le rocher qu'on ne peut voir sans lumiere, ce qui rend ce diuin cachot plus sainct & redoutable, & le Pelerin plus deuot, tremblant & charitable. Pour illustrer de plus en plus & perfectionner dauantage ce Temple admirable de Bethleem & plus pleinement satisfaire le Pelerin, i'ay mis peine de luy representer deuant les yeux toute ceste grande fabrique en sa perspectiue. Premierement quant à sa hauteur au dedans depuis son paué & les bases de ses colonnes iusqu'aux chapiteaux, il y a dix huict bons pieds; des chapiteaux à ses fenestrages enuiron quinze pieds, & des fenestrages iusqu'à son toit au dessus des Mosaïques quatorze qui sont quarante sept pieds en tout iusqu'à son superfice bel à merueilles, & dont la charpente est de bois de Cedre toute couuerte de plomb: vray est que ces meschans Turcs & autres infidelles allans & venans en ce sainct lieu le

AAa

coupent à grandes pieces dont s'ensuiuent deux grands maux, premierement la ruine du Temple à cause des eaux qui en gastent les murs & le merrain : secondement que ces impies ayans fait quantité de balles de ce plomb prennent plaisir à tirer comme au blanc à ces belles figures Mosaïques tant du lambris que celles des costieres, qui representent plusieurs belles histoires de l'ancien & nouueau Testament.

Pour remporter plus de contentement de ceste perspectiue, qui est tout le corps releué de nos plantes passees, il est necessaire en fermant vn œil de sçauoir bien choisir son centre auec la distance proportionnee sans mouuoir la teste çà ny là, quoy faisant on verra tout ce bastiment releué comme s'il estoit materiel : Quant pour son circuit il a plus de sept cens pas, que nous reduirons du moins à vn quart de lieuë Françoise.

De nostre voyage au sainct lieu des Pasteurs, & autres proches de Bethleem.

CHAP. XX.

A diligēce que nous fismes d'arriuer à bonne heure en Bethleem, & d'y faire nos visites & deuotions fort à propos, fut cause qu'il nous resta du temps assez en la iournee pour aller visiter le sainct lieu où l'Ange annonça aux Pasteurs la Natiuité du Sauueur du monde en la Cité de Bethleem, à vne lieuë d'icelle: nous partismes donc sur les quatre heures apres midy vespres estans dictes, le pere Vicaire de Bethleem & moy auec vn des habitans des lieux pour nous seruir à l'aduanture de Guide & Interprete, arriuant que nous fissions rencontre par ce chemin, d'Arabes, Mores ou autres infidelles assez frequés & ordinaires en ces lieux : nous prismes donc nostre chemin à la sortie du Conuent en tirant vers Septentrion par de petits vallons & autres chemins fort agreables, plantez pour la plus part d'oliuiers & figuiers en grande abondance : & entre autres on void là vne assez bonne quantité de terre toute plantee de fort antiques oliuiers par les Romains, ainsi que par tradition de pere en fils, tiennēt les habitans des lieux. Ceste terre est fort fertile & abondante en toutes sortes de fruicts, quoy qu'elle soit tres-mal cultiuee, & pourtant la verité est qu'à raison de sa grand' fertilité, le Patriarche Iacob s'estoit de son tēps logé dans ces terres auec ses tētes & pauillons, cōme encor auiourd'huy les Arabes quād ils veulēt faire faire le degast general à leurs bestes. Continuans donc nostre chemin par ces vallōs & belles plaines nous arriuasmes, Dieu le voulant, sans ennuy ny scandale à la tour d'Ader, diction Hebraïque, qui signifie le champ des troupeaux, tant à raison des logemens de Iacob en ces lieux auec ses troupeaux, que pour ce qu'au mesme lieu selon le Prophete Michee les Pasteurs veilloient la nuict de la Natiuité de nostre Seigneur

à la garde de leurs troupeaux lors qu'ils oüirent chanter aux Anges ce beau Cantique, *Gloria in excelsis Deo*, &c. & que la Natiuité du Sauueur du monde leur fut par eux annoncee en la Cité de Bethleem. La glorieuse Imperatrice saincte Heleine, auoit fait edifier au beau milieu du champ où tous ces mysteres eurent lieu vne belle Eglise au nom des Anges à demy soubs-terraine, mais elle est auiourd'huy toute ruynee : or comme les Mores & Arabes de ces lieux ont les encensemens en fort grande recommandation, aussi trouue l'on dans les ruines de ceste Eglise & ailleurs, vn nombre infiny de pots de terre pleins de charbon qu'ils allumēt quand ils y vont faire leurs encensemens. A vingt pas de ceste Eglise se void le propre lieu remarqué par vne grosse pierre de rocher où l'Ange s'apparut aux Pasteurs pour leur annoncer la douce & agreable nouuelle de ceste Natiuité. O bien heureux Pasteurs qui gardans vos troupeaux auez veu naistre l'Agneau sans macule, dont la toison est toute doree, & duquel le sang a effacé les pechez du monde : pour le Pelerin il est tout rauy en ce lieu, auquel il pense à toute heure oüyr ce beau Cantique *Gloria in excelsis*, &c. chanté à neuf parties de tous les neuf Chœurs des Anges, où le sainct Esprit maistre de ceste diuine salette, tenoit la mesure en ce diuin & celeste concert. Ayant là fait nos deuotions en toute patience, non sans merueille de ceux qui m'assistoient, à raison de ce petit quartier plein d'Arabes qui ont l'œil à toute heure au guet pour attraper le plus de Maidins qu'ils peuuent des Pelerins qui vont en ces lieux : nous reprismes doucement nostre chemin en tirant vers main gauche par vn village fort mal basty appellé le village des Pasteurs, auiourd'huy habité de pauures Mores & Arabes : ie n'y vy rien de remarquable sauf vn puys fort profond qu'on appelle le puys de nostre Dame, à raison que passant vn iour par ce lieu elle demanda de l'eau à boire aux habitans qui estoient (comme ils sont encor auiourd'huy) fort rustiques, dequoy la refusans, l'eau miraculeusement se haussa iusques à la bouche de ce puys où elle beut à son aise, auec autant de facilité, qu'elle cueillit des fruicts de cest arbre qui s'abbaissa par le chemin d'Egypte, creature bien instruite, à rendre l'hommage deu, & conuier auec sa muette eloquence la Mere du Createur de toutes choses à contenter ses sainctes affections & desirs aux despens de ses richesses naturelles; ce village est iustement edifié au mesme lieu où les Pasteurs du temps de la natiuité de nostre Seigneur faisoient leur demeure, dont il a tousiours retenu le nom. De ce lieu tirant droit au Midy, nous arriuasmes aux ruines d'vne autre Eglise edifiee au mesme lieu où estoit la maison du bon Ioseph pere nourricier de nostre Seigneur, où l'Ange s'apparut à luy comme il dormoit, pour l'aduertir de donner ordre au voyage d'Egypte, à fin d'esquiuer la fureur d'Herodes qui auoit desia conspiré la mort des petits innocens: ce fut ce en lieu que la sacree Vierge comença de payer peu à peu le bon marché de ses couches, par les douleurs qu'elle ressentit se voyant obligee de fuyr par les deserts au peril de la rencontre de mille serpents, & autant de bestes venimeuses, vray est qu'elle auoit le Sauueur du monde auec elle. Continuant nostre chemin vers le Monastere, à cent cinquante pas d'iceluy nous entrasmes auec de la lumiere dans vne Grotte fort deuote, dont l'entree à peine est de deux pieds de large, haute de quatre, & longue de vingt pas, taillee comme il paroist auec le cizeau dans le rocher: nous descendismes là dedans par neuf petits degrez, entaillez semblablement dans la roche naturelle. Ceste Grotte est presque circulaire & toute ronde, ayant du moins dix pieds en diametre: on void là dedans encor vn petit autel, sur lequel au passé on celebroit la saincte Messe. I'ay leu dans vn fort ancien Autheur, qu'autrefois il y auoit sur ceste Grotte vn Monastere fondé de sainct Nicolas, officié par des Religieux Grecs. La creance commune de tous les Orientaux est telle, qu'ils tiennent indubitablement que nostre Dame auec nostre Seigneur entre ses bras, & son pere nourricier Ioseph, furent huict ou dix iours cachez en ceste Grotte, pendant qu'Herodes faisoit esgorger les petits innocens, attendans l'heure opportune pour s'enfuyr en Egypte : & soit que pour crainte & frayeur d'vne si sanglante tragedie, le laict vint à manquer à nostre Dame (ou selon qu'il est plus croyable) pendant qu'elle allaictoit son cher Fils nostre Seigneur dans ceste Grotte, il luy tombast quelques goutes de son precieux laict en terre: cela fut cause que ceste Grotte en resta toute blanche, & sa terre en a receu ceste grace & benediction particuliere bien esprouuee, non seulemét par les Chrestiens, mais aussi par les Infidelles, lesquels si d'auanture pour quelque indisposition ou autre deffaut, le laict vient à manquer à leurs femmes, & à leurs bestes mesmes, il leur font prendre de ceste terre dans du vin ou de l'eau qui leur fait reuenir le laict en abondance. Et pour les femmes Chrestiennes de nostre quartier, ce deffaut & manquement estant arriué à plusieurs, leur en distribuant selon la petite quantité que i'en auois apporté, le mesme effect s'en est ensuiuy: estans de retour au Conuent de fort bonne heure nous eusmes tout cher de repaistre nos yeux en les repassant & repaissant pour la seconde fois des beautez & merueilles de l'Eglise de Bethleem: car comme dans l'Eglise du sainct Sepulchre de Hierusalem, où nostre Seigneur souffrit mort & Passion, le Pelerin n'a sinon deuant les yeux que feu & sang, coups, playes, opprobres, martyres, iniures, & puis en fin la mort de nostre Seigneur: Aussi n'a-il que les souspirs au cœur, les larmes aux yeux, & les cris en la bouche; mais en ceste Eglise de Bethleem au contraire, où il n'apparoist rien que mysteres de la natiuité de nostre Seigneur, & autres mysteres ioyeux, d'où resulte nostre salut: Pour ceste raison aussi il semble que tout y retentit encor de la douce Musique & diuine harmonie des Anges, & que le Pelerin de l'humeur des Pasteurs est fait participant de leurs ioyes, & ne ressent en ces lieux que toute allegresse & gayeté en son cœur. Nous contemplasmes derechef les beaux fenestrages de ceste nef qui sont dix en nōbre à chacune des deux costieres, donnant vne grand' lumiere à ceste Eglise, laquelle seroit autrement obscure, pour raison du grand nombre de ses colonnes. A l'entree de l'Eglise sur main droite, non beaucoup loin de la grand' porte, sont les Fons Baptismaux faicts d'vn bel artifice, où les Grecs & autres baptisent les enfans: de ce costé mesme sont les logemens des Prestres Armeniens. Ie tiens pour vn grand malheur que la saincte Messe ne soit point celebree en ceste belle Eglise à raison qu'elle est polluë & profanee; car les Turcs & Mores allans & venans en ce lieu, soit par deuotion ou autrement, y couchent, & font leurs logemens auec leurs femmes & enfans, ce qui ne se peut sans beaucoup de malheur & scandale: & neantmoins il y a vn autel fort deuot entre autres, où les Prestres & Religieux Latins desireroient tant & plus celebrer, sans les considerations cy-dessus dites. Cet autel est dans le chœur à main droite du costé de Midy, au droit de la porte par où l'on descend au sainct Presepe : c'est la pierre où nostre Seigneur fut circoncis, sur laquelle il commença à representer le premier acte de la tragedie de sa sanglante Passion, par l'effusion de son precieux sang, pour raison dequoy il est appellé autel de la Circõcision: & pour vn poinct non moins admirable que celuy du lieu de la natiuité de nostre Seigneur, ou du sainct Presepe, c'est que sur cet autel qui est de marbre, se void au naturel la figure d'vn Euesque la mitre en teste, & reuestu de ses habits Pontificaux tenant vn enfant entre ses mains, & vn couteau prest à le circoncir, qui est vn mystere vrayement diuin & tout sacré, que la nature mesme auec la permission de son Autheur represente en ce lieu aux Pelerins deuots, pour picquer dauantage leur deuotion, & les induire de plus en plus à circoncir leurs ames, recognoistre & admirer la puissance de Dieu: On dit que le sainct Prepuce de nostre Seigneur est en nostre France, à nostre Dame du Puys en Velay: d'autres disent qu'il est à Rome. Le iour s'en allant peu à peu qui ne nous ennuyoit aucunement à la veuë & reueuë de tant de merueilles; le Pere Vicaire pour m'obliger dauantage me mena tout au coin du Monastere, sur vne petite platte-forme qui est au Nord-Est, laquelle ils appellent *Beluedere*, que nous dirions Belle-veuë en nostre langue. De ce lieu il nous fit voir & fort bien discerner la Grotte où Dauid tailla le morceau du manteau à Saül qui le recherchoit à la mort. Il nous fit voir la place des vignes d'Engaddy, & le lieu des Baulmes naturels, que selon quelques Autheurs, la Royne de Sabba auoit premierement fait apporter en Iudee, & depuis enleuez par la Royne Cleopatre, pour porter en Egypte aux enuirons du Caire, donc i'ay dit quelque chose en la page 196. de ce lieu. Il nous fit voir le mont de Carmel, demeure de Nabal, où Saül remporta la victoire des Amalecites; cestuy-cy est en la Tribu de Iuda, à la difference de l'autre qui est en celle d'Issachar, où le Prophete Helie a tant fait de miracles: il nous fit voir ceste haute montaigne de Bethulie, où les Chrestiens depuis la reprinse de Hierusalem sur eux, & l'inuasion de toute la Terre Saincte par les Infidelles se fortifierent, & leur resisterent encor vn grand temps premier que se rendre: ceste Bethulie est en la Tribu de Iuda, à la difference de l'autre qui est en la haute Galilee, où Iudith mit à mort Holoferne, comme nous dirons par cy-apres: il nous fit voir aussi à peu pres la mer Morte. Bref il nous fit voir seulement à demie lieuë de Bethleem, les ruines d'vn fort beau Monastere, autrefois edifié par saincte Paule & sa fille Eustochium, nobles & vertueuses Dames Romaines, pour le subjet desquelles comme nous auons cy-dessus touché en la page 367. de cet ouurage, Rome se doit plus glorifier que de ses Vestales, Lucreces & Virginies. Il y a vn fort beau carobier tout au proche de ces ruines, dont le fruict tout sucré est fort delicieux & agreable à qui en sçait iouyr & cognoistre le bon d'auec le mauuais, & le fruict d'auec l'escorce. Ceste bonne & saincte Dame du temps de sainct Hierosme, fit sa demeure aux saincts lieux par le temps de trois ans, mesprisant les grandeurs du monde, pour s'occuper auec plus de deuotion au seruice de Dieu, & à la perfection de son bel œuure, dont elle vint à chef. L'heure de Complie entenduë au son de la clochette, nous nous rendismes à la Chappelle de saincte Catherine pour y assister, & ayder à les dire, & gaigner derechef les mesmes indulgences qui se gaignent au mont de Sinay: La raison est telle, qu'on tient pour chose veritable que saincte Catherine visitant les saincts lieux de la Palestine, nostre Seigneur s'apparut à elle au lieu où est edifié ceste Chappelle qui l'aduertit du martyre qu'elle deuoit souffrir pour son sainct nom, en tesmoignage dequoy la voulant espouser comme vne de ses Vierges, il luy donna vn bel anneau, & ce qui ensuit en l'histoire peinte &

fort

fort bien representee en ceste Chappelle. Vne autre raison des grandes indulgences octroyees en ce sainct lieu, c'est pour destourner beaucoup de Pelerins qui se hazardent souuent mal à propos en ce difficile & hazardeux voyage du mont de Sinay, d'où ils ne reuiennent iamais faisans rencontre, & tombans en main de certains Arabes qui les font perpetuellemẽt esclaues. Complies estant finies, le Pere Vicaire nous exhorta pour la fin de tous nos saints compliments en ces lieux, d'assister à la Procession, & gaigner les indulgences, octroyees aux lieux mysterieux & saincts que nous auons cy-dessus declarez par le menu. Le Pere Vicaire m'ayant mis vn petit cierge en main que i'allumay pour meriter en ce bon œuure, nous partismes de la Chappelle saincte Catherine, auec les cierges, la Croix & Confalon, & allasmes droit à celles de la Natiuité, & du sainct Presepe, où de place en place chantans les Hymnes, Antiennes & Oraisons accoustumees, le Pere Vicaire pour nous esmouuoir dauantage, nous declaroit la chose, le merite & l'indulgence qui se gaignoit en chafque lieu, en la mesme sorte & maniere qu'il se pratique en Hierusalem dans l'Eglise du sainct Sepulchre, & autres lieux de la Terre Saincte. Ceste consideration a fait que ie n'ay point voulu enfler ny grossir dauantage ce Volume par le rapport des Hymnes, Prieres & Oraisons que l'on dit par tous les saincts lieux pour gaigner les indulgences; attendu que si tost que le Pelerin est sur les lieux on luy met le formulaire en main, suiuant lequel il est tellement instruit qu'il ne peut errer. Nos deuotions finies pour l'heure en ce lieu si plein de merite, & celle du soupper s'approchant, nous prismes peu à peu le chemin du refectoir, où l'on mõte par vn escallier de pierre, de neuf ou dix degrez: Premierement on entre en la cuisine, à l'entree de laquelle à main droite est le puys pour l'vsage d'icelle, & à deux ou trois pas de là sur la mesme main on entre au refectoir, où le bon Pere Vicaire nous traitta non si bien qu'en Hierusalem, mais selon son pouuoir, d'autant qu'ils n'ont rien sur le lieu qui ne leur soit porté du Cõuent de Hierusalem, qui entretient cinq ou six Religieux en Bethleem, pour y faire le seruice comme en l'Eglise du sainct Sepulchre. Durant le repas ie prins mon

Bbb

téps pour me resoudre auec le Pere Vicaire du voyage d'Hebron, & des montaignes de la Iudee, assisté du mesme Ianissaire & Truchement que i'auois mené de Hierusalem, mais non du mesme Religieux, à cause d'vne petite indisposition qui luy suruint: pourquoy le Pere Vicaire m'en asseurant d'vn autre, auec lequel mon Ianissaire Truchemēt & moy demeurasmes d'accord sur l'heure de partir à l'aube du iour, voire deuant s'il estoit possible: Cela fit qu'apres auoir rendu graces à Dieu, nous nous allasmes reposer sur ceste parole; & cependant ie ne manqueray d'aduertir le Pelerin de ne se pas partir de ce lieu sainct de Bethleem qui s'interprete maison du pain, sans estre repeu du vif & sacré pain descendu du ciel, pour la nourriture des Pelerins & viateurs.

Voyage d'Hebron, de la fontaine sainct Philippes, des montaignes de la Iudee, & des choses remarquables que nous vismes par tous ces lieux iusques en Hierusalem.

Chap. XXI.

E desir que i'auois de bien employer le iour suiuant à la visite des lieux cy-dessus mentionnez, fut cause que pour n'estre emporté de la paresse ie me leuay dés la minuit auec les Religieux pour assister à Matines, lesquelles finies, & la premiere Messe du Conuent dite à la pointe de l'Aurore, plustost esueillee ce me sembla que de coustume, & plus prompte à tirer le rideau du Soleil, pendant que son vigilant carossier le Phosphore atteloit ses coursiers à sō char, pour faire le voyage du monde: nous prismes à telle heure cōgé du bon Pere Vicaire qui nous donna sa benediction, pour plus heureusement commencer & finir le nostre. A la sortie de Bethleem comme le iour croissoit mon desir alloit croissant de voir choses grandes & rares, & à l'instant nous commençasmes à descouurir à demie lieuë de la Cité de Dauid, les ruines de la Cité Royalle de Bezet, où regna autrefois Adonibesech, & où depuis le

Roy Saül dreſſa ſon armee contre les Amonites. Ce lieu eſtoit autrefois fort abondant en bons vins, que les Chreſtiés par la permiſſion du Soldan de Babylone cultiuoient au paſſé, mais ces vignes ſont auiourd'huy toutes en friſche. De là nous arriuaſmes au lieu que la ſaincte Eſcriture appelle *hortus concluſus*, qui eſtoit autrefois vn fort plaiſant iardin, orné de toutes ſortes de fleurs & fruicts les plus rares du mõde: ce lieu eſt ainſi apellé à cauſe que la nature de toutes parts l'auoit clos de fertilles & plaiſantes montaignes. Tout au proche de ce beau lieu du coſté de l'Occident, eſt ceſte belle fontaine tant recommandee aux ſainctes Eſcritures, *fons ſignatus*, ornee de belles Moſaïques, ſelon qu'on tient du temps, & par le commandement de Salomon, auec trois beaux vaſes pour receuoir ſes eaux, que les Turcs en partie par vn grand aqueduc & autres artifices font encor aller aujourd'huy iuſques dans le Temple qui porte le nom de ce grand Roy, cõme nous auons cy-deſſus touché en la page 351. ces trois fontaines en triangle vont diſtribuant leurs eaux par certains canaux qui vont de l'vn à l'autre tomber dans trois grands vaſes d'vne longueur, largeur & hauteur admirable, creuſez dans la pierre viue du rocher, pour de là aller arrouſer le pourpris & le dedans de *hortus concluſus*. Continuant noſtre chemin nous laiſſaſmes à main gauche la fameuſe cité de Thecué, le pays de ceſte femme Thecuite que Ioab fort à propos introduiſit deuãt le Roy Dauid pour faire rentrer Abſalon en grace: ce meſme lieu fut auſſi l'origine de ces deux grãds Prophetes Amos & Abacuc, & tout au proche de Thecué eſt vn aſſez grand deſert qui en porte le nom. Entre Bethleem & Thecué ſe void la ſepulture de ſainct Aïbe Cariathbel, & de tous ſes Religieux qui prindrent fin auec luy: pour ſi peu qu'on ſe deſtourne, on paſſe volontiers par Rama de laquelle nous auons cy-deſſus parlé, & ſur laquelle nous viſmes tous les lieux que nous auons cy-deſſus dits en la page 376. De là continuans noſtre chemin, nous laiſſaſmes à main droite la Grotte ou ſpelonque Odolla, où Dauid ſe retira quelques iours fuyãt la rage de Saül qui les recherchoit de la vie: ce lieu a fort ſouuétefois ſeruy depuis, & ſert encor tous les iours (à raiſon de ſon difficile accez) de retraitte aux plus foibles de ces terres, qui s'y retirent pour estre en seureté de leurs ennemis. A deux lieuës ou peu dauantage de Rama est la vallee de Membré, illustree par le sejour de ce grand Patriarche Abraham sorty de la terre de Chaldee, & d'infinies belles visions & colloques diuins qu'il eut en ce lieu Dieu & les Anges. Là se voyent encor auiourd'huy trois auec beaux iets fort antiques de l'ancié arbre, so[9] lequel il est escrit que ce S. Patriarche en vid trois, & en adora vn : les fueilles de cest arbre sont vn peu plus grādes que celle du Lentisque, mais le fruict est tout semblable à celuy que nos chesnes vont portans par deçà. A vne bonne demie lieuë de ce lieu est Hebron à cinq petites lieuës de Bethleem, ie veux dire l'antique à la difference de la neufue, qui est presque demy quart de lieuë au delà : on l'appelloit anciennement en Hebreu Cariatharbe, c'est à dire Cité des quatre, sçauoir est Abraham, Isaac & Iacob, & selon quelques-vns Adam pour le quatriesme : sa situation estoit sur vne assez haute montaigne, où les ruines rendent encor auiourd'huy vn ample tesmoignage de son ancienne gloire. Pour la neufue non guieres plus entiere que l'antique, on void au proche d'icelle le lieu de la Circōcision d'Isaac par son Pere Abraham, remarqué par les ruines d'vne Eglise edifiee au mesme lieu par saincte Heleine, presque reduite en poudre : & au proche d'icelle se void la double Grotte d'Abraham qu'il achepta d'Ephron fils de Seor, où son fils Isaac print naissance, & puis furent enseuelis en icelle Abraham, Isaac & Iacob, Sara, Rebeca & Lia, & selon sainct Hierosme & autres escriuains, Adam & Eue. En ce mesme lieu saincte Heleine auoit fait edifier vne autre Eglise que les Infidelles ont auiourd'huy vsurpé pour s'en seruir de Mosquee. A vn bon trait d'arc de ce lieu est ce tant celebre Chāp Damascene, de la terre duquel & dans lequel fut formé nostre premier pere Adam ; sa terre est comme rousse, & tenuë en grand' estime des Orientaux, pour les grādes proprietez qu'ils luy attribuēt, ioint que pour y en prendre incessāment à toute heure, on ne s'apperçoit point qu'elle diminuë. A vn autre trait d'arc seulement du lieu où se leue ceste terre, vers le Midy est la place où Cain tua son frere Abel, & deux fois autant vers l'Occident se void vne Grotte soubs le rocher de trente pieds de long, & autant de large, où les vns difent que fe retirerent Adam & Eue pour faire penitence de leur peché, les autres pour y plorer & faire les regrets par le temps de cent ans de la mort de leur fils Abel. Toutes ces visites faites qu'il n'eftoit point ie croy huict heures du matin, nous reprifmes à peu pres le chemin de Bethleem, lequel nous porta droit à celuy qui va de Hierufalem à Gaza, où d'Hebron on conte douze lieuës.

FONTAINE D. S. PHILIPPE.

A La fontaine.   *B* Ruines d'vne Eglife.

De là nous arriuafmes à l'inftant à la fontaine dicte de fainct Philippes, à raifon que ce S. Apoftre y baptifa l'Eunuque de la Royne de Candace Royne des Ethiopes, lequel eftoit venu adorer & faire fa priere en Hierufalem, dont il receut en ce lieu les fruicts & retribution de fon voyage, par la reception du fainct Baptefme où il changea fa vieille peau toute noircie de peché en vne peau d'innocence plus blanche que la neige: cefte fontaine & les ruines de la belle Eglife autrefois edifiee au proche d'icelle, paroiffent encor l'vne & l'autre, specialement la fontaine auec le frontispice de son beau portail, son escallier, sa closture & ses vases : sa situation est au pied d'vne montaigne sur laquelle estoit autrefois edifié le fort de Bethseron dont les vallōs pleins de fruits sont fort plaisans fertilles & verdissants. Non guieres loin de ceste fontaine est Siceleg ceste Cité si fameuse qu'Achis Roy de Geth dōna en pur don à Dauid & où il estoit lors que ce malheureux Amalecite luy apporta les premieres nouuelles de la deffaitte de Saül sur les mōtaignes de Gelboé. L'eau de ceste belle fontaine se va perdre dans le Torrent de Botris autrement dit le Torrent du raisin, qui a tousiours retenu ce nom depuis le temps que les fidelles espions de Moyse enuoyez pour recognoistre la fertilité de ceste terre en remporterent ceste grappe de raisin, qui empeschoit deux hommes au chemin, & les faisoit ployer dessous sa charge.

A Desert de sainct Iean.   C Fontaine de sainct Iean.
B Grotte de sainct Iean.   D Ruines d'vn Monastere.

Continuant nostre chemin & tirãt droit au Noroüest entre l'Occident & le Septentrion, vne bonne lieuë en montant, nous arriuasmes au desert de sainct Iean Baptiste, le lieu où il falloit esgayant dés son enfance comme dans les grottes royalles & plus plaisantes palissades de ce climat. Au dessous de son desert qui est au Midy, à l'opposite vers le Septentrion est la Grotte & l'antre où ce bon sainct faisoit sa penitéce; lieu autant deuot & austere qu'on se pourroit imaginer: cest antre si celebré par les escritures est aucunement spacieux au dedans cõme de dix pas de long & six de large encaué dans le flanc d'vne colline couuert d'arbres de toutes parts sauf du costé du Septétrion: ce sainct antre est obscur & tenebreux à raison de son entree qui est fort anguste & à l'extremité diceluy se void comme vn petit autel releué dans le rocher de six pieds de long & trois de large, où l'on tient que sainct Iean prenoit son repos & son repas de viandes selon son humeur & la qualité des lieux. Ce desert est decoré de deux belles fontaines fort à propos à l'vsage de ce bon sainct, & pour la cõmodité des Pelerins qui font ce beau voyage: tout au proche de son desert & ioignant son antre & sa fontaine, estoit autrefois vn petit Monastere duquel ne sont restees que les ruines : ie n'oublieray à dire en passant que ce bon sainct en tout le cours de sa vie auoit faict sa demeure en trois deserts, l'vn proche des montaignes de la Iudee, l'autre vers Hebron, & le troisiesme estoit en vne grande & vaste solitude au proche du fleuue de Iordain. Cheminons donc si bien par les voyes que ce bon sainct nous applanit en ces deserts, qu'à son exemple nous puissions arriuer au ciel. O reigle de chasteté, ô miroir de penitence, Prophete plus que Prophete & Capitaine des Martyrs, baille nous la main pour nous tirer du desert de ce monde.

A vne petite lieuë de là tirant vers l'Orient on arriue à la maison du bon Zacharie & de la bien heureuse Elisabeth honoree du beau seiour de la glorieuse Vierge Mere du Fils de Dieu quãd elle alla visiter ceste bõne Elizabeth, où le Pelerin est saisi & comme emporté d'vne ioye spirituelle, à raison qu'en ce lieu sainct Iean en l'aage de six mois se resioüit as

A Eglise de sainct Iean.
B Fontaine.
C Maison de saincte Elisabeth.

ventre de sa Mere, la glorieuse Vierge se resioüyt, & toute la saincte Trinité. Ce fut là mesme que réplie du S. Esprit & portee à la poesie spirituelle elle cõposa ce beau cantique *Magnificat*. De ceste maison qui est au Midy tirant vn peu vers le Septentrion comme vn bon ject de pierre, nous arriuasmes à la fontaine de ce bon sainct, de laquelle comme il est à croire qu'il beut cent & cent fois & la tres-sacree Vierge au tẽps de ceste doulce visite, nous beusmes aussi à plaisir. Ce faict nous prismes nostre chemin vers l'Eglise de sainct Iean qui est à main droitte vn autre bon ject de pierre en tirant au Leuant, non loin du plant de l'antique Cité de la Iudee, maintenant toute en ruine: ceste Eglise fut edifiee au propre lieu où estoit
autrefois

autrefois vne autre maison de Zacharie, elle estoit d'vne fort belle structure selon l'Antiquité ornee de beaux domes auec leurs pilliers, courritoires & fenestrages qui paroissent encor aujourd'huy tant & plus au dehors, comme par semblable au dedans des images fort difficiles à discerner comme de Prophetes, Apostres & Martyrs, & autres saincts du Vieil & Nouueau Testament: mais le mal est que non seulement ceste canaille de Mores & Arabes s'y retirent pour y faire leur ordure, mais souuent à cause des chaleurs y logent leurs troupeaux, & leurs bestes. A la chappelle qui est à main droitte du grād autel de l'Eglise au costé du Septentrion, se remarque encor aujourd'huy le lieu de la Natiuité de ce bien heureux precurseur du Messie, ceste Chappelle est encauee dans le roc & en icelle on tient que Zacharie par l'apparition de l'Ange recouurant la parole & remply du sainct Esprit composa ce beau Cantique de *Benedictus*, que l'Eglise chante tous les iours à matines, & de l'autre part à la gauche du costé du Midy se void vn autre lieu, où selon la creance des Orientaux sainct Iean estoit caché, au fort de la persecution d'Herodes contre les Innocens. Ce fut en ce mesme lieu Pelerin que sainct Iean comme vn autre Iosué vainquit les cinq Roys Amorrheans ses cinq sens de nature, fist arrester ce beau soleil de Iustice nostre Seigneur trois mois en la Iudee, & par succession de temps, grand Capitaine de son armee attira à son seruice vn million de braues Gensdarmes spirituels par la Penitence & le Baptesme: mais comme le braue soldat qui deffend la cause de son Prince tourne visage quand il est attaqué, le bon Gendarme spirituel au contraire qui deffend la cause de Dieu, estant attaqué du peché doit fuir au desert à l'exemple de sainct Iean & gaigner ceste victoire en fuyant. Sortis de ces deserts voyans que nous auions encor du iour & du courage, deuallans à main gauche par des vallons fort austeres & rudes nous arriuasmes à ce lieu tant celebre appellé anciennement Emaus & maintenant Nicopolis: c'estoit autrefois vne Toparchie, Gouuernement & territoire particulier où ceste belle ville & fort chasteau estoient edifiez: aupres du carrefour & chemin triangulaire où nostre Seigneur feignit vouloir passer outre estant en la compagnie des deux Disciples ausquels il s'apparut le iour de sa Resurrection, est vne belle fontaine qui guerit de plusieurs maladies, à raison qu'on tient que nostre Seigneur passant par ce lieu accompaigné de ses Apostres y auoit autrefois laué ses precieux pieds. Dans ceste Cité estoit la maison de Cleophas, laquelle nostre Seigneur dedia le iour cy-dessus dit pour vn lieu sainct, par le merite de sa saincte apparition, qu'il luy ouurit les yeux & à son compagnon sainct Luc tous deux ses Disciples dés l'instant de la fraction du pain. Les ruines de ceste Cité & Chasteau presque tous deux reduits en cendre, paroissent encor auiourd'huy en vn vallon, parmy certains arbres qui se sont nourris à l'entour precisement au mesme lieu où estoit la maison de Cleophas, ceste saincte & vertueuse Dame Paule Romaine y auoit faict edifier vne fort belle Eglise maintenant presque en poudre. Ce lieu est à deux lieuës & demie de Hierusalé, duquel bien que les habitans soient Arabes & Infidelles, ie diray neantmoins qu'ils sont plus humains, traictables & moins reuesches aux Pelerins, que ceux de tous les autres lieux de la Palestine. C'est en ce lieu que le Pelerin doit deuotemét prier le Roy des Pelerins, de luy eschauffer le cœur de sa grace, & luy tenir compagnie en la peregrination de ceste vie pour mieux l'acheminer à la vie eternelle. Ayans fait toutes ces visites, desireux ce qui se peut de reuoir la saincte Cité de Hierusalem nous en reprismes le chemin tout court, & grimpans sur vne montaigne fort aspre nous arriuasmes incontinent à vn beau Monastere de Religieux Georgiens fondé de saincte Croix, faisans leur office en Grec & gardans la reigle de sainct Basile : Ce Monastere de cinq cens pas de circuit, edifié au proche de la vallee de Raphaim parmy des Oliuiers, fut edifié par saincte Heleine, & soubs le maistre Autel de l'Eglise, se void ainsi qu'ils disent à trauers vn trellis de fer, le tronc de l'arbre duquel fut fait le trauers de la Croix de nostre Seigneur : les vns disent que c'estoit vn Palmier, mais suyuant l'opinion du pere Boniface, qui fut long temps Gardien des saincts lieux, ie diray que c'estoit vn Oliuier : & pour les trois autres bois desquels fut acheuee ceste saincte & precieuse relique où fut attaché l'Autheur de nostre salut, c'estoiét bois de Cedre, Palme, & Cypres, selon l'opinion plus commune. Le venerable Bede au premier tome de ses œuures, & *Ioannes Canthacuzenus* en ses escrits contre Mahomet, disent que c'estoient Cypres, Cedre, Pin & Buis. Il s'en trouue d'autres comme Lipsius au traitté qu'il a fait de la Croix, & autres curieux autheurs, qui se fondans plus sur l'apparence & raison que sur l'antiquité, disent que ce precieux arbre estoit seulement de chesne comme plus fort pour porter vn pesant poids, & qu'aussi les particules qu'on en void çà & là par la Chrestienté ressemblent plus au bois de chesne qu'à aucun autre. Ie ne passeray pas soubs silence que les parois de l'Eglise & Chappelles de ce Monastere sont ornees de diuerses peintures, specialement de la vie de sainct Georges: & pour vne chose fort remarquable en leurs images & representation des saincts qui sont là rapportez, les Leuantins different de nous en cecy, car lors que nous representons vn Apostre, vn Martyr, ou vn Confesseur, à fin qu'il soit plustost recogneu, nous luy mettons en main si c'est vn S. Pierre vne ou plusieurs clefs, vn sainct Paul vne espee, vn sainct Laurens vn gril, Mais pour eux ils n'y rapportent rien qui vous les face distinguer. Sortis de là dedans pour retourner en Hierusalem nous laissasmes à main droitte, comme nous auions allans en Bethleem la tour de Simeon, de laquelle nous auons parlé en la page 353. à vne demie lieuë de Hierusalem, comme le Monastere de saincte Croix. Puis que le Pelerin ne peut voir ceste place de plus pres, pour le moins qu'il adore en esprit celuy que ce bon Prophete merita de porter entre ses bras: quád nous arriuasmes en Hierusalem il estoit presque nuict close, si qu'apres auoir rendu graces à Dieu dans l'Eglise de S. Saueur, de l'heureux succez de mō voyage, nous allasmes ioyeusement prendre nostre refection, & incontinent apres le repas, le repos en esperance d'aller le iour suyuant au fleuue de Iordain.

CCc ij

Le voyage de Hiericho, & du fleuue de Iordain.

Chap. XXII.

Este courte nuict bien tost passee, & les trauaux du iour precedent mis du tout en oubly, tout prest de retourner à mon premier exercice & de rentrer en ces sainctes fatigues, le pere Gardien fut d'aduis que ie differasse iusques au soir pour faire le voyage de Hiericho & du fleuue Iordain, tant à raison de la chaleur du iour insuportable, specialement dans les plaines de Hiericho, que pour les perils des rencontres plus frequentes & dangereuses au proche de la Cité qu'au loin : en attendant l'heure de mon partement vers le soir le pere Gardien me donna ce conseil bien que ie fusse seul Pelerin pour lors en Hierusalem à fin de ne pecher contre les coustumes d'en prendre la licence du Cady pour faire ce voyage, le Sangiac estant absent, ainsi que i'estime auoir cy dessus dit en la page 223. Ce qu'ayant facilement obtenu moyennant vn Sechin d'or qui sortir de ma bourse pour entrer en la sienne, le pere Gardien me conseilla de prendre vn certain Arabe demeurant en la Cité fort expert & practic en ce voyage, auec vn autre Ianissaire mieux experimenté en ce chemin & vn Religieux Allemand qui parloit fort bon François, lequel auoit desia fait ce voyage, tellement que sans bruit le pere Gardien fist couller quatre bonnes & fortes mulles iusques en Bethanie soubs la conduite d'vn Mouchary qui nous y attendoit comme le rendez-vous estoit ainsi donné : nous y arriuasmes sur les sept heures du soir demie heure apres luy & montant chacun sur sa mule enharnachee ie vous laisse à penser auec des beaux petits estriez & esperons de bois à la peregrine, à quoy i'auois donné ordre le mesme iour me ressouuenant des incommoditez & fatigues passees : le premier lieu qui nous vint à propos ce fut la fontaine des Apostres où pour cõmencer nostre voyage par vne belle preuoyãce en vsant de l'espargne & pardõnant à nos bouteilles, nous beusmes chacun vne bône fois de ceste belle eau que nous donna le Mouchary dãs vn petit vase d'airain que le Pere Cordelier portoit dedans sa manche. Ceste fontaine de laquelle nous auons cydeuant parlé à la page 343. lors que mon autre Ianissaire me voulut faire perdre la vie, comme ie voulois boire à ses bonnes graces, est appellee Fontaine des Apostres, à raison qu'allans & venans de Hierusalem en ces terres, ils s'arrestoient là pour s'y rafraischir, & aussi qu'en ce mesme lieu nostre Seigneur allant en Hierusalé pour y souffrir mort & Passion pour nous, le declara à ses Apostres : cela doit aduertir le Pelerin de prier en son cœur la fontaine de vie & de lumiere, de l'abbreuuer aux fontaines du Sauueur, qui sont les Apostres & les Docteurs de l'Eglise. Auant que la nuict nous eust entierement desrobé le moyen de plus rien remarquer par ce chemin, nous recogneusmes encor facilemét les ruines de la ville & chasteau de Bahurim, à deux grãdes lieuës de Hierusalé, le lieu de la naissance de cet impudét Semei, qui alloit iniuriant & iettãt des pierres apres Dauid, fuyant la face de son fils Absalon. Continuant nostre chemin sans bruit, nous arriuasmes dans les ruines d'Adomin, interpreté lieu de Sang : aussi est-ce vn vray couppe-gorge, & n'a cessé d'estre effroyable depuis le temps que cest homme descendant de Hierusalem pour aller en Hiericho (ainsi que dit l'Escriture, soit par forme d'histoire ou parabole) y fut si mal mené des volleurs & brigands qui l'assassinerent. Sur les dix heures du soir, la Lune nous fauorisant, fut cause que fort à l'aise l'Arabe qui me seruoit de Truchement & le Religieux de bonne & heureuse conduite, aux approches de Hiericho me firent remarquer la place (encor disoient-ils le Sicomore mesme) où le bon Zachee monta pour voir le Sauueur du monde plus à l'aise ; ce qu'on peut croire pieusement, n'estant rien impossible à Dieu. Non loin de cest arbre est le lieu où les aueugles à force de crier furent illuminez la semaine de la Passion, entre lesquels fut Bartimee fils de Thimee. Pour Hiericho qui est selon mon iugement à six grandes lieuës de Hierusalem, & à trois lieuës du lieu où nostre Seigneur fut baptisé au fleuue de Iordain, nous y arriuasmes à la pointe du iour : Ceste ville autrefois si peuplee &

Ccc iij

si forte edifiee en vne belle pleine de six lieuës de long, & trois de large, ne merite pas auiourd'huy le nom du plus chetif casal, ou village de la Palestine, n'y recognoissant en passant sinon vne quarantaine de fort pauures cases, faites comme on dit à coups de poing, encor estois-ie en doute si elles estoient habitees ou non: nostre Dragoman me fit remarquer parmy ces ruines celles du Palais de Zachee. Le pont fort ancien de ceste cité duquel on void encor à present quelques arches & pilliers en leur entier, auec les ruines d'vn vieil Amphitheatre, & d'vn bel Hippodrome, ou lieu à courir la bague & tirer la lance, donnent quelque tesmoignage de son antique splendeur: ce fut Artaxerxe qui l'acheua de ruiner. Ce terroir est fort abondant en roses, qui portent encor auiourd'huy le nom de Hiericho, lesquelles ont plusieurs belles proprietez que ie passeray soubs silence pour la science & l'experience en estre par deçà assez commune: Nostre Seigneur fit en ceste cité de grandes iustices auant son incarnation, & de grandes faueurs & benedictions ayant pris chair humaine. A vne grande lieuë de Hiericho se voiët les ruines de la cité de Galgala, autrefois situee dans vne belle plaine: ce fut en ce lieu que les enfans d'Israël ayans passé le fleuue de Iordain camperent, & Iosué circoncit pour la seconde fois en ceste place tous les masles naiz au desert, qu'ils firent la Pasque, & leur manquant la māne celeste, commencerent à gouster les fruicts de la terre de Promission. Ce lieu est rēdu plus celebre par les douze pierres que les plus grāds & forts des Israëlites y apporterēt du fleuue de Iordain, en souuenāce des douze Tribus & lignees d'Israël, lesquelles les Pelerins Chrestiens reuerent en l'honneur des douze Apostres. Continuans nostre chemin vers l'Orient declinās vn peu à main droite vers le pied du mōt de la Quarantaine, nous arriuasmes à la fontaine d'Helisee autrefois si amere, laquelle contre l'ordre de la nature & l'apparence humaine, ce sainct Prophete addoucit iettant du sel dedans, si que maintenant il ne se pourroit boire de meilleure ny plus douce eau, dont nous fismes l'experience. Cheminans tousiours vers le Leuant, nous arriuasmes incontinent au bord du fleuue de Iordain, lequel on ne peut voir sans beaucoup s'admirer, lors qu'on se represente que ce fleuue s'arresta & retourna en arriere pour donner passage aux Prestres de la Loy, & aux enfans d'Israel qui le passerent à pied sec : Helie sur son manteau comme dans vn bateau : Helisee fit nager la coignee de fer dessus : la lepre guerie de Naaman apres s'y estre baigné sept fois par le commandement du Prophete, figure du Baptesme. Et qui plus est comme le Sauueur du monde choisit ces belles eaux, qu'il enrichit & sanctifia par l'attouchement de son precieux corps, pour instituer le premier Sacrement de nostre Eglise : comme le sainct Esprit descendit sur luy en espece de colombe, & que Dieu mesme benit de sa propre bouche lors qu'il profera sur luy ces diuines paroles pleines de dilectiõ & de charité : C'est icy mon fils bien-aymé, & tout ce qui suit en sainct Matthieu chapitre premier. Ce fleuue se desborde tous les Estez comme le Nil, au benefice des terres qui luy sont voisines, à cause des grandes neiges du Liban; C'est la coustume de s'y lauer, ce que ie fis assez diligemment pour y laisser ma lepre spirituelle, & enseuelir mes pechez dans ceste belle eau sanctifiee de la maniere que i'ay dit, qui nous represente l'eau de la penitence : mais ie trouue que ceste eau est si subtile qu'on ne peut nager dessus, comme de verité il me fut attesté, d'vn Religieux Armenien lequel bien qu'il fust bon nageur s'y noya neantmoins : Sa source & origine de laquelle nous parlerons autrepart est vers le mont Liban; son principal cours est du Leuant au Midy, & va si lentement en certains lieux qu'à peine vous le voyez descendre : il va serpentant en son cours, icy plus large, & là plus estroit, selon les lieux, & n'est si profond que le Tybre qui passe à Rome; son eau est tousiours trouble, mais tant soit peu rassise elle deuiẽt claire comme eau de rocher. Ce fleuue va perdre son nom & precipiter ses belles eaux dans les puantes & pestilentielles de la mer Morte, qui fait que souuent les poissons de ce fleuue, aux approches d'icelle remontent contre l'eau, ou meurent aussi tost dãs ces eaux si gastees. Il y a quelques Autheurs qui disent qu'il n'est pas croyable que ces belles eaux du Iordain consacrees par le S. Baptesme de nostre Seigneur Iesus Christ, faillent ainsi mesler parmy les pestiferes eaux de ce lac infernal,

& disent que le Iordain à l'entree de ce lac par certains meats & conduits se va desrobant iusques aupres de la Mecque en l'Arabie heureuse, où les Mahometans asseurent qu'il passe vn fleuue, dont les eaux ont le mesme goust, & nourrissent le mesme poisson que celles du Iordain : les autres disent que ce fleuue passe legerement par dessus ces eaux crasses & puantes à la maniere de l'huile qu'on void flotter sur l'eau, n'alterant par ce moyen, & ne perdant rien de sa douceur & beauté. Que le Pelerin vne fois en sa vie comme les enfans d'Israël, s'efforce de passer le Iordain à pied sec, commençant par les eaux du Baptesme, & côtinuant par celles de la penitence, de peur que le torrêt de ses pechez ne l'entraine, pour le submerger en la mer morte de ce grand Vniuers. Apres auoir vn peu gousté sur les neuf heures du matin à la riue de ces belles eaux, & laissé paistre nos mules du moins vne bonne heure, nous remontasmes dessus pour aller au mesme lieu où nostre Seigneur fut baptisé : ceste place est remarquable par la belle Eglise maintenant ruinee, que saincte Heleine auoit fait edifier sur le bord de ce fleuue, iustement à l'endroit où nostre Sauueur deposa ses habits, & receut le sainct Baptesme par les mains de S. Iean : mais comme le plant de ceste Eglise presque toute en ruine, est esloigné d'vne demie grand' lieuë du canal & du lict, par où ce fleuue a maintenant son cours, s'estant retiré vers l'Orient, de là le Pelerin se representera qu'il a depuis ce temps changé de place, comme il arriue à beaucoup d'autres fleuues & riuieres, & entre autres à celle qui passe dessous le Pont-aubaut en la basse Normandie, pour aller au Gué de l'Epine, laquelle tantost passe derriere, & tantost deuant le mont S. Michel, ce que i'ay plusieurs fois remarqué faisant voyage en ceste saincte place. Anciennemét estoit aupres de ceste Eglise vn fort beau Monastere au nom de sainct Sauueur semblablement en ruine, auquel vescut long temps ce bon Abbé Sozimas, assez recommâdé par toute l'antiquité. De l'autre part du Iordain se void le lieu d'où le Prophete Helie fut enleué au ciel, & par semblable les ruines de Macheronte ville & chasteau autrefois imprenables, edifiez premierement par Alexandre, & depuis restaurez par Herodes.

Herodes. L'Autheur Iosephe en son liure de l'Antiquité des Iuifs, dit qu'en ce mesme lieu sainct Iean fut fait prisonnier & decapité: ce lieu s'appelle auiourd'huy Hillon. Ayant bien consideré tous ces lieux remarquables, retournans du Leuant au Midy nous arriuasmes au desert de sainct Hierosme, auquel lieu auoit esté autrefois edifice vne fort belle Eglise auec son Monastere, où entre autres figures & images se void encor en quelque pan de la muraille du Cloistre, l'image de ce sainct personnage: Il fit en ce lieu plein d'effroy quatre ans de penitence si austere qu'il donnoit peu de repos à son corps, moins de nourriture, & n'estoit iamais oisif: Pour arriuer en ce lieu on passe par vn chemin que fit faire Archelaus fils d'Herodes, Roy de la Iudee; il luy donna son nom, & dans ce mesme chemin se voyent encor les ruines de son tombeau.

De nostre retour en Hierusalem par la mer Morte auec sa description, du mont de la Quarantaine, & autres particularitez remarquables.

Chap. XXIII.

Trois lieuës du fleuue de Iordain, & autant de Hiericho, en la region de *Pentapolis*, est la mer Morte, où furent submergees il y a plus de trois mille ans ces quatre citez si riches, Sodome, Gomorrhe, Adama, Seboin, toutefois plus riches de vices & pechez que de tous autres biens: ceste mer est ainsi appellee à raison que son eau ne produit aucune chose qui ait vie, mais au contraire fait mourir tout ce qui en approche iusques aux oyseaux sur son riuage; & pour vn tesmoignage perpetuel de la submersion de ces quatre citez iusques à la fin du monde, les terres qui l'enuironnent, autrefois pour leur grande fertilité appellees illustres & de benediction, sont auiourd'huy toutes steriles iusques aux plantes & arbres, dont les fruicts beaux à la couleur comme orenges & grenades, ne sont que cendre, fumee & toute corruption au dedans, à la maniere de ce peché bel en apparence, à ceux qui ont l'ame aueugle, mais puant & abominable ce qui se peut, grand tesmoignage de l'ire de Dieu, & de la rigueur de sa iustice, qui se remarque & s'est estenduë iusques sur les choses inanimees, & sur les Elements : ce qui fait bien voir combien le peché pour lequel ces villes ainsi bruslees dans l'eau est detestable deuant Dieu, & que ce grand chastiment est venu de là, & non de la nature, ainsi que plusieurs Poëtes & Payens ont voulu faire croire, asseurans que c'estoit vne des bouches de l'Enfer. On voidsouuent changer son eau de couleur en autre, tantost noire, bitumeuse & souffree, laquelle comme i'ay desia dit, ne souffre rien de mort ny de vif, & est puãte & salee outre mesure au regard des autres mers: elle iette souuét à bord de grosses masses de bitum si dures qu'elles ne se peuuent dissoudre que par l'attouchement du sang menstrual de la femme, les terres presque deux lieuës à la ronde sont steriles & renduës inutiles à cause des vapeurs & corruption de ceste mer que les vents portent çà & là, il n'y a point d'eaux douces auprès d'icelle. Ie ne passeray pas sous silence ceste histoire de l'Empereur Vespasian, qui desireux de voir ce grand lac & ses effects, y fist ietter vn nombre de criminels pieds & mains liees, lesquels nageans sur ces eaux sans aucune industrie furent en fin iettez à bord. Pour moy ie diray ce que i'ay veu & experimenté, c'est que sur le bord & riuage de ceste mer il y a vne espece de pierre, qui bien choisie & mise au feu brusle & rend flamme & fumee comme le bois : quant à sa longueur & largeur les opinions en sont diuerses. Pline luy donne cent cinquante mil de circuit, qui sont cinquante lieuës à trois mil pour lieuë, cent mil de long, qui sont trente & trois lieuës & vn quart, & huict de largeur aux plus larges endroits. Iosephe luy donne cinq cents octante-six stades, qui sont enuiron septante-cinq mil de long, qui feroient trente-sept lieuës & demie, à deux mil pour lieuë, & cinquante de large, qui feroient dix-neuf mil, à sçauoir neuf ou dix lieuës. Strabon luy donne mille stades de circuit, & deux cens de largeur, qui sont à deux mil pour lieuë, soixante-deux lieuës & demie en l'vn, & douze & demie en l'autre : quelque autre Autheur l'a faict quatre fois aussi grande que la mer Tyberiade, mais l'opinion la plus commune des Arabes qui sont sur les lieux, auec si peu que i'en ay remarqué, est que ceste mer a cinq iournees de long, & enuiron deux de large, sa longueur commençant de l'Aquilon au Midy depuis les môts d'Abbarim iusques à ceux de Seir, & les deserts d'Idumee, & sa largeur de l'Orient à l'Occident depuis la terre des Moabites iusques à la vallee de Benediction, & le mont de Carmel. Ce grand & extraordinaire chastiment tomba sur ces quatre citez à cause de la puanteur de leur peché, qui infecta tout iusques au Ciel, lequel ne la pouuant supporter, leur infligea ceste grande peine auec le feu & le souffre, pour punir la chaleur & puanteur de leur concupiscence. Les monts d'Engaddy desquels nous auons cy-dessus parlé en la page 375. sont entre la mer Morte & la vallee de Benediction, ainsi appellee pour la belle victoire que le Roy Iosaphat y remporta sur les Ammonites, & Moabites. Entre les môts d'Engaddy & le mont de la Quarantaine, sont les ruines de la ville de Segor, où le iuste Loth fist sa retraitte, auant l'embrasemét des quatre autres citez: & entre Segor & la mer Morte est la statuë de sel en quoy fut trâsmuee sa femme, c'est vne vraye pierre qui n'a aucune forme humaine (côtre ce que beaucoup ont estimé) exposee à la veuë des passans tout au proche du chemin; bien est vray qu'elle a le goust de sel, & me fut dit que nonobstant le bergeail, les chiens & autres animaux qui la leichent incessamment à cause de sa saueur, on ne la void diminuer aucunement: le chastiment de ceste femme & la rigueur de la iustice de Dieu pour peu de chose, nous doit instruire de ne retourner à peché estans remis en grace. Et pour le Pelerin qui passe par ce lieu, qu'il assaisonne si bien ses mœurs & ses humeurs de ce vieil sel de sapience, que retourné de son voyage, il ne regarde plus derriere luy, i'entends qu'il ne retourne plus à son peché. Contre Segor & les monts d'Engaddy est la spelonque de Loth, où apres auoir trop pris de vin il engrossa ses deux filles: qui doit occasionner l'homme, & entre autres le Pelerin qui void ce lieu, de fuyr l'excez du vin qui cause la luxure.

DDd ij

Apres auoir veu toutes ces choses, & la nuict nous pressant, specialement en ces lieux fort difficiles & hazardeux, reprenans nostre chemin vers l'Occident, en ployant tant soit peu sur le Septentrion, nous nous resolusmes de venir faire nos logements pour la nuict prochaine sur le mont de la Quarantaine, au pied duquel nous prismes nostre refection sur les bords de la fontaine d'Helisee, autrefois addoucie de son amertume par ce sainct Prophete iettant du sel dedans, cōme nous auons dit cy-dessus en la page 390. Ceste eau nous represente l'amertume de nos larmes causees par la penitence, qui deuiennent en fin douces à nostre ame, & la rendent glorieuse. Nostre refection finie auec le iour, pour passer plus seurement la nuict & se recompenser de la precedente & de tout le iour suiuant, que nous n'auions fermé l'œil aucunement; nostre Mouchary se retira en vn lieu fort à l'escart pour repaistre ses mules, & nous pour nous rendre exempts de toutes sortes de rencontres, nous commençasmes à tirer vers la cime de ceste montaigne, sur laquelle on montoit anciennement par 380. degrez de pierre, maintenant ruinez pour la plus-part & tous couuerts de terre : nous trouuasmes à my-chemin sur la main gauche vn lieu assez secret & si bien situé de la mere nature, qu'il nous deffendoit du serein & du vent tout ensemble, si qu'en ce lieu trouué là si à propos, nous passasmes le reste de la nuict qui nous sembla fort briefue à cause de la douceur du repos qui nous estoit bien necessaire. Le lendemain venu, à fin d'estre de retour à belle heure en Hierusalem, nous nous deliberasmes de mettre prestement fin au reste de nos deuotiōs & visites, & montans à qui mieux mieux vers le haut de ceste saincte montaigne, la plus haute de toute la Iudee, nous arriuasmes à vne Grotte fort deuote & pleine d'estonnement, dans laquelle on tient que nostre Seigneur se retiroit pour prier tout le téps de sa Quarantaine, & payer par sa grande abstinence la debte de la gourmādise de nos Peres: cōme à dire verité on void encor auiourd'huy en ce lieu fort deuot vn autel dressé auec l'image de nostre Seigneur, autrefois bien representee contre la paroy de ce sainct Oratoire, qui a son entree du costé du Midy, presqu'au mitan duquel on void la marque & la graueure de ses pieds & precieux genoux. Aupres de ce lieu si deuot en forme de Chappelle, il y en a deux autres au flanc de la montaigne qui regarde à l'Orient edifiees par saincte Heleine, & dans la plus grande des deux se peuuent remarquer non toutefois sans difficulté les images de nostre Seigneur, de nostre Dame, de sainct Iean & des Anges; en ces Chappelles & Oratoires plusieurs Hermites & bōs Anachoretes du temps iadis se sont retirez autrefois pour faire penitence, ainsi que leurs sepultures le tesmoignent en vne grotte particuliere encauee dans le rocher fort proches desdites Chappelles: aupres de la plus grande se void vne cisterne où tomboient les eaux du ciel pour la commodité de ces saincts personnages. Tout au haut de ce mont que quelques vns appellent le mont du Diable, à cause qu'il porta nostre Seigneur tout au haut de sa poincte, peu de gens y abordent pour le grand peril de ceste entreprise, ioint que i'aduertiray le Pelerin reuenant du sommet de ces hautes montaignes de la Iudee, de se bien tenir sur ses gardes à ce que faute d'auoir bon pied bon œil il ne tombe plus bas dans les goulfres & precipices de peché. Il y a vne autre Chappelle edifiee au mesme lieu où le malin esprit porta le Fils de Dieu, pour luy monstrer les richesses du monde, & où il luy dit: Ie te donneray toutes ces choses si tu te prosternes pour m'adorer. On nous monstra trois pierres de la grosseur de la teste, maçonnees en la muraille de ceste Chappelle, qu'on nous dist estre celles que le malin esprit auoit presentees à nostre Seigneur pour conuertir en pain. En plusieurs lieux de ceste montaigne se voyent de petites places vagues, qui me fit croire que c'estoiēt autant de petits iardins de ces bons peres Hermites: ceste montaigne est si extremement haute que c'est chose incroyable, Car du haut de sa cime se voyent facilement les monts d'Abarim, & tout au proche la montaigne de Phasga où fut enseuely Moyse: on dit que le Roy Dauid auoit fait vne partie de ses penitences en ce mesme desert, conduit par l'esprit prophetic, lesquelles le Dauid de la nouuelle loy continua pour nous cōduit par son sainct Esprit. Le Pelerin allant ieun & deschargé de peché en ce sainct lieu, y trouue non des pier-

DDd iij

res, ains vne douce manne & nourriture celeste, & les Anges administrateurs : qu'il se represente dauantage en ce lieu que si les pierres & les espines estoient esmeuës par les dures austeritez de nostre Seigneur, son cœur à plus forte raison se doit esmouuoir : si les bestes & les oiseaux estoient esmeuz par ses souspirs, à plus forte raison l'ame du Pelerin pour laquelle ils estoient eslancez. Apres estre descēdus de ceste saincte montaigne & remontez sur nos mules pour retourner droit en Hierusalem, nous vismes à main droitte les ruines de la Cité de Hay sur les monts de Galgala, que Iosué mist toute à feu & à sang apres l'auoir prise & fait pendre le Roy, selon le rapport de Iosephe & autres autheurs dignes de foy. A vne petite lieuë de ces ruines, tirant vers l'Aquilon, sont celles de la Cité de Bethel en la tribu de Benjamin dite premierement Luza, elle estoit edifiee au proche des mōtaignes d'Ephraim, & selon quelques autheurs Iacob en ce lieu fuyāt le courroux de son frere Esaü, vid ceste belle eschelle par laquelle montoient & descēdoient les Anges. On tient que Debora nourrice de Rebeca fut inhumee en ce lieu mesme : de l'autre part à la droitte vers le Midy, se void seulement le Monastere desert de S. Saba, où ce bon sainct en qualité d'Abbé gouuerna par treize ans entiers quatorze mille Religieux de son ordre : De ce mesme costé paroist aussi ceste haute montaigne de Bethulie, laquelle cōme nous auons cy dessus dit en la 376. page, seruit fort long temps de retraitte au petit nombre des Chrestiens restez depuis que les Infidelles se furent rendus maistres de la Terre saincte. Arriuez en Hierusalem vn peu apres midy, nous prismes nostre refection de bon appetit, & par la grace de Dieu (qui le voulut ainsi) pendant que i'estois en ce voyage, y estoient arriuez du iour precedent dix Pelerins d'Alep & Tripoly, pour la pluspart tous marchans de Marseille, par la voye de Seida : cela me causa bien de la ioye voyant ce beau renfort spirituel ; & indicible contentement, oyant des nouuelles de la Chrestienté specialement de nostre France, & de la bonne prosperité du Roy; qui fit qu'oubliant tous mes trauaux passez i'en chantay le *Te Deum* de bon courage.

DE LA TERRE SAINCTE.   399

*De nostre depart de Hierusalem pour faire le voyage de la Samarie,
Galilee, Damas, Tripoly, le mont Liban, & autres
lieux remarquables de la Sorie.*

CHAP. XXIIII.

Etourné en Hierusalem des lieux mentionnez au precedent Chapitre auec autant d'estonnement que d'applaudissement du pere Gardien & de tous les Religieux de S. Sauueur sur l'heureux succez de mon voyage, franc par la grace de Dieu de toutes sortes de perils, voire de la moindre disgrace qu'on se pourroit imaginer, ils me dirent vnanimement qu'estant venu seul de compagnie aux saincts lieux ie me pouuois par semblable reputer & dire seul Pelerin de Hierusalé pour le moins de leur cognoissance qui eust fait le voyage auec autant d'heur & felicité comme i'auois, & que pour estre entieremét satisfait il ne me restoit sinon voir la Samarie, la Galilee & autres lieux de la Sorie, ce qui seroit fort facile disoient-ils en la compagnie des dix Pelerins Marseillois & autres arriuez du iour precedent & prests de s'en retourner à Tripoly par les lieux susdits ayans veu Bethleem, escortez par six gallans Ianissaires qui dōnoient iusqu'en Tripoly pour ramener le Sangiac de Hierusalem qui estoit en ce pays là depuis vn mois: escoutant ces paroles ie restay fort pensif sur ceste proposition, voyāt d'vn costé l'occasion belle, & de l'autre le peril où ie me pouuois mettre en voyageant si loin par terre en des lieux fort scabreux, & qui plusest seul de ma troupe, le retour estāt beaucoup plus difficile que l'aller, specialement par ces lieux là qui sont plus à l'escart & moins frequētez que les autres. Toutefois apres auoir prié Dieu de bon courage, de me donner quelque bonne inspiration & suggerer en cela ce qui seroit meilleur pour sa gloire & mon salut; ie me vins à resoudre entierement au peril de ceste entreprise: ce qu'ayant declaré au pere Gardien il me print en sa compagnie à fin de me faire entrer pour la seconde fois dans l'Eglise du sainct Sepulchre, où il ne couste lors que la valeur d'vn sol ou deux: Au temps passé les Pelerins y entroient iusques à trois fois,

mais auiourd'huy les Turcs en ont retrâché vne, il me fit prendre ceste occasion sur les quatre heures apres midy que les Pelerins cy dessus dits en deuoient sortir les vingt & quatre expirees qui est le téps plus ordinaire qu'on y seiourne, ayant fait mes deuotions pour la seconde & derniere fois vne bonne demie heure auec les autres qui ne fut sans y laisser vn bon nombre de larmes, nous ressortismes tous ensemble pour retourner au Conuent où ie commençay à faire mes cognoissances auec ces Messieurs, ausquels le pere Gardien auoit desia fait la mesme ouuerture, qui les mist fort en ceruelle, à raison qu'il leur faschoit de repartir si viste de Hierusalem sans voir les principaux lieux mysterieux de ceste Cité: & aussi que d'autre part l'occasion qui est chauue (comme i'ay desia dit) leur sembloit belle: mais l'importance estoit que ces six Ianissaires auec vn Cap d'Arabes vouloient partir le lédemain sans dilayer dauantage: quoy que c'en soit nous fismes Consistoire & assemblasmes pour en resoudre auec le pere Gardien qui se chargea de porter ceste parole au Cady gouuernant en l'absence du Sangiac, telle que si luy & les Ianissaires vouloiét attendre vn iour & laisser passer le lendemain, on leur donneroit quatre Sechins pour leur retardement, & onze Pelerins que nous estions leur donnerions vn couple de Sechins chacun pour nous assister & conduire par tous les principaux lieux de la Samarie & Galilee en faisant auec eux le voyage de Damas & Tripoly, en quoy ils ne se destourneroient beaucoup: ils feignirent au premier de ne vouloir aucunement entendre à cest offre, disans qu'ils ne le feroient pour six Sechins par teste, que le Sangiac estoit sur son retour & que c'estoit chose qui ne se pouuoit aucunement: le pere Gardien qui cognoissoit fort bien l'humeur auaricieuse de ces gens, leur en offrit trois pour teste, outre les quatre pour leur retardement & sejour: mais en vn mot apres auoir agité & contesté sur cest affaire de part & d'autre, le tout fut conclud à six Sechins pour le sejour, & cinquante que nous leur donnerions tant pour la permission de voyager en ces lieux (ce qui ne se fait sans licence) qu'en payant aussi par eux çà & là toutes sortes de tributs & caffares à quoy nous serions obligez, ce
qu'ils

qu'ils promirent. Cela estant ainsi arresté nos Pelerins se delibererent de partir au plus matin pour faire le voyage de Bethleem, d'où ils furent de retour en Hierusalem à vne heure apres midy, & employerent le reste du iour au voyage de la montaigne des Oliues & des saincts lieux de la vallee de Iosaphat: Sur ces entrefaites le pere Gardien auoit donné ordre de nous faire recouurer à chacun vne bône mule pour vn si long voyage, pour chacune desquelles il auoit fait prix à huict Sechins pour mule sans estre obligez à leur nourriture ny des Mouchaires, ny au payement d'aucunes caffares pour eux ny pour leurs mules, ce qui me fist ressouuenir de la coustume d'Espagne: les choses ainsi arrestees, & le lendemain venu qui estoit le vingt & deuxiesme de Iuillet, apres auoir pris lettres testimonialles de nostre voyage, la benediction du bon pere Gardien & fait chacun de nous vne bonne & large aumosne au Conuent qui du moins excedoit la despence que nous y auions faicte, nous prismes tous ensemble par dans la ville nostre chemin à la porte d'Effraim autrement de Damas, où sur les six heures du matin le Cap d'Arabes, les six Ianissaires & cinq Mouchaires nous attendoient auec leurs mules pour donner commencement à nostre voyage. Marchans donc en cest equipage le petit pas au premier vers le Septentrion, à vne lieuë & demie peu plus ou moins de Hierusalem, nous arriuasmes à Gabaa Benjamin dicte aujourd'huy Gabaa de Saül par raison de sa naissance: ce fut en ce mesme lieu que la femme de ce Leuite venant de Bethleem fut oppressee qui causa l'entiere extirpation de toute la lignee de Benjamin; ceste ville maintenant ruinee estoit edifice sur vne assez haute montaigne qu'on laisse à la main droitte. A deux bonnes lieuës de là & autāt de Silo est le lieu qu'on appelle Elbir qui veut dire fontaine, comme à la verité il s'y en trouue vne auec les ruines d'vn ancien Monastere fort proche, pour marque & souuenance qu'en ce lieu nostre Dame s'apperceut de l'absence de nostre Seigneur aagé seulement de douze ans, qu'elle retrouua trois iours apres en Hierusalem disputant auec les Docteurs. Ce lieu est fort pierreux où ne se void qu'vn long village qu'on estime estre les reliques de la Cité de Ma-

EEe

gnas, Macmas ou Machinas, autrement chasteau Biron, appartenant le temps passé en proprieté aux Templiers. Continuans nostre chemin tousiours vers le Septentrion, à deux lieuës de là se void vne petite place quarree & vn fort vieil Palmier au milieu, soubs lequel on tient que la Prophetesse Delbora femme de Lapidoch, rendoit les Oracles & iugeoit le peuple d'Israël : à vne tres-grande lieuë de ce lieu nous vismes sur la mesme main à deux cens pas loin de nostre chemin vne Eglise toute ruinee edifiee en ce lieu qu'on appelle Silo, pour souuenance du long sejour qu'y fit l'Arche de l'Alliance : ce passage est fort suspect & subiect aux volleurs. De ce lieu nous arriuasmes en vne belle plaine que Iacob donna en partage à son fils Ioseph, comme il se void en l'Escriture, & faut noter qu'il y a plus de deux cens ans que les laboureurs de ces belles terres vendent le bled qui y croist aux Religieux Cordeliers de Hierusalem & non à autres. Ce champ peut auoir vne grande lieuë de long & demie de large, iaçoit qu'il soit enclaué dans vne autre plaine de plus de six lieuës de circuit close & bornee des montaignes de Garizin, Hebal, & autres : ce mont de Garizin paroist le plus haut esleué & fertile de toute la Samarie à cause de ses belles & claires eaux qui l'arrousent de toutes parts, & aussi que de sa cime se voyent les lieux plus remarquables de toute la Samarie. Non loin du mont de Garizin est le puys de Iacob, autrement de la Samaritaine, sur lequel auoit esté edifié vn fort beau Monastere de Vierges, auiourd'huy tellement en ruine qu'à peine peut on recognoistre la place de ce puys, qui estoit soubs le grand autel de ladite Eglise sinon par le moyen de deux petites colonnes de marbre gris à demy enterrees, qui seruoient selon mon iugement à porter cest autel : nostre Seigneur fatigué se reposa sur ce puys lassé d'attendre la Samaritaine & nos ames à penitence : allons donc à ce puys de Iacob, où nostre Seigneur tout las & fatigué d'auoir couru apres nous trente trois ans entiers depuis le Presepe iusques à la Croix à fin de nous sauuer, nous attend pour abbreuer nos ames de sa grace. Ce mont de Garizin où l'on souloit adorer Dieu auant que le Temple de Salomon fust edifié (suiuant le dire de la Samaritaine à noſtre Seigneur, nos peres ont adoré en ce mont) eſt au Midy, & le mont Hebal ſur lequel Ioſué fit dreſſer vn autel pour ſacrifier à Dieu victimes pacifiques eſt au Septentrion à cent pas l'vn de l'autre. Pour le mont de Garizin il eſt fort fertile plaiſant & agreable, ainſi que i'ay deſja dit, mais le mont Hebal eſt du tout infructueux & ſterile, & pourtant le premier eſtoit appellé le mont de benediction, & l'autre de malediction: A la ſortie de ces lieux on void le territoire de Iacob, dans lequel ſont douze groſſes pierres pour marque des ſepultutes de ſes douze enfans, & entre autres de Ioſeph duquel les os furent rapportez d'Egypte, & ſur icelle du temps de ſainct Hieroſme eſtoit vne fort belle Pyramide. A la ſortie de ce lieu on arriue à l'inſtant à la Cité de Sichen ou Sichar, ainſi appellee anciennement, maintenant Neapolis, & par les Turcs Peloſa & Naploſa, c'eſt à dire, Cité neufue: elle a eſté ruinee par tant de fois qu'elle ſ'eſt iamais peu remettre, & ſon dernier deſtructeur fut vn Bezzangue gouuerneur de Damas, qui la miſt au periode dernier de ſes ruines: tout ce qu'il y a de plus remarquable en ceſte Cité, ſont trois Egliſes dont la plus belle ſert de Moſquee aux infidelles, la ſeconde de Halle où ſe vendent toutes ſortes de marchandiſes; & la troiſieſme ces impies l'ont reduitte en vne vile & ſale eſtable où ils logent toutes ſortes de beſtes. A la ſortie de Sichen & ſes faux-bourgs ſur le chemin de Damas, c'eſt vn plaiſir de voir ruiſſeler de toutes parts les belles & claires eaux; la plus grande richeſſe de ces terres: à quatre lieuës de Sichen eſt la Cité de Samarie maintenant appellee Sebaſten par les Grecs, qui ſignifie Auguſte, & par les gens du pays Somer: elle fut premierement edifiee par Amry Roy d'Iſraël, qui y fit edifier le Temple de Baal, pour mieux gaigner la bonne grace de Ithobal Roy de Tyr pere de ſa femme Iezabel: ſur ce chemin à gauche & à droit, ie me reſſouuiens d'auoir remarqué des Campaniers d'Egliſe ſemblables à ceux de la Chreſtienté: qui fait clairemét iuger que les Chreſtiens autrefois ont eſté maiſtres de ces terres. La Samarie eſt môtaigneuſe comme la Galilee, & neantmoins fort fructueuſe ſi elle eſtoit cultiuee comme il appartient, je ne passeray soubs silence que cette Cité de Samarie fut releuee de ses antiques ruines par Herodes Ascalonite qui la nomma Sebaste en l'honneur d'Auguste, & la fit ceindre de neufues & tres-fortes murailles contenant pres d'vne lieuë de circuit: elle est iustement situee entre la Samarie & la Galilee, & la tenoit-on anciennement pour le chef des lignees, & le siege des Roys d'Israël, mais son peché l'a tellement rauallee de sa pristine splendeur comme les autres, qu'elle auroit du tout perdu son nom n'estoiét deux fort belles Eglises qui la remarquent, la premiere autrefois dediee à Dieu sous le nom de S. Iean Baptiste, que ces infidelles ont depuis vn grand temps erigé en Mosquee, & neantmoins on void encor auiourd'huy en icelle le sepulchre de ce glorieux sainct fait de beau marbre, semblable à celuy de nostre Seigneur, il est iustemét posé au milieu des sepulchres d'Abdias & Elisee Prophetes, mais les reliques de leurs corps furent presque toutes reduittes en cendre, & iettees au vent par les infidelles: ceste premiere Eglise est edifiee au pendant de la montaigne où ceste ville estoit bastie: pour l'autre elle est edifiee sur le haut de la montaigne, & estoit seruie par des Religieux Grecs qui la quitterent: on tient que sa situation estoit au mesme lieu qu'estoit le Palais Royal & la prison de sainct Iean, & qu'en ceste mesme place Herodes luy fit trancher la teste, mais la plus commune opinion est que ce fut au lieu cy-deuant dit on la ville de Macheronte. On void encor aupres de ces Eglises plusieurs colōnes de fort beau marbre sur pied, qui fait croire & iuger la splendeur de ceste miserable ville, & neantmoins la nuict nous surprenāt en ce lieu & nos mules lassees outre mesure pour auoir fait en nostre premiere iournee plus de quinze lieuës, nous nous resolusmes de mettre pied à terre chez de pauures infidelles qui nous firét tout leur possible dans vn vieil Monastere, où logoient le temps passé les Pelerins Chrestiens passans par ce chemin.

Continuation de nostre Voyage, & de plusieurs lieux remarquables sur ce chemin.

Chap. XXV.

YAns seulement reposé quatre heures, nous remontasmes sur nos mules à la pointe du iour, & prenans nostre chemin vers la Galilee, nous arriuasmes au Chasteau de Zantich, autrefois dit Gilym, à quatre lieuës de Samarie. Au proche de ce Chasteau nostre Seigneur guerit les dix lepreux: au lieu de leur mundation estoit vne fort belle Eglise auiourd'huy toute en ruine, & au proche d'icelle est vne belle fontaine de fort bonne eau bien à propos en ce lieu pour la commodité des passans: que le Pelerin se ressouuienne passant par ce lieu de la grande ingratitude de ces lepreux pour ne faire le semblable à l'endroit de nostre Seigneur, oubliant à le remercier de tant de benefices receus. De là se voyent les montaignes de Gelboé sur la main droite du costé de Midy au droit du mont de Hermon, qui est au Septentrion, esloignez de deux lieuës l'vn de l'autre: leur longueur est du Leuant au Ponant, contenant pour le moins dix lieuës, & entre les deux se sont autrefois donnees de grandes batailles entre Gedeon & les Madianites, les Hebrieux & les Philistins, Achab & les Assyriens, & plus fraischement entre les Tartares & les Sarrasins. A cinq quarts de lieuë du lieu des dix lepreux est vne Eglise ruinee, & tout au proche vne Cisterne de bonne eau, où nostre Seigneur deffendit ses Apostres contre les Pharisiens qui les reprenoient de cueillir des espics au iour du Sabbath: passant par ce lieu, le Pelerin doit prier nostre Seigneur d'estre par tout son protecteur, & prendre sa cause en main pour le deffendre de toutes sortes d'aduersaires, visibles & inuisibles. A deux lieuës & demie de là est vn autre lieu où Melchisedech offrit pain & vin à Abraham retournant de ses victoires, où le Pelerin doit prier le

EEe iij

Melchifedech de luy venir au deuant au retour de cefte vallee de miferes du combat contre les Diables, pour le refaire & recreer du pain celefte & du vin engendrant les Vierges. Sur ce mefme chemin nous vifmes les ruines du Chafteau de Caymoth, où l'on tient que Lamech tua Caïn d'vn coup de fleche. Là fe void auffi à la main gauche vne demie lieuë du chemin le petit mont de Hermonion, tout au proche duquel font les ruines de la cité d'Endor à prefent reduitte en vne mefchante bourgade, & en ce lieu Saül premier Roy d'Ifraël alla vn peu deuant fa mort parler auec l'efprit de Samuel par le moyen de la Pythoniffe, demeurant en ces terres. Continuans nos erres, aux approches du petit mont de Hermon nous vifmes à fa cheute, & prefque au pied d'iceluy du cofté de l'Aquilon fur main droite, cefte ancienne cité de Naim, renduë fi celebre par le beau miracle que fit noftre Seigneur en reffufcitãt le fils de la veufue: tout ce qui eft refté de plus entier en cefte cité ce font quelques pans de muraille qui font encor fur pied; & pour tout le refte ie croy qu'on n'y pourroit remarquer huict maifons, fi triftes & chetiues que rien plus: au propre lieu où noftre Seigneur auoit fait ce miracle hors la cité, fainéte Heleine auoit fait edifier vne belle Eglife, maintenant toute en poudre: cela nous doit faire confeffer qu'il n'y a rien de ftable fous le ciel, & que les Citez non feulement, mais les Royaumes tous entiers, auec leurs orgueilleux faftes & pompes fi fuperbes meurent auffi bien que l'homme, qui fouuent à le voir faire ne penfe pas eftre mortel, tant fes penfemens font eftranges & extrauagants. Allons donc à Naim pour eftre reffufcitez du fepulchre de nos vices, auant que nous foyons putrifiez & obftinez au peché; mais premier que venir là, il faut faire pleurer noftre ame pour gaigner la mifericorde de Dieu. A la fortie de Naim vers le Septentrion à deux lieuës feulement de Nazareth, eft le tant fainét renommé mont de Thabor, & fort haut & difficile à monter; & entre Naim & Thabor eft le Torrent de Cizon qu'il faut paffer au mefme lieu que Barach deffit Sifara aux enuirons de la campagne Efdrelon: le mont de Thabor non loin de cefte campagne, eft fort rond, & tout couuert de fleurs, belle verdure & plaisants arbres, nourris d'vne continuelle rosée, au respect des autres monts ses voisins, tous pierreux, arides & bruslez du Soleil: il a pres d'vne lieuë de circuit, demie en hauteur, & autant de spacieux sur sa cime en terre fort fertile, où l'on a autrefois dressé des armees toutes entieres, & prestes d'aller choquer dans la belle campagne qui est au bas: il est situé presqu'au milieu de la Galilee superieure, & fait separation de ces deux Tribus Issachar & Nephtalim: Ce mesme mont est fort peuplé (à ce qui nous fut dit par ceux du pays) de toutes sortes de bestes sauuages pour l'exercice de la chasse; il est de toutes parts d'vn si bel aspect, qu'il semble que la Nature l'ait formé à dessein pour estre prise pardeuant tous autres, tant pour sa beauté, que pour sa force naturelle: On void aussi dessus sa poincte les ruines de plusieurs Tours, & belles forteresses pour la seureté des Religieux qui habitoient au passé ceste saincte place. Là sont encor sur pied au gré & selon le desir de sainct Pierre, le iour de la Transfiguration de nostre Seigneur (comme nous auons dit en la page quarante-neufiesme) les trois beaux Tabernacles: Car au mesme lieu où nostre Seigneur monstra aux assistans vn petit eschantillon de sa gloire, est vne belle Chappelle; à la dextre de laquelle est celle de Moyse, & à la gauche celle d'Helie: & en chacune de ces Chappelles se voyent encor auiourd'huy fort bien representees à la Mosaïque, sçauoir en celle de nostre Seigneur l'image de sa saincte Transfiguration en la presence de ses Apostres, & aux deux autres les images de Moyse, & d'Helie. Tout au proche de ces Chappelles, saincte Heleine auoit faict autrefois edifier vn tresbeau Monastere, qui fut depuis amplifié & doté de grandes rentes & reuenus par les Roys de Hongrie, pour l'entretien du grand nombre de Religieux de ceste nation de l'Ordre de sainct Paul premier Hermite: sur le couppeau de ce beau mont est vne fontaine de tresbonne eau, laquelle ne s'est iamais tarie, qui seruoit à l'vsage de ce beau Monastere, & commodité des Pelerins.

Or si iusques icy nous auōs esté transfigurez, & plustost metamorphosez par la main enchâteresse de Circé le malin esprit, les vns en loups pour leur gourmandise, les autres en lions pour leur cruauté, les autres en boucs pour leur saleté, les autres en bœufs pour leur paresse, les autres en paons pour leur vanité, &c. Sortons des tenebres de nostre Occident, & allons dessus Thabor à ce beau Soleil d'Orient, à fin d'estre transfigurez, puis que nostre Seigneur nous y appelle quand il dit : Venez à moy, & soyez illuminez, & vos faces ne seront point confonduës. Sur le chemin de Thabor vers la cité de Nazareth à la descente du mont sont les ruines d'vne Chappelle, edifiee au mesme lieu où nostre Seigneur dit à ses Disciples qu'ils ne declarassent à personne la vision qu'ils auoiēt euë. Pelerin, ne passe pas franc ce lieu là sans y faire ta priere, & t'excuser enuers nostre Seigneur si contre son commandement tu publies ceste merueille à tout le monde. Des eaux pluuiales qui descendent de ce mont, & des monts de Hermon & Hermonion, enflees de quelques sources & fontaines se forme le Torrent de Cizon diuisé en deux parties, sur l'vne desquelles celle qui se va rendre en la mer Tyberiade, le Prophete Helie fut nourry du Corbeau: & sur l'autre qui tire vers la mer Mediterranee, il mit à mort les quatre cens cinquante faux Prophetes de Baal. Pendant que nous allions contemplant de part & d'autre les merueilles de ceste saincte place, la nuict suruint qui nous obligea de mettre pied à terre en vn lieu fort commode pour les logements de toutes sortes de passans, voire de Carauannes entieres qui vont de Sorie en Egypte, & selon les saisons de toutes les parts du Leuant en Hierusalem, d'autant outre que ce lieu est fort grand & capable, on y peut dormir en seureté des Arabes & autres volleurs & assassins de ces terres : ce lieu s'appelle Antigio, dans lequel les Turcs ont fait bastir vne fort belle Mosquee, seruie par des Santons & Imans, sans comparaison à la maniere de nos Eglises Collegiales, si qu'en ce lieu est le quartier des Ministres du faux Prophete Mahomet, & celuy de Carauannes. Ce lieu n'est esloigné du mont de Thabor sinon vn quart de licuë, nous fusmes assez mal souppez là dedans pour

les

les viandes, où il ne fut seruy que deux poulles & vn cheureau à vnze personnes, sauf que le fruict suppléa à ce deffaut comme datils verts & secs, pistaches, carobes, figues de Pharaon, & autres fruicts de plusieurs sortes. Apres auoir reposé autant à la legere que la nuict precedente, forcé comme ie fus de remonter si tost sur ma mule pour tirer pays auec ces Ianissaires, gens d'expedition & grande vigilance, il me sembla que le iour s'ouurit comme la nuict se fermoit, mais ne pouuant dire de non, i'auois pour fort aggreable la maniere de mettre bien tost fin à mes voyages: l'aube du iour desia fort remarquable ie fus aussi tost prest, & des premiers en ordre. Au partir de ce lieu, nous prismes droict nostre chemin vers la saincte Cité de Nazareth, mere nourrice de nostre Sauueur Iesus Christ, auquel lieu la Verge de Iessé par l'inspiration du sainct Esprit conceut le Redempteur du monde. Ceste Cité estoit autrefois edifiee en la Tribu de Zabulon sur vne fort haute montaigne qui regarde celles de Gelboé, Hermon & Thabor: nous y arriuasmes en moins d'vn rien nos mules estans fraisches, & pour la premiere visite que nous y fismes ce fut au lieu de l'Annonciation de la Vierge, dont la chambre doree de toutes sortes de graces & priuileges celestes, a esté transportee par les Anges de ce mesme lieu de Nazareth en la ville de Lorette pays d'Italie en la marque d'Ancone: & neantmoins on void encor en ces lieux, non seulement les fondements de ceste saincte chambre, mais qui plus est le propre lieu où estoit l'Ange d'vn costé, & la glorieuse Vierge de l'autre, lors qu'il s'acquitta de sa saincte Ambassade, remarquables par deux belles colonnes de porphyre qui sont encor sur pied, & descéd-on en ce lieu par douze petits degrez faits à l'antique. Non loin de ce lieu est vne autre Eglise dediee à Dieu sous le nom de l'Ange Gabriel, où le temps passé comme au lieu de l'Annonciation les Religieux Latins faisoient le seruice, mais enuiron l'an mil cinq cents quarante-cinq les Infidelles de ces lieux en tuerent vn nombre, & chasserent le reste, qui se sauuans en Hierusalem laisserent les clefs à vn fort homme de bien nommé Issa, (ainsi que dit le Pere Boniface) qui s'en chargea & fit ferme en ces lieux iusques à la fin de ses iours: tout au plus haut de la montaigne se void le lieu appellé de quelques-vns *Saltus Dauid*, d'où les Iuifs voulurent precipiter nostre Seigneur, qui pour esquiuer leur mauuaise volonté passa au trauers d'eux sans estre veu: De ce mesme lieu on nous monstra à peu pres la montaigne où Lamech tua Caïn vers l'Orient, nonobstant ce que nous auons cy-dessus dit en la page 406. sur les ruines de Caymoth. A cent pas de là se voyent les vestiges des sacrez pieds de nostre Seigneur, imprimez sur la pierre : les anciens Chrestiens y auoient faict edifier vne Eglise à l'honneur de saincte Anne, mais on n'en void plus que les ruines : Au proche de la maison de Ioseph transportee comme dit est, au deçà des mers par les Anges, se void vne belle fontaine que les Infidelles mesmes appellent tantost la fontaine de la Vierge, & tantost de Iesus, à raison qu'ils s'en seruoient pour leur vsage. Ces Infidelles tiennent non seulement par tradition, mais par experience, que ceste fontaine a beaucoup de sainctes proprietez, & guerit de plusieurs maladies. Là se void aussi le lieu de la Synagogue, où selon sainct Luc chapitre 4. nostre Seigneur voulant lire & enseigner à l'ouuerture du liure, tomba sur ce passage de la Bible, *Spiritus Domini super me, &c.* Bref ceste ville qui estoit autrefois Archeuesché si celebre pour tant de graces & priuileges particuliers, & laquelle ne cedoit guieres en beauté à Capharnaum sa Metropolitaine, est auiourd'huy presque toute en poudre, & n'y a cœur si dur qui touché tant soit peu de compassion & pieté Chrestienne, voyant toutes les ruines de ce lieu autrefois si sainct & si riche, ne lasche la main aux souspirs & aux larmes. Continuans nostre chemin vers le Septentrion à deux petites lieuës de Nazareth, nous arriuasmes en la cité de Cana de Galilee en la Tribu d'Azer, où nostre Seigneur changea l'eau en vin, tout y est en poudre comme aux autres lieux ; & neantmoins les gens du pays nous remarquerent sous les ruines du chœur de l'Eglise le lieu du festin, & la place des six cruches, dont ie me ressouuiens en auoir veu vne à l'Escurial du Roy d'Espagne pres Madrid, qui fut donnee à Philippe deuxiesme par le Marquis d'Almazan, elle est de pierre & peut contenir selon mon iugement trente pots à noſtre meſure : la ſituation de ceſte ville eſtoit à la poincte d'vne montaigne fort ronde & belle, & le pays d'alentour fertile & abõdant en bleds, vins, & autres cõmoditez pour la vie de l'hôme : S. Simon Apoſtre & Nathanaël eſtoient natifs de ce lieu. Pourſuiuans noſtre chemin par la plaine & vallee de Carmelon, nous arriuaſmes vers Sephor, autrefois la plus forte & ample cité de Galilee, origine de Ioachim pere de noſtre Dame : S. Hieroſme l'appelloit Diocæſaree, elle fut bruſlee par vn Varus, depuis lequel temps elle ne s'eſt iamais peu remettre. Quelques-vns tiennent que ſous ces ruines eſt le ſepulchre du Prophete Ionas, & non loin d'icelle la ciſterne où Ioſeph fut deſcendu par ſes freres, & depuis vendu aux Iſmaëlites; figure du vray Ioſeph de la nouuelle Loy noſtre Seigneur, qui fut vendu aux Iuifs par ſes freres les Iuifs meſmes: De ces lieux on void clairement les terres de Dothain, & entre autres Abelmeula, anciennement dite Belma, où naſquit le Prophete Heliſee, le grand nombre des colonnes de marbre & autres pierres bien trauaillees de ceſte meſme matiere qu'on void parmy les ruines de ceſte cité, rendent vn teſmoignage tres-authentique de ſon antique magnificence, ce fut par là qu'Holoferne prit ſon chemin pour aller aſſieger Bethulie, qui eſt ſeulement à vne lieuë de Belma; ceſte cité n'eſt pas moins en ruine que les autres, elle eſtoit edifiee ſur vne montaigne de mediocre hauteur : & de l'autre part d'icelle ſe void le lieu où Holoferne auoit campé & mis ſon ſiege, & la vallee entre-deux où ceſte vertueuſe & prudente veufue Iudith ſe laua, paſſant pour aller querir la teſte de ce puiſſant infidelle. Ce beau coup de main fait en ce lieu, doit induire le Pelerin à pratiquer à l'exemple de Iudith ceſte belle vertu de l'humilité pour vaincre & faire leuer le ſiege à ſon aduerſaire le Diable, qui tiẽt ſon ame aſſiegee dãs la foible forterſſe de ce mõde. Du haut de ceſte mõtagne ſe voyẽt les citez de Naaſon, Sephet, Neptalin, demeures anciennes du charitable Tobie, & de l'hũble & vertueuſe Eſter fẽme d'Aſſuerus : pour Sephet elle eſt encor habitee de certains Iuifs appellez Carains, à raiſon qu'ils differẽt en beaucoup de points des Synagogiſtes : de là prenãs noſtre chemin vers la mer Tyberiade nous paſſaſmes par la montaigne où nostre Seigneur fit le miracle des cinq pains & deux poissons, fort remarquable aux grosses pierres qu'on void encor auiourd'huy sur ce lieu fort releué, entre lesquelles il s'en void treize plus polies & mieux arrangees ; & au proche d'icelles en est vne autre en forme de chaire pour remarquer la place de nostre Seigneur & de ses Apostres, lors qu'il fit ce beau miracle. Si le Pelerin va d'vne bonne deuotion en ce lieu il y sera substenté spirituellement, comme les Israëlites corporellement; mais s'il y va par curiosité mondaine, pour la bouche ou pour voir des miracles, comme faisoit la plus-part de ceste multitude, il sera seruy de bonnes bastonnades, & n'y trouuera plus que frire. A la descente de ce lieu tirant pays par vn chemin assez mal plaisant, nous arriuasmes au lac de Genetzareth, autrement la mer Tyberiade, longue selon Pline de seize mille, & large de cinq, qui sont cinq lieuës en l'vn, & deux en l'autre : D'autres Autheurs luy en donnent plus, & d'autres moins, comme cent stades de long, & quarante de large selon Iosephe, qui seroient quatre lieues de long, & à peu pres deux de large. Ces eaux sont douces & potables, tenans leur estre du fleuue de Iordain qui passe au trauers, comme le Rhosne par le lac de Geneue; elle estoit anciennement enuironnee de villes & chasteaux plaisants & aggreables, Capharnaum, Tyberiade, Bethsaide, Bethleem, Gadara, Magdalon, Tharichee, Corozain & autres sans nõbre, à present en ruine. Regardant ceste mer attentiuement, ie croyois voir à toute heure prescher nostre Seigneur, & marcher sur ses belles ondes; sainct Pierre faire le semblable, les Apostres pescher auec leur nacelle (figure de l'Eglise) & prendre toutes sortes de poissons bons & mauuais, nostre Seigneur commander aux vents, & le voir encor suiuy de ses Apostres sur ce beau riuage. Laissans ceste mer à main droite, nous arriuasmes au lieu où estoit autrefois edifiee la cité de Capharnaum, maintenant appellee Capharnacim, dont les ruines sont auiourd'huy toutes cachees sous le sable, sauf qu'il y a quelque nombre de palmiers qui les remarquent : ceste ville estoit autrefois vne des premieres de la Galilee, & vne des principales de ceste region, appellee Decapolis en l'Escriture, où nostre Seigneur a fait tãt de miracles, & entre autres celuy de ce sourd & muet qu'il guerit aux environs de la mer de Galilee, qui nous represente l'instabilité du monde, où ce pauure sourd & muet le genre humain receut sa guerison, comme la fille ressuscitee du maistre de la Sinagogue que nostre Seigneur n'auoüa pas estre morte pour estre priuee de la vie, d'autant que nos corps pour mourir icy bas ne sont pas morts mais passent de leur cõdition & vie mortelle en la vie eternelle: & pourtãt nostre Seigneur ayant vne fois chassé le malin esprit de nos ames, cessons de l'y plus introduire par nos recidiues au peché, duquel estans vne fois ressuscitees sauuons les d'vne seconde mort. La menace de ceste Cité en sainct Matthieu est accõplie qui dit: Et toy Capharnaum qui te veux esleuer iusqu'au Ciel tu descendras iusqu'à l'Enfer: on n'y void plus sinon huict ou dix chetiues & tristes cases de pescheurs non plus qu'à Bethsaïde l'origine de sainct Pierre & sainct André, & où nostre Seigneur guerit la belle mere du Prince des Apostres de la fiebure, qui nous represente l'ardeur de nostre concupisence: ce fut dans le logis que nostre Seigneur rendit ceste femme saine & gaillarde: heureux donc qui peut loger vn tel hoste lequel paye tousiours son escot au double & au delà, rẽdant nos ames prestes & alertes à toutes sortes de seruices: en ce mesme quartier est le lieu de la vocatiõ de S. Matthieu, & le propre endroit où nostre Seigneur au proche de Capharnaum mangea auec les Publicains & pecheurs. Nous laissasmes la Cité de Tyberiade à main droitte edifiee autrefois sur ce beau riuage au pied d'vne montaigne qui en estoit si proche & luy commandoit tellement que d'icelle on eust bien conté toutes ses maisons, c'estoit la Metropolitaine de Galilee & de la region Decapolis qui prend fin & se termine en ce lieu: ceste ville ayant autrefois esté prise par Benadab Roy de Sorie fut restauree par Herodes qui luy donna ce nom en l'honneur de Tybere Cesar, tout au proche de la Cité sur le riuage de la mer, se voyent les pieds de nostre Seigneur imprimez sur la pierre apres sa glorieuse Resurrection où saincte Heleine auoit fait bastir vne Eglise qui paroist encor aucunement: ceste ville estoit fort abondante en bônes eaux, bains salubres & medicinaux, dont la vertu est demeuree escrite par les Romains au temps qui la possedoient, sur des pierres qui sont encor à present sur les lieux: de l'autre costé de ceste mer presque au droit de Tyberiade est la Cité de Gadara au proche de laquelle nostre Seigneur ayāt guery deux Demoniaques possedez d'vne grand' multitude de Diables enuoya ces esprits malins dans les corps d'vn troupeau de porceaux, & fit cest autre miracle des sept pains & bien peu de poissons. Pour Bethsaïda non moins en ruine que les autres suyuant la menace de nostre Seigneur en l'Escriture saincte, elle est iustement situee entre Capharnaum & Tyberiade, ce fut le lieu de la vocation de sainct Pierre, S. André & sainct Philippe, où saincte Heleine auoit fait edifier vne belle Eglise maintenant en ruine. La Cité de Coroasin menacee d'vn pareil chastiment est au dessus de Capharnaum tirant vers le Leuant & proche du Iordain, où nostre Seigneur fit beaucoup de miracles qui furent cause de sa ruine pour son incredulité; plusieurs estiment que l'Antechrist y doit prendre naissance cōbien que la plus commune opinion soit en Babylone. Pour le chasteau de Magdelon dont il y en a vn autre en Egypte de ce nom duquel nous auōs parlé en la page quarante sixiesme, cestuy cy est sur le riuage de la mer entre Tyberiade & Bethsaïde, ainsi appellé Magdelon de Marie Magdeleine, comme estant le lieu de sa naissance & où elle receut guerison de nostre Seigneur; de ce lieu nous allasmes passer par dessus vn pont qu'on appelle encor aujourd'huy le pont de Iacob soubs lequel passe le fleuue de Iordain, ce fut en ce lieu que retournant de Mesopotamie il fit rencōtre de son frere Esaü. Ce pont a soixante pas de lōg & douze de large & n'a que trois arches & deux pilastres qui les portent, & à main droite est le lieu où ce bon Patriarche fit pour vn temps sa demeure: il y en a qui pour arriuer plustost à Tripoly dés ce lieu prennent le chemin du mont Liban, quoy faisant ils passent par ce tres-antique lieu de Balbec où furent celebrees les nopces de Salomon quand il espousa la fille de Pharaon, & accourcissent de beaucoup leur voyage.

De nostre arriuee à Damas, sa description & de son Chasteau, du Temple de sainct Zacharie, & autres choses remarquables.

CHAP. XXVI.

YANT passé ce pont duquel on conte encor deux iournees à Damas, nous entrasmes aussi tost dans la Trachonitide Ituree & autres terres desquelles estoit Tetrarque Philippe frere d'Herodes, & pour entrer en ces lieux nous passasmes par vn bois fort monstrueux & horrible à cause de sa situation produisant noix de Galle en abondance, nous vismes la terre de Hus pays de Iob & le lieu de sa sepulture, & à main droitte vers l'Orient se voyent les monts de Galaad, & en ceste mesme terre est la fontaine de Phiala au proche de laquelle est le lieu des tabernacles de Cedar, qui sont de belles plaines & lieux champestres, où en la saison de l'Esté se font des foires où le monde se rend de toutes parts : & d'autant qu'au lieu de boutiques ces peuples Leuatins se seruent de tentes & pauillons de toutes sortes de plaisantes & agreables couleurs, pource les a l'on tousiours appellez Tabernacles de Cedar: & comme nous auons desia dit cy deuant qu'en ce mesme quartier de pays est ceste fontaine de Phiala qui est vn petit lac d'vne profondeur immense, dont la pluspart de nos autheurs qui ont escrit de ces terres, tiennent indubitablement que procede en premiere origine le fleuue de Iordain, pour ceste raison que l'eau de ceste fontaine de Phiala ne sortant iamais de ses bords, & ne s'esuacuant aucunement par dehors, il est à croire que par des lieux soubs-terrains elle va chercher sa sortie : ioint que iettant des pailles ou de petits esclats de bois dedans, comme il a esté experimenté, on les a veus se venir rendre dans la fontaine de Dan, nonobstant la distance de l'vne à l'autre, qui est de plus de vingt & cinq lieuës,

car la fontaine de Phiala est dedans la terre de Hus fort auant dans l'Ituree tirant vers l'Orient, & les deux fontaines de Ior & Dan dont ce fleuue emprunte le nom, sourdent au pied du mont Liban vers le Septetrion esloignees d'vn demy quart de lieuë les vnes des autres : & pour vne autre raison, les Sarrazins de ceste contree appellent de toute antiquité la fontaine de Phiala Medan, comme s'ils vouloient dire, ce sont icy les eaux de Dan, car Me en la langue Arabesque veut dire eau en la nostre, & neantmoins ce fleuue de Iordain tirant son origine de ces deux fontaines dont il porte le nom, lesquelles iointes ensemble passent deuant la Cité de Cesaree Philippe, où elles commencent à faire paroistre ce fleuue specialement en la Trachonitide : apres auoir fait çà & là à la maniere d'vn serpent parmy les fleurs vn grand nombre de Gyres & Meandres, il se vient reposer dans les eaux de Meron vn lac de trois lieuës de long & deux de large, ainsi fait & formé des mesmes eaux de ce fleuue, entre le mont Liban & la mer Tyberiade, & s'estant là reposé pour faire vn plus long cours, passant par pres Coroasin & Carphanaum, il vient faire sa seconde pause dans la mer Tyberiade qui tient son estre encor du fleuue de Iordain, ainsi que la douceur de ces eaux & autres apparences le font clairement iuger : mais ce fleuue victorieux de ces eaux dormantes, qui pour rien ne le peuuët arrester, apres leur auoir passé par dessus le ventre & s'estre promené par les plus beaux lieux de la Palestine il vient mourir en fin ainsi que i'ay desia dit en la page 391. dans ce lac Asphaltide autrement ceste mer Morte qui souille ses belles eaux & luy fait perdre le nom, apres auoir fait trente cinq ou quarante lieuës de chemin qu'on peut conter depuis sa source iusques à ce lac puant & corrompu. Continuans tousiours nostre chemin par la Trachonitide & Ituree pour arriuer à vn logement de Carauannes qui est à vne iournee & demie de Damas qu'on appelle Salsa, ie diray que ma mule vn peu trop fatiguee du chemin ne vouloit plus suyure les autres, qui me donna fort à penser, d'autant que i'auois desia en tel accident & occasion appris aux despens de quelques vns de mes compaignons à qui i'auois veu releuer de bonnes bastonna-

des

des par ce chemin faute de se tenir bien serrez auec les autres, qu'il ne falloit pas demeurer derriere: tant y a que pour cent tallonnades & autant de bastonnades de mon Mouchaire qui m'attaignoit plus souuent les jambes que les flancs de ma mule, ceste vieille beste n'alloit plus qu'à demy: dequoy non moins estonné qu'empesché, ne sçachant plus que faire, ie vins à m'aduiser d'vn poinçon que i'auois dans vn estuy, duquel luy donnant de la poincte iusqu'au sang, tantost deuant, tãtost derriere, sans toutefois que mõ Mouchaire s'apperceust de la cause d'vne si prõpte remise, elle reprit tout aussi tost ses erres dõt ie loüay Dieu de bon courage, arriuant des premiers à ce lieu de la Salse, duquel ie feray maintenãt la description. Ce lieu est edifié en forme d'vne belle forteresse diuisée en quatre quartiers qui se flanquent & deffendent les vns les autres, & neantmoins separez de deux longues murailles en forme de Croix qui font ceste diuision, & chacune de ces quatre places a pres de six vingts pas en quarré, toutes pauées & vnies de belles grandes pierres: au premier quartier plus fort que les trois autres, se retirent ceux qui ont la charge de la place, au second se tient le marché de toutes sortes de viures pour les passans, au troisiesme est vne Mosquée auec ses logemens pour les Santons & ministres Mahometans qui en ont la charge, le quatriesme est pour le logement de la Carauanne, le tout autrefois fait edifier de la sorte par vn Bascha de Damas: on trouue de semblables lieux pour le moins de iournée en iournée, les vns plus les autres moins commodes. Ie n'ay point faict icy mention des lieux qui sont sans nombre, où il faut payer tributs & caffares, d'autant que par nostre marché nous en estions exempts, qui est bien le meilleur, à fin que le Pelerin ne soit veu mettre si souuent la main à la bourse ce qui ne se peut faire sans danger & scandale, ainsi que i'ay dit en la page cent vingt neufiesme. De ce lieu de la Salse pour aller à Damas on passe encor deux põts, par dessous l'vn desquels passe vne petite riuiere assez viste & gaillarde, & à tous ces deux ponts on est forcé de payer la caffare. De là iusques à deux lieuës pres de Damas le chemin est fort rude, mais aux approches de ceste Cité on ne

GGg

pourroit assez loüer la douceur de son territoire auec la bonté & beauté de sa situatiō : car ceste region à cause de ses eaux singulieres & pleines de vertus pour la santé du corps humain, ces deux belles riuieres qui decorent & embellissent Damas sa Metropolitaine & chef de toute la Sorie, ses belles campaignes, vignes & toutes sortes de beaux iardinages remplis des meilleurs fruicts du monde, est tenuë comme vn autre Paradis terrestre. A vn quart de lieuë de ceste Cité, à deux ou trois cens pas du chemin sur la main droitte se void le lieu remarqué d'vne Eglise toute en ruine, où nostre Seigneur dit ces paroles, *Saule, Saule, quid me persequeris?* & de là suyuans nostre chemin vers la ville nous y arriuasmes incontinent. Damas Cité de la Sorie Mineure, Metropolitaine de la Phœnicie, fut edifiee au Septentrion, de la Terre de Promission, selon la plus commune opinion d'vn seruiteur d'Abraham, en lieu si à propos, & d'vn tel artifice qu'on la tient pour la plus belle de l'Orient, pour cause de sa grand' beauté & belle situation : elle a fort long temps seruy de siege aux Soldans, aux Califfes & aux grands Roys, & est encor auiourd'huy gouuernee par vn des principaux Baschas de la Porte du grãd Turc : elle est edifiee vn peu au delà du mont Liban en vne belle plaine de quatre lieuës de long & pres de deux de large, plantee de toutes sortes d'arbres verdissants en toutes saisons, & enuironnee de montaignes qui ne l'incommodent & ne la commandent aucunement, elle est arrousee de deux belles riuieres de quinze ou vingts pas de large & deux brassees de profondeur, Abna & Farfar, dõt les eaux sont fort singulieres, selon le tesmoignage de Naaman Syrien pour la santé de l'hõme, outre la proprieté qu'elles ont de faire par leur trêpe que le fer coupe le fer : elle est enuironnee de si grand nombre de beaux iardinages decorez de toutes sortes de beaux arbres, comme Cedres, Lauriers, Cypres, Citronniers, Orengers, & autres, qu'on la iugeroit bastie dans vne forest ; car outre les iardins qui sont hors son enclos, il y en a encor vn si grãd nombre au dedãs, que chaque maison d'apparence a son iardin particulier, & comme les Palais & autres lieux mieux releuez & plus remarquables sont faicts pour la pluspart à platte forme d'vne pierre fort blanche, ces plattes formes estans garnies de iardins portatifs & plaisans arbrisseaux, la contēplant de loin specialemēt du costé par où l'on viēt de Tripoly où elle est en plus belle perspectiue, cela cause vn plaisir incroyable voyant le vert & le blanc si bien meslez ensemble: ces iardinages sont pleins de toutes les sortes de fruicts & de fleurs qu'on sçauroit desirer, specialement de roses rouges & blanches beaucoup plus odoriferantes & grandes que les nostres. Helas ie n'ose dire la peine & le nombre d'ames Chrestiennes qui s'en allerent à la conqueste de ses iardins, specialement du costé de l'Occident & Septentrion vers le mois de May en l'an 1147. que les Princes Chrestiens & Catholiques assiegerent ceste ville occupee par les Turcs & Sarrazins: & pourtant la plus commune epithete qu'on donne à ceste Cité, c'est Damas la sanglante, à cause des grands strages & carnages, sacs, meurtres & boucheries, aduenuës aux prises & reprises d'icelle: autres disent à cause du meurtre que Cain en ces lieux fit de son frere Abel, duquel neantmoins ie pense auoir cy deuant dit la verité: quant à sa force & bonté elle est si bien munie & pourueuë au dedans que rien n'y manque, premierement elle est presque toute à fausses brayes, garnies de casemattes, où elles sont necessaires, fortifiees d'vn nōbre infini de tours de toutes sortes, & entre autres de quatre inexpugnables, trouuant ses murailles fort semblables à celles d'Alexandrie : pour le plus cōmun des logis de ceste Cité, ils ne sont pas de bien grād' parade au dehors mais fort cōmodes & bien disposez au dedans auec chacun sa fontaine: d'ailleurs elle est fort abondante en toutes sortes de marchandises, specialement de soyes de toutes couleurs qui s'y font & s'y trafiquent. Apres auoir mis pied à terre dés le faux-bourg pour aller dans la ville en vn lieu où nos Ianissaires nous laisserent nous autres Pelerins, accompagnez d'vn Truchement Grec pris sur les lieux, nous allasmes saluer le Consul des François suyuant la coustume, lequel nous fit parler à vn Religieux de Hierusalem qui se trouua là par vn bon heur, Espagnol de nation, quoy qu'il ne se dist pas tel en ces lieux-là, si qu'en vn mot ayant faict cognoissance auec luy, il nous assista auec le seruiteur du Consul, & le Truchement Grec, pour aller voir les lieux plus remarquables dehors & dans la Cité : commençans donc par vne ruë fort longue & droicte, nous allasmes sortir à la porte du Midy où tournans deux cens pas à main droitte nous vismes vne autre porte muree qu'on appelle encor auiourd'huy la porte de sainct Paul, auec le lieu bousché par où ce bon sainct fut descendu dans la corbeille : à deux cens pas de la ville vers le Midy se void vne grotte fort secrette où il s'alla cacher, & sur l'autel qu'on void au dedans les Chrestiens ont autrefois celebré la saincte Messe : de là retournans passer deuant la porte par où nous auions premierement sorti tirans vers l'Orient nous vismes hors la ville dans vn iardin libre d'entree, vne grand' pierre de marbre en forme d'autel, couuert d'vne petite fabrique de bois, sur laquelle sainct George monta à cheual pour aller à Baruth deux iournees de Damas, mettre à mort le Dragon : il y a d'ordinaire vne lampe ardante en ce lieu pour souuenance des miracles qui y ont esté faicts. Apres auoir veu ces choses nous rentrasmes dans la Cité par la mesme porte, & ayans cheminé deux cens pas, peu plus ou moins, nous vismes les ruines de la maison de Zacharie, & non loin de là celle d'Ananie : dans laquelle on descend par vingts petits degrez, on void en icelle le lieu où nostre Seigneur parla à luy, & ne peut-on entrer là dedans sans lumiere. Sortis que nous fusmes de ce lieu, apres auoir passé plusieurs ruës à gauche & à droit nous arriuasmes à la maison de sainct Iude Apostre, sur laquelle fut edifiée vne Eglise presque auiourd'huy toute sous terre, & de là nous fusmes à la fontaine ornee d'vn beau vaisseau de marbre où l'Apostre sainct Paul fut baptisé par Ananias. A la sortie de ce lieu nous fusmes voir vn Hospital ou Caucrasserrail, comme ils disent, fort superbe, fait edifier par ce grand Solyman, orné d'vn beau iardin comparty en quatre grands quartiers, decorez de toutes sortes d'arbres & fleurs faciles à arrouser, cōme l'on veut, des belles eaux qui sont au dedans. Ce iardin est tout entouré de portiques comme vn cloistre, sous lesquels sont de beaux logemēs, specialement du costé de Midy que toutes les chambres sont ornees d'autāt de petits Domes tous couuerts de plōb pour la commodité des Pelerins Mahometans qui passent par ce lieu pour aller en Hierusalem, Bethleem, Hebron, la Medine, la Mecque & autres lieux ; ioignant cest hospital est vne fort belle Mosquee couuerte de plomb, & bien entretenuë de lampes selon la coustume de ces Infidelles. De là nous allasmes vers le Chasteau au milieu de la ville, semblable en quelque chose à la Bastille de Paris, sauf que ces Tours sont presque toutes en poinctes de Diamants, entouré de bons fossez à fonds de cuue, mais au lieu d'eau ils sont pour la plus-part remplis de toutes sortes de fruicts & belles fleurs : De ce lieu nous prismes le chemin pour aller à la place des Orfeures, qui est couuerte & toute faicte en quarré. De là passans plus outre, nous arriuasmes au Temple magnifique de sainct Zacharie, que l'Empereur Heraclie fit edifier sept cents ans depuis la Natiuité de nostre Seigneur: toutes ses portes sont de bronze, & à mon iugement il a plus de cent cinquante pas de long, & septante-cinq de large, & haut à la proportion, il est sans croisee, & sa couppe extremement belle est à plusieurs estages ornee de fenestrages, & d'vn nombre infiny de petites colonnes de marbre. Ce Téple est ceint au dehors d'vne belle ceinture faite à la Damasquine, & semble estre plustost couuert d'estain que de plomb, à raison que sa couuerture paroist extremement blanche. Quant au dedans, les Infidelles l'ayans erigé en Mosquee l'entree nous en estoit deffenduë, mais regardans par certaines fentes qui sont à la grand' porte, nous le vismes blanchy de toutes parts, auec vn nombre infiny de lampes allumees, les autres non: il nous fut dit que le chef de sainct Zacharie estoit là dedans, mais qu'on ne le monstroit plus, à raison que tous les Infidelles qui le voyoiét mouroient incontinent, ou du moins perdoient la veuë. Ceste cité est pourueuë de bains de toutes grandeurs, & entre autres d'vn fort magnifique, appellé le grand bain par excellence, il est enrichy & decoré de toutes sortes de belles colonnes de marbre, & reuestu de tables du plus beau porphyre qui se peut voir, outre que son paué est faict de toutes sortes de pierres de marbre de plusieurs couleurs, où l'on se mire aisément : les portes de la ville sont ferrees à grandes lames de fer, & le plus grand commerce qui s'y face, c'est de toutes sortes d'ouurages de cotton & de soyes, marroquins de toutes couleurs, dont les boutiques sont pleines, & des plus beaux ferrements de toutes inuentions Damasquinez, & les mieux acheuez qu'on pourroit souhaitter, non qu'ils soient d'acier comme on presume, leur force & bonté ne venant que de la simple trempe: Bref ceste ville est vne demeure de perfection & beauté, & comme vn racourcy des merueilles de l'Eden, où rien ne manque que la conuersion & bonté des habitans qui sont Infidelles.

Continuation de nostre Voyage depuis Damas iusques à Tripoly, & des lieux qui se voyent par ce chemin.

CHAP. XXVII.

NOs Ianissaires qui nous auoient donné tout le reste du iour pour contenter nos curiositez, nous firét aduertir de nous tenir prests au plus matin le iour suiuất pour continuer nostre voyage; ce qu'ayans fait, nous deslogeasmes cóme on dit à la Diane, au mesme equipage & nombre de gens qu'au passé, si que prenans nostre chemin vers Tripoly, nous trauersasmes incōtinent à la sortie de la ville ceste belle vallee Royalle, ainsi dite à cause de sa grande bonté & beauté, & tost apres la riuiere d'Abna qui passe à Damas comme nous auons dit, & tirans pays fort prestement vers Tripoly, nous entrasmes dans vn bois fort ennuyeux, à la sortie duquel nous trouuasmes vne montaigne assez dure à passer, laquelle passee vne autre s'offre aussi tost, & me ressouuiens nonobstant ce que nous auons cydeuant dit, du lieu où Caïn tua son frere Abel en la page 380. Vn de nos guides nous monstra à main droite vne montagne, sur laquelle il disoit que ce meschất fratricide auoit esté fait, & que la place où ce mauuais acte auoit esté commis n'auoit iamais reuerdy depuis vn tel crime. Continuans nostre chemin nous passasmes au pied de l'Antiliban vn fort beau mont appellé de ce nom, à cause qu'il est opposite au Liban: le premier contenant dix, & l'autre du moins cinquante lieuës de long, & de là nous arriuasmes à vne fort belle vallee appellee

Maffia, qui diuife le Liban d'auec l'Antiliban: elle a plus de vingt lieuës de long, & du moins deux ou trois de large, s'eſtédant iuſqu'au pont de Iacob, duquel nous auons cy-deſſus parlé, & nous fut dit par les habitans des lieux, qu'en icelle il y auoit autant de villages que de iours en l'an: Ayans paſſé ceſte belle vallee par le bout qui eſt au Septentrion, nous trouuaſmes apres vn chemin fort diſſemblable, de montaignes & vallees ſi difficiles & pierreuſes, qu'à chaſque heure il falloit mettre pied à terre. C'eſt preciſément à la ſeparation de la Galilee ſuperieure & de la Phœnicie où eſt ſituee la Cité de Ceſaree Philippe, que nous laiſſaſmes à main gauche : & bien que la grande haſtiueté de nos Ianiſſaires nous priuaſt de la veuë de ceſte Cité, ie diray neantmoins ce que i'en appris en paſſant. Ceſaree de Philippe ſituee en la region *Decapolis* en la Phœnicie, autrefois en la Tribu de Neptalim, edifice tout au proche de l'Antiliban, eſt fort ſemblable en ſa ſituatiõ à la ville d'Antioche, ſelõ le dire de l'Archeueſque de Tyr: ceſte Cité eſtoit appellee au paſſé de tous ces noms, Lachis, Dioſpolis, Dan, Velenas, Panee, Leſſem, Neroniane; & puis Ceſaree, Philippe, de Philippe Tetrarque d'Ituree, & de la Trachonitide, fils de Herodes le grand qui luy donna ce nom, en faueur de Ceſar, auec ce cognon de Philippe, à la difference de Ceſaree de Cappadoce, & Ceſaree de la Paleſtine. Ceſte cité nous repreſente le cõmencemẽt de la Terre Sainĉte, d'où l'on remarque ſa longueur de cent lieuës du moins iuſqu'à la ville de Berſabé, en tirãt vers l'Egypte; elle fut erigee en Eueſché au temps de nos Roys de Hieruſalem, & d'icelle eſtoit ceſte femme que N. Seigneur guerit du flux de ſang, qui nous repreſente l'ame inueteree au peché pour la trop grande habitude & long amour des choſes terreſtres. Le lendemain nous paſſaſmes tout au proche de la cité de Baruth, qui eſt vn port de mer non trop ſeur neantmoins, tant pour cauſe des mauuais vents que des Corſaires & Pyrates. De Baruth nous priſmes noſtre chemin vers vne fort grand' Tour, que les habitans du lieu appellent la Tour de Mahomet; elle eſt edifiee ſur vne haute montaigne qui commande entierement au paſſage, à cauſe dequoy il fallut faire alte, & payer des Caffares.

Sortant de ce lieu on passe par vn large chemin paué de fort grãdes pierres, lequel nous porta à vn certain põt de plusieurs arches, sur lequel nous passasmes vn Torrent assez fort, qui se fait des eaux qui descendent du mont Liban : Continuans nos erres, à deux grandes lieuës de là nous passasmes à costé de la cité de Biblis, maintenant dite Gibleth, que nous laissasmes à main gauche, elle est en ruine comme les autres : ceste cité de la Phœnicie estoit autrefois fort florissante, comme il se lit aux sainctes Escritures, que ses habitans contribuerent de leurs biens & de leurs personnes aux bastiments du Temple de Salomon. Les Chrestiens en l'an vnze cents neuf deliurerent ceste cité de la main des Sarrasins, mais l'an vnze cents quatre-vingts sept, Saladin la reprint sur eux, auec beaucoup d'autres. A vne bonne lieuë de là nous passasmes vn autre pont d'vne seule arche, sous lequel passe vne riuiere fort rapide & profonde. A deux lieuës de ce pont pour si peu qu'il s'en reste, est situee la cité de Botris, que les habitans des lieux appellent auiourd'huy Petrone : ceste cité auec son Chasteau est presque toute en ruine comme les autres lieux de ce terroir, pour ceste raison que les habitans non seulement de ce quartier, mais de tous les autres lieux montaigneux & inaccessibles, faisans souuent refus de payer le tribut au grand Turc, il est forcé d'y enuoyer des armees toutes entieres pour les dompter, comme d'assez fraische memoire fit Amurath dernier, lequel y enuoya Abrahim Bascha son gendre, qui y fit de grands carnages : & neantmoins ceste race de gens du tout inexpugnables à cause de leurs retraittes aduantageuses, font tous les iours la guerre aux Turcs, voire iusques dans les portes de Hierusalem, & autres lieux de la Palestine. Les principaux autheurs de ces rebellions se disent encor auiourd'huy François, descendus de la race des Druides, restez là depuis la derniere perte de la Terre Saincte, & viuent tousjours en esperance de voir vn changement, & quelque Prince Chrestien qui entreprenne de nouueau la conqueste de ces terres. Pour reprendre nostre chemin continuans la route de Tripoly à deux lieuës de Petrone, nous arriuasmes à vn certain promontoire qui s'aduance en la mer, anciennement
appellé

appellé Euprofope, & auiourd'huy Capopofe, fur lequel eſtoit autrefois edifiee vne belle forterefſe que defmantella Pompee, en forte qu'il n'y eſt reſté que des ruines, vraye ſpelonque de volleurs, qui aſſaſſinent les paſſans à leur aduantage. Deſcendu qu'on eſt de ce promontoire, deformais le reſte du chemin eſt fort facile à Tripoly, où le riuage de la marine qui eſt aſſez plaiſant & droict, ſert de conduitte aux plus imbecilles : on paſſe par les ruines de Nephen, dite auiourd'huy Anephe, my-chemin de Capopofe & de Tripoly, qu'on peut dire d'vne lieuë & demie. En ce lieu eſtoit autrefois edifié vn fort beau Chaſteau, flanqué de trente Tours, où il n'eſt reſté rien d'entier, ſinon cinq ou ſix chetiues caſes, où certains pauures Peſcheurs du pays font leur retraitte, & l'Egliſe autrefois edifiee tout au proche de ce Chaſteau ſert auiourd'huy d'eſtable à ces miſerables : ceſte belle place dependoit autrefois de la cité d'Antioche. Nous arriuafmes donc à Tripoly ſains & ſaufs par la grace de Dieu, le dernier iour de Iuillet, & mettans pied à terre à la porte qui eſt au Midy, nous acheuaſmes de payer nos Ianiſſaires & Mouchaires qui nous conduifirent droit au Fontigue, où faict ſa demeure le Conſul des François ; & à raiſon qu'il eſtoit vn peu tard, chacun de nous ſe tint ferme & coy iuſques au lendemain, que la partie fut faicte d'aller premierement oüyr la Meſſe à vn petit Monaſtere de ſainct François aſſez proche du Fontigue, & de là aller faire nos prieres à noſtre Dame de Canobin ſur le mont Liban, où eſt la principale fondation des Religieux Maronites.

HHh

Description de la ville de Tripoly, auec le voyage du mont Liban, & des choses plus remarquables en iceluy, & le voyage d'Alep.

CHAP. XXVIII.

TRIPOLY cité de mediocre grādeur situee en vn des beaux climats de la Phœnicie en forme de peninsule, esloignee de trois lieuës du mont Liban, est ainsi appellee, à raison qu'autrefois il y a eu trois citez de ce mesme nom, edifices en trepied d'vne esgalle proportion & distance (comme on dit le semblable de Tripoly de Barbarie) desquelles celle-cy est seulement restee, cōme à la verité on void encor auiourd'huy les ruines des deux autres, specialement de la troisiesme qui estoit edifice au proche de la marine, où se void encor vn portail ruiné, & aupres d'iceluy vn bel hospital faict de nouueau d'assez belle structure par vn riche More, en faueur des Pelerins Mahometans. Ceste cité s'appelle encor

Tripoly, à raison qu'autrefois ces trois belles Colonies Arade, Tyr & Sidon, en leur force & plus belle splendeur releuoient d'elle. Pour son port fait en forme de peninsule, ie ne le pourrois mieux comparer qu'à celuy de Iaffa, tant pour raison du nombre infiny de petits escueils & rochers qui sont à l'entree de tous les deux, qu'en ceste consideration les grands vaisseaux sont forcez de prendre le large, & demeurer loin à la rade, & qu'aussi tous les deux estoient autrefois reuestus & murez de belles & grandes pierres de taille, mais maintenant tous deux comblez & degradez entierement. Ce qu'il y a de different, c'est que celuy de Tripoly est fortifié de sept bonnes Tours, garnies de canon, pour la seureté & deffence des vaisseaux, lors que les fustes & brigātins des Corsaires les viēnent attaquer. Et pour le port de Iaffa, il n'est defendu sinō de deux meschātes Tours fort mal gardees: vray est qu'auiourd'huy il n'y a pas grād trafic, n'y arriuās plus coustumierement que des barques chargees de sel, de ris, ou autre commune marchandise; mais à l'autre outre le grand commerce de soyes qui se leuent sur les lieux, l'Agaric qu'on y apporte de la Caramanie, toutes sortes d'espiceries & drogues aromatiques y abordent du Leuant, tant par mer que par terre, specialement auiourd'huy que c'est l'eschelle des lieux, où les marchandises arriuent de toutes parts : On y fait aussi grand traffic de cendres, dont se fait le sauon & cristal : la plus belle de ces sept Tours qui paroist sur ce port est appellee la Tour d'Amour, à cause d'vn Chrestien Georgien, lequel meritant le pal pour auoir eu la compagnie d'vne Dame Turque, se sauua de ce chastiment en faisant edifier ce beau vaisseau: ce qui rend ceste cité plus agreable & moins subjette aux incōmoditez de la marine souuēt importune & fascheuse selon les lieux, c'est qu'elle est esloignee de demie lieuë loin de son port, entre lequel & la cité est vne fort belle plaine, ronde, plaisante & aggreable, où les Turcs picquēt leurs cheuaux : & d'autant que d'vn costé elle est vn peu humide & aquatique, on y void grand nōbre de Tortuës beaucoup plus grosses que les nostres. Ceste cité n'a rien de fort, ses edifices & maisons luy seruent de muraille, ses ruës sont fort estroittes, & a cecy de semblable à la cité du

HHh ij

Caire que ſes ruës ferment à portes ſouuentefois par les deux bouts au lieu d'autres cloſtures, à la maniere de la ruë de Sorbonne à Paris comme nous auons dit cy-deuant en la page 193. n'ayant ny murs ny foſſez dequoy on doiue faire eſtat. Ses edifices & Palais ſont la plus-part en platte-forme à la Turqueſque, car le Turc a ceſte couſtume aux villes qu'il ſubiugue de faire deſmanteler les principaux edifices, & les reduire tous en platte-forme: leurs places de marché qu'ils appellent Bazars, ſont toutes couuertes en maniere de halles. Ceſte cité eſt fort peuplee de Turcs, Iuifs & Chreſtiens de toutes nations: le plus grand traffic qui ſe face dans le pays, c'eſt de camelots de toutes ſortes; elle eſt abōdante & riche en belles fontaines, & ce qui la decore plus ſe ſont les antiques Egliſes edifiees au paſſé par les Chreſtiens. Son Chaſteau qui eſt au Midy eſt aſſez fort, ſauf qu'il eſt commandé (nonobſtant ſa ſituation ſur vne montaigne) d'vne autre qui eſt encor plus haute: il a cent pas de long, & quarante de large; pour la cité elle a pres d'vn quart de lieuë de long, & demy de large, ie la comparerois volōtiers à la ville d'Aſſiſe en Italie, pour eſtre aſſiſe & edifiee au flanc & comme à la pente d'vne montaigne qui la fait paroiſtre dauantage: elle ſemble beaucoup plus belle de loin que de pres, à raiſon de ſa blācheur qui eſclate & reluit de loin à la ſplendeur du Soleil cōme ſi c'eſtoit argent. Ceſte cité auec tout ſon Comté a long temps eſté gouuernee par les ſucceſſeurs de Raymond Comte de Thoulouſe, qui mourut à la conqueſte de la Terre Sainēte. On void encor auiourd'huy à demie lieuë de Tripoly, les ruines d'vn fort Chaſteau que ce Raymond auoit fait edifier pour rendre tributaires, & forcer les habitans de ceſte cité à ſe rendre à luy, cōme ils furent contraints bien peu de temps apres. Ce Chaſteau fut appellé Chaſteau Pelerin, où il eut vn enfant de ſa femme Amphoſe qui luy ſucceda: on void auſſi en ces lieux les ruines de fort beaux bains qu'Herodes y auoit fait edifier. Pour ce qui eſt au dehors on void à vne petite lieuë de la cité vers le Midy l'Egliſe de S. Iacques auec ſon Monaſtere, ſeruy par des Caloyers & Religieux Grecs, & du meſme coſté à vn quart de lieuë de là, ſe void vne petite Grotte en forme d'Eglife feruie par ces mefmes religieux, où fainɑe Marine (dont le corps eſt à Venife) fiſt vne afpre & dure penitence, & à vne lieuë de ceſte grotte en retournant vers l'Orient fe void vne fort iolie Eglife ditte de noſtre Dame des Orenges, à raifon qu'elle eſt fituee au milieu d'vne fort gratieufe vallee plantee en orengers qui eſtoient à lors fi chargez de fruicts que tout y eſtoit doré: ceſte Eglife eſt encor officiee par les Grecs, mais ce qui rend ce lieu fi plaifant outre la doreure de fes beaux fruicts en fi grand' abondance, c'eſt vne belle & claire riuiere qui paſſe au pied de ce vallon. Là fe void auſſi non beaucoup loin de la Cité vn fort beau pont de cinq arches qu'on appelle le pont de Rodomont fait d'vn fort bel artifice long de deux cens cinquante pas, & large à l'aduenant foubs lequel paſſe la petite riuiere dont nous auons cy deſſus parlé & par deſſus court & roulle vn petit Torrent de belles eaux claires qui viennent des montaignes & vont dans la Cité arroufer les iardins & fe rendre aux Eſtuues & aux Cuifines de la plus part des lieux de ceſte ville: & neantmoins i'aduertiray le Pelerin en paſſant du peu de bonté de fes eaux, qui pour caufe qu'elles font mixtionnees de plufieurs fources & Torrents auec l'eau de neige qui defcend des montaignes elles engendrent fouuent des fiebures, efcrouelles & diſſenteries. Comme le Pelerin qui a fait heureufement le voyage de la terre fainɑe n'eſt pas moins defireux de reprendre fon chemin pour s'en retourner en fon pays, qu'il eſtoit ardent & affectionné à l'entreprife de ce beau voyage, picqué pour mon particulier d'vn tel foucy & defir tout femblable aſſiſté feulement de deux Pelerins des dix en la compagnie defquels i'eſtois venu de Hierufalem en Tripoly: à raifon que du nombre des huict autres les vns fe trouuoiét fatiguez outre mefure, les autres eſtoient en affaire par la ville, & les autres auoient defia fait le voyage de noſtre Dame de Canobin. Equippez donc chacun de fon bel afne, d'vn interprette & d'vn Mouchary feulement pour tous auquel appartenoient les beſtes, nous commençafmes à rentrer en nos premieres fatigues plus que deuant, en ce voyage du mont Liban chef de la Phœnicie, à raifon de la dureté & grande afpreté de ce chemin. Car ce n'est pas sans raison que ce mont est appellé le mont des monts surpassant en hauteur & grandeur non seulement tous les monts de ceste region mais tous ceux de la Iudee: qui voudra prendre la patience de lire le quatorziesme chapitre du liure des Propheties d'Osee, il verra les beaux attributs qu'il luy dõne, & semblablemẽt le liure des Cãtiques. Ce fut sur ce mont que Cain edifia Enoch vne des plus anciennes Citez du mõde, qui fut depuis habitee & appellee Cité des Geants qui dominoient tout en ces terres. Ce mont est vn iardin planté de toutes sortes de beaux simples herbes medicinales à qui les sçait cognoistre. C'est la source & l'origine de plusieurs fleuues & singulieres fontaines: car de luy procede le fleuue du Iordain comme nous auons cy dessus dit. Eleutherus, Leon, Liena, Chrisorrhoas, Adonis & ceste belle fontaine appellee *Fons Hortorum*, ces beaux vallons de toutes parts sont si abondans & fertiles en toutes sortes de fruicts, bleds, vins, oliuiers, figuiers, pasturages, que c'est chose incroyable. Ce beau mont au droit de Tripoly en engendre quatre autres, qui representẽt en vn iour les quatre saisons de l'annee, le Printemps auec ses belles fleurs, l'Esté auec ses chaleurs, l'Automne auec ses moittes humeurs, l'Hyuer auec ses grandes froidures les neiges y estans d'ordinaire. Continuans donc nos erres en regardans çà & là ce qu'il y auoit de plus remarquable, nous arriuasmes encor à bonne heure à l'Eglise & Monastere de nostre Dame de Canobin, où fait sa residence le Patriarche d'Antioche auec ses Euesques, & septante ou huictante Religieux Maronites bons Chrestiens & bien obeïssans à l'Eglise Romaine: vray est que depuis Tripoly nous mismes plusieurs fois pied à terre à cause des grands costaux & precipices où il falloit passer. Ce bon Patriarche auec tous ses Religieux nous fit mille caresses auec autãt de doux accueils à nostre arriuce, comme de faire sonner les cloches, estans seuls en ce lieu par toutes les terres du Turc qui ayent ce pouuoir & priuilege d'vser de cloches, de nous embrasser & donner sa benediction à chaque fois, auec toutes sortes de contentemens & tesmoignages d'amitié. Nous allasmes remercier Dieu à son Eglise & implorer le secours de nostre Dame pour l'entier accomplissemēt de nostre voyage: ceste Eglise situee entre deux collines en forme de nauire, est de vingt cinq ou trente pas de long & quinze de large, elle est toute faicte sans aucune muraille ny maçonnerie sinon du costé du Midy, où il y a deux fenestres & vne petite porte qui luy donnēt lumiere. Tous les autres murs, pignons & costieres sont taillees, cauees, & releuees dans le rocher qui rend à la verité le lieu aucunement sombre & obscur. On y void en plusieurs lieux les images de nostre Seigneur crucifié, de nostre Dame & plusieurs autres belles representations des saincts qui sont au Ciel : en la pluspart de leurs chambres entaillees dans le rocher, on void vn crucifix & l'image de nostre sainct Pere le Pape Gregoire treisiesme duquel ils cherissent fort la memoire pour beaucoup de bonnes & sainctes raisons. En l'vne de ces fenestres qui regarde au Midy sont trois cloches dont la plus grosse est du poids de cinq cens liures, les deux autres sont beaucoup moindres, & rendent ensemble vn son fort armonieux. Ces Religieux font le seruice en langue Chaldaïque, & au lieu de s'asseoir durāt le seruice, ils ont chacū vn gros baston à la main sur lequel ils s'appuyēt pour se delasser, ils ont vn petit Chanceau à la maniere des nostres fait à colonnes & charpente de Cedre, assez grossierement faict & mal acheué. En leur Chanceau sont trois autels, & dans iceluy est le Patriarche auec ses Euesques, & les Religieux sont dans la nef : il n'y entre point de femmes, aussi ne sçay-je d'où elles pourroient venir. Le Monastere est basty en forme de forteresse, pour la plufpart caué, comme i'ay dit, dans le rocher à la maniere de l'Eglise. Du costé de Midy on void à la sortie de ce lieu vne vallee fort profonde, tout au bas de laquelle passe ceste fontaine dicte en l'Escriture *Fons hortorum*, qui fait meudre deux moulins appartenans à ces Religieux. Ayans passé la nuict en ce lieu nous en deslogeasmes au plus matin pour aller voir les Cedres qui sont à cinq grands quarts de lieuë du Monastere, & apres auoir pris le rond à la sortie de ce lieu nous arriuasmes sur le mesme mont, qui sert de closture & gabion à tout le Monastere, & non loin de la cime de ce mont est vn autre Monastere & petite Eglise du nom de sainct Antoine, officiée en langue Chaldeenne par des Religieux gardans la reigle de sainct Basile : & de là nous allasmes au lieu tant desiré de ces beaux Cedres qui sont vingt & trois en nombre, non sur le plus haut du mont, ainsi que plusieurs estiment, mais à la pente d'iceluy, qui regarde vers l'Aquilon. Ces vingt & trois belles pieces restees de l'antiquité sont si bien disposees d'vne esgalle distance les vnes des autres, & d'vne pareille grosseur & hauteur, qu'on attribueroit plustost ceste merueille à l'art qu'à la nature. Et de moy pour en donner quelque cognoissance ie les accompareroi volontiers à ces belles colonnes qui sont à l'entree du Pantheon de Rome, qu'on appelle auiourd'huy nostre Dame de la Rotonde, dedié à la sacree Vierge, souuent accomparee aux Cedres du Liban. La cime & branchage de ces beaux arbres n'est pas moins haut que le gros du corps, & pour la racine sainct Hierosme autheur digne de foy, dit qu'il n'y en a pas moins en terre que sur terre ; & à la verité il est à croire que si ces arbres n'estoient bien attachez par le pied ils ne pourroient pas si long temps resister à l'impetuosité des vents & aux tourmens fort frequents en ces lieux : au milieu de ces arbres il y a vne petite Chappelle dediee à nostre Dame auec son autel, où se fait souuent le sainct Sacrifice de la Messe. A vn petit quart de lieuë de cest endroit on void les restes de Balbet, où Salomon tint ses nopces quand il espousa la fille de Pharaon, où l'on void encor plusieurs pilliers, colonnes & arcades entieres. Toutes ces choses veuës nous reprismes le chemin de Tripoly par la vallee où passe *Fons hortorum*, où nous passasmes son petit Torrent, duquel nous auons cy-dessus parlé, pardessus de belles grosses pierres de rocher qui le trauersent en forme de pont. Nous vismes semblablement en ce voyage le mont des Leopards à deux lieuës de Tripoly & vne du mont Liban, ce mont est tout Spherique & semblable à vn Globe, au bas duquel se trouue vne grotte fort longue dans laquelle se void vn monument de la longueur de vingt-cinq pieds, que les habitans estiment de Iosué : mais comme le tombeau de Iosué, selon qu'il se lit en son liure est en Thamatar sur les monts d'Ephraim, il est à croire, selon la plus

commune

commune opinion que ce long sepulchre est de quelqu'vn des enfans de Noé, comme de Chanaam fils de Cham, ou de quelque autre pour le grand temps qu'ils ont passé en ces lieux. Sortis de ces vallons & lieux pierreux nous reprismes le chemin de Tripoly, où nous arriuasmes à bonne heure, & retournants à nos premiers logements ie fus encor le mieux venu chez nostre Consul, & regardé d'vn meilleur œil que le iour de mon arriuee, car ayant gaigné sa bonne grace, pour luy auoir fait part de mon butin spirituel de la terre saincte qu'il prisoit fort, il s'efforça pour reuanche de me donner toutes sortes de satisfactions, s'employant pour moy à toutes occasions, me faisant conduire & m'accompaignant quelque fois luy-mesme aux lieux, & places les plus remarquables de Tripoly & des enuirons, à me faire recouurer vne bonne mule & à fort bon prix, pour faire le voyage d'Alep en sa compagnie, par le moyen d'vne petite Carauanne toute preste à desloger pour aller en ces lieux, que par semblable de me faire donner parole de passage à vn Raiz & Patron d'vn fort bon Caramoussal qui s'appareilloit pour faire le voyage de Constantinople. La Carauanne donc commençant à se mettre en ordre, & les conducteurs d'icelle ayans fait aduancer les bagages, les viures, & quelques marchandises, portees sur des Chameaux & autres animaux, le quatriesme d'Aoust sur les quatre heures apres midy, nous delogeasmes vne heure apres, le Consul de nostre nation & moy, & du moins quinze ou vingt marchands gallans hommes François, Italiens, Siciliens, Messinois & autres, & sans attendre la Carauanne, qui du moins fut huict ou neuf iours à faire ce voyage, nous l'accomplismes en cinq. Nous passasmes par vn pays fort aggreable & de bon rapport s'il estoit cultiué comme il appartient, mais il est pour la plus part en friche, & sans culture, à raison qu'il n'est auiourd'huy peuplé comme il estoit au passé : ce qui est facile à remarquer par les villes & bourgades de ces belles terres toutes inhabitees pour cause de leurs ruines. Celle qui se trouue la plus entiere en-

IIi

tre les autres par ce chemin c'est la ville d'Aman, encor est elle si mal entretenuë que rien plus, tant la negligence de ces infidelles est grande, d'où l'on ne peut sinon esperer bien en brief vne entiere ruine de ceste ville comme des autres. Continuans nos erres par ce beau pays de la Sorie, nous arriuasmes par la diuine grace sans disgrace, le neufiesme iour d'Aoust en la Cité d'Alep, de laquelle ie feray ceste legere description. Entre toutes les appellations d'Alep appellee par les anciens Epiphania, par Strabon Bambica, par les autres Alepum & Alapia, par les François Halappe, & par les Turcs Aldephe, il semble que ceste plus commune appellation d'Alep luy reuienne mieux à propos, car comme Aleph est la premiere lettre de l'Alphabet des Hebrieux, aussi Alep est la premiere ville de la Sorie. Ceste Cité en sa situation est aucunement semblable à la ville d'Orleans, pour estre en beau pays plat, saluee par vn des bras de l'Euphrate à la diligence d'vn Soldan d'Egypte, comme Damiette par vn des bras du Nil, & Orleans par la riuiere de Loire; mais d'autant qu'Alep est de plus grande estenduë qu'Orleans, elle merite mieux d'estre comparee auec la ville de Lyon. Ce Soldan la releua des grandes ruines & rauages des Tartares, & la remit en l'estat qu'elle paroist auiourd'huy: vray est que Selim Empereur des Turcs, la leua des mains à Campson Gaure dernier Soldan d'Egypte en l'annee 1517. auquel temps il le deffit en bataille à trois lieuës d'Alep mesme, & poursuyuant sa victoire se rendit maistre de Hierusalem, d'Egypte & de toute la Sorie. Alep Cité Metropolitaine de la Sorie, est fort plaisante & aggreable à cause des beaux iardinages & fontaines qui la decorent de toutes parts. Elle est close de belles & fortes murailles qui la rendent plus prisable & inaccessible de toutes parts sinon par le moyen du Canon, ioint qu'elle a son chasteau presque au milieu de son corps, releué sur vne montaigne, pour raison de quoy il commande à la plufpart de la Cité : vray est qu'on tient que ceste montaigne est artificielle & rapportee en ce lieu à dessein comme celles desquelles i'ay parlé en la cent septante septiesme page. Elle est gouuernee par vn Bascha: Tous ses bastimens son faicts en platte forme, où les habitans iouent dessus à toutes sortes de ieux comme dans des cours : ses ruës sont estroittes & couuertes pour la pluspart en forme de voûtes, percees fort à propos pour leur donner lumiere. C'est bien la ville où i'aye veu que les Chrestiens viuent en plus de liberté, à cause de son grand commerce & traffic de toutes sortes de marchandises, qui rendent ses habitans plus traittables & moins reuesches que ceux des villes moins frequentees. On luy donne cinq ou six cens Mosquees ; & pour les sepultures des habitans, elles sont disposees comme en Hierusalem & autres lieux du Leuant, hors la ville à l'entour des murailles, où les Turcs posent leurs deffunts en sentinelle pour la crainte qu'ils ont des Chrestiens. Il y a aussi en Alep vn petit Conuent de deux ou trois Religieux de sainct François entretenus par toutes sortes de Chrestiens. Pour son terroir, il est gras & fertile ce qui se peut, produisant bleds, vins, cottons & autres sortes de fruicts en abondance. Nostre Consul & la pluspart de ceux de son escorte, ayans faict leurs affaires dans deux iours où ils se diligenterent à cause qu'il y auoit de la contagion en Alep, mirent heure pour repartir l'vnsiesme d'Aoust, auquel iour la compagnie se trouua enflee d'huict ou dix Chrestiens Grecs, Latins, & autres, qui venus d'Alexandrette en Alep, où il y a trois iournees de chemin, firent auec nous le voyage de Tripoly. Aux approches de Tripoly i'estois fort en ceruelle de la nouuelle que i'y entendrois à mon arriuee du Carmoussal, qui parloit d'aller en Constantinople, à raison que le vent en estant ie redoutois tant & plus qu'il n'eust desia leué les voiles : mais de bon-heur il acheuoit de charger à nostre arriuee, & s'appareilloit à partir dans deux iours, pendant lesquels ie donnay ordre aux prouisions necessaires pour mon voyage, assisté de nostre Consul qui me fauorisa tousiours iusques à mon embarquement, où il print la peine de venir en personne me recommander pour la seconde fois au Rais & Patron du vaisseau, qui à sa faueur me fist assez bon traictement tout le long du voyage.

Fin du troisiesme Liure.

DE LA TERRE SAINCTE. 437

QVATRIESME LIVRE,
AVQVEL EST CONTENV LE VOYAGE de Constantinople, ov il est traitté d'infinis lieux remarquables par ce chemin, specialement des Isles de Cypre, Rhodes, & Cyclades de la mer Egee: de l'origine & mort du faux Prophete Mahomet; de la vie & mœurs des Turcs; de leur fin, & autres particularitez resultantes de ce subjet, auec le retour de l'Autheur en la Chrestienté.

AV LECTEVR.

MY Lecteur, bien que depuis ma resolution prinse d'escrire de mon Voyage de la Terre Saincte, ie n'eusse aucune intention de m'estendre plus loin, ny de parler de rien qui extrauaguast tant soit peu ou sortist hors les bornes des lieux saincts: Neantmoins comme ie me suis desia cy-deuant licentié à parler de mes passages depuis mon embarquement de Venise iusques au port de Iaffa; ayant faict mon retour par vn chemin fort extraordinaire & tout different du commun, en repassant par les plus belles terres & possessions du Turc, qui sont les beaux Tapis de Turquie, dont ce grand ennemy iuré du nom Chrestien faict plus d'estat, lesquels il a estendus au plus beau de l'Europe, l'Asie & l'Affrique, pour boire, manger & dormir dessus, minuter nostre ruine, & prendre ses menus plaisirs au preiudice de la Chrestienté qu'il en a despoüillee. Ie me suis iaminé que parlant des choses plus importantes & remarquables en cest Estat, tu ne laisserois d'y prendre goust, à fin de t'en seruir peut estre vn iour pour la gloire

IIi iii

de Dieu contre ce puissant aduersaire. Car s'il est vray qu'apres vne grande tranquillité, ordinairement il arriue du trouble & du desordre, comme apres le calme & la bonasse, l'orage & la tempeste: il est à esperer que l'Estat de ce grand ennemy si dissolu en toutes sortes de vices, callera & prendra fin, à l'exemple des autres Monarchies des Grecs, des Romains & des Perses, en leur temps beaucoup plus florissantes, neantmoins qui ont donné du nez en terre. Et d'ailleurs comme ce grand impie & scelerat porte vn Croissant ou vne demie Lune en ses armes, coustumierement pleine de vents, sterile, muable, feminine, obscure, & toute pleine d'ombrages; de là ie me persuade que les Chrestiens le feront loger enfin à l'enseigne de la Lune, en le deslogeant de son Estat, & forçant de coucher dehors. Comme la Lune eclipsante par son opacité empesche le Soleil de nous communiquer la splendeur de sa belle lumiere, ainsi la grande impieté de ce fol lunatique subiet à mutation comme la Lune, empesche ce beau Soleil de iustice nostre Seigneur, de communiquer & faire reluire la lumiere de la foy en ces belles terres qu'il a vsurpees: Mais quand il plaira à Dieu ces tenebres dureront aussi peu que les eclipses sont de peu de duree. Les sainctes Propheties nous donnent ceste esperance, & Dauid entre autres quand il parle du leuant de ce beau Soleil, disant: La Iustice florira de son regne, & y aura abondance de Paix, iusqu'à ce que la Lune soit ostee: & cela arriuant en bref, moyennant la grace de Dieu, durant le regne de nostre Roy tres-Chrestien Louys XIII. l'Empereur des Infidelles le Turc sera frustré de son esperance & de l'effect de sa deuise, Donec totum impleat Orbem, en ce qu'il se promet que sa Lune fera son plein, & qu'il sera Seigneur de toute la terre. Vne autre raison pourquoy ces Infidelles cherissent & prisent tant la Lune, vient de cecy, que leur lunatique Mahomet nasquit & fut conceu au poinct de la Lune, pour raison dequoy le Turc volontiers faict toutes ses plus grandes entreprises à l'entree de la Lune; comme il se void du siege de Constantinople, Rhodes, Malte, & autres: Ie me deporteray d'en parler icy dauantage, remettant le reste à Constantinople, où ie m'efforceray d'en dire du plus necessaire. Or sus voila le vent tourné, les mariniers commencent à leuer les fers & les voiles. Adieu Lecteur, il est grand heure de s'embarquer pour entendre à ma retraitte, & commencer le voyage que ie viens de dire, ou sinon rester en terre parmy ces Infidelles, non sans peril & danger d'estre forcé à se Mahometiser.

439

De noſtre partement de Tripoly de Sorie pour faire le Voyage de Conſtantinople, & des villes que nous viſmes auant qu'arriuer en l'Iſle de Cypre.

CHAPITRE PREMIER.

NTRE' dans le Carmouſſal auec tout mon equipage, le dix-huictieſme iour d'Aouſt audit an noſtre Rays ſe deliberant ſuiure droit la route de l'Iſle de Cypre, voicy que trois heures apres noſtre embarquement le vent qui eſtoit Su-eſt propre à noſtre voyage, ſe changea en Tramontane, qui nous penſa obliger de retourner relaſcher à Tripoly, mais noſtre Rays & ceux de ſon conſeil viuans en eſperance d'vne briefue mutation, aymans mieux tenir la mer que de retourner donner fonds & moüiller l'anchre au lieu d'où nous venions de partir, cela fut cauſe que nous viſmes encor à l'aiſe & de fort pres vn bon nombre de villes de la Terre Saincte: car ce vent de Tramontane continuant nous chaſſa deuers Iaffa, iuſqu'au pres de la cité de Ceſaree de la Paleſtine. Nous paſſaſmes donc premierement à la veuë de Baruth, par où nous auiōs paſſé par terre allans à Tripoly: ceſte ville eſtoit autrefois fort floriſſante pour l'eſtude des loix Romaines, auquel temps elle eſtoit appellee Iulie heureuſe, les Romains en ayās fait vne Colonie : elle fut auſſi autrefois appellee Geris du nō de Gerſe, le cinquieſme fils de Chanaan de la race de Noé: elle eſt ſituee en la Phœnicie à vne lieuë & demie de Sidon, qui la regarde du coſté de l'Aquilon: du coſté du Midy elle a le fleuue de Cane qui la va coſtoyant; de l'Occident la grand' mer, & du Leuant la belle terre ferme, abondante en toutes ſortes d'excellents fruicts pour la nourriture de l'homme. Non loin de ceſte ville eſt le lieu où ſainct George tua le Dragon qui vouloit deuorer la fille de ſon Roy, & void-on encor en ces lieux la cauerne à ſept bouches, où ſe retiroit cet effroyable monſtre. Ce bon ſainct nous figure la perſonne de noſtre Seigneur, qui tua auec la lance de ſa Croix le Dragon Lucifer, qui vouloit deuorer noſtre ame fille du Roy des Cieux: Et comme S. George eſtoit armé tout à cru premier

qu'entrer en ce duël, aussi faut-il que le gendarme spirituel soit tousiours armé des armes que dit S. Paul, de la bourguinotte de salut, du halcret de iustice, & du bouclier de la foy, pour repousser les dards enflâmez de nostre aduersaire le Diable, ce Dragon qui veut naurer nos ames. Ce fut aussi à Baruth que les perfides Iuifs persecuterent vn Crucifix de bois, duquel il sortit abondance de sang, cause de leur conuersion: nous vismes aussi l'antique & riche cité de Sidon, auiourd'huy appellee Seïde en la Tribu d'Azer, situee au proche de l'Antiliban, qui la fournit de toutes commoditez necessaires: ceste ville estoit riche autrefois en toutes sortes de braues artisans, specialement à manier le cristal & le verre, comme auiourd'huy les Venitiens de Muran, iusques à faire vne Gallere ou Nauire de verre, equipee de toutes ses pieces, comme la plus parfaite & accomplie qui se pourroit regarder. Ceste cité fut appellee Sidon, du nom de Sidon, fils aisné de Chanaan, qui l'edifia au lieu cy-deuant dit; sa situation est tresbelle ayant Baruth d'vn costé, Sarepte qui n'est qu'à deux lieuës de l'autre, de l'Occident elle a la grand mer, & du Leuant la terre ferme : ceste ville est si rauallee de son antique beauté, qu'on void en elle l'accomplissement des menaces de Dieu par la bouche de ses Prophetes; sur les fondements de l'antique Sidon fut edifice celle d'auiourd'huy beaucoup moindre que la premiere, fortifiee neantmoins de deux forts Chasteaux, l'vn du costé de Septentrion basty par les Allemans, du temps que les Chrestiens estoient Seigneurs de la Terre Saincte; l'autre estoit au Midy non moins fort que le precedent : deuant l'ancienne porte de Sidon qui est au Leuant, sur le chemin de Cesaree de Philippe se voyent les ruines d'vne Chappelle edifiee au mesme lieu que la Chananee obtint de nostre Seigneur la guerison de sa fille : ceste sage mere nous represente nos ames, lesquelles sorties des limites & occasions de leurs pechez par vne bonne & saincte inspiration reuestuës de belles vertus, qui furent communes à ceste femme, la foy, l'esperance & la charité, obtiennent de Dieu leur salut & guerison. Allons donc en ces belles parties de Tyr & Sidon chercher la santé de nos consciences, & nous y

trouuerons

trouuerons noſtre Seigneur qui guerira en moins d'vn rien ces pauures filles Chananeannes, ſi elles ont tant ſoit peu de foy, d'eſperance & charité. En deuallant vers la cité de Tyr vn peu plus auant en terre ferme, ſe voyent les ruines de la cité de Sarepte, autrefois appellee Sarfat, fort celebre dans la ſaincte Eſcriture, pour les allees & venuës du Prophete Helie, qui y reſſuſcita l'enfant de la veufue, que certains Rabins Iuifs ont voulu dire que ç'auoit eſté le Prophete Ionas: les habitans de ces terres môſtrent encor auiourd'huy aux Pelerins le lieu où ſe retiroit ce ſainct Prophete paſſant par ceſte ville, où il fit auſſi multiplier l'huile & la farine pour la nourriture de la pauure veufue, ce qui nous doit porter à prier le vray Helie de multiplier ſa grace & ſa miſericorde pour le ſalut de nos ames, veufues le plus ſouuët de tout bien & merite. Apres vient la cité de Tyr en la Tribu d'Azer, maintenant appellee Sor, par ſes incoles: elle fut premieremēt edifiee par vn Tiras fils de Iaphet, & depuis amplifiee par Cadmus fils d'Agenor, apres elle vint en la poſſeſſiō d'Hiran qui y regna trēte-quatre ans: les Chreſtiens la poſſederent long tēps, & puis fut ruinee par les Sarraſins. Elle eſtoit autrefois edifiee ſur vn rocher en forme de peninſule par l'induſtrie d'Alexādre le Grand: elle eſt à vne demie lieuë de ce Puys des eaux viues & courantes, auquel eſt accomparee la Vierge, & à trois lieuës de la cité d'Azor, qui eſt plus auant en terre ferme. Ceſte ville eſtoit anciennement fort ſuperbe en riches baſtiments & braues habitans, des plus ingenieux & vaillans, tant par mer que par terre, qu'on euſt ſçeu deſirer: on leur attribuë non ſeulement l'inuention de l'art de nauiger, mais des premiers caracteres & lettres, par le moyen deſquelles l'abſent peut declarer ſa conception & volonté à l'autre abſent, auec l'induſtrie de teindre toutes ſortes de draps en couleur d'eſcarlatte: mais auiourd'huy elle eſt toute en ruine, ayant reſſenty l'effect des menaces de Dieu comme les autres. Didon qui fit baſtir Carthage, Agenor, Sicheus, & ce grand Iuriſconſulte Vlpian eſtoient de la cité de Tyr: elle auoit quatre principales portes, celle de Hieruſalem, de Gaza, de la mer, & de Iaffa. A deux traits d'arc hors la cité vers le coſté qui regarde

KKk

au Leuant, est remarqué le lieu de la Predication de nostre Seigneur, où ceste femme s'escria, disant: Bien-heureux est le ventre qui t'a porté, & les mammelles qui t'ont allaicté: & tout au proche est vne grande pierre sur laquelle nostre Seigneur preschoit & catechisoit le peuple allant & venant en ces lieux, & tout contre ceste mesme pierre est vne fort grosse colonne de marbre, derriere laquelle souuentefois les Sarrasins s'embuscadoient le temps passé, pour assassiner les paures Pelerins. Ie ne passeray pas sous silence qu'en la premiere Eglise de Tyr reposoient autrefois les corps d'vn nombre infiny de saincts Martyrs soubs l'Empereur Diocletian, auec le tombeau d'Origene tiré dans la paroy de ladite Eglise, dont le nom & l'epitaphe est graué à vne belle colonne, posée au proche de ce tombeau. Son premier destructeur fut Nabuchodonosor, Alexandre le Grand le secõd, & le Turc le troisiesme. Ce qui suit apres de plus remarquable, ce sont les ruines du Chasteau Scandalion, autrefois edifié, & puis ruiné par Alexandre le Grand assiegeant la ville de Tyr, & posterieurement reedifié par Baudoüin premier, Roy de Hierusalem, qui le bailla en garde à de ses plus fidelles. Comme le vent continuant tousiours à la Tramontane nous alloit chassans incessamment, & nous obligeoit à suiure ceste coste, nous descouurismes la cité de Ptolemaïde, appellee maintenant Achon, Acri, & par les Chrestiens sainct Iean d'Acre, pour raison d'vn fort beau Temple edifié en l'honneur de sainct Iean, autrefois d'vne fort grande estenduë, ainsi qu'il se remarque encor auiourd'huy par ses ruines: ceste cité est bastie en forme triangulaire & fortifiee de tours, outre la mer qui encerne la plus grand part, & vne petite riuiere qui la diuise au dedans, que Pline appelle Pagida, & Strabon la riuiere de Belus. Les Cheualiers de sainct Iean de Hierusalem ont long temps sejourné en ce lieu, pour l'importance & belle cõmodité de la place, mais auiourd'huy elle est fort en ruine, & s'en va en decadence de iour en autre, à raison que les Infidelles habitãs d'icelle de pere en fils ont de sermét de la laisser tomber entierement en ruine: le malheur en voulut tant à vn de nos Roys de Hierusalem nommé Fulcon, chassant vn lieure en la campaigne de sainct Iean d'Acre, que tombant de cheual, il mourut sur le champ. La cause de la perte de ceste ville qui fut leuee aux Chrestiens arriua en partie des Venitiens, car sur la contestation d'entre eux & les Geneuois pour les honneurs du Temple de sainct Sabba, venans aux mains ensemble, les ennemis de nostre foy faisans profit de leurs diuisions en chasserent les deux, & leur osterent la proye. Non loin de sainct Iean d'Acre sur le chemin de Gaza, est Tenna, où Samson deschira le Lion, dans la teste duquel estoit l'essain d'abeilles, & le miel tout formé: Vn bien peu au delà de sainct Iean d'Acre en allant du Leuant au Ponant, se void vn assez chetif port, appellé vulgairement Caïphas, & de son habitāt Caphace, du nom de ce cruel Pōtife Iuif, iustement situé au pied du mont Carmel, & proche du Torrent de Cizon. Ce port ne sert de guieres qu'à la necessité, soit que pour cause de la tourmente on fust forcé d'y relascher, ou que les Galleres ou vaisseaux Corsaires passans aupres, fussent forcez d'y faire l'aigade, ou chercher des rafraischissemés. A vne lieuë de ce port tirant vers le Chasteau des Pelerins demie lieuë en montant sur le mont de Carmel, est la Grotte où Helie se retiroit fuyant la face de Iezabel: il y a tout au proche vne belle fontaine, & en ce lieu habitoient anciennement les enfans des Prophetes, & depuis les Religieux de l'Ordre des Carmes en l'an mil deux cents, par le moyen de S. Albert Patriarche de Hierusalem. Sur la cime de ce mont se voyent encor les ruines du Chasteau Sicanio pour la conseruation & seureté des lieux: tout au proche de ce Chasteau sont les ruines d'vne belle Eglise, autrefois edifiee par saincte Heleine en l'honneur de nostre Dame. Ce fut en ce lieu que le bon Prophete Helie fit descendre la pluye du Ciel, n'ayant pleu de trois ans & demy: assez pres du pied de ce mont entre iceluy & l'Orient passe ce bras du Torrent de Cizon, où le Prophete Helie mit à mort tous les faux Prophetes de Baal, ainsi que nous auons desia dit. Tout au proche de ceste haute montaigne sont les ruines de la cité de Dor, que les habitans appelloient Nephath, c'est à dire maritime;

ceste cité estoit autrefois si forte & puissante que le Roy Antiochus du temps des Machabees, pour l'emporter fut contraint de l'assieger par mer & par terre, auec six vingts mille hommes de pied, & huict mille cheuaux. Non loin du mont Carmel se voyent les ruines d'vn fort Chasteau, autrefois edifié par le ieune Raymond fils du Comte de Thoulouse, en faueur des Pelerins qui faisoient le voyage de la Terre Saincte, cõme il a encor auiourd'huy retenu le nom de Pelerin: les Arabes l'appellent Tortore, & estoit autrefois regy & gouuerné par les Templiers. A trois lieuës de ce Chasteau sont les ruines de la grande cité de Cesaree de la Palestine, autrefois appellee Tour de Straton, du nom de ce Prince Roy d'Arade, qui fit bastir du tẽps d'Alexãdre le Grand vne forteresse en ce lieu, laquelle depuis ce temps tombant en ruine, le vieil Herodes Roy de la Iudee la fit bastir en la mesme place que paroissent ses ruines, la nommant Cesaree en faueur de Cesar Auguste. Vray est que l'Empereur Vespasian de son temps la fit appeller Flauie, mais aussi tost apres sa mort son nom de Cesaree luy fut rendu, qu'elle a tousiours retenu depuis ce temps iusques à maintenant. Ceste cité estoit Metropolitaine de sa Prouince, & d'elle releuoient vingt Eueschez, au temps que les Chrestiens estoient maistres de la Terre Saincte: apres la ruine de la saincte Cité de Hierusalem les Romains y residerent vn grand temps comme cité principale de la Iudee, où ils tenoient le siege, & rendoient la iustice. Elle est appellee Cesaree de Palestine, à la difference de Cesaree de Philippe en la Phœnicie, & Cesaree de Cappadoce: les Turcs furent ses derniers maistres, qui l'acheuerent de ruiner entierement en l'annee mil deux cents soixante & six: ceste ville estoit fort abondante en belles sources d'eaux douces. Elle estoit close du costé de l'Occident de la grand mer, de l'Orient, d'vn grãd lac d'eaux douces fort profond; pres lequel au passé il faisoit fort dangereux passer, à raison de l'abondance des crocodilles de ce lac qui deuoroiẽt souuent les passans: du Septẽtrion & Midy ceste cité estoit close de la terre ferme. S. Pierre prescha long tẽps en icelle, & baptisa le Cẽtenier Corneille, en la maison duquel saincte Heleine auoit fait edifier vne belle Eglise toute en ruine comme est la Cité. Le Prophete Agabus y prophetisa à sainct Paul sa prison en Hierusalem, ce fut en ceste mesme ville qu'il disputa contre l'Orateur Tertullian, & qu'il appella à Cesar du iugement des Iuifs donné contre luy : l'Apostre S. Philippe y fit long temps sa demeure, auec quatre siennes filles vierges qui eurent le don de Prophetie, ceste Cité auoit cecy de conforme & semblable à celle d'Alexandrie, qu'elle estoit presque toute concaue & soubs-terraine, pour arrester à la necessité les eaux douces & salees : de ce lieu les mariniers nous firent voir les ruines de l'ancienne Antipatride que Iosephe appelle Capharsalma, elle fut premierement appellee Apollonie, & par les autres Arsur d'vn fort chasteau de ce nom. Ayant fait ceste petite promenade, toutesfois contre nostre volonté à cause de ce vent de Nort qui nous auoit ainsi tirez de nostre route, voicy que par la grace de Dieu il se changea en Ponant, & nous chassa en moins d'vn rien dans l'Isle de Cypre, apres nous auoir faict vn peu reculer pour faire vn plus beau sault : ayant bien contemplé l'air & la grace de ceste belle coste ornee des villes & chasteaux que nous auons cy-dessus dict, ie ne la pourrois mieux accomparer qu'à celle qu'on va rangeant depuis Sauone iusques à Gennes en Italie. Ceste Isle de Cypre à dire verité n'estoit pas nostre plus droit chemin pour aller en Constantinople, mais comme dans nostre vaisseau il y auoit des marchands Cypriots auec leur marchandise qu'il falloit mettre à terre, & aussi que nostre Rays y auoit des affaires, cela nous obligea d'entrer dedans & prendre port à Limisso vne des principales villes d'icelle pour le commerce & traffic.

KKx iij

446 LE PELERIN VERITABLE

Description de l'Isle de Cypre auec ses principales villes.
CHAP. II.

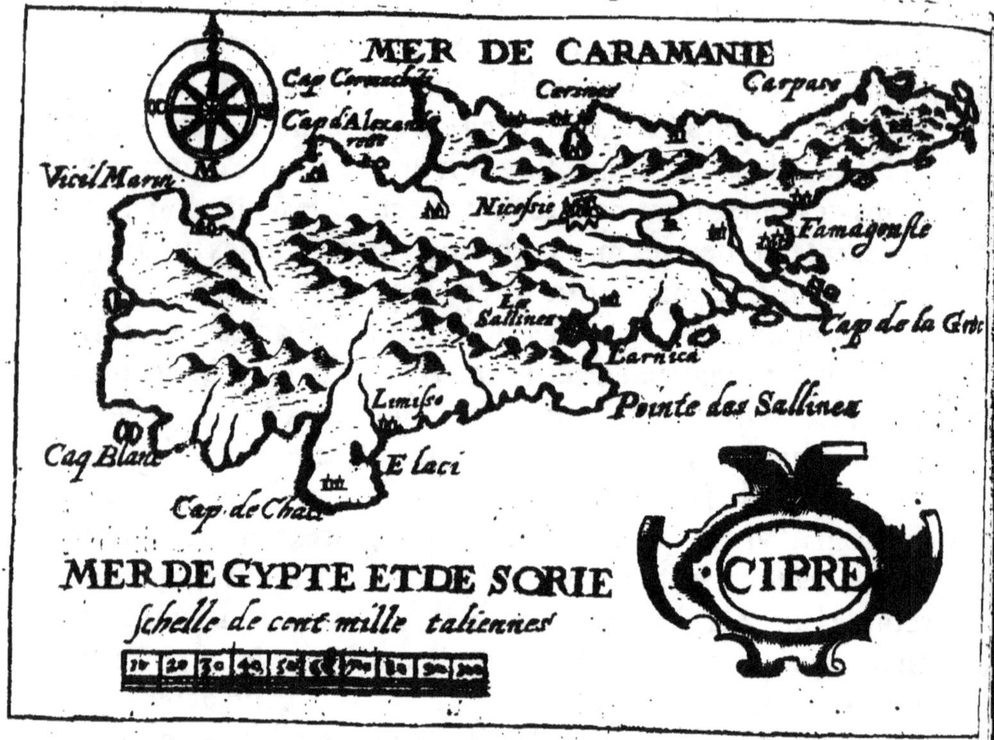

Evx qui ont consideré de plus pres l'Isle de Cypre, & qui ont mieux representé son portraict, luy donnent la forme & nous la peignent à la maniere d'vne tortuë; Paphia maintenant appellee des vns Papho, & des autres Baffo, auec Trapan & cap Olano qui sont à l'Occident, en font la teste : les villes de Limisso & Larnica du costé de Midy, Pendaic & Cerinnes du costé de Septentrion auec celles qui sont au cœur de l'Isle, Caldorie, Potanie, Calcopetre, Palacrito, Nicosie en font le corps: Cap delle Gatte, & Cap d'Alexandrette font les deux iambes de deuant: Cap Comachiti & Cap de la Grec, autrement dict la pointe des Salines, celles de derriere: & Famagoste, Carpasso & autres qui sont à l'Orient, font la queuë de cest animal: comme il demeure pour constant par ceste description que l'Isle de Cypre a la forme d'vne Tortuë, ie croy que cela a occasionné les anciens Poëtes, Peintres & Orateurs en leurs Poësies muettes, & peintures parlantes, non seulemēt d'appeller Venus Paphienne & Cyprienne du nom de ceste Isle de Cypre, où ils feignent qu'elle fut doucement portee par vn doux vent de Zephyre, les vns disent en vne coquille de poisson où s'engendrēt les perles, les autres en forme d'escume de la mer; mais encor en sa deuise & aux plus communes representations qu'ils en font, de la peindre toute nuë les pieds sur vne tortuë, tantost tiree en son char par des colombes, & tantost pas des passereaux. Pour la tortuë qui n'a point de cœur & qui de son naturel est léte & paresseuse, portāt ceste Deesse nuë, molle & delicatte iusqu'à tout, elle nous represente les habitans de ceste Isle nuds & steriles de toutes sortes de vertus, & qui n'ayans point de cœur pour resister au peché se laissent emporter & porter par la paresse mere de tous maux à toutes sortes de vices, specialement à la paillardise, laquelle nous est encor representee par ce lascif attirail, les pigeons & lascifs passereaux que ceste Isle nourrist en fort grand'abondance. Elle fut premierement appellee Cerastie selon Xenagoras au Traitté qu'il a faict des Isles, de ce nom Grec qui signifie cornuë, à raison, dit-il, de ses habitans qui paroissoient cornus, si ce n'est qu'elle fust ainsi appellee pour cause du grand nombre de ses montaignes qui la rendent cornuë & mal vnie: pour sa fertilité il n'y a point de doute qu'elle est autant fertile & copieuse en toutes sortes de fruicts necessaires pour la vie de l'homme, grains, vins, huiles, sucre, camelots de Turquie, grenades, citrons, orenges, carobes & du plus parfaict cotton qui se puisse voir: vray est que d'autant qu'elle est basse, elle n'est pas moins fertile en toutes sortes de maladies contagieuses & fieures pestilentielles qui sont là si frequétes que c'est le Cimetiere ordinaire des Chrestiens qui s'y arrestent. Et pour les mines d'or & d'argent que quelqu'vn de nos autheurs modernes dit y auoir veuës de son temps, pour moy ie diray que du mien elles estoient si auant en terre que ie ne les peu voir aucunement: vne de ses plus grandes richesses sont les salines de Larnica, qui valloient aux Venitiens durant qu'ils estoient seigneurs de ceste Isle trois cens mille Sechins de reuenu: sa grande richesse au têps de son Roy Ptolomee tenta & sollicita les Romains de la piller, & ce miserable Roy pour ne voir ceste perte par poison se priua de la vie. Les Venitiens l'ont possedee cent ans & plus par la succession de Catherine Cornare qui mourut sans enfans, & la perdirent du viuant de Selim en l'an 1571. vn peu deuant la bataille de Lepante, que les Chrestiens gagnerent contre le Turc, sous la conduitte de Dom Iean d'Austrie, lequel voulant suyure la victoire & donner iusques dans l'Isle de Cypre pour la reprendre, ce qui estoit facile, il en fut dissuadé par les Venitiens qui pleins en cela d'vne mauuaise ambition ne vouloient voir tomber en la possession d'autruy ce que si laschement ils auoient laissé perdre. Ie croy que Dieu permit qu'ils en furent chassez pour les belles Eglises qu'ils auoient fait abbatre en ces terres, pour les rendre plus fortes, disoient ils, specialement en Nicosie & Famagoste où ils en ruinerent iusques au nombre de quatre vingts. Ceste Isle est à 20. lieuës de terre ferme, & en peut auoir 150. de circuit, soixante de long & vingt de large: elle contenoit autrefois huict ou neuf cents villages sans vn nombre infiny de belles villes maintenant ruinees pour la pluspart depuis que ceste Isle est tombee en la possession des Turcs. Il y a plus de trois cens ans qu'elle fut forcee par Richard Roy d'Angleterre, les vns disent pour luy auoir refusé des rafraischissemês allant à la conqueste de la Terre saincte, les autres à raison qu'vne sienne sœur faisant ce sainct voyage y auoit receu du deplaisir: elle contenoit autrefois sept Euesches entre lesquels Nicosie estoit la Metropolitaine, de laquelle on tient que S. Lazare fut long temps Archeuesque. Ceste Cité estoit la principale retraicte de toute la noblesse du pays descenduë pour la pluspart des François, comme aussi le peuple de ceste place semble plus poly & mieux ciuilisé de toute l'Isle: mais les Turcs l'acheuerent de ruiner. Pour Papho qui est à l'Occident, tout y est pareillement en ruine, sainct Paul y fut fait prisonnier & là estoit vn fort beau Monastere de Cordeliers presque tout porté par terre, & tout au proche d'iceluy sont sept petites

chambrettes

chambrettes basses & obscures qu'on dit auoir esté le lieu des sept dormans. Pour Limisso aux siecles passez fort belle ville, auant qu'elle fust ruinee par vn Soldan d'Egypte, ce n'est auiourd'huy sinon vne bourgade ouuerte de toutes parts où il n'y a rien de fort sauf vn chetif chasteau tout au haut de la ville au costé du Ponant qui n'est doué ny flanqué en aucune maniere. Vn peu au dessus de ce chasteau est vne petite fontaine close de toutes parts où l'on descend par huict ou neuf degrez, & à l'entree d'icelle est vne petite Image de N. Dame où les Chrestiens & infidelles vont à troupes reclamer la Mere de Dieu, & boire de ceste eau pour estre gueris de ficures & autres maladies. Il y a deux petites Eglises à Limisso officiees par les Grecs, où les prestres Latins peuuent celebrer la saincte messe. Larnica autrement ville des Salines est encor de plus grand traffic que Limisso, dont elle est esloignee de dix sept lieuës par mer & d'vne iournee par terre: les Pelerins y sont plus commodement receus à raison d'vn fort ioly Monastere de sainct François, où il y a seulement deux ou trois Religieux de cest ordre, bien que leur Eglise soit fondee de nostre Dame qu'ils appellent de Larnica: elle est fort bien entretenuë de toutes sortes d'ornemens, lampes & luminaires, auec son petit iardin tout au proche fort ioliment dressé, & decoré de beaux palmiers & figuiers qui sont iusques dedans la court: ce qui rend ce lieu plus agreable & plus propre au seruice de Dieu c'est qu'il est assez solitaire de soy, & presque esloigné d'vn quart de lieuë du port: pour les viures plus communs de ce lieu, c'est le mouton gras à merueilles, puisque selon la verité la queuë de tel pese souuentefois plus de vingt liures: les Poulles, les Pigeons, les Perdrix & les Aigles y sont assez communes, auec certains petits oyseaux à peu pres de la grandeur destourneaux qu'on me dit n'auoir point dos en tout, qui vollent en ces terres en si grande abondance que le ciel en est tout noircy. Ceste grande quantité occasionne les habitans des lieux de les saller par singularité, & mettre en composte pour s'en seruir sur les lieux & sur les mers. Or iaçoit qu'en ceste Isle il y ait autrefois bien eu du vice & de la desbauche, ie diray neantmoins qu'il y a eu aussi de la saincteté & de la vertu pour auoir esté honoree premierement de la naissance & du martyre de l'Apostre sainct Barnabé, de Iason son compaignon, de sainct Marc vn des septante & deux disciples de nostre Seigneur, de la presence de sainct Paul, de saincte Catherine, de sainct Hilaire, de sainct Iean l'Aumosnier, de sainct Nicanor, de sainct Epiphane, saincte Constance, saincte Hyrenee, fille de sainct Spiridion & plusieurs autres saincts. Pour les grands personnages Ethniques natifs de ceste Isle, il y a le philosophe Solon vn des sept sages de Grece, Zenon ce grand Stoicque & philosophe, ensemble l'Historiographe, Asclepiade le medecin, Apollonius, Xenophon. Et quant à la grandeur & capacité de ceste Isle qui est en l'Europe, les plus excellés Historiographes luy ont de tout temps donné & attribué trois regions, neuf promontoires, & vingt & vne villes: ie ne pourrois iamais assez representer au naïf la grand misere des Grecs qui sont soubs l'Empire du Turc, specialement de ceux de ceste Isle, subiecte pour vn rien à toutes sortes d'opprobres, à voir emporter leurs biens sans oser mot dire, violer leurs filles & femmes en plein iour, brusler leurs maisons, la nuict leur coupper la gorge en leurs licts, & autres crimes & abominations fort communes: si que ie diray en passant ce qui se pratique en ceste Isle & ailleurs où les Turcs sont les maistres, c'est que comme les Chrestiens Grecs sont meslez çà & là parmy les circoncis & infidelles, si d'auanture il prenoit fantasie au Turc de faire coupper la gorge en vne nuict à tout ce qu'il y a de pauures Chrestiens, les infidelles tiennent d'ordinaire sur le lieu le plus eminent de leurs maisons, vne petite banniere blanche de la grandeur d'vn mouchoir au bout d'vn petit baston, pour donner aduis par tel signal que ceste maison est au diable, & partant que les couppe-gorges ayent à passer outre: à l'exemple de l'Ange exterminateur qui repandoit le sang des premiers nez de l'Egypte, dont les posteaux & le chappeau de la porte de leur maison n'estoient teints du sang de l'Aigneau. Quant à la ville de Famagoste, c'est auiourd'huy la capitale de l'Isle, pour cause de sa forteresse, & de son port fermant à bonnes chaisnes de fer; qui occasionne les Baschats & gouuerneurs de l'Isle de s'y retirer pour leur seureté, Ceste ville premierement appellee Arcinoé est situee de costé du Leuant au lieu où finist la queuë de la Tortuë, au proche de laquelle est vn petit reply qui sert de port aux barques & nauires, specialemēt aux galleres qui vont & viennent de Rhodes & Constantinople, à Famagoste. Ceste ville n'a que demie lieuë de circuit au plus: les historiens sont autrefois entrez en debat & contraste sur l'Ethimologie de son nom, les vns l'appellans Famagoste de la renommee de Cesar Auguste, les autres Famacoste, de Costus Roy de Salamine pere de saincte Catherine, comme à dire verité ceste Cité de Salamine s'appelle encor auiourd'huy l'antique Famagoste: elle a esté long temps en la possessiō des François Roys de Hierusalem comme toute l'Isle entierement, dont le souuenir aux habitans leur en fait tous le iours regretter la domination & l'absence: & pour marque tres autentique de ceste verité, c'est que par toute l'Isle specialement en Famagoste on void encor vn nombre infiny de grandes & larges pierres en forme de tombes grauees de diuers Epitaphes François pour l'ornement de leurs sepultures. Pour la force des murailles de ceste Cité selon la description des anciens, elles estoient autrefois de six pas de large tout à l'entour, & remparees de terre à la proportion, mais pour en sçauoir toutes les particularitez, il faut auoir recours à l'histoire de frere Estienne de Lusignan, qui n'y a rien obmis. Non loin du port est son chasteau d'vne force admirable, lequel neantmoins les pauures Chrestiens forçaires & autres penserent surprendre il n'y a pas quinze ans, pour raison dequoy ils ne permettent plus aux Chrestiens de dormir la nuict dans la place. On void encor auiourd'huy en ceste cité la chambre du glorieux sainct Hilaire plus semblable à vne grotte ou tombeau qu'à vne habitation d'homme viuant, tant elle est anguste & obscure: les principales Eglises de la cité estoient sainct Pierre, sainct Paul, sainct George, & sainct Nicolas, que ces impies ont erigees en Mosquees, faisans en cela moins mal que les huguenots qui les abbattent: Il y auoit aussi nombre de Monasteres qui sont tous tombez en ruine, & entre autres vn Conuent de Cordeliers au cœur de la cité auec vne chappelle où saincte Catherine enseignoit les sept arts liberaux. Non beaucoup loin de là est la montaigne de saincte Croix sur laquelle autrefois estoit edifié vn téple à Iupiter: là se void encor auiourd'huy la Croix du bon Larron, en vn petit Monastere edifié par saincte Heleine & maintenant en la charge de Caloyers & Religieux Grecs de l'ordre sainct Basile. Ceste miserable cité & toute l'Isle entierement fut leuee pour la derniere fois & arrachee des mains des Chrestiens par les infidelles vers le mois d'Aoust en l'annee mil cinq cés septante & vn: elle estoit comme i'ay cy deuant dit en la main des Veniciens, qui la rendirent bien legerement à Mustapha Bascha, lequel pour recompense leur fist trancher la teste, & escorcher tout vif le gouuerneur Marc Antoine Bragadin, apres s'estre rendu pour auoir la vie sauue.

De nostre partement de Famagoste pour faire le voyage de Constantinople, & des choses remarquables qu'on void par ce chemin, les Isles de Scarpante, Rhodes & autres Isles & villes de l'Archipel.

Chap. III.

NOSTRE Rays apres auoir mis ses passagers à terre & faict ce qu'il auoit deuotion de faire à Limisso, les Salines & Famagoste, voyant le vent bon & le temps fort commode fist leuer les voiles & tirer trois canonnades à la partie pour dire adieu & continuer nostre voyage, si que doublans la queuë de ceste tortuë, nous passasmes à la veuë d'Alexandrette ville de la Caramanie terre d'infidelles, enclauee dans la Natolie, qui contient selon la description des anciens Geographes les Royaumes de Pont, la Bythinie, la Pamphilie, la Licaonie, la Phrygie, la Lybie, l'Ionie, la Lycie, la Carie, & autres en l'Asie Mineure, qui sont les beaux Tapis de Turquie de cest impie. Non loin d'Alexandrette est le fleuue de Pyrame l'amant de Tyſbé qui luy donna ce nom, & paſſant pres le mont de Taurus ſe va eſgayant par la Cilicie: vn peu au delà d'Alexandrette eſt la ville de la Yaſſe que les Chreſtiens l'an 1609. prindrent en plein iour le tambour battant, & l'enſeigne deſployee, ſous la conduitte du ſieur de Froiſſinet Cheuallier de Malte qui la pilla & enleua ce qu'il y auoit de meilleur & de plus beau, qu'il enuoya auec mille ou douze cés priſonniers à Malte ainſi que nous auons touché en la page 167. Nous deſcouuriſmes auſſi à la droitte derriere le canal de la riuiere de la Syrie Antiochienne, les citez de Seleuce & de Tharſe, & nous fut dit que la grãd'cité d'Antioche n'eſtoit pas beaucoup loin de ces lieux là. Continuans noſtre voyage & prenans l'eſſor' pour tirer droit à l'Occident, nous auions l'Iſle de Cypre à la main gauche & le pays de Caramanie à la droitte.

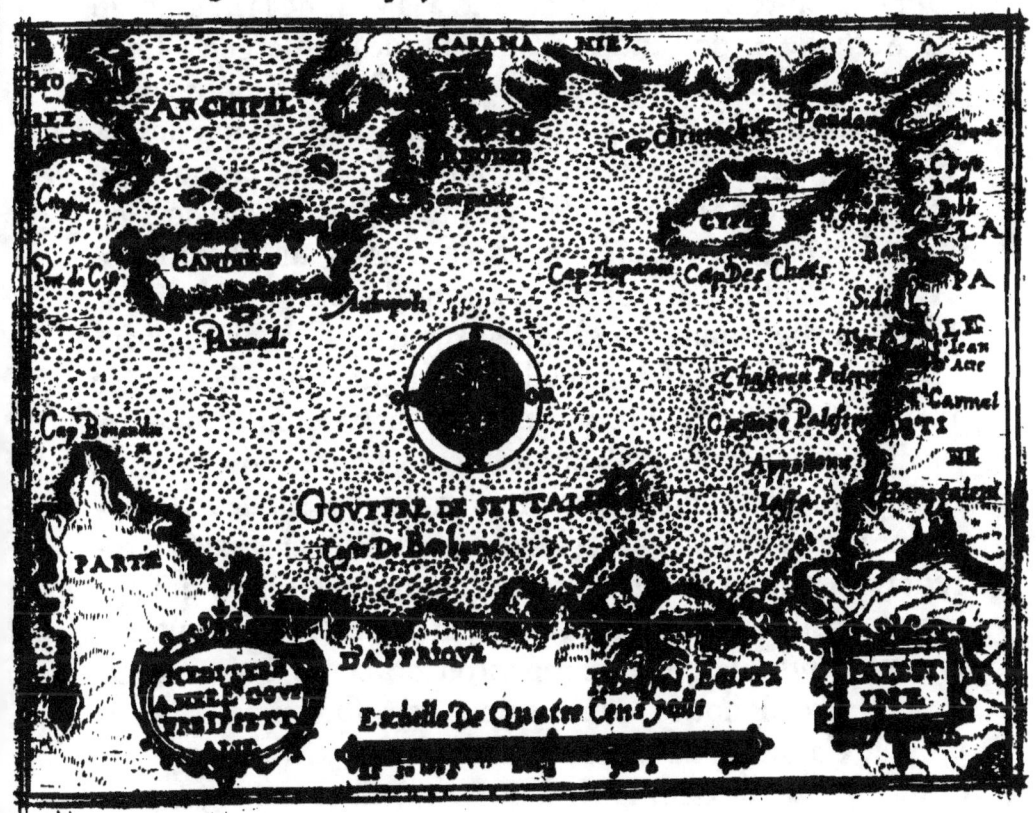

Entrans peu à peu dãs le Gouffre de Sethalie terrible à merueilles ſelon les ſaiſons, il nous rudengea outre meſure, neantmoins qu'il se ressente encor comme il se ressentira iusqu'à la fin du monde du doux remede que l'Imperatrice saincte Heleine y rapporta pour corriger, ou du moins addoucir de plus de moitié la fureur & la rage de ses eaux, quand elle y laissa tomber vn des precieux Cloux qui seruit à attacher nostre Seigneur à la Croix: ce Gouffre est tenu pour auoir cét lieuës de long. Ce pays de la Caramanie se diuise en la fructueuse & la deserte, gouuernee par vn Bascha ou Belerbe du grãd Turc. Ce nom luy est demeuré d'vn certain Turc appellé Caroman qui en chassa les Armeniens pour s'en impatronner. La Caramanie habitee a cinq regions, trois Promontoires, dix fleuues, trois montaignes, six peuples, & vingt cinq villes. La Caramanie fructueuse bien cultiuee produict grand nombre de bleds, & de cottons, la montaigneuse & deserte l'Agaric, le saffran & autres simples: On passe à la veuë de la neufue cité de Sethalie & de l'antique laquelle fut submergee. En ce quartier se font de fort beaux Tapis de Turquie: nous vismes aussi entrans dedans ce gouffre le mont Taurus, que les habitans appellent Cortestain, & comme il excede en grandeur tous les monts de l'Asie, aussi luy a l'on donné ce nom de Taurus qui excede & deuance en force tous les autres animaux. Ayans le vent fort à propos nous ne tardasmes guieres que de là nous ne descouurissions à la main gauche l'Isle de Scarpante, & à la droitte l'Isle & la ville de Rhodes tout à la fois. Ce fut en l'Isle de Scarpante que nasquit l'ingenieux Promethee, on dit qu'au premier il n'y auoit aucuns lieures en ceste Isle, mais y en apportant d'ailleurs, ils s'y multiplierent de telle sorte que ruinans les labeurs & les terres de l'Isle, les paysans furent forcez de les chasser, à cause dequoy les Grecs à qui appartient ceste Isle, en firent vn prouerbe qu'ils se disoient entr'eux quand quelqu'vn se repentoit de ce qu'il auoit faict. Pour l'Isle de Rhodes, comme nous en fusmes à deux lieuës pres, le Capitaine de nostre vaisseau fist mettre au vent tout ce qu'il y auoit de Croissans, Lunes & demies Lunes, & preparer son canon selon la coustume pour saluer la ville, ce que fait, voicy vne petite fuste à huict bancs seulement, portant vn Chaoux & deux Ianissaires pour venir au deuant de nous, à fin de sçauoir des nouuelles de la mer: Il nous ioignirent à l'inſtant, mais nous les contentaſmes en vn mot, leur diſans que nous n'auions rien veu ny entédu qui meritaſt. Ceſte Iſle a du coſté de Septentrion la Lycie, du Leuant l'Iſle de Cypre, du Couchant l'Iſle de Candie, & du Midy l'Egypte: elle peut auoir au plus quarante cinq lieuës de circuit & n'eſt qu'à cinq ou ſix lieuës de terre ferme le pays de Natolie. Elle eſt ſituee ſoubs vn ciel ſi temperé que ſelon le vulgaire il ne ſe paſſe vn ſeul iour que le Soleil ne la viſite, pour raiſon de quoy les anciens la dedierent au Soleil & firent mouller par Charoys ceſt excellent architecte Indien le grád Coloſſe du Soleil tenu pour vne des ſept merueilles du monde: il eſtoit tout de bronze de la hauteur de ſeptante couldees, & par entre ſes iambes les nauires paſſoiét tous appareillez pour entrer & ſortir hors le port de la cité, mais vn grand tremblement de terre ſuruenant en ces lieux le fiſt tóber & Mabia chef des Sarraſins ayant pris l'Iſle acheua de le mettre en piecesqu'il vendit à vn Iuif d'Alexandrie, en l'an ſix cens cinquante quatre, lequel en chargea neuf cens chameaux mille quatre cens ſoixante & vn an apres qu'il auoit eſté faict & moullé. Pour la ville elle eſt edifiee en forme ronde ceinte de bonnes & fortes murailles, plates formes, tours, boulleuers, eſperons, larges foſſez, & enrichie au dedans d'Egliſes, clochers & riches baſtimens. Ces infidelles rapportent vn grand ſoing & vigilance iour & nuict à la garde & cónſeruation de ceſte place, car au lieu qu'en Italie par tout le Royaume de Naples, la Poüille & la Sicile qu'ils vſent de clochettes par les ſentinelles & corps de gardes qu'ils ſonnent de demy en demy quart d'heure, ces infidelles ont des tambours qu'ils battent à toute heure ſe reſpondants les vns les autres, & ſ'il y a de la manque il y va de la vie: ſon port eſt preſque logé dans la ville fait auſſi en forme ronde, ſa bouche eſt à la Tramontane, couuerte de moulins à vent & regardee de la tour S. Nicolas forte ce qui ſe peut: nous viſmes en paſſant le lieu par où la battit & prit Solyman ſecond, en l'annee 1522. & tout au proche d'iceluy eſt la marque où fut executé le traiſtre qui vendit la place. Continuans noſtre chemin paſſans iuſtement entre les deux Iſles cy deſſus dittes Scarpante & Rhodes, nous laissasmes pour tirer au plus droict vers l'Archipel l'Isle de Candie à main gauche : passé que nous eusmes l'Isle de Rhodes nous entrasmes tout aussi tost en ceste grand' mer, toute remplie des Isles Sporades & Ciclades de toutes grandeurs, comme vn petit labyrinthe d'escueils & de rochers, ayans la Natolie à main droitte, la Moree & la Macedoine à main gauche, on trouue premierement à la rencontre l'Isle de Stampalie de soixante lieuës de rond, & Niphie, où l'on tient qu'il n'y a point de serpens non plus qu'à Malte. Là est aussi l'Isle de saincte Erinne fort abondante en miel, auec les Isles de Sicande, Nicande & Polimyr, fort fertiles en bleds, & où les femmes se seruent d'vne certaine craye pour blanchir le linge, qui a plus d'effect que le meilleur & plus parfait sauõ de nos terres. Là se void aussi l'Isle de Sipan où anciennemẽt s'adoroit le Dieu Pã, l'Isle de Seriphie où l'on tiẽt que les grenoüilles ne font point de bruit : celle de Zee dãs laquelle est vne fontaine qui enyure & rend fol celuy qui en boit trop. Là est aussi l'Isle d'Andro, où il y a vne fontaine qui a le goust de vin, & non beaucoup loin d'icelle, sont les Isles de Tinne & Micon, où l'on tiẽt que Hercules mist à mort les Geans. Nous vismes aussi Delos, où l'on dit qu'Apollon & Diane prindrẽt naissance de Latone : ceste Isle estoit fort estimee autrefois à cause du Temple de Phœbus. De là on passe à la veuë de l'Isle de Paris, au cœur de l'Archipel, où croist le safran en abondance, on y void encor les ruines du chasteau où Paris rauit la belle Heleine : ceste Isle estoit fort prisee des anciens pour le grand nombre de marbres qu'elle produisoit, & des modernes pour la grande temperie & riche influence de son ciel & climat, à cause que les femmes y engendrent (disent ils) iusqu'à l'aage de soixante ans, & aussi qu'il y a vne fontaine qui teint parfaictement toutes sortes de draps en noir. Nõ loin de ceste Isle est celle de Naxie, à quatre lieuës de l'Isle de Paris, où croist en quantité la Scamonee & où se voyent encor auiourd'huy les ruines du Temple de Bacchus auec la remarque de deux canaux l'vn d'eau l'autre de vin, qui couloient au passé par dans ce Temple, & en ceste Isle mesme l'ingrat Thesee laissa Ariadné fuiant de Crete, laquelle Bacchus

chus print pour femme : les habitans des lieux pour marque d'antiquité monstrent encor auiourd'huy de la monnoye de ce grand Prince des yurongnes : Là est aussi l'Isle de Coo pays de cet excellent medecin de nostre temps Hypocrate. Non loin de Coo est l'Isle de Rocchi, ou se retira Achilles en habit de femme, de peur d'aller à la guerre de Troye. Calamo & Lero suyuent apres, fort abondantes en bois d'Aloes : à main droitte se laisse l'Isle de Pathmos auiourd'huy appellee Pathina : où S. Iean relegué par l'Empereur Domitian composa l'Apocalypse, ce liure si releué qu'il contient plus de mysteres que de paroles. A ceste mesme main est l'Isle de Samos à quinze ou vingt lieuës de la precedente, où se font de parfaictement beaux vases de terre rougeastre, lesquels outre qu'ils sont plus beaux que l'or & l'argent, ont de grandes proprietez pour la santé de l'homme, ioint qu'en ceste mesme Isle, & autres circonuoisines, les perdrix y sont plus communes que les corneilles en nos terres. Là se voyent encor auiourd'huy les ruines du Palais de Xantus maistre d'Esope, & les vestiges de certaines escolles où l'on dit que Platon & autres Philosophes tenoient souuent leur Academie : Tout au proche de ce lieu est vne campagne où croissent les froments & reglisses en abondance. Il me fut dit que ceste Isle auoit esté cinq cens ans sans estre habitee, à cause du grand nombre des serpens qui sont encor auiourd'huy parmy toutes ces ruines, & entre autres des crocodilles terrestres de demie aulne de long, que l'on void ordinairement manger les fruicts dans les arbres. En ceste Isle demeura vne des Sibylles, & void on encor en icelle les ruines du Temple de Iunon : on descouure puis apres l'Isle de Scio appartenant autrefois aux Geneuois qui la tenoient en pur don de l'Empereur Andronic, mais Selim contre la foy iuree s'en empara à la persuasion de Piali Bascha, cõme il fist de Nissie & de Cypre : en ceste Isle croist le mastic en fort grand' abondance que ceux de l'Isle, specialement les Dames vont maschant à toute heure pour auoir l'haleine plus douce, & attirer les humeurs du cerueau : ce n'est autre chose que la gomme de l'arbre appellé l'entisque : de Scio on passe à la veuë de Mitelene fort recommandable pour la naissance & le sejour d'Altee, Sapho, Terpandre, Theophraste, Pittacus & autres, on void aussi dans ceste mer Egee la belle Isle de Lemnos où se préd auiourd'huy la terre sigillee singuliere contre le venin, le poison, & le flux de sang: on la leue aux mois de May & d'Aoust auec ceremonie, en la presence d'vn Chaoux, ou autre deputé qui la faict mettre à poinct pour en tenir compte. Nous laissasmes à main gauche la belle Isle de Negrepont anciennement dicte Euboea, fort fertile en bleds & autres fruicts : ceste Isle Metropolitaine & principale de tout l'Archipel, est si proche de terre ferme que on passe facilement de l'vn à l'autre par vn pont que fist faire Mahomet second. Outre toutes ces Isles que nous trouuions chaque fois à la rencontre, vn vieil marinier Grec de nostre nauc, fort pratic & ordinaire en ceste mer, nous fist voir à la main droitte dans la Natolie qui s'estend depuis l'entree de l'Archipel, iusques aux plus prochains bords de Constantinople, premierement la ville de Smyrne, encor auiourd'huy de grand traffic, & autrefois honoree de la presence de sainct Policarpe disciple de sainct Iean, & de sainct Nicolas qui en furent Euesques, & selon la creance des Grecs, du tombeau d'Homere : il nous fist voir aussi Philadelphe, les ruines de Troye la grande, & vn peu plus auant dans les terres les ruines d'Ephese où estoit ce tāt fameux & renommé Temple de Diane, il nous fist voir à la gauche au pays de la Moree & la Macedoine, la ville de Maluoisie, les ruines de la cité de Corynthe, autrefois clef de toute la Grece edifiee selon quelques autheurs par ce grand & signalé volleur Sisiphe, & où fut vn grand tēps ceste fameuse Courtisanne Lais, de laquelle cōme il n'y auoit que les grands qui en peussent approcher, à raison qu'on ne traictoit auec elle, sinon par le moyen de talents ou autres plus grandes sommes d'or, vint en prouerbe : Il n'est loisible à tous d'aller en Corynthe, & le dire de ce Philosophe; Ie n'acheteray si cher vn repentir. Non loin de là est Sparte en la Lacedemone, où ce grand Legislateur Licurgue fist de si belles loix, l'antique Epidaure où se voyent encor auiourd'huy les ruines du temple d'Esculape, les ruines de Thebes, l'origine de Hercules, Bacchus, Pindare, Epaminondas, Pelopides, & autres. Non loin de ceste ville en la Bœotie est le tant renommé port d'Aulide où toute l'armee des Grecs prist port allant au siege de Troye, soubs la conduite du Roy Agamemnon. On void aussi les ruines de la ville d'Athenes, que les gens du pays appellent Setina bien changee de sa pristine splendeur, & non loin de Setine se void le sacré mont de Parnasse. Continuans nostre chemin nous passasmes assez pres de l'Isle de Stalimene que nous laissasmes à main gauche, là se prend encor la terre sigillee en vn certain champ au mesme temps que nous auons cy dessus dit, & en la presence des deputez du grand Turc à cet effect, qui la portent en Constantinople pour y faire apposer le sceau, & payer les droicts qui en dependent. De là nous arriuasmes incontinent à la veuë des deux chasteaux appellez Dardanelli qui sont encor à plus de cinquante lieuës de Constantinople desquels nous auons parlé en la pag. 167. Le passage à trauers de ces deux chasteaux est sans difficulté à ceux qui vont en Constantinople, mais on n'y repasse iamais qu'on ne soit visité, à raison que c'est la clef de ceste grande cité & ville imperiale. En ce lieu estoient autrefois edifiees ces deux anciennes villes Seste & Abide, l'vne en Europe au Chersonese de Thrace, à sçauoir Seste où demeuroit Hero, l'autre en Asie à sçauoir Abide où habitoit Leandre, lequel s'exposant vne nuict pour aller voir sa maistresse à nage, le flambeau qui luy seruoit de signal & radresse s'esteignant par la force des vents, & partant resté sans aucune conduitte, se noya dans la mer, dõt Hero tant & plus desplaisante se precipita dans ceste mesme mer. Ayant passé au trauers de ces deux forts, entrez comme dans vn canal le vent se rafraischit de telle sorte que nous ne tardasmes gueres que nous ne descouurissions ceste tant fameuse & renommee cité de Constantinople, auec le fort chasteau de ses sept tours situé à vn des angles d'icelle qui regarde au Midy, & approchant de plus pres nous allasmes donner fond & prendre port à Pera le premier iour de Septembre : où apres auoir contenté le Patron du vaisseau suyuant l'accord fait auec luy dés Tripoly à trois Sechins pour mon naule & passage, faisant ma despense moy-mesme, ainsi qu'il estoit accordé, il me fist conduire chez vn Grec qui tenoit hoſtellerie où pour mon argent ie fus aſſez bien traitté, ioint que toute ma cōſolation & mon plus bel aduantage fut, que cet hoſte auoit vn nepueu Religieux, ou comme ils diſent Calloyer de l'ordre ſainct Baſile, qui m'aſſiſta touſiours & me fiſt voir beaucoup de lieux dans Pera & Conſtantinople, qu'il m'euſt eſté tres-difficile de voir ſans ce moyen.

Deſcription de l'antique Cité de Pera auec ſes appartenances, & de la grand' Cité de Conſtantinople.

Chap. IIII.

A Cité de Pera iointe à celles de Gallata & Caſſin Baſcha edifiees tout au droit de Conſtātinople de l'autre coſté du port ſont en forme de theatre à la pente d'vne montaigne qui les commande vn peu, cōme la cité de Tripoly ou cōme la ville d'Aſſiſe en Italie où les edifices & baſtimens ſont tous en pendant ainſi que nous auōs cy deuāt dit en la page 428. au bas de ces baſtimēs il reſte vne belle & ſpatieuſe place qui decore fort tout le port. Et biē que ces trois villes ſoiēt diſtinctes & ſeparees les vnes des autres par des ruës & murailles qui ſōt au dedās & qu'elles ſemblent differer d'habitās, les vns Turcs les autres Grecs, les autres Iuifs, & d'autres nations, ſi eſt-ce qu'elles ſont toutes trois ceintes d'vne meſme muraille: ce qui me fit reſſouuenir les voyāt de l'antique cité de Hieruſalem, vray eſt que ces trois villes & leur cloſture ſont en forme quarree contenant vn bon quart de lieuë d'vne muraille à l'autre: les plus beaux baſtimens de ces trois villes ont autrefois eſté edifiez par les Chreſtiēs lors qu'ils en eſtoiēt maiſtres, & entre autres les Egliſes de ſainct Pierre, S. François, ſainct Benoiſt, & ſaincte Anne, auſquelles il y a encor auiourd'huy des Religieux Cordeliers, & de l'ordre de ſainct Dominique. Et iaçoit qu'en ces lieux il arriuaſt biē du deſordre & de la ruine lors qu'en l'an 1453. Mahomet 2. emporta par force la cité de Constantinople & tout ce qui estoit aux enuirons, ces Eglises neantmoins sont encor auiourd'huy ornees de belles Images, richement faites à la Mosaïque: mais ce qui me sembla plus incommode en ces trois villes, ce furent les ruës fort estroittes mal pauees & vn peu sales, à cause des grandes boucheries qui s'y font, pour raison dequoy la contagion y est d'ordinaire. Tout aupres de Cassin Bascha est l'Arcenac des galleres, faict à grandes portiques & arcades comme celuy de Candie & autres edifiez par les Venitiens, soubs lesquels ie remarquay quarante ou cinquante vieilles galleres, & de l'autre part se voyent d'autres logemens & magasins fermans où estoiët les meilleures auec toutes autres sortes d'equippages de guerre. Quant au port de la grande cité & des trois susdittes qui est presque tout vn, il est en long fort estroit & si profond que toutes sortes de vaisseaux y peuuent facilement abborder: vray est qu'il est tout bigarré à cause de ces eaux de l'Archipel & de la mer noire qui se meslét ensemble. Ie diray donc que la cité de Pera n'est point si esloignee de Constantinople que d'vn beau temps on n'oye facillement les Santons, quand ils sont sur les tours de leurs Mosquees pour appeller le peuple à la priere. Quant à la cité de Constantinople premierement edifice par Pausanias Roy des Sparthes qui l'appella Ligos, & puis apres Bysance, elle fut quelque temps apres ruinee entierement par les Romains, & depuis tellement restauree par l'Empereur Constantin le grand, qui la perfectionna de tant d'ornemés, richesses & singularitez, que de son temps on la iugeoit plustost pour vn seiour & demeure des Dieux que des hommes: & à ceste occasion il luy donna le nom tantost de nouuelle Rome, tätost de la Reyne des citez, & en fin de Constantinople, laquelle apres auoir esté vn grand temps en la possession des Chrestiens, ce grand impie & scelerat Mahomet second, ennemy iuré de ce nom en cinquante quatre iours vers la fin du mois de May en l'annee 1453. qu'il l'auoit assiegee les en chassa pour y establir la loy du faux Prophete dont il portoit le nom. Les Turcs l'appellent Stambolo, qui veut dire cité grande, comme à la verité c'est vne des quatre en l'Europe que les Historiographes tiennent pour les plus belles & mieux peuplees, Paris, Lisbonne, Moscouie, & Constantinople. Ceste cité est situee dans la Thrace ditte maintenãt Romanie au plus bel air de son Climat entre deux mers, la mer noire & la mer Egee, qui luy viennent tous les iours rendre hômage par le flus & reflus de leurs eaux differentes: elle a comme i'estime plus de 24. portes en comprenant celles du port, qui me fist ressouuenir de celles du Cay de Roüen: pour sa forme & situation elle est triangulaire, & son habitant fait estat qu'il y a deux lieuës d'vn angle à l'autre qui seroient six lieuës de circuit, mais l'ayant toute tournoyee, ie diray qu'elle en a la moitié moins, & que c'est au plus si elle en a trois. Elle a cecy de conforme auec la ville de Rome qu'elle est edifiee sur sept montaignes, mais tant s'en faut qu'elle soit si biê percee, si spatieuse & claire, que ses ruës au contraire sont si estroittes, mal vnies, mal pauees & pendantes d'vn costé pour la pluspart, que cela luy oste & leue beaucoup de son lustre & de sa grace, eu esgard à sa grãdeur & capacité. Ce qui la fait mespriser dauantage pour vne cité imperiale, en comparaison de Rome & autres villes d'Italie où l'on void plus de marbre que d'autre chose, c'est que ses edifices sont mal proportionnez l'vn haut l'autre bas & qui plus est bigarrez, cestuy cy estant fait de bricque, cestuy-la de pierre cestuy-cy de terre cuitte au Soleil & cest autre de bois, & fort bas & racourcis au prix de ceux de la Chrestienté qui sont à trois & quatre estages: de maniere que les Palais & beaux bastimens y sont fort rares, & moins communs qu'aux villes d'Italie. Son port & son canal luy seruent de closture, sauf du costé de Midy par où elle fut emportee. Pour le Palais ou principal Serrail du grand Turc, il est basti sur la mõtaigne de S. Demetrie, peu s'en faut en forme triangulaire, presque entourré d'eau comme la ville, & tenant du moins demie lieuë de circuit pour raison du nombre de ses cours fort grandes & autres diuers logemens. Dessus ce Palais il y a deux fanaux de fin cristal tout au droit l'vn de l'autre enrichis d'or & d'argent, sur lesquels quand le Soleil vient à luire ils rendent vne splendeur & clairté inestimable: ce qui decore ceste cité plus que toute autre chose, c'est le nombre infiny de ses Mosquees, entre lesquelles il y en a quatre principalles qui surpassent les autres en richesse & beauté; celle de saincte Sophie plus proche du Palais du Turc, dont la principale porte toute dorée & enrichie de fueillages & beaux compartimens releuez auec le cizeau est iustement opposée au droit de ce Temple erigé en Mosquee. C'estoit vne fort belle Eglise autrefois edifiee par l'Empereur Iustinian, en l'honneur de la saincte & incomprehensible Sagesse de Dieu, seruie le temps passé par neuf cens Prestres, tous les iours occuppez à son Ministere. Ceste Eglise auec tous ses logemés & appartenances, auoit plus d'vn grand quart de lieuë de circuit : son fondateur l'auoit fondee trois cét mil ducats de reuenu. La principalle partie de ce bel edifice consiste en vne grande & admirable rotonde qui deuance beaucoup en toutes sortes celle du sainct Sepulchre cy deuant descrite, voire le Pantheon de Rome, car elle a plus de cent pas en diametre. Ce beau vaisseau est tout reuestu & fourré de tables de porphyre, serpentine, granatine, & de marbre de plusieurs couleurs : Elle est portee par deux rancs de belles & hautes colonnes de telle grosseur qu'à peiné deux hommes les pourroient embrasser, & d'abondant sur ces premieres s'en void vne seconde ordonnance au dessus vn peu moindres à la verité, qui portent ce grand cube ou ceste belle & admirable couppe si vous aimez mieux, toute couuerte de plomb & dont le ciel est enrichy de toutes sortes de belles figures Mosaïques comme son paué mesmes. Elle a de beaux couritoires en son circuit, comme celle du sainct Sepulchre d'où l'on entre en des chambres & diuers logemens où l'on se perdroit à chaque fois qui n'y aduertiroit de pres. On void encor au dedans pour marques de son ancien vsage, & faire croire que c'estoit autrefois la maison de Dieu, l'escalier par où l'on montoit au grand autel auec vn pulpitre à chaque costé où se chantoit anciennement l'Epistre & l'Euangile: les infidelles y ont fait rapporter vn autre moindre autel, fort bas & peu releué à proportion des nostres, sur lequel est estendu vn drap de velours vert historié des armes de Mahomet auec deux chandeliers d'argent, portans chacun vn cierge de cire iaune qu'on ne void iamais allumez. On tenoit qu'il y auoit autrefois cent portes pour entrer en ceste Eglise tant elle estoit bien percee de toutes parts, auiourd'huy reduites à douze ou quinze toutes de bronze. Et pour les autres portes auec les cloches de ce Temple qui estoient en grand nombre, les infidelles en ont faict faire du canon. Pour la structure de dehors elle est si belle que rien plus, faicte à beaux portiques supportez d'vn nombre infiny de colonnes de bronze, porphyre & serpentine : ces impies (comme i'ay dit) l'ont auiourd'huy erigée en Mosquee. La secõde apres saincte Sophie fut edifiee par Sultan Mahomet; la tierce par son fils Bajazet; la quatriesme par Soliman dernier, qui surpasse en richesse & beauté toutes les autres. Quant aux sepulchres & tombeaux de ces detestables à raison qu'ils sont presque semblables les vns les autres, ie diray seulement quelques particularitez de celuy de Soliman second, par lesquelles on verra ce qu'il faudra croire & tenir de tous les autres. Ce tombeau donc est en forme triangulaire posé sous vn petit Dome de marbre fin, neantmoins blanchy de chaux, de la hauteur de huict ou dix brasses, & la moitié moins en diametre à cause de sa rondeur. Pour le tombeau il est de la hauteur de l'homme, mais long & large deux fois autant, & est tout couuert d'vn grand drap de velours ras ou satin verd : Il y a douze ou quinze petits sieges de bois à l'entour en forme d'escabelles, où vont à certains iours s'asseoir les Santõs pour prier (mais en vain) pour ceste ame esgaree. Il y a dauantage aux deux bouts du tõbeau deux grands chandeliers d'argent doré, de trois ou quatre brasses de hauteur & gros à la proportion, sur lesquels sont deux fort beaux cierges entiers qu'on ne void iamais allumez: Outre ce nombre d'escabeaux on void aussi à l'entour de ce grand tombeau vn autre grand nombre de petits tombeaux de marbre blanc, seulement de la grandeur d'vn berceau pour ses enfans : & pour tout artifice ou graueure releuee, on ne void autre chose sur ce marbre, sinon des turbans de toutes grandeurs, selon l'aage des enfans du defunct, que l'aisné d'iceux apres la mort du pere selon la loy fondamétale de l'Empire, faict estrangler pour la conseruation de l'Estat, pour regner auec plus de seureté, à faute dequoy, il ne seroit pas receu ny couronné Empereur, que ceste tragedie n'ait esté entierement

tierement representee. Cela occasionna Mahomet troiziesme en l'an 1595. de faire estrangler dix & neuf de ses freres & noyer dix concubines de son pere. Entre autres belles places de la ville il y en a une assez bien aeree de trois cés pas de long & octante de large : une de la grandeur de la place Nauonne de Rome, que les Turcs appellent Athmaïdan, c'est à dire place aux cheuaux, l'ancien Hypodrome où se font les courses, ioustes & autres plaisanteries : dans ceste belle place il y a trois choses fort antiques & remarquables premierement un Obelisque ou aiguille de pierre tirant sur le roux toute semee de lettres Hieroglysiques de la grandeur de celle qui est à Rome à la porte de Populo, portee par 4. Geants de marbre fin fort bien taillez, sauf que ces Turcs & Barbares ont pris plaisir à leur rópre le nez & les oreilles. Au beau mitan de ceste mesme place est un grand arbre de bróze de la hauteur de dix ou douze brasses & gros à la proportion, sur lequel on void perchez dessus ses branches & sortir de ses rameaux diuerses sortes d'oyseaux & beaux animaux : au bout de ceste mesme place se void sur pied une longue tour massiue faite en quarré de grosses pierres de taille les unes sur les autres sans chaux ny aucun autre ligament, de la grosseur de cinq ou six brasses en son circuit, & de 50. de haut, c'est en ce mesme lieu que se font les feux de ioye de quelque victoire gaignee & qu'on faict toutes sortes d'allegresses & passe-téps specialement à la circoncision des enfans du grand Turc. Presque au mitan de la cité au droit du Palais où souloit loger l'Ambassadeur du Roy de Hongrie, se void une toute semblable colonne à celle de Pompee, dont nous auons cy deuant parlé en la page 178. sauf que celle cy est rompue en plusieurs endroits comme il se recognoist facilement aux anneaux & cercles de fer qui la tiennent ensemble. Tirant vers l'Occident de la ville à un grand demy quart de lieuë de ceste colône s'en void une autre toute semblable à celles qui sont à Rome, les colonnes de Trajan & d'Antonin diuersemét historiees, vray est que ceste cy est fort ruinee : & la raison qui m'en fut dicte vient de l'auarice de ces barbares qui à la prise de ceste ville, attacherent le feu à ceste belle antiquité pour faire fondre l'or & l'argent dont elle estoit enrichie : il s'en void encor vne presque semblable sur les bords de la mer noire qu'ils appellent colône de Pompee, mais non si belle & entiere que celle d'Alexandrie. On void aussi de fort antiques Aqueducs, semblables à ceux qui sont à Rome vers sainct Iean de Latran & autres lieux, qui rendent l'eau par la pluspart de leurs Mosquees & dans le Palais & iardins du grand Turc. On void encor les ruines de l'antique Palais de l'Empereur Constantin presque au milieu de la cité, tout au proche duquel estoit le superbe Temple de l'ancien Patriarche des Grecs, en la propre place & des materiaux duquel en partie le grand Turc d'auiourd'huy a fait finir vne superbe Mosquee que son pere auoit commencee. Quant aux marchandises plus communes que l'on void par les ruës de ceste cité, ie commenceray par les moindres, & diray qu'on ne se pourroit assez representer le plaisir qu'il y a de voir les boutiques des cordonniers, pour la beauté des marroquins de toutes sortes de couleurs, aussi proprement mis en œuure qu'on sçauroit desirer, car vous ne voyez sinon or & argent fort artificiellement rapporté sur toutes sortes de chiffres & fleurons dont les brodequins & patins des Seigneurs & des Dames sont tous couuerts & disposez en leur boutiques selon vne belle ordonnance. On void tout le semblable aux boutiques des marchands de soyes, où tout est en parade auec des bonnets faicts à la Turque, tous couuerts de pierreries : Il n'y a pas moins de contentement à voir les beaux vaisseaux de terre de diuerses couleurs esmaillez de toutes les façons, peints & chiffrez en mille manieres, si que la vaisselle d'or & d'argēt (laissant la valleur à part) n'approche en rien de la beauté de leurs porcelaines, & autres terres qui sont si bien mises en œuure. Pour les boutiques où se vendent les beaux tapis de Turquie, on y void tel tapis qui n'est que de simple laine ou cotton que les plus fins prendroient pour vraye soye, & diuersifiez en tant de couleurs si viues & si biē meslees, que c'est chose impossible à croire tant cela vous rauist & captiue les yeux. Il n'y a pas moins de contentement à qui se plaist aux armes, voyāt toutes sortes de beaux ferrements à la place de la Mosquee que fist faire Baiazet, car là se voyent des coutelas de Damas enrichis de pierreries d'vne valleur inestimable, cizeaux, poignarts, cousteaux damasquinez, & ouuragez en diuerses manieres. Au mesme lieu se voyẽt des tables couuertes de toutes sortes de pierres precieuses & ioyaux de grãd prix & valleur, comme diamants, perles, rubis, saffirs, turquoises, & autres d'vne extraordinaire grosseur: il y a des marchandises de mille autres sortes que ie passeray maintenant soubs silence pour estre assez communes en la Chrestienté.

Du Serrail des Dames, des Eunuques qui en ont la charge: Comme le grand Turc est habillé, des ioüeurs d'instrumens, & bastelleurs de Turquie & autres particularitez de Constantinople.

Chap. V.

PRESQVE au mitan de la Cité de Constantinople est vn autre fort grand Serrail du Turc, basty sans comparaison en forme d'vn Conuent de Religieuses, semblable à celuy des filles Repenties de Rome, pour estre tout quarré & clos de murailles sans aucunes fenestres, si qu'en tout son circuit de mille pas au moins on ne void rien qui donne lumiere là dedãs: on faisoit estat qu'il y auoit alors trois cens ieunes filles & femmes que le Turc faisoit nourrir pour son plaisir, par certains Eunuques tous rasés lesquels aduertis de la venuë de ce grand paillard & lubricque en ce lieu, ils les font mettre en ordre pour sortir dans vne belle place, à fin de les voir plus à son aise, & cela suffise à present puisque d'autres autheurs en assez bon nombre ont escrit le reste de ceste histoire: mais quant à la cause pourquoy les Eunuques & garde-couches qui en ont auiourd'huy la charge sont tous raz, elle vient de ce que Soliman voyant vn iour vn cheual Hongre s'efforcer de couurir vne caualle, il iugea que ses Eunuques en pourroient faire autant à ses concubines, qui l'occasionna & ses successeurs de les faire explaner & mettre tout à l'vny, dont ils sont neantmoins gueris en vn instant par la force & vertu des baulmes finguliers de ce pays là. Il y a vn autre Serrail dãs les fept tours la plus forte place de Conftantinople, cefte fortereffe eft edifiee en quarré auec fes fept tours quarrees chacune de cinquante pas de circuit, & de cinquante couldees de haut peu plus ou moins auec la couuerture de plomb : elles font difpofees d'vne telle maniere qu'elles rendent la fortereffe toute quarree qui regarde vers l'Occident & le Midy, auec doubles murailles en quarré qui entourent le tout. C'eft là dedans que le Turc fait conferuer fes threfors & les prifonniers de qualité, par quatre ou cinq cens Ianiffaires qui font là d'ordinaire & tous les iours en garde. Le dernier Serrail où il a des femmes eft au Palais où il fait fa demeure, & quand il veut trauerfer le Bofphore, fort bien reprefenté en Philoftrate, & aller à l'efbat foit en quelques iardinages vers Pera, à l'arfenac, ou autre part, ou fimplement faire la pourmenade fur l'eau en compagnie de femmes, il fort par vne petite porte de derriere fon Serrail qui regarde vers le port, où le Caich autrement la petite galliotte l'attend toute equippee. Ce petit vaiffeau eft prefque tout couuert de lames d'or & d'argent & enrichy de pierreries de toutes couleurs & valleurs, fi brillantes & efclattantes que rien plus, fpecialement quand le Soleil donne deffus comme il faifoit lors que nous le vifmes flotter fur l'eau : les pilottes & mariniers de ce vaiffeau font tous muets à fin qu'ils ne puiffent entendre ny raconter ce qui fe paffe là dedans, bien qu'ils facent leur manœuure à part & ne voyent pas ce qu'ils meinent : ce petit vaiffeau eft fuiuy d'vn autre où font fes gardes qui fuiuent de loin. On dit volontiers que le grand Turc, pour le moins les predeceffeurs de ceftuy cy n'auoient pas aggreable d'eftre regardez en face, mais foit que ceftuy-cy ait changé de naturel ou peut eftre à caufe qu'il eft affez bel homme en face maintenant de l'aage de vingt huict ans, on le peut regarder aux occafions comme on veut fans peril ny fcrupule, comme ie fis lors qu'il fortit par la porte que nous auons dit pour aller à l'efbat. Il eft d'vne fort belle taille, le vifage blanc & plein & la barbe caftaigne fi peu qu'il en paroift : Son habit eftoit de foye verte broché & tiffu de fin or, fa premiere fotanne luy venoit au genoüil, & la feconde qu'ils appellent Doliman tout à grosses boutonnieres ouuertes de fin or luy passoit le gras de la iambe: son habit estoit ceint d'vne ceinture de soye de plusieurs couleurs, entremeslee de tresse d'or, enrichie au reste de toutes sortes de pierres precieuses d'vne valleur inestimable. Son Turban plus blanc que la neige & plus rond qu'vne boulle, estoit de la grosseur du plus gros ballon qui se voye en Italie: sur le haut de son Turban paroissoit vne pointe seulement de demy pied côme la cime d'vn chappeau de velours cramoisi, tout couuert de perles fines & riches pierreries: ce Turban estoit en outre enrichy de trois pennaches de cignes entremeslez d'aigrettes, dont l'vn luy flottoit sur le front & les deux autres sur les deux oreilles, auec chacun sa rose de la grandeur de la main de toutes sortes de riches pierreries, pour marque & tesmoignage ainsi qui me fut dict, qu'il estoit Seigneur absolu de trois Empires, Constantinople, Trebisonde, & le Caire. Il auoit vn grand mouchoir long sur son col qui s'estendoit sur ses espaules en forme de collet de chemise enrichy de fines pierreries, outre l'ouurage d'or qui y estoit rapporté si bien diuersifié que rien plus, du prix de dix mille escus ainsi que chacun alloit estimant: ses brodequins ne sembloient pas moins riches, tous couuerts d'or & d'esmail & autres richesses de grād prix, mais tandis que ce ieune Seigneur alloit à l'esbat nous retournasmes sur nos pas pour aller voir le Besestā, à sçauoir vne place de mediocre grandeur où se vēdent de belles & rares marchandises de toutes sortes, & au proche d'icelle se vendent & reuendent les esclaues: Non loin du port se void aussi la grande Betola, sçauoir est vn grand cabaret où toutes sortes de gens, fidelles & infidelles, sont bien venus pour leur argent: Les Mophti, Cadileschiers & les Cadi principaux ministres de leur loy, ont fait tout ce qu'ils ont peu pour la faire abbattre, soubs pretexte que les Turcs mesmes contre l'ordonnance de leur Alcoran, y beuuoient du vin, & mangeoient de la chair de pourceau, mais le grand Turc n'y a iamais voulu entendre, qu'en luy payant par eux deux cens mille ducats par an que ceste grande Betola & autres de la ville luy rapportent annuellement. Les plus communs instruments de

Musique en ces lieux là sont de grands tambours sans corde, & de petits d'airain percez aux costez & entourez de sonnettes auec des hautbois qu'ils font resonner si haut qu'il faut auoir bonnes oreilles & meilleure teste encor pour supporter le grand bruit qui en sort : vray est qu'il y a des harpes pincees plus communement par de ieunes filles qu'on peut loüer à la iournee comme les violons de nostre France, elles sont ordinairement cinq ou six de compagnie pour recreer & donner du plaisir aux grands, l'vne ayant la harpe en main, l'autre vn petit tambour enfoncé d'vn bout seulement, & historié de la façon que nous auons dit, l'autre iouëra des ossellets en mariant la voix auec les instruments, & d'autres sans instruments feront mille petits tours de soupplesse, plaisants ce qui se peut pour resioüir la compagnie. Pour les bastelleurs & charlatans ils n'y manquent non plus qu'en Italie, mais le ieu en est tout differend, car comme la recreation que donnent ceux de la Chrestienté cõsiste aux tours de soupplesse & subtilité de mains, tout le passe-temps des autres sont mille traits d'vne force inestimable : Premierement il y a tel basteleur qui attachera vne corde à vne petite touffe de cheueux, que presque tous les Turcs en general laissent croistre sur le sommet de la teste tout le reste estant raz, à raison qu'ils tiennent que les cheueux ostent la force de l'homme, il enleuera telle fois de terre plus de cent cinquante liures pesant, vn autre rompra & separera à force de mains les maschoires de la teste d'vn veau fraischement tué, ou rompra vn gros os de bœuf frais entre ses mains, ou en frappant sur l'os de sa iambe : quelque autre leuera de terre auec vn petit baston de trois quartiers de long plus de cent cinquante liures pesant, qu'il portera tantost sur ses dents, tantost sur le front, & s'en escrimera comme d'vn petit mail : vn autre non moins doüé de force bandera vn arc de la grosseur du bras, & fera venir la corde de la grosseur du doigt, iusques à son oreille : vn autre auec vn arc commun, percera de sa fleche vne lame de cuiure espaisse d'vn grand poulce : vn autre fera vire-voulter à l'entour de luy, & passer d'vne espaule sur l'autre, vne demie antenne de fuste ou galliotte, auec telle dexterité que c'est chose non moins admirable à voir que d'entẽdre. Bien qu'en

DE LA TERRE SAINCTE.

cesse cité se face rencontre de gens parlants toutes sortes de langues, pour cause du grand nombre d'esclaues de toutes nations qui y sont traffiquez & vendus, neantmoins les deux langues plus communes & necessaires outre la Turquesque, à qui desireroit traicter plus commodement dans le pays, c'est la langue Esclauonne & le Grec vulgaire. En la place où se vendent les esclaues on les void rangez contre les parois, mais premier que les mener au marché masles & femelles, les maistres sont soigneux de les faire lauer, peigner & orner tant qu'ils peuuent pour les vendre dauantage, comme d'autre part ceux qui les acheptent les manient, les font courir, parler, chanter, leur regardent la dent, leur sentent l'haleine, & si c'est vne fille ils la font voir de plus pres à fin d'en bailler plus ou moins selon ce qu'ils en treuuent. Le passe-temps plus commun & ordinaire entre les Turcs c'est le ieu des tables & des eschecs ne sçachans l'vsage des cartes ny des dez, passants plustost le temps aux exercices de guerre, & manier les armes, comme à tirer de l'arc, ietter pierre, manier la picque, picquer les cheuaux, & infinis autres passe-temps pour se façonner & rendre plus adextres. Ils aimēt fort à nager dans les eaux, pour raison dequoy vous voyez en la saison leurs ports & riuieres pleines de toutes sortes de nageurs, iusqu'aux petits enfans de l'aage de 5. ans : ces gens là peu souuent tombent en dispute, & viennent encor plus rarement aux mains, specialemēt en duel; & s'il arriuoit que cestuy-cy de guet à pēt eust tué cestuy la, estāt pris il est mis entre les mains du plus proche parent de l'homicidé pour en prendre telle vengeance qu'il luy plaira. Si quelqu'vn met la main à l'espee pour en blecer vn autre & que cela arriue, il sera honteusement mené par toute la cité les mains liees, & puis cōduit au lieu où il a fait le coup, auquel on l'attache à vn posteau pour y rester vn certain tēps par forme d'amende honorable: cela fait que les plus grandes inimitiez d'entre eux se terminēt à beaux coups de poing posans les armes bas, qu'il faut reseruer (disent ils) contre les Chrestiens ennemis de leur loy. Pour les cartels de deffy, il n'y va que de la teste à qui en fait la premiere ouuerture. Ha que si on faisoit de mesme en nostre Frāce nos affaires iroient trop mieux & n'y verroit-on pas regner tant de malheurs. Quant à leurs plus communs viures, ils font premierement tuer & escorcher les bestes hors la cité, & ne permettent que les tanneries y ayent lieu aucunement, pour fuir aux pestes & contagions qui en arriuent: d'ailleurs les villages circonuoisins des grandes villes & citez comme de Constantinople & autres sont taxez chacun en son particulier & selõ sa grandeur, à fournir aux bouchers des villes, cestuy-cy vn tel nombre de bœufs, cestuy-là tant de moutons, cet autre tant d'aigneaux, & ainsi des autres, si que tuans toutes sortes de bestes hors les villes ils apportent les viandes toutes apprestees dans les boucheries qui sont en diuers lieux de la cité: & pour le regard des infections, tripperies & autres corruptions, outre que tout cela est ietté au loin, il se trouue en ces lieux là nombre de corbeaux, aigles, milans & autres oyseaux de proye, qui deuorent ces superfluitez en moins d'vn rien. La viande qui leur est plus commune en Constantinople, sont les boucs chastrez qui y sont en grand nombre pour la necessité qu'ils ont de marroquins, lesquels ils accommodent si parfaitement qu'on ne parle sinon de la bonté & beauté des marroquins de Leuant. Ils mangent aussi force mouton plus gras, mais non si sauoureux & bon que le nostre: le bon bœuf y est bien rare, qui n'approche en rien de la bonté des nostres, l'aigneau & le cheureau n'y manquent non plus, mais ils le sçauent tresmal apprester: le gibbier m'y sembla assez rare aussi; mais quãd bien il y seroit en plus grande abondance, comme ils ne sont coustumiers de larder leurs viãdes à cause de la chair de pourceau qui leur est deffenduë, elles sont si mal appetissantes que vous n'auez aucun desir d'en gouster. Leurs plus communes sertes par les hostelleries, sont testes & pieds de mouton qu'ils prisent fort en potages & menestres de ris, souuentefois sur le chappon, qu'ils appellent manger de Prince: la patisserie y est fort commune, mais aussi mal apprestee que la rostisserie: le veau y est fort rare, à raison (disent-ils) que le tirant de dessoubs la vache ils perdroient le laict, le beurre, le fromage, & autres sortes de laictages. Ils font manger aux paures esclaues la chair de chameau, glutineuse & d'vn tres-mauuais goust

a qui

à qui n'y est accoustumé. Le bon pain y est bien rare & si mal cuit que rien plus: pour leurs breuuages ils ont des ceruoises de plusieurs sortes, les vnes faictes auec de l'orge, les autres auec mil, les autres auec pommes, poires & prunes, les autres faictes auec succre & miel, les autres auec succre & eau de fontaine: Ils boiuent souuent de l'eau de vie, specialement apres le repas, & plusieurs autres sortes de breuuages dont chacun vse & se sert selon ses moyens. Quand ils veulent traicter quelqu'vn à la magnifique & faire vn bon repas entre les autres, ils sont premierement assis en rond sur vn grand Tapis de cuir qui s'ouure & ferme comme vne bourse, ou sinon sur quelque autre de cotton ou de laine, si que vous ne pouuez dire où est le haut bout, sauf qu'on void tousiours assez au seruice où est la principalle personne de la table: estás ainsi assis en rond on leur baille au lieu de seruiettes vn linge de fin cotton fort blanc, faisant le tour selon le nombre des personnes qu'ils sont, lequel ils posent sur leurs genoux pour s'essuyer & les mains & la bouche: Ils sont assis selon la coustume du pays sur ce mesme tapis qui est à belle terre, les iambes en croix comme les tailleurs d'habits de ce Royaume, ou pour le moins comme ceux qui les cousent. Assis de la façon on leur sert vn fort grand plat d'argent deux ou trois fois aussi grand que les plus communs plats-lauoirs qui soient dessus le pont au Change à Paris, & dans ce grand plat il y en aura cinq ou six autres de porcelaine, ou d'autre terre non moins exquise, esmaillee & peinte de plusieurs couleurs, & ces plats garnis de viandes toutes diuerses, comme le ris auec le mouton, le chappon auec le ris, perdrix, pleuuiers & autres oyseaux, le tout en vn seruice premier & second, &c. sauf quelque fruit qu'ils vous seruent aussi tost au commecement qu'à la fin du repas: Et pour le breuuage c'est eau succree, confite ou meslee auec eau tiree de roses damasquines, car pour le vin que quelques vns d'entre eux appellent pissat du diable, il leur est estroittement deffendu, à raison disent les vns, que Mahomet passant vn iour pour aller à la Mosquee, vid en vn iardin certains ieunes hommes beuuans du vin, rire & iouer ensemble, où il print grand plaisir à les voir, mais retournant

Ooo

par ce mesme chemin il vid qu'apres s'estre enyurez ils s'estoient chargez d'appointement & auallez bras & jambes, d'où il print sujet de deffendre le vin. Les autres disent (ainsi qu'il est escrit en leur Alcoran) que Dieu ayant enuoyé deux Anges du Ciel en terre pour restablir la Iustice, & reformer les mœurs des hommes, l'vn desquels auoit nom Aruth, & l'autre Meruth, il arriua qu'estans icy bas en terre ils firent rencontre d'vne belle & honneste femme qui estoit iuste (selon Mahomet) ceste femme les pria d'aller loger chez elle, où apres les auoir bien traittez de bons viures & du meilleur vin des lieux, l'Alcoran dit qu'il y eut paction de ce qui s'entend d'vn homme auec vne femme, à condition toutesfois que l'vn de ces Anges la porteroit en Paradis, & l'autre la rapporteroit au monde ; ce qui fut faict (selon le dire de Mahomet) quand Dieu les vid en Paradis (mais, ô mon Dieu, pardonne moy si ie rapporte ces folies pour faire voir la brutalité de cette loy) à raison que la femme estoit iuste Dieu ne la peut chasser, ains en fist l'Estoille du iour, mais pour les paillards Anges qui auoient beu le vin, & faict le reste, ils eurent option d'estre punis en ce monde ou en l'autre, & faisans election de cestuy-cy pour leur chastiment, ils furent condamnez d'estre pendus par les pieds en vn puy qui est en la ville de Babylone, iusqu'au iour du iugement : cela est escrit au liure de l'Alcoran : & de là, Mahomet print sujet de deffendre le vin à ses sectateurs.

Des Seigneurs que le grand Turc tient aupres de luy, pour le reiglement de ses affiraes, & rendre la Iustice.

CHAP. VI.

O N ne pourroit mettre en auant vn tesmoignage plus euident & certain de la bastardise & obscurité des Turcs pour les faire declarer ignobles, que les plus grands Seigneurs d'entre-eux sont sans armes, tymbres, deuises, ny armoiries, n'y ayant que le grand Turc qui se sert de la Lune, à raison (ainsi que i'estime auoir dit en la page 438.) que leur faux Prophete nasquit iustemét au poinct de la Lune, & qu'en la mesme saison il fut circõcis. Cet autre poinct n'est pas moins cõsiderable que le grand Turc en ses plus vrgés & importãs affaires se sert d'Esclaues & Chrestiens reniez, plustost que de ceux du pays mesme, & regrette plus en guerre la perte d'vn Renegat que de dix Turcs. Et à dire verité ceux qui possedẽt les belles charges & les plus beaux offices sont de ceste farine, comme les Visirs, Baschats, Bellerbes, Sangiacs & autres : pour ceste raison dit le grand Turc qu'il est plus fidellement seruy des Chrestiens que des siens propres, & aussi que tout homme (dit-il) est composé de ceste nature, qu'il recongnoist mieux le benefice receu de l'ennemy que de l'amy, & que les Chrestiens qui ont fort en horreur ceux qui different de leur loy, & qui par ce moyen attendent d'eux tombans en leur puissance, toutes les chesnes & les gesnes du monde, voyans qu'ils reçoiuent au contraire toutes sortes de faueurs & caresses, pour captiuité liberté pour seruitude, noblesse & priuilege, cela les force & oblige vaincus de courtoisie de luy estre grandement fidelles, comme il ne s'apprend gueres que iamais Chrestien renié nourry de la façon (pour le moins rarement) luy face aucun faux bond ; de ceste maxime fort apparente il est à croire que ces gens-là estans admis & appellez par le Turc aux dignitez supremes, ils s'efforcent de luy rendre toutes sortes de fidelles seruices, & neantmoins pour euiter à l'abus des Renegats qui sont suspects d'infidelité, & pour viure parmy eux auec plus d'asseurance, ils sont marquez d'vne anchre au front, d'vne estoille à la iouë, & d'vn croissant à la main, & leur faict on porter le Turban iaulne. Il y a d'ordinaire en Constantinople aupres de cette majesté diabolique vn Visir majour qu'ils appellent, & quatre Baschats, comme à Paris vn Connestable, & quatre Mareschaux qui prennent congnoissance de toutes sortes d'affaires d'Estat & autres : il y a d'abondant auec eux vn Belerbey, qu'ils appellent le Belerbey de la Grece, autrement de l'Europe vn des plus grands apres le Turc, comme à dire verité, ce nom de Belerbey veut dire en noſtre langue Roy des Roys, & Seigneur des Seigneurs: Outre ces quatre Baſchats (qui ſont ainſi appellez comme chefs) & Belerbey reſidens en Conſtantinople, il y en a encor vn autre grand nombre çà & là par les terres de l'Empire, les vns en qualité d'Admiraux, les autres de Gouuerneurs de Royaumes & Generauls d'armees, les vns en commiſſion, les autres à garder les frontieres. Il y a dauantage les Aga qui ſont comme Capitaines generaux de toutes ſortes de ſoldats, mais celuy des Ianiſſaires a plus de pouuoir & commandement que les autres, comme ayant plus de gens ſous ſa charge, qui ſont du moins dix mil Ianiſſaires, commandez par cent Capitaines inferieurs, qui releuent de dix autres leurs ſuperieurs, & de l'Aga Mayour qui commande par deſſus tous. Il y a outre ce que deſſus vn nombre infiny de Sangiacs, Gouuerneurs & autres officiers, qui ſeroit vne trop longue liſte à raconter; Ils ſont couſtumiers de rendre iuſtice, & d'aſſembler quatre fois la ſemaine & tenir le Diuan, à ſçauoir le Samedy, Dimanche, Lundy & Mardy, au meſme lieu où le Prince fait ſa demeure, Si à Conſtantinople, dans ſon Serrail en vn lieu preparé pour cet effect; ſi en guerre dedans ou pour le moins au proche de ſon pauillon: ils commencent à rédre iuſtice par les affaires de plus grande importance, & finiſſent par les moindres. Lors qu'il eſt queſtió de la vuide d'vn procés & que les parties ſont preſentes, il faut que ſans aucun Aduocat & prolongeur de cauſe, ils propoſent & deffendent eux-meſmes leur affaire, puis ſelon la reſponſe & repliques de part & d'autre, auec la preuue par deux teſmoins ou quatre femmes à ce deffaut s'il en faut venir là, ils ſont vuidez deffinitiuement ſur le champ. Quand la Cour eſt leuee le Baſcha qui a tenu la Chaire s'en va ſeul d'ordinaire trouuer le Prince, pour luy referer la verité de tout ce qui a eſté arreſté, ſpecialement aux affaires d'importance: & c'eſt là que le menſonge eſt capital à ſon autheur, car le grand Turc a vne feneſtre dangereuſe, d'où il void & entend tout ce qui ſe paſſe à la Cour, pour raiſon dequoy il ne luy faut rien deguiſer. Que ſi cela ſe pratiquoit en France, outre qu'il n'y auroit pas tant de Iuges & Officiers en de petites cauſes de neát, pour le moins on les vuideroit deffinitiuement, au lieu de les rendre immortelles. Il y a des Iuges subalternes, comme les Cadileschiers, les Cadis & autres, qui prennent cognoissance des affaires plus communes & moins importantes. Quant aux punitions corporelles, ils practiquẽt encor auiourd'huy la loy de Talion, quoy que Mahomet l'approuue & reprouue en son Alcoran. Le faux tesmoin est puny de la mesme peine que seroit puny celuy qu'il a accusé si son tesmoignage auoit eu lieu: S'il accuse faussement vne femme d'adultere, il a quatre vingts bastonnades & est declaré infame: la femme conuaincuë d'adultere a cent bastonnades. Qui bat vn priuilegié a deux cens bastonnades. Qui tuë vn autre de sang froid, est tué. Le Turc abusant d'vne Chrestienne est puny par feu ou par eau iusques à la mort: & le Chrestien abusant de la Turque, est fait mourir s'il ne veut renier; le meilleur marché de peine & de mort est le pendre ou decoller, le pal est là fort ordinaire, mais c'est pour les volleurs. Estre ietté en mer vne pierre au col, ce n'est que l'ordinaire. Il arriue aussi quelquefois que les peines corporelles sont changees & conuerties en amendes & peines pecuniaires, auec le consentement de la partie offensee, comme pour vn homme occis & mis à mort, s'il est tant soit peu de qualité, l'estime en est de mille ou douze cens ducats. Pour le regard d'vn œil creué, d'vn bras ou d'vne iambe rompuë, ou autre membre entierement necessaire à la vie qu'ils appellent demy homme, l'estime en sera de la moitié moins, & des autres membres à la proportion. Quant aux gens de guerre ils sont esclairez de si pres, & la discipline militaire entre eux est si bien obseruee que rien plus: car si vn soldat s'escarte tant soit peu pour aller voller & picorer au village, il y va de la vie, ou pour le moins vn si grand nombre de bastonnades que bien à peine iamais il s'en releue. L'armee allant par pays, il y a d'autres gens de Iustice qui la suyuent, comme le Vaiuod ou Vaiuoldar, semblable en pouuoir à nos Preuosts de Mareschaux; sauf qu'il ne peut absolument iuger à la mort, sans se faire assister du Cadi ou Paracadi plus proche des lieux. Si quelque grand est attaint & conuaincu d'vn crime capital, s'il faut à se rendre à la porte du grand Turc que nous dirions en Cour à sa première assignation, on procede contre luy comme rebelle & contumax, puis son procez faict, on enuoye vn Chaoux qui est vn Commissaire deputé auec vn Huissier chargé de son Arrest, qu'il faict executer à la Iustice des lieux où se trouue l'accusé : Quoy faict ils s'en retournent auec sa teste qu'ils presentent au grand Turc. Si on faisoit icy de mesme on n'y verroit pas tant de crimes ny de rebellions à nostre Roy & à sa Iustice. Ceste race de gens se plaist tant & plus à faire manier & picquer cheuaux, aussi en ont ils des meilleurs & des plus vistes & mieux dressez qu'on pourroit desirer, comme aussi de leur part ils rendent tout le soin & la vigilance qui se peut imaginer à les faire traitter : ils les font venir de Sorie, Cilicie, Armenie, & la Vallachie, où se recouurent les meilleurs : Au reste ils prisent plus le cheual, & tiennent celuy-là pour le meilleur qui a la jambe gresle, les ongles noirs, à raison disent-ils que ces deux marques rendent vn asseuré tesmoignage de sa force & vistesse, bien percé de deux gros yeux, la teste menuë, le col long & non trop gresle & vuidé, vn peu plus releué de son derriere que du deuant, l'oreille courte & dure, la bouche large, la queuë lõgue, & le corps ny trop grãd ny trop petit faict à la proportion de toutes ces parties : leurs selles sont fort legeres, la sengle estroitte, les estriez courts, afin (disent-ils) que le cauallier se puisse mieux roidir dessus, la bride courte & legere, le petrail libre, la croupiere entre courte & longue, & les esperons courts : voyla comme ils vont à cheual & veulent les cheuaux. Ils se plaisent tant à la piaffe, que tous les grands, mediocres & autres qui ont tant soit peu de moyen, auront pour resnes de bride, des chaisnes d'argent, les autres d'argent doré, le mors d'argent, & quelquesfois les fers de mesme. Le petrail de leurs cheuaux sera souuent de la valeur de trois ou quatre mille escus, & la selle de mesme, pour la quantité d'or & d'argent, & le grand nombre de pierreries qu'ils y font rapporter. Les Ianissaires, Spachis, & autres gens de cheual, ausquels faute de moyens il n'est loisible de marcher du pair auec les plus grands, n'ont pas de si grands equipages : & neantmoins ils ont sur la crouppe de leurs cheuaux vne petite housse communement d'escarlatte rouge, auec des houppes de foye tout à l'entour de la mefme couleur, & foubs la gorge du cheual pendillent plufieurs autres houppes de diuerfes couleurs prefque d'vn pied de long, ornees de boutons d'or. Comme ces Infidelles fe delectent de beaux & bons cheuaux, auffi rendent ils vn foin incroyable à les gouuerner & faire traicter, pour les rendre de plus longue duree, arriuant qu'ils en tireront dix-huict & vingt ans de feruice. Premierement l'Efté des le commencement de May ils les font coucher la nuict au ferain foubs des portiques où la fraifche coulle, bien couuerts neantmoins, afin de les accouftumer la nuict à l'air que les Turcs font leurs plus grandes entreprinfes: ils les penfent de la main au foleil du matin hors l'efcurie pour les rendre plus gaillards, ils leur font manger des fueilles de vigne & de l'orge au lieu d'auoine deux fois le iour: ils ne leur baillent à manger d'vne groffe heure apres les auoir abbreuuez, afin de mieux digeter (difent ils) ce qu'ils ont prins: ils leur font manger l'orge dans vn fac attaché à la tefte, comme aux mulets de charge qui portent les bagages, difans que l'orge ainfi efchauffé de leur haleine leur faict plus de bien, outre qu'en vfant de la forte, il n'eft à craindre que les pierres, la plume, ny la poudre leur face tort. Ils leur tiennent dans l'Efcurie des boulles de fel pres leurs mangeoires, afin de leur aiguifer & entretenir l'appetit, ils les enuoyent auffi quelquefois aux champs tous defferrez pour fe refaire l'ongle & la pince: ils les font ferrer de fers plats fans efponges, & font fort foigneux de les voir ferrer. L'hyuer ils les tiennent en lieu chaud & paré de toutes fortes de mauuais vents, ils ne les abbreuuent qu'vne fois le iour, à vne heure apres midy, & ne leur font bailler l'orge finon à vne heure de nuict. Au moindre voyage & pour fi peu d'exercice qu'ils facent, ayans mis pied à terre ils laifferont du moins vne groffe heure la bride en bouche & la felle à dos à leurs cheuaux, qu'ils feront pourmener dehors auant que les remettre en l'efcurie & leur donner à manger: Ils ne laiffent iamais la queuë retrouffee au cheual de repos, difans que cela luy cause maladie: Leurs cheuaux sont de beaucoup plus grande haleine & trauail que les nostres, car pour leur faire faire vingt lieuës tout d'vne traitte la nuict, ils ne feront difficulté d'aller à l'escarmouche tout le iour ensuiuant, ce que les nostres ne pourroient pas faire: Apres l'escurie vient la Venerie qui ne leur est moins commune & aggreable qu'à nos Seigneurs de France: car ils se plaisent fort à l'exercice de la chasse, & à re-recouurer des plus beaux & meilleurs chiens, lesquels ne sont pas bien communs dans le pays, specialement les limiers & leuriers d'attache pour la beste noire & la fauue, quoy que rarement ils chassent le Sanglier, à cause que l'Alcoran leur deffendant d'en mâger, il y en a qui sont si supersticieux qu'ils en abhorrent la chasse, pour raison dequoy cet animal est fort commun parmy eux: & si d'auanture ils en prennent quelqu'vn, ils le laissent aux Chrestiens qui ne font difficulté d'en manger. Leur plus grand' richesse de chiens est en leuriers pour le lieure, vistes ce qui se peut, & sont d'vne façon fort diferente aux nostres, car ils ont les oreilles larges pendantes & à gros poil comme vn espaigneul, dont ils ont mieux la façon que de nos leuriers, beaucoup mieux faicts que les leurs. Ils ne leur donnent rien que du pain & de l'eau vie de chien, sauf que tous les mois ils leur font boüillir vne teste de mouton auec le souffre dont ils leur font prendre le boüillon affin de les purger. Ils iugent la bonté du chien s'il est melancholique, s'il tient la queuë entre les iambes, s'il a les pattes lôgues, la queuë longue & gresle comme celle d'vn rat, le palais noir, bon œil & belle oreille: au reste ils sont les meilleurs & plus hardis picqueurs du monde, n'y ayant montaignes ny vallees qui les puisse arrester aux belles occasions. Quant au grand Turc qui est à present, il se plaist fort à cet exercice, faisant nourrir ses chiens non moins curieusement que ses cheuaux, les tenant tousiours vestus sinon aux grandes chaleurs, & lors qu'ils vont aux champs, prenant plaisir à les voir traitter, polir & nettoyer; qui faict assez cognoistre combien cet exercice luy est plaisant & aggreable.

Des

Des noms & offices des principaux Ministres,
& Religieux des Turcs.

Chap. VII.

BIEN que les Turcs se soient tousiours effor-cez de tout leur pouuoir à se rendre entierement & de tout poinct contraires aux actions & façons de faire des Chrestiens, soit au viure, soit aux habits, soit en paix, soit en guerre, comme nous dirons autre part : Neantmoins en ce qui regarde la religion ils ne peuuent si bien deguiser qu'on ne s'apperçoiue à l'œil combien ils se sont esuertuez de nous imiter, soit en l'institutiõ de Diacres, Prestres, Hermites, Moines, voire en la creatiõ d'Euesques, Archeuesques & grãds Pontifes. Mais comme en leurs offices & ceremonies ils ne sont moins differens de celles de la vraye Eglise, qu'ils sont esloignez de la candeur & simplicité de nos Religieux & autres Ecclesiastiques, i'en diray quelque chose en passant pour faire cognoistre ce qui en est. Quand donc il s'agist entre eux de la creation de leur grand Pontife, qu'en leur langue ils appellent Musti ou Mosti, le grand Turc sans autre ceremonie fait chois entre les Cadi & Cadileschieri, qui sont les Euesques & Archeuesques, de celuy que plus il aggree auquel, sans aucune priere à Dieu preallablement faicte, ny inuocation du S. Esprit, il confere ceste dignité. Ce faict il le pouruoit d'vn reuenu suffisant pour l'entretien de sa personne, sa femme & ses enfans, reputé neantmoins viuant de la façon comme esclaue du Turc: pourquoy s'il maluerse en sa charge il est puny & chastié comme les autres : Son pouuoir est tel qu'il a à reuoir sur tous autres Officiers & Magistrats, & iuge souuerainement en beaucoup de choses : & partant il faut qu'il soit non seulement expert & bien versé en la fausse doctrine de leur Mahomet, mais aussi en leurs loix ciuiles & criminelles. Quant au respect qui luy est rendu par le grand Turc mesme versant bien en sa charge, c'est presque chose incroyable, attendu qu'il repreſente la perſonne de leur faux Prophete : Il ſort rarement de chez luy à fin de mieux tenir ſon rang, & s'il arriue qu'il aille au Serrail du grand Turc pour quelque affaire d'importance, il luy vient au deuant & le faict ſoir au deſſus de luy, ſ'en ſeruant comme d'vn oracle : Il eſt preſque veſtu & ne differe guieres quant à l'habit des Cadi & Cadileſchieri, portant le Turban, le Doliman & le cimeterre au coſté ſans ſcrupule comme Conſeiller d'Eſtat de la Porte du grand Turc : mais il y a touſiours ceſte difference que de la ſentence des Cadi & Cadileſchieri on appelle deuant le Mufti qui iuge deffinitiuement. Ce ſeroit choſe impoſſible à repreſenter combien eſt grande l'hypocriſie & ſimulation de ces trois officiers corruptibles ce qui ſe peut, par la voye de toutes ſortes de preſens. Il y a vne autre ſorte de Religieux qu'ils appellent Modicés, & ceux-là ont la charge du reuenu & gouuernement des Hoſpitaux : Il y en a d'autres qu'ils appellent Antippi, dont la principale charge eſt voyant le peuple aſſemblé dans les Moſquees, de monter en chaire l'eſpee nuë à la main pour luy donner à entendre qu'auec le fer ſe doit deffendre & maintenir leur loy : les autres s'appellent Imans qui ne font autre choſe que lire & prier dans les Moſquees : les autres Mezini ou Taliſmani, qui ont le ſoin au lieu de cloches de monter ſur la tour des Moſquees pour appeller le peuple à la priere : Il y en a d'autres qui s'appellẽt Sophi, qui ne font autre choſe ſinon chanter dans les Moſquees. Outre ces miniſtres & officiers ſuſdits, il y en a quatre ſortes d'autres à qui ie donneray le nom de Mendiens, à raiſon qu'ils ne viuent que d'aumoſnes, mais ils ſont fort eſloignez de la doctrine, bonté & ſimplicité des noſtres : Le premier ordre de ces caimands s'appelle Giòmaileri, qui ne reçoiuent en leur Religion ſinon ceux qui ſont de noble race, encor veulent-ils qu'ils ſoient ieunes & beaux en perfection, leur principale profeſſion eſt d'aller brillant & courant par le pays, où ils ſe licentient à toutes ſortes de plaiſirs charnels : & à ceſte cauſe ils ſe fardent & rapportent tous les artifices poſſibles pour ſe rendre beaux & aggreables aux Dames : Entre autres vaines & folles curioſitez ils prennent plaiſir à blondir & dorer leurs cheueux, à les faire venir longs & les tenir eſpars ſur les eſpaules, ſi qu'il ſemble à les voir de loin que ce ſont autāt de Nymphes ; bien que ce ſoient de vrais diables incarnez. Ils portent à leurs oreilles des anneaux d'argēt de diuerſes façons & grandeurs. Leur plus commune couleur eſt le viollet, & portent par deſſus leurs habits deux peaux de lion, once, tigre ou leopard, l'vne deuant l'autre derriere, vray teſmoignage de la grande fierté cachee ſoubs cet habit, ceint neantmoins d'vne large ceinture faite en broderie d'or, & aux extremitez de leurs veſtemens, il y a de petites ſonnettes & campanilles d'argent, qui rendent en marchant vne fort plaiſante harmonie, qui inuite vn chacun à leur faire l'aumoſne. La ſeconde Religion ou pluſtoſt irreligion de ces infidelles ſ'appelle Caléder, contraires de tout poinct à ces Giomaileri, à raiſon que ces derniers ſont fort amateurs de chaſteté : leur principal habit eſt tiſſu de laine blanche, moitié meſlee auec poil de cheual, ils ont touſiours la teſte raze au contraire des autres, couuerte neantmoins d'vn bonnet d'vne façon aſſez eſtrange, ils portent auſſi des anneaux aux oreilles, au col & aux bras, mais ils ſont de fer : dauantage ils en portēt vn qui leur trauerſe la peau de la verge au deſſous du prepuce, de grandeur ſortable pour les empeſcher de faire ce qu'ils ne pourroient quand ils en auroient la volōté. Le tiers ordre de ceſte belle Hierarchie ſ'appelle Deruiſy, que ie ne pourrois mieux accomparer qu'aux plus ſignalez coquins & eſcornifleurs de noſtre France par les cuiſines, tauernes & bordeaux : ces caimands premierement prennent plaiſir d'aller tous nuds, ſauf deux meſchātes peaux qu'ils portent l'vne deuant l'autre derriere, qui à peine couurent leurs vergongnes & parties ſecrettes, ils portent en teſte vne eſpece de chappeau pointu à l'Albanoiſe, ſauf qu'il n'a point de bords, & portēt auſſi des anneaux attachez aux oreilles; vray eſt qu'ils ſont de iaſpe, agathe ou autres pierres fines, auec vn fort gros baſtō noüaſſeux qu'ils ont toujours en main : leurs plus communs diſcours à toutes ſortes de rencontres, ſont ces paroles, ſciaimer da neſchiné, qui veut dire donnez nous l'aumoſne pour l'amour de ce grand guerrier Aly gendre de Mahomet, le plus experimenté aux armes qui ait iamais eſté entre les Mahometans. Leur grand Cōuent eſt en la

PPp ij

Natolie où ils sont plus de cinq cens d'ordinaire, & s'y assemblent tous les ans à leur Chapitre general plus de sept à huict mille, où ie vous laisse à penser les belles affaires qui s'y traittent par l'espace de sept iours que tout y va par escuelles: mais auant que se separer les vns des autres, & qu'ils ayent prins licence de leur General, c'est chose incroyable des folies & superstitions qu'ils font ensemble, que pour euiter à trop grande prolixité ie passeray soubs silence. Ils prennent plaisir à se faire de grands ballaffres, les vns au front & aux ioües, les autres aux bras & aux cuisses, les autres aux iambes & aurres parties de leurs corps, pour l'amour (disent-ils) de leur Prophete, & pour moins de huict ou neuf aspres que vous leur donnerez, qui sont sept ou huict sols, ils se tailladeront où vous desirerez : ceste belle façon de faire n'est pas seulement particuliere à ces insensez, veu que les plus grands amoureux de la Turquie en font autant en faueur & pour auoir la bonne grace de leurs maistresses. Le quatriesme ordre de ces reuerends s'appelle Torlacchi, reuestus à la façon des precedens, sauf que ceux-cy vont tousiours la teste nuë & rase comme le dedans de la main ; vray est qu'ils la vont huillant par interualles, pour resister à la force du serain du soir & du matin: ces grands coquins ne sçauent lire ny escrire, chanter ny dancer, ny faire aucun autre exercice que d'aller caimander par les estuues, & les tauernes, pour chercher à fripper les plats aux despens d'autruy : mais comme ils sont trop congneus en vn lieu, où pour leurs insolences & grandes importunitez on leur donne souuent de bonnes bastonnades, ils battent aux champs & vont faire leur quarrier au village; & si d'auanture ils font rencontre sur le chemin de quelqu'vn qui soit moins fort qu'eux il court fortune de la bourse, & s'il a de bons habits, d'aller vestu comme eux à la legere. Ces affronteurs font estat de dire la bonne aduanture, pour raison dequoy les simples & idiots leur font de grandes aumosnes, ils sont sujets tant & plus à la paillardise, iusques à commettre le peché de bestialité: & pour vne plus grande bestise à ceux qui deuroient auoir plus de iugement que ces bestes brutes, il me fut dit que souuentesfois les plus grands du pays, & autres qui ne peuuent tirer lignée de leurs femmes, ont fort cher que ces bourreaux d'honneur souillent leurs licts, & facent des enfans à leurs femmes, les nourriffans delicatement à ceste occasion vn ou deux mois dans le logis, pour l'opinion que ces gens abusez ont que les enfans qui naiffent de la sorte seront vn iour de grands & signalez personnages, côme il se lit en nos Romans de Rodomont, Mandricart & autres. Ils se servent encor de ceste autre fourbe, afin de pluftoft replir leur biffac: Ces maistres pippeurs ont vn vieillard decrepit en leur compagnie, vieil en ruse & finesse, & malitieux comme vn vieux singe, ce vieil hypocrite qui faict le Sainct a toufiours les yeux au Ciel, plains de larmes, les souspirs en la bouche, & ne parle sinon de choses diuines & celestes: il feint souuent d'estre rauy en extase & de parler auec Dieu & ses Anges: le peuple des lieux le va voir à miracles, & à vne des fois (s'entend comme il void nombre de peuple) il se tourne vers ses compagnons (bien faicts au badinage) leur disant: Mes bien-aimez tirez moy hors d'icy, d'autant que ie sçay par reuelation que bien en brief il doit tomber sur ce village vne grande ruine & chastiment du Ciel, Helas maistre pere, amy de Dieu, diront ces fourbes & affronteurs, y a il point de moyen d'appaiser son ire, & destourner ce malheur, & ceste mauuaise influence? Vous auez faict de si grãdes choses en tout le cours de vostre vie, & rien ne vous est impossible: Hé bien mes enfans (dira ce vieux pere de malice) il faut voir, & à l'instant vous luy verrez leuer les mains & les yeux vers le Ciel, dont on ne luy void que le blanc, & feignant d'estre tout rauy en extase vn assez bon espace de temps, on le verra peu à peu reuenir auec les doux yeux & le visage riant, comme esueillé d'vn profond sommeil, disant: Mes enfans l'ire de Dieu est aucunement appaisee, mais pour l'appaiser entierement il faut auoir recours à l'aumosne, & à l'instant c'est à qui donnera dauantage, les vns or & argent, bagues, anneaux, les autres viures, vestemens & autres sortes de biens, si que c'est chose incroyable le grand bien que ces affrõteurs vont leuans çà & là de ce peuple grossier: & s'en retournans chez eux chargez comme mulets, ils vont faire bonne chere de ce butin, se rians au reste tout leur faoul de ces idiots qui adjouſtent foy à leurs impoſtures. Il y en a d'autres, leſquels meilleurs diſciples de leur faux Prophete, feignent ſouuent d'eſtre rauis en extaſe, auquel temps ils diſent parler à Dieu & à ſes Anges, & retournans de ce diuin colloque & ſainct voyage, il y a preſſe à qui leur baiſera pieds & mains & fera du bien dauātage. Dans la ville de Conſtantinople il y en a encor d'autres, qui font eſtat de dire où ſont les choſes perduës, de deuiner & predire l'aduenir, & à ceux là le grand Turc adiouſte plus de foy & les conſulte volontiers quand il a quelque deſſein ſoit de guerre ou autre choſe de grand' importāce, & ceux cy n'ont aucune frequentation auec les femmes. I'en ay veu d'autres reueſtus d'vn habit tout ſemblable à celuy d'harlequin fait de cent vieilles pieces & d'autant de couleurs, nuds pieds & nuës iambes au reſte, & en teſte vn chappeau à l'Albanoiſe ſans bord, enrichy d'vne ſeule plume, comme de la queuë d'vn chappon ou de quelque autre oyſeau, peinte plus couſtumierement en rouge, pour teſmoignage de leur haut vol d'eſprit, & qu'ils ont des conceptions beaucoup plus releuees que le commun des hommes: Les autres portent vne maniuelle ou chaiſne de fer au bras pour la contrainte & viuacité de leur grand eſprit (diſent ils) qui les emporte ſouuent. Il y en a d'autres qui ne veulent iamais parler à perſonne, autres qui ne mangent qu'vne fois la ſemaine, autres qu'on ne void iamais manger, autres qui croyent tellement la predeſtination & fatalité, que de tout ce qui arriue au monde ils diſent indubitablement que Dieu l'a ainſi ordonné: & de là il arriue s'ils tombent malades ou qu'ils ſoient blecez ils ne ſe veulent faire penſer ny medicamenter: Ils ne veulent euiter ny fuir au peril & non pas meſmes ſe mettre en ſec bien qu'ils en ayent le moyen contre la plus longue & forte pluye qui pourroit tomber d'en haut. Il y en a d'autres qui ſe retirent tous ſeuls en lieu ſeparé eſtimans tout le monde indigne de leur conuerſation, & en fin d'autres habitent les bois & les montaignes comme icy nos bons peres Hermites, mais fort differents de creance & merite.

Des principalles forces du grand Turc quand il marche par terre.

CHAP. VIII.

COMME les forces de ce grand infidelle sont grandes à merueilles & presque incroyables, i'ay creu que pour en dire quelque chose en passant, le Lecteur & l'Autheur n'en seroient gueres plus incommodez, l'vn en la lecture l'autre en l'escriture: Ie diray donc pour chose tres-veritable que comme le grand Turc est seruy de gens, peuples, & nations fort differentes tant de pied que de cheual, à cause de la grandeur de ses conquestes, leur nom, leur qualité, leurs armes & leur façon de batailles est aussi fort differente. Il y a premierement les Ianissaires qui sont bien les plus belles forces de ce chef des infidelles, soit en l'infanterie soit en la cauallerie. Car bien que ces gens soient de petite estoffe & fort petits compagnons au premier, ils sont neantmoins du bois de quoy se font par succession du teps les Visirs Mayours, les Baschats, Belerbes, Sangiacs, & grands gouuerneurs de villes & prouinces: Ces pauures miserables sont pour la pluspart de la Natolie pays de Grece, la Bosne & la Vallachie, & ces pauures garçõs apres auoir receu le Baptesme sont enleuez d'entre les bras & tirez de la possession de leurs pere & mere souuent dés l'aage de huict à neuf ans & au dessous. Quelques vns disent que c'est par maniere & forme de disme, mais rien moins; & pour sçauoir comme cet affaire se baste, vous vous representerez que de trois ou de quatre en quatre ans, le grand Turc selon la necessité de ses affaires & qu'il est plus ou moins en guerre, enuoye dans les pays & terres cy-dessus dictes, certains Commissaires, qui pour exploitter plus fidellement leurs charges, s'addressent aux Papats & Protopapats, que nous dirions Recteurs & Curez des parroisses, pour sçauoir le nombre d'enfans, que depuis vn tel temps ils ont baptisez, & pour en estre mieux esclaircis ils se font apporter les regiftres & liures des baptifteres, & de tous ceux qui font abfens malades ou decedez c'eft aux Papas d'y auoir l'œil & d'en prendre bonne atteftation pour leur defcharge, & à peine que leur tefte en refponde. Tous les enfans de cet aage natifs de ce lieu, terre ou canton font tous reprefentez & affemblez en vne belle place comme vn troupeau d'aigneaux & de moutons, & ce faict ces barbares choififfent à l'œil & à la main non par forme de difme mais à difcretion les plus beaux, les plus forts & qui font de plus belle efperance: & de cefte cruauté il arriue qu'vn pauure pere qui auoit la grace de Dieu & de la nature, d'engendrer les plus beaux & plus forts enfans du païs en fera priué à toutes les eflites de ces Barbares, qui ne regardent au nombre, n'y à qui ils appartiennent moyennant qu'ils foient bons pour le feruice du Prince: & de là il faut noter que pour tel voyage, ils en amenent en Conftantinople neuf ou dix mille, qui font diftribuez çà, & là par les Serrails, les jardins, les cuifines; à toutes fortes de feruices, & puis aux Bafchats, Sangiacs & autres pour eftre nourris & exercez aux armes, iufqu'à tant qu'ils foient en aage de les porter pour le feruice du Prince, & de meriter ce nom de Ianiffaires: mais premier que d'en venir là, ils font circoncis en l'aage de 14. ans, ceremonie qui fe faict dans le logis, n'eftant loifible felon leur loy d'entrer en la Mofquee, que cela n'ait efté faict: & pour leurs plus communs noms en la circoncifion, c'eft Mahomet qui fignifie loüable, Aly haut, Selim paifible, Soliman pacifique, Scander, Alexandre, &c. Mais l'importance eft qu'en cefte circoncifion on leur faict, comme on dit, renier Chrefme & Baptefme, & la loy de N. S. I. Ch. pour prendre celle du faux Prophete Mahomet. Il faut donc faire eftat que ces Ianiffaires font les principales forces du Turc, & nos plus grands aduerfaires fort adextres à manier les armes, qui font le cimeterre, la hache d'armes, & l'arquebufe, plus longue de deux ou 3. pieds que les noftres. L'Ordre fecond des gens de pied, qui fuit apres ces premiers, font les Solaclari, à fçauoir des archers qui leuent autant de gages que les Ianiffaires, ils font de la garde du Prince, & empefchent aux champs & à la ville, que

perfonne

personne n'approche de luy sinon ceux à qui il appartient & qui ont ce pouuoir: Leurs tentes sont proches de celles du grand Turc: Ces gens au reste sont tenus pour fort courageux & vistes comme cheuaux à la course. Apres suyuent les Azapi qui sont aussi pour la plus part de Natolie, fort habilles à manier la picque qui est de beaucoup plus legere que la nostre, d'autant qu'elle est creuse au mitan, & au lieu de velours & franges de soye dont les nostres sont garnies, ils mettent aux leurs des peaux de poisson fort rudes affin de les auoir plus fermes à la main, & ces bons compaignons à vn besoin faute d'esclaues tirent à la gallere comme bonne-voigles & volontaires. Le quatriesme ordre de gés de pied s'appelle Voiniclari natifs de la Vallachie, dont les armes sont l'arc & les fleches, mais ils ne touchent aucune paye à raison qu'ils sont exempts du Tribut des enfans que le Turc fait leuer en la Natolie. Les caualliers ne sont pas moins differents & variez en leurs armes & liurees que les gens de pied, entre lesquels sont premierement les Spai ou Spachis caualliers fort valleureux qui sont Grecs de nation, Albanois, ou Hongarons & Chrestiens reniez s'entend: leurs armes deffensiues sont seulement l'escu ou rondelle, qui leur sert de cuirasse, & le Turban de casque qu'ils portent gros retortillé en tant de plis & replis qu'à peine l'espee le peut tailler; Leurs armes offensiues sont la lance & la massuë de fer, & quelque fois par humeur l'arc & les fleches: Ils sont d'ordinaire trois mille à la Porte du Turc, & marchants en bataille ils sont à sa dextre & portent la cornette blanche. Le second ordre de cauallerie est composé de Chazillar, armez tout de mesme que les premiers, & touchét paye aussi bien en temps de paix que de guerre. Le troisiesme ordre est de certains fols auanturiers appellez Deli, qui teignent le crin & la queuë de leurs cheuaux en rouge, & combattent auec l'Escu, la lance & le cimeterre: Ils vont ordinairement faire la descouuerte comme coureurs; leur habit est different des autres en cecy qu'ils portent vn grand chappeau de la grosseur d'vn boisseau, couuert de toutes sortes de plumes ou bien des aisles d'vn aigle: Ils portent les esperons long d'vn pied à la Hongre, & sont coustumierement, couuerts d'vne peau de lion ou leopard : vn Deli est obligé d'aller attaquer seul en guerre dix caualliers ensemble, ou s'il auoit manqué il perdroit le nom, & pour iamais sa reputation. Ceux qui marchent apres s'appellēt Spaolani ou Spagolani qui sont ordinairement quatre mille en nombre, & leur paye est de vingt à quarante Aspres le iour & plus ou moins selon leur valleur. Le 5. ordre de ces caualliers s'appelle Scilitari, qui sont à l'arriere garde portans la cornette rouge : leur paye est esgalle aux precedens, & y en a tousiours dix d'entre eux qui menent en bride chacun vn cheual frais pour le seruice du grand Turc, s'il arriue qu'il en ait necessité. Au sixiesme ordre sont les Alophagi qui tirent la mesme paye des precedens & portent les mesmes armes. Au septiesme ordre sont les Caripogliani qui sont tousiours mille ou deux mille à quinze ou vingt aspres de paye le iour : Ie mettray les Vlufegi & Capiliglier auec les dessusdicts, pour n'estre en si grand nombre que les autres. Ils sont obligez en temps de guerre d'entretenir à leurs despens chacun deux hommes de cheual aupres d'eux armez de mesmes armes, & portent la cornette blanche & rouge. Outre tout ce que dessus il y a encor deux autres ordres de cauallerie dont le premier est composé d'Achiuzi, Turcs de nation estimez les plus vils & rustiques de l'armee, & lors qu'ils sont commandez de monter à cheual & se mettre en ordre ils font monstre de 150. mille hommes du moins : Les autres s'appellent Tamarri, qui sont comme fermiers de certaines terres, villes, chasteaux & Prouinces appartenans au grand Turc, lesquels outre le prix de leur ferme qu'ils luy rendent par chacun an, sont obligez de monter à cheual & luy fournir du moins deux cens mil cōbattans. Quand tout ce peuple est en vn corps il semble d'vne forest de plumes & pennaches tant ils en sont curieux, & les contemplant d'vn haut lieu, à mesure qu'vn petit vent agite & fait mouuoir toutes ces plumes, il semble d'vne mer ondoyante & pleine de vagues, & quand tout ce grand corps est ferme & arresté à la campaigne, ayant desployé ses tentes & pauillōs on diroit d'vn monde à les voir, n'y ayant horizon si spatieux qui n'en soit tout couuert, & voyant seulement le plus petit quartier de ceste armee, il semble d'vne ville de Paris auec toutes ses ruës, places, palais, chasteaux & logemens de pauillons. Quand le grand Turc va par pays soit en temps de guerre ou non, il a deux cens soixante Estaffiers appellez Isolac, qui sont autant de ieunes esclaues d'eslite aggreables à l'œil, robustes & tous vestus fort richement d'vne mesme liurée, ayant l'arc & les fleches dorez en main: ils marchent deux à deux à sçauoir cent deuant la personne du grand Turc & autant derriere, & pour les soixante qui restent, il y en a trente à main droitte qui sont gauchers, & trente à la gauche qui sont droictiers, à fin que s'il s'offre occasiõ de tirer de l'arc qu'ils ne tournét l'espaule à leur maistre. Il a par semblable cent lacquais Persans de natiõ tous nuds pieds & nuës iabes qui marchent à la teste de son cheual: on les appelle Peicler, vestus de verd auec la Tocque de velours & le pennache en teste, & portent vne ceinture par dessus l'habit large de deux doigts garnie de sonnettes grosses comme noix, & deux aux deux genous qui font en cheminant vn son assez plaisant, & outre cecy ils ont chacun la hallebarde à manche court en main, dont le fer tout doré est fait de la façon de ces cousteaux à pied des cordonniers, ils portent dans la main gauche vne fiolle d'eau rose, & à la ceinture vn mouchoir de plusieurs couleurs selon la façon du pays, dans lequel il y a prouision de succre & autres douces mixtions pour se rafraischir en cheminant: Ces gallans vont tousiours sautant deuant le Prince sans se lasser & cheminast-il le iour & la nuict sans s'arrester, & quand ils sont en beau pays tournans visage vers leur maistre, ils cheminent & courent à reculons comme on dict, crians tous à la fois, Alla dei cherin, qui veut dire, Dieu maintienne le Seigneur long temps en ce pouuoir, & autres plaisants mots, & pour l'eau rose qu'ils ont à la main gauche ils la vont respandant par le chemin sur les honnestes gens qu'ils trouuent à la rencontre. Le Turc ne va gueres par pays sans ces gens là, à fin de les enuoyer selon les occasions qui s'offrent à toute heure soit deça soit delà, & si tost qu'ils sont commandez & que leur despesche est faicte, faisans vne

QQq ij

grand' reuerence à leur maistre, ils crient à gorge desployee Sauli Sauli, qui veut dire garre garre, & ces paroles prononcees vous les voyez fendre la presse & courir d'vne telle vistesse que si c'estoient cerfs courus des chiens : & dit on qu'ils courrent ainsi iour & nuict tant qu'ils soient de retour du lieu où le Prince les enuoye. Ils portent à ce qu'on dit vne petite boulle d'argent en la bouche, percee de part en autre pour tousiours estre en haleine, si qu'il n'y a cheual qu'ils ne mettent sur les dents les voulant suyure. Ils se font ferrer comme cheuaux ayans la peau du pied si dure que facilement ils endurent le fer auec le clou, ils se font dextrement errater d'vne façon secrette entre eux, de peur que personne les esgalle en vistesse & s'est trouué tel qui a fait le chemin de Constantinople à Adrinopoly en vn iour où l'on conte quatre iournees.

Des forces que le grand Turc peut mettre sur mer, de la grandeur de son Empire, & de son reuenu.

Chap. IX.

COMME ce grand scelerat & impie ennemy plus que mortel & coniuré des Chrestiens, le Turc, entre autres qualitez qu'à faux tiltre il vsurpe, se fait appeller Acmet ou Mecmet, de l'inuincible & tres-noble race des Othomans, Empereur des Turcs, Roy des Roys, Seigneur des Seigneurs, Empereur des Empires de Trapezonce, Constantinople & le Caire, Seigneur du monde, domteur de la Terre saincte, Dieu tres-puissant sur terre, Empereur des Empereurs, Preteur du du Paradis terrestre, ennemy de toute la Chrestienté : Aussi se fait il appeller Empereur & Prince des mers Rouges, Blaches, Noires & Glacees ; Et à la verité comme il est tres-puissant sur terre il ne l'est pas moins en mer, où il a pouuoir de mettre en moins d'vn rien, comme fist Soliman au siege de la cité de Rhodes, quatre vingt cinq galleres subtiles, trente cinq baſtardes, ſoixante groſſes fuſtes, dix grands gallions & cinquante nauires, ſans mettre en compte vn nombre infiny de galliottes, carmouſſaux, brigantins qui battoient la mer de toutes parts, ſi qu'on peut faire compte qu'à ce ſiege il y auoit pres de cinq cens voiles. Selim ſucceſſeur de Baiazet fiſt baſtir vn fort magnifique arſenac dans la cité de Pera à la Venitienne, duquel nous auons cy deſſus parlé en la page 461. pour la cõſeruation de ces vaiſſeaux, où il y en a ſans nombre & tenoit là d'ordinaire, comme ont fait depuis ſes ſucceſſeurs, quatre cens hommes, à chacun quatre Aſpres le iour, appellez Azappler pour la conſeruation d'iceux, non pour crainte de l'ennemy ny des Corſaires, mais de peur que la nuict quelque Chreſtien ou autre ny attachaſt le feu. Le Sangiaco & gouuerneur de Gallipoly, qui veut dire Cité des François, edifiee en la Thrace, eſt ordinairement Admiral de ſon armee il y a mille autres particularitez qui dependent de ceſte militie, où pour cauſe de briefueté ie renuoyeray le Lecteur à autant d'Autheurs qui en ont parlé ſuffiſamment. C'eſt choſe preſque incroyable à vn chacun, d'oüir parler des poſſeſſions & du grand Empire du Turc, eu eſgard à ſon origine, ſi la verité trop cogneuë ne nous forçoit de croire à noſtre grãd preiudice & regret tout enſemble, la verité de la choſe, & ce qui en apparoiſt trop clairement à nos yeux : Premierement ce grand vſurpateur & brigand du bien d'autruy, eſt Seigneur de toutes les trois Arabies, l'Heureuſe, la Deſerte, & la Petrée ; de l'Egypte, la Sorie, la Meſopotamie, la Chaldee, d'vne grand' partie de la Perſe & Medie, de l'Aſſyrie, de l'Adiabene, de partie de la grand' Armenie & de toute la petite, de partie de Colchi qu'ils appellent Migrelles, de toute l'Aſie mineur qui contient la Cilicie, Cappadoce, Pamphilie, Gallatie & autres Prouinces ; d'vne grand' partie de l'Affrique, & de l'Europe, de partie des Sarmates ou Getes, de la Thrace, Macedoine, Grece, Albanie, Dalmatie, Eſclauonie, & infinies autres Prouinces çà & là enclauees en la Grece, que les celebres & pompeuſes armes Romaines n'auoient iamais peu conqueſter, (& qui pis eſt) qu'ils conſeruent auec tant de ſoin & vigilance que de tout ce qu'ils empietent, vn tout ſeul

QQq iiij

pied de terre ne leur eschappe. Les limites de son pays du costé du Leuāt, sont l'Archipel, le destroit de Gallipoly ou Propontide, la mer Noire ou Pont Euxin, la Temerinde ou Meotis, iusques au Don ou Tanais : Du costé du Nort, il a la Moscouie, la Russie, la Vallachie, la Hongrie, auec le Sibemberg, & auroit de ce mesme costé plus loin planté ses armes, sans que les fleuues & les montaignes l'en ont plus empesché que les armes voisines : Du costé de l'Occident, il a l'Austriche, & la plus part de la Hongrie, le Carniole & le Friuly. Du Midy, il ne s'en faut que bien peu de villes des Venitiens, & Ragusees qu'il n'ait le gouffre de Venise pour limites. L'origine de son Empire & le principe de sa grandeur selon les Historiographes, vint premieremēt d'Ottoman fils d'vn Zichus, homme de basse condition, mais par sa valleur aux armes, il augmenta les possessions par la prise de la Bithynie, Cappadoce, & autres terres. Son fils Orchanes cōserua non seulemēt l'aquis & conquesté, mais l'augmenta par la prinse de la florissante ville de Prusie, qu'il fist chef de son Royaume. Amurath luy succeda qui accreut son Empire de la plus part de la Grece, passant d'Asie en Europe, où il conquesta Gallipoly, Chersonese, Abydos, Philopoly, Andrinopoly, & les regions de Seruie & Bulgarie. Bajazet fils de cestuy cy, occuppa la Phocide, auec vne bonne partie de la Thrace & la Grece. Bien peu de temps apres vint Mahomet premier, qui print la Vallachie, la Macedoine, & donna iusques aux bords de la mer Ionique. Amurath second son successeur debella l'Epire, l'Etolie, l'Achaie, la Bœotie, l'Attique & Thessalonique ville qui estoit aux Venitiens. Mahomet second qui succeda à Amurath, ruina Athenes, print Constantinople, empieta l'Empire de Trebizonde, Corinthe, l'Emne, l'Eubœe autrement l'Isle de Negrepont, Mitelene & Capha ville des Geneuois. Bajazet second osta aux Venitiés Neopacte, Methoua, & Dirrache, & ruina toute la Dalmatie. Son fils Selim s'empara de l'Empire du Caire, d'Alexandrie, de toute l'Egypte, & du Royaume de Damas. Soliman second vint puis apres qui occupa Bellegrade, Bude, Stridon, & presque toute la Hongrie. Il print Rhodes qui se rendit à composition, où comme Empereur des infidelles il ne garda pas sa parole non plus que son fils Selim à la rendition de Famagoste, & de toute l'Isle de Cypre. En apres vint Amurath troisiesme lequel augmenta aussi son Empire aux despens de l'Affrique, de l'Asie & l'Europe. Quāt à Acmet ou Mecmet qui possede l'Empire auiourd'huy il ne promet pas peu de sa personne, vaillant & cruel comme il est, & non moins ou plus ambitieux que ses predecesseurs, aagé seulement de vingt huict ans, & non si suiet aux femmes comme les autres, qui nous le doit rendre de tant plus redoutable. Il a vne infinité de grands & merueilleux desseins sur la Chrestienté, comme le bruit court & les aduis en viennent de toutes parts, que le bon Dieu neantmoins vueille dissiper & reduire à neant, ce qu'il fera sans doubte moyennant que de nostre part, chacun en chaque estat face bien ce qui est du deu de sa charge. Quant à son reuenu bien qu'il soit tres-difficile d'en sçauoir parfaictement la verité, neantmoins aydé de la recherche que i'ay faict des autheurs qui en ont mieux escrit, auec si peu que i'en ay appris sur les lieux, ie mettray peine d'en dire à peu pres ce qui en est. Premierement on fait estat qu'il tire par forme de tribut de tous les Chrestiens qui habitent en ses terres deux millions d'or en vne partie, & pour les daces, tributs & imposts sur les marchandises, vn autre million: Pour les Gabelles en general vn million: du reuenu des Salines en l'Isle de Cypre & autres lieux du Leuant cinq cens mille ducats: Pour les commandemens & lettres de Cour dix mille: pour le reuenu des offices vaquans vn million: pour le droict qu'il tire de ceux qui meurent sans heritiers deux cens mille ducats: du reuenu de ses monnoyes cent cinquante mille ducats: Plus on faict estat qu'il tire de diuers seigneurs ses esclaues bien qu'ils soient gagez de luy trois cens mille ducats: de l'Estat qui fut de Carabogdani cinq cens mille ducats: du Caire & de toute l'Egypte vn million d'or & demy & quinze mille hommes payez tousiours prests à marcher: des mines d'or & d'argent cent mille ducats: de l'Estat qui fut du Prince d'Eulachie quinze mille ducats: Des Ragufees douze mille cinq cens ducats: De l'Ifle du Zante appartenant aux Venitiens qu'il s'est renduë contribuable cinq mille ducats, si par leurs derniers traittez, ceste imposition n'a esté abattüe: Pour certains foüages qu'il fait leuer sur les Chrestiens & Turcs ensemblement quinze mil ducats: De l'Ifle de Scio dix mille ducats: De l'Ifle de Cypre dix mille ducats; de la Perse cinq cens mille ducats: Depuis ce procompte faict du temps des predecesseurs de cestuy-cy, il s'est faict d'autres erections de Tributs, Gabelles & parties Casuelles, mort des grans sans heritiers, où il a par tout des commissaires appellez Petalmagilar, qui y ont l'œil, & bien qu'ils laissent des heritiers le bien ne laisse d'estre estimé, dont il leue la dixiesme partie. Les confiscations aussi remplissent souuentesfois ses coffres, comme on tient qu'il eust à la mort d'Ochialli vn des grands de sa Porte dix millions d'or; & d'Abrahim Bascha quinze millions qui furent tous deux faicts mourir. Dauantage il a des pays ou il prend la moitié du reuenu, & la septiesme partie de l'autre moitié, & les habitans s'appellent Surgondi, c'est à dire coloni, qui sont ceux qu'il trouue en quelque bon pays & bien habité qu'il a pris & conquesté: il y laisse de ses gens ou enuoye d'autres peuples pour habiter ces terres de nouueau conquestees, & pour les conquestez, il les enuoye en des deserts, de bonnes terres neantmoins, où il en fait bailler à cestuy-cy dix arpens, à cestuy là quinze, à cet autre vingt, & ainsi des autres tant du plus que du moins à chacun selon sa force & faculté: Il leur fait bailler dauantage à chacun vne paire de buffles pour labourer ces terres, & du bled pour les ensemencer & se nourrir vn an: Ce que fait il les laisse ainsi douze ans sans rien leur demander, sinon au bout du temps, qu'il faut compter ensemble & payer ce à quoy chacun sera taxé. Tous les lieux maritimes de la Natolie sont ainsi habitez de Chrestiens, Esclauons, Bosnois, Vallacques & autres: ceste inuention fut trouuee de Sultan Mahomet. De tous ces articles & memoires on peut iuger aucunement le reuenu du grand Turc d'auiourd'huy, qu'on estime du moins de douze millions d'or: Et neantmoins on s'admire comme cet Empire qui contient

plus

de mil cinq cens lieuës de long & presque autant de large, & ses terres proches & adiacentes les vnes des autres, n'est de plus grand rapport; mais cela vient à cause de la pluspart des terres qui ne sont point labourees, & arriuant qu'elles le soient elles sont souuent despoüillees & effruittees par les premiers venans faute de bonne iustice, pour raison dequoy la pluspart des terres de ce pays là demeurent en frische, de maniere que le plus du reuenu du grād Turc luy viēt de ses villes maritimes & des autres moyens que nous auons cy dessus dit. Tous ces deniers dont nous auons cy deuant parlé se rendent en Cōstantinople, entre les mains d'vn Rosanamagi, chef des Cōtrolleurs qui mettent les deniers dans les thresors & les deliurent par commandement seulement des Generaux ou du Prince : Pourquoy il faut que les Bachats mesmes leur facent la Cour aussi bien que font souuent les pauures officiers de ce Royaume aux Thresoriers de France, ausquels ils sont souuent contrains de donner vne partie de leurs gages pour auoir l'autre. Il y a dauantage vn Chasnandarbassi maistre du thresor qui est Eunuque le plus souuent, pour ce qu'il deliure l'argent aux ieunes gens du Serrail, & soubs luy sont dix petits commis, par dessus lesquels il y a vn Chasnaenim qui depart les deniers extraordinaires, comme pensions & autres. Et d'autant qu'il y a grands & diuers pays sujects & tributaires au Turc, d'où viennēt diuerses especes de monnoyes, où l'on est sujet parmy ceste diuersité à receuoir de mauuais argent, il y a auec les Thresoriers generaux cinq Seraphgilar qui visitēt les monnoyes, les estiment, & font souuent fricasser au feu comme les aspres pour voir celles qui rougiront : Les Iuifs qui ont correspondance en tous lieux les changent pour y gaigner. Le thresor de tous ces deniers, est l'vn au Serrail du Prince, l'autre au Chasteau des sept Tours, soubs bonne & seure garde comme nous auons cy deuant dit en la page 468.

R Rr

De l'origine du faux prophete Mahomet, & de partie des impostures de son Alcoran.

Chap. X.

LE faux Prophete Mahomet estimé des Turcs, Mores, Arabes & Sarrazins, pour le plus grand de tous les autres Prophetes qui furent iamais au monde, nasquit au temps du Pape Gregoire premier, & de l'Empereur Maurice, en l'an de nostre Seigneur 97. d'vn pauure village d'Arabie en l'Asie appellé la Mecque selon les vns, & les autres Itarip ou Itratip, mais la plus saine opinion dit que ce fut en Iesrab appellé auiourd'huy Medinat Alnabi: Son père chetif paysant appellé Abdera estoit idolatre, Persan selon les vns, & selon les autres Arabe: & sa mere de mesme estoffe, estoit Iuifue de la race bastarde d'Ismael: Et bien que ce meschant auorton de nature fust pauure des biens de fortune, fort ignorant & maladif specialement subiect à l'epilepsie & mal caduc, il estoit neantmoins si riche d'ambition, & superbe, accompaignee d'vne si grāde malice qu'en l'an 26. de son aage sous l'Empire d'Heraclie, il cōmença à semer & introduire vne si pernicieuse doctrine, que Satan son autheur ne luy en auroit peu suggerer vne plus detestable & damnable, qu'il appella du nom de Loy troisiesme, attendu qu'il ne pouuoit impugner la loy que Dieu donna à Moyse, ny celle de nostre Seigneur à ses Apostres, toutes deux confirmees par tant de miracles & sacrez tesmoignages, au contraire de la sienne pleine d'illusions & sottes impostures. Comme il vint à iuger que les Chrestiens & Iuifs de son temps estoient versez aux sainctes loix de l'vn & l'autre testament, pour raison dequoy il ne luy seroit facile de les attirer si tost à la creance de la sienne, il s'aduisa d'en extraire & prendre quelques maximes qu'il mesla çà & là dans son Alcoran, frottant les bords du gobbelet & couurant de succre le poison qui estoit au fonds pour le leur faire plus doucement aualler. Et pour donner plus belle visee aux Iuifs il ordonna qu'il falloit tous estre circoncis, niet l'article de la Trinité, & ne point manger de chair de pourceau, cet animal ayant esté creé depuis le deluge du fient d'vn chameau, & partant cóme animal immonde, il le falloit reietter à fin que le peuple ne s'en polluast. Pour mieux seduire les Chrestiés il ordóna que tous ceux de sa Loy par forme de Baptesme se laueroient souuent les membres, recognoissant au reste que Iesus Christ estoit vn fort grand Prophete nay de la Vierge Marie, non par aucune voye humaine, mais par la vertu diuine. Et à fin de mieux attraper les Mores, Sarrazins & Arabes luxurieux & paillards ce qui se peut, il leur fist cet autre appast, permettát par sa Loy à quiconque, de prendre autant de femmes & concubines qu'il en pourroit nourrir & specialement des plus proches de son sang, à fin que l'amitié des parentelles se redoublast par ce meslange, & autres raisons tant & plus ridicules. Pour donner encor plus de couleur à ceste belle Loy, il voulut à l'imitation de Dieu, qui nous ordonna de garder dix commandemens en la nostre, en ordonner seulement huict en la sienne, dont voicy le premier. Croire en Dieu qui a creé toutes choses, & en Mahomet son dernier Prophete, pour le mot fin. Le second, qu'on honore pere & mere. Le troisiesme, ne faire à autruy chose que nous ne vouluíssiós nous estre faite. Le quatriesme, aller à la Mosquee au téps de l'oraison. Le cinquisme, ieusner vn mois en l'annee. Le sixiesme, faire l'aumosne. Le septiesme faire, le mariage auec solemnité. Le huictiesme, ne faire homicide si on n'y est porté par violéce manifeste. Pour la sanctification du Dimanche & des festes ordonnees de Dieu, le larcin, le faux tesmoignage, & la paillardise estroittement deffendus de sa bouche: ce bon Legislateur n'a point voulu pincer ces cordes là de peur de destourner par trop ses sectateurs: & à fin d'attirer plus de peuple à sa suitte. Plusieurs gens de sa farine embrassans iournellement sa loy, ceste consideration occasionna vne certaine veufue nommee Cadiam Princesse de D'orcanee de le prendre pour mary, laquelle mourant peu de temps apres il demeura Seigneur absolu de ceste Prouince, de maniere que son ambition

RRr ij

croissant auec ses moiens, il empieta incontinent le Royaume des Arabes. De là il print sujet de faire publier qu'il estoit le Prophete enuoyé de Dieu se faisant à ceste occasion appeller en sa langue, Acuraman penegader, c'est à dire dernier Prophete, & qu'au iour de sa naissance Dieu luy auoit enuoyé trois clefs, la clef de la victoire, la clef de la loy, & la clef de Prophetie, à fin de reformer toutes les Loix du monde qui estoient corrompües. Il dit en son Alcoran que quiconque obeira à sa Loy ira droit en Paradis, & ceux qui feront le contraire en Enfer, forçant au reste vn chacun par la rigueur du fer & du feu à la garder, & entre autres onze de ses oncles freres de son pere qu'il fist tous esgorger, pour ne luy auoir voulu obeïr. Bref se declarant ennemy ouuert de tous ses contredisans, il se mist en campaigne auec ceux de sa faction, où il fist tant de meurtres que c'est chose impossible & incroyable à dire: forçant ainsi le monde à luy obeïr & adiouster foy à mille choses ridicules & pleines de blaspheme. Premieremét ce meschant dit en son Alcoran que Dieu est corporel & cause des pechez qui se font au monde, que les Anges creez de feu & de flamme sont aussi corporels, qu'ils sont pecheurs, & qu'au iour du iugement ils mourront au premier son de la trompette & seront reduits en cendre, mais la trompette sonnant pour la deuxiesme fois ils ressusciteront auec les creatures humaines & animaux irraisonnables, qui auront aussi besoin de pardon à cause de quoy il prie Dieu pour eux. Dauantage il dit que la cheute de Sathan du ciel au profond de l'Enfer, vint de ce qu'il ne voulut adorer Adam qui auoit esté fait de la main de Dieu, & que par sa grande misericorde les diables seront à la fin, deliurez de l'Enfer. Quand à son Alcoran il deffend d'en disputer à peine de la vie, mais bien enioint-il de forcer auec le fer & la flamme quiconque n'y voudra croire, d'où il arriue mille malheurs & autant d'insolences & la perte de cent mille millions d'ames qui viuent & meurent aueuglees en ceste pernicieuse & damnable Loy. Combien sont grandes leurs ordures & salletez, helas! ie ne l'ose dire, puis que les adulteres, les stupres, incestes & viollemens ne sont rien au prix de la Sodomie fort commune entre les plus grands de ceſte mauditeLoy, mais encor la beſtialité entre les mediocres & toutes ſortes de plebees. Pour faire voir maintenant combien ce peché eſtoit aggreable à ce faux prophete ſi charnel & paillard, en ſes plus communes iactances il ſe vantoit d'auoir la force de quarante hommes en ſes reins, comme auſſi à vray dire la paillardiſe auec toutes ſortes de femmes eſtoit ſon plus grand exercice, diſant de plus en ſon Alcoran, que les ames bien-heureuſes de ſa loy auront en l'autre monde pluſieurs femmes & concubines, ſpeciallement des vierges, & auront affaire meſmes auec les Anges, & cela ſuffiſe touchant ce poinct de peur d'en dire pis. D'ailleurs cet Alcoran eſt ſi meſlé & farcy de fables, menſonges & folies ſi eſloignees ſeulement de l'apparence de verité, que les plus grands baſtelleurs & charlatans du monde n'en voudroient alleguer de ſi ridicules ſur leurs Theatres : & neantmoins pour eſtre le premier menteur de l'Vniuers, il ſ'eſt oublié de pratiquer la couſtume & maxime des menteurs, qui eſt de ſe reſſouuenir de leurs menſonges, pour fuyr aux contradictions auſquelles il eſt fort lourdement tombé en beaucoup de paſſages de ſon Alcoran. Entre autres choſes il raconte qu'vne certaine nuict les Diables oyans lire l'Alcoran, ils y prindrent vn tel plaiſir qu'ils conclurent enſemble de ſe faire Mores & ſe Mahometiſer, ſuggerans au reſte à vn chacun de croire en ceProphete, en faueur duquel Dieu leur pardonneroit toutes ſortes de pechez. Mais il dit en vn autre paſſage de ceſte belle loy, qu'au vray lieu de l'oraiſon & au temps de la priere il faut demander à Dieu qu'il nous deffende du Diable, pour eſtre ennemy de l'homme, de Dieu, de Mahomet, & des Anges. Il dit cecy de plus en vn autre paſſage, que lors que Dieu maudit & chaſſa le Diable du Ciel, il luy declara qu'il ſeroit perpetuellement ennemy des hômes, les tentant & tourmentant en diuerſes ſortes & manieres : il dit qu'au iour du iugement reſſuſciteront toutes ſortes d'animaux celeſtes & terreſtres, & que les moutons entre autres qui ont eſté tuez par la main des Mores & Mahometás, prirôt Dieu pour eux, & irôt en Paradis enſemble, d'où il arriue que ces bourreaux & grãds carnaciers tuent tant de moutons, ſpecialemét vers la Paſque (bien qu'ils

RRr iij

ne soient obligez à plus d'vn) à raison disent ils que lors que l'Ange pesera les ames à la balance, ces moutons se ietteront dedans pour le bien & salut de ceux qui leur auront couppé la gorge. Il escrit aussi dans son Alcoran que la Vierge Marie estoit sœur de Moyse & Aaron, bien qu'il y ait interualle & distance du temps de ces Legislateurs à celuy de Nostre Seigneur de plus de mil cinq cens ans, mais il s'est trôpé à ce nom de Marie prenant l'vne pour l'autre : Il met encor apres, que Dieu enuoya le Psaultier de Dauid & les Euangiles à Iesus Christ fils de Marie, & l'Alcoran à Mahomet : Il dit autre part que le vieil & nouueau testament est la Loy & le chemin des iustes, & parlant de son Alcoran, il dit que Dieu le fist descendre sur Mahomet comme sur Iesus Christ l'Euangile. Et nonobstant toutes ces paroles il escrit autre part le contraire disant, que les Iuifs & les Chrestiens n'ont point de Loy, & qu'ils viuent en vn manifeste erreur, appellant les Iuifs maudits & les Chrestiens errans. Il dit encor en vn autre lieu que chacun en quelque religion que ce soit peut faire son salut, pourueu qu'il ne se veautre & ne se souille point aux ordures du monde, & qu'il ne quitte sa Loy pour en suyure vne autre, & puis conclud ailleurs qu'il n'y aura de sauuez sinon ceux qui viuēt selon ses institutions, laissant en ce lieu le iugement à vn chacun des contradictions & rapsodies de cet imposteur & faux Prophete. Il y a dauantage vn si grand nombre de folies & contes ridicules en cet Alcoran que i'estime ridicule celuy qui s'arreste à les lire, & plus que ridicule qui les redige par escrit, ce que ie ne ferois n'estoit pour faire cognoistre la sottise & grande impertinēce de ceste loy, auec la bestise & damnation de nos Renegats, qui pour la suiure font banqueroute à la vraye Foy. Ce fol insensé dit encore en vn autre passage de son Alcoran, que Salomō fist assembler vn iour aupres de luy toute son armee cōposee tant d'hōmes que de Diables, & cōme elle passoit, dit cet imposteur, par dessus le fleuue des formis, vn de ces petits animaux dit à haute voix à tous les autres, retranchez vous dans vos petits logemens, car Salomon vous veut deffaire, lequel oyt ceste parole d'vne lieuë loin, &c. Ce grand menteur dit encor que Dieu crea les cieux de fumee,

& que la terre eſt fondee ſur la poincte de la corne d'vn bœuf, la ſeule cauſe de ſes grands tremblemens. Il dit ailleurs comme il dormoit vne nuict auec ſa femme Axe vne de ſes mieux-aimees du nombre de quinze qu'il auoit, ſans conter ſes putains, concubines & eſclaues qu'il tenoit en plus grand nombre (vray eſt que le Turc engroſſant vne de ſes eſclaues elle a gaigné ſa liberté) l'Ange Gabriel vint à ſon lict qui l'embraſſa fort eſtroittement diſant, Dieu t'enuoye le ſalut & te commande de le venir trouuer ſur cet animal qui s'appelle Alborach, ce qu'il fiſt & monta au ciel ainſi qu'il dit: & d'autant que l'hiſtoire eſt trop longue & pleine de folie ie paſſeray le reſte ſoubs ſilence. Il dit encor ailleurs comme il eſtoit preſt vn iour à partir de la Mecque pour aller à la Medine, qu'vne racine de palme eſmeuë de compaſſion pour raiſon de ſon depart ſe miſt à pleurer amerement à cauſe dequoy les Mores & Mahometans ont encor auiourd'huy les reliques de cet arbre, qu'ils baiſent & adorent auec vn incroyable reſpect. Si ie voulois paſſer outre au recit de ſes menſonges & folies, ſans doubte ie ſerois trop long eſtimant que i'en ay dit à ſuffire pour faire cognoiſtre l'erreur & l'horreur de ceſte Loy: pourquoy à la mienne volonté que les Chreſtiens recogneuſſent bien la grace que Dieu leur a faicte de ſe reueler à eux, en leur enſeignant le vray chemin du ciel les ayant eſclairez de ſa vraye lumiere de la foy, parmy les tenebres de tant d'erreurs: & a fin que le lecteur n'ait pas opinion que ie fuſſe inuenteur de ces folies dont i'en ay veu & oüy la pluſpart ſur les lieux, ie le renuoyeray aux autheurs qui en ont eſcrit plus amplement & entre autres Pie 2. François Sanſouin, Pierre Meſſie, Theodore, Spandugine, & autres. Quant aux cieux qu'il faut paſſer pour aller en Paradis, il dit qu'ils ſont edifiez de toutes ſortes de pierres precieuſes, mais pour le regard du beau Paradis qu'il promet à ſes Muſſulmans & plus fidelles ſectateurs de ſa Loy, il le decrit de telle ſorte & le peint de couleurs ſi extrauagantes & bigarrees qu'on luy donneroit pluſtoſt le nom d'vn bordeau ou d'vn cabaret qu'autrement.

Particularitez remarquables sur la vie, mœurs & actions des Turcs.

Chap. XI.

'Est vne chose commune & ordinaire à vn chacun, de se plaire & delecter de son nom, à quoy la nature & la raison humaine le conuie; & neantmoins le Turc est en cecy contraire à toutes sortes de peuples & nations, qui reputeroit pour iniure si on l'appelloit Turc, sillabe Chaldaique qui vaut autant comme delaissé de Dieu, banny ou chassé, aussi tient-on que ceste maudite engeance est premierement venuë de la Scythie Asiatique où sont auiord'huy les Tartares, & des rochers de Caucase d'où ils sortirent premierement comme bestes de leurs cauernes, & comme fugitifs esclaues des Scythes sans Dieu, sans Roy, & sans Loy, en l'an de nostre Seigneur 747. C'estoient autant de vagabonds qui marchoient serrez par le monde auec tout leur equipage cõme font encor auiourd'huy les Egyptiens: Les Roys & Princes les logeoient au premier par commiseration, toutesfois à certains pacts & conditions qu'ils obseruoient tres-mal, ils passerent iusques en Perse où ils trouuerent le pays à leur gré, & y vescurent vn temps en payant le tribut aux Sophis, & là se multiplierent de telle sorte que desormais ils furent suspects aux Roys & Princes specialement au Sophy, qui estoit lors, lequel par l'aduis de son conseil les chassa de ses terres, comme d'assez fraische memoire le Roy d'Espaigne les Morisques de son Royaume, pour auoir cõspiré contre l'Estat & sa personne. Ces premiers passerent le fleuue de Chobar aux confins de la Perse se reuoltans sur la fin, à cause du grand nombre qu'ils estoient, contre toutes sortes de Roys & Princes, & firent Selduch leur premier Roy, qui fit tant qu'il occupa la Perse. Quelque temps apres s'vnissans auec les Sarrasins ils embrasserent la Loy de Mahomet: & comme il n'y eut iamais au monde vn plus

grand

grand & signalé voleur que ce faux Prophete, iusqu'à desrober l'honneur de N. S. qui ne luy estoit point deu, ces gens, sectateurs de sa Loy, ne viuoient que de brigandages dont ils se sont tellement accreus & augmentez que leur chef est au-jourd'huy Empereur de trois Empires, & Roy de septante deux Royaumes, & faut noter que des la prinse de Constantinople forcee par Mahomet second, il despouïlla tout d'vn coup la Chrestienté de douze Royaumes & deux cens villes, comme ont remarqué les Historiographes. Ces gens remplis de toute impieté font la guerre plus par fraude & desloyauté que par vertu, car Mahomet leur faux Prophete, vray pere de mensonge & d'iniquité leur a apprins ceste maxime, qu'ils prattiquent & mettent tous les iours en vsage: el Herbu Hudiatam, la fraude doit auoir lieu parmy les combats. Comme à la verité Mahomet augmenta son Empire, & ses successeurs à son exemple, par violemens de sermens à leurs voisins, fraudes, ruses & trahisons, s'enrichissans ainsi de nos despouïlles: mais outre la fraude & perfidie si commune à ces maistres scelerats & impies, la cruauté est encor si grande qu'elle deuance de beaucoup celle des plus grands & cruels Tyrans qui furent iamais au monde, car ce Mahomet second duquel nous parlions n'agueres, en fist voir de grandes marques à la prinse de ceste ville Imperiale Constantinople, où apres auoir exercé toutes les cruautez qui se peuuent imaginer à l'endroict des vaincus qui se rendoient à luy, il fit mille opprobres & outrages aux Sainctes cendres & precieuses Reliques des Martyrs, que les Empereurs Chrestiens conseruoient & reueroient auec tant de respect: ce detestable les fit ietter aux chiens & aux pourceaux pour la verification des paroles de Dauid : Ils ont mis les corps morts de tes seruiteurs pour viande aux oyseaux du ciel, & la chair de tes Saincts aux bestes de la terre. Il prenoit plaisir à faire mettre en mille pieces toutes sortes de beaux images, & se chauffer à la flamme des plus riches ornemens du Temple de saincte Sophie, duquel en fin il fit vn bordeau public aux despens de l'honneur des preude-femmes, & de la virginité des paures filles abandonnees: chose qui de-

S S s

uroit esmouuoir & picquer iusqu'au vif la paresse des Princes Chrestiens pour venger tant d'atroces iniures. Il fit porter le S. Image du Crucifix (mais ie m'en deurois taire pour nous estre vn des-honneur eternel) tout fangeux, couuert de crachats, & penetré de mille flesches, vn meschant chappeau sur le chef, par toutes les ruës de la ville, & de là par tout le camp, les clochettes sonnans deuant, & faisans crier à haute voix ces paroles rapportees en forme d'escriteau au haut de la Croix, Voylà le Dieu crucifié des Chrestiens auec mille autres blasphemes : mais cóme Ruben fut puny & chastié de Dieu pour auoir souïllé la couche de son pere, ainsi en sera-il de Mahomet & ses successeurs pour auoir souïllé l'honneur de l'Eglise nostre mere. Apres que cet Empereur des Tyrans eut faict recognoistre parmy les morts le corps de l'Empereur des Chrestiens, ce meschant luy fit trancher la teste & la fit porter par tout le Camp, & pour les Princes & Seigneurs qui resterent en son pouuoir apres la prinse de la ville, il leur fit arracher les yeux & puis les fit mourir. Ayant subiugué le Royaume de Bosna en l'Esclauonie, on dit qu'il esgorgea de ses propres mains le Roy de ce Royaume auec son oncle qui s'estoiét rendus à luy la vie sauue. Ie ne passeray pas soubs silence ce qu'il fit à la prinse de Constantinople, où en la presence de ses Baschats au mitan de sa bonne chere il fit trácher la teste à vn nombre infiny de Gentilshommes Chrestiens, & maquereau tres-insigne rauir & violer leurs femmes & filles en sa presence. Nous lisons aux Chroniques de Vvolfangus qu'en l'an 1474. en vne rencontre qu'il eut auec le Roy de Perse, où il le desfit au proche de l'Euphrate, s'en retournant victorieux auec six mille huict cens prisonniers, l'histoire dit que par maniere de passe-temps à chaque logement, il en faisoit esgorger cinq cens, ce qu'il continua iusqu'à tant qu'il les eust tous faict mettre à mort. Son predecesseur Bajazet n'estoit pas moins cruel, & son successeur Solyman, qui firent tous deux des cruautez si estranges sur les pauures Chrestiens, specialement à la prinse des Isles de Rhodes, Cypre, Negrepont & autres, qu'on en feroit des liures entiers, mais il ne faut trouuer estrange qu'ils nous traittét de la façon comme leurs plus grands aduersaires, puis qu'ils prennent bien plaisir en plein conuiue à faire estrangler leurs propres freres, & lauer leurs mains dans leur sang. Pour les paures Chrestiens qu'ils prennent à milliers dans les Isles & sur les riuages de la Chrestienté, la plus grande faueur qu'ils ayent à esperer de ceste cruelle & barbare gent, c'est vne perpetuelle gallere, s'ils y sont propres, ou sinon ils les meinent enchaisnez à troupes par les marchez, où tel sera vendu iusqu'au nombre de cinq ou six fois le iour, & de là enleuez si auant dans les terres fermes, où ils sont attellez & enchaisnez ensemble pour labourer la terre au lieu de bestes, qu'ils n'entendent plus aucunes nouuelles de la Chrestienté. Et puis iugez la belle apparence des raisons de Luther, disant qu'il n'est loisible de faire la guerre au Turc, mais qu'il est mieux seant à vn Prince Chrestien de luy ouurir toutes les portes de ses terres, qu'on ne pourroit voir vn Empire mieux policé que le sien, & qu'il est dix fois plus prudent & plus homme de bien que nos Princes Chrestiens. Nonobstant ces estranges cruautez cent fois plus grandes que ie ne les pourrois raconter, on ne se pourroit iamais imaginer au vray la grande hypocrisie & apparence de pieté cachee soubs la blancheur de leur Turban, car ils sont beaucoup plus assidus à rendre le deuoir à leur faux Prophete, & comparoistre en temps & lieu en leurs Mosquees, que nous autres Chrestiens en nos Eglises, pour rendre l'honneur que nous deuons à Dieu. Au lieu de cloches ils ont le Meizin, ou Talisman, vn de leurs Ministres deputé à cet office, qui monte tout au haut d'vne petite tour attachee à la Mosquee au lieu de campanier, & se bouschant les oreilles de ses deux mains, il crie comme vn Diable deschainé vers toutes les quatre parties du monde l'Ot, l'Oc, &c. inuitant le peuple de venir à la priere, disant en leur langue telles ou semblables paroles : Venez au Temple rendre graces à Dieu, & prier pour la santé du grand Seigneur, & pour la prosperité du peuple Busurman, c'est à dire Turquesque, qu'il augmente leur foy & diminuë celle des Chrestiēs, & tous autres leurs ennemis : Que Dieu les tienne tousiours en discorde, & eux en paix & concorde, auec abondance de biens, & puis la vie eternelle auec leur grand Prophete Mahomet.

Ils font cet appel cinq fois le iour, & le Védredy le iour de leur grand' feste six fois, où ils ne manquent iamais, notez, s'il n'y a beaucoup d'empeschemēt. Ce premier cry se faict à la pointe du iour & l'appellent Tamzith: le second à Midy est appellé Huilim: le troisiesme à l'heure de vespre dit Hichindi: le quatriesme à soleil couchant appellé Axamin: le cinquiesme à deux heures de nuict Satichim: & le sixiesme au iour de Védredy à l'heure de Sexte qu'ils appellent Psaltir, d'autāt qu'à telle heure ils lisent le Psaultier de Dauid en langue Arabique. Incontinent qu'ils ont entendu cet appel ils se vont tous lauer pour cōparoistre, disent-ils, nets & polis en la presence de Dieu, & au lauemēt de chaque partie en imitatiō de nostre baptesme ils disent vne oraison, & cōmençans par les mains, disent en leur langue: Seigneur Dieu, pardōne moy les offences que i'ay faites auec ces lourdes & pecheresses mains cōtre ta Majesté, mō prochain & mon ame: puis ils se lauent la bouche, le nez, les yeux, les oreilles, le col, le bras dextre, le gauche, les cuisses & les iambes, auec ceste creāce que bien lauez quelque peché mortel qu'ils ayent cōmis est effacé. Preparez de la maniere, ils vont à la Mosquee, où ils entrent sans mules ny soulliers, ce que i'estime qu'ils ont tiré de ce passage de l'ancien Testament, où Dieu dit à Moyse; Tire tes soulliers de tes pieds, car la terre où tu es est saincte. Quant à la forme exterieure de leurs deuotions & oraisons, entrez qu'ils sont dans la Mesgede ils s'approchēt pres de leur Ministre, & tenans l'œil collé sur luy font les mesmes sighes & gestes qu'il faict, premierement estans sur pied tousiours la teste couuerte, ils ouurent les bras en forme de Croix puis les resserrās & ioignans les mains mettēt les deux genoux en terre qu'ils baisent, puis leuans la teste haut ils se bouschent les deux oreilles auec les deux mains, & apres qu'ils se sont tenus vn peu de temps en ceste posture, ils baisent la terre derechef iusqu'à cinq ou six fois, ayans la face tournee au Midy, puis se releuans sur pied ils ouurent & leuent les bras derechef, ils passent les deux mains par dessus la face, appellās ce signe impetratiō de paix, & se tiendrōt debout vn quart d'heure les bras ouuerts en forme de Croix, sans comparaison à la maniere des Religieux de

S. François quãd ils sont en cõtemplation, puis s'agenoüillans derechef toussiours assis sur leurs tallons cõme les fémes, baisent la terre derechef, & tiennẽt leur bouche contre, le temps d'vn *Miserere* comme s'ils parloient à elle, puis releuans la teste & se bouschans derechef les oreilles l'espace d'vn quart d'heure, disent qu'alors ils font l'oraison mentale & qu'estans en ceste posture les oreilles bouschees n'entẽdans aucũ bruit l'esprit & la memoire ne sont destournez de la cõtemplation, & ayans faict toutes ces singeries qui ne representent rien de sainct, ils s'en retournent à leur logis: Ils font quelquefois le semblable dans les ruës & places desvilles tant ils sont hypocrites pour estre veus & loüez du monde, souuent à la campagne, & sur le bord des fleuues & riuieres. Leur grand iour est au Vendredy iour de Venus, à raison qu'vn Vendredy la nuict Mahomet fut conceu au ventre de sa mere, & nasquit à vn semblable iour tout circoncis: & aussi qu'ils cherissent ceste planette plus que les autres, d'autant qu'ils sont sujets tant & plus à son influence. Ils sont en ce iour trois & quatre heures consecutiues à la Mesgede, & au retour les pauures esclaues sont asseurez d'auoir la bastonnade, ce que pratiquent indubitablement ceux qui en ont, principalement à Constantinople & en Grece, disans qu'il y a du merite, & que ceste bonne action doit estre annexee à la priere pour luy donner plus de force & de poids, & qu'en tel iour il ne faut pas manquer à ce bon œuure. Il y a le Vendredy à saincte Sophie en Constantinople, & à la principale Mosquee des autres villes, vn Ministre de leur Loy, qui leur interprete quelque passage de l'Alcoran par forme de Sermon, où à ceste cause le simple peuple se trouue & y court des villages. Quand ils tombent malades ou en quelque autre grande aduersité, ils ont recours aux sacrifices selon le Iudaïsme, & aux vœuz & pelerinages selon le Christianisme, vray est qu'ils ne bruslent pas la victime qu'ils appellent Chorbon en leur langue, mais ayans tué l'animal, soit vn bœuf, vn mouton &c. ils en donnent à leur Sacrificateur la peau, la teste & les pieds, & la quatriesme partie de la chair, la seconde partie aux pauures, la tierce aux voisins, & le reste à ceux qui font le sacrifice: mais il faut noter que si premierement ils ne sont deliurez du peril, ou de la maladie pourquoy ils ont voüé de faire ce sacrifice, ou d'aller en vn tel lieu, ils n'en feront rien, tous leurs vœux & promesses estans conditionnelles. Mourant vn homme d'entre eux les hommes en font l'enterrement, vne femme les femmes : Apres auoir bien laué le corps ils le reuestent de toille de cotton ou de fin lin, puis le vont enterrer hors la cité, leurs Religieux marchet deuant le corps les cierges allumez en main, en apres les Imas vont chantans iusques à ce que le corps soit mis en terre : Ils disent que le corps du deffunct ayant esté la tierce partie d'vne heure en terre, Dieu renuoye l'ame dans ce corps & puis apres deux Anges l'vn appellé Nechir, l'autre Remonchir, ayans la face & les autres parties du corps fort espouuentables : Ces deux Anges commencent à la maniere de deux Commissaires à examiner la vie & les mœurs du deffunct, s'il a maluersé en ce monde, ils l'espoussetent, disent-ils, à dire d'où venez vous, auec des verges flambantes : mais s'il a bien vescu icy bas, ils se transfigurent en forme de beaux Anges & le consolent luy disans, que ses bonnes œuures demeureront là auec luy iusques au iour du Iugement qu'elles seront recompensees.

De la mort de Mahomet, de sa sepulture, & de ses successeurs pour la manutention de sa Loy.

Chap. XII.

EN l'an six cens trente sept Eubocara, Homar, Omen, & Alim qui estoient disciples & plus fauorits de Mahomet, voyans qu'il estoit au lit de la mort, prindrent subiect de luy dire ces paroles : Pere, si Dieu t'appelle pour regner là haut, qui veux-tu qui regne icy bas en ton lieu ? vous quatre, dit Mahomet, successiuement les vns apres les autres : ce qui aduint, mais ils moururent tous quatre miserablement assommez de leurs gens propres, de maniere qu'apres eux regna vn appellé Muauia, grand Capitaine de leur secte qui se retira à Damas pour y tenir sa Cour & faire sa principale residence, & dit-on qu'il fist venir en ce lieu les principaux de sa secte & mieux versez en l'Alcoran pour tenir Concile, mais plustost vn complot & conuenticule, à fin d'aduiser les moyens de retrancher mille heresies & autant de sectes qui s'estoient introduittes par la grande ignorance de Mahomet, lequel n'auoit iamais sceu lire ny escrire. Ce Muauia voyant qu'il estoit impossible de rien arrester ny extraire de ceste maudite secte pleine de folies & contradictions qui vint à propos, il se resolut de faire choix sur le grand nombre de tous les Docteurs de sa Loy, de six seulement nommez Mulzin, Boari, Buora, Anœci, Atermindi, & Dauid, qu'il enferma tous sous la clef en vn lieu où estoient tous les escrits & memoires de l'Alcoran de Mahomet, auec charge expresse de ce Muauia, de composer chacun son liure où fussent employez tous les dicts & faits notables de Mahomet qui auroient quelque apparence de verité, & que tout le reste fust ietté à vau-l'eau, ce qui fut faict, & qu'on estime qu'ils auroient chargé deux cens chameaux, tant le nombre de ces folies & rapsodies estoit grand, auec deffense à peine de la vie d'auoir autre creáce que celle que ce Muauia auoit ainsi fait extraire de la premiere, qui fut encor appellee de ce nom d'Alcoran: mais il arriua que de la contrarieté qui se rencontra aux six liures de ces six grands maistres, il en nasquit non seulement autant de sectes, mais mille autres erreurs & autát de couppe-gorges parmi ces infidelles, & neantmoins c'estoit bié reuenu de 72. à six, à raison qu'il estoit escrit en l'ancien Alcoran que la loy de Mahomet estoit diuisee en 72. sectes dont il n'y en auoit qu'vne qui menast l'ame en Paradis & toutes les autres à l'Enfer. Sur ces entrefaites les Turcs cõme nous auõs dit cy deuant bãnis de la Scythie & des montaignes de Caspe & de Caucase maintenãt la Tartarie Orientale, passerẽt en l'an de N.S. 756. en l'Asie mineur qu'ils occuperent: surquoy vn certain Abdala grand Amirant des Arabes alla au deuãt d'eux pour arrester leurs pas, & venans plusieurs fois aux mains il en tõba si grand nõbre de part & d'autre qu'ils furent cõtrains de faire ceste capitulation, telle que les Turcs prendroiẽt la loy de Mahomet, & ce faisãt ils seroiẽt accueillis à l'Empire des Sarrazins & Arabes & regneroient auec eux, où ie laisseray le iugement au Lecteur lequel des deux gaigna le plus en ce traicté, ou qui fist la plus grand' perte, les Sarrazins en se despoüillans de leur Empire, les Turcs en embrassans ceste maudite secte & loy de Mahomet, & de là l'alliance fut si grande entre eux qu'il se passa vn grand temps que les Sarrazins s'appelloient Turcs & les Turcs Sarrazins, & neantmoins les Turcs à la fin emporterent les Sarrazins, & s'inuestissans de leurs terres s'inuestirent quand & quand du nom. Et faut noter que les Turcs ont presque tousiours vescu sans chef & regné Aristocratiquement iusqu'à l'an de nostre salut 1300. peu plus ou moins qu'vn Ottoman fils d'vn Zichus autrement Orthogule, ainsi appellé à cause du lieu de son origine, dict Gallatie, erigea l'Empire en Monarchie. Tous les autheurs qui ont escrit sa vie & curieusement recherché son origine, disent, qu'il estoit de fort basse condition, & de bien peu de moyens son pere n'estant que simple laboureur, mais à cause de son grand esprit & valleur aux armes, comme nous auons desia dict en la page 494. il acquit tant de creance parmy les Turcs qu'ils en firent leur chef, mais ayant le pied en l'estrié il augmenta si bien son Empire aux despens de ses voisins, & tellemét illustra sa famille que d'icelle tous les Empereurs Turcs ses successeurs ont vsurpé ce mesme nom d'Ottoman, duquel ils se disent descendus par droitte ligne. Quant à la sepulture de Mahomet, premierement il mourut à la Mecque ville de l'Arabie heureuse, les vns disent d'epilepsie & mal caduc, les autres d'hydropisie, les autres qu'il fut tué en adultere auec Charussa femme de Marzucho; ce qui est croyable, car c'estoit le plus grand paillard de son temps, disant qu'il auoit pouuoir d'vser de toutes sortes de femmes comme le grand Prophete; d'autres disent qu'il fut mangé des pourceaux, & qu'à ceste cause les Mahometistes ne mangent point la chair de pourceau : Humeran dict qu'il mourut d'vne pleuresie qui le tourmenta 13. iours, & d'autant que les sept premiers iours il estoit insensé & ne pouuoit parler, estant interrogé de la duree de sa Loy, en leuant les deux bras il monstra les dix doigts de la main, que les siens interpreterent pour autant de centaines

nes d'années: La parole luy reuenant il parla de mille ans, & dist qu'il seroit porté au ciel le tiers iour apres sa mort, qui occasionna ses plus proches de garder son corps iusques au quatriesme, qu'il rendoit vne puanteur si insupportable qu'on fut contraint de le ietter dehors, mais Haly fils d'Abitalib, & Elpeel fils d'Ademutalib son ayeul, le recueillirent, le sauerent & l'enseuelirent en trois robbes pour empescher sa puanteur, puis le ietterent en terre: Et ce faict vn chacun reprint sa premiere Loy de Chrestiens, Iuifs & Pyaens, sauf ses parens qui pour l'amour des honneurs & des moyens tindrent ferme. Il mourut apres auoir gaigné dix-huict batailles pour l'establissement de sa Loy en l'aage de quarante ans, mais Postel dit qu'il vint iusqu'à soixante, tant y a qu'ayāt faict ceste belle fin correspondante à sa vie, ses Saipler assauoir ses disciples suyuant son ordonnance firent porter son corps à Medinat Alnabi. i. la ville du Prophete à deux ou trois iournees de la Mecque, où comme nous auons dit il fut mis en terre. Ceste maudite carcasse fut dōc deposee tout au mitan du Temple de ce lieu, où les siens luy firent vne fosse fort profonde, cōme de la hauteur de l'homme, & longue & large à la proportion, ce faict ils la firent massonner par tout de brique au dedans, & là, descendirent ce puant cadauere dans vn simple cercueil de bois, puis couurirent la fosse d'vne grand' pierre de marbre, sur laquelle ils firent vne autre massonnerie de marbre, haute à la poictrine de l'homme: du costé de la teste est vne grand' table de marbre iustement posee sur son droit, comme si elle auoit creu naturellement sur la place, & aux pieds de son tombeau vne autre de la mesme façon, mais non du tout si haute, & dessus est pendant vn ciel de camelot vert. On dit que les Armeniens voulans vn iour posseder ce corps, auoient miné soubs terre, mais leur dessein estant miraculeusement descouuert (comme disent les Turcs) ils en firent faire vne cruelle iustice, & deslors firent ceindre ce tombeau tant dehors que dedans auec vn nombre infiny de lattes & fer, pour empescher à l'aduenir qu'on n'y peust plus attenter: on tient qu'il dist à la fin de ses iours qu'il ne seroit point là plus de mil ans en terre, au bout desquels estant leué sa secte prédroit fin.

TTt

Maintenant pour resoudre la creance de beaucoup qui estiment que son corps soit encor aujourd'huy suspendu en l'air dans vne chasse de fer, par la force de l'aimant qui estoit aux enuirons, on tient par tout l'Orient que cela a esté autrefois, nonobstant ce que i'en ay cy-dessus dit, apres nombre d'autheurs dignes de foy: mais qu'vn certain marchant Chrestien qui feignoit estre Mahometiste, & fort entendu aux langues, leur persuadant que ceste belle sepulture en l'air auroit beaucoup plus de grace estant couuerte de quelque riche drap pour ornement, & aussi qu'il empescheroit les poudres & immondices de tomber dessus : son aduis fut trouué bon des Santons, qui se cottiserent pour en acheter vn, ou soit qu'il leur fust donné, l'ayant faict leuer haut, il ne fut si tost posé dessus le fer, que la force de l'aimant arrestee & suspenduë par le moyen de ce drap qui couuroit la chasse de fer de toutes parts, par force il fallut qu'elle tombast & la charongne qui estoit dedans, l'vn s'en allant en poudre, & l'autre en mille pieces. Quant à la creance qu'ils ont du iugement final, ils disent que dans le Ciel il y a vn Ange appellé Israphil, qui a tousiours la trompette en main pour appeller toutes sortes de creatures à ce grand iugement, & les Anges par semblable, & qu'à ce iour il y aura vn tremblement de terre si grand que les montaignes & rochers seront reduits en poudre menuë comme farine: Ce faict, que Dieu creera la lumiere derechef, & les Anges de la lumiere, & auec ce fera distiller du ciel sur toute la face de la terre vne pluye fort subtille, qu'ils appellent Riemethsui, assauoir pluye de misericorde, que toutes choses seront en cet estat par l'espace de quarante iours, qui ne seront plus suyuis des tenebres de la nuict: que ces quarante iours expirez, Dieu commandera à l'Ange Israphil de sonner pour la seconde fois de sa trompette, & lors ressusciteront tous les morts. Ils aduoüent aussi que ce grand iugement sera en la vallee de Iosaphat, & que Moyse y comparoistra ayant en main vn estendart soubs lequel marcheront tous ceux qui auront bien gardé sa loy : Ils disent le semblable de Iesus Christ fils de la Vierge Marie, & que soubs son enseigne marcheront tous les fidelles qui auront bien gardé sa foy , & que d'vne autre part fera Mahomet auec sõ enseigne suiuy de tous ses fidelles Mahometans : bref que ceux qui aurõt bien vescu en ce monde seront rangez chacun soubs son estendart, duquel ils seront ombragez : où les reprouuez au contraire seront incommodez & persecutez de la grãd' ardeur du Soleil, qui les bruslera les vns plus, les autres moins, selon la grauité de leur peché, & seront ainsi iusqu'à tant que chacun ait receu son iugement de Dieu. Mais le plus beau poinct de leur creance touchant cet article de la resurrection, ils disent que leur Mahomet au mitan de la vallee de Iosaphat se transformera en vn gros mouton, qui aura la laine fort longue, & cõme il s'ira pourmenant par le long de ceste vallee toutes les ames de ses fidelles sectateurs, qui seront en forme de puces, s'attacheront à sa toison, & lors qu'il sera chargé, en sautant d'vn plein saut, il les enleuera dans les Cieux.

Comme les Turcs sont du tout contraires aux Chrestiens, de leur superstition & grandes incredulitez, & de leur ridicule Caresme.

Chap. XIII.

COMME le Turc entre les autres nations hayt plus le Chrestien, aussi s'efforce-il à le cõtrarier de tout poinct, & rendre ses actiõs de tout en tout repugnantes aux actiõs plus ciuiles & Chrestiénes : & bien que cela soit remarquable indifferemment en tout ce qu'ils disent & font, i'en rapporteray quelques exéples en passãt, pour faire iuger le semblable du reste. Premierement quand ils vont en guerre, & qu'il faut venir aux mains, soit en bataille rangee ou autremét, vous les voyez aller à la charge en chemise, & vrays enfans de la destinee & fatalité qui les conduit, laquelle ils appellent Nasup, ils dõneront nõ moins librement que liberallement tous nuds, où ils verront plus de fer & d'acier, viuãs en ceste creãce qu'ils portent

TTt ij

escrit au front leur genre de mort, auec leur bonne ou mauuaise fin : & que s'ils ont à retourner d'vn hasard, toutes les canonnades, mousquetades & autres armes offensiues ne leur peuuent rien : comme aussi ils se chargeroient d'armes en vain (disent-ils) pour euiter la mort quand leur heure est venuë : Ceste folle opinion neantmoins les rend plus vaillans, & faict que parfaictement temeraires ils ne redoutent les coups, pestes, contagions ny autres maladies, & ne se souciēt d'en chercher les remedes. En toutes leurs prieres iamais ne se descouurent deuant Dieu, ains au contraire les pieds nuds ils auront la teste chargee de pennaches, pierreries & autres vanitez, à la maniere de certains Gueux, entre les autres, ie ne veux pas dire nos soldats François, demandans l'aumosne l'espee à la main au retour de Hongrie. Ils ont la teste liee de couure-chefs de fin lin, taffetas ou cotton, où les femmes portent coustumierement le chappeau en teste : & peus dire auoir veu en certains lieux de la Turquie les hommes simplement vestus d'vn long Doliman par dessus la chemise, sans haut ny bas de chausses, & les femmes reuestuës de haut & bas, portans de grandes bregaisses à la marinne, le chappeau en teste, & des brodequins par dessoubs de cuir rouge ou violet. Si l'homme se veut marier, il faut qu'il achete sa femme, & qu'au preallable il luy fournisse vn mariage & dot raisōnable, qu'ils appellent Chebin : Les hommes specialemēt en Egypte, demeurent au logis pour traitter & garder les enfans tandis que les femmes sont aux visites & à battre le paué dans les ruës, ils mangent dessus & couchez contre terre, comme bestes, & laissent le vin pour boire l'eau : quand ils pissent, grands infames, ils s'accroupissent comme les femmes, quand ils portent leurs corps en terre, ils les portent la teste la premiere. Quand ils prient ils se tournent au Midy, au lieu de l'Orient d'où est venuë la grace premiere, & duquel costé mesme nous attendons la derniere, mais ce qu'ils en font c'est à raison que le lieu de la naissance & de la sepulture de leur faux Prophete Mahomet, la Mecque & la Medine sont au Midy, & qu'Abrahā faisant son sacrifice estoit tourné vers le Midy.

Ils mesprifent les Chreſtiens à cauſe de leur blancheur en viſage, au contraire d'eux qui ſont bazannez, diſans que le Soleil les a plus honorez que nous par le regard de ſes rayons. Leurs Moſquees ſont rondes au lieu de nos Egliſes qui ſont longues, & les Huguenots depuis ce peu de temps qu'ils ont commencé à faire baſtir des temples ont mieux aimé prendre exemple ſur leurs modelles que ſur les noſtres pour nous contrarier comme eux. Ils ſont plus ſoigneux de ſe ferrer que leurs cheuaux. Ie leur ay dauantage veu clorre & ouurir des portes de fer auec des clefs & ſerrures de bois. Il y a mille autres contrarietez qui ſeroient trop longues à rapporter icy, que ie laiſſeray à penſer aux Lecteurs pour dire quelque choſe de leur incredulité & autres ſuperſtitions & folies. Premierement ils ne peuuent gouſter le myſtere de la ſaincte Trinité, le Pere, le Fils, & le ſainct Eſprit: diſans que Dieu n'ayant point eu de femme il n'a peu ny deu auoir d'enfans, & s'il eſtoit ainſi que de toute eternité il euſt eu vn fils eſgal à luy, il auroit depuis ce temps remply le Ciel de mille mondes, auec les iſſans de luy, & que cela eſtant les hommes n'auroient qu'eſperer au ciel: De croire auſſi que noſtre Seigneur ait icy bas ſouffert mort & paſſion c'eſt vn abus (diſent-ils) & que Dieu n'a iamais permis qu'vn Prophete ſi ſainct euſt eſté ſi cruellement traitté des Iuifs & attaché en vne croix & puis mis au ſepulchre &c. ſe rians de nous autres Chreſtiens qui auons ceſte creance, mais bien croyent ils que comme les Iuifs auoient ceſte volonté & la voulant executer, noſtre Seigneur ſe faiſant inuiſible Iudas print ſa forme & fut crucifié & enſeuely au lieu de luy. Ils portent couſtumierement des chappellets de cent grains, & aſſez ſouuent de mille, & diſent ſeulement à chaque grain ces paroles, Staforla ou Subhanaſalla, qui veut dire pardonne moy ou fay moy miſericorde. Pour leur Careſme qu'ils appellent Ramezan, ils ieuſnent trente iours conſecutifs en tout l'an en ceſte ſorte, que tout le iour ils ſ'abſtiendront de manger, mais la nuict cloſe outre mille paillardiſes qu'ils commettent ils gourmanderont & yurongneront depuis le ſoir iuſques au matin, mangeront toutes ſortes de viandes ſans aucune diſtinction ny abſtinence, ſauf de la chair de pourceau, qu'ils appel-

TTt iij

lent Domuz, ny rien de suffoqué qu'ils appellent Murdur, c'est à dire corps mort ou immonde, & puis feront leur Pasque qu'ils appellent Behiran. Allans ce iour à la Mosquee ils se baisent les mains les vns les autres & quelquefois la bouche, se disans Alla Chair Behiran Versena, c'est à dire, Dieu te donne la bonne Pasque, & faut tous ainsi faire sur peine de haram, c'est à dire, grand peché ou excommunication : Ils ont encor d'autres petites Pasques trois Lunes apres les grandes, où le ieusne est volontaire, mais les bigots ieusnent les vns quinze, les autres six iours & non autrement qu'en la belle maniere que nous auons cy-deuant dicte, où il y auroit plus de merite à n'en rien faire. Ils ne veulent point voir de petits oiseaux aux cages, & s'il y a d'auanture quelque Chrestien, Iuif, ou autre qui en vendent pour donner du plaisir en chambre de leur chant, ils les acheteront pour auoir ce plaisir de leur donner la liberté. Les deux principaux lieux de leurs pelerinages sont Medinat-Alnabi pour l'vn, & la Mecque pour l'autre, l'vn pour le sepulchre de Mahomet & l'autre pour le sacrifice d'Abraham sur le mont de Caph, à vn quart de lieuë de la Mecque où ils tiennent que fut sacrifié le mouton au lieu d'Isaac, contre ce que nous en auons dit en la page 289. & auec ferme creance que la peau de ce mouton seruit depuis pour escrire dessus, la loy que leur a laissé leur faux Prophete Mahomet : mais quoy que c'en soit la plus part de tous eux font plus ce voyage pour le lucre & le gain que pour deuotion, & neantmoins ils y vont en si grand nombre que c'est presque chose incroyable, car ils s'y acheminent de la Tartarie, la Perse, des Indes, de Barbarie, & de toute la Turquie, pour la ferme creance qu'ils ont, que quiconque fait vne fois ce pelerinage en sa vie est sauué. Et à ce propos ie diray en passant que les Turcs & Mores de Barbarie ont deux autres lieux de deuotion en leurs terres, l'vn est le Caroã & l'autre est la Meheide, ils disent que le Caroan est le lieu où Haly neueu de Mahomet fist edifier le temple qui y est, & à raison que c'est le principal endroit & plus frequenté de toute la Barbarie pour la peregrination, à cause des grãds deserts qu'il faut passer non sans peril des volleurs, & quelquefois de bestes sauuages & venimeuses, les pelerinages de Barbarie ont eu ce nom de Caroānes & Carauannes qui a passé iusques en Leuāt où ce terme est auiourd'huy commun & practiqué par les Carauānes de dix & quinze mille personnes qui s'assemblent pour passer plus seurement d'vne terre en l'autre, soit pour le commerce & trafic, soit par deuotion pour l'accomplissement des vœuz. Or jaçoit comme nous auons cy-deuant dit, que ces Barbares prennent vn singulier plaisir à nous contrarier, neantmoins le Diable, vray singe de pieté, pour les engager dauantage au peché, les porte à nous imiter & contrefaire en l'honneur & reuerence que nous rendōs aux Sainɛts, & aux diuers reclames que nous auons à eux selon la puissance que Dieu leur a donné, & l'experience que nous en auōs par les miracles qui s'en ensuiuent tous les iours, par l'impetration & obtention de la chose que nous leur demandons au nom de Dieu tout puissant, lequel nous gratifie pour l'amour d'eux, à cause du grand merite & force de leurs prieres qui fortifient entierement les nostres: comme auec verité vous verrez tel qui se vouant à tel sainɛt sera miraculeusement deliuré de prison, l'autre à cet autre sainɛt du passage manifeste de la mort, l'vn à ce sainɛt icy d'vne fausse accusation, & cet autre à cet autre d'vne maladie incurable, & ainsi d'infinis semblables accidens. Ie dy donc que ces Barbares ont aussi recours à leurs sainɛts, qui sont autant d'imposteurs & coquins dispersez par les terres du Turc; il y en a vn qui conforte les desolez lequel se nomme Seich Bascha, le vieux Prince, vn autre Harthsibettas, celuy qui aide aux peregrinans qui l'inuoquent, vn autre est en la Sorie qui se nomme Sedi Cadi, c'est à dire, Sire ou Seigneur Iuge, qui aide à l'accomplissement de toutes volontez, & à cestuy-là les gensdarmes ont beaucoup de creance, se persuadans que quiconque l'a vne fois veu & consulté ne meurt iamais en guerre. Les autres enseignent les choses perdües, comme vn de la Natolie, qu'ils appellent Buzel mirslin, autrement le bon rameneur, qui trouue toutes choses: vn autre se faiɛt appeller Bassassis, autrement le Dieu d'amours, où vont ceux qui veulent estre bien fortunez en mariage. Mais le Capitaine general de tous est celuy duquel ils disent qu'on obtient tout ce qu'on luy demande, vray est qu'il n'a point de demeure asseuree, mais il est tousiours par pays courant la Natolie, & s'apparoist disent-ils à tous ceux qui l'inuoquent, ils le nomment Chederelles, & disent que c'est sainct George, car ils l'appellent Chederelles, mais ie suis honteux de broüiller le papier de ces sornettes & retenir si long temps le Lecteur sur ces folies. Ce conte assez plaisant me fut faict en Hierusalem d'vn de nos Religieux Latins, lequel deuisant vn iour auec le principal Santon des lieux logé dans les dependances de l'Eglise du sainct Sepulchre, pour cause de quoy ils se voyent souuent & peuuét dire à la libre sans peril le mot en passant. Venez-çà pere Latin (dit le Santon au Religieux) pourquoy estes vous si mal respectueux & faites si peu d'estat de nostre grád Prophete Mahomet, veu que le vostre Iesus Christ en son nouueau Testament vous commande & à tous ceux de vostre Loy de l'aimer & de vous faire ses amis, disant: *facite vobis amicos de Mahometo iniquitatis?* mais vostre iniquité comme il dit au mesme passage, vous a fait mettre *Mammona* au lieu de Mahomet: Ce bon Religieux non moins estonné que pasmé de rire de la sottise & peu de iugement de ce Santon, ne luy dist autre chose pour responsse sinon, s'il entendoit le Grec, l'Hebrieu ou le Chaldee qu'il fueilletast les plus anciens liures où estoit ce passage, & lors il cognoistroit si iamais il y a esté fait mention de Mahomet. Ie ne passeray pas soubs silence la creance qu'ils ont de nostre Dame la sacree Vierge, qu'ils recognoissent pour fille de saincte Anne (quoy qu'il soit escrit en leur Alcoran qu'elle estoit du temps de Moyse) conceuë sans peché originel, qui a passé non seulement sa ieunesse, mais sa vie entierement pour seruir en toute pureté & saincteté de cœur au sacré Temple de Dieu soubs la garde & bon gouuernement du grand Prestre Zacharie pere de sainct Iean Baptiste, que ceste bien-heureuse Vierge viuoit de viandes toutes celestes, que luy apportoient les saincts Anges assistans d'ordinaire à son seruice, & arriuant à l'aage nubile Dieu luy enuoya l'Ange Gabriel en la cité de Nazaret pour luy annoncer ces paroles, *Aue Maria, &c.* & que respondant *Ecce ancilla Domini, &c.* elle demeura grosse de Iesus Christ, non par aucune conception humaine

maine, pour ce qu'elle a esté Vierge deuant l'enfantement, en, & apres l'enfantement par l'operation du sainct Esprit & par la volonté de Dieu, & qu'au bout de neuf mois elle engendra ce tout diuin enfant en la cité de Bethleem, au proche d'vn tronc de palme sec de trente ans, lequel deslors commença non seulement à reuerdir, mais à porter fruit d'vne grande excellence : escoutez & retenez cette belle leçon, Huguenots, Outre beaucoup de bonnes opinions qu'ils ont de nostre Seigneur Iesus Christ, qu'ils appellent quelquefois Aisse en leur langue : ils confessent que de son temps il descouuroit les secrets du cœur des hômes, que luy seul en ce monde & la Vierge sa Mere furent exempts des tentatiôs du Diable, qu'il y fist infinis miracles, comme de ressusciter les morts, guerir toutes sortes de maladies incurables : escoutez cecy, Atheistes, rendre la lumiere aux aueugles, la parole & l'oüye aux sourds & aux muets &c. partât s'il y auoit aucun des leurs ou autre si osé de blasphemer en leur presence nostre Seigneur, la Vierge, l'Apostre, sainct Iean Baptiste, S. George, & le sainct Euangile qu'ils appellent Engid, c'est à dire, sans falsité (bien qu'ils l'ayêt assez falsifié eux-mesmes) ils en feroient vne fort rigoureuse iustice : prenez exemple là dessus blasphemateurs du nom de Dieu, & vous iuges Chrestiens qui les tolerez. Mais ie diray que le peu d'honneur qu'en cet endroit ces infidelles font à nostre Seigneur, ils le luy cher vendent bien ailleurs en trop d'autres mespris, & en la grande persecution que iournellement ils luy font en ses membres toutes sortes de Chrestiens, specialement les francs qui releuent de l'Eglise Romaine, à la difference des Grecs qui releuent des Patriarches de Constantinople & d'Alexandrie, des Chrestiens Abyssins qui releuent du Prete-Ian, & autres Chrestiens Orientaux, desquels nous auons parlé aux pages 290. 291. &c. traictans de la diuersité de leur creance. Mais quant aux Chrestiens que les Turcs ont le plus en horreur & redoutent dauantage, sont les meilleurs & plus anciens les Chrestiens François, d'autant que ce sont ceux qui les ont mieux espousseterz le temps passé aux guerres de la Terre sainête, comme il se remarque en nos annales & autres histoires sainêtes & prophanes.

VVu

*Comme les Chrestiens, specialement les François, sont obligez
de s'opposer aux cruautez du Turc, & à recouurer
le sainct Heritage de Dieu qui est
entre leurs mains.*

Chap. XIIII.

VIs qu'il est tres-certain & que l'experience nous l'apprend, que les Turcs n'ont point de plus grands ennemis que les meilleurs & plus parfaicts Chrestiens, Si les François (dont le Roy est appellé tres-Chrestien) se chargent du paquet, ce qu'ils doiuent faire comme à la verité c'est à eux que ces lettres s'addressent par deuant tous autres, ils sont doublement obligez de leur faire la guerre au lieu de traicter alliance auec des infidelles qui font esgorger en leur presence leurs propres freres pour regner : d'où il s'apprend en quelle seurté seroient leurs alliez & confederez s'ils estoient en leur pouuoir. Secondement Dieu n'a point de plus grands aduersaires en ce monde que ces peruers detenteurs de son heritage, ny qui pillent & depeuplent sa vigne dauantage que ces impies, par la grande ruine & perte des ames qu'ils vont priuans du ciel, par l'introduction presque par tout le monde d'vne si maudite & damnable secte : pourquoy sans enfler dauantage ceste proposition, ie concluray fort librement que nostre Roy appellé tres-Chrestien de nostre Seigneur Iesus Christ qui luy a enuoyé du Ciel à ceste cause les sainctes Huilles de son Sacre, les Armoiries & guidons de son Royaume, auec le pouuoir de faire des miracles : Dieu luy ayant donné maintenant l'aage & les forces, doit mettre le premier la main au recouurement de ce sainct Heritage, & à la conseruation du reste du Christianisme. Car comme c'est au Roy de France qu'appartient l'Empire du monde comme Prince & chef de tous les Chrestiens & le Fils aisné de l'Eglise, aussi ses bons & saincts predecesseurs en ont faict leur deuoir tant au secours de l'Eglise Orientale qu'Occidentale Hierusalem & Rome: & luy ont laissé la brisee qu'il doit suyure en ceste belle occasion encor toute marquee du sang de ces infidelles. Or le subjet y est auiourd'huy plus grand que iamais, premierement à cause du peril eminent que court toute l'Eglise auec la perte du nom de Chrestien si on n'y remedie bien en brief, en second lieu pour le grād nombre des gehennes & des chaisnes de ces Barbares si pleines de pauures Chrestiés, que c'est chose incroyable, & non moins pitoyable oyant les effroyables cris dont l'air tout plein iusques au ciel, fait retentir le triste son iusqu'à nos trop dures oreilles, qui nous deuroient esmouuoir & picquer le courage pour les deliurer de tant de miseres & martyres, ioinct que nous ne pouuons nous vanter asseurement d'auoir part en la Hierusalem celeste que nous n'ayons recouuré la Terre saincte perduë par nos grandes negligences. Or bien que le pourceau se batte auec le pourceau pour la māgeaille, neantmoins il quitte tout pour courre au cry de son semblable, qui a le couteau dans la gorge pour le secourir s'il pouuoit: Deux coqs ou deux mastins se battans sur la proye, voyans le milan ou le loup s'approcher, quittent tout pour aller au deuant. Ha! que nous sommes froids & stupides au respect de nos aduersaires & de toutes autres nations à nous ressentir d'vne honteuse iniure. Si iadis onze Tribus & lignees des Iuifs prindrent resolution de vanger l'iniure faite à vn simple Leuite & d'exterminer toute la Tribu de Benjamin: Si cinquante Roys Grecs entreprindrent le siege de Troye si long & si sanglant pour vne seule femme: Helas! que deuroient faire les Chrestiens au respect de ces Payens sur vn subject si different & importāt? On peut dire à iuste cause que les Princes Chrestiens sont les enfans de ceste chetiue Rebecca, qui se battent cruellement dans son ventre auec vn peril manifeste de leur vie & celle de leur mere, comme d'assez fraische memoire vn peu deuant ce beau calme duquel nous iouïssons maintenant, nous auons pensé voir les effects: Les François entre autres sont les flesches esparses de Scyllurus Roy des

Tartares, qui auoit l'vnion en si grande recommandation. Comme le chancre & la flamme s'augmentét de plus en plus si on n'y remedie, ainsi la haine de nos aduersaires, auec les effects si nous n'y donnons ordre par de prompts & singuliers remedes, & entre autres par vne saincte & non feinte reconciliation entre toutes sortes de Princes Chrestiens, qui mette fin à tous leurs differens, discordes & seminaires de contentions, d'où prennent accroissement les affaires de nos aduersaires. Comme le bien des Grecs au siege de Troye estoit la diuision d'entre Priam & les Troyens, ainsi nos diuisions causent l'accroissement de nos ennemis. Et d'ailleurs leuer ainsi les armes les vns contre les autres sans necessité, c'est retenir mal à propos les gens de guerre qui seroient si necessaires contre les ennemis de nostre foy, c'est augmenter la fortune du Turc & le rendre victorieux sur nous sans sortir de chez luy. Il se lit aux Fables que la sourris & la grenoüille se battans ensemble, vn milan vint qui les mit d'accord s'en seruant de pasture: Helas! si l'homme s'offense luy-mesme, à qui se doit-il plaindre de son malheur qu'à luy-mesme? malheur à la nauire où les mariniers se battent durant la tourmente. Le Turc est ce vieil bouc mais bien plustost ce diable, auquel comme les Sorciers font hommage, ainsi les Princes Chrestiens à ce fils de Satan. La plus commune priere que ces infidelles font dans leurs Mosquees (ainsi que i'ay desia dit en la page 507.) c'est que les Chrestiens viuent tousiours diuisez, iugeans que de la diuision vient toute ruine: car comme le loup diuise premierement le troupeau que de rauir, ainsi le Turc en vse de mesme, premier que se ruer sur nous. On dict que Philippe de Macedoine se rendit maistre de la Grece non tant par ses armes, que par les discordes des Atheniens, Thebains & Lacedemoniens: Il en print de mesme à Carthage emulatrice de l'Empire Romain, qui finit aussi par les discordes des Sylles & des Marius, des Cesars & des Pompees, des Augustes & des Antonius. Disons donc que la discorde entre nos Princes Chrestiens est le seul & vnique pont par dessus lequel nos aduersaires nous viennent attaquer & qui fauorise dauantage leurs entreprinses. Mais d'où vient ceste fureur, François, de mettre ainsi la main aux armes sans sujet, & de tourner la pointe de vos espees contre vos propres poictrines? Le venerable Bede en vne Epistre qu'il escrit à Charles Martel, dit qu'au temps que les Chrestiens se faisoient la guerre, les Sarrasins occuperent le meilleur & le plus beau de l'Europe, occuperent l'Affrique & la Lybie, & presque toute l'Espagne. Pendant que l'Empereur Maximilian estoit occupé à mettre fin aux diuisions de son Empire, Bajazet trauailloit fort les Venitiens : & son successeur Solyman durant les guerres & diuisions du Roy François & l'Empereur Charles Quint, print Belgrade, Rhodes & autres places fort importantes au Christianisme. Bref les Chrestiens & entre autres les François, qui sont les plus vaillans & genereux, ne deuroient permettre de se voir si long temps gourmandez & commandez de la sorte par des effeminez comme les Turcs, abusez & retenus par tant de femmes, de se voir, dis-ie, commandez par des esclaues, ainsi que nous auons dés-ja dit que les Turcs sont descendus des Esclaues des Scythes, fugitifs des rochers de Caucase, les principaux lieux de leur origine & seruitude. Qui plus est, leurs grands Visirs, Baschats, Bellerbes & Sangiachs, qu'est-ce autre chose, sinon les plus grands Esclaues du Turc, desquels il se sert pour nous faire la guerre, qui deuroit esmouuoir le genereux courage des Chrestiens à tailler en pieces ceste canaille retaillee, qui ne sont que des Esclaues mal-adroicts aux armes, & qui combattans en chemise comme ils font, on en faict littiere dans les champs de bataille. Et outre qu'ils sont Esclaues tirans leur origine d'Esclaues ils ont esté les nostres, Mahomet ayant porté les armes au seruice de l'Empereur Heraclie contre Cosdroé Roy des Perses. Ce sont gens destituez de discipline militaire, qui ne marchent en guerre sinon dix contre vn à coups de baston, tant ils sont pusillanimes & espouuentez au bruit de leurs propres armes, si que la mort est tousiours logee chez eux, ayant planté long temps y a sa banniere sur leurs faces basannees : à ioindre que l'equipage en est riche, qui doit plus apporter d'enuie aux François de les despoüiller que de crainte d'estre mis à mort par des ames si lasches. Qui liroit les Annales & les beaux faicts d'armes de nos Princes Chrestiens & Roys de Hierusalem, au recouurement de la terre Saincte, ils en abbattoiét comme des mousches, & voyoit-on alors la verité de l'Escriture, comme vn seul de nos braues Chrestiens auanturiers du temps passé, en suyuoit mille à dos, & deux ioincts ensemble en tournoient deux mille en fuitte : & sans les malheurs, tantost de l'auarice, tantost de l'ambition entre nos Princes Chrestiens, il n'y a point de doute qu'ils seroiét encor auiourd'huy seigneurs & patrons de la terre Saincte, de toute l'Europe, & de la plus-part de l'Asie & de l'Affrique. Ie me ressouuiens d'auoir leu comme Federic second, Empereur & Roy de Hierusalem, en l'an mil deux cens quarante-cinq, plus addonné à son profit particulier, qu'à la gloire de Dieu, & plus prompt à prendre le bien de l'Eglise qu'à le deffendre, quitta là ce sainct heritage pour reuenir en Italie, pendāt que Meldin Roy de Babylone facilement s'en rendit maistre. Or ce meschant peché d'auarice commença du temps d'Heraclie, qui chargeoit le peuple de tributs insupportables, & qui ne voulant continuer les gages des Sarrasins & Arabes qui tenoient son party, le quitterent pour aller seruir son ennemy. Il y eut aussi l'ambition d'vn Richard Duc d'Aquitaine secōd fils du Roy d'Angleterre sur Philippe second vn de nos Roys de France, qui fut cause de faire mespriser ce sainct patrimoine, auec la Simonie de certains François qui osterét les clefs à S. Pierre & la robbe de N. S. pour en couurir Simon Magus : Bref, comme dit Dauid, ceste perte est arriuee à cause de la malice des habitans de ceste terre si desirable, de laquelle ils ne tenoient aucun compte. Il y a dauantage, le malheur des Renegats, qui se iettent entre les bras de nostre aduersaire, pour l'accomplissemét de ceste prophetie, à nostre prejudice, qui dit, Le loup habitera auec l'aigneau : Mais pour Dieu n'endurons point d'estre plus lōg temps brauez & depossedez par des fols. Car comme il n'y auoit point icy bas vn plus grād fol que Mahomet, qui pour l'abondāce du vin & de la paillardise, dont il faisoit excez, tomboit souuent en deméce & epilepsie dont il mourut tout escumant de rage, comme vn sanglier frappé à la mort: auſſi ſes Sectateurs participans de ſon humeur finiſſent ordinairement de meſme, & ſont fort à propos appellez Mores, diction Grecque, qui vaut autant comme fol en noſtre langue. Il n'y a que le grand nombre qui les rende forts, & marchans auec la bonne cauſe & belle ordonnance contre ces Infidelles, ils ſe rompent & deffont eux-meſmes: Nous liſons d'aſſez fraiſche memoire, ou ſinon il n'y a gueres plus de 150. ans, qu'vn vaillant Capitaine Albanois, du temps d'Amurath & Mahomet 2. ſon ſucceſſeur, appellé Scanderbeg, natif de l'Epire, aux enuirons de la Macedoine, duquel les forces ne ſurpaſſerent iamais le nõbre de ſeize mille hommes tant de pied que de cheual, a vaincu & mis en routte les Turcs iuſqu'au nombre de 22. fois, ainſi que Ronſard Prince des Poëtes François, le dit en ces deux vers:

O tres-grand Epirote! ô vaillant Albanois!
Dont la main a deffaict les Turcs 22. fois.

Quant à la bonne cauſe il ne s'en pourroit offrir vne plus iuſte, le ſainct heritage de N. S. en proye à ces Infidelles: noſtre ſacré Palladium, aſſauoir ſon ſainct Sepulchre ſi long temps engagé entre leurs mains: la Religion Chreſtiéne foullee aux pieds de ces impies: cent mille pauures Chreſtiés qui ſont de toutes parts aux cadenes & aux ſupplices de ces bourreaux, qui inuoquẽt, mais en vain, le ſecours de leurs freres: La ſeruitude & le traittement tout ſemblable qui nous eſt preparé, ſi nous n'y donnons ordre, auec la perte de la Religion Chreſtienne, & le naufrage eminent de nos ames qui en reſulte. La pauure Rachel crie plus haut que iamais, non ſeulement en Rama, mais aux quatre coins & au milieu de la terre Saincte, de regret qu'elle a de voir eſgorger tous les iours ſes enfans, mais perſonne ne la conſole: d'où il faut croire qu'il y a bien du peché en la Chreſtienté, & que Dieu eſt fort irrité contre nous. Helas il ſemble qu'vn ſommeil d'airain ait hebeté nos ſens, qu'vne potion lethargique ait du tout aſſopi noſtre vertu, & que les Frãçois autrefois ſi genereux & pleins d'vn maſle courage, ne ſoient plus aujourd'huy que des Françoiſes, ayans perdu tout ce qu'il y auoit de viril & robuſte en eux. Il ſemble, dis-ie, à noſtre grand mal-heur, que les Chreſtiens de ce temps, speciallement les François soient nays des cendres d'Etheocle & Polynice, ces deux freres qui eurent des haynes si mortelles entre-eux, que s'estans tous deux esgorgez en la presence de leur mere Iocaste, venant à brusler leurs corps ensemble, selon la coustume des Payens, la flamme de l'vn se separoit de l'autre, en tesmoignage que ceste hayne qu'ils s'estoient portez durant leur vie, auoit encor lieu apres leur mort. Il semble qu'ils se delectent à nourrir la sedition chez eux, & d'y allumer le feu de diuision, pour obliger ce grand detestable le Turc nostre aduersaire à le venir esteindre à nos despens: Mais las! nous ne nous ressouuenons plus de nos malheurs derniers qui dureroient encor, si Dieu premierement, & le grand iugement de nostre Roy tant regretté, ce grand Henry le Grand (que Dieu absolue) n'y auoit donné ordre: & au lieu de iuger le mal qu'apporte la diuision en vn Estat, & de bien reduire en memoire les perils encor si proches, où nous auons pensé voir tomber cestuy-cy, il semble que vrays enfans de la discorde nous nous plaisions à fomenter ce mal, & nourrir ce serpenteau dans nostre sein qui nous fera mourir les premiers. Mais cessons cessons, miserables que nous sommes, de nous plus faire la guerre, & cōspirer les vns contre les autres, de nous vouloir du mal pour vn rien, pendant que l'ennemy de Dieu & du nom de Chrestien va tousiours empietant sur nous, & accroissant son Empire aux despens de la Chrestienté miserable & toute diuisee. Nous deurions estre lassez de viure esclaues, & plustost nous resoudre à n'auoir qu'vn pied & vn œil, que d'en auoir deux & estre en peril de nostre vie, & de la perte de nos ames. R'allions nous donc, r'allions nous, & de cœurs & de corps, d'intentions & de desseins pour nous esbranler au grād gallop, & nous opposer non seulement à ceux de ce grand aduersaire & ennemy de nostre nom, mais nous disposer de luy aller au deuant & l'attaquer iusques chez luy, si proche qu'il est de sa fin & totale ruine.

Des

Des argumens & indices qui nous doiuent foire croire que l'Empire du Turc est proche de sa fin.

CHAP. XV.

QVAND nous voyons la terre s'eschauffer, & pousser hors son sein toutes sortes de fleurettes odoriferantes & autres, les arbres reuerdir & blanchir tout ensemble, les belles prees diaprees, faire montre de leurs beaux tapis esmaillez & bigarrez de mille couleurs, plus plaisantes à l'œil que les plus plaisans tapis de toute la Turquie, toutes sortes de pluyes fortes & mauuais vents loin escartez de nostre Horison, rafraischy seulement d'vn doux & continuel Zephir, & de la blanche rosee du matin, auec la musique ordinaire de mille petits oyselets: Quand nous voyons toutes ces choses apparoistre à nos yeux, c'est vn signe tres-certain que l'hyuer est passé, & que nous sommes au Printemps. Mais quand nous voyons la terre se rendre palle, & la verde campagne changer son beau verd en iaune paille, les arbres chargez de fruicts hauts en couleur, au lieu de fleurs, & le Soleil redoublant ses forces se percher au plus haut de nostre Hemisphere, c'est vn signe tres-certain que l'Esté vient & la moisson est proche: Aussi quand nous verrons apparoistre à nos yeux les signes eminens, qui selon le tesmoignage des sainctes Escritures, & Oracles de nos saincts Prophetes, des Astrologues de plusieurs temps, & autres diuerses Propheties, auec celles du Turc mesme, qui doiuet preceder la fin de son Empire: Quãd nous verrons cela (dis-ie) nous pourrons presumer & croire qu'il sera proche de sa ruine. Or qu'il soit ainsi que nous voyõs tous ces signes peu à peu s'apparoistre, i'en rapporteray icy quelques-vns, auec les passages, desquels pour cause de briefueté ie laisseray l'interpretation à vn chacun. Nous commencerons donc par le tesmoignage des sainctes Escritures, en S. Luc ch. 21. Hierusalem sera foulee des Infideles, iusqu'à tant

XXx

que les temps des nations soient accomplis, il semble que ce passage soit interpreté par cet autre suiuant de S. Paul aux Romains, chap. 11. Quand toute la plenitude des Gentils aura iuré, Israël sera sauué, c'est à dire, que la parole de Dieu aura esté preschee par tout le mõde, comme il s'en reste peu, Israël sera sauué, & sa regeneration sera la corruption de l'Infidelle. Sainct Methodius martyr tant recommandé par les escrits de sainct Hierosme, nous a laissé ceste Prophetie par escrit : Les Chrestiens s'esleueront & viendront aux mains auec les Sarrasins qu'ils tailleront en pieces, & feront esclaues leurs femmes & enfans, & Dieu leur fera ressentir au septuple leurs maux & leur malice, & puis mourront par la main dès Chrestiens, dont l'Empire fleurira par dessus tout autre. Comme le Turc que nous pouuons à iuste cause accomparer à l'Antechrist, pour raison des qualitez & tiltres qu'il vsurpe au prejudice de la gloire de Dieu, se faisant appeller dominateur du monde, Dieu sur terre, & nos François qui en tous leurs discours l'appellent le grand Seigneur, pour luy faire plus d'honneur, qui sont les qualitez de nostre seul & vnique Seigneur: Comme (dis-ie) ce grand Diable & fils de Diable vsurpe iniquemét ces diuines qualitez, aussi est-ce de luy que parle Daniel en ses Propheties, & S. Iean en son Apocalypse, quand ils l'appellent bouche parlant choses estrãges, & toutes sortes de blasphemes. Sans doute le temps s'approche, dit Daniel, que ceste petite corne qui s'esleua par succession de téps sur les autres cornes, qui a des yeux comme vn homme, & qui parle paroles blasphematoires cõtre Dieu & ses Saincts soit arrachee: ceste corne (dis-ie) que les Turcs portent en leurs armes, qui propose aux hommes vne doctrine plaisante & charnelle, face place à la Croix, qui est le mystere de redemption, cõme l'autre d'abomination. Cecy nous est rapporté des œuures d'Antoine Torquat Ferrarois fort excellent Astrologue, auquel nous adiousterõs autant de foy que nostre mere l'Eglise nous le permet. L'estendart de N. S. I. C. passera en Orient auec toute sorte de gloire, & la secte de Mahomet cessera, & les Mahometans & Iuifs courrõt ensemble au baptesme de Iesus Christ, auquel soit gloire & hõneur eternellement : que si cela n'arriue tout d'vn coup & si tost que nous desirerions; comme les chesnes sont vn temps à croistre, l'autre en leur verdeur & hauteur, aussi ont-ils vn autre peu de temps à decader & prendre fin ; pourquoy il faut attédre l'heure. D'autres bons esprits presupposent que comme Constantinople fut augmentee par l'Empereur Constantin fils de saincte Heleine, & ostee à vn Constantin fils d'vne autre Heleine, cela ayant esté faict par vn Mahomet secód de ce nom, on la pourroit oster à vn autre Mahomet cestuy-cy qui regne maintenant, comme on a veu prédre fin à l'Empire Romain soubs vn Auguste, qui auoit esté premierement establi & si bien augmenté par vn Auguste: cela a fait qu'on a mis ces deuises en auant, Ainsi la perdra celuy qui l'a occupee, en toy le commencemét & la fin, ce qu'ils veulent estre entendu de Mahomet qui la print, & de ce Mahomet à qui elle sera ostee. Nous lisós ceste Prophetie de Baalam, au liu. de Nomb. cha. 24. Amalec le commencement des gens, duquel ses dernieres parties perirőt &c. & cóclud en ces termes sur la fin, car Assur te prendra. Amalec fils d'Ismael nous represente l'origine des Turcs, qui sont descédus de cet Ismael fils de la seruante Agar, & l'interpretation de ces paroles, car Assur te prendra: Assur vaut autant que bien-heureux, & soubs ce nom doit estre entédu le peuple Chrestié seul destiné à la beatitude qui deffera le Turc. Nous lisós en Gen. 16. que l'Ange s'apparut à Agar grosse d'Ismael, & luy dit: cet hómc sera cruel, la main duquel sera cótre vn chacun, & la main d'vn chacun cótre luy: qui nous doit faire esperer que comme Ismael bastard fut chassé de Sara, ainsi à la fin des téps le corps de la Repub. Ismaelitique sera chassé aussi par Sara la vraye Eglise, à cause que cet Ismael traitte trop rudement l'enfant legitime Isaac, qui luy est beaucoup inferieur en aage & en force, car comme Isaac n'auoit que deux ans & demy, où Ismael en auoit plus de quinze: ecela nous apprend que les Turcs ont autant de force par dessus nous, & que de quinze ils en ont les treize parts, & nous seulement deux, qui est vn heritage mal partagé entre le legitime & le bastard, qui sera Dieu aydant, reformé bien en brief. Il y a plusieurs autheurs qui remarquent par les escrits des Turcs mesmes,

& de leurs prognostications, comme l'Empire de Constantinople doit estre prins deux fois, l'vne par glaiue, comme il est dés-ja arriué, l'autre par la force de la parole de Dieu, au temps de la race d'Isaac, assauoir les vrays Chrestiens. Ces deux autres Propheties de Dauid ne sont pas à rejetter, l'vne du Pseaume cinquante-neufiesme, où il est à considerer que Dieu tousiours studieux du salut des siens les aduertit souuét, soit d'auoir recours à la fuitte, soit de se cháger & corriger de leur mauuaise vie, ou soit pour les consoler, comme au lieu dessus dit, où Dauid chante ainsi : Tu as aduerty ceux qui te craignent qu'ils fuyent de la face de l'arc, afin que tes bien-aimez soient deliurez. Ainsi Noé eut temps de donner ordre à ses affaires, contre le deluge du monde : ainsi les Israëlites s'escarterent des pauillôs de Coré, Dathan & Abiron, de peur de courir leur miserable fortune. L'autre Prophetie est du Pseaume 71. où Dieu dit, qu'aux trois fois heureux iours de nostre Roy, la iustice & l'abondance de paix apparoistront iusques à l'abolissement de l'Empire de la Lune. Le Prophete Daniel dit, qu'à la fin des temps Dieu suscitera vn Royaume qui ne sera iamais dissipé, ains ruinera & brisera tous les autres & sera estably eternellement. Sainct Iean en son Apocalypse 14. dit ces paroles : Elle est cheute, elle est cheute ceste grande Babylon, laquelle a abbreuué toutes les nations du vin, de l'ire de sa paillardise. Ces paroles qui ne sont encor accôplies se doiuent entédre neantmoins comme vn Arrest dés-ja prononcé dans le Ciel contre ceste loy Mahometique, fort bien accomparee à la confusion, pour estre faicte & compilee de toutes sortes de sectes & religions, joint qu'elle authorise confusement tous crimes & meschancetez, le feu, le fer, le larcin, la paillardise & autres crimes. Les Turcs mesmes n'ont point creu deuoir durer plus de mille ans, la raison est qu'interrogeans leur faux Prophete au lict de la mort de la dúree de sa loy, ce qui est dés-ja dit en la page 512. & ne pouuant parler leuant les deux bras monstroit les dix doigts de la main : qui occasiôna beaucoup des siés de croire ne deuoir durer que dix ans, lesquels expirez ils interpreterét les vns pour dix dixaines, assauoir cét ans, les autres pour dix cétaines qui seroiét mil ans.

Or pour sçauoir où nous en sommes il faut commécer à compter selon l'opinion la plus cômune & plus certaine, du commencement des ans de la Hegire des Affricains en l'an de nostre Seigneur 621. que fut publié l'Alcoran de Mahomet, & faisant ainsi nostre compte la fin de leurs mille ans arriueroit en l'an de nostre Seigneur 1621. auquel temps leur maudite loy auec leur Empire prendroit fin que nostre Roy sera en son feu & en l'aage de faire merueilles. Ceste autre prophetie suiuante leur est leuë fort souuent en leurs Mosquees en ces mesmes termes, ausquels ils adioustent ferme foy. *Patissa homoz ghelur, ciaferun, mem lecchetialurcheu zul almai alut, capzeiler, iedi iladeg Giaur cheleci Cesichmasse, on ichi yladeg onlarum beligheder cusi iapar, baghi dicher, bahesai baghlar, ogli chezi olur. on ichi il denissora Christianon cheleci eschar, ol turchi gheressine tuchure.* Ie me contéteray de rapporter icy la traduction de ceste Prophetie, dont ie laisseray l'interpretation au iugemét d'vn chacun. Nostre Empereur viendra qui prendra le Royaume des infidelles, & prendra encor la pomme rouge qu'il reduira soubs sa puissance, & si à la fin du 7. an l'espee des Chrestiens ne se leue, il sera leur seigneur iusques au 12. an : Il edifiera des maisons, il plantera des vignes, clorra les iardins de hayes, & engendrera des enfans : le douziesme an fini qu'il aura la pomme rouge en sa puissance, l'espee des Chrestiens apparoistra qui mettra le Turc en fuitte. Cet Empereur est le Turc qui prendra l'Empereur des Chrestiens qu'ils appellent le Prince des infidelles & s'emparera de la pomme rouge l'Empire de Constantinople où Mahomet second print l'Empereur Constantin 8. & si au bout des sept ans, comptez depuis le iour de ceste prise l'espee des Chrestiens n'est desgainee il les dominera iusques au douziesme an. Or la plus grand' difficulté de ceste Prophetie, consiste à sçauoir la duree de chacun an des sept ou des douze que doit durer l'Empire du Turc apres la prise de Constantinople, les vns font cet an de cent, les autres de cinquante ans, les autres y mettent plus, les autres moins, de moy i'y en mettray vingt & cinq qui est auiourd'huy la duree de l'an sainct ou l'an du Iubilé plus celebre entre toutes les annees du monde : tellement que si nous comptons depuis l'an 1453. que la ville de Constantinople fut prise 25. ans pour chaque annee des sept, la septiesme finiroit en l'annee 1628. & le Turc ne regneroit plus que 14. ans, qui seroit 7. ans ou enuiron plus que nous n'auõs trouué cy deuant par le compte de la Hegire. Cela arriuant en ce temps (ce que Dieu vueille permettre si ce n'est plustost) nostre Roy sera en son bel aage viril qui fera tout ployer soubs ses armes. Mais si son Empire duroit iusqu'au douziesme an, ce que Dieu ne vueille, selon mon compte le Turc auroit encor sept vingts ans à regner. Pour l'edification des maisons, vignes & iardins, & la generation des enfans, cela se peut entendre de l'edification de leurs Mosquees, & de l'augmentation de son Empire qu'ils repeuplent & multiplient de leurs reins si feconds ayans affaire auec tant de femmes que c'est presque chose incroyable à oüyr parler de la multiplication & grand'abondance de ceste canaille. D'autres bons autheurs ont remarqué que cet Empire deuoit prendre fin au dixhuictiesme Seigneur, à compter depuis Ottoman premier iusques à Acmet à present regnãt qui est le dixhuictiesme. Bref il est à croire que cet Empire bien en brief doit frapper du nez en terre pour plusieurs raisons; la premiere qu'estant presque au poinct & sommet de sa gloire, il faut de necessité qu'il calle & prene fin comme toutes les autres Monarchies beaucoup plus florissantes: il est à croire aussi que la mesure du peché se comblant comme il apparoist, il faut qu'elle verse en terre auec son autheur. D'vn mauuais fondement on ne peut sinon esperer vne mauuaise fin de leur faulse religion & loy tyrannique. On dit aussi que les choses mal acquises ne prosperent iamais bié, que les Empires iniques n'ont point de duree, que la trop grande bonasse est coustumierement suiuie d'vne grãd'tempeste. Ie craindray pour la hauteur du iour, dit Dauid, &c. & autre part: I'ay veu le meschant haut esleué comme les Cedres du Liban, &c. L'ambition nous esleue souuent bien haut, pour nous precipiter plus bas. La grande arrogáce qui se remarque en cet impie si bouffi & enflé de tant de victoires, ne peut aussi qu'elle ne le face esclatter & creuer. Tout homme arrogant est l'habomination du Seigneur. Dieu resiste aux superbes, quicõque s'exalte sera humilié. Or est-il que l'arrogance du Turc est si grande, que ses paroles, ses actions & ses pensees, ne sont autre chose que toute arrogance & vanité: qui fait croire que sa ruine est toute proche, & qu'il sera tout d'vn coup despoüillé de l'orgueil, de l'Empire & de la vie: & Dieu vueille qu'icy & en cecy ayant l'esprit de Dieu i'en die la verité, & comme par ces raisons il est à croire qu'il est proche de sa fin, ce liure soit l'auāt-coureur certain de sa ruine. Ie diray aussi que leur tyrānie est insupportable, & vn des argumēs plus forts de leur proche ruine, cōme à la verité la tyrānie est vn mauuais rempart pour la conseruation des Empires, & les rendre de longue duree: La plus grand'tempeste est celle qui dure le moins. Car comme ce grand impie & arrogant hait toutes sortes de gens de bien, il faut croire reciproquement qu'il est hay de beaucoup, & comme il est grand Tyran & cruel, qu'il n'oublie pas ceste maxime de l'Empereur Nerua, qui disoit ordinairemēt les Dieux n'auoir rien tant en hayne que les cruels & inclemens. C'est ce que dit l'Escriture saincte : Qui est sans misericorde, iugement luy sera faict sans misericorde. Helas ! que si nos Princes Chrestiens tournoient seulement leurs armes de ce costé, qu'on verroit bien tost ces infidelles en ceruelle auec vn millō de toutes sortes de Chrestiens esclaues dans ces terres, qui au moindre mot de liberté mettroient les premiers la main à cet affaire ; car cet Empire est si grand qu'à peine ils le peuuent garder, comme vne grand' maison mal meublee & qui se ruine faute de bon entretien. Bref comme cet Empire est bigarré de toutes sortes de religions, aussi se verroit-il à la necessité de caller voile s'il estoit serré de pres diuisé en autāt d'opinions: iamais les Iuifs & les Samaritains ne s'accorderent bien ensemble; ce qu'on peut dire des Turcs, de tāt de Chrestiens reniez & autres pesle-meslez parmy eux qui leur courroient sus les premiers, comme font desia les Arabes en la Sorie & autres pays. Finablement il est auoisiné du Persan & du Prete-Ian, autant esloignez de la creance de sa loy, qu'ils ont de bōnes maximes de la nostre: où il est à esperer que s'ils voyoient le moindre effort de nostre part, ils ioindroient fort volontiers leurs armes auec les nostres, en quoy ie cōcluray que l'entreprise de cet affaire estant meure il ne reste que de la cueillir, de peur qu'attendans trop elle soit moins propre.

Par qui-on espere que le Turc sera deffait, & luy soit osté l'Empire.

CHAP. XVI.

ENTRE les plus grands aduersaires & ennemis que le Turc ait le plus en haine, comme ce sont tous les Chrestiés en general (aussi est-ce vn des premiers articles qu'il iure à l'entree de son Empire de les exterminer) neantmoins comme les François ont leur Roy qui remporte par deuãt tous autres ce nom de tres-Chrestien, c'est aussi indubitablement le Prince qu'il redoute le plus, & la nation qu'il a plus à suspect: comme à dire verité il n'y en a point qui luy ait chaussé les esperons de plus pres que les François, lors qu'ils s'en sont meslez, cõme il est remarquable aux voyages, belles entreprises & victoires qu'ils ont euës cõtre luy en la guerre sacree du Leuant, où ie renuoyeray le Lecteur pour en faire le iugement. Il y a donc vne grande varieté d'opinions entre tant de Roys & Princes Chrestiens, qui sera celuy qui triomphera de la grand' beste, & qui en rendra les sacrifices & actions de graces à Dieu. La plus part opinent que ce sera vn Prince Occidental, qui me fera reprendre la Prophetie de Methodius cy deuant rapportee, car bien que cet affaire touche toutes sortes de Chrestiens, neantmoins comme nostre Roy le Roy des Frãçois est qualifié de ce nom de tres-Chrestien, ainsi que i'ay desia dit, il est à croire que ce sera luy qui restituëra la chose; ioinct que les Turcs appellent Francs toutes sortes de Chrestiens Latins sauf les Chrestiens Grecs & autres de leur Empire. C'est aussi l'opinion de Baptiste Mantuan disant, qu'il sortira des François vn Roy qui conduira vne armee naualle en Sorie, & forcera les plus grandes forteresses des Turcs. Et quelque autre autheur parlant des François mesmes dit: Il ne se verra point de nation plus constante ny qui tesmoigne plus sa pieté enuers Dieu, ils deffendront la Foy auec la pointe de l'espee, & vaincront en guerre quiconque leuera la teste contre

tre Iesus Christ : & à la verité comme i'ay desia touché cy-deuant, il n'y a aucuns Princes Chrestiens qui y ayent fait les efforts qu'ont fait les Fraçois, ny resserré Mahomet de plus pres, comme il se lit de Charlemaigne, Charles Martel, Godefroy de Buillō, Philippe secōd, S. Louys & autres infinis Seigneurs de ce Royaume de France. Qui sera donc ce braue Prince & ce braue Gendarme de Iesus Christ, qui partant des premiers & courāt le plus viste arriuera le premier au sacré Monument? Et à la mienne volonté qu'entre les Princes Chrestiens il y ait vne telle ambition de ceste belle conqueste, que chacun y donne à qui mieux mieux, & courrans tous à l'enuy en ceste belle lice nostre Roy emporte le prix. Le Prophete Esaye au 14. chapitre de ses Propheties met ce passage en auāt qu'auec la permission de l'Eglise i'interpreteray comme vne Prophetie qui fait entierement pour les François, & laquelle se doit du tout entendre de nostre Roy tres-Chrestien & tres-inuincible Louys treisiesme quand il dit : Ils prendront ceux qui les auoient pris & rendront sujets leurs exacteurs. Or comme il est tres-certain qu'aux guerres du Leuant, feu de bonne & saincte memoire Louys 9. fut pris des infidelles, ie voudrois conclurre de là qu'vn autre Louys treisiesme de ce nom à qui Dieu doint tout heur, felicité & longue vie, descendu du precedent, prendra ses preneurs & reduira en son obeïssance le chef des infidelles. Ce sera ceste petite pierre qui descendant des montaignes du ciel brisera ceste grande statue que le Roy des Assyriens vid en songe. Ce sera (dis-ie) nostre Roy qui arborera la Croix de N. Seigneur par toute l'Asie, & en chassera la Lune pour y establir les Lys : Ha! qu'il feroit beau voir trois Croissans argentins parmy trois Lys dorez. On tenoit pour chose tres-certaine que si nostre bon Roy Henry le Grand, à qui Dieu face paix, n'auoit esté preuenu de la mort, son dessein estoit de faire fust par forme de vœu ou autremēt le voyage de la Terre saincte, où il auoit desia fait de grands preparatifs de toutes sortes pour l'executiō de son sainct dessein : mais comme le Roy Dauid, par la permission de Dieu, laissa à son fils Salomon la gloire de l'edification de son Temple, il est à croire que Dieu mesme en aura voulu reseruer à nostre Roy

Y Y y

à present regnāt la restauration auec l'entier restablissement de son Eglise: ce qu'ainsi soit, comme il est à esperer que ceste bonne & saincte volonté qu'auoit le deffunct Roy renaistra dans le courage de son legitime heritier qui l'effectuera aidāt Dieu. Sire, la victoire vous y attend de pied coy pour se ietter entre vos bras, à ce que par vos singulieres vertus, ceste magnanime entreprise sorte à son entier effect, & que ceste maudite & detestable secte tant de fois esbranlee par la dextre de vos genereux ancestres, soit du tout esteinte par le tranchant de vostre Royalle espee. Il y a d'autres autheurs & entre autres Sotherus & Antoine Torquat Ferrarois duquel nous auōs cy-deuant parlé, qui reseruent ceste victoire au Roy de Hongrie, assisté des autres Roys & Princes Chrestiens. D'autres auoient prognostiqué le semblable de Charles le Quint & de Ferdinand son frere tous deux Empereurs, mais cela n'ayant point reüssi de leur viuant, il faut croire que seulement ils en ont eu la volonté, ou que cela est peut-estre reserué à leur posterité. Il y a vn Nicolas Vimmannus & autres qui attribuent ceste conqueste aux Allemans, & que le Grand Turc doit mourir & prendre fin deuant la cité de Cologne d'Aggripine: d'autres prenans effect aux paroles de Balaā enregistrees au 24. des Nōbres defferent cet honneur aux Italiens où il est dit: Ils viendront és galleres d'Italie, ils surmonteront les Assyriens & gasteront les Hebrieux. Mais cela se doit entendre de l'expedition desia faite en ces lieux là sur les Iuifs par Vespasian & l'Empereur Tite son fils. Les Venitiens se sont aussi voulu faire croire que ceste gloire leur estoit reseruee, mais outre qu'ils y commencent tres-mal en laissant prendre le leur, ils ont de trop estroites alliāces & amitiez auec le Turc. Mais quoy que c'en soit, la verité de toutes ces Propheties aura lieu, lors que chacun de nos Roys & Princes Chrestiens y mettrōt la main, l'vn de ce costé icy, l'autre de cestuy-là, & l'autre de cet autre là: helas! il n'importe par qui, moyennāt que ce soit bien tost, & fust-ce par les mains d'vne autre Iudith: Voyant vn beau poisson pris il ne faut s'informer si ç'a esté auec vn haim d'or ou non. Et comme on attribuoit à Vlysses la prise de Troye par son conseil & ses ruses, à Achilles par la force de ses armes, à Agamemnon pour sa grande conduitte, &c. ainsi chacun de nos Princes y bien faisant aura l'honneur & la gloire de ceste saincte entreprise: car qui a-il soubs le ciel plus hardy que le Hongrois, plus vaillant que l'Allemand, plus hazardeux que le François, plus endurant que l'Espagnol, plus rusé que l'Italien, plus fort que le Poulonnois, plus experimenté que le Flamand? & partant c'est grand honte à tant de gens de bien, d'estre si long temps maistrisez par des esclaues & des effeminez, & qui est bien dauantage lesquels viennent aux mains tous nuds auec les nostres armez de toutes pieces. Nostre ieune aduersaire Acmet n'a point encor sué soubs la cuirasse ny l'armet si mol & delicat qu'il est, il n'a point encor esté resueillé du son de la trompette ny du tambour, ains est encor endormy en ses voluptez & plaisirs de l'amour, où il a toujours esté nourry iusques à maintenant. Ceux qui ont parlé de la mort du grand Turc & de la fin de sa secte ont prognostiqué qu'il mourroit de la mesme mort que l'Hermaphrodite: car comme ceste creature estoit composee des deux natures virile & feminine, aussi la secte de Mahomet, du Iudaisme, Paganisme, Christianisme & Arianisme. Comme donc la mere de l'Hermaphrodite estoit empeschee de luy, elle alla consulter les Dieux, pour sçauoir par quelle mort son fruict finiroit, où il se trouua diuers aduis: Car Iunõ dist premieremẽt, qu'il mourroit par fer, Mars qu'il seroit pendu, Apollon qu'il seroit noyé; & afin que ces Dieux ne fussent trouuez menteurs, il aduint que cet Hermaphrodite montant en vn arbre, sur le bord d'vn riuage, son espee tomba en bas sur la garde, sortant de son fourreau, luy deuallant pour la reprendre tomba dessus la pointe, pendu par vn pied à vne des branches de l'arbre la teste dans le fleuue, où il acheua de mourir: de sorte que ce cas aduenant le presage de sa mort quoy que fort diuers, fut pourtant veritable, ainsi qu'elle est plus amplemẽt rapportee aux histoires Poëtiques. Ie croirois volontiers le semblable deuoir arriuer en brief au Turc, & à toute sa secte, & si on me demande par les mains de qui, ie diray auec Methodius & Mantuan par vn Roy François, auec Torquat par vn Hongrois, auec Sother par vn Espaignol, & auec les autres par vn Alleman, esperãt que le Turc auec tout son peuple infidelle à la maniere de l'Hermaphrodite, mourra par les mains de tous, à fin que les prognostications de nos Astrologues, comme de Iunon, Mars & Apollon, bien que d'opinions contraires, soient à la fin trouuees veritables. Et qui doutera que cela ne soit, eu esgard à la deuise tres-veritable de leur chef Ismael duquel ils sont descendus? Sa main contre tous & la main de tous côtre luy. Le fils d'Ismael fut Amalec qui veut dire frappant, à fin que comme le Turc son descendant frappe & outrage tout le mõde, il soit aussi battu & frappé de tous. Et partant quand ce vaillant & magnanime Prince Monseigneur le Duc de Mercœur (que Dieu absolue) fut voir ces infidelles, il les menoit & manioit si chaudement, qu'ils pensoient desja estre à la fin ou du moins à l'auãt-vueille de leurs malheurs. Sus donc sus, Roys, Princes, Republiques, & communautez Chrestiennes, que deposans toutes guerres ciuiles & domestiques vous vous disposiez à celle-cy qui est si iuste & legitime, mettez l'espee à la main pour vãger les iniures de Iesus Christ à l'exemple de Gedeon, Barach, Samson, Iephte, Dauid, & les genereux Machabees. Et quoy? sera-il dit que vous soyez moins ardans & genereux au recouurement de l'heritage de Dieu, & à vanger ses iniures, que furent iadis ces onze Tribus & lignee des Iuifs, à se vanger de celle de Benjamin pour la violence faite à la femme d'vn simple Leuite? & ces cinquante Roys Grecs sur les Troyens pour le rauissement d'Heleine? Sera-il dit que iamais nous ne recouurions nostre Palladium, nostre Heleine rauie, l'Arche de l'Alliance si long temps engagee entre les mains de ces rebelles Philistins & plus grands infidelles, & que nous ne retournions iamais planter la Foy & reporter la Loy sortie de Hierusalem d'où nous l'auõs receuë? Car pour le Turc estre en possession du S. Sepul. de N. S. nous l'accomparerons au Corbeau d'Helie qui garde son disner, ou au chiẽ qui vueille sur le thresor de son maistre: grãd traict de la prouidence de Dieu qui se fait adorer au mitan de ses ennemis, qui gardent soigneusement les marques de sa diuinité, & reçoiuent celuy que les Iuifs ses enfans ont chassé d'auec eux.

Noſtre S. Pere commun de toute la Chreſtiété vous y exhorte, & vray imitateur de ſes predeceſſeurs ouure tous les threſors plus riches de l'Egliſe, pour frayer en ceſte ſaincte guerre. Ainſi fit N. S. Pere Vrbain 3. à l'entrepriſe du voyage de la terre Saincte, par Godefroy de Buillõ & autres Princes Chreſtiens, qui reüſſit ſi heureuſement au grand aduantage de l'Egliſe de Dieu & bien de toute la Chreſtienté. Lucius 3. fit le ſemblable en vn Concile tenu à Verõne, où il exhorta ſi bien les Princes Chreſtiens à ce ſainct voyage, qu'ils quittetẽt leurs plus vrgés affaires pour y entendre, & aller ſecourir leurs freres en Aſie. Gregoire 8. fit tout de meſme, Clement 3. diſpoſa à faire ce chemin, & mit les armes en main à l'Empereur Federic, Philippe 2. Roy de France, Richard Roy d'Angleterre, Othon Duc de Bourgõgne. Il ſe cognoiſt d'aſſez fraiſche memoire combien noſtre S. Pere le Pape Pie 5. trauailla en toutes ſortes & de corps & d'eſprit, pour vnir de cœur & de corps, de vœuz & d'opinions la derniere armee des Chreſtiens, qui deffirent ſi heureuſement à la bataille de l'Epante ceſte grande & eſpouuëtable armee de Turcs & Infidelles qui eſtoient dix contre vn. Il n'y a point de doute que N. S. Pere le Pape Paul 5. tout conſommé de zele & bruſlant de charité en ceſte belle & ſaincte occaſion vſera de ſon authorité Pauline, & ceignant à noſtre Roy l'eſpee du S. Apoſtre dont il porte le nom, il en fera de ſemblables exploicts ſur la race des Iſmaelites, que fit Dauid du coutelas de Goliath, receu de la main du grand Preſtre Achimelec, ſur les Philiſtins & Amalecites, en faiſant lauer les Autels, & tous les lieux de la terre Saincte (que ces Infidelles ont profané) de leur propre ſang, tãt qu'ils ſoient entierement repurgez & l'ire de Dieu appaiſee. Et pour les clefs de S. Pierre il les fera ſeruir inceſſammẽt pour en ouurir le Ciel à tous momens aux braues genſd'armes de Ieſus Chriſt: qui batailleront genereuſement en ceſte guerre, & perſeuereront iuſqu'à la fin. Le bon Dieu vueille donc qu'en ceſte ſaincte & ſi celebre aſſemblee des Eſtats (où i'oſe m'aſſeurer qu'il a eſté parlé de l'entrepriſe d'vn voyage ſi ſainct & ſalutaire) on ait cõclud & arreſté quelque choſe de bon, pour le faire reüſſir & executer en brief. Ainſi ſoit-il.

De mon retour de Constantinople en la Chrestienté, par l'Archipel & l'Isle de Zante, & du chemin de Constantinople par terre iusqu'à Raguse.

Chap. XVII.

APRES auoir passé quinze iours entiers en mes visites, allees & venuës de Pera en Constantinople, & de Constantinople à Pera, où ie faisois ma plus commune retraitte, ie fus aduerty de ce dont ie m'apperceu en partie, que pour raison de mon habit à la peregrine, historié d'vne autre façon que le commun des Estrangers qui sont en ce pays-là, on commençoit à me regarder de plus pres qu'au premier, & entrer en quelques deffiances de moy, comme si i'auois esté quelque espion de la Chrestienté, là enuoyé pour obseruer les actions de ces Infidelles, ou remarquer leurs forteresses, attendu que c'estoit chose extraordinaire, disoiët ils, de voir vn pelerin de Hierusalem en ces lieux-là si escartez du chemin ordinaire des pelerins, joinct aussi, comme ils confessent, ils disoient qu'il n'y auoit rien de pieux & de sainct parmy eux, mais au contraire, qui obligeast ou qui deust attirer vn pelerin à prendre ce chemin. Toutes ces choses bien considerees en moy-mesme, ie ne fis le retif aucunement à plier mon bagage, ains me deliberay de prendre sur le champ l'occasion d'vn petit carmoussal tout prest à faire voile pour aller en l'Isle du Zante appartenant aux Venitiens, de laquelle nous auons cy-deuant parlé en la page 159. Ie me vy presque tout prest sur ces entrefaictes de reprendre mon chemin par terre pour retourner en la Chrestiété, & d'aller à Raguse ville d'Esclauonie, où de Constantinople on compte 300 lieuës, si i'auois trouué côpagnie qui m'y eust tant soit peu obligé, mais ne s'offrant alors qu'vn simple voicturier auec vn Grec Renegat, & deux ou trois incogneuz pour faire vn si long voyage, ie ne m'osay hasarder à iouer ce ieu là. Et neätmoins pour le contentemẽt du pelerin ie rapporteray en ce lieu le memoire des chemins & paſſages que i'auois dés-ja prins pour m'en ſeruir. Partant de Conſtantinople il faut paſſer la Thrace, dicte maintenant Romaine, & tout le pays de la Macedoine, diuiſé en pluſieurs Prouinces, comme la Seruie, haulte Miſſie, la Boſſene, l'Albanie & l'Eſclauonie. La premiere ville d'importance qu'on trouue par ce chemin c'eſt Andrinopoly, ſituee ſur le Fleuue de Marizze, la plus belle de la Thrace: de là on arriue à Philoppoly, autre ville aſſez belle, ainſi appellee pour auoir eſté edifiee par Philippe de Macedoine, comme Conſtantinople d'vn Conſtantin, &c. Entre ces deux citez on paſſe vn pont fort magnifique edifié par Muſtapha Baſcha, ſur la riuiere de Rendino. De Philoppoly, qui voudroit voir le Monte Santo, autrefois dit Athos, où eſt edifié vn grand nombre de Monaſteres de Religieux de l'ordre S. Baſile fort bien reiglez, & auec ce Stagire pays d'Ariſtote, aujourd'huy appellé Macry & Nicalidy, il s'y faudroit reſoudre, & ſe deſtourneroit-on peu. S'enſuit puis la ville de Sophie en Seruie, ſelon les vns, & les autres en Bulgarie, ceſte ville eſt de grand traffic & fort habitee de toutes ſortes de natiõs, ſpecialement de Iuifs: de Sophie on paſſe par les grands bourgs de Breſme, Rahadonna, Zagozanni, Vrayohoſty & autres paſſages de la Boſſene, quoy faict on paſſe de là par des pays montaigneux & difficiles, pour raiſon de quoy on eſt ſouuent forcé de loger chez les payſans des lieux venant à ſ'eſgarer, qui ne ſont pas reputez malicieux ny de mauuaiſe vie. On trouue neantmoins de paſſage en paſſage des Carraueſſerrails qui ſont de grandes hoſtelleries ſeules en forme d'Hoſpitaux fondez & rentez par les grands en faueur des paſſans; Arriuant à Raguſe on trouue à toute heure des vaiſſeaux preſts à faire voille de toutes parts. Mais pour ne m'eſgarer plus long temps en ce chemin ie retourneray à celuy que i'ay deliberé de ſuyure pour me rendre en l'Iſle du Zante. Le vent donc eſtant fort propre nous commençaſmes le quinzieſme iour de Septembre à mettre la voille au vent & reprendre le chemin de l'Archipel par où i'eſtois allé à Cõſtantinople, qui fera que pour cauſe de briefueté ie n'en diray autre chose que ce qui en a esté cy deuant dit, ioinct que nous estions si bien empouppez d'vn vent de Tramontane, nostre vent de Nort, qui nous chassa si furieusement à my-chemin de l'Archipel, que s'il auoit côtinué nous aurions eu trop bon compte de ce voyage, mais se changeant plusieurs fois à nostre desauantage, nous ne peusmes arriuer au Zante que le 25. de Septembre. Nous rangeasmes d'assez pres l'Isle de Tine où les Venitiens ont vne bonne forteresse, & de là continuans nostre chemin nous passasmes à la veuë des Citez de Romanie & Maluoisie, de Modone & Corone, sur les bords de la Moree, où d'ordinaire il y a de grands Corsaires & Renegats qui font dessus ces mers la guerre fort cruelle aux plus foibles, mais à cause de ce vent de Tramontane, vn peu gaillard, qui ne permettoit aucunement aux fustes, brigantins, ny autres voiles Latines de tenir le large, nous arriuasmes, par la grace de Dieu, fort heureusement en ceste Isle du Zante sans faire aucune mauuaise rencontre. Ie n'y fus point si tost entré qu'vn Chrestien Latin me recognoissant à la marque & aux habits pour pelerin de Hierusalem, ne me donnast aduis de l'arriuee depuis deux iours en ceste Isle de dix-huict ou vingt pelerins de Hierusalem dãs vn fort bon vaisseau Flaman auec sa conserue, qui n'attendoit que le vent pour aller à Venise. Cet aduis, à la verité, me contenta fort pour le ressentiment du bien que ie me promis en la nouuelle conference des lieux Saincts auec ces bons pelerins qui en estoient plus fraischement partis que moy, ioinct qu'on se rafraischrist la memoire de beaucoup de poincts, & qu'on apprend tousiours quelque chose de nouueau, & neantmoins ie n'auois dessein aucunement de retourner à Venise, pour la crainte que i'auois de ce qui m'y arriua, comme ie diray par cy apres. Tant y a qu'ayant faict rencontre dans la ville du Zante de la plus-part de ces bons pelerins, ie les saluay fort humblement, comme reciproquement de leur part ils me cherirent, auec toutes les caresses & belles demonstrations d'amitié qu'on se pourroit imaginer: ils me sceurent bien declarer comme ils auoient appris depuis mon partemẽt de Hierusalem,

que

DE LA TERRE SAINCTE. 545

que i'y estois arriué seul, que i'y auois faict tant de sejour, & que i'auois prins vn tel chemin pour faire mon retour assez perilleux, ce disoit-on, doutant fort du succez qui m'en pourroit arriuer: en somme ils me prieret puis que Dieu nous auoit si heureusement assemblez, que si nous n'auions commencé le sainct voyage de la terre Saincte, pour le moins que nous le finissions ensemble: Sur ce ie m'informay d'eux où ils auoient deuotion d'aller, où ie recogneu que la plus-part desiroient aller à Rome, & moy en cas pareil, & là dessus ie leur proposay la voye de Messine, & que pour ce estant au Zante mesme où nous estions tous portez, il y auoit des vaisseaux tous prests à faire voile ceste part, ou sinon que nous trouuerions dans l'Isle de Corfou à vne iournee ou deux du Zante, des barques à poinct nommé, qui descendent ordinairement en la Poüille & en Calabre, d'où il y a moins de chemin à Rome que de Venise, leur representant que suiuant mon aduis nous esquiuerions tout le peril du Gouffre de Venise, qui dure plus de cent lieuës, & serions exempts de faire la Quarantaine, specialement en la saison de l'hyuer qui s'approchoit: mon aduis leur donna aucunement à penser, mais la pluralité des voix m'emporta, & fus obligé à suyure le leur, & m'embarquer sur leurs aduis & leur vaisseau. Mais quoy que c'en soit ie conseilleray tousiours à quiconque du Zante aura deuotion d'aller à Rome, de prendre l'vne des deux voyes que i'ay cy-deuant dictes (si pour reuenir plustost en France de Sicile il ne va droict en l'Isle de Sardaigne & à Marseille.) Quoy faisant & vsant de mon aduis, il verra l'Isle de Malte qui merite bien d'estre veuë, auec la belle ordonnance & genre de vie des Cheualiers qui y font leur residence: & pour l'y conuier dauantage, ie feray icy vne legere description de ceste Isle, suyuant que ie l'auois dés-ja visitee en quelque voyage d'Italie fort long temps auāt l'entreprise de celuy de la terre Saincte. L'Isle de Malte est situee en la mer d'Affrique, esloignee de vingt lieuës de l'Isle de Sicile, on luy donne 34. degrez de latitude, & 38. de longitude, & s'estend de l'Orient à l'Occidēt: elle peut auoir six ou sept lieuës de long, quatre de large & 20. de circuit: ceste Isle au declin de l'Empire Romain fut occu-

ZZz

pee par les Sarrasins, mais elle fut conquise sur eux par Roger Prince Normāt, Comte de Sicile, en l'annee 1090. Il y auoit vn Tēple dedié à la Deesse Iunon, qui fut saccagé par C. Verres Preteur de Sicile pour les Romains, & vn autre à Hercules, duquel on void encor les ruines. Elle est à present fort peuplee, & selō la recherche qui fut faicte en l'an 1590. du nōbre des habitans, par le cōmandement d'Aluadelista Viceroy de Naples, afin de sçauoir plus precisement le grain qui estoit necessaire pour la nourriture des Insulaires, il se trouua qu'au Bourg, en la Cité Notable, en la Cité Vallette, en l'Isle S. Michel, & en sept Parroisses de l'Isle, qui contiennent du moins trente-six villages, il y auoit lors vingt-sept mille ames, sans tous ceux de l'Ordre, & ceux qui estoient à leur seruice en nombre de 3500. Ceste Isle du costé de Tripoly est inaccessible, pour estre ceinte de grand nombre d'escueils, & releuee au dessus d'infinis precipices, & n'y a point de port de ce costé, mais elle en a deux fort commodes du costé du Leuant Marsa-scala, & Marsa-sciroc, & l'autre est au Midy, appellé Pierre noire : marchant vers la main droite à l'endroit de Lylibee de Sicile, on trouue la Cala de S. Paul quand il abborda en ceste Isle, au proche de laquelle est vne Chappelle dediee en son nom. Ses principales forteresses sont aupres des ports, mais la vieille Cité est situee au milieu de l'Isle, sur vne Colline mediocrement releuee de fort aggreable aspect, & ornee de beaux edifices, & d'vn peuple assez ciuil. Il y a force oliuiers en l'Isle, mais point de vignes, elles y ont tellement esté negligees, qu'on n'en faict point d'estat, pour si peu de vin qu'il y croist. Son terroir est plus propre à l'orge & au froment qu'à aucun autre fruict; vray est que le cotton y croist en quantité, qui est de grand rapport aux habitans, & pour vn grand bien, c'est que la pierre propre à bastir & faire forteresses, & pour faire la chaux n'y manque pas: vne des grādes incommoditez qu'il y ait, est le bois qui y est assez rare. Les chaleurs y sont grandes aux saisons, specialement la nuict que les vents n'y donnent si communement que le iour, pour raison dequoy il y a si grande quātité de cousins & petits mouscherōs de nuict qui vous estocadēt de toutes parts, & qui pis est sans dire mot

& sans sonner l'allarme, comme les nostres, que le iour venãt il est facile à iuger au visage que vous auez esté à la charge, & qu'ils vous ont baisé de fort pres. Les hommes y ont le teint brun, & participent de l'humeur des Siciliens, au reste fort vaillans: pour les femmes, elles y sont mediocrement belles: auant que la Religion s'y establist, elles estoient fort austeres & retirees, ne se laissans voir à aucun de ceux de l'Ordre, mais depuis ce temps elles ne se sont que trop accoustumees à la conuersation commune. Ce peuple est fort Catholique & deuot à S. Paul, auquel l'Isle est consacree, & luy attribuent qu'il n'y a point d'animal venimeux en toute l'Isle, & pour y en apporter de dehors qu'il n'y peut viure, joinct qu'on tient par experience que la terre de ceste Isle sert de remede contre la morsure des serpens, & contre toute sorte de venin, & encor contre toutes fieures putrides & malignes, auec plus d'efficace que la terre sigillee. Thomas Phasellus au premier liure de l'histoire de Sicile afferme que ceux qui naissent à Malte le iour de la conuersion S. Paul, guerissent de la morsure des serpens & tous autres poisons & venins, & que de leur saliue ils guerissent toute inflammatiõ du corps humain. Ceste Isle est fort enuice du Turc, où il est à craindre que comme ces Cheualiers qui en ont la garde ont esté chassez de Hierusalem & Rhodes, peut estre pour auoir mal gardé la foy iuree de leur profession, pour leurs pechez & les nostres, ils ne soient encor chassez de ceste belle Isle, qui est vn des boulleuars de la Chrestienté. Le pelerin dauantage passant par ce chemin void aussi les singularitez & singulieres raretez de l'Isle de Sicile, tant & si peu qu'il en desire pour son contentemẽt, & selon que le temps le luy permet. Ceste belle Isle faicte en triangle est estimee la plus grãde & la plus fertile de toute la mer Mediterranee. Elle est separee de l'Italie du costé de Midy de fort peu d'espace de mer, & pour l'Affrique elle n'en est point si esloignee qu'il ne se lise aux histoires que autrefois il y auoit vn certain Lynceus si perspicu, que de la ville de Carthage, aujourd'huy appellee Thunis, il cõtoit facilement les voiles qui entroient & sortoient des ports de la Sicile. On luy donne plus de deux cens lieuës de circuit, elle est diuisée en trois principales regions, ou comme disent les Côtadins du pays en trois belles vallees, l'vne s'appelle la vallee de Notte, du costé qui regarde la Grece, & ce quartier est en partie boscageux, & en partie pays de campagne. L'autre s'appelle la vallee de Mazzare, située du costé de la Barbarie, qui est toute campagne sans vn seul arbre, fort fertile & abondāte en grains. La troisiesme vallee, est appellee la vallee des Demōs, qui regarde l'Italie, & ce quartier de pays est presque tout en bois & en montaignes. Les Payens l'auoient cōsacree à Bacchus & à Ceres, à cause de la grand' abōdance des bleds & des vins qu'elle produit, pour raison de quoy elle a tousiours esté reputee pour le grenier de la ville de Rome: Elle est remplie de nombre de belles & bonnes villes, que Pline escrit estre iusqu'au nombre de septante-deux. Les Normans en ont esté Roys fort long temps: Elle est aujourd'huy au Roy d'Espagne, Son principal & plus commun port est Messine, ville de grand commerce & trafic, specialement pour toutes sortes de soyes qui s'y leuēt en grand abōdance, & à bon compte. Ce qu'il y a de plus remarquable en la ville, c'est le Dome orné d'vn Cāpanier faict d'vne admirable structure; Le Palais Royal au proche duquel est vne tres-belle statuë de bronze, en l'honneur de Dom Iean d'Austre, pour souuenance de la iournee de l'Epanthe, & là est aussi vne autre admirable statuë d'vn Geant faict de marbre fort blanc pour l'ornement d'vne tres-belle fōtaine proche du port, lequel aussi est fort admirable pour sa force & beauté de sa situatiō, il y a semblablemēt vn tres-bel Arsenac en la Cité, muny de toutes sortes d'armes & equipages de guerre, tant par mer que par terre: si le pelerin veut s'escarter iusqu'à Palerme, vray est qu'il y a plus de soixante lieuës de Messine, il trouuera tousiours bonne cōpagnie tant par mer que par terre, & verra la plus belle ville de toute l'Isle, il y a au proche de son port vne petite Eglise, fondee de nostre Dame des Grottes d'vne fort grande deuotion, où il se faict iournellement beaucoup de miracles. Ceste Cité est en forme quarree, cōtenant pres de demie lieuë d'vne muraille à l'autre, elle est ornee de grand nombre de belles Eglises, & de Palais fort superbes & magnifiques, auec leurs fontaines artificielles & admirables, & entre autres celle qui est presque au mitan de la grand rue en vne place fort polie & bien nette: ceste fontaine est decorée de plusieurs statuës d'hommes & autres animaux de fin marbre, qui iettent l'eau de toutes parts en fort grande abondance. Si le Pelerin ne veut prendre la peine d'entrer plus auant en l'Isle & voir Siracuse, l'Eglise magnifique de Montreal à vne lieuë de Palerme, le Montgibel auec ses flammes fumantes & fumees flammantes, & infinis autres lieux de remarque; Il est en luy de prendre la mer ou la terre pour faire le voyage de Naples, où estant arriué il verra mille belles choses hors & dedans la ville, lesquelles à raison qu'elles ont esté amplement descrites en nostre langue par plusieurs autheurs anciens & modernes, auec les antiquitez Romaines & merueilles de Poussolle, ie passeray en ce lieu soubs silence pour entendre au retour de nostre voyage par la voye de Venise.

De nostre partement de l'Isle du Zante pour aller à Venise.

Chap. XVIII.

APRES auoir seiourné quatre ou cinq iours entiers dans l'Isle du Zante, pendant lesquels nous assemblasmes deux ou trois fois les plus modernes Pelerins du sainct voyage & moy, pour faire consistoire & tenir conseil sur l'election du chemin plus vtile & necessaire des deux qui s'offroient pour nostre retour en la Chrestienté, Venise ou celuy de Messine, que ie leur auois proposé des mon arriuee, veritablemét nous nous visines du tout barrez en nos aduis & opinions, & n'eust esté trois ou quatre Religieux qui auoient ferme creance que le Patron du nauire leur donneroit leur passage, où ils se trouuerent fort trompez, ie les auois attirez au chemin de Messine. Tant y a donc que le Patron de la nauire ayant fait ses diligences de descharger certaines marchandises au Zante, & chargé seulement quelque nōbre de passe & chorinte à grand marché en ce pays là. Le vent estant tout tel qu'il falloit pour sortir de ce port, apres auoir eu licence de monter en son vaisseau ie m'y embarquay comme les autres. Nous partismes dōc de ceste Isle le premier iour d'Octobre, mais helas! nous ne fusmes pas long temps sur mer que le vent qui estoit Austral venant de la part du Midy se va changer en Maestral qu'ils appellent, & nos mariniers vent Norouest, participant de l'Occident & du Nort, vent qui nous estoit du tout contraire pour la route que nous voulions suiure. Le vent ne se changea pas seulement à nostre preiudice mais le temps, lequel le lendemain de nostre partement se rendit si parfaictemēt noir, qu'en plein midy nous estions en obscures tenebres, à la maniere d'vne obscure nuict qui vient renfermer le iour dans ses ombrageux nuages, si espais qu'ils eussent aueuglé les hyboux, chauuesouris, & autres oiseaux nocturnes, soit que ce fust par la voye d'eclipse ou autrement : & le pis est qu'il suruint vne pluye si forte & druë qu'à peine les mariniers osoient paroistre sur le tillac pour faire leur manœuure, & sembloit que tout le ciel se vouloit cōuertir en mer pour enseuelir nostre vaisseau dans les eaux douces & salees. Ie ne pourrois aussi iamais representer la maniere comme les ondes couuroient & trauersoiét le vaisseau d'vne bande à lautre, que les mariniers appelloiét des espiōs qui viennent voir ce qu'on fait dans le nauire, où quicōque failloit à se parer estoit en dāger d'estre porté indubitablement dans la mer : Et pour nous autres passagers qui estiōs les vns soubs le tillac les autres au fond du nauire, nous estiōs tous percez de part en autre, specialemēt moy qui auois esté pres d'vn an sans voir tōber vne seule goutte d'eau d'enhaut. Et bien que nous courrussions vne estrange fortune dedās ces mers pleines de rochers & d'escueils, à cause des vents qui nous restoient de tout poinct contraires, & qui nous faisoiét bricoller de part & d'autre, le tōnerre & l'orage estoient si grands & les esclairs si ardans qu'à toute heure nous pēsions voir nos voilles en cendre : mais comme on dit que d'vn mal on tire quelquefois vn bien, ie croy que sans les esclairs qui aidoient aux mariniers à recognoistre les escueils & rochers en mer durant la nuict, nous nous serions perdus soit çà où là cent fois pourvne. Et bien que nous fuſſions expoſez à toutes ſortes de perils durant ce faſcheux temps, neantmoins ce que nous redoutions le plus c'eſtoit la cheute du tonnerre dans le vaiſſeau parmy les poudres & munitions comme il arriue ſouuēt, qui nous auroit en moins d'vn rien bruſlez & conſommez en l'eau. Pendant que les pauures mariniers n'en pouuoient plus laſſez de reſiſter à la tourmēte nous autres paſſagers nous eſtions en prieres, & outre ce les vns iettoient en mer de l'Agnus Dei de la Terre ſainɔte, les autres d'autres reliques des ſainɔts lieux, qui ſeruirent fort à appaiſer la tempeſte, & chacun faiſoit recherche de ſon ſainɔt & plus affectionné Patron pour en implorer le ſecours, & moy de tous en general, ainſi que ie fis reſpōſe à vn bon Pere de l'ordre de S. Auguſtin quād il me demanda à quel ſainɔt ie m'eſtois voüé & celuy que i'auois plus particulierement prié. Mais ce qui nous apporta plus de conſolation ce fut le iour qui commença peu à peu à paroiſtre qui fiſt que chacun ſe raſſeura & commença à communiquer enſemble, pour deliberer s'il ſeroit bon de relaſcher quelque part veu l'iniure & continuation du mauuais temps. Ie me reſſouuiens d'vn marinier Flamand que ie vis trois fois preſt à ſe ietter en l'eau pour ſe ſauuer diſoit-il aux rochers ou aux coſtes pluſtoſt que de perir dans le vaiſſeau; mais s'il auoit executé ſon deſſein, il luy ſeroit ſans doute arriué ce qui aduint à ce Capitaine Maltois, autrefois aſſez cogneu dans Roüen, lequel attaqué en mer d'vne bien moindre tourmente ſe retirant en ſon pays, tenté du malin eſprit ſe precipita dans la mer Thyrene auec ſon argēt, non beaucoup loin de la ville de Naples; ſi qu'il y laiſſa la vie, où tous ceux qui reſterent dans le vaiſſeau ſe confians en Dieu furent ſauuez. Le Patron de noſtre nauire, à vray dire, fort digne de ſa charge, & qui ne donna iamais aucun teſmoignage à ſa contenance d'auoir eu peur de peur d'epeurer ſes gens dauātage, recogneut que nous eſtiōs à l'entree du gouffre de Ludrin fort dāgereux en deux ſortes pour la tourmente premieremēt, qui eſtoit toute formee dāsce gouffre plein d'écueils & de mauuais vēts, qui s'aſsēblent de pluſieurs coſtes voiſines pour faire tourbillōner les nauires; Secondemēt que ce lieu qui eſt à l'entree du gouffre de Venise est ordinairement plein de Corsaires qui se rendent là de saincte Maure & des ports de la Vallonne terres des Turcs qui sont à toute heure en ces lieux pour faire prise, specialement au droit de ces grandes montaignes des Chimeres desquelles nous auons dit quelque chose en la pag. 142. à iuste cause appellees de ce nom, tant à raison que les Poëtes anciens par leurs peintures parlantes, leur donnoient la teste d'vn lion, le ventre d'vn bouc, & la queuë d'vn dragon, que pour ce qu'elles sont auiourd'huy possedees par les Turcs vrays lions & dragons de ces terres. Vray est que le téps estoit si terrible & diuers, qu'ils n'osoient paroistre aucunement auec leurs fustes & brigantins, dans vne mer si irritee. Neantmoins de peur de surprise le Patron de la nauire fist preparer le canon & mettre les armes en ordre, aduertissant vn chacun de faire son deuoir s'il en falloit venir là, à quoy chacun se disposoit de bon courage, pour la crainte que nous auions de porter le carquan & les iartieres de fer de Turquie. Ceste premiere tourmente passee & le temps cómençant vn peu à se rasseurer & rasserener, le vent se tournant en Austral nous ayda à sortir de ce gouffre, non qu'il nous fust autrement fauorable pour nous aduancer de beaucoup au chemin de nostre route, mais pour le moins nous n'estions pas si mal menez comme aux iours precedens: le Patron de la nauire fist visiter haut & bas le vaisseau où il se trouua beaucoup de perte sur la marchandise outre que l'eau sallee auoit donné iusques aux biscuits & autres prouisions, où il y auoit par tout perte (disoit-il) de mille escus, quant à la perte que firent les paures pelerins elle fut grande en ce que les Croix, les Presepes, les Modelles du sainct Sepulchre & autres sainctes curiositez de la Terre saincte enfermees dans les coffres, furent rompuës tout estant renuersé, bouleuersé cent fois en vne heure à la grand' tourmente qu'il faisoit: Et pour ceux qui auoient leurs reliques dans des casses & valises, elles furent mises en mille pieces par les allees & venuës des mariniers qui foulloiét tout aux pieds allás & venans de toutes parts aux affaires de la nauire: mais le beau du ieu fut quád nous commençasmes vn peu à nous rallier entre nous pelerins pour dire nos aduis & deuiser

vn

vn peu enſemble du temps qu'il auoit fait, où tous ceux qui m'auoient deſdit & reietté mon conſeil touchant l'autre chemin que ie leur auois propoſé, ſe repentoient ſur le tard de ne m'auoir creu. Helas! mes peres (ainſi que ie leur dis) la queuë eſt volontiers la plus difficile à eſcorcher; le bon Dieu nous gard de pis, ſpecialement de la quarantaine de Veniſe qui eſt encor plus à redouter que toutes les tourmentes que nous ayons paſſees, dont ils ne faiſoient point d'eſtat ſe fiás en leurs lettres mal authentiques & de peu de vertu enuers ces Seigneurs. A la fin le vent ſe changea en Siroc que nos mariniers appellent vent de Sueſt, lequel nous remiſt vn peu ſur noſtre route, mais d'autant que la pluye ne ceſſoit aucunement qui nous paſſoit tout outre ſans aucun moyen de ſe ſeicher; Comme on dit volontiers que mal ſur mal n'eſt pas ſanté, ſi nous eſtions battus outre meſure de l'eau d'enhaut celle d'embas l'eau de la mer qui entroit à bariques dans le vaiſſeau, nous donnoit encor plus de peine auec peril de faire enfondrer le vaiſſeau, ſi on auoit māqué iour & nuict de trauailler à la pompe, mariniers, pelerins & paſſagers, & l'importance eſtoit que pour raiſon du grand nombre des ballots & marchandiſes qui encombroient le fond de la nauire, on ne pouuoit remedier à ce malheur à cauſe dequoy l'eau croiſſoit de plus en plus, ce qui eſtoit facile à iuger au manimēt de la heuſe & de la brimballe de la pompe, & au nombre des baſtonnees que nous allions comptant, ioinct que la ſonde nous en diſoit la verité. Et ſur ce que les marchans, paſſagers & nous autres pelerins encor, preſſions le Patron de la nauire de prendre port quelque part tāt pour remedier au vaiſſeau que pour faire ſeicher les marchandiſes & reprendre haleine des precedentes fatigues, qui n'auions eu aucun repos ny iour ny nuict il n'en voulut rien faire, tāt que ie vis l'heure d'vne bataille & d'vn coupe-gorge general dans la nauire entre les marchans, les mariniers & les paſſagers, ſans les peres Religieux, qui ſe ietterent à genoux entre les armes pour les faire mettre bas de part & d'autre, ce qui ſe fiſt à la fin par la permiſſion de Dieu. Le mauuais tēps & les affaires accōmodees le Patrō du vaiſſeau remōſtra aux paſſagers l'intereſt & couſtage où il tombe lors qu'il est forcé de prédre port quelque part que ce soit, & d'ailleurs que le temps estoit passé qu'il deuoit rendre bord à Venise, pour cause de quoy il perdroit beaucoup en ce voyage, nous confessant au reste que comme il n'estoit que simple voicturier, & qui n'auoit beaucoup à perdre, si nous en auions faict dauantage il nous auroit iettez en Barbarie ou à la premiere ville d'infidelles, où il nous auroit tous vendus auec les marchandises, & se seroit enrichy par ce moyen. A ceste parole regardant mes compaignons pelerins qui auoient refusé l'autre chemin, ils ne firét autre chose sinon leuer les yeux au ciel & faire vn signe de Croix. Mais côme on dit volontiers qu'vn malheur est ordinairement suiuy de l'autre, en voicy bien vn plus estrange qui nous pensa tous perdre lors que nous pensions estre sauuez de tous perils ; c'est que les mariniers & passagers qui auoient trop ieusné pour cause du mauuais téps faisans vn peu trop grasse cuisine le feu s'esprint de telle sorte au foyer du vaisseau, qu'il sauta iusqu'au tillac, & de là aux voiles & cordages, & n'eust esté la grand' diligence que chacun apporta pour esteindre ce feu si vif auec les barils tous entiers de muscatelles & maluoisies, outre l'eau de la mer, & les reliques de la Terre saincte que nous autres pelerins iettions dedans, nous courrions fortune (comme dict Dauid) de passer par les flammes apres les ondes. Tant y a que depuis nostre partement du Zante nous n'eusmes iamais vne heure de beau temps ny de contentement en nostre voyage, viuans desormais en ce vaisseau en vne perpetuelle deffiance du Patron & de ses pilottes, depuis nos grandes tourmentes & les vacarmes qui s'y passerent : Et au lieu de tirer pays tant soit peu de bône façon nous allasmes tousiours bricollans en ce gouffre de Venise le temps d'vn mois entier, du Nort au Su, & d'vne coste à l'autre, de la Poüille à l'Esclauonie, de l'Abruzze à la Dalmatie, de la marque d'Ancone à l'Istrie, battus incessamment de Tramontanades & autres vents contraires : de sorte que nostre voyage se finit auec toutes les langueurs & longueurs qu'on se pourroit imaginer. En fin descouurans de loin la ville de Venise, comme aussi nostre naue de trois ou quatre cens tôneaux, ayant toutes ses voiles desployees estoit facile à descouurir en haute mer de ceste cité, cela nous faisoit esperer, selon la coustume, qu'il viédroit vn pilotte au deuant de nous, pour nous faire aborder plus seurement dans le port de Malmocque fort dangereux, qui est à vne bōne lieuë & demie de Venise, mais le temps estoit si fascheux que les petites barques n'osoient aucunemēt paroistre en mer, qui occasiōna le Patron de nostre naue, hazardeux iusqu'à tout, d'y entrer de luy-mesme, qui ne fut sans vn manifeste peril du vaisseau & de tous ceux qui estoient dedās, toutefois reschappez de ce peril nous dōnasmes fond le 29. d'Octobre dās le port de Malmocque, en esperance d'aller chanter le iour mesme le *Te Deum* dans Venise, & remercier Dieu des grāds & innumerables perils dōt il nous auoit deliurez, mais nous ne vismes tout le reste du iour rien qui tint cōpte de nous, ny qui se disposast de nous faire aucun bien : cela occasionna le Patron & l'Escriuain de la naue auec 4. mariniers de mettre l'esquif hors pour aller à Venise, presenter leurs patétes & lettres de santé, pour demander practique & permission de mettre à terre la marchādise & toutes sortes de passagers, specialement 18. ou 20. Pelerins de Hierusalem fort fatiguez des mers pour le long temps qu'il y auoit qu'ils estoiēt partis du Leuāt, ainsi qu'il estoit remarquable par leurs lettres. Leur demāde deliberee par les Seigneurs conseruateurs de la santé sans auoir aucun esgard au tēps que que le vaisseau estoit party du Leuāt, qu'il y auoit plus de deux mois, & qui plus est de lieux non suspects d'aucune maladie contagieuse, & sans considerer les practiques & lettres d'attestation qu'ils auoiēt tant de l'Isle de Cādie que du Zante, aussi peu qu'à la qualité & necessité des pauures pelerins desia si rōpus de dures fatigues & longues inquietudes; ils ordonnerent neantmoins que nous irions faire la quarantaine au Lazaret nouueau : ce qu'estant ainsi arresté les gens de nostre naue reuindrent incontinent à nous pour nous dire ceste triste nouuelle, & faire payer à chacun de nous le naule & le passage du nauire qui fut de la sōme de 6. sechins par teste sans riē rabbattre, en quoy les pauures religieux Cordeliers & autres furent frustrez de leur opinion, estimās en estre quittes pour des prieres, & de l'exemption de faire la 40. attendu leurs lettres, leur aage & leur qualité, lesquelles choses n'eurēt aucū pouuoir de fleschir le courage fort rebellé de ces Seigneurs, qui prononcerent ce tres-dur & rigoureux Arrest contre nous.

De nostre conduitte au Lazaret nouueau, du temps que nous y seiournasmes, & du mal que nous y endurasmes.

CHAP. XIX.

BIEN que nostre Seigneur en l'accomplissement de l'œuure de nostre redemption supportast patiemment toutes sortes d'iniures & opprobres, neantmoins ce qui l'affligea dauantage ce fut la persecution qu'il receut des siens propres, comme de Iudas l'vn de ses Disciples, & autres Iuifs qu'il auoit deuotion de sauuer; ce que le Prophete Royal Dauid auoit chanté long temps auparauant en la personne de nostre Seigneur, se complaignant de la persecution qu'il receuoit de ses plus proches : Si c'eust esté mon ennemy qui m'eust persecuté ie l'eusse plus patiemment supporté, ou si celuy qui me hayssoit s'estoit bandé contre moy, ie me fusse retiré de deuant luy, mais toy de qui ie faisois estat comme de moy-mesme, qui estois mon commençal & domestique : la mort vienne sur mes ennemis & descendent tous vifs en la terre, car ce n'est que malice en leurs maisons & au milieu d'eux. Ie croy que ces paroles se peuuent iuridiquement dire des Venitiens, pour les grandes persecutions & tourmens qu'ils nous firent souffrir & supporter en leur Lazaret nouueau, seconde Turquie, plus dure pour nous, & où l'on esprouue plus de cruauté qu'en la naturelle, prison plus insupportable & plus pleine de rigueur que les galleres, les Chastellets, & les Four-leuesques. Car il n'y a point de doute que les Turcs mesmes les plus barbares, pour rien du monde ne nous auroient voulu traicter chez eux de la maniere, eu esgard à nostre qualité, là où les Venitiens, qui se disent Chrestiens, au lieu de nous donner passage par dans leurs terres pour nous retirer dans les nostres, ce fut de nous enuoyer en vne dure & estroitte prison, soubs pretexte de la contagion du Leuant, où tout par la grace de Dieu, pour le faict de la santé, alloit beaucoup mieux qu'à Venise. Ces Seigneurs enuoyerent donc la barque de la santé conduitte par quatre corbeaux, ou plustost quatre bourreaux, qui nous vindrent enleuer de nostre vaisseau, pour nous conduire la vigile de Toussainct, comme pauures criminels à trauers ces marests, au commencement du mois de Nouembre à ceste prison de Lazaret, ou plustost supplice tout à faict, à vne grand' lieuë de Venise, au quartier le plus froid de ceste mer Adriatique, au beau mitan des eaux vers le Septentrion. Arriuez donc que nous fusmes en ce lieu de Lazaret, qui est en forme d'vne petite Isle, conduits par ces quatre pedarts, vn à la teste, l'autre à la queuë, & les deux autres au mitan, à nos costez, le baston à la main, pour empescher que le moindre s'escartast seulement pour pisser, nous faisoient marcher deux à deux, comme s'ils auoient conduit vne troupe de forçaires cõdamnez à la gallere, ils nous firent entrer comme dans vn dortoir où il y auoit dix ou douze chambrettes, sans aucune piece de meuble, & rien que le seul carreau froid comme glace, où si tost que nous fusmes entrez, ce fut de nous enfermer soubs la clef, auec deffence à peine de la vie de n'aller haut ny bas, ny de nous mettre en effect de sortir en aucune maniere. L'importance est que nous n'auiõs feu ny flamme, cueßin ny mattelas, pour mettre entre nous & le carreau, ny aucuns viures pour mettre soubs la dent ceste premiere iournee, ayans non seulement dõné aux mariniers de nostre vaisseau ce qui nous restoit de viures, mais auec ce nos cueßins, esclauines & mattelats, pour la ferme esperance que nous auions d'entrer en Venise, & nous aller reposer à l'aise, pour recompẽse de tant d'ennuis & mauuaises nuicts que nous auiõs passé par tout nostre voyage de la terre Saincte: Et qui est biẽ dauãtage, ce lieu estoit si salle & plein d'immõdices, que c'estoit horreur à voir & sentir ce que ceux de deuant nous y auoient faict, comme à la verité c'est à qui y laißera au partir de plus grãdes marques de villenies & salleté, pour le desespoir qu'on a de se voir si long-temps en ceste misere; car pour estre les plus sains du monde, comme nous estions la grace à Dieu, on nous exposoit au peril non seulement de la peste & contagion, mais de la dissenterie & autres plus salles & dangereuses maladies. Le lendemain on nous enuoya vne gondolle de la ville, dans laquelle veritablement il y auoit pain & vin & autres legeres prouisiõs, mais ce qui coustoit cinq souls à Venise nous estoit vendu dix & au delà. Le pis est qu'il y auoit cinq ou six pelerins de la troupe, Religieux & autres, à qui les moiés auoient manqué, tellement qu'ils n'auoient vne seule Gazette pour tout argét, de sorte qu'il falloit de necessité que les plus commodes, par commiseration les nourrissent, encor qu'ils n'eussent des moyens bien simplement que pour eux. Nous estimions au premier, que nostre captiuité ne seroit que de trois ou quatre iours, & que ces Seigneurs ayãs mieux cõsideré nos lettres, & le grand temps que nous auiõs esté à nous esuenter sur les mers depuis nostre partement du Leuant, ils nous mettroient en liberté, mais nostre creance en cela fut bien vaine, attendu qu'ils nous enuoyerẽt ceste parole par le Prieur de la santé, assauoir que la Seigneurie par sa grande sagesse & beau iugement (sans rien attribuer à la prouidéce de Dieu, notez) s'estoit vn grand temps fort heureusement conseruee de la peste, contagion & tous autres sinistres accidens, pourquoy elle n'auoit intention de se mettre ny sousmettre à ce peril pour des incognus & gens de peu, & partãt que nous nous disposassions à faire la quarantaine entierement. Voyãs & oyans l'arrest diffinitif prononcé de nostre misere, ce fut à nous de nous resoudre à la patience, & de prier le bon Dieu de nous la donner, vray est qu'il y auoit de nos compaignons vn peu moins constans que les autres, specialement ceux qui auoient refusé le chemin de Messine, qui se vouloient desesperer, les vns disans qu'ils estoient de quatre cens licuës, & qu'ils n'auoient bagatin ny gazette pour se nourrir, les autres disoient qu'on leur faisoit mãger ce qui leur restoit pour se retirer en leurs pays, les autres qui auoient desir d'aller à N. D. de Lorrette, à Rome & autres lieux de deuotion, plaignoient plus le temps qu'on leur faisoit perdre, en les forçans d'attendre la force de l'hyuer, les Venitiens estans cause que tous ces bons vœuz & desseins furent rompus. Nous voyans donc reduits à ceste extremité, nous leur fismes presenter vne autre requeste, laquelle libellee des raisons que dessus & autres en assez grand nōbre, qui ne manquoient d'apparence, nous les supplions de nous faire donner vne barque qui nous portast à nos frais, de tel costé qu'ils voudroient hors les terres de leur Estat, sans entrer dans leur ville aucunemēt, mais de tout cela neant, si qu'il n'y eut autre remede à nostre mal, sinō de nous resoudre à ceste belle vertu de patience. Les Cerberes qui nous auoiēt en leur charge nous estoiēt beaucoup plus rudes & molestes qu'aux Turcs & Infidelles qui estoiēt en vn autre quartier, car biē qu'il leur fust loisible & facile de nous laisser aller sur les eaux qui cernent ceste Isle pour prendre vn peu d'air, ils n'en vouloiēt rien faire qu'à force d'argēt, de maniere que nous n'auiōs pas seulemēt le credit d'aller vne fois la sepmaine lauer nos linges à la mer, ces infames prenās plaisir de nous faire māger à la vermine. Iamais vn seul de tous les Religieux & autres Prestres seculiers ne peurent auoir licence de dire Messe la propre Feste de Toussaincts, que Messieurs de Venise s'aduiserēt de nous enuoyer vn Chappellain qui nous querelloit tous les Dimāches à la fin de sa Messe, si nous ne le payons de sa peine, encor qu'il fust tout en soye, & portast les bagues d'or aux doigts, auquel neantmoins pour euiter à plus grand' noise il fallut obeyr, disant que S. Marc ne luy donnoit rien pour ses peines. Or jaçoit que ceste peine nous semblast du tout insupportable, si est-ce qu'il en cuisoit dauantage à de riches marchās Leuātins reduits à ceste mesme necessité, que Messieurs de Venise faisoient consommer en frais, & manger nauire & marchandise durant ces quarantaines (que pour vn rien ils font recommencer) à force d'esuenteurs & gens qui traittent les marchandises, lesquels il faut nourrir pendant ce temps, & payer encor fort cherement de leur peine. Et pour nous autres pelerins, outre que nous estiōs forcez nonobstant nos necessitez, de nourrir les Concierges & gardes qui estoient chargez de nos personnes, il nous fallut encor au double, à la fin de la quarantaine, leur payer nos gistes & gardages, où ie diray sans mentir, la pitié & compassion qui se passa en nos presences, qui fut telle, que deux pauures Religieux Cordeliers, qui n'auoient vescu durant tout le tēps de ceste beniste Quarātaine, que des aumosnes & bien-faicts des autres pelerins, n'ayans, comme i'ay dés-ja dit, vn seul bagatin pour se nourrir, ny payer leurs gardages. Ces detestables à la sortie furent bien si osez, où plustost si cruels que de les despoüiller de leurs habits : Ces pauures Peres menaçans ces bourreaux de s'en plaindre à la Seigneurie, & de se representer à elle en pourpoint & sans habits, au lieu d'en faire estat & redouter ceste menace, ils s'esclatterent de rire, disans que ce n'estoit pas le centiesme qu'ils auoient despoüillé : ce que voyans, & qu'ils estoient si resolus, nous aimasmes mieux nous autres pelerins pour abbreger & sortir de cet enfer payer entierement la debte. Bref il y auoit beaucoup plus de misericorde, ou pour mieux dire moins de cruauté, au temps de nos guerres dernieres, chez vn certain maistre Pierre sans pitié, Geolier, mais plustost bourreau des pauures prisonniers de guerre, en la ville de Foulgeres en Bretaigne, que parmy ces Tyrans du Lazaret nouueau de Venise. C'est chose incroyable de ce qui nous fut dit en ces lieux du grand nombre de pelerins & autres qui y auoient finy leurs iours de faim, froid & autres necessitez: Et pour mon particulier ie ne celeray point que parmy ces grandes gelees, forcé comme i'estois de coucher sur le carreau, comme beaucoup d'autres, il me tomba des defluxions & froidures si grandes sur les pieds & les genoux, que ie fus contrainct de mettre mon bourdon en deux pieces pour faire des eschasses à me porter, & de protester par force de n'aller plus si loing en voyage pour reuenir par Venise. Ie vis vn Piedmontois si transi de froid qu'il mist non seulement le sien en esclats pour se chauffer, mais ce que ie regrettay plus ce fut deux tres-belles palmes benistes qu'il auoit apportees de Hierusalem encor à demy-vertes, desquelles il se chauffa pour euiter la mort, à mon extreme regret ie les vy mettre en cendre, auec vn tel criquetis qu'elles sembloient crier vengeance contre Venise, ou que ce fussent des canonnades qui deussent foudroyer & renuerser ceste Cité dans l'eau: Vn autre pauure pelerin tira ses hardes de son coffre

fre, qu'il pacquetta dans vne de ses chemises puis se chauffa du coffre, & en fit pour ce iour sa cuisine. Bref, ie ne pourrois icy raconter par le menu les histoires prodigieuses qui se passerent entre nous, tout le temps de ceste quarātaine, car nous auions cent fois plus de consolation au mitan des tempestes, orages & fortunes de mer, qu'en ce meschant releguement sans reglement: aussi est-ce chose asseuree que nous en sortismes au bout du terme, qui se finit le dixiesme de Decembre, auec non moins de gayeté & actions de graces au bon Dieu, que sortis des gouffres & plus perilleuses mers que nous eussions iamais passé, & restans plus contens que reschappez des mains des Turcs & des Pyrates. Et à ceste cause ie ne celeray point ce qui est dés-ja venu en euidence comme i'ay entendu, c'est qu'il y auoit en nostre compagnie cinq ou six galans hommes, Religieux & autres, de diuerses nations, qui bien instruits & aduertis de la vie qui se meine dans Venise, se promettoient d'en escrire, non à la volee comme ie fais, mais de pincer en ce ieu toutes sortes de cordes. Ie ne passeray soubs silence, que durant nos miseres & calamitez, nous visines donner pratique à nostre barbe, & tirer hors ceste prison, des Turcs, Grecs & autres Infidelles, long temps arriuez en ces lieux depuis nous autres pelerins: Ie ne celeray non plus, comme i'ay dés-ja dit, qu'arriuans sains & gaillards en ce lieu plein d'infection & mal sain, nous estions plus capables d'y trouuer la cōtagion que de l'y euiter, dont le bon Dieu nous preserua par sa grace, & neantmoins afin que chacun de nous eust suject de se souuenir de Venise, il n'y eut celuy qui ne s'en allast auec son petit ricorde, car l'vn y gaigna la dissenterie à cause des grandes froidures, l'autre les gouttes, l'autre vn rheume presque mortel, l'autre les mulles aux tallons, l'autre vne gratelle fort espaisse, les autres de la vermine en si grand' abondance que c'est chose incroyable: de sorte qu'il n'y eut celuy d'entre nous qui ne portast quelque part sur son corps les armes & deuises du Lazaret nouueau de Venise, ces Messieurs nous renuoyans en nos terres par le Royaume de la Poüille, la Principauté de Galles, & la Barōnie de

BBBb

Pié-d'argent. Et pour reuange aussi, ie n'obmettray pas à dire pour la fin de ce Chapitre, que lors que nous estions tous ensemble prenás patiéce en nostre mal, & nous cõsolans en nos miseres, chacun de nous alloit disant son petit mot de Venise. Le premier, que les Venitiens estoient bien-heureux, & ne pouuoient qu'ils ne fussent sauuez pour le grand nombre de prieres que tous faisoient pour eux: Car s'il est vray (disoit-il) qu'à l'exemple de nostre Seigneur, & de sainct Estienne, chacun selon la reigle de charité soit obligé à prier Dieu pour ses ennemis, les Venitiens ont beaucoup de prieres qui ont beaucoup d'ennemis. L'autre disoit, nous sommes perpetuellement obligez à aimer les Venitiens, car comme la dissenterie est si forte à Venise, que pour tel iour il y meurt mille personnes (qui estoit la verité) ils nous ont icy enuoyez pour nous tirer de ce danger: l'autre disoit, qu'ils estoient cause de nostre salut, en meritant par les afflictions qu'ils nous faisoient endurer, moyennant que l'impatience & le murmure n'en leuassent le merite: vn autre disoit, qu'ils nous auoient enuoyé en ce lieu, afin de trouuer leur ville & leurs viures meilleurs à la sortie: l'autre, qu'à dessein ils nous auoient voulu laisser quaráte au lieu de quatre iours en la corruption de ce monument de Lazaret premier que nous faire ressusciter de nos peines mortelles, comme fit nostre Seigneur le Lazare, à vne grande gloire. Bref, vn autre vint qui disoit, que les Venitiens auoient de serment de ne voir de plus gens de bien qu'eux en leur ville, & qu'ils auroient faussé leur serment s'ils nous auoient admis & receus de prime face chez eux, que nous estions encor tous sanctifiez de la visite des Saincts lieux, & partant qu'ils nous auoient enuoyé nous polluer en ces lieux salles, & nous rendre pecheurs comme eux, par nos murmures, desespoirs & medisances, afin de ne voir point chez eux de plus gens de bien qu'eux, comme les Ephesiens qui ne vouloient point d'Heliodore, & allions ainsi passans le temps: & pour moy ie fis promettre à tous les pelerins de la Compagnie, que s'ils retournoient iamais par Venise en Hierusalem, ils feroient comme les trois Roys qui s'en retournerent de leur voyage de Bethleem en leurs terres par vn autre chemin que celuy de Hierusalem, comme il est dit en la page 98. Le temps de nostre penitence finy, nous entrasmes tous au matin vers le commencement du mois de Decembre dans vne mesme barque qui nous porta à Venise, & marchás tous de compagnie à l'Eglise de sainct Marc nous oüysmes la Messe ensemble, laquelle finie nous prismes cõgé les vns des autres, en nous donnans, cõme i'estime bien, le dernier à Dieu en ce monde, car l'vn print le chemin d'Espaigne, l'autre de France, l'autre d'Allemagne, l'autre de Flandres, & ainsi chacun tira de son costé, si qu'il y auoit plaisir à nous voir bander & desbáder chacun vers son quartier, De moy, ie ne laissay de seiourner, nonobstant ma cholere, quatre ou cinq bons iours dans ceste grande Cité pour faire blanchir mon linge, & me rafraischir vn peu, pour tascher à me remettre, specialement des iambes, qui pour raison du froid auoient couru de tresmauuais temps dedans ces eaux. Ayans faict ce que ie desirois en Venise, ie trouuay dans la place de S. Marc deux pelerins Italiens qui partoient pour aller à nostre Dame de Lorette & à Rome, ie m'abáday auec eux, & allasmes faire marché auec deux barquerolles à vn secquin d'or pour nous porter dans leur Gondolle qui estoit couuerte & fort propre pour aller à l'aise iusques à Chiosse, premiere ville de terre ferme, sur le chemin de nostre Dame de Lorette, à six ou sept lieuës de Venise : nostre marché faict & conclud, & l'argent payé par aduance, ie veux bien aduertir icy le pelerin de la plus grand' fourbe & meschanceté qui se puisse imaginer, commune & ordinaire à ces pendars, au conspect de la iustice des lieux, qui ne faict que s'en rire, nostre marché faict & tous trois embarquez à l'heure de Midy, en esperance de tirer pays & arriuer de meilleure heure au premier logement, ces affronteurs nous tindrent encor trois grosses heures dans le port, tant que leur Gondolle fust pleine iusqu'au nombre de dix passagers, qui estoit plus que ce petit vaisseau ne pouuoit porter pour faire le voyage à l'aise. Ces gallans ayans la bourse pleine firent semblant de s'acheminer au voyage, & donnant seulement à demie lieuë de Venise en mer,

BBBb ij

ils se tenoient sur les aisles pour attédre les barques de Chioffe, où ils nous deuoiēt porter, lesquelles ne partent de la Cité sinon vers le soir pour se retirer, de maniere que nos affronteurs, au lieu de tirer pays nous entretenoient sur ces eaux iusqu'à la nuict qu'ils vont à la rencontre de ces barques descouuertes pesantes & mal-aisees qui sont de Chioffe, & à l'abbord ils font marché auec ces autres battelliers pour nous porter à ce lieu où ils s'estoient sousmis de nous descendre eux-mesmes, nous faisans par force passer d'vne barque en l'autre, dont ils sont quittes pour peu de chose, comme la valeur d'vn escu ou moins, là où ces volleurs en auoiēt tiré trois de nous. Ceste premiere vente ainsi faicte de nos personnes, si nostre nouueau Patron void que sa barque soit trop chargee, & qu'il en passe vne plus legere, il nous vendra pour la seconde fois, moiennant qu'il gaigne la moitié, ou a la tierce partie du prix accordé, & vn troisiesme en fera de mesme : si bien qu'en ce voyage nous fusmes vendus iusques à trois fois, & retardez presque à l'heure de minuict, à la pluye & au vent, dans vne meschante barque pleine d'eau, & toute descouuerte, en danger de perir cent fois en ce dernier voyage, à cause du vent & des tenebres. Le bon Dieu permit que i'eusse encor ceste venuë à la sortie de Venise, afin d'auoir plus de suject de me souuenir en mes prieres des Venitiens, fuyuant le dire d'vn de mes compaignons, à quoy i'estois obligé pour les grandes persecutions que i'en auois receu, puis qu'il faut prier pour ses ennemis.

Conclusion de l'Autheur sur tout l'œuure.

CHAP. XX.

TOVT ainsi comme ie ne receus moins de contentement au retour qu'à l'arriuee de mon voyage aux saincts lieux, dont le moindre aspect en la prise de ceste belle possession, me fist oublier toutes les pesees des fortunes passees, comme auiourd'huy le seul souuenir de tant de graces efface non seulement en moy les trauaux du reuenir, mais plein d'vne asseurance belle, la crainte de la mort eternelle : tout ainsi auoüeray-ie maintenant ne ressentir pas moins de consolation, me voyant arriué à la fin & perfection de ce penible ouurage, dont la peine & le labeur s'oubliera par semblable, tant plus que ie verray qu'il aggreera au Lecteur, & le portera à se rendre en ce bel & sainct Voyage, plustost Pelerin de Practique que de Theorique, à fin de receuoir en effect & reellement non imaginairement les grands fruicts qui en resultent, au contraire de celuy qui pouuant facilement effectuer vn œuure de pieté, ne s'y esuertuë & n'y contribuë que de la seule volonté. Mais quoy que c'en soit, cōme ie n'ay iamais ignoré le merite du voyage de la Hierusalem terrestre, ny doubté du fruict qui en procede, ceste seule consideration m'a faict efforcer d'en enseigner le chemin au Pelerin, premierement par exemple marchant le beau premier, secondement par paroles disant ce que i'en sçay ; Tout ainsi ie suis deliberé moyénant la grace de Dieu, de luy apprendre le chemin de la celeste, outre les preceptes rapportez en mon premier liure, par toutes sortes de bonnes & sainctes actions, & puis en fin par mon deslogement d'icy bas, en vne belle saison s'il m'est possible, apres auoir faict les preparatifs necessaires pour faire ce dernier voyage, dont le premier n'est que la figure. Pourquoy le Pelerin se representera, que bien que ie me sois efforcé de luy faire voir le plus naïfuement que i'ay peu les citez de l'vne & l'autre Hierusalem, ce n'a pas esté pour l'empescher d'y

BBBb iij

voyager, ains pluſtoſt pour l'exciter d'aller voir le naturel mille fois plus beau que le modelle, dont la difficulté ne ſe peut recognoiſtre, à quiconque s'y achemine de bonne volonté, & pour moy, i'y ay trouué tant de conſolation que i'ay creu que i'eſtois obligé d'en dire la verité, pour exorter mon prochain à ſe ſauuer côme moy, par vne ſemblable entrepriſe en voyât & beuuant à la fontaine d'où a coulé l'Euangile & le nom de Chreſtien. D'ailleurs ce ſainct voyage eſt vn vray miroir où le bon Pelerin void ſes imperfections, lors que péſant eſtre humble, doux, benin, patient & charitable, recognoiſſant le contraire facilemét il ſe change & corrige. Car il ne faut point aller en ces lieux ſi terribles & pleins d'eſtonnement pour y pecher comme chez nous, de peur de ſe faire rompre la teſte en moins d'vn rien : comme auſſi le pelerin qui ſe gouuerne bien en ce voyage, contracte & s'aſſeure pour iamais de la grace de Dieu, obtenant de ſa diuinité tout ce qu'il deſire pour le comble de ſa felicité. Ce ſainct voyage (dis-ie) apporte vn contentement incroyable au Pelerin auec vne côſolation en ſon ame pour le reſte de ſes iours par la recordation & reduction en ſa memoire de mille belles choſes ſalutaires, dont la moindre eſt ſuffiſante de le tenir & entretenir ioyeux & content en ſon ame mille ans entiers s'il pouuoit autant viure : & partant iugez l'effect de l'imaginatiõ de toutes ces merueilles à la fois, qui outre le plaiſir indicible qu'elles luy apportent, par la parfaicte intelligéce des ſainctes Eſcritures, eſtouffent en luy toutes ſortes de mauuaiſes cogitations & péſees. C'eſt vn vray Paradis en ce monde où le Pelerin de la Terre ſaincte ſe delecte & prend plaiſir à voyager icy bas tous les iours par vne belle imagination, attendant l'heure du voyage de la Hieruſalem celeſte : mais le mal eſt que ceux qui deuroient entreprendre ce ſainct Voyage, ſont ceux qui y penſent le moins, comme les grands pecheurs du monde, qui ſe promettent d'eſtre ſauuez à la fin de leurs iours, pour dire ſeulement Seigneur Seigneur haſte toy de m'ayder, mais comme dit l'Eſcriture, tous ceux qui diſent Seigneur Seign. n'entreront pas au Royaume des cieux. C'eſt dõc aux pecheurs & indeuots que ce voyage eſt propre, pour les porter à péſer à la mort, ſe confeſſer ſouuét, faire teſtamét & reſtituer le bien d'autruy, à quoy comme les bons exemples, aduertiſſemens, & ſainctes predicatiõs ne les touchent chez eux, il eſt bien raiſonnable de les enuoyer aux ſaincts lieux, à fin que prenans exemple ſur les pierres qui ſe ſont fenduës à la Paſſion de noſtre Seigneur, leurs cœurs plus durs que les pierres ſe fendent auſſi : malheur à vous, dict l'Eſcriture, qui allez paſſans vos iours tous entiers en delices, qui ne voulez rien faire pour la gloire de Dieu & voſtre ſalut, vous appuyans ſur ceſte maxime ou routine ordinaire, qu'on peut faire ſon ſalut par tout, dont vous vous acquittez auſſi mal chez vous qu'ailleurs, qui conſommez le tēps en amours illicites, ſans penſer nulle fois à l'amour diuin, qui eſtes ſi delicats aux ieuſnes, abſtinences & fatigues ſpirituelles ; qui paſſez les iours en leur longueur à toutes ſortes de chaſſes violentes, & penibles volleries, ſans auoir ſouuenance de boire ny manger, qui enuoyez toutes les nuicts en leur longueur, à la plus grande force du froid à faire l'amour au monde, & à courir apres ſes biens & ſes honneurs : & partant malheur à vous qui dictes ne pouuoir faire vn ſeul petit voyage ſpirituel en tout le cours de voſtre vie, & en faictes cent pour le monde à vau-l'an ſans aucun merite, & ne pouuans ieuſner vne ſeule fois pour l'amour de Dieu (tant vous eſtes delicats) en ieuſnez mille pour le mõde ſans vous en apperceuoir, & ſans en remporter aucun merite, ains pluſtoſt à voſtre perte qu'à voſtre ſalut. L'vn dit pour s'excuſer de ce voyage ie ſuis mauuais pietõ, l'autre, ie ſuis mauuais matinier, l'autre ie n'en retournerois iamais, l'autre ie ſuis trop en affaires : & neantmoins ils ſont tous ſi habiles au peché qu'ils n'en peuuēt ny ne veulent quitter l'habitude, & pareſſeux refuſent le remede ſingulier à leur mal auec le recouurement de leur ſanté corporelle & ſpirituelle, par l'entrepriſe de ce ſainct Voyage, lequel eſt moins perilleux ſouuentefois au Pelerin dehors que dans ſon propre pays : & de moy i'en penſay faire l'experience durant mon abſence, que de mes plus proches parens firēt tout leur pouuoir pour me depoſſeder & priuer de mon bien, où ils me firent faire preſque autant de deſpenſe chez moy que par le chemin de mon voyage, où les Turcs & les Arabes me furent plus courtois, ou à mieux dire, ne me furent ſi reueſches & barbares.

Or si iamais ce beau Voyage fut meritoire, facile & plein de gloire, cela se verra bien en brief, que la Reyne tant & plus deuote, & remplie d'vn sainct zele à la reedification des principales Eglises de la Terre saincte, comme celles de la Resurrection de nostre Seigneur où est son sainct Sepulchre, de Bethleem où est le lieu de sa Natiuité & de son S. Presepe, & autres, fera faire vn beau vaisseau qui du moins fera le voyage de Hierusalem tous les ans vne fois, pour la commodité des Pelerins, artisants & autres qui seront employez à ce bon œuure. Ha! qu'il fera beau voir le principe & la fin de ceste saincte besongne : Hé que celuy là sera heureux qui à l'exemple de l'Empereur Constantin portant la hotte à Rome au bastiment de l'Eglise qu'il fist edifier en memoire de S. Pierre Apostre, fera le semblable en Hierusalem en l'honneur de Iesus Christ Prince & chef des Apostres : Heureux, dis-je, qui verra, & trois fois plus heureux qui mettra la main à l'œuure, & contribuëra de sa peine & ses moyens à la reedification de ce beau temple, qui deuancera de beaucoup, Dieu aidant, la gloire du premier. Il ne faut craindre les mers de ce chemin ny le chemin de ces mers, que Dieu rendra franc & net de toutes sortes de fortunes & naufrages, & moins redouter les corsaires visibles & inuisibles, qu'il escartera loin des passages. Ce grand Dieu d'autre part fera regner durant ce sainct Voyage de nouueaux vents au gré du Pelerin, qui l'empoupperont si doucement qu'il nauigera sans peine, & si prestemēt que son arriuee sera presque au poinct de son partement. Or sus donc genereux & braues Auanturiers spirituels, qu'il y ait presse en ceste belle saison, à qui s'embarquera plustost au voyage de ceste Floride si riche, & à qui baisera le premier sa mere la Terre saincte. Qu'il y ait presse, dis-je, mais plustost vne saincte ambition, à qui fera de plus beaux preparatifs, & plus de frais spirituels pour arriuer le premier au sainct & sacré Monument, plus plein de graces, benedictions & dons celestes qu'il ne fut iamais : car sçachez (& pour Dieu n'en doutez pas) que comme nostre Seigneur assoupit & serra les yeux aux soldats qui en auoient la garde le iour de la glorieuse Resurrection, il creuera les yeux & endormira du tout les serpens

&

& dragons qui en empeſchent l'entrée; ſi que le Pelerin y arriuant ſans peril trouuera tout à l'ouuert & non ſeulement la groſſe pierre oſtee, mais tous autres obſtacles & empeſchemens: Bref pour conqueſter ceſte belle Toiſon pluſque dorée de l'Aigneau ſans macule, il ne faut rien qu'vn ſainct courage, que Dieu renforcera pour ſa gloire & noſtre ſalut, à meſure qu'il en ſera de beſoin, à fin de paruenir pluſtoſt à la fin d'vne ſi ſaincte entrepriſe. Comme il y a vn prouerbe tres-veritable qui dit, qu'on void plus de vieux mariniers que de vieux laboureurs, ie diray auſſi qu'on void plus de vieux Pelerins que de vieux Epicuriens: car tel penſant mieux meſnager ſes iours & viure plus long temps pour eſtre oiſif, boire, manger & dormir inceſſamment, il aduient que celuy là arriue le premier au dernier periode de ſa vie, que tel qui ſe peine & afflige pour la gloire de Dieu & la recherche de ſon ſalut. Et pour moy ie peux dire ſans me glorifier, que ie prie ſouuent ſur la foſſe de tel, qui me voyant party pour faire mon voyage, diſoit auoir fait mes funerailles: & entre autres ie me reſſouuiens d'vn mauuais garçon de mes voiſins, faineant & grand yurongne auquel comme ie faiſois ſouuent la guerre pour ſes mauuaiſes conditions, il ne deſiroit rien tant que mon abſence, ſpecialement en ce voyage duquel il eſtimoit que ie ne retournerois iamais, comme de ma part i'auois ferme creance, que continuant ſon genre de vie il n'iroit point ſi loin que moy: Il eſt arriué que Dieu me faiſant la grace de retourner de mon voyage, ie ne l'ay plus retrouué où ie l'auois laiſſé. Vn autre de la meſme farine, mais cent fois plus meſchant & deteſtable, ſouhaittoit le ſemblable que ie n'en retournaſſe iamais, & moy que durant mon voyage il changeaſt ſa mauuaiſe vie, grand Concuſſionnaire, Meurtrier de pauures gens, & vray tiſon d'enfer qu'il a touſiours eſté, mais il eſt arriué que l'vn ny l'autre n'auons eſté eſcoutez de Dieu, car par ſa diuine grace ie retournay plus ſain que iamais de ce voyage, & ce trois fois ſcelerat par l'inſtigation du diable eſt reſté plus peruers & meſchant qu'il ne fut onc: de maniere que comme il eſtoit tout confus & eſtonné de mon retour, ie ne l'eſtois pas moins qu'il fuſt encor au monde, & que paſſant par les

CCCc

mains de la iustice, il n'auoit esté foüetté d'vne verge de fer, ou du moins emmanché à vn gibbet : mais comme Dieu m'a faict plus de grace que ie n'ay merité, le Roy & sa iustice le facent bien tost prendre, comme il a merité. Tout ainsi comme vn corps menacé de l'hydropisie, est tant & plus soulagé par certaines eaux qui dissipent les mauuaises humeurs, ainsi nos ames afflochies & toutes hydropiques d'orgueil, d'ire, d'enuie, d'auarice & autres mauuaises qualitez, ont tout besoin d'aller aux eaux spirituelles du Leuant, comme ceste belle fontaine de Siloé, fontaine de nostre Dame, des Apostres, de sainct Iean, de sainct Philippe, les claires eaux du Iordain, & autres sans nombre cy deuant mentionnees. Escoutons nostre Seigneur qui nous inuite au voyage de ces claires & salubres eaux Leuantines par la bouche de son Prophete Esaye : Vous tous qui auez soif, venez aux eaux, & qui n'auez point d'argent hastez vous &c. Et en sainct Iean, si quelqu'vn à soif, vienne à moy & boiue, & qui boira de l'eau que ie luy donneray n'aura iamais soif, nostre Seigneur l'abreuuera de l'eau de sapience salutaire. Ne refusons donc pas l'offre qu'il nous fait de ces belles eaux, desquelles il a chassé les venimeux dragōs, & nous les a acquises au prix de son precieux sang ; de peur de sa reproche en Hieremie : Ils m'ont delaissé la fontaine d'eau viue, pour se cauer des cisternes rōpues qui ne peuuent arrester les eaux, ioint aussi que ces belles eaux sont suffisantes de faire ruisseller du plus indeuot vne fontaine de larmes, s'il n'a vn sein de fer, & vn cœur plus dur que le rocher : celuy qui refuse ce sainct nectar n'a point de soif, & paroist bien qu'il est plus alteré des eaux ameres du monde, qu'il aualle à longs traits dans le vase de ceste paillarde Babylon plein de venin, au lieu de prendre ce nectar celeste dans le sacré-sainct calice de nostre Seigneur. Or comme à la verité tous ne peuuent pas faire vn si long voyage, tel estant arresté par maladie, & tel par pauureté, cestuy-cy pour estre estroittement lié au seruice du Roy, cestuy-la commandé de ses affaires domestiques, & cet autre de quelqu'autre legitime empeschement : ie veux icy leur enseigner vn beau chemin & fort seur pour le faire tous les ans, voire tous les iours sans sortir de leur paroisse ainsi que i'ay touché en la page 96. Tous les ans, en gardant religieusement les festes qui sont du precepte de l'Eglise, & meditant sainctement sur les mysteres qui y sont enclos & les saincts lieux où ces choses se sont accomplies, comme l'Incarnation de nostre Seigneur en Nazareth, sa Natiuité en Bethleem, son offerte & rachapt au temple de Hierusalem, sa mort & passion sur le mont de Caluaire, sa glorieuse Resurrection au Sepulchre, son admirable Ascension sur la montaigne des Oliues, & en vn mot obseruant sainctement les festes, & meditant sur tous les saincts lieux & mysteres sacrez discourus au sixiesme chapitre du premier liure pages 25. & 26. Tous les iours en assistant au sainct sacrifice de la Messe, & se rendant attentif à la contemplation de tous les mysteres qui nous sont representez en ceste belle action de graces & sainct Sacrifice de loüanges : premierement en contemplant les habits sacerdotaux, où il verra la representation des vestemens de nostre Seigneur, iusqu'à la robe blanche qu'on luy vestit chez Herodes & autres marques de sa passion. Le *Gloria in excelsis Deo*, le portera en Bethleem au lieu de sa Natiuité, où il verra le sainct Presepe, le lieu de l'Adoration des trois Roys, & la place où les Anges ayans annoncé ceste saincte Natiuité aux pasteurs, entonnerent ce beau Cantique celeste. L'epistre luy fera voir les actes & faits memorables des Prophetes & Apostres, qui l'instruiront de beaucoup de belles choses aduenuës en la Terre Saincte. L'Euangile luy dira & fera voir tous les lieux où nostre Seigneur a faict des miracles. Le *Credo*, luy fera voir encor le lieu de l'Incarnation de nostre Seigneur & de sa Natiuité, les lieux de sa mort & passion, de sa Resurrection & Ascension aux cieux, auec la tremblante vallee de Iosaphat où nostre Seigneur doit venir iuger les viuants & les morts. Le sacré Canon luy fera voir le Mont de Sion, où nostre Seigneur institua premierement le S. Sacrement de l'Autel, & de là, le conduira au Iardin des Oliues, dans la grotte où il sua sang & eau, & en fin par le chemin de la voye douloureuse iusques dessus le S. mont de Caluaire où il souffrit mort & passion pour nous. Bref meditant comme il appartient durant ce sainct Sacrifice de loüange, il remportera tous les contentemens en son ame que les plus parfaits Pelerins gouſtent en tout ce beau voyage. Ie ſçay bien que tous les huguenots de noſtre France n'iront pas en Hieruſalem par ce chemin, pourquoy ie leur conſeille de prendre l'ordinaire lequel bien ſuiuy & bien obſerué leur apprendra le plus court, le chemin de la Meſſe. Parmy le grand nombre des Pelerins de ceſte vie mortelle, les vns voyagent apres les biens tranſitoires, les autres courent à bride auallee apres la gloire & les honneurs du monde, les autres voyagent çà & là apres les choſes vaines & ſans fruict; mais quiconque prend ſon chemin vers la Terre Saincte apprend à voyager au ciel. Donc à la mienne volonté que ce liure inſtruiſe les indeuots, rende les delicats endurcis aux fatigues ſpirituelles, & encourage les timides & puſillanimes à l'entrepriſe de ce ſainct voyage, qui eſt vn ſecond bapteſme. Que ſi ie puis atteindre ce poinct ie beniray cent & cent fois dauantage le bien-heureux iour de l'entrepriſe du mien, pour auoir eſté la cauſe d'vn ſi bel effect où conſiſte leur ſalut. Et bien que le Pelerin y ſoit aſſez mal exhorté par ce labeur ſi rude & mal poly, qu'il ne differe pource de ſ'y ranger, attendu qu'il n'en ſera pas le moins bien-venu aux ſaincts lieux, & ne laiſſera d'en remporter les ſatisfactions ſpirituelles auec les fruicts de ſa deuotion, Dieu luy ſeruira de Patron en ce beau voyage, le Roy de Pilote, l'autheur de Timon, & ce liure de Carte marine, ou d'vn nauire aſſeuré qui fendra la mer ſallee des mauuaiſes langues, fera teſte aux vents de la meſdiſance, & à l'obſcurité de la nuict tenebreuſe voilee de gros nuages qui pleins de pluyes, tonnerres & tempeſtes d'orgueil & de meſpris, voudroient attaquer ce vaiſſeau, pour faire abandonner le timon à ſon autheur, à fin qu'errant au deſir de la fortune, il fallaſt fracaſſer en mille pieces contre les rochers de l'enuie, au lieu d'arriuer à ſon port deſiré. Mais comme ie n'ay pas ignoré le peril & la fortune que tous les iours on court en ceſte mer ſi profonde, par la rencontre ordinaire des enuieux corſaires de la vertu, i'ay deſployé mes voiles ſoubs le puiſſant nom de celuy qui a pouuoir de commander abſolument aux vents de la France, & qui peut malgré la tourmente plus forte, faire doucement surgir ce vaisseau au port tres-asseuré de sa Majesté Royalle. Iaçoit donc que ce liure soit grossier & escrit d'vn bas style en termes aussi rudes que la taille de ses pourtraits, la matiere n'est pas moins noble & altiere, à la maniere d'vne belle pierre pretieuse mal enchassee & mal mise en œuure, mais si ie ne suis aggreable, au moins ie suis veritable, au maniment de ceste matiere plus digne d'estre mise en practique, que representee par la theorique. Ie me serois bien teu au retour de mon voyage de peur de perir & faire naufrage parmy les beaux esprits, comme la souris par son cry, si ie n'auois creu que me taisant, ie perirois peut estre plus miserablement, taxé d'ingratitude ou d'vne plus grande ignorance. Comme c'est donc vn Pelerin qui parle à la grossiere, il ne faut trouuer estrange si sa langue correspond à l'estoffe de ses habits, & s'il participe à l'ignorance de ses freres les pelerins d'Emaus, fort grossiers à la verité & mal-aduisez en leur voyage, ioint que s'il estoit affecté & affetté en son langage, on le prendroit plustost pour vn espion, que pour vn pelerin de la Terre de Promission, & aussi que mon intention a tousiours esté de rendre le Pelerin plustost bien viuant & bien faisant, que bien disant. Iespere aussi que le lecteur considerant que i'ay faict cet œuure pour la pluspart au bruit des ondes, le dictant auec mes souspirs, d'vne langue plus preste que la plume plus viste du plus prompt escriuain, & l'escriuant de mes larmes plus chaudes, parmy les tempestes & les Orages, & logé chez les estrangers où il est difficile d'escrire librement, cela me trouuera lieu d'excuse aupres de luy. Ce n'est pas que ie ne me sois efforcé plusieurs fois de luy complaire, en taschant à mieux dire & mieux escrire, mais mon humeur m'a tousiours reietté au langage de mon village & vulgaire plusque vulgaire: bien que ie prise autãt ma plume & mon ramage que celuy des autres oyseaux: D'ailleurs comme i'ay esté forcé de parler tantost en gayeté, tantost en crainte & en cholere, tantost en soldat, tantost en marinier, & tantost en Pelerin, selon les occurrences du bon & mauuais temps: cela fera que le Lecteur, ne trouuera tant estrange ce meslange de l'autheur: tant y a que si i'auois peu mieux faire & mieux dire, addres-

CCCc iij

fant mes paroles au plus grand Roy de toute la Chrestienté, ie n'y aurois pas manqué non plus qu'à faire vne belle leuee du Leuant, d'où l'on ne leue pas ce qu'on veut mais ce qu'on peut, & trois fois heureux celuy qui en retourne ses bagues sauues, sans en leuer de bonnes bastonnades & y laisser souuent la vie. Dauantage ie prieray le Lecteur de m'excuser si ie me suis vn peu rendu & long prolixe au troisiesme liure en moralisant sur les principaux lieux mysterieux de la Terre saincte, à raison que ç'a tousiours esté mon intention de l'imbuer de quelque bonne doctrine, exemples & preceptes, où il est souuent difficile de l'attirer s'il n'y a de la curiosité entremeslee, pour l'y porter & luy faire plustost gouster ce qui est de son salut, ce qu'autrement il mespriseroit du tout à la maniere du malade, qui à peine se resout de prendre vne forte medecine à cause de son amertume, si le Medecin ne la couure de succre, ou du moins n'en faict frotter les bords du gobelet, à fin de luy faire recouurer sa santé par le moyen de ce doux affront & vtile tromperie. Ie n'ay plus que ceste parole à dire de ceux dont parle le Prophete Royal, lesquels ne sortans iamais de chez eux, font de leurs maisons leurs sepulchres tant ils redoutent la tempeste & l'orage des mers. Mais las ! pauures pecheurs plus souuent desesperez qu'asseurez, de quelles fascheuses tourmentes en vos ames, de quels esclairs de souspirs, tonnerres de plainctes, grands vents d'ambitions, rochers de tentations, & pluyes perpetuelles de larmes, estes vous agitez en la grand' mer de ce monde, qui vous portent souuent à des naufrages si estranges, que c'est chose horrible d'y penser ? & partant, sçachez qu'il n'y pas tant de peril parmy les tempestes & les orages des plus furieuses mers de l'vniuers, que chez vous parmy les delices du monde, où vous mourez en fin paures de merite au mitan de vos richesses. Or pour mettre fin à mes pas & au discours de mon voyage, ayant faict cet ouurage comme i'ay dit pour la plus part à la barbe de nos aduersaires les infidelles, & cueilly ceste petite marguerite deuant ces pourceaux, ie l'exposeray deuant les yeux du benin Lecteur pour en faire profict, à ceste condition toutesfois, soit qu'il face ce sainct voyage ou non, d'auoir souuenance en le lisant de l'Autheur en ses prieres. Pour le reste de mon voyage, ie n'en diray autre chose de peur de distraire ma pensee, & le Lecteur de mediter sur ce que ie luy ay discouru de la Terre saincte, où il seroit tres-heureux s'il y pouuoit tousiours rester corporellement & spirituellement, & sans cesse tenir son ame attachee à la meditation de ces mysteres sacrez, de peur de perdre la memoire & souuenance de tant de graces & benedictions qui ruissellent de ceste fontaine de salut, qui m'empeschera de dire autre chose de mon retour des saincts lieux, d'où il ne faut iamais retourner s'il est possible : Si que ie puis dire en mon particulier sans vanité, que mon pauure cœur est tellement attaché par interualles, à la meditation des lieux saincts, specialement du sainct mont de Caluaire, que necessairement il faut de deux choses l'vne, ou que mon cœur soit demeuré sur le sainct Mont de Caluaire, ou que retournát des saincts lieux i'aye icy apporté le sainct mont de Caluaire en mon cœur.

O GRAND DIEV, quelles loüanges & dignes actions de graces te puis-ie rendre pour tant de benefices receus en ce monde, depuis le iour de ma naissance iusques à maintenant? qui suis ta vile ou plustost inutile creature, formee de rien à ton image & semblance, rachetee par ton precieux sang en mourant pour me redonner la vie, qui m'as faict voir le lieu de mon rachapt où tu as versé ce prix inestimable de nostre redemption, & ensemble toutes les merueilles, actes, & mysteres tragiques de la sanglante tragedie, que tu as representee pour le salut de tout le monde sur le Theatre de la Terre saincte, particulierement sur le sainct Mont de Caluaire, lequel tu m'as faict toucher, marcher & baiser en personne. Aïguise donc, ô Dieu, ma vagabonde & errante memoire, illumine mon debile & foible intellect, à fin que reuoyant en idee à trauers l'espaisseur des tenebres de mon peché, tant de merueilles & mysteres si grands, iamais ie ne les oublie, ains en puisse redire en ce petit recueil quelque chose à ta gloire, qui soit aggreable & salutaire à la posterité.

O Tout-puissant fay moy la grace, que ie reste à iamais spirituellement (puis qu'il ne m'est loisible autrement) en ceste saincte Floride de la Hierusalem terrestre, que tu m'as faict descouùrir, attendant qu'il te plaise me guider au bien-heuré sejour de la celeste, pour y iouïr sans fin de ta diuinité, ô mon Dieu, auquel soit honneur, gloire & loüange eternellement, *Amen.*

FIN.

TABLE

TABLE DES MATIERES CONTENVES EN CE LIVRE.

A.

Ages de l'homme. pag. 66. 67.
Abacuc. 354
abbaye de S. Croix. 386.
Abbruße. 141
Abelmeula. 411
abus & desbauches. 150
Accaron. 202
Adama. 393
Adomin. 389
adieu dernier des Pelerins. 563
aduertißemēs Spirituels. 10. 11. &c.
aduertißemens tēporels. 113. 114. 115
aduis du sainct deßein de la Reyne. 568.
Albanie. 142
Alep cité. 434. 435
Alexandrie d'Egypte. 174. sa bibliotheque. 176. ses Chasteaux. 176. sa description. 175. ses montaignes. 177. ses Mosquees. 174. ses murailles. 175. ses obelisques. 177. son port. 176. ses tours. 175.
Alexandrette. 452
ambition des Venitiës. 85. 86. &c.
Amphiteatre. 390.
Ananie & sa maison. 420
Anathot. 220
anciens studieux des voyages. 9
Anephe. 425
Annunciation de la Vierge. 409
antichappelle du S. Sepulchre. 280
Anthedon. 201
Antigio. 408
antipatride. 45.
antiquité des voyages. 8
apparition de N. S. aux trois Maries. 308
apostres curieux. 338
apostres excusez par N. Seig. 405
apostres mariniers. 22
aqueducs. 191. 351. & 466
arbre de la vallee de Membré. 380
arc de Pilate. 302
arriuee à Candie. 163
arriuee à la Terre Saincte. 203
arsenac de Pera. 461
Ascalon. 202

DDDd

aueugles illuminez 389
autels du sainct Sepulchre. 284
autels de Bethleem. 366.367
Azot. 202

B

Bahurim. 389
bains de Tyberiade. 414. de Damas. 421
Balbet. 432
banque spirituelle. 15
Baptesme de N. Seig. 392
Barri ville de la Pouille. 142
barquerolles de Venise. 563.564
Baruth. 423.439.440.
bastelleurs & charlatans de Turquie. 470
baulmes de la Mattaree. 196
beauté de la Hier. celeste. 84.85.86
Bethel. 398
Bethleem circonstances & deppendances 358. iusqu'à 378
Bethfagè. 343
Betsaide. 413
Bethulie. 411
betticelle quoy. 357
Bezet & ses ruines. 378
Biblis. 424
Biconia. 162
bois de la vraye Croix. 386.387.
Bosphore de Constantinople. 468
Botris. 424
Boulac port du Caire. 182
Brindesi. 142

C

Cabinets du pretoire de Pilate. 299
Caffarres & tributs. 124
Catch du grand Turc. 468
Caifas. 443
où Cain tua Abel. 380. & 422
Caire & sa description. 193
campaniers de Samarie. 403
Cana de Galilee. 410
Candie circonstances & deppendãces. 162. iusqu'à 173
la Cania. 162
Cantiques de Benedictus & Magnificat. 384.385.
Caps ducato 158. Maleca 162. de Matapan 160. de Salomon 174. de Spada. 161
Capharnaum. 412.413
Capapose. 425
Carrains. 411
Caramanie. 454
Carrauannes & leur origine. 519
caresme des Grecs. 291. des Turcs. 517
Caymot. 486
cedres du Liban. 432
Ceinture de nostre Dame. 337
Cephalonie. 158
Cerigo. 161
Cesaree de Cappadoce. 423. de la Palestine 444. de Philippe. 423
chambre de nostre Dame. 409. de sainct Hilaire. 451
chãp damascene 380. iu foullõ. 222

chandellier de l'Eglise de Golgotha. 285.286

chapelles du sainct Sepulchre, 265. iusqu'à. 288

chapelle Nemini dixeritis. 408

chasteau du bon Larron. 217

chasteau du Lazare. 347

chasteau des pisains. 232

chasteau pelerin. 428

chasteau des pelerins. 444

cheuaux Turcs 478.479. *leur courage.* 480

chiens & chats de Hierusalē. 306

Cicerigo. 161

circoncision d'Isaac, 380

cisternes de Bethleem. 360. *de Dauid* 357. *des trois Rois.* 353

classe de sainct Hierosme. 361

cloches du sainct Sepulchre. 260

cloches du Liban. 431

cloistre de Bethleem. 362

cloistre du sainct Cenacle. 316

colonne de Pompee. 173. & 465

conclusion de l'Oeuure. 565.566. &c.

Constantinople & sa descript. 461

conuent de sainct Sauueur. 295

Corfou circonstances & deppendances. 143. iusqu'à 651

Coroasim. 414

coustume des Templiers. 213

creance des Chrestiens schismatiques du S. Sepulchre. 290

croix du bon Larron. 452

Cypre circonstances & deppendances 446. iusqu'à 452

D

*D*Almatie. 139

Damas & ses particularités. 418. iusqu'à 422

Damiette. 199

Dardanelli. 167. & 459

Debora 398. & 402

Decapolis. 413

descript. du Grand Turc d'à present. 468. & 469.

desertes de sainct Iean. 383

desert de sainct Hierosme. 393

difference d'entre Bethleem & le mont de Caluaire. 374

dire d'vn Santon à vn Religieux Latin. 520

distance du pretoire de Pilate au mont de Caluaire. 305

diuision de l'Europe. 7

Dor Cité. 443

Dothain. 411

Druides. 424

E

*E*Aux du Leuant & leur propriete. 570

Ecce homo. 302

effaits des planettes. 6

effaits de la parole de Dieu 273. *des saincts lieux.* 265

Egypte. 191.192.193

Eglise du S. Sepulchre 283. iusqu'à 288. *de S. Iacques* 308. *de la presentation nostre Dame.* 318. *de S. Iean.* 348

DDDd ij

TABLE

Elbir. 401
Emaus. 385
empeſchement de l'autheur. 417
encenſemens des Mores & Arabes 372
Endor. 406
Enoc Cité. 430
entree du S. Sepulchre. 264.399
eſcalier du Mont Caluaire. 271. de l'inuention ſainƈte Croix 268. du S. Preſepe. 366
eſchelle ſainƈte. 299.& 300
eſclaues de Conſtantinople. 471
eſpeces d'or & argent qui ſe mettẽt en Leuant, & le moien de les conſeruer. 127.&c.
eſtoille des trois Rois. 353. où elle ſe perdit. 368
eſtoille de la Natiuité. 364
Europe & ſa diuiſion. 6.7
excuſes de l'autheur. 573.&c.
exercices ſpirituels. 24.25.&c.

F

Famagoſte. 451
femme de Pilate. 309
figuier infruƈtueux. 348
figuier de la Mattaree 195
figure de S. Hieroſme. 366
filles de Hieruſalem. 304
fin du monde. 338
fleuue de Iordain & ſes particularités. 391.392.
fleuue de Pyrame. 452
fons baptiſmaux de Bethleem. 374
fons hortorum 430.431.

fons ſignatus. 379
fontaine de Ieſus. 410. de noſtre Dame, 319. des Apoſtres, 343.388. de Berſabee, 350. d'Emaus. 389. d'Heliſee, 390. & 396. de Iordã, 416. de Phiala, 415. de ſainƈt Iean, 383.384. de S. Philippe, 381. de Siloé. 318
François obligez à faire la guerre aux Turcs 522. leurs diuiſions. 523.&c.
Freſchie. 162
fruiƈts proches de la Mer morte. 393

G

Gabbaa de Saul. 401
Gadara. 414
Galgala. 390.398.
Gaza. 202
Geth. 202
Gethſemani. 329
Goliath mis à mort. 220
gouffres du garnier. 139. du ludrin 142. de Sethalie. 454. de Veniſe 138. ſa grandeur. 142
Grandeur du Ciel Empyree. 80
grandeur des elemens. 80
grandeur de la Croix de N. Seig. 304
Grees. 290.291
grottes, de noſtre Seigneur, 325. de noſtre Dame, 373. d'Adam & Eue, 381. de S. Helie, 443. de Hieremie, 332. de Iaffa, 212. de S. Iacques, 331. de ſainƈte Marine, 429. du mont des Lea-

pards, 432. de S. Paul. 420

H

Haceldema. 320
Hay. 398
Hebron. 380
Helie enleué au Ciel. 392
Hierusalem antique & moderne auec ses circonstances & dependances, 224. iusqu'à 232. & de 241. iusqu'à 257. son plus court chemin. 571
Hillon. 393
Hippodromes de Constantinople. 465. de Hiericho. 390
Histoire & sa necessité. 2
Histoires remarquables. 265
Histrie. 138
Homme & sa creation, 4. sa comparaison. 5. 6. &c.
Hortus conclusus. 379
Hospital de Damas. 420
Hus terre de Iob. 415

I

Iaffa & sa description. 210
Iannia. 203
Iannissaires du Turc. 487. 488.
iardin de la Mattaree. 196
iardin d'Oliuet. 327
Iazor. 213
idolatrie des payens. 269
Iesus-Christ & l'abregé de sa vie. 25. 26.
images des Georgiens. 387
impieté des infidelles. 361
indulgences de sainCte Catherine. 376. 377.
instruments de musique en Turquie. 470
Ioseph d'Arimathie. 215
isles de l'Archipel. 456
Ituree. 415
où Iudas se pendit. 329
Iuifs prins & tuez en Hierusalem. 232. ce qu'il y en a maintenant ibid.

L

Labyrinthe de l'Isle de Candie. 171
labyrinthe de la ville. 172
lacs, Asphaltide, 416. de Meron, ibi. de Sirbon. 201
où Lamech tua Cain, 406. & 410
lamentations des Grecs. 169
lampes du S. Sepulchre, 280. de toute l'Eglise, 285. du lieu de la natiuité & S. Presepe. 368
langue Sclauonne. 139
Larnica. 449
Lazaret nouueau de Venise, & sa description. 556. 557. &c
lieu des Pasteurs. 571
Limisso. 449
loy fundamentale de l'Empire des Turcs. 464. 465
Lunecherie des Turcs. 435

DDDd iij

M

Macedoine. 159
Macheronte. 392.
Magdalon. 46. & 414
Magnas Cité. 402
Mahomet & son age 513. ses commandemens 499. ses contradictions 501. & 502. sa deffense de boire du vin 473. 474. sa fausse loy 498. ses impostures 500. & 503. son origine 498. sa qualité 500. reformation de sa loy 511. signalé volleur 505. sa mort 510. & 512. sa sepulture 513. & 514. ses successeurs 510.
Mainotti. 190
maisons d'Anne pontife 309. de Caiphe 311. de Cleophas 386. de Iacob 355. de Ioseph 373. de la Magdeleine, 346. de mal conseil 351. de S. Marc, 307. de saincte Marthe, 345. du mauuais riche 304. du pharisien ibid. de Simon le Lepreux 348. de S. Thomas 308. de la Veronique 304. de Zacharie 383 de Zebedee. 306
Malte & sa description. 545. &c.
Manfredonia ville. 142
martyre de saincte Catherine. 176. de S. Estienne, 335. des Machabees 218. de S. Marc. 176
marque des pieds & mains de N. S. sur la pierre. 336. 413.
Mattaree & ses particularités. 195

Melchisedec Roy de Hierusalem. 224. son autel 289. son tombeau. 287
mers de l'Epäte 160. Mediterranee 116. morte 393. noire 461. rouge 184. Tyberiade & ses villes. 412
milieu du monde. 286
Milopotamo. 162
ministres & faux relig. Turcs. 481 482. 483. &c.
miracle des cinq pains. 412
monde & sa comparaison. 5
modin des Machabees. 221
momies. 190
monasteres de S. Anthoine 431. de S. Helie 354. de S. Iacques 428. de Religieuses 317. de S. Sabba 398. Sozimas. 392
montaignes de Bethulie 398. de S. Croix 452. de Gelboë. 405
monts d'Abbarim 395. Angarim 207. Caluaire 273. de Carmel 443. Cassie 201. Gallaad 415. Galgala 398. Gargan 141. Garisim 402. Hebal 403. Hermõ, Hermonion 406. Ida 169. des Leopards 432. Liban Antiliban 422. & 430. de Iuppiter 169. de l'offension 330. des oliues 340. 341. de Phasga 397. de la Quarantaine 396. de sainct Paul 169. Thabor 406. & 397
Taurus. 453

N

Naim Cité. 406
Nattolie. 456, 488
nauires diuerses. 20
nauire de Iesus-Christ. 21
Nazaret. 409
Nason. 411
nef de Bethleem. 362
Nepthalim. 411
Nicodesme & sa maison. 215
Nicosie. 448
Nil & son augmētation 183. bonté de ses eaux 182. sa largeur & profondeur ibid. le malheur qui nous arriua dessus 199. son riuage. 198
Niloscopium. 196
Nostre Dame de Canobin. 429. de Casope 143. des Orenges. 429

O

Obelisques d'Alexandrie. 177
Odolla spelunque. 379
Oliuiers antiques. 288. 310. 371
oratoire de N. Seig. 326. de S. Pelagie. 340
ordre en la seance des bien-heureux. 91. &c.
origine d'Abacuc & Amos Proph. 379
origine de Mahomet. 498
origine des Othomans. 494. 512
Ostracinne. 201
Ostune. 142

P

Palais d'Armide 178. d'Herodes, 302. de Pilate, 298. du pere saincte Catherine. 576
Papho. 448
Parenze. 139
partage de Ioseph, 402
patron & Pilote au voyage de la Terre Saincte. 572
pelerin & son chemin pour aller au ciel 66. son boire & manger 16. 36. sa continence, 14. son conuy 94. sa despense 122. son embarquement 20. & 138. son equipage 18. 19. son gouuernement dans le vaisseau 119. & 120. son Gouuernement parmy les Turcs 133. 134. son occupation 24. sa patience 27. sa pierre de touche 113. sa preuoyance 13. 14. &c. ses prouisions 116. 117. sa reception 81. &c. sa seance 91. &c. sa sepulture 316. son traittement. 87. &c.
pelerinages & leur antiquité 8. & 9. leurs fruicts. 41. 42. &c.
Pera & sa description. 460.
perspectiue de Bethleem. 370. de Hierusalē 222. du S. Presepe 369
perte du S. Cenacle. 312. 313
port aulide 459. du Boulac 182. des Gomenices 158. de Malmoque 138. 555. de passeport 158. de sainct Nicolas 158. de la Sude. 162

prinses & reprinses de Hierus. 254
&c.
prisons de nostre Seigneur, 287. 312.
de S. Pierre. 307
prouerbes tres-veritables. 569
Ptolemaide. 442
puits des eaux viues, 441. *de Iacob,*
320. 402. *de Iob.* 218. *du village
des pasteurs.* 372
pyramides d'Egypte. 188. 189

Q

Q*Varantaine de Venise.* 555
*Que c'est que figure damas-
quine & Mosaique.* 241. 249
*quelle monnoye se despend en Le-
uant.* 127

R

R*Achel auec ses cris.* 527
Rama & sa description. 215
Rama. 357
Raguse. 139
Region de Pentapolis. 393
renegats. 526. & 544
reposoirs de nostre Dame. 335. &
337
Rethimo. 162
*retour de l'autheur en la Chrestien-
té.* 542
Rhodes auec ses particularitez. 454.
455
roses de Hiericho. 390
Rossette. 181
ROY fils aisné de l'Eglise, 522.

pourquoy appellé tres-Chrestien
520. *son pouuoir en ce monde,*
*ibid. ses predecesseurs defenseurs
de l'Eglise.* 523. *ses propheties* 536
537. *Vegeur des crimes du grand
Turc.* 438. 534. 536. 537. & 541

S

S*Acrifice d'Abraham.* 288.
de Melchisedec. ibid.
Sainct Cenacle & sa description.
315. 16. &c.
S. Blaise protecteur des Ragusees.
140
S. Estienne lapidé. 335
S. George. 261. 420. 439
S. Heleine & ses edifices. 262
S. Hieremie. 219
S. Hilaire. 451
S. Marc protecteur de Venise. 140
saincte Maure. 143. 552
S. Pierre reniant N. Seig. 312. *ou il
pleura son peché.* 317
S. Presepe. 363
S. Sepulchre. 278
S. Spiridion. 144
Salsa. 417
Saltus Dauid. 410
Samarie & ses sepultures. 404
Sarepte. 441
satan ennemy des pelerinages. 14
Saule Saule quid me perseq.
418
Scandalion. 442
Scanderbeg & sa valeur. 527
Scarpante, 454
Scla-

DES MATIERES.

Sclauonie.	139	Sodome & ses voisines.	393
Sebenique.	139	Spelonque de Loth.	395
Seboin.	393	statue de Pierre.	190
Segor.	395	statue de la femme de Loth.	395
Semei.	389		
Sephet.	411		
Sephor.	411		

T

Sepulchres de nostre Dame 323. de S. Ioachim & saincte Anne 324. d'Absalon 330. 331. de Delbora 398. de S. Estienne, Gamaliel &c. 315. de Ionas 411. de Ioseph patriarche 403. du Lazare 346. 347. de Manasses 331. de Melchisedec 287. de Pompee 201. de Rachel 356. de Zacharie. 332

Sepultures d'Abraham, Isaac & Iacob, Lia, Rebeca, Sarra, Adã & Eue 380. de S. Albe 379. des anciens Roys de Hierusalē 349. des Roys Chrestiens de Hierusalem, 286. de leurs descendãs, ibi. des Chrestiens Latins de Hierusalem 316. des Iuifs & Turcs de Hierus. 322.

Serith.	219
Sethie.	169. & 174
Sfaciotti.	170
Sicamio.	443
Siceleg.	382
Sichen.	403
Sicile.	547. &c.
Sidon.	440
Silo.	221
Simon Cyrenee.	304
Synagogue de Nazareth.	410
Siponte.	142

Tabernacles de Cedar.	415
Tabor & ses deppendances.	407
tapis de Turquie.	437. & 454
Techué.	379
temple de Salomon. 233. iusqu'à	241
temple de S. Zacharie.	421
Tenna.	443
Terebinte.	352. 353
Terre figure de l'homme.	6. & 7.
Terre Saincte.	207. 208. 209
terre infertile pourquoy.	355
terre de nostre Dame.	374
terre sigillee.	458. 459
tombeau de Dauid.	315

Torrens, de Botris 382. de Cedron 323. 335. de Cison. 406. 408

Tours, d'Ader 371. d'amour 427. de Babylone 189. de Bethleem 363. de Hierusalem 228. & 253. de Mahomet 423. du Phare 178. de Simeon 353. & 387. de Straton. 440

grand Turc & sa cruauté. 505. 506 507. sa deffaite 536. 537. 538. son Diuã 476. sõ Empire 493. 494. ses estaffiers 491. ses forces par terre 487. 488. &c. ses forces sur mer 493. ses habits 468. 469. ses Iuges subalternes 477.

EEEe

TABLE DES MATIERES.

ses lacquais 491. ses officiers 475.476. son reuenu 495. ses Thresoriers & controlleurs 497. sa Venerie 480. sa proche fin 529. sa mort. 538.539.540

Turcs & leur Caresme. 517. par tout contraires aux Chrestiens 515. leur creance de nostre Seign. 521. de nostre Dame 520. du dernier Iugement 514. & 515. leur discipline militaire 477. leurs enterremens 510. leur equipage 478. les heures qu'ils vont à la Mosquee 508. leur hypocrisie 507. leur incredulité 517. leur Iustice 471.477.478. leur origine & accroissement 504.505. leur pelerinages 518. leurs prieres ibi. leurs Pasques 518. leurs profeties 533. leurs sacrifices & vœus 509. leurs saincts 519. leurs signes exterieurs à la priere 508. leurs superstitions, ibid. leurs viures & breuuages. 472.473

Tyr & sa description. 441

V

Vallees de benediction 395. des cadaueres 230. de Carmelo 411 de Gehennon ou Tophet 320. de Iosaphat 322. de Massia 423. de Membré 380. Royalle 422. de Therebinte. 220.

Village des Pasteurs. 372
Venise & sa situation. 7. & 100. &c.
Venus & son origine. 447
Viri Galilæi. 341
Voyages à Alep de Tripoly. 433. d'Alexandrie à Rossette 180. de Constantinople à Raguse par terre 542. de Rossette au Caire 182. de Damiette à Iaffa 201. de Hierusalem au fleuue de Iordan 388. de Hierusalem à Damas 399. de Damas à Tripoly 422. des Momies 190. du mont Sinai 184. des Piramides d'Egypte 188. du Zante à Venise. 550
Voile de la Veronique. 305
Voye doloreuse. 300

X

Xanthus. 457
Xenophon. 450

Y

la Yasse. 453

Z

le Zante. 159. & 549
Zare. 139
Zenon philosophe. 450

FIN.

Approbation des Docteurs.

NOus souzsignez Docteurs en la saincte faculté de Theologie à Paris, certifions auoir veu & leu le liure intitulé LE PELERIN VERITABLE de la Terre Saincte, diuisé en 4. liures, dãs lequel n'auons rien trouué contraire à la Religion Catholique Apostolique & Romaine, Pourquoy nous estimons ce mesme liure estre digne d'estre mis en lumiere au bien & instruction de ceux qui poussez d'vn sainct zele de voir la Terre Saincte & visiter les saincts lieux entreprennent le voiage: En signe de quoy auons icy mis noz seings. Fait à Paris ce second de Ianuier mil six cens & quinze.

M. Colin Sindic.   A. Soto.

Erreurs suruenuz en l'impression.

Pag. 5. lig. 14. lisez, *formé sur le moule*, pag. 9. lig. 31. lisez, *& portez d'vne saincte enuie, prenoyent volontiers le loisir, au peril de leur vie de voyager &c.* pag. 87. lig. 16. lisez, *où Dieu s'humilia*, page 195. lig. 23. lisez, *Mattaree.* pag. 566. lig. 6. lisez, *de tascher à se sauuer.* pag. 570. lig. 4. lisez, *pendre*, le Lecteur supportera le reste.

Extraict du Priuilege du Roy.

LE Roy de sa puissance & authorité Royalle, a permis par ses Lettres patentes à Pierre-Louys Feurier Marchand Libraire en ceste ville de Paris, d'imprimer ou faire imprimer vn liure intitulé, *Le Pelerin veritable de la Terre Saincte*: Faisant tref-expresses inhibitions & defenses à tous Libraires & Imprimeurs d'imprimer ou faire imprimer, vendre ny debiter ledit liure, sans le consentement dudit Feurier, & ce sur les peines contenuës audit Priuilege, donné à Paris le 23. Ianuier 1615.

Signé,

Par le Conseil,

BRIGARD.

www.ingramcontent.com/pod-product-compliance
Lightning Source LLC
Chambersburg PA
CBHW070642240426
43663CB00048B/1467